中国农垦农场志丛

河 北

海兴农场志

中国农垦农场志丛编纂委员会 组编

河北海兴农场志编纂委员会 主编

中国农业出版社
北 京

图书在版编目（CIP）数据

河北海兴农场志/中国农垦农场志丛编纂委员会组
编；河北海兴农场志编纂委员会主编.—北京：中国
农业出版社，2022.11
　（中国农垦农场志丛）
　ISBN 978-7-109-29690-9

　Ⅰ.①河…　Ⅱ.①中…②河…　Ⅲ.①国营农场-概
况-河北　Ⅳ.①F324.1

　中国版本图书馆CIP数据核字(2022)第120374号

出 版 人：陈邦勋
出版策划：刘爱芳
丛书统筹：王庆宁
审 稿 组：干锦春　薛　波
编 辑 组：闫保荣　王庆宁　黄　曦　李　梅　吕　睿　刘昊阳　赵世元
设 计 组：姜　欣　杜　然　关晓迪
工 艺 组：王　凯　王　宏　吴丽婷
发行宣传：毛志强　郑　静　曹建丽
技术支持：王芳芳　赵晓红　潘　樾　张　瑶

河北海兴农场志
Hebei Haixing Nongchangzhi

中国农业出版社出版
地址：北京市朝阳区麦子店街18号楼
邮编：100125
责任编辑：王庆宁　　文字编辑：胡从九　赵世元
责任校对：周丽芳　　责任印制：王　宏
印刷：北京通州皇家印刷厂
版次：2022年11月第1版
印次：2022年11月北京第1次印刷
发行：新华书店北京发行所
开本：889mm×1194mm　1/16
印张：47.75　插页：16
字数：925千字
定价：288.00元

ISBN 978-7-109-29690-9

大众分社投稿邮箱：zgnywwsz@163.com

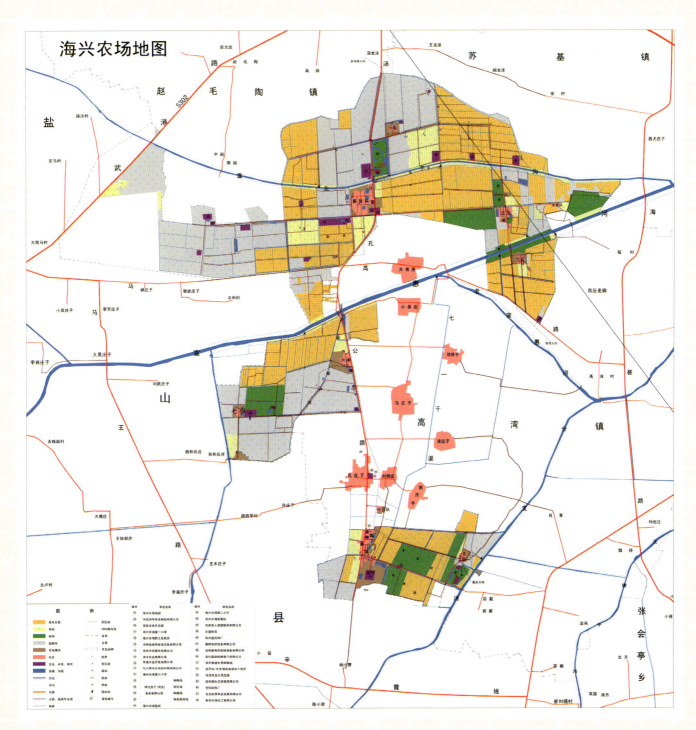

海兴农场地图

海兴农场地图

盐山县农场场长杨之金（后排右一）同沧县专区工作人到苗家洼实地勘查

1962年，盐山县农场党委书记赵洪岐召开夏季工作动员大会

1973年3月28日，海兴农场召开会议，党委书记张兴奎传达省委会议精神

1976年秋，海兴农场场长曲玉贤（右一）深入到各队与农场职工亲切交谈

1982年2月，海兴农场场长刘元兴召开农场实行承包责任制动员大会

1981年12月13日，时任沧州行署副秘书长、沧州农林局局长薛连东（前排右二）到海兴农场视察工作

1989年3月，海兴农场党委书记、场长韩丑清（左一）召开全场工作会议

2019年6月11日，场部办公楼建成搬迁后，邀请历届任职县农场、明泊洼农场
场级领导进行座谈茶话会

河北省农垦局副局长傅强（左一）来农场参加万亩冬枣园开园仪式

2017年8月4日，河北省委书记、省人大常委会主任赵克志（中）到海兴农场考察调研 ▮

2020年8月26日，河北省委书记、省人大常委会主任王东峰（左一）到海兴农场调研检查 ▮

2015年1月24日，农业部农垦局局长王守聪（前排左二）一行来海兴农场调研农垦改革情况

2019年5月1日，农业农村部农垦局局长邓庆海（左三）一行到我场调研农垦改革、现代农业建设和扶贫攻坚工作情况

2020年5月27日，河北省委农办主任、省农业农村厅党组书记、厅长王国发（前排左）一行到海兴农场调研农垦改革工作及现代农业建设

2014年1月21日，沧州市委书记商黎光（前排中）带领市重点项目观摩团到海兴农场进行观摩

2017年12月5日，沧州市委书记杨慧（前排左二）市长梅世彤（前排左三）率全市重点项目观摩团来海兴农场进行观摩 ■

2014年6月6日，河北省农垦局局长傅强（右一）来海兴农场视察高效节水灌溉项目 ■

2016年10月13日，河北省农垦局局长邓祥顺（右）来海兴农场进行考察调研

2017年8月29日，沧州市农牧局局长王玉印（右二）来海兴农场调研

2014年11月11日，海兴县县委书记贾兆军（前排中）到海兴农场调研

2016年8月25日，海兴县县委书记陈建（右一）到海兴农场调研

2016年8月11日，海兴县县长回永智（右二）陪同专家到海兴农场调研大花萱草培育项目

2019年9月18日至20日，河北省农垦现代农业园区培训班在海兴农场举行，来自全省农垦系统的80余人参加了此次培训

机械化作业

设施农业

中古辣木研究中心北方种植基地

中古辣木研究中心北方种植基地

全国最大柳树种质资源库

耐盐碱苗木基地

耐盐碱苗木基地 ■

景观苗木种植基地 ■

有机碱梨种植基地 ■

有机碱梨喜获丰收 ■

海兴农场有机碱梨 ■

海兴农场冬枣 ■

大棚草莓 ▮

金太阳杏 ▮

海兴农场特色农产品参加全国农展会 ▮

2008年10月8日，海兴农场举行冬枣开园仪式

有机山羊养殖

林下大鹅养殖

中央电视台农业频道《美丽中国乡村行》栏目到海兴农场拍摄专题片 ■

2018年11月7日，中央电视台农业频道播出 ▮
《美丽中国乡村行，乡村振兴看中国——海兴农场 跟着大鹅去寻宝》

规模化生猪养殖 ■

梅花鹿养殖 ■

2017年2月24日，海兴县重点项目集中开工活动在海兴农场举行

建设中的海兴农场食品园区

农光互补产业园

建设中的海兴农场养生养老基地 ■

2016年12月，海兴农场被河北省政府认定为省级现代农业园区 ■

2015年9月，海兴农场被河北省科技厅认定为省级农业科技园区 ■

新民居鸟瞰 ■

居民区广场 ■

海兴农场庆"三八"国际劳动妇女节文艺演出 ■

海兴农场小学庆"六一"文艺演出 ■

五、农场风貌

海兴农场场区鸟瞰 ◼

海兴农场场部鸟瞰图 ◼

春景醉人

景色迷人流连忘返

梨韵春梦　水润万物

明泊湖风光 ■

鸵鸟 ■

黑天鹅 ■

生态休闲基地 ■

场部夜景 ▮

新民居夜景1 ▮

新民居夜景2 ▮

农场一角（张炳贤 摄）

农场场部远景（张炳贤 摄）

元宵节文艺汇演（2006） ■

唱响新时代海兴农场践行十九大精神演唱会（2018） ■

"翰墨迎春"书法家走进海兴农场迎春送福活动（2018）

奋进新时代　筑梦新征程（2019）

中国农垦农场志丛编纂委员会

主 任

张桃林

副主任

左常升　邓庆海　李尚兰　陈邦勋　彭剑良　程景民　王润雷

成 员（按垦区排序）

马　辉　张庆东　张保强　薛志省　赵永华　李德海　麦　朝

王守聪　许如庆　胡兆辉　孙飞翔　王良贵　李岱一　赖金生

于永德　陈金剑　李胜强　唐道明　支光南　张安明　张志坚

陈孟坤　田李文　步　涛　余　繁　林　木　王　韬　魏国斌

巩爱岐　段志强　聂　新　高　宁　周云江　朱云生　常　芳

中国农垦农场志丛编纂委员会办公室

主 任

王润雷

副主任

陈忠毅　刘爱芳　武新宇　明　星

成 员

胡从九　李红梅　刘琢琬　闫保荣　王庆宁

中国农垦农场志

河北海兴农场志编纂委员会

主　　任

贾福利

副　主　任

李树松　吴金明　井树伟　董海峰

委　　员（按姓名笔画排序）

王东兴　刘月生　杜月华　杜景楠

李文超　李树楼　杨凌云　张桂义

秦晓寒　曹宗静　蒋秉权　褚　亭

编纂办公室主任

杜月华

河北海兴农场志编辑组

主　　编

杨学英

副　主　编

杜月华　李宝春

编写人员

杨学英　李宝春　王洪宇　黄平华

李希源　贾文科　丁平德　杜晓宇

中国农垦农场志丛自 2017 年开始酝酿，历经几度春秋寒暑，终于在建党 100 周年之际，陆续面世。在此，谨向所有为修此志作出贡献、付出心血的同志表示诚挚的敬意和由衷的感谢！

中国共产党领导开创的农垦事业，为中华人民共和国的诞生和发展立下汗马功劳。八十余年来，农垦事业的发展与共和国的命运紧密相连，在使命履行中，农场成长为国有农业经济的骨干和代表，成为国家在关键时刻抓得住、用得上的重要力量。

如果将农垦比作大厦，那么农场就是砖瓦，是基本单位。在全国 31 个省（自治区、直辖市，港澳台除外），分布着 1800 多个农垦农场。这些星罗棋布的农场如一颗颗玉珠，明暗随农垦的历史进程而起伏；当其融汇在一起，则又映射出农垦事业波澜壮阔的历史画卷，绽放着"艰苦奋斗、勇于开拓"的精神光芒。

（一）

"农垦"概念源于历史悠久的"屯田"。早在秦汉时期就有了移民垦荒，至汉武帝时创立军屯，用于保障军粮供应。之后，历代沿袭屯田这一做法，充实国库，供养军队。

中国共产党借鉴历代屯田经验，发动群众垦荒造田。1933 年 2 月，中华苏维埃共和国临时中央政府颁布《开垦荒地荒田办法》，规定"县区土地部、乡政府要马上调查统计本地所有荒田荒地，切实计划、发动群众去开荒"。到抗日战争时期，中国共产党大规模地发动军人进行农垦实践，肩负起支援抗战的特殊使命，农垦事业正式登上了历史舞台。

20 世纪 30 年代末至 40 年代初，抗日战争进入相持阶段，在日军扫荡和国民党军事包围、经济封锁等多重压力下，陕甘宁边区生活日益困难。"我们曾经弄到几乎没有衣穿，没有油吃，没有纸、没有菜，战士没有鞋袜，工作人员在冬天没有被盖。"毛泽东同志曾这样讲道。

面对艰难处境，中共中央决定开展"自己动手，丰衣足食"的生产自救。1939 年 2 月 2 日，毛泽东同志在延安生产动员大会上发出"自己动手"的号召。1940 年 2 月 10 日，中共中央、中央军委发出《关于开展生产运动的指示》，要求各部队"一面战斗、一面生产、一面学习"。于是，陕甘宁边区掀起了一场轰轰烈烈的大生产运动。

这个时期，抗日根据地的第一个农场——光华农场诞生了。1939 年冬，根据中共中央的决定，光华农场在延安筹办，生产牛奶、蔬菜等食物。同时，进行农业科学实验、技术推广，示范带动周边群众。这不同于古代屯田，开创了农垦示范带动的历史先河。

在大生产运动中，还有一面"旗帜"高高飘扬，让人肃然起敬，它就是举世闻名的南泥湾大生产运动。

1940 年 6—7 月，为了解陕甘宁边区自然状况、促进边区建设事业发展，在中共中央财政经济部的支持下，边区政府建设厅的农林科学家乐天宇等一行 6 人，历时 47 天，全面考察了边区的森林自然状况，并完成了《陕甘宁边区森林考察团报告书》，报告建议垦殖南泥洼（即南泥湾）。之后，朱德总司令亲自前往南泥洼考察，谋划南泥洼的开发建设。

1941 年春天，受中共中央的委托，王震将军率领三五九旅进驻南泥湾。那时，南泥湾俗称"烂泥湾","方圆百里山连山",战士们"只见梢林不见天",身边做伴的是满山窜的狼豹黄羊。在这种艰苦处境中,战士们攻坚克难,一手拿枪,一手拿镐,练兵开荒两不误,把"烂泥湾"变成了陕北的"好江南"。从1941—1944年,仅仅几年时间,三五九旅的粮食产量由0.12万石猛增到3.7万石,上缴公粮1万石,达到了耕一余一。与此同时,工业、商业、运输业、畜牧业和建筑业也得到了迅速发展。

南泥湾大生产运动,作为中国共产党第一次大规模的军垦,被视为农垦事业的开端,南泥湾也成为农垦事业和农垦精神的发祥地。

进入解放战争时期,建立巩固的东北根据地成为中共中央全方位战略的重要组成部分。毛泽东同志在1945年12月28日为中共中央起草的《建立巩固的东北根据地》中,明确指出"我党现时在东北的任务,是建立根据地,是在东满、北满、西满建立巩固的军事政治的根据地",要求"除集中行动负有重大作战任务的野战兵团外,一切部队和机关,必须在战斗和工作之暇从事生产"。

紧接着,1947年,公营农场兴起的大幕拉开了。

这一年春天,中共中央东北局财经委员会召开会议,主持财经工作的陈云、李富春同志在分析时势后指出:东北行政委员会和各省都要"试办公营农场,进行机械化农业实验,以迎接解放后的农村建设"。

这一年夏天,在松江省政府的指导下,松江省省营第一农场(今宁安农场)创建。省政府主任秘书李在人为场长,他带领着一支18人的队伍,在今尚志市一面坡太平沟开犁生产,一身泥、一身汗地拉开了"北大荒第一犁"。

这一年冬天,原辽北军区司令部作训科科长周亚光带领人马,冒着严寒风雪,到通北县赵光区实地踏查,以日伪开拓团训练学校旧址为基础,建成了我国第一个公营机械化农场——通北机械农场。

之后,花园、永安、平阳等一批公营农场纷纷在战火的硝烟中诞生。与此同时,一部分身残志坚的荣誉军人和被解放的国民党军人,向东北荒原宣战,艰苦拓荒、艰辛创业,创建了一批荣军农场和解放团农场。

再将视线转向华北。这一时期，在河北省衡水湖的前身"千顷洼"所在地，华北人民政府农业部利用一批来自联合国善后救济总署的农业机械，建成了华北解放区第一个机械化公营农场——冀衡农场。

除了机械化农场，在那个主要靠人力耕种的年代，一些拖拉机站和机务人员培训班诞生在东北、华北大地上，推广农业机械化技术，成为新中国农机事业人才培养的"摇篮"。新中国的第一位女拖拉机手梁军正是优秀代表之一。

（二）

中华人民共和国成立后农垦事业步入了发展的"快车道"。

1949 年 10 月 1 日，新中国成立了，百废待兴。新的历史阶段提出了新课题、新任务：恢复和发展生产，医治战争创伤，安置转业官兵，巩固国防，稳定新生的人民政权。

这没有硝烟的"新战场"，更需要垦荒生产的支持。

1949 年 12 月 5 日，中央人民政府人民革命军事委员会发布《关于 1950 年军队参加生产建设工作的指示》，号召全军"除继续作战和服勤务者而外，应当负担一部分生产任务，使我人民解放军不仅是一支国防军，而且是一支生产军"。

1952 年 2 月 1 日，毛泽东主席发布《人民革命军事委员会命令》："你们现在可以把战斗的武器保存起来，拿起生产建设的武器。"批准中国人民解放军 31 个师转为建设师，其中有 15 个师参加农业生产建设。

垦荒战鼓已擂响，刚跨进和平年代的解放军官兵们，又背起行囊，扑向荒原，将"作战地图变成生产地图"，把"炮兵的瞄准仪变成建设者的水平仪"，让"战马变成耕马"，在戈壁荒漠、三江平原、南国边疆安营扎寨，攻坚克难，辛苦耕耘，创造了农垦事业的一个又一个奇迹。

1. 将戈壁荒漠变成绿洲

1950 年 1 月，王震将军向驻疆部队发布开展大生产运动的命令，动员 11 万余名官兵就地屯垦，创建军垦农场。

垦荒之战有多难，这些有着南泥湾精神的农垦战士就有多拼。

没有房子住，就搭草棚子、住地窝子；粮食不够吃，就用盐水煮麦粒；没有拖拉机和畜力，就多人拉犁开荒种地⋯⋯

然而，戈壁滩缺水，缺"农业的命根子"，这是痛中之痛！

没有水，战士们就自己修渠，自伐木料，自制筐担，自搓绳索，自开块石。修渠中涌现了很多动人故事，据原新疆兵团农二师师长王德昌回忆，1951年冬天，一名来自湖南的女战士，面对磨断的绳子，情急之下，割下心爱的辫子，接上绳子背起了石头。

在战士们全力以赴的努力下，十八团渠、红星渠、和平渠、八一胜利渠等一条条大地的"新动脉"，奔涌在戈壁滩上。

1954年10月，经中共中央批准，新疆生产建设兵团成立，陶峙岳被任命为司令员，新疆维吾尔自治区党委书记王恩茂兼任第一政委，张仲瀚任第二政委。努力开荒生产的驻疆屯垦官兵终于有了正式的新身份，工作中心由武装斗争转为经济建设，新疆地区的屯垦进入了新的阶段。

之后，新疆生产建设兵团重点开发了北疆的准噶尔盆地、南疆的塔里木河流域及伊犁、博乐、塔城等边远地区。战士们鼓足干劲、兴修水利、垦荒造田、种粮种棉、修路架桥，一座座城市拔地而起，荒漠变绿洲。

2. 将荒原沼泽变成粮仓

在新疆屯垦热火朝天之时，北大荒也进入了波澜壮阔的开发阶段，三江平原成为"主战场"。

1954年8月，中共中央农村工作部同意并批转了农业部党组《关于开发东北荒地的农建二师移垦东北问题的报告》，同时上报中央军委批准。9月，第一批集体转业的"移民大军"——农建二师由山东开赴北大荒。这支8000多人的齐鲁官兵队伍以荒原为家，创建了二九○、二九一和十一农场。

同年，王震将军视察黑龙江汤原后，萌发了开发北大荒的设想。领命的是第五师副师长余友清，他打头阵，率一支先遣队到密山、虎林一带踏查荒原，于1955年元旦，在虎林县（今虎林市）西岗创建了铁道兵第一个农场，以部队番号命名为"八五○部农场"。

1955年，经中共中央同意，铁道兵9个师近两万人挺进北大荒，在密山、虎林、饶河一带开荒建场，拉开了向三江平原发起总攻的序幕，在八五○部农场周围建起了一批八字头的农场。

1958年1月，中央军委发出《关于动员十万干部转业复员参加生产建设的指示》，要求全军复员转业官兵去开发北大荒。命令一下，十万转业官兵及家属，浩浩荡荡进军三江平原，支边青年、知识青年也前赴后继地进攻这片古老的荒原。

垦荒大军不惧苦、不畏难，鏖战多年，荒原变良田。1964年盛夏，国家副主席董必武来到北大荒视察，面对麦香千里即兴赋诗："斩棘披荆忆老兵，大荒已变大粮屯。"

3. 将荒郊野岭变成胶园

如果说农垦大军在戈壁滩、北大荒打赢了漂亮的要粮要棉战役，那么，在南国边疆，则打赢了一场在世界看来不可能胜利的翻身仗。

1950年，朝鲜战争爆发后，帝国主义对我国实行经济封锁，重要战略物资天然橡胶被禁运，我国国防和经济建设面临严重威胁。

当时世界公认天然橡胶的种植地域不能超过北纬17°，我国被国际上许多专家划为"植胶禁区"。

但命运应该掌握在自己手中，中共中央作出"一定要建立自己的橡胶基地"的战略决策。1951年8月，政务院通过《关于扩大培植橡胶树的决定》，由副总理兼财政经济委员会主任陈云亲自主持这项工作。同年11月，华南垦殖局成立，中共中央华南分局第一书记叶剑英兼任局长，开始探索橡胶种植。

1952年3月，两万名中国人民解放军临危受命，组建成林业工程第一师、第二师和一个独立团，开赴海南、湛江、合浦等地，住茅棚、战台风、斗猛兽，白手起家垦殖橡胶。

大规模垦殖橡胶，急需胶籽。"一粒胶籽，一两黄金"成为战斗口号，战士们不惜一切代价收集胶籽。有一位叫陈金照的小战士，运送胶籽时遇到山洪，被战友们找到时已没有了呼吸，而背上箩筐里的胶籽却一粒没丢……

正是有了千千万万个把橡胶看得重于生命的陈金照们，1957年春天，华南垦殖局种植的第一批橡胶树，流出了第一滴胶乳。

1960年以后，大批转业官兵加入海南岛植胶队伍，建成第一个橡胶生产基地，还大面积种植了剑麻、香茅、咖啡等多种热带作物。同时，又有数万名转业官兵和湖南移民汇聚云南边疆，用血汗浇灌出了我国第二个橡胶生产基地。

在新疆、东北和华南三大军垦战役打响之时，其他省份也开始试办农场。1952年，在政务院关于"各县在可能范围内尽量地办起和办好一两个国营农场"的要求下，全国各地农场如雨后春笋般发展起来。1956年，农垦部成立，王震将军被任命为部长，统一管理全国的军垦农场和地方农场。

随着农垦管理走向规范化，农垦事业也蓬勃发展起来。江西建成多个综合垦殖场，发展茶、果、桑、林等多种生产；北京市郊、天津市郊、上海崇明岛等地建起了主要为城市提供副食品的国营农场；陕西、安徽、河南、西藏等省区建立发展了农牧场群……

到1966年，全国建成国营农场1958个，拥有职工292.77万人，拥有耕地面积345457公顷，农垦成为我国农业战线一支引人瞩目的生力军。

（三）

前进的道路并不总是平坦的。"文化大革命"持续十年，使党、国家和各族人民遭到新中国成立以来时间最长、范围最广、损失最大的挫折，农垦系统也不能幸免。农场平均主义盛行，从1967—1978年，农垦系统连续亏损12年。

"没有一个冬天不可逾越，没有一个春天不会来临。"1978年，党的十一届三中全会召开，如同一声春雷，唤醒了沉睡的中华大地。手握改革开放这一法宝，全党全社会朝着社会主义现代化建设方向大步前进。

在这种大形势下，农垦人深知，国营农场作为社会主义全民所有制企业，应当而且有条件走在农业现代化的前列，继续发挥带头和示范作用。

于是，农垦人自觉承担起推进实现农业现代化的重大使命，乘着改革开放的春风，开始进行一系列的上下求索。

1978年9月，国务院召开了人民公社、国营农场试办农工商联合企业座谈会，决定在我国试办农工商联合企业，农垦系统积极响应。作为现代化大农业的尝试，机械化水平较高且具有一定工商业经验的农垦企业，在农工商综合经营改革中如鱼得水，打破了单一种粮的局面，开启了农垦一二三产业全面发展的大门。

农工商综合经营只是农垦改革的一部分，农垦改革的关键在于打破平均主义，调动生产积极性。

为调动企业积极性，1979年2月，国务院批转了财政部、国家农垦总局《关于农垦企业实行财务包干的暂行规定》。自此，农垦开始实行财务大包干，突破了"千家花钱，一家（中央）平衡"的统收统支方式，解决了农垦企业吃国家"大锅饭"的问题。

为调动企业职工的积极性，从1979年根据财务包干的要求恢复"包、定、奖"生产责任制，到1980年后一些农场实行以"大包干"到户为主要形式的家庭联产承包责任制，再到1983年借鉴农村改革经验，全面兴办家庭农场，逐渐建立大农场套小农场的双层经营体制，形成"家家有场长，户户搞核算"的蓬勃发展气象。

为调动企业经营者的积极性，1984年下半年，农垦系统在全国选择100多个企业试点推行场（厂）长、经理负责制，1988年全国农垦有60%以上的企业实行了这项改革，继而又借鉴城市国有企业改革经验，全面推行多种形式承包经营责任制，进一步明确主管部门与企业的权责利关系。

以上这些改革主要是在企业层面，以单项改革为主，虽然触及了国家、企业和职工的最直接、最根本的利益关系，但还没有完全解决传统体制下影响农垦经济发展的深层次矛盾和困难。

"历史总是在不断解决问题中前进的。"1992年，继邓小平南方谈话之后，党的十四大明确提出，要建立社会主义市场经济体制。市场经济为农垦改革进一步指明了方向，但农垦如何改革才能步入这个轨道，真正成为现代化农业的引领者？

关于国营大中型企业如何走向市场，早在1991年9月中共中央就召开工作会议，强调要转换企业经营机制。1992年7月，国务院发布《全民所有制工业企业转换经营机制条例》，明确提出企业转换经营机制的目标是："使企业适应市场的要求，成为依法自主经营、自负盈亏、自我发展、自我约束的商品生产和经营单位，成为独立享有民事权利和承担民事义务的企业法人。"

为转换农垦企业的经营机制，针对在干部制度上的"铁交椅"、用工制度上的"铁饭碗"和分配制度上的"大锅饭"问题，农垦实施了干部聘任制、全员劳动合同制以及劳动报酬与工效挂钩的三项制度改革，为农垦企业建立在用人、用工和收入分配上的竞争机制起到了重要促进作用。

1993年，十四届三中全会再次擂响战鼓，指出要进一步转换国有企业经营机制，建立适应市场经济要求，产权清晰、权责明确、政企分开、管理科学的现代企业制度。

农业部积极响应，1994年决定实施"三百工程"，即在全国农垦选择百家国有农场进行现代企业制度试点、组建发展百家企业集团、建设和做强百家良种企业，标志着农垦企业的改革开始深入到企业制度本身。

同年，针对有些农场仍为职工家庭农场，承包户垫付生产、生活费用这一问题，根据当年1月召开的全国农业工作会议要求，全国农垦系统开始实行"四到户"和"两自理"，即土地、核算、盈亏、风险到户，生产费、生活费由职工自理。这一举措彻底打破了"大锅饭"，开启了国有农场农业双层经营体制改革的新发展阶段。

然而，在推进市场经济进程中，以行政管理手段为主的垦区传统管理体制，逐渐成为束缚企业改革的桎梏。

垦区管理体制改革迫在眉睫。1995年，农业部在湖北省武汉市召开全国农垦经济体制改革工作会议，在总结各垦区实践的基础上，确立了农垦管理体制的改革思路：逐步弱化行政职能，加快实体化进程，积极向集团化、公司化过渡。以此会议为标志，垦区管理体制改革全面启动。北京、天津、黑龙江等17个垦区按照集团化方向推进。此时，出于实际需要，大部分垦区在推进集团化改革中仍保留了农垦管理部门牌子和部分行政管理职能。

"前途是光明的，道路是曲折的。"由于农垦自身存在的政企不分、产权不清、社会负担过重等深层次矛盾逐渐暴露，加之农产品价格低迷、激烈的市场竞争等外部因素叠加，从1997年开始，农垦企业开始步入长达5年的亏损徘徊期。

然而，农垦人不放弃、不妥协，终于在2002年"守得云开见月明"。这一年，中共十六大召开，农垦也在不断调整和改革中，告别"五连亏"，盈利13亿。

2002年后，集团化垦区按照"产业化、集团化、股份化"的要求，加快了对集团母公司、产业化专业公司的公司制改造和资源整合，逐步将国有优质资产集中到主导产业，进一步建立健全现代企业制度，形成了一批大公司、大集团，提升了农垦企业的核心竞争力。

与此同时，国有农场也在企业化、公司化改造方面进行了积极探索，综合考虑是否具备企业经营条件、能否剥离办社会职能等因素，因地制宜、分类指导。一是办社会职能可以移交的农场，按公司制等企业组织形式进行改革；办社会职能剥离需要过渡期的农场，逐步向公司制企业过渡。如广东、云南、上海、宁夏等集团化垦区，结合农场体制改革，打破传统农场界限，组建产业化专业公司，并以此为纽带，进一步将垦区内产业关联农场由子公司改为产业公司的生产基地（或基地分公司），建立了集团与加工企业、农场生产基地间新的运行体制。二是不具备企业经营条件的农场，改为乡、镇或行政区，向政权组织过渡。如2003年前后，一些垦区的部分农场连年严重亏损，有的甚至濒临破产。湖南、湖北、河北等垦区经省委、省政府批准，对农场管理体制进行革新，把农场管理权下放到市县，实行属地管理，一些农场建立农场管理区，赋予必要的政府职能，给予财税优惠政策。

这些改革离不开农垦职工的默默支持，农垦的改革也不会忽视职工的生活保障。1986年，根据《中共中央、国务院批转农牧渔业部〈关于农垦经济体制改革问题的报告〉的通知》要求，农垦系统突破职工住房由国家分配的制度，实行住房商品化，调动职工自己动手、改善住房的积极性。1992 年，农垦系统根据国务院关于企业职工养老保险制度改革的精神，开始改变职工养老保险金由企业独自承担的局面，此后逐步建立并完善国家、企业、职工三方共同承担的社会保障制度，减轻农场养老负担的同时，也减少了农场职工的后顾之忧，保障了农场改革的顺利推进。

从 1986 年至十八大前夕，从努力打破传统高度集中封闭管理的计划经济体制，到坚定社会主义市场经济体制方向；从在企业层面改革，以单项改革和放权让利为主，到深入管理体制，以制度建设为核心、多项改革综合配套协调推进为主：农垦企业一步一个脚印，走上符合自身实际的改革道路，管理体制更加适应市场经济，企业经营机制更加灵活高效。

这一阶段，农垦系统一手抓改革，一手抓开放，积极跳出"封闭"死胡同，走向开放的康庄大道。从利用外资在经营等领域涉足并深入合作，大力发展"三资"企业和"三来一补"项目；到注重"引进来"，引进资金、技术设备和管理理念等；再到积极实施"走出去"战略，与中东、东盟、日本等地区和国家进行经贸合作出口商品，甚至扎根境外建基地、办企业、搞加工、拓市场：农垦改革开放风生水起逐浪高，逐步形成"两个市场、两种资源"的对外开放格局。

(四)

党的十八大以来，以习近平同志为核心的党中央迎难而上，作出全面深化改革的决定，农垦改革也进入全面深化和进一步完善阶段。

2015 年 11 月，中共中央、国务院印发《关于进一步推进农垦改革发展的意见》（简称《意见》），吹响了新一轮农垦改革发展的号角。《意见》明确要求，新时期农垦改革发展要以推进垦区集团化、农场企业化改革为主线，努力把农垦建设成为保障国家粮食安全和重要农产品有效供给的国家队、中国特色新型农业现代化的示范区、农业对外合作的排头兵、安边固疆的稳定器。

2016 年 5 月 25 日，习近平总书记在黑龙江省考察时指出，要深化国有农垦体制改革，以垦区集团化、农场企业化为主线，推动资源资产整合、产业优化升级，建设现代农业大基地、大企业、大产业，努力形成农业领域的航母。

2018 年 9 月 25 日，习近平总书记再次来到黑龙江省进行考察，他强调，要深化农垦体制改革，全面增强农垦内生动力、发展活力、整体实力，更好发挥农垦在现代农业建设中的骨干作用。

农垦从来没有像今天这样更接近中华民族伟大复兴的梦想！农垦人更加振奋了，以壮士断腕的勇气、背水一战的决心继续农垦改革发展攻坚战。

1. 取得了累累硕果

——坚持集团化改革主导方向，形成和壮大了一批具有较强竞争力的现代农业企业集团。黑龙江北大荒去行政化改革、江苏农垦农业板块上市、北京首农食品资源整合……农垦深化体制机制改革多点开花、逐步深入。以资本为纽带的母子公司管理体制不断完善，现代公司治理体系进一步健全。市县管理农场的省份区域集团化改革稳步推进，已组建区域集团和产业公司超过 300 家，一大批农场注册成为公司制企业，成为真正的市场主体。

——创新和完善农垦农业双层经营体制，强化大农场的统一经营服务能力，提高适度规模经营水平。截至 2020 年，据不完全统计，全国农垦规模化经营土地面积 5500 多万亩，约占农垦耕地面积的 70.5%，现代农业之路越走越宽。

——改革国有农场办社会职能，让农垦企业政企分开、社企分开，彻底甩掉历史包袱。截至 2020 年，全国农垦有改革任务的 1500 多个农场完成办社会职能改革，松绑后的步伐更加矫健有力。

——推动农垦国有土地使用权确权登记发证，唤醒沉睡已久的农垦土地资源。截至 2020 年，土地确权登记发证率达到 96.3%，使土地也能变成金子注入农垦企业，为推进农垦土地资源资产化、资本化打下坚实基础。

——积极推进对外开放，农垦农业对外合作先行者和排头兵的地位更加突出。合作领域从粮食、天然橡胶行业扩展到油料、糖业、果菜等多种产业，从单个环节向全产业链延伸，对外合作范围不断拓展。截至 2020 年，全国共有 15 个垦区在 45 个国家和地区投资设立了 84 家农业企业，累计投资超过 370 亿元。

2. 在发展中改革，在改革中发展

农垦企业不仅有改革的硕果，更以改革创新为动力，在扶贫开发、产业发展、打造农业领域航母方面交出了漂亮的成绩单。

——聚力农垦扶贫开发，打赢农垦脱贫攻坚战。从 20 世纪 90 年代起，农垦系统开始扶贫开发。"十三五"时期，农垦系统针对 304 个重点贫困农场，绘制扶贫作战图，逐个建立扶贫档案，坚持"一场一卡一评价"。坚持产业扶贫，组织开展技术培训、现场观摩、产销对接，增强贫困农场自我"造血"能力。甘肃农垦永昌农场建成高原夏菜示范园区，江西宜丰黄冈山垦殖场大力发展旅游产业，广东农垦新华农场打造绿色生态茶园……贫困农场产业发展蒸蒸日上，全部如期脱贫摘帽，相对落后农场、边境农场和生态脆弱区农场等农垦"三场"踏上全面振兴之路。

——推动产业高质量发展，现代农业产业体系、生产体系、经营体系不断完善。初步建成一批稳定可靠的大型生产基地，保障粮食、天然橡胶、牛奶、肉类等重要农产品的供给；推广一批环境友好型种养新技术、种养循环新模式，提升产品质量的同时促进节本增效；制定发布一系列生鲜乳、稻米等农产品的团体标准，守护"舌尖上的安全"；相继成立种业、乳业、节水农业等产业技术联盟，形成共商共建共享的合力；逐渐形成"以中国农垦公共品牌为核心、农垦系统品牌联合舰队为依托"的品牌矩阵，品牌美誉度、影响力进一步扩大。

——打造形成农业领域航母，向培育具有国际竞争力的现代农业企业集团迈出坚实步伐。黑龙江北大荒、北京首农、上海光明三个集团资产和营收双超千亿元，在发展中乘风破浪：黑龙江北大荒农垦集团实现机械化全覆盖，连续多年粮食产量稳定在 400 亿斤以上，推动产业高端化、智能化、绿色化，全力打造"北大荒绿色智慧厨房"；北京首农集团坚持科技和品牌双轮驱动，不断提升完善"从田间到餐桌"的全产业链条；上海光明食品集团坚持品牌化经营、国际化发展道路，加快农业

"走出去"步伐，进行国际化供应链、产业链建设，海外营收占集团总营收20％左右，极大地增强了对全世界优质资源的获取能力和配置能力。

千淘万漉虽辛苦，吹尽狂沙始到金。迈入"十四五"，农垦改革目标基本完成，正式开启了高质量发展的新篇章，正在加快建设现代农业的大基地、大企业、大产业，全力打造农业领域航母。

（五）

八十多年来，从人畜拉犁到无人机械作业，从一产独大到三产融合，从单项经营到全产业链，从垦区"小社会"到农业"集团军"，农垦发生了翻天覆地的变化。然而，无论农垦怎样变，变中都有不变。

——不变的是一路始终听党话、跟党走的绝对忠诚。从抗战和解放战争时期垦荒供应军粮，到新中国成立初期发展生产、巩固国防，再到改革开放后逐步成为现代农业建设的"排头兵"，农垦始终坚持全面贯彻党的领导。而农垦从孕育诞生到发展壮大，更离不开党的坚强领导。毫不动摇地坚持贯彻党对农垦的领导，是农垦人奋力前行的坚强保障。

——不变的是服务国家核心利益的初心和使命。肩负历史赋予的保障供给、屯垦戍边、示范引领的使命，农垦系统始终站在讲政治的高度，把完成国家战略任务放在首位。在三年困难时期、"非典"肆虐、汶川大地震、新冠肺炎疫情突发等关键时刻，农垦系统都能"调得动、顶得上、应得急"，为国家大局稳定作出突出贡献。

——不变的是"艰苦奋斗、勇于开拓"的农垦精神。从抗日战争时一手拿枪、一手拿镐的南泥湾大生产，到新中国成立后新疆、东北和华南的三大军垦战役，再到改革开放后艰难但从未退缩的改革创新、坚定且铿锵有力的发展步伐，"艰苦奋斗、勇于开拓"始终是农垦人不变的本色，始终是农垦人攻坚克难的"传家宝"。

农垦精神和文化生于农垦沃土，在红色文化、军旅文化、知青文化等文化中孕育，也在一代代人的传承下，不断被注入新的时代内涵，成为农垦事业发展的不竭动力。

"大力弘扬'艰苦奋斗、勇于开拓'的农垦精神，推进农垦文化建设，汇聚起推动农垦改革发展的强大精神力量。"中央农垦改革发展文件这样要求。在新时代、新征程中，记录、传承农垦精神，弘扬农垦文化是农垦人的职责所在。

（六）

随着垦区集团化、农场企业化改革的深入，农垦的企业属性越来越突出，加之有些农场的历史资料、文献文物不同程度遗失和损坏，不少老一辈农垦人也已年至期颐，农垦历史、人文、社会、文化等方面的保护传承需求也越来越迫切。

传承农垦历史文化，志书是十分重要的载体。然而，目前只有少数农场编写出版过农场史志类书籍。因此，为弘扬农垦精神和文化，完整记录展示农场发展改革历程，保存农垦系统重要历史资料，在农业农村部党组的坚强领导下，农垦局主动作为，牵头组织开展中国农垦农场志丛编纂工作。

工欲善其事，必先利其器。2019 年，借全国第二轮修志工作结束、第三轮修志工作启动的契机，农业农村部启动中国农垦农场志丛编纂工作，广泛收集地方志相关文献资料，实地走访调研、拜访专家、咨询座谈、征求意见等。在充足的前期准备工作基础上，制定了中国农垦农场志丛编纂工作方案，拟按照前期探索、总结经验、逐步推进的整体安排，统筹推进中国农垦农场志丛编纂工作，这一方案得到了农业农村部领导的高度认可和充分肯定。

编纂工作启动后，层层落实责任。农业农村部专门成立了中国农垦农场志丛编纂委员会，研究解决农场志编纂、出版工作中的重大事项；编纂委员会下设办公室，负责志书编纂的具体组织协调工作；各省级农垦管理部门成立农场志编纂工作机构，负责协调本区域农场志的组织编纂、质量审查等工作；参与编纂的农场成立了农场志编纂工作小组，明确专职人员，落实工作经费，建立配套机制，保证了编纂工作的顺利进行。

质量是志书的生命和价值所在。为保证志书质量，我们组织专家编写了《农场志编纂技术手册》，举办农场志编纂工作培训班，召开农场志编纂工作推进会和研讨会，到农场实地调研督导，尽全力把好志书编纂的史实关、政治关、体例关、文字关和出版关。我们本着"时间服从质量"的原则，将精品意识贯穿编纂工作始终。坚持分步实施、稳步推进，成熟一本出版一本，成熟一批出版一批。

中国农垦农场志丛是我国第一次较为系统地记录展示农场形成发展脉络、改革发展历程的志书。它是一扇窗口，让读者了解农场，理解农垦；它是一条纽带，让农垦人牢记历史，让农垦精神代代传承；它是一本教科书，为今后农垦继续深化改革开放、引领现代农业建设、服务乡村振兴战略指引道路。

修志为用。希望此志能够"尽其用"，对读者有所裨益。希望广大农垦人能够从此志汲取营养，不忘初心、牢记使命，一茬接着一茬干、一棒接着一棒跑，在新时代继续发挥农垦精神，续写农垦改革发展新辉煌，为实现中华民族伟大复兴的中国梦不懈努力！

中国农垦农场志丛编纂委员会

2021 年 7 月

河北海兴农场志

HEBEI HAIXING NONGCHANGZHI

序 言

在庆祝中国共产党成立 100 周年之际，《河北海兴农场志》历经三载，付梓出版，可庆可贺。

农场始建于 1948 年，扩建于 1957 年。东临渤海，南接齐鲁，北望京津，与黄骅大港毗邻。这里有着一望无际的广阔田野，有满目翠绿的森林公园，有闻名退迩的果品基地，有畜禽满园的林下养殖。2016 年 11 月，海兴农场被认定为河北省现代农业园区。古往今来，有多少仁人志士为保卫这块土地跃马挥戈，有多少农垦战士为开拓这块土地披荆斩棘，有多少领导为建设这块土地呕心沥血。吃水不忘挖井人，前进不忘来时路，在《河北海兴农场志》出版之际，谨向为农场建设和发展做出贡献的同志致以崇高的敬意。

今人温故，后人知今。翻开《河北海兴农场志》，回首走过的沧桑岁月，万千感慨。当年我们的农垦前辈响应党的号召，怀揣着梦想，在这"斥卤不毛"的茫茫大洼，风餐露宿，战天斗地，用勤劳的双手垦荒拓田。他们吃在地、睡在洼，用实干践行初心，用奉献彰显使命。一代一代的农垦人，继承先辈艰苦创业的拓荒精神，筚路蓝缕，接续奋斗。辛勤耕耘、兴修水利、改造农田、发展生产，逐步摆脱贫穷与落后。1978 年改革开放以后，勤劳智慧的农场人民遵循党的改革开放政策，在历届党委的带领下，立足场情搞建设，打开场门搞开放，坚持以工促农、项目立场，以良好的投资环境，吸引了八方宾客前来投资，民营工业项目纷纷在这片热土上落地生根，使得饱经沧桑的农场在改革中崛起，在奋进中发展。特别是党的十八大以来，坚持以人民为中心的发展理念，调结构、建新居、造园林、惠民生，着力打造"一园一区四大产业基地"，使经济水平逐年攀升，人民生活不断提高，场区面貌日新月异。昔日荒凉的盐碱滩，而今沧桑巨变：绿林绘大地，高楼拔地起，生态又宜居，垦区百业兴，果蔬满园香。《河北海兴农场志》如实地记载了农场从建起来、富起来，再到强起来的发展历程，是一部感人至深的农场奋斗史。通过今昔对比，更加激发人们热爱党、热爱祖国和家乡的感情，牢记使命，握紧发展接力棒，走好脚下"长征路"。

纵览《河北海兴农场志》全书，共 15 编，本志坚持以习近平新时代中国特色社会主义思想为指导，以档案、史料为主要依据，用"文、图并茂，表、传兼有"等形式，再现了建场以来 70 余年的历史画卷，承载了继续前行的宝贵经验。握卷在手，农场发展历历在目。它不仅是研究农场历史的百科全书，更是一部向广大人民群众进行"不忘初心，牢记使命"主题教育的"乡土教材"，愿广大读者从中获取教益，受到启迪，以志为鉴，站在新的历史起点上，加满油，鼓足劲，沿着新时代中国特色社会主义道路砥砺前行，用奉献与奋斗续写海兴农场新的辉煌。

河北省国营海兴农场党委书记、场长　贾福利

2021 年 4 月 20 日

河北海兴农场志

HEBEI HAIXING NONGCHANGZHI

凡例

一、本志以马列主义、毛泽东思想、习近平新时代中国特色社会主义思想为指导，实事求是地记述海兴农场建立以来的自然和社会发展面貌，突出农场的特点，力求达到思想性、科学性和资料性的统一。

二、本志时限上起于 1948 年，下止于 2019 年。为求纪事本末，有些内容不受上、下限时间限制。

三、本志体裁以志为主，述、记、志、传、图、表、录并用，按类立志，横排竖写。本书中还附有表格和史实照片，以求图文并茂，增强志书的可读性。

五、本志共分为自然环境、农业、工业、经济管理、社会事务管理、基础设施建设、人物等 15 编。另设序言、凡例、概述、大事记和附录。

六、本志资料来源于各部门撰写的专业志以及档案、报刊、历年本场主要领导的工作报告、讲话、文章及口述资料等。

七、本志所有统计表的数据主要来源于海兴县统计局历年编印的《统计资料汇编》《统计年鉴》和河北省农垦部门的统计公报，有的来源于海兴农场档案室和海兴县档案馆等单位保管的档案资料，极少数反映人民生活等情况的数据为调查所得。统计报表的数据来源一般不注明出处。

八、姓名、机构、单位、官职均沿用历史习惯称呼，如志书中的中共河北省委员会、河北省人民政府，均未冠全称，一律称河北省委、河北省政府。中共海兴县委员会、海兴县人民政府也一律简称为海兴县委、海兴县政府。

九、计量单位一般使用汉字，少数地方从行业习惯使用计量符号；长度、重量、体积单位一律用公制；以人民币为货币计量单位，一般用万元、元；尊重多数读者的阅读习惯，全志对"亩"不做统一换算（页下做注）。

十、本志为中华人民共和国成立前参加革命的已故场级领导干部立传。农场领导、劳模、县级及行业系统劳模和各类标兵则载入人物名录。

十一、本书中的"现在""现有"，除具体文件中外，特指 2019 年。

中国农垦农场志

目 录

第一编 自然环境

第二编　建置　区划

第三编　农场党组织

第四编　行　　政

第五编　农　　业

第六编　工　　业

第七编　经济管理

第八编　社会事务管理

第九编 基础设施建设

第十编 教育 卫生 科技 气象

第十一编　文化　体育

第十二编　人民团体　国防教育

第十三编 人 口

第十四编 人 物

中国农垦农场志

概　　述

　　河北省国营海兴农场位于美丽的渤海之滨，南隔漳卫新河，与山东省无棣县相望，西与盐山县接壤，北靠黄骅市，与黄骅大港相邻，位于海兴县城西南部8公里处，是京津通往东部沿海的交通要冲，即将动工兴建的津潍高速铁路和邯港高速公路穿越本场，区位优势日渐显现，交通、通信条件便利。现辖7个农业队，8个居民点，总人口5337人，土地面积6.9万亩。农场场部坐落在原明泊洼区域，是全场的政治、经济、文化中心。

一

　　海兴农场所在区域历史悠久。大约在7000年前，就有人类在这里繁衍生息。海兴农场场域在清代末年属盐山县东区高湾铺，民国初期沿清末不变，抗日战争前属盐山县东区、五区，抗日战争时期先后属盐山县第三区（高湾区）、第二区。1945年9月，盐山县城解放以后，先后属靖远县小营区（五区）、盐山县五区。1948年3月，沧南专署根据山东省渤海区推广农业机械种植的要求，在靖远县（盐山县）城南杨庄建立农场。1949年2月，将杨庄农场迁至大韩庄，建立试验农场，时属山东省德州专区管辖。1952年10月，农场随盐山县由山东德州专区划入河北省沧县专区。1956年12月4日，沧州专区与盐山县人民委员会制定了《苗家洼建场规划》，即现在的农场所在地。该规划于1957年1月6日正式完成，规划土地面积9799亩，建场总投资103万元。扩建工作拉开帷幕后，场部由大韩庄农场陆续迁至现今所在地，改称为盐山县农场。1958年，先后归天津市农垦局、孟村、盐山县所辖。1959年11月，孔庄子等11个相邻村并入农场，形成国营和集体两种所有制。1961年6月隶属沧州专区领导。1965年6月海兴县建立，归海兴县管辖，改名为"国营海兴农场"，其中所辖三个村随区划归盐山县。1984年4月归沧州专区农林局管辖，同年6月，将所辖8个村从农场划出，新建孔庄子乡。1989年4月重归海兴县管辖，1991年1月与明泊洼农场合并，称"河北省国营海兴农场"。

　　域内地理坐标为：北纬37°56′10″至38°17′33″；东经117°18′33″至117°58′09″。因位于北半球中纬度至欧亚大陆东岸，属于暖温带季风型大陆性气候。四季分明，光照充足，特征鲜明。具有春旱、夏涝、秋吊、冬干燥的特征。年均降雨量 622 毫米，日照数 2733 小时，日照率 63％，有效积温 4324 小时，年平均气温 12.1℃。初霜期在 10 月 24 日，终霜期在 3 月 31 日前，年无霜期 200～208 天。

二

海兴农场经济较长时间以农业为主。农作物主要有小麦、玉米、高粱、谷子、棉花。扩建农场之初，千里荒原、洼淀滩涂和寸草不生的盐碱土地就是海兴农场创业者的"主战场"。1957 年春，480 名开路先锋向荒原挺进，向盐碱地"宣战"。没有牲畜和车辆，就靠手提、肩挑；没有农机设备，就凭一双手、一把镐、一张锨；他们吃在地里，睡在洼上，发扬拓荒牛精神开荒垦地。当年开荒 6000 亩，播种 9000 亩，收粮 26 万斤[①]。1958 年收成增到 82 万斤。随之而来的"三年困难时期"，农业生产损失惨重。1961 年农场粮食产量仅 10 万斤，亩产 11.4 斤，为农场成立迄今产粮最低的年份。干部职工、群众自力更生，艰苦创业。1965 年在严重干旱的情况下，粮食产量实现了"双增双超"，总产量达到 130 万斤，亩产 137 斤，创历史最高，为国家贡献商品粮 70 万斤。20 世纪 70 年代，农场人坚持自力更生、艰苦奋斗、大干快上，在荆棘的土地上开垦出一块块沃野良田。1978 年农业生产获得了前所未有的好收成，粮食总产量 176.94 万斤。1982 年，实行农业改革，兴办家庭农场，落实家庭联产承包责任制，逐步调整农业产业结构。在发展粮食生产的同时，大力发展枣粮间作 1 万亩、冬枣嫁接 5000 亩，种植棘梨 1600 株，种植苹果树 1200 亩。2003 年 4 月完成"三田制"（口粮田、劳保田、商品田）改革，把耕地规模优势向农业产业化优势转变。2013 年棉花产量 5958 吨，居河北省农垦企业第一位。建成 1000 亩北方辣木基地、2.7 万亩花卉苗木基地、4700 亩优质林果基地 46 座果蔬温室大棚；2015 年先后与河北省农林科学院、河北农业大学、南京农业大学合作，投资 4000 万元，采用篱壁式种植模式种植有机梨 2000 亩，亩产达 3500 斤，"海兴碱梨"获得地理标志商标认证，先后打入北京、天津、石家庄等地市场，供不应求。不断培育壮大农业休闲旅游产业，年接待客流量约计 3.6 万人次。2016 年 12 月份被河北省政府认定为省级现代农业园区。

农场扩建之初，茫茫大洼，只有红荆。1958 年首次在这块土地上开展植树造林 200 亩。1960 年农场广泛发动群众进行"四旁"植树 8640 亩，由于地碱水咸，成活率较低。

---

① 斤为非法定计量单位，1 斤＝500 克。——编者注

1979 年 3 月 12 日，在新中国第一个植树节，1200 人参加义务植树，种植刺槐、柳树 5000 株。进入 21 世纪，农场积极落实上级相关林业产业政策，鼓励辖区职工退耕造林，先后多次开展大规模植树造林活动。到 2009 年，植树造林面积已达到 1.4 万亩，栽植防风抗碱树木 11.8 万株。2012 年以来，农场围绕建设"绿色、生态"农场，多次实施"绿色攻坚行动"。至 2019 年，绿化总面积 4.9 万亩，绿化率 71%。海兴农场人在昔日的"黄沙遮天日、飞鸟无栖树"的荒漠碱地上创造了"荒原变林海"的伟大成就。

农场从 1950 年开始饲养大家畜，1955 年起饲养小家畜，1959 年作为国家出口畜禽生产的重要基地，饲养总量达到 2469 头（只）。1960 年代由于严重的自然灾害，畜牧业发展徘徊不前。80 年代起，农场采取了一系列鼓励扶持发展畜禽养殖措施。1998 年存栏肉牛 800 头、羊 4500 只。到 2019 年，先后引进了博远农牧公司、华信公司、阿戈热乐公司、河南牧原公司等 15 家养殖企业，依托龙头企业带动发展养殖户 200 家。2017 年发展林下养殖 7000 亩，饲养总量达 18 万头（只）。投资 2500 万养殖的 2000 只有机山羊通过有机食品认证，并注册"嘉景"商标。养殖品种由传统的猪、牛、羊向有机山羊、黑猪、特色肉鸡、大雁、鹅、山鸡等高附加值产品拓展，实现了畜牧业产业发展从小到大，从附属到主导，从简单再生产到产业化的跨越式发展。

海兴农场农田水利建设始于 20 世纪 50 年代末期的"一垦三改"，1963 年的特大洪水以后，重点转移到大规模农田水利基本建设。利用冬春两季，采用人海战术，凭着独轮车、土筐和铁锹，进行"排、灌、改、台"综合治理。到 1965 年末，修造台、条、园田 13070 亩，开挖排水干渠 42 条，动土 75 万立方米。20 世纪 70 年代初期，农田水利基本建设再掀高潮，倾全场之力开挖建设了长 14 华里[①]的"七一"排灌干渠。20 世纪 80 年代初期，修造台、条田 4000 亩，开挖、疏通沟渠 13 条，坑塘 7 个，动土 28 万立方米。1987—1996 年，兴建闸、涵、隧、洞等水利工程 55 处，开挖、清淤排灌沟渠 107 条，建扬水站两座，长 100 米的宣河桥 1 座，扩大水浇地面积 1 万亩[②]。21 世纪以来，铺设地下管道 9100 亩，安装喷灌 1500 亩，开挖面积 1.2 万亩的水库两座，复耕中低产土地面积 7800 亩，打深井 5 眼，铺设地下管道 1.5 万米，新建排水涵洞 13 座，开挖排水沟 6.2 万米，增加水浇地面积 2.4 万亩。"十三五"期间，在常规水利工程建设的基础上，围绕生态建设积极推行沟渠联网，利用"一事一议"，采取以奖代补等方式修建各队农田排水沟约计 2.8 万米，铺设地下防渗管道 5884 米，出水口 100 个，修建扬水站 12 座，排水涵洞 9 座。2017 年 11 月，投资 300 万元，完成开挖湖面面积为 3697 平方米、湖深 3.5 米的明泊湖。经过几十年的不懈努力，基本建成了

---

① 华里为非法定计量单位，1 华里=500 米。
② 亩为非法定计量单位，1 亩≈667 平方米。——编者注

设施配套,功能齐全的机电排灌设施及农田水利工程体系。农业抗御自然灾害的能力大大增强。

三

农场工业发展经历了从无到有、从小到大。1949年5月成立染布作坊,此为农场工业开端。1959年相继成立了酒厂、修配厂、铁木社、被服厂、缝纫厂5家小作坊企业。1968年2月建立首家工业企业弹簧厂,到1969年工业年产值突破48万元,盈利20万元。1970年代,先后组建了油化厂、纺织厂、绣花厂、五金交电厂、副食品加工厂、皮鞋厂等工副业。1987年以来,农场深化经济体制改革,走以工促农之路,工业生产有了较快发展,到1995年连续9年盈利,全场17家企业总产值4204万元,成为农场经济的重要支柱。农场工业产品100余种,主要有内外胎、氧化锌、电线、电阻器、变阻器、线圈、弹簧、弯头、三通、毛巾、袜子、编织袋、印刷品等。其中橡胶厂生产的18个型号的内外胎产品质量达到部颁标准。开关厂生产的电阻器、遥控器行销全国,打入国际市场。20世纪90年代末,由于市场发生变化,农场工业企业举步维艰。

21世纪初,海兴农场采取股份制改造、拍卖出售、股权转让等形式进行工业企业改制,对破产企业进行资产清理评估和产权界定。此后,海兴农场加大招商引资力度,不断地出台招商引资优惠政策。先后引进了体育器材、电器、化工、铸造、编织等不同行业的工业项目。2011年,全场工业产值4300万元。2014年,农场在西点建高新产业园区,为工业企业的发展搭建了良好的平台。12家从事光伏发电、风力发电、保温材料、塑料制品、针织品、农产品深加工、新型建材等的工业企业在这里落户。2019年,工业总产值26684万元。

海兴农场内陆路形成较晚。"弯弯路,疙瘩道,桥桥都有惊叹号"是昔日农场交通状况的真实写照。1959年5月至1961年11月,农场与明泊洼共同投资修建了第一条外联土公路"黄—孔"公路。1982年"明—孔"公路建成通车。1989年铺设场内柏油路。1991年将"明—孔"公路进行翻修改造为柏油路面,全长12.5公里。2004年队队通工程全面完成。修通了农场各队路段5条,总长11公里,改变了农场职工出行困难的历史。农场围绕城乡一体化建设,突出"依路兴场",不断加大资金投入。2010—2018年,先后铺筑域内柏油公路总里程75540米,改造拓宽柏油路总里程18000米,形成了横穿东西,南北贯通,纵横交错,四通八达的交通网络。

海兴农场电力事业起始于20世纪70年代。1971年10月,农场自筹资金架设高压线路 7000 米，创农场内用电开端。1972 年，海兴县第一座 35kV（千伏）变电站建成，农场作为全县第一批单位实现了供电照明。1986 年，由国家投资架设高湾站至农场各队 10kV（千伏）输电线，长 28 公里。2003 年 3 月，农电网改造工程竣工，完成场辖 8 个农业队、10 个居民点简易电网改造，架设输电线路 7 公里。至 2019 年，总容量增加到 22220kVA（千伏安）。其中，海兴农场高孔线有配电变压器 33 台，总容量 9125kVA（千伏安）；海兴农场照明线有配电变压器 83 台，总容量 13095kVA（千伏安）。1957 年，安装了连接盐山县邮电局的第一部磁石式手摇电话机。1965 年 7 月开辟了农场与海兴县城自行车寄邮线路。改革开放后，通讯事业有了较快的发展。1990 年 6 月，农场开通自动程控电话，固定电话开始进入职工家庭，很多人还配备了手提电话和寻呼机。进入 21 世纪，数字移动通信和互联网发展迅猛。至 2013 年，无线网络覆盖全场。

农场推进城乡一体化建设。2003 年以来，海兴农场不断加大对小城镇建设投资，兴建学校、医院、行政办公楼、公路、繁商兴城一条街等公共设施，城镇功能日益完善。2012 年以来，农场围绕打造"绿色生态、和谐宜居、美丽富饶"的现代化农场，先后实施了路网、安居、公益事业、环境整治、新居民区、文化广场建设等惠及民生的工程。以改路、改水、改厕、垃圾集中处理为重点，以绿化、亮化、硬化、美化为目标，大力实施农场面貌改造提升工程。2013 年开展"四清四化"，拆除危房 187 间，填平坑洼动土 1800 余立方米，安装路灯 400 余盏，配置垃圾桶 30 个，新建公厕 10 座。投资 1.8 亿元规划建设了占地面积 500 亩、可容纳 1 万人居住的居民新区"农垦人家"。截至 2019 年，新建楼房 320 户，新建及迁建扶贫房 115 户，维修加固 386 户。一座宜居宜业的现代化新城正在快速崛起，大力实施"蓝天""碧水""净土"行动。

四

教育、卫生、科技、文化事业起步晚发展快。1959 年，农场办起了"半耕半读"学校。1964 年改为"耕读小学"。1969 年建立了第一所中学。2003 年，农场筹资新建中心小学一所。2014 后，在南北区相继建立了高标准的学校，图书室、学生食堂、标准化操场以及多媒体教学设施齐备。一批又一批的学子从这里走进全国大中专院校接受高等教育，成为各条战线上的栋梁之材。

1958 年农场成立了简陋的卫生所，担负着场内干部职工和相邻 12 个自然村的医疗服务。半个世纪以来，农场不断投入资金改善医疗卫生环境，公共卫生基础设施逐步得到了改善。2010 年，农场投资 346 万元兴建职工医院，购置了多种现代化医疗设备，结束了医疗器械仅有听诊器、体温表和血压表"三大件"的时代，提高了医疗保障水平。海兴农场坚持"科技兴场"，不断加强同高等院校的联系与合作，紧紧围绕现代农业发展，开展了相关的科学技术的实验和研究，推广新技术新方法，取得了很多的成果。2012—2019年有4个农业科研项目分别获得奖项。海兴农场于2015年9月份被河北省科技厅认定为省级农业科技园区，于2016年11月份被科技部认定为第一批"星创天地"。

早在1958年，农场组织起"子弟班"河北梆子剧团，逢年过节，搭上简易舞台，为人们演出，演出剧目有传统的折子戏，也有现代戏。民间花会有秧歌、狮子舞、高跷、龙灯、旱船等，竞相纷呈，经久不衰。2005年，组建了南北区秧歌队，多次组织开展广场舞、秧歌舞活动，举办大型戏剧、歌曲文艺晚会。文化基础设施建设不断拓展，从20世纪70年代的电影队、广播站，现在电视网络全覆盖，还建有文化广场、文化站、图书室。文学、书法、绘画、篆刻、摄影等艺术形式多样，其代表作品分别获得省、市奖项。

社会保障事业协调发展。农场坚持以人民为中心的发展思想，逐年扩大养老、医疗、工伤保险覆盖面，到2018年基本实现城乡居民医疗保险全覆盖。全面落实惠农政策，及时发放"双补"资金。聚焦产业扶贫，引导带动200名贫困职工进入种植、养殖基地务工，到2019年全部实现脱贫。通过开展救灾救济、优抚优待、教育助学、扶贫攻坚、扶弱送暖、就业服务，进一步增强了人民群众的获得感、幸福感。

海兴农场人民富有光荣的革命传统。在抗日战争时期，日本侵略者先后在大黄庄和孔庄子建立两个据点。在中国共产党的领导下，农场人民群众前仆后继，同仇敌忾，进行了艰苦卓绝的斗争。解放战争时期，农场人民进行土地改革，发展生产，踊跃支前，大批青年农民参军参战。在新民主主义革命时期有50多位热血男儿血洒疆场，为国捐躯。革命烈士可歌可泣的英雄事迹将彪炳史册，万古流芳。新中国成立后，农场人秉承先人之志，怀揣梦想，团结拼搏，艰苦创业，涌现出一批劳动模范、先进工作者和专业科技人才。

自20世纪80年代以来，相继开展了爱国主义、集体主义、社会主义思想和社会公德、职业道德、家庭美德教育，开展了文明家庭、文明单位等群众性精神文明创建活动。进入21世纪，先后开展了社会主义核心价值观、艰苦创业、厉行节约、"三德""三爱"等群众性教育活动，涌现出见义勇为、拾金不昧的先进典型。在河北省农垦系统、沧州市文明单位评选活动中，海兴农场先后10余次榜上有名。

风雨征程七十年，羽翼渐丰展新颜。七十年弹指一挥间，勤劳智慧的一代一代农场人，把昔日荒凉偏僻的小型农场建设成为海兴县城西南的璀璨明珠。

大 事 记

海兴农场（盐山县农场）大事记

● **1948年** 3月 根据山东省渤海区推广农业种植的要求，靖远县（现盐山县）政府在位于县城南的杨庄建立农场，隶属山东省管辖。

● **1949年** 2月 沧南专署与泺北专署合并称德州专署，继续推广机械化农业种植，将杨庄农场迁往大韩庄，建立试验农场。蔡家矿任首任场长，配备职工7人，隶属山东省德州专区管辖。

3月 盐山县农场接收土地122.79亩。其中耕地108.19亩，梨园6.41亩，非耕地8.19亩。

5月1日 靖远县复称盐山县，农场为其所辖，称盐山县试验农场。

5月 在盐山县城南庄成立染坊（染布），此为农场第一家手工企业。

6月初至8月下旬 蝗蝻、黏虫、钻心虫等虫害相继发生。黏虫危害最重，农作物20％～30％的叶子被吃光。

7月1日至8月14日 农场遭遇连续降雨，雨量达501.6毫米，55％的土地沥涝成灾。

● **1950年** 1月 盐山县农场成立由7人组成的场务会，负责场内的一切管理。

5月1日 中华人民共和国制定的第一部法律《婚姻法》规定了"一夫一妻""婚姻自由"制度。农场开始学习贯彻，使《婚姻法》的内容家喻户晓。

6月30日 《中华人民共和国土地法大纲》颁布，进行土地改革，至翌年1月结束。至此，封建土地所有制被彻底摧毁。

6月 盐山县农场发生大面积蝗虫灾害；蝗虫7—8月份变为飞蝗，严重危害庄稼。

● **1951年** 9月 盐山县农场以盛产梨而驰名，372株进入盛果期，年产量18000斤。

12月3日 盐山县农场开展反贪污、反浪费、反官僚主义运动，至翌年6月结束。

1951 年　盐山县农场下设技术室、经营繁殖和技术推广股、田间生产队。

● **1952 年**　3 月 21 日　盐山县人民委员会公布：杨之金任盐山县农场副场长。

5 月 18 日　盐山县召开第一次互助合作会议，农场随之开展互助生产竞赛活动。

5 月　盐山县农场发生大面积蝗蛹灾害，由于及时组织人力进行捕杀，农作物得以免遭蝗害。

10 月　山东省德州专区的盐山县划入河北省沧县专区，山东省盐山县农场也随盐山县划入河北省，改称河北省盐山县农场。

11 月 18 日　据报道，农场指导相邻的李奋乾村一互助组培育出"金皇后玉米"种子，当年种植亩产达 682.3 斤，创盐山县夏种产量最高。

1952 年　经过与干旱、虫灾的斗争，农业生产仍获得往年七八成收成，没有出现大减产。

● **1953 年**　1 月　盐山县农场确定了"定额管理，计划生产，提高产量，降低成本"的经营方针。

2 月　盐山县农场开展反对官僚主义、反对命令主义、反对违法乱纪斗争，时称"新三反运动"。

6 月 30 日　进行新中国建立后的第一次全国人口普查。

8 月　遭受涝、雹灾。

1953 年　盐山县农场技术人员研制发明了播种分流器，受到河北省农村厅的表扬。

1953 年　盐山县农场实行定产量、定效率、定成本的定额经营管理制度。

1953 年　盐山县农场粮食总产量 14951.05 公斤，平均亩产 101.70 公斤。

● **1954 年**　5 月 29 日　盐山县农场遭受雹灾。冰块大者如鸡蛋，小的像玉米粒，农作物受灾。

8 月　中旬，连降数场大雨，房屋倒塌，农作物受灾极为严重。

9 月 2 日　《中华人民共和国宪法》颁布，农场立即进行宣传、学习。

1954 年　盐山县农场扩并了李奋乾和小边务两个分场。土地面积增加到 313.62 亩，耕地面积为 259.22 亩，总人数为 21 人。

1954 年　盐山县农场在经营管理中实行定产量、定效率、定成本、定人畜、定用料。提高了工效，降低了成本，种植的小麦、玉米、梨、苜蓿均超产完成了任务。

1954 年　粮食总产量为 7293 公斤。

● **1955 年**　1 月 7 日　沧州地委农村工作部向全区转发了题为《关于盐山县农场经营管理的经验报告》。推广农场认真加强经营管理工作的经验，通过"三查"，即查浪费、查成本、查技术，并创造竹板式工票记工法，降低了成本，减少了浪费，扭转了多年亏损状况，给国家节省了开支。

3 月 1 日　中国人民银行发行新币，农场开始用旧币兑换新币（旧币 1 万元换新币 1 元）。

7 月　国家先后推出粮食、棉花统购统销政策，开始实行布票、粮票制度（无论男女老幼高矮胖瘦每人一丈七尺三寸①），职工群众买布需交布票现金、吃饭需交粮票现金。

12 月 9 日　盐山县农场工作人员开始实行货币工资制。

1955 年　盐山县农场由事业单位改为国营企业单位。

1955 年　粮食总产量为 66695.68 斤。

● **1956 年**　5 月　盐山县农场开展扫盲运动，编写了识字教材，组织干部、职工学文化。扫盲对象认识了简单的文字，有的能够读报和写信，初步实现了扫盲目标。

7 月 10 日　盐山县人民委员会公布：杨之金任盐山试验农场场长，免去副场长职务。

12 月 4 日　沧州专区协同盐山县领导研究制定了《苗家洼建场规划》，并派土地勘测规划队进行实地踏查。

1956 年　粮食产量 49564 公斤，盈利 15286.62 元，盐山县农场被树为全区农场扭亏增盈的榜样。

● **1957 年**　1 月 6 日　盐山县建场规划勘测设计完成。总规划面积 9799 亩，建场投资 103024.8 元。

1 月　盐山县农场扩建工作正式拉开帷幕。成立了垦荒指挥部，场长杨之金任总指挥，带领 480 名农垦战士来到荒无人烟、亦无房舍的苗家洼（现海兴农场所在地），开疆拓土，当时的口号是"睡在地，吃在洼，完

① 丈、尺、寸均为非法定计量单位，1 丈＝10 尺，1 尺＝10 寸，1 寸≈3.33 厘米。——编者注

不成任务不回家"。本年完成开垦荒地 3500 亩，播种 3200 亩，收粮 26 万斤。

1 月　盐山县农场建立第一个党支部，李之营任党支部书记，杨之金任委员。

2 月　盐山县农场制订《1957 年生产计划》。主要包括生产、收入、支出、企业管理及全年用工计划。

4 月 20 日　盐山县农场制发《关于若干制度的规定》。包括学习、会议、文件刊物、公章、奖惩、评比、财务、统计、物资供应、伙食、请销假等管理制度。

5 月 15 日　根据上级部署，农场开展以反对官僚主义、宗派主义、主观主义为主要内容的整风运动。

8 月 27 日　盐山县人民委员会任命马元鹤为农场副场长。

11 月 1 日　盐山县人民委员会向河北省人民委员会报送了《关于扩建苗家洼、孔家洼及机械农场的呈请》，认为位于本县东南 18 公里的孔庄子乡，位于宣惠河西岸，地广人稀，有生熟荒地 22461 亩，除道路、沟渠外，可耕地面积 20889 亩，大半弃置未用。根据以上条件及全国农业发展纲要修正草案 16 条开垦荒地、扩大耕地面积的指示，拟请于苗家洼、孔家洼扩建国营机械农场。

12 月　盐山县农场迁至城东苗家洼（现农场所在地），办公地址暂设在小营乡刘佃庄，借用民房 20 间。

1957 年　盐山县农场建砖瓦厂（土窑）。

1957 年　盐山县农场粮食总产量 30.76 万斤，亩产 90.6 斤，收入总值 56700 元，上缴利润 10189.32 元。

● **1958 年**　1 月　盐山县农场发布《1958—1962 年第二个五年发展生产规划》。此规划提出 6 项主要任务：扩大开荒种植；扩大浇地面积；增种高产作物；改种优良品种；大力发展养猪积肥；开展多种经营。

2 月 26 日　盐山县农场编制出《盐山县稻田规划设计任务书》。当年试种水稻 3000 亩。由于前期干旱，后期雨涝，仅有 500 亩稻田有收成，平均亩产约 15 千克，总产 7500 千克。

3 月 10 日　盐山县农场编制出《1958—1959 年建场设计任务书》。主要包括：场区的位置与交通、自然概况、土地概况和农业生产概况。4 月 7

日，河北省计委批准同意并报河北省人委备案。

3月29日　盐山县农场成立节制生育委员会，此为计划生育之始。

春　在宣惠河两岸开辟稻田2731亩，由于前期无水源，后期大雨涝灾，造成绝收。

4月15日　盐山县农场接收盐山县直机关到农场锻炼的干部，至1959年2月1日，共接收48人。此后陆续调回。

5月　盐山县委批准盐山县农场建立党支部，杨之金任党支部书记。

5月　农场组织广大干部职工学习贯彻总路线，开展多种形式的劳动竞赛，加快建设步伐。

5月　农场成立了管理委员会，由7人组成。杨之金任管理委员会主任，领导全场的一切工作。下设7个生产队，各队配备了生产队长，政治、行政副队长，生产队下设生产组，有技术研究小组、学习小组。

6月4日　调整盐山县农场管理委员会。调整后，委员分别是李之营、杨之金、马元鹤、付兴业、韩荣台、张希碌和付中华7人。

6月15日　津、沧两专区合并称天津专区，12月22日，天津专区又与天津市合并，农场归属天津市农垦局管辖。

8月　盐山县农场开展大炼钢铁运动，处处设炉土法炼铁，除铁制生产工具外，凡是铁制品，均被投炉炼铁。

9月　盐山县农场成立了3个基干民兵连，各个生产队成立了基干民兵排，连排干部均由复转军人担任。

11月8日　孟村、庆云、盐山3县合并称"孟村回族自治县"。11月20日，农场改称为"国营孟村回族自治县农场"，12月25日又复称"盐山县农场"。

11月　盐山县农场开展全民武装活动。年龄在16～50岁的政治上合格、身体健康的男女均可参加民兵组织。

12月15日　盐山县农场掀起冬季水利蓄水灌溉小麦高潮，投入劳力314人，启动水车5部、水斗86个，当时的口号是"麦田如战场，工具如刀枪"，经昼夜奋战完成蓄水90000立方米，灌溉小麦3940亩。

1958年　盐山县农场首次开展植树造林活动，完成四旁植树1.5万株，造林200亩。

1958年　为扩大耕地面积，盐山县农场掀起"一垦三改"（开垦荒地、改造盐碱地、改造低洼地、改革农作物种植）运动，完成开垦荒地面积17551.6亩，并投入生产。

1958年　盐山县农场成立医院。该院担负着本场干部职工和8个自然村及盐山县相邻的4个自然村的卫生医疗服务。

1958年　农场成立河北梆子剧团。

1958年　盐山县农场粮食总产量52.36万斤，亩产69.8斤，收入总值12.3万元。

● **1959年**　3月　人民公社定为三级所有制（人民公社、生产大队、生产队）。6月，改为人民公社供给制。

4月20日　盐山县农场制定并开始执行办公、财务、会计、统计、诊断、请假、伙食、学习、会议、评比10项规章制度。

5月1日　盐山县农场制发《关于夏收保卫工作的安排意见》，对麦收期间如何做好防火、防盗、防雨、防破坏提出了具体要求。

5月5日　盐山县农场总支委通知称：通过党员大会选举，杨之金为总支委书记，张尚义为副书记，段玉文、付兴业、李墨峰、韩荣台、张锡禄为委员。段玉文为一队党支部书记，刘金池为二队党支部书记，谢中玉为三队党支部书记，王保德为四队党支部书记，付兴业为五队及青年队书记，韩荣台为六队党支部书记，李墨峰为七队党支部书记，张尚义兼任场部机关党支部书记。

5月　场长杨之金带领场部机关12名干部与工人一起，经过12天的昼夜奋战，建成猪舍300间。

6月15日　盐山县委组织部通知：付俊明任农场党委第一书记，杨之金任第二书记兼场长，张尚义任副书记。

6月22日　盐山县委组织部发来通知：付俊明任农场党总支书记。

7月17日　农场陆续发生蝗灾，3210亩庄稼被蝗虫啃食。全场组织350多人进行捕打和除治，使用农药13415斤，故未成灾。

9月10日　盐山县农场党总支发出通知，将场辖8个队合并为4个中队。

9月　盐山县农场开展了"拔白旗、夺红旗"运动，队与队、组与组、人与人之间展开了社会主义劳动竞赛活动。定期检查评比，使农业生产高潮一个接一个地开展起来，调动了广大干部职工群众的积极性。

10月13—24日　根据有关规定，农场第二次调整干部职工工资，给254

名干部职工进行定级升级，调整后的工资由此前的人均月工资25元增加到29.36元。

11月10日　盐山县委请示天津市委批准，把孔庄子、刘佃庄、黄庄子、马庄子、栾庄子、巩邓庄子、小黄庄、东西和乐庄、刘武庄子11个村划归农场管辖，农场形成了国营和集体两种所有制。

11月15日　盐山县召开社会主义建设群英大会，农场的2个先进单位，8名劳动模范在会上受到表彰。

11月17日　盐山县农场开展"反右倾"机会主义斗争，年底结束。在此期间被定为右倾机会主义分子的，1962年甄别，错定的进行纠正。

11月20日　盐山县农场召开党团员、干部群众参加的一系列会议，宣传贯彻场、村合并的重大意义，安排部署合并后的财产处置，教育干部群众归位收心，治理伐树变卖私分等不良倾向；并在全场开展了"六好""四新"活动。"六好"即：干部团结好、领导方法好、社员劳动好、农活质量好、勤俭持家好、遵纪守法好；"四新"即：党支部组织生活会新、工人群众思想新、村队街道面貌新、生产经验创造新。

12月6日　盐山县农场配置了内设机构：办公室、财务股、农业技术股、畜牧股、妇联会、工会、采购供应保管股、基建供应股，并建立了畜牧繁殖场、运输队、工业机械队和稻田队、畜牧二队。任命了股室主要负责人及各队的党支部书记、队长。

12月20日　盐山县农场兴建的场部54间机关办公用房及20间职工家属宿舍同时竣工。场部机关东与刘佃庄毗邻，西与孔庄子有一条南北公路相隔，占地面积13亩。该工程于10月5日开始动工。此后场党委、管委会机关陆续从刘佃庄迁入。

12月28日　天津市畜牧局发出通知，将盐山县农场改称为天津市盐山农牧场，并启用"天津市盐山农牧场"印章。

12月29日　盐山农牧场掀起以养猪为中心的积肥运动，组织42个积肥专业队，投入劳力930名，昼夜奋战，日积肥350万斤，完成各种积肥9364万斤，受到县委的表扬。

12月　为实现增产目标，盐山农牧场开展丰产方（政治思想教育到方、干部领导到方、携手竞赛到方、养猪积肥到方、技术指导到方、科学研究到方、劳力固定到方、工具修理到方和文化娱乐到方）运动。翌年建成 9240 亩麦田丰产，占全场麦田总数的 65%。

12 月　盐山农牧场设立农业生产技术股，负责全场的农业生产。后改为生产科。

1959 年　盐山农牧场成立酒厂、修配厂、铁木社、被服厂、缝纫厂 5 家小作坊企业。

1959 年　盐山农牧场成立 100 人的打井队，采用脚蹬大轮、绑定铁槌带竹片的形式向地下掘进，首次打出机井 5 眼。

1959 年　盐山农牧场粮食总产量 51.25 万斤，亩产 82.5 斤，上交商品粮 36 万斤，上缴利润 6500.2 元，收入总值 135712.79 元。

● **1960 年**　1 月 20 日　盐山农牧场迅速掀起学习毛主席著作的高潮，学习的主要内容是：《哲学》《政治经济学》《社会主义学说》《实践论》《矛盾论》及总路线的若干文件。

2 月 3 日　盐山农牧场开展大搞丰产方运动，把 9240 亩麦田划为丰产方，占全场麦田总数的 65%，场内组成由 250 人参加的 21 个小麦管理专业队对丰产方进行管理。

2 月 15 日　盐山农牧场首次召开植树造林动员大会。场党委副书记、场长杨之金在会上做动员报告。会后，在全场迅速掀起植树造林高潮，3800 名青年、妇女、学生投入植树造林运动，截至 3 月 8 日，在荒地、路旁、村旁、宅旁、水旁植树 8640 亩。

2 月 16 日　盐山农牧场在全场开展以麦田管理、春季生产备耕和人民生活为重点的大检查活动。

3 月 27 日　盐山农牧场审干工作基本完成。全场列入这次审干范围内的共计 127 人。

5 月 16 日　盐山农牧场在孔庄子、刘佃庄、苗庄子开展第一批"三反"（反贪污、反浪费、反官僚主义）运动。

5 月 29 日—6 月 10 日　盐山县委组成生产检查团，对全县各社（场）整体工作及畜牧、生产、开荒种地、人民生活改善情况进行逐项检查评比，在此次评比中，农牧场整体工作位列全县第一，其他各项工作均列全县前三。

7 月 27 日　盐山县委发来通知，开始启用"中国共产党天津市盐山农牧场委员会"印章。

7月　大雨成灾，大部分粮棉绝收。

8月3日　盐山农牧场开展防疫灭病工作。党委副书记白瑞丰带领医务工作者到农业队、村巡回为6200人注射了疫苗。

9月4日　盐山农牧场党委召开党团员、生产队长及贫下中农代表共计545人参加的动员大会。党委副书记、场长杨之金在会上做动员报告，号召全场干部群众全力以赴投入生产第一线，实行全民大办农业。

1960年　盐山农牧场完成开垦荒地、改造盐碱地29600亩。

1960年　盐山农牧场粮食总产量401.3吨，亩产32.75公斤。上缴商品粮250吨，上缴利润12210.29元。

1961年　1月17日　盐山农牧场召开了为期四天的职工代表大会，参加会议的有各队、村支部书记、队长、会计、团支部书记、社员代表共计210余人。

1月22日　盐山农牧场党委召开生产队长以上干部、职工、群众代表共计466人参加的大会。会议主要是传达贯彻中共中央《关于农村人民公社当前政策问题的指示信》（又称《十二条》），纠正"一平二调"，加强生产队基本所有制，开始推行"三包一奖"（包工、包产、包成本，超产奖励）的生产管理办法。

4月10日　盐山农牧场畜牧业发展良好，存栏鸡552只，鹅24只，白来航鸡125只，火鸡820只，1960年上交商品鸡500只，产蛋16000枚。

5月1日　盐山农牧场19名干部组成工作队分赴刘武庄子等3个大队开展第二批整风整社运动。此次运动主要任务是维护与加强以生产队为基础的公社三级所有制，调整当前农村中的社会主义生产关系，发展生产力。推行以小队为基本核算单位的管理体制，对土地、劳力、牲畜、农具进行"四固定"。

5月23日　国务院批准恢复设立沧州专区，盐山县划归沧州专区领导。

6月　天津市盐山农牧场复称河北省盐山县农场。

7月11日—9月20日　农场遭遇百年不遇的大涝灾，7月11日至23日连降大雨6次，19日降水量212.1毫米，8月14日至19日降暴雨达1230毫米。陆地行舟，水深处达齐腰，涝地37163亩，倒塌房屋2235间，死伤牲畜、冲走农具不计其数。农场党委迅即领导抗洪救灾，1850名干部职工上堤防汛，转移灾民和牲畜，1320名群众从水中抢收庄稼，开展生产自救。场党委将盐山县政府发给的6000斤救灾粮赈济灾民，其间中央检查团来场巡视灾情，入户慰问受灾群众。

7月15日　盐山县农场党委会、管委会向沧州市农垦局、盐山县委提交了《关于涝灾情况并要求上级帮助解决缺少资金和粮种菜种等困难问题的请示报告》。报告称：已涝春夏粮食作物23000亩，未播白地14163亩，共计37163亩土地受灾，因而请求上级给予援助。

9月30日　盐山县农场党委作出《关于进一步加强基层党组织领导的决定》。同日，盐山县农场党委明确各个常委分工。

9月　盐山县农场成立农业生产、多种经营、人民生活、整风整社办公室。

12月6日　经县委研究决定：赵洪起任农场党委书记；付俊明任农场党委第二书记，免去书记职务。

12月25—27日　盐山县农场抽调23名脱产干部带领238名职工群众深入到队、村、户开展了为期3天的人民生活（包括吃、住、病、老）大检查。经检查发现，自1960年吃低指标以来，加之遭受毁灭性涝灾，灾区病情日渐上升。据统计，全场患浮肿、干瘦、小儿营养不良、妇女闭经、子宫脱水等五种疾病者达2298名。场党委采取发放补助粮、油、肉、枣、消肿粉等措施安排群众生活。

1961年　物价上涨，小麦每公斤10元，玉米每公斤8元。口粮全部发证到户，全场1650户、7520人，人均口粮250克（5两），掺以野菜、植物茎叶度日，时称"低指标""瓜菜代"。

1961年　盐山县农场粮食总产量10万斤，亩产11.4斤。为农场成立迄今粮食产量最低年份。

● **1962年**　5月　盐山县农场内发生蝗灾，组织干部群众捕打，上级派飞机播撒农药，而未造成巨大损失。

6月19日　毛主席发出了民兵工作要做到"组织落实、政治落实、军事落实"的指示，盐山县农场民兵组织进行了全面整顿，场部建立了民兵营，队、村建立了民兵连。

7—8月　盐山县农场连降数场大雨，9477亩耕地积水，最深处达1米以上，其中7793亩农作物绝产，1674亩严重减产，群众生活难以为继。

8月18日　盐山县农场向县人民委员会呈报了《关于治水防涝规划的请示报告》。

12 月 15 日　盐山县委研究决定：白瑞丰为农场代理书记，张德明任农场副场长。

12 月　盐山县农场在工作总结中记述，由于坚持以粮为纲，农牧并举的发展思路，畜牧业发展态势良好，现存栏大牲畜 161 头，猪 99 头，羊 232 只，鸡 1084 只。

1962 年　盐山县政府给农场配置了东方红拖拉机 3 台，康拜因（联合收割机）1 台，为农场机械化之始。

1962 年　盐山县农场粮食总产量 45 万斤，亩产 81 斤，上交商品粮 5 万斤。

1963 年　3 月 5 日　毛泽东主席题词"向雷锋同志学习"公开发表。盐山县农场"学雷锋做好事"蔚然成风，良好的社会风尚得到弘扬。

4 月 17 日　盐山县农场党委制定了《关于开展场级整场整风工作计划》。整场整风的目的是重点解决三个方面的问题：一是解决干部多吃多占的问题；二是彻底搞好自 1961 年以来场一级的"四清"（清账、清库、清款、清物）工作；三是进一步改进领导作风和工作方法。

5 月 15 日　盐山县农场党委制定出六项工作制度：党的集体领导制度；坚持集体领导下的个人分工负责制；学习制度；党的组织生活会议制度；深入基层工作制度；请示报告制度。同日，盐山县农场党委明确各委员分工：赵洪岐负责全面工作，具体负责党委办公室兼管武装部工作，傅俊明负责支部工作兼管党的组织、监察工作，白瑞丰负责青年妇女和公安工作，杨之金负责管理委员会工作，张德明负责财贸工作。

5 月 16 日　盐山县农场开展社会主义教育运动。场党委组织工作组深入到生产队及所辖村，针对政治、经济问题进行重点教育。

7 月 14—16 日　盐山县农场连降大雨，大部分农作物惨遭绝收，房舍多有倒塌。

11 月 4—6 日　盐山县农场管委会举行第三次社员代表会议，听取并讨论通过了副场长张德明所作的工作报告，安排部署了今后工作的主要任务：一是开展社会主义教育；二是全面安排好社员生活；三是大力开展副业生产；四是认真加强小麦管理，保畜积肥；五是大搞农田水利建设工程。

1963 年冬　盐山县农场掀起大搞台田运动的新高潮。成立了以场长杨之金任总指挥的战地指挥部，组织了 200 人的专业队，60% 的青壮年劳力吃住在工地，披星戴月开挖动土，完成修筑台田、条田 1070 亩。

1963 年　盐山县农场粮食总产量 53.2 万斤，平均亩产 38.8 斤。

● **1964 年**　4 月 14—20 日　盐山县农场连续降雨，职工群众住房十家九漏，少有干柴。河流水势上涨，汛期提前到来，农场建起临时防汛指挥部，抽调干部入户进村，组织发动群众防汛、排水、护麦，尽量做到少受损失。

6 月 30 日　盐山县农场进行全国第二次人口普查。7 月 18 日，公布盐山县农场人口普查结果，全场共有 1931 户，8244 人，其中男性 4167 人、女性 4077 人。

8 月 6 日　农场降特大暴雨，降雨量为 210 毫米。8 个河堤外溢决口，四面八方的洪水汹涌而来，汛情危急时刻，党委书记赵洪岐带领机关干部冒雨蹚水，赶往水围困村，抢救灾民，转移群众，场长杨之金率抢险队到抗洪抢险一线星夜扒堤泄洪，用木桩、麻袋、草袋等加固危险堤段，在堤上日夜坚守。

9 月 18 日　入汛以来，农场连降数场大雨，累计雨量达 1100 毫米，加上客水流入、河水外溢，一般平地水深 1～2 米，陆地行船，有 7 个大队庄稼被淹绝收，倒塌房屋 394 间。2000 名干部职工日夜不息地抗洪抢险，抵御洪水，开挖大小排水沟渠 400 余条。降雨期间，盐山县委书记韩进先、县长安振桐等县领导迎着洪水，乘着竹筏到灾区（大队）安定灾民情绪，鼓舞斗志，开展生产自救，重建家园。

9 月 23 日　此前办起的"简易小学"改称为"耕读小学"。

11 月 1 日　沧州地区疏浚宣惠河工程开工，拉开了"根治海河"的序幕，农场出动民工投入"根治海河"战斗。

1964 年　盐山县农场完成开挖台田工程 2000 亩，园田工程 10000 亩，增加复种面积 12000 亩。

● **1965 年**　2 月 18 日　中共沧州地委号召全区公社以上干部学习范德富（唐山专区迁安县望都公社社长代理书记）到生产队落户的先进事迹，盐山县农场脱产干部纷纷响应号召，进队落户，"干"字当头。据 12 月底统计，平均每个干部年参加劳动 81 天，书记、场长年平均劳动 63 天，职工群众时称："场长背粪筐，官和工人都一样。"

6 月 26 日　在苏基召开海兴县建县庆祝大会，海兴县正式宣告成立，盐山县农场划归新建的海兴县管辖。

7月1日　盐山县农场改称为"河北省国营海兴农场"，原农场下辖的东和乐、西和乐、刘武庄三个村划归盐山县管辖。

7月2日　傍晚，海兴农场遭受9～10级大风和持续20分钟的冰雹袭击。

7月21日　地、县组织的"四清"工作分团进驻农场，开展"四清"（清政治、清经济、清组织、清思想），即社会主义教育运动，运动持续到1966年11月结束。

7月29日　海兴农场发生大面积秋蝗，蝗虫密密麻麻。《海兴农业生产简报》载文称：由于蝗情严重，县农场暂停"四清"，采取集中领导、集中人力、集中时间联合作战的办法，投入劳力1746人，实行捕打、农药、机治三结合的措施，一天撒粉1750亩，撒毒饵和人工捕打951亩，灭蝗取得明显成效。

7月　海兴农场所辖各大队相继建立起贫下中农协会，简称"贫协"，由此取代了"四清"后建立的大队领导组织。

7月　开辟海兴至农场自行车（后改为摩托车）寄邮线路，环行99公里，投递18个村。

10月6日　旱情较重，海兴农场进行全民发动，掀起了男女老少齐上阵，千盆万罐一齐上的"三保运动"（保丰收、保种麦、保春播）。对此，《海兴农业生产简报》载文予以表扬。

10月12日　海兴县委在农场召开台田建设现场会。参加会议的有社、队和生产队负责人共计500余人。党委副书记、场长杨之金在会上介绍了搞好台田建设的经验，与会人员通过实地参观学习，进一步明确了大搞台田，除涝治碱的重大意义。

12月12日　海兴农场大搞"排、台、灌、垦"工程，各级领导干部带领全场青壮劳力在工地上斗风雪、抗严寒、甩大锹、挑重担，修筑台、条田5270亩，开挖排水干渠、边沟42条，共计动土75万立方米。

12月15日　"四清"工作队进入各国营队、各单位开展"四清"运动，41名基层干部列入"四清"对象，人人过关，清出有经济问题的干部进行了退赔。

12月　海兴农场党委副书记、场长杨之金在河北省农垦工作会议上做了题为《大搞台田，获得连年增产》的典型发言，介绍了大搞台田，除涝治碱的经验和做法。

1965年　海兴农场建立半农半读中学，简称农业中学。场党委副书记、场长杨之金兼任首任中学校长，第一批招收学生45人，学生学习、劳动时间各占一半。

1965年　据报告，在严重干旱的情况下农业获得前所未有的好收成，总产量130万斤，平均亩产137斤，比上年增产56.7％，为国家提供商品粮70万斤，总收入达33.8万元，创历史新高。

● **1966年**　2月3日　连日来，海兴农场发动干部职工、学生在河边、塘边、道边、坡边大力种植蓖麻子53万株。

2月7日　新华社播发长篇通讯《县委书记的榜样——焦裕禄》。随后，掀起学习焦裕禄的热潮，海兴农场党政主要领导下基层与群众实行"三同"，即同吃、同住、同劳动。通过实行"三同"了解一些过去根本听不到的情况，解决了一些"老大难"问题，和群众交上了知心朋友。

3月8日　邢台连续发生两次地震（6.8级、7.2级），海兴农场震感强烈，房屋倾斜，人们纷纷跑出家门，搬到户外宽广地带搭建窝棚、草棚，居住多日。

5月　连续数月未降透雨，旱情严重，土壤干燥，严重影响春播。

6月17日　海兴农场降雨20～26毫米，旱情得到缓解。

6月10日　发生蝗虫灾害，场领导亲临一线指挥，带领广大干部群众动用喷粉器械、麻袋、小布袋等开展灭蝗活动。其间，上级还派飞机前来灭蝗，效果甚佳。

7月2日　海兴农场遭暴风雨袭击，风力达到10级并伴有核桃大的冰雹，持续半小时。大风刮倒部分围墙，掀掉部分房檐。场领导奔赴各队检查慰问，发动群众抗灾自救。

7月26—28日　海兴农场降雨量达140毫米，是全县降雨量最大的区域，大部分农田积水。

8月5日　海兴农场掀起学习毛主席著作的热潮。各村和各生产队办起政治夜校、毛主席著作讲习所和毛主席著作学习小组。据资料显示：全场参与学习的成年人达2617名，占成年人的78.8％。

8月8—9日　海兴农场降水量达100毫米，并伴有5～8级大风加冰雹。

9月9日　海兴农场所辖8个大队的青壮年组成的海兴农场直属民兵连

开住青县上伍村附近参加开挖子牙新河工程。

9 月 25 日　县委研究决定；范立东任海兴农场党委书记。

9 月　海兴农场开展破"四旧"（旧思想、旧文化、旧风俗、旧习惯）和立"四新"（新思想、新文化、新风俗、新习惯）运动。

1967 年　12 月　兴起在胸前佩戴毛主席像章。海兴县拨发给农场数百枚，多为铝合金制品。

1968 年　2 月　海兴农场弹簧厂建成投产。

5 月 21 日　沧州地区革委会批复，同意海兴农场成立革命委员会。海兴农场革命委员会由 17 人组成，薛风楼任主任，芦风和、高付胜任副主任，实行"一元化"领导。23 日，农场召开了万人庆祝大会。

5 月 27 日—8 月 21 日　经县革委批准：农场所属弹簧厂，国营机务队、三队、四队、五队、六队、七队，孔庄子完小及小黄村、苗庄子村、刘佃庄村相继成立了革命委员会。

8 月　沧州地区把农场管理权限下放，海兴农场成海兴县属国营农场。

12 月　55 名天津知识青年来农场插队落户。这些知识青年分别安置到国营六队、刘佃、栾庄子、孔庄子、小黄大队的生产小队里接受贫下中农再教育。1977—1981 年陆续返城。

12 月　农场各单位、农村各学校都陆续进驻"工人毛泽东思想宣传队"（简称工宣队）等，实行工人阶级等管理学校。至 1977 年撤出。

12 月　县革委分配中国人民大学、北京农大、北京师大、河北大学等 10 所高等院校的 32 名大学生来农场进行劳动锻炼，他们和工人一起日出而作，日落而息，后相继被分配到党政机关、科研、教育等单位工作。

1968 年　大旱，年降水量仅 120 毫米，禾苗枯死，粮食减产。

1969 年　1 月　农场各大队开始试办农村合作医疗，医生称为"赤脚医生"。1985 年农村合作医疗制度废除，改建为个体卫生所。

6 月　海兴农场开展"清理阶级队伍"运动。

7 月 5 日　渤海湾发生地震，波及海兴农场，震级 5 级。

1970 年　3 月　海兴农场开展"一打三反"（打击现行反革命、反贪污盗窃、反投机倒把、反铺张浪费）运动。

3 月　根据上级统一部署，海兴农场开展"两忆三查"（忆阶级苦和民族恨，查思想、查作风、查工作）活动。

7月　海兴农场开展整党建党工作。这次整党的方法和步骤是：一、深入学习新党章和"五十字"建党纲领；二、突出思想整顿，实行开门整党；三、加强组织整顿建设，搞好吐故纳新。至9月中旬基本结束。

9月23日　《人民日报》发表《农业学大寨》社论以后，海兴农场即行学习、贯彻、部署学大寨工作，初步掀起农业学大寨热潮。

12月　响应毛主席"备战备荒为人民"的指示，建立民兵独立营，开展了修筑战备路，大搞民兵军事训练等活动。

1970年　海兴农场在一队和五队首次打出2眼深机井。

● **1971年**　4月8日　张兴奎任农场党委书记、革委会主任。

4月15日　中国共产党海兴农场第二次代表会议召开。参加会议的代表64人。经过民主协商选举产生7人组成党委会。选举张兴奎为党委书记，吴炳银为副书记（兼武装部长），窦承彦、姜云洞、孙洪祥、王明山、王秀荣为党委委员。

4月30日　中共沧州地区革命委员会核心小组批准中共海兴农场党委会成立。

6月2—4日　以党委书记张兴奎为团长，组成17人代表团，参加了中共海兴县第一次代表大会。

7月24—31日　农场暴雨成灾，河水外溢、交通中断、房屋倒塌，80%的农田作物被水淹没。

10月　海兴农场自筹资金架设高压线路7000米，创农场用电照明开端。

11月22日　县委研究决定：窦承颜为孔庄子农场副书记，高汝增为农场革委会副主任、党委委员。

● **1972年**　3月1日　县委发出通知，启用"中国共产党海兴县国营孔庄子农场委员会"新印章。

3月10日　海兴农场开展春季植树造林活动。全场干部职工、群众、学生一起投入植树，完成造林面积160亩。

5月27日　海兴农场开始推行计划生育工作，要求逐步做到人口生育有计划的增长。

7月3日　春、夏两季多风少雨，旱情之重为农场历史上少见，给农业生产造成严重影响。

8月3日　海兴农场连降数场大雨，降水量达700毫米，大部分耕地积水成灾，一些桥涵、房屋被冲毁、淋塌。场党委及时组织干部群众昼夜开展生产自救。

9月13日　农场机务队革委会主任郭畔池带领十几名职工利用废弃零件研制成功一套生产焊条的动力设备，节省资金约1.2万元，提高功效30倍。

10月1日　海兴农场开挖横贯全场14华里的"七一"农业排灌干渠，南起农场三队，北经刘佃庄东北角，途径栾庄子西、马庄子东、邓庄子西、小黄村东，北入宣惠河。

12月31日　海兴农场卫生室改称为"农场卫生院"。

12月　海兴农场爆发流行百日咳。县、场卫生防疫部门积极防治，未发生一例死亡。

1973年

1月26日　《沧州日报》刊登题为《教给青年工人什么》的报道，介绍了孔庄子农场老工人郭畔池帮助青年工人成长的事迹。

3月28日　海兴农场召开会议，传达省委农业学大寨会议精神，开始推广邯郸市成安县何横城大队学大寨经验。

5月2日　海兴县广播站播报：海兴农场党委一班人带领广大干部职工，挑沟挖渠，苦干两个冬春，先后开挖大小沟渠39条。开挖了横贯全场7公里长的排灌干渠，维修台条田3000多亩，共动土60万立方米，使全场2.7万亩耕地基本免除了旱涝灾害的威胁。

5月31日　《沧州日报》、海兴县广播站等新闻媒体先后报道了海兴农场党委一班人发扬艰苦奋斗的优良作风，认真参加集体生产劳动的事迹。两年来，该场党委坚持"二五"制（每周两天在机关学习、工作，五天在生产队蹲点劳动）。7名党委成员年平均劳动80多天，高汝增、刘树青2名党委成员年劳动达150天。

5月　农场未落透雨，风多雨少，旱情日益恶化，河流干涸，坑塘枯竭，地下水位下降3～5米，墒情流失严重，职工群众进行抗旱点播。

6月20日　县革命委员会生产指挥部拨付给农场企业流动资金3万元，用以支援当前农业生产。

12月23日　《沧州日报》刊登题为"抓好水利建设这件大事"的报道，介绍了孔庄子农场党委领导群众办水利的先进事迹。报道说：一年来，开挖沟渠10条，修建扬水站2处，共动土50多万立方米，使全场27000

亩耕地基本免除了旱涝灾害的威胁。

● 1974 年 　10 月 16—20 日　县委通过广播形式召开四级干部大会。海兴农场生产队长以上干部参加了大会，按照会议部署，迅速掀起大搞深翻土地、大搞养猪积肥高潮。

1974 年　海兴农场建立放大站并开播。放大站分早、中、晚三次播音，主要负责转播县广播电视局的节目和自办节目。自办节目主要是报道场内发生的大事、重要活动以及各个行业涌现出来的新人新事、典型经验与先进人物事迹等。

1974 年　海兴农场兴建低压开关厂、绣花厂。

● 1975 年 　1 月 11 日　县委研究决定：王明山任农场党委副书记。

2 月 28 日　县委研究决定：刘树青任农场党委副书记兼场革委副主任，郭志勇任农场党委副书记兼场革委副主任。

3 月 3 日　县委研究决定：免去高汝增农场革委会副主任、党委委员。

6 月 23 日　农场所属农村队实现了男女同工同酬。

6 月 28 日　下午 6 时 58 分，海兴农场遭受了 11 级大风和冰雹袭击。风雹刮到树木、砸毁作物，春播作物损失惨重。

7 月 4 日　县委研究决定：杨国胜任农场党委副书记。

7 月　海兴农场粮食作物陆续发生各种（黏虫、钻心虫、蚜虫、豆虫、造桥虫）虫灾。经大力除治，基本控制了虫灾蔓延。

8 月 4 日　县农业学大寨办公室发《农业简报》称：县农场党委紧紧抓住夏季积肥的有利时机，大打积肥、造肥的人民战争。到目前全场已搞积肥地栏 91 个，积肥坑 84 个，高温积肥堆 143 个，猪圈 1021 个，投入积肥劳力 1400 人，现已积肥 35000 车，为去年同期积肥量的三倍。

8 月 19 日　中共海兴县委组织部向各公社（场）党委发出通知，要求组织退休干部、职工学习孔庄子大队退休干部刘茂林（原名邓宝树）退休不褪色。

9 月 6 日　海兴农场党委召开机关干部、全体党团员参加的大会，传达全国农业学大寨会议隆重开幕的喜讯。场党委书记、革委会主任张兴奎在会上讲话要求：深入开展农业学大寨运动，天大旱人大干，昼夜劳作半个月把小麦种足种完。至 21 日，全场完成种麦 13000 亩。

9月22日　在海兴农场召开全县种足种好小麦现场会。场党委副书记王明山在会上做了题为《学理论、抓路线、学大寨，为夺取明年夏季丰收，种足、种好小麦》的经验介绍。

11月2日　海兴农场党委组织排以上民兵干部进行军事训练，训练科目有射击、投弹、爆破、打坦克等战术，还组织了400名基干民兵成立了"三田"基本建设突击队，动土2500立方米，开挖修建了长达1726米的战备公路。场党委书记张兴奎及党委班子成员和民兵们一起训练，一起修路。

11月12日　海兴农场召开大会，传达贯彻全国农业学大寨会议精神。全场干部、职工、教师、社员4000多人参加大会。场党委书记、革委会主任张兴奎在会上做了题为《紧张地动员起来，苦战二年，建成大寨式农场》的报告。

11月30日　海兴农场掀起了大搞农田基本建设的新高潮，动员1300名男女老少投入"三田"建设，完成开挖台田3770亩，平整土地320亩，机耕白地700亩，深翻土地4000亩，开挖13条配套沟渠和7个蓄水坑塘，动土28万立方米。12月4日海兴县生产办公室以《男女老少齐参战，深翻土地掀高潮》为题，推广了农场大打深翻土地人民战争的经验和做法。

12月4日　海兴农场700名青壮年组成治河大军，浩浩荡荡地开往宣惠河工地，参加疏浚和开挖宣惠河工程。挖河民工在工具落后、生活艰苦的条件下，采用人海战术，凭着独轮车、土筐和铁锹，清淤泥3.1万立方米，完成农场承担任务的55％，受到县引河工程指挥部的通报表扬。

12月30日　海兴县委研究决定：余章福为农场党委副书记。

12月　海兴农场运用多种形式掀起学习、宣传、贯彻全国农业学大寨会议精神的高潮。张贴宣传标语1800条，建立学习专栏75个，编排文艺节目80多个，深入田间地头演出30场次。

1976年

1月20日　海兴农场组成以党团员为骨干的125人农田水利基本建设专业队，投入开挖漳卫新河、大浪淀工程建设。

3月2日　海兴农场所辖各队、村组成农田基本建设专业队，参加"七一"干渠配套工程建设，投入劳力1200人。该工程于3月15日竣工。

7月23日　海兴县委研究决定：肖金台任农场党委副书记。

7月28日　3时42分，唐山、丰南一带发生7.8级强震，海兴农场有较强震感，房屋裂缝、烟囱毁坏。震后，海兴农场立即成立了防震、抗震领导机构，设立了观察点、观察哨，相继搭起防震窝铺，80%以上的人员转移到户外办公、住宿。

8月22日　海兴农场发生牲畜疫病，100头牛患流感病。

9月12日　海关县委研究决定：齐福玲任农场党委副书记。

10月3日　海兴农场发生雹灾。降雹时间10～30分钟，雹块大者像核桃，地面积雹1～3寸①。

10月29日　《沧州日报》刊登通讯《农场学大寨，碱洼展新荣》，报道海兴农场发展农业生产所取得的成绩。

1976年　修建邓庄子至马庄子砖拱桥一座，长4米、宽4米。

1976年　广播喇叭入户工作在全场铺开，形成县、场、村三级广播网。

1977年　2月14日　海兴县委研究决定：郭诰营任农场党委副书记（第二把手）。

3月9日　海兴农场掀起积肥运动新高潮，下辖7个大队、4个国营队开展了"四拆"活动。一天完成拆旧房20间、炕120铺、锅台150个。

3月29日　海兴县委研究决定：刘元兴任农场党委副书记。

4月23—24日　海兴农场普降喜雨。雨后，迅速掀起管麦、春播、林业育苗"三突击"活动。出动1300多名劳力，利用一天时间完成了3000亩小麦的追肥任务。

5月12日　芦台农场发生6.2级地震，波及农场，有较强震感。

6月25日—7月5日　海兴农场内连降大、暴雨，平均降雨量达600毫米，超常年同期的两倍，河道排泄不畅，水位浸出河床，大水横流。4226亩春播作物被淹，1250亩绝产；200万块砖坯子被水冲坏；倒塌房屋30间。

7月23日　凌晨，海兴农场锣鼓喧天，鞭炮齐鸣，7000多干部、职工、群众举行了声势浩大的集会游行，热烈庆祝中国共产党第十届中央委员会第三次全体会议召开。党委副书记刘元兴在庆祝大会上发表祝词。

---

① 寸为非法定计量单位。1寸≈3.33厘米。——编者注

8月20日　县委决定：免去张兴奎农场党委书记、革委会主任职务。

9月　海兴农场兴建五金厂，占地面积2100平方米。

1977年　海兴农场修建小黄至大黄平板桥一座，跨径6.6米，全长59米，宽4米。

1978年　3月15日　海兴农场召开会议，总结上年小麦管理经验教训，研究部署夺取本年小麦丰收的具体措施和任务。大小队干部参加了会议，职工群众收听了广播。会后迅速掀起了麦田返青管理高潮，出动劳力200多人，启动柴油机50多台，日夜不停地突击浇麦13000亩。

8月25日　海兴农场开展"三大种"（田箐、紫穗槐、枣树）"七大养"（猪、兔、羊、鸡、鸭、鹅、鱼）"两大办"（大办社队工副业、大办沼气）活动。

9月16日　孔庄子大队出现伤寒病患者5例，有关部门进行了及时防治、防控。

10月4日　县委研究决定：康守贵任农场党委副书记、副场长，代行场长职责。

10月11日　县委派农业学大寨工作队进驻农场小黄、马庄子、邓庄子大队和场直部门及2个工厂。

11月5日　地委决定：免去郭诰营海兴农场党委二把手职务，康守贵任农场场长。

1978年　海兴农场五队组织干部群众大搞农田基本建设，完成沟渠开挖清淤22条，动土2400立方米，使苗家洼1600亩农田受益。

1978年　农场兴建皮鞋厂。

1978年　海兴农场粮食总产量176.939万斤，平均亩产115斤。总收入566067.75元，其中农业收入383187元，林果收入57568元。

1979年　1月1日　海兴农场制定《关于奖惩制试行草案》，此后，在全场各行各业实行奖勤罚懒。

2月13日　县委研究决定：马崇庆为农场代理书记。6月22日任农场党委书记。

2月21日　海兴农场遭受6~8级东北大风的袭击。

2月　海兴农场党委召开会议，传达贯彻党的十一届三中全会会议精神，与会人员认真学习了《党的十一届三中全会公报》《中共中央关于加快农业发展若干问题的决定（草案）》和《农村人民公社工作条例（试行草案）》，重点讨论了党的工作重心战略转移问题，明确了将工作重点转移到社会主义现代化建设上来。

3月1日　县广播站报道：海兴农场五队"三八"妇女养猪班，由四名妇女组成。两年来，农场的猪由原来的60头增加到180头，其中50多头达到300斤以上，全年积肥2400车。

3月12日　新中国第一个植树节，海兴农场组织发动干部职工义务植树，1200余人次参加植树，种植刺槐、柳树等5000株。

3月24日　李金龙任孔庄子农场党委副书记兼秘书。

5月　场党委书记马崇庆在五队蹲点，帮助该队率先总结制定出《关于加强劳动管理、财务管理和实行奖励办法的具体规定》，并在全场推广试行，"定、包、奖"（作业组小段包工、定额计酬，联系产量计算报酬、超产奖励，采取个人岗位责任制）三种责任制的形式和计酬办法。

6月中旬　海兴农场组成由公安及相关部门负责人参加的安全小组，对全场工业企业进行安全大检查，主要查：安全意识、安全制度、安全措施落实情况，对查出的问题，当场提出了整改意见。

7月6日　海兴农场蝗虫成灾，一些麦田套种的玉米叶子被吃光，场党委召开千人参加的动员大会。党委书记马崇庆在会上做动员报告，号召全场干部群众全力投入除虫灭蝗运动，将蝗虫对夏秋作物造成的危害降到最低。

9月17日　县委研究决定：免去刘元兴党委副书记职务。

9月　海兴农场建立落实政策办公室，受理申诉材料96件，接待来访者280人次，经查明按政策给17人落实了待遇，补发工资4670.5元。

10月14日　县委研究决定：曲玉贤任海兴农场场长，免去康守贵农场党委副书记、场长职务。

12月22日　海兴农场筹建的电视机元件厂试产的一批电视机元件，经国家鉴定符合标准。

1979年　由河北省农垦局投资，在农场六队以北、跨宣惠河兴建16孔桥一座，全长106米，宽4.2米。

1979年　海兴农场兴建中心小学。

1979年　海兴农场工农业总收入152.933万元，粮食总产量154.9万斤。

1980年 1月1日 海兴农场印发《关于奖惩制度试行草案》。对农业队实行定产量、定投资、定利润；对工副业队实行定人员、定资金、定利润；对场部机关工作人员一律实行奖惩制度。逐步推行用经济手段管理企业。

1月13—20日 海兴农场举办了第一期党员学习班，组织全体党员集中学习了中共中央《关于加快发展农业》及《党的十二条准则》《刑法》《刑事诉讼法》。

1月17日 海兴农场购置的首台黑白电视机开始在场部播放节目，干部群众收工后，进行观看。同日，孔庄子大队办起农场首家旅馆和饭店，为过往的行人提供了食宿方便。

1月25日 王国栋任农场党委副书记。

2月1日 农场发布并实施《关于本场职工家属医疗费用管理规定》。对医疗费用的来源和使用范围、报销办法及范围作出明确的规定。

3月6日 张忠礼任海兴农场副场长。

5月5日 海兴农场党委对场、队领导制定了"约法三章"，不准以任何借口到职工家吃喝；招待上级领导和来场客人一律个人开支，财务不准报销；请有关联系单位的客人吃饭，按规定标准交生活费。对此，海兴县委在《当前工作简报》上载文予以表扬。

5月13日 孔庄子大队成功打出"老头乐"真空井30眼。农场党委在此召开生产队长以上干部参加的现场会议，党委书记马崇庆在会上讲话要求：各队、村学习该孔庄子大队打真空井的经验，在全场迅速掀起打井高潮，以缓解抗旱水源不足。

10月10日 县委研究决定：张长领为农场党委副书记。

11月5日 夜间，海兴农场五队场内被6名不法分子用小推车和自行车盗走黑豆1200斤。

11月12日 河北省农垦局增拨海兴农场流动资金5万元。

11月20日 据县广播站播报：农场六队调整农业产业种植结构，大搞多种经营。在种好粮食生产的同时，种植600亩葵花、花生等经济作物。在遭受冰雹、虫灾等自然灾害的情况下，通过干部群众的精心管理，仍获得粮食、葵花双丰收，秋粮平均亩产400斤，总产达到30多万斤，创历史最高，收葵花8万斤，创收入36000元。

11月27日 海兴农场四队办起小商店。

12月2日　县委决定：免去李金龙海兴农场党委副书记、秘书职务。

1980年　海兴农场修建扬水站一座。

1980年　海兴农场兴建毛巾厂。

1980年　海兴农场粮食总产量129万斤，产值达13万元；副业产值79.8万元；农、工、牧总收入104.4万元。

● **1981年**　1月15日　海兴农场发布《关于经营管理制度和实行基层单位自主权的规定》。开始推行大包干制度，对农业队和工副业实行"四定一包"制度。即：定流动资金、定产量（产值）、定利润、定奖惩和自包全年开支。

3月6日　海兴农场团员青年利用沟渠、房前屋后大种蓖麻，每人种植蓖麻100墩，完成种植蓖麻4万墩。

3月14日　地委决定：翟玉杰任农场党委书记，免去马崇庆党委书记职务。

3月15日　海兴农场召开武装、青年、妇女工作会议，传达贯彻了县委《关于在全县开展"学雷锋、树新风，建设社会主义精神文明教育活动"的决定》。安排部署在全场青少年中开展"五讲"（讲文明、讲礼貌、讲卫生、讲秩序、讲道德）"四美"（心灵美、语言美、行为美、环境美）活动。

5月18日　县委研究决定：刘元兴为农场党委副书记。

5月29日　海兴农场70个生产队中有39个建立起"统一经营，联产承包"形式的农业生产责任制，有31个生产队实行"小段包工"，一些农业职工中出现了个人承包意向。

● **1982年**　3月1日　首次开展全民"文明礼貌月"活动。

3月12日　海兴农场组织发动干部职工开展植树节义务植树，种植柳树、刺槐、榆树等4000株。

3月8日　海兴农场党委作出《关于农村工作的八项具体规定》，开始对农村干部实行定额补贴。大队干部一般定额补贴三人（支部书记、大队长、会计），补贴100～200元，生产队补贴一人，30～50元。

5月11日　凌晨，海兴农场遭受雹灾。冰块大者像鸡蛋。

6月27日　骤风急雨并降雹灾，雹大如鸡蛋，持续半小时，林果、棉花受灾严重。

6月27日 进行第三次人口普查，即日零时为标准时间。

8月10日 海兴农场200多名团员青年组成义务帮工队，帮助烈军属、孤寡老人、五保户等种植、管理责任田。

8月11日 海兴农场自7月下旬以来，发生蚜虫、黏虫面积达2万多亩，场党委抽调机关干部25人深入到队、村，发动群众用药械喷杀，控制了灾害。

8月22日 海兴农场掀起积肥造肥高潮。投入积肥造肥劳力达4000多人，积肥造肥13000多车，降低了生产成本，为种足种好小麦备足了肥料。

12月31日 海兴农场召开计划生育宣传月动员大会。参加这次大会的有全体党团员、班组长以上干部共计500余人。党委书记翟玉杰在会上做动员讲话。同日，县委研究决定：刘元兴为党委副书记、副场长主持农场行政工作；免去曲玉贤农场党委副书记、场长职务，吕文华为农场副场长。

12月 海兴农场开始推行经济体制改革，在全场实行"两包四定五统一"形式的农业生产责任制。两包：包粮棉油上交，包各项提留上交；四定：定牲畜、农具、投资、奖励；五统一：统一种植计划，统一供应生产资料，统一安排使用劳动力，统一使用大型农机具，统一经营农副业生产。

12月 海兴农场开始兴办职工家庭农场，家庭农场是单独核算，自负盈亏的经济实体，土地、坑塘、林木、果树固定包给职工家庭农场使用，经营所得交够国家的，留足企业的，剩下归己所有。

1982年 孔庄子至明泊洼公路筑成通车，全长12.5公里。

1983年 1月 海兴农场全面推进和实行统一经营联产承包的生产责任制。在推行责任制中做到"三个坚持、五个统一、三个不取消"。即：坚持生产资料公有制，坚持以工厂、农业队为基本核算单位，坚持按劳分配的原则；统一生产计划、统一技术措施、统一上交主要产品、统一安排生产资料、统一供应种子、化肥及农药；不取消退职退休职工的工资、不取消退职退休办法、不取消公费医疗。

3月17日 海兴农场举办首次农业技术培训班。70人听取了县农艺师讲授的棉花栽培、优良品种的培育、各种病虫害的防治措施等农业知识。此后，场、队、村相继建立了农科技术指导站、农科技术服务站。

3月25日　海兴农场开展"五讲四美三热爱"（讲文明、讲礼貌、讲卫生、讲秩序、讲道德，心灵美、语言美、行为美、环境美，热爱祖国、热爱社会主义、热爱中国共产党）活动。涌现出各种学雷锋小组、青年服务队、青年突击队。

3月28日　海兴农场7个农村大队57个生产队中，有38个生产队的社员与农场签订了农业承包合同，把粮食、棉花、油料种植面积、产量以及国家征购、集体提留和义务工等都在合同中做了详细的规定。

5月13日　海兴农场召开科普协会第一届代表大会。出席会议的有国营队、农村大队"土专家""洋秀才"及基层干部、科技人员46人。会议选举产生了农场第一届科普协会委员23人，通过了科普协会章程、组织通则，明确了科普协会的性质、任务、地位和作用。

5月30日　海兴农场印发《关于进一步加强经营管理严格规章制度的通知》，出台了《1983年生产经济承包责任制试行办法》和《流动资金管理办法》。

6月3日　盐山、海兴两县公安局在农场召开联防工作会议。参加会议的有毗邻的4个社场和所辖的22个连队、生产大队党的主要负责人。会议要求：加强毗邻社队的密切合作，搞好夏收保卫工作，维护社会治安。

6月27日　19时30分，狂风四起、飞沙走石，风力达12级，持续30分钟。围墙、烟囱全部被刮倒，782间房屋受损，500多棵树和52根电线杆被折断或连根拔起，2770亩农作物绝收，供电、通信设施均受到严重损坏，造成场内停电48个小时。

7月12日　海兴农场遭受历史上罕见的夏季干旱，连续50天滴雨未落，造成6000亩春播作物枯萎，1450亩绝产，2700亩农作物毁种。场党委及时组织人力、物力进行"一抗双保"，打真空井112个，用车拉人推的办法浇地保苗，采取各种补救措施，降低损失。

7月25日　海兴农场召开大会，各工副业企业职工参加了会议，会议总结上半年经济工作，表彰了先进集体和先进工作者，对在6个月内为农场拿到7万元以上合同的4名业务员颁发了奖金。

8月8日　海兴农场开展集中打击刑事犯罪活动，至9月30日结束，社会秩序好转。

8月20日　海兴县政府公布，位于海兴农场孔庄子村西的高庄遗址为县重点文物保护单位。

9月12日　海兴农场自筹资金17000元扩建的国营中心小学投入使用，建筑面积280平方米。

9月29日　海兴农场党委在机关干部中开展了"六查"（查政治上是否同党中央保持一致；查是否振作精神、全心全意为人民服务；查是否遵纪守法、个人利益服从党的利益；查工作作风是否实事求是、脚踏实地；查工作是否挑重担、不计个人得失、克服困难、提高工作效率；查生活是否艰苦朴素、不讲排场、不摆阔气）活动。

10月16日　海兴农场工作总结中称：今年以来，全场掀起大搞农田基本建设高潮，完成台田清淤、沟渠疏通198条，垫地面积1524亩，动土17000多立方米。

10月　海兴农场党委对基层领导班子进行调整改革，大胆启用中青年干部。经职工民主选举，把9名30～40岁的年轻干部充实到基层领导班子。同时对场属各基层单位班子成员进行精简，由原来的5～7人减至3人。

11月29日　海兴农场开展春旱冬抗，掀起以浇地为中心的麦田管理。启动扬水站3处、机井7眼，动用机器59台，投入劳力1260余人，完成冬灌麦田、白地15000亩。

11月　小黄村成立青少年业余武术队。

1983年　海兴农场建立派出所，此前设公安特派员，负责农场辖区内治安管理工作。

1983年　完成工农业总产值139万元。

1984年　1月1日　海兴农场印发《1984年生产经济承包责任制试行办法》，职工兴办家庭农场，实行财务大包干，生产资料（大型拖拉机除外）作价归职工个人所有；工副业实行厂长任期目标责任制，采取工厂对车间、车间对班组、班组对个人等一系列承包形式，承包责任制由过去的一年一变，改为一定三年不变。至4月10日，实行联产联利承包户110家，利润承包的工副业10个，到12月份全场办起职工家庭农场251个。

3月8日　县人民政府向地区行署呈报了《关于新建孔庄子乡的报告》。6月15日，省民政厅下达《关于新建海兴县孔庄子乡的批复》称：经省人民政府同意，将海兴农场所辖的孔庄子、刘佃庄、苗庄子、马庄子、小黄庄，明泊洼农场所辖的大黄庄划归新建孔庄子乡，乡人民政府驻孔庄子村。

3月14日　海兴农场为鼓励农民开发荒碱地和坑塘，在机耕浇地、货款、优种上实行了"三优先"，所辖7个农村大队的100多户村民完成开垦荒碱地1200多亩，开挖坑塘20多个。

4月23日　海兴、青锋、青先、明泊洼四个国营农场归沧州地区农林局管理。

4月间　党委副书记、场长刘元兴率相关人员赴北京，参加在农业展览馆举办的全国首届农产品展览会。

5月30日　海兴农场党委狠抓棉花种植，植棉2500亩，相当于去年的7倍。此前，举办了多期植棉技术培训班，培训植棉能手700余人次，印发植棉知识小册子160份。6月4日海兴县人民政府办公室以《县农场种植进度快质量好》为题向全县推广了棉花种植的经验和做法。

7月18日　海兴农场召开殡葬改革工作会议。各村党支部书记、村委会主任、各国营队负责人以及全体共产党员参加会议。会议强调：共产党员要带头实行火葬，带头节俭办丧事。此后在全场开始推行殡葬改革。

8月8—13日　海兴农场连续降雨，加上盐山县的客水经流农场，大部分庄稼被淹。平地积水深1.5尺，550亩向日葵绝产，350亩减产50%，350亩芝麻减产30%，其他4230亩各种作物减产20%以上。

8月22日　晚9时至次日凌晨5时许，暴风骤雨席卷而至，阵风10级，局部地区伴有冰雹，普降暴雨214毫米，房屋受损，果树落果，大部分农田积水，农作物严重减产。六队、七队两条公路被冲毁。

1984年　海兴农场在工业企业中实行"一定三改"（定额包干、联产计酬，厂长由委任制改为聘用制、工人有固定工改为合同制、工资有固定工资改为浮动工资）。

1984年　完成总产值110万元，粮食产量80万斤。

1985年　1月1日　海兴农场制定出台《经济体制改革的实施意见》。

4月22日　沧州地委、行署下发《关于农场管理工作中几个问题的通知》。明确规定：农场的党群工作和行政工作均由所在县直接管理；人事问题，由所在县和地区农林局共同管理，以县为主；财、物、产、供、销由地区农林局农垦公司统一管理。

4月24日　上午7时，海兴农场砖瓦厂制坯机房发生重大火灾事故，8间机房及所有设备全部烧毁，造成经济损失5.2万元。

5月12日　海兴农场以工代干转干工作基本结束，有27名代干人员转为国家干部。

8月10日　下午4时13分，全场遭受冰雹灾害并伴有8级以上大风，冰雹大如核桃，9625亩农作物减产三成以上。风雹过后，县长魏振宗亲赴灾区调查灾情，安排生产自救。

9月　秋雨连绵长达一月之久，海兴农场受到20多年不遇的多种自然灾害侵袭，播种的经济作物几乎全部毁掉。

1985年　海兴农场兴建纺织厂。

1985年　海兴农场粮食产量120万斤；总收入50万元。

● **1986年**　2月28日　海兴农场整党工作结束。参加整党的党员106名，这次整党严肃认真、和风细雨，使党员们受到教育、得到提高，基本上完成了"统一思想、整顿作风、纯洁组织"的任务。整党后期对全场党员进行重新登记，合格的105人，不予登记的1人。

5月4日　首次开始实行夏时制。

6月26日　按照县委的部署，在全场党员干部中开展政治纪律和组织纪律整顿。通过组织生活会，运用批评与自我批评的武器进行自我教育。工作至7月底结束。

7月19日　海兴农场干旱少雨，累计雨量55毫米，春播作物全部干枯，秋收无望，直接经济损失20万元。

12月17日　沧州地委、行署下发《关于对地属农场实行统一管理的通知》。此后，海兴农场和明泊洼农场的党、团、妇女、工会、文教、卫生、公法等项工作仍由其所在县负责管理，人事任免和调配等统归地区行署、农林局及农垦公司掌握。

● **1987年**　1月1日　海兴农场改变粮油单位补贴的办法，应供应的粮油一律改为议价（市场价）供应，在单位按上班的人数和应供应的粮油指标发给差价补贴。

1月20日　沧州地区行政公署农林局党组研究决定：韩丑清任海兴农场场长、党委副书记（任职时间从1986年9月算起）。

1月28日　沧州行署农林局党组发来通知，任命吕文华为农场党委副书记，免去副场长职务；黄平祥、张金生为副场长，党委委员；吴其祥为农场党委副书记。

1月　海兴农场与各农业队领导签订了土地承包合同。场部把土地承包给队领导，队领导承包给家庭农场，粮食上缴任务与队领导工资挂钩。

3月　海兴农场开展普法活动。培训普法骨干124人，还对240名党员干部和部分职工先后进行四次普法考试。

春　海兴农场大力发展果树生产，栽植枣树2100棵，苹果树850棵。

5月22日　晚10时至次日凌晨2时21分，海兴农场遭受严重风雹袭击。阵风10级，冰雹大如核桃。降雹时间持续12分钟。

6月4日　自春季以来，海兴县被狂犬咬伤700多人，海兴农场成立捕杀领导小组，对全场家犬进行摸底造册，开展灭犬突击活动。并制定实施了八项灭犬措施，赶制了灭犬工具，组织专业捕杀队伍限期进行捕杀。

6月29日　海兴农场遭受40分钟的风暴袭击。

6月　海兴农场党委组织全体党员，以"入党为什么？在职干什么？离职留什么？"为主题，开展了"党员百日大讨论"活动。此次活动于9月中旬结束。

7月19日　海兴农场开展双增双节（增产节约、增收节支）。当年节约煤10吨，钢材2吨，柴油5吨，节约资金6000元。

9月1日　海兴农场兴建工艺美术厂。

9月17日　海兴农场建立法律服务所。

9月22日　县委、县武装部授予海兴农场"征兵先进单位"称号。

9月　海兴农场遭受了20多年前所未有的重大旱灾，连续10个月总降雨量累计56.3毫米，致使2300亩小麦50%以上的绝产，1391亩高粱60%的枯死，786亩谷子70%的枯死，218亩棉花70%的枯死。

10月12日　海兴农场作出《关于对教师实行岗位责任制及奖惩办法的规定》，实行教育管理制度改革。

12月27日　海兴农场召开大会。党委副书记、场长韩丑清在会上做讲话。会议提出1988年的工业发展目标是：建成四大支柱（弹簧厂、五金厂、皮鞋厂、工艺美术厂，产值不能低于20万元）、三大窗口（纺织厂、针织厂、修配厂，在搞好对外加工的同时，年产值争取达15万元）、一个基地（要把砖厂建成建筑材料基地，年产值不低于30万元）、一条龙（机务队要搞好产前、产后服务一条龙）。

12月28日　海兴农场作出粮食供应规定：从1988年1月1日起，除家庭农场的人口继续自食其粮外，对不在工业上班和外流人员，原则上不给供应粮食，也不给予加价补贴。

1987年　海兴农场制发《国营海兴农场工业招标承包、利润包干责任制》《国营海兴农场家庭农场承包经营上交粮油指标包干责任制》和《国营海兴农场机关工作人员岗位责任制》。

1987年　海兴农场兴建农场南校。

1987年　海兴农场党委首次提出"四个引进"（引进人才、引进技术、引进项目、引进资金）。

1987年　工农业总产值达138万元。其中工业总产值80万元，农业总产值65万元。

● **1988年**　1月1日　海兴农场制发《关于工业企业经营管理的实施意见》。提出：对工业企业领导体制进行改革，实行和推广厂长（经理）委任承包责任制；加强劳动管理制度，建立健全以岗位责任制为主的劳动管理制度。

3月31日　海兴农场在《关于农业重点开发项目的计划报告》中称：近年重点建设五个基地。即商品大豆基地、商品高粱基地、优质金丝小枣基地、优质商品梨基地和示范推广地肤基地。

4月13日　海兴农场党委向沧州地区农林局、沧州地区农垦公司发出《关于组建农场管理委员会的报告》，称：经1988年4月12日党委研究决定，组建新的农场管理委员会。拟由12人组成，韩丑清任场长，吕文华任常务副场长；张金生、吴其祥任副场长；段云呈、贾吉祥、黄平胜、张广金、刘洪安、姚宝庆、邢建国、林萍任委员。

4月20日　海兴农场党政领导成员进行分工：韩丑清主持农场全面工作；吕文华分管财务、党务、纪检、政法、组织建设；吴其祥分管宣传、工业、安全生产工作；张金生分管农业、人事工作；段云呈分管工会、后勤、机电工作；贾吉祥分管办公室、政工、政策研究、物资供应、机关后勤工作；张广金分管机关、文教卫生、计划生育、青、妇、武装工作。

5月3日　海兴农场成立住房改革领导小组，由11人组成，段云呈任组长。

6月21日　海兴农场作出《关于遭受严重旱灾情况的报告》称：从1987年9月至今10个月间，辖区降雨量仅为56.3毫米，最大次量只有10.1毫米。旱灾给农业生产带来重大损失。去年秋播2300亩小麦，50％以上绝收。幸存1100亩，亩产在50斤左右，总计折款损失14.2万元，部分家庭农场的人畜饮水困难，春播的2725亩高粱和谷子、棉花有70％枯死。请求省地农垦公司及地区农林局在物资和资金方面予以支助。

7月20日　海兴农场印发《关于对工业引进新项目和人才奖励的试行办法》，对引进新项目的单位和个人在项目投产后按纯利润的比例提取奖励。

8月1日　海兴农场兴建化工厂，占地面积640平方米。9月1日投入生产，年生产氧化锌1500吨，当年实现产值100万元。

9月3日　晚11时35分，海兴农场遭受狂风和冰雹袭击，风力10级以上，阵风高达12级，持续30分钟，部分房顶被掀坏，公路沿线树木、电杆连根拔起，庄稼全部倒伏，果树叶、果被砸落。春旱秋灾造成直接经济损失约计37万元。

10月14日　海兴农场成立职工代表大会筹备委员会，由9人组成，段云呈任主任，吕文华、张金生任副主任。10月20日，全场选出首届职工代表大会代表82人，其中女性16人。

10月16日　根据上级统一部署，海兴农场开始颁发居民身份证。

12月25日　海兴农场党委制发《关于妥善处置不合格党员的意见》。

1988年　海兴农场兴建电缆厂，占地面积2500平方米，建筑面积600平方米。

1988年　海兴农场确立"大上工业，以工促农"的发展思路。当年引进了低压电器、化工、制锁、电缆等5个项目。

1988年　工农业总产值237万元。

1989年　1月8日　海兴农场党委举办了为期三天的干部培训班，参加这次培训班的共计65人，党委副书记、场长韩丑清在培训班上做动员讲话。其间，集中培训了经济管理、经济合同法和农业技术。培训结束时对每个学员进行了考试。

1月31日　海兴农场做出决定：对在经营管理中做出突出贡献的砖厂厂长黄平志、机务队长刘洪安、书记张立文进行通报嘉奖，分别给予1000元、400元奖励。

4月10日　沧州地区行署发出《关于地属六个国营农场下放县管理的通知》。海兴、明泊洼农场归属海兴县管理。

4月20日　海兴农场对47名专业技术人员的职称评定工作予以公布，经过有关部门逐级评审，47名专业技术人员获得技术职称；其中农业系列8人，经济系列3人，财会系列16人，卫生系列7人，文教系列13人

8月25日　海兴农场党委召开由全体党员干部参加的"惩治腐败、反对资产阶级自由化"大会。同日，海兴农场投资20万元开发的氯化锌项目建成并投产。

8月30日　海兴农场党委制定出《关于基层党组织建设的实施意见》。

8月31日　海兴农场遭受严重旱灾，1—8月总降水量274.9毫米，各种农作物干枯如柴，6869亩受灾，3642亩大豆、葵花、杂粮全部绝产。

9月5日　海兴农场制发《关于建筑职工商品房的意见》，决定面向工业单位职工建设部分优惠商品房，房权归场部所有，建筑地点在机务队西南侧。当年建成砖瓦结构房屋25间，三间一栋。

9月10日　海兴农场召开庆祝教师节座谈会，会上表彰了地区级优秀教师陈淑芹、教学达标者李淑梅、高红新。场长韩丑清出席会议并讲话。

9月23日　海兴农场党委作出调整工业布局的决定，把原有的五金厂、开关厂、皮鞋厂三家同类产品企业合并，改称为低压开关厂。

10月13日　海兴农场作出《关于遭受严重旱灾要求上级解决口粮、种子问题的报告》称：自1月以来，所辖区域降水量累计274.9毫米，最大次量只有66.7毫米，全场6869亩受旱灾，2765亩大豆、640亩葵花、247亩杂粮几乎绝收。造成1800人的口粮和第二年7100亩播种面积种子没有着落。

11月9—13日　海兴农场党委对10个工业单位和4个农业队的32名副职以上干部进行了德、能、勤、绩考核，并将此次考核的结果进行综合排名。

11月10日　海兴农场开发的千亩枣粮间作区项目抽查验收，合格率达99.4％。该项目自9月3日开始启动，历经选苗、刨苗、运输、栽植四道工序，投入劳动工日500个，各种运水车辆70多台次，完成枣树栽植1.5万株。

11月26日　海兴农场开发的5000亩苜蓿基地工程抽查验收，合格率达95％。该项目历经55天测量和施工，完成开荒总面积5028亩，开沟排沟总长度5500米，总动土方10万立方米，投入劳动工日9000个，总投资14.5万元。

12月11日　沧州地区在海兴农场召开农垦系统总结表彰大会。海兴农场作为先进单位在会上受到表彰，县委常委、常务副县长王文达出席会议并讲话。

12月25日　海兴农场召开1989年度总结表彰大会。会上表彰了5个先进单位、十大公仆、28名劳动模范。场党委书记、场长韩丑清在会上做了总结讲话，提出了1990年实现总产值1000万元、利润100万元的奋斗目标。

1989年　投资30万元铺设了场内柏油路。

1989年　海兴农场被评为沧州地区农工商全面发展企业。

1989年　海兴农场兴建灯具厂，主要生产汽车灯，年生产能力5万个。

1989年　完成工农业总产值385.4万元。其中工业产值306万元，农业产值79.4万元。

1990年

1月5日　海兴农场党委召开离退休老干部、职工慰问大会。76名离、退老干部职工参加了会议。党委书记、场长韩丑清出席会议向与会的老干部、老职工通报了农场经济、社会发展情况和今后的设想，感谢他们对工作的支持，并向他们祝贺新春。

3月6日　河北省地方病研究所所长陈一新带专家组一行7人来农场进行实地考察。经普查，全场成年氟骨症患者达35.2％；5％的重度氟骨症患者已丧失劳动能力；8～15岁儿童患氟斑牙率100％，海兴农场被定为饮水型氟中毒的重病区。

4月1日　海兴农场制定《关于调整工资的意见》。这次调整工资的范围包括离退休工人、场内合同制工人、使用一年以上的临时工。调整幅度为退职工人在 40 元的基础上上调一级工资,离退休人员在 50 元的基础上上调一级工资。

5 月 6 日 海兴农场党委召开民主评议党员大会,会议公布了《关于民主评议党员的实施方案》。党委书记、场长韩丑清在会上做动员讲话,这次民主评议党员活动历经民主评议、组织处理、建章立制、总结表彰四个阶段。

5 月 11 日 海兴农场与秦皇岛市电子修造厂合资兴建股份企业"秦海金属构件厂"。

5 月 25 日 海兴农场开发种植胡花米草,到 6 月 26 日完成栽植面积 1000 亩,当年成活率为 80% 左右,预计 1991 年亩产可达 8000 公斤,能养肉牛 500 头。

6 月 17 日 0 时,人们翘首以待的千门自动电话在农场开通,这次电话改制工程于 3 月份动工,投资 8 万元。

6 月 23 日 海兴农场遭风灾,风力 8～10 级,阵风达 12 级,农作物及果树受灾严重,电力、通讯线杆全部被刮断。

6 月 29 日 海兴农场党委召开全体党员大会,庆祝中国共产党成立 69 周年。会议表彰了先进基层党组织和 47 名优秀党员,聆听了 1937 年入党的老党员徐金升用质朴的语言和亲身的经历作的党的优良传统报告。党委书记韩丑清在会上做了总结讲话。

7 月 3 日 海兴县政府批准,海兴农场工业科改称为"河北省国营海兴农场经济委员会"。

7 月 6 日至 21 日 海兴农场连降 6 场大雨,总降雨量 537 毫米,造成工农业直接经济损失 50.57 万元。

7 月 29 日 降暴雨,农作物全部受灾,半数绝产。

8 月 15 日 海兴农场党委召开整顿机关纪律、作风和秩序大会,全体党员干部参加了会议。场党委书记、场长韩丑清在会上做动员讲话。这次整顿分学习文件、查找问题、建章立制三个阶段进行,持续到 9 月 15 日结束。经过整顿,机关的组织纪律和工作作风大有好转。

9 月 13 日 经县委批准:林萍、张广金、贾吉祥、邢建国、黄平胜为场长助理。

10 月 15 日 投资 7 万元兴建的硫酸锌厂竣工投产。该厂于 7 月 1 日动工兴建，占地面积 4.8 万平方米，建筑面积 453.5 平方米。

1990 年　沧州地委、行署授予海兴农场"文明建设先进单位"和"建功立业先进单位"称号。

1990 年　孔庄子卫生院与海兴农场卫生院合署经营。

1990 年　海兴农场兴建制锁厂，年产值 22 万把，产品销往全国各地。

1990 年　完成工农业总产值 1042.65 万元。其中工业产值 908.65 万元，农业产值 134 万元。

1991 年　1 月 14 日　《沧州日报》报道，海兴县农场化工厂 1990 年产值突破 100 万元大关。

1 月 15 日　海兴县人民政府印发《关于海兴县农场同明泊洼农场合并的决定》。从即日起，原明泊洼农场与海兴农场合并建立县属"河北省国营海兴农场"，合并后的海兴农场共有土地 6 万亩，总人口 4100 人，工业企业 10 个，农业单位 8 个，所属机构 14 个。

1 月 22 日　海兴农场召开会议，县委常委、组织部部长刘龙祥出席会议并代表县委宣布了海兴农场与明泊洼农场合并后的领导班子由 7 人组成，韩丑清任党委书记，吕文华、吴其祥、吴炳银任党委副书记，杨秀坤任纪检书记。

2 月　海兴农场兴建塑料制品厂，厂房面积 2000 平方米，主要生产渔网片和渔网绳等塑料产品。

3 月 4 日　海兴县人民政府向省农业厅、省农垦公司作出关于《关于海兴农场与原明泊洼农场合并后要求解决部分办公与交通建设资金的报告》称：1991 年 1 月 28 日两场合并后，在经济管理和经济发展启动上存在着一些严峻困难。

5 月 1 日　海兴农场投资 400 万元，新建橡胶厂，产品销往北京、天津、唐山等各大城市。

6 月 5 日　21 时至 6 月 6 日 0 时 10 分，海兴农场突降暴雨，并夹杂高密度冰雹。降雹时间长达 40 分钟，致使棉花及瓜果蔬菜和春苗遭受严重损失。

6 月 25 日　海兴农场召开教育基金会成立及捐资兴教动员大会。场党委书记、场长韩丑清在会上做动员讲话。会后，副场级干部每人捐助 20 元，副股级以上干部每人捐助 15 元，一般干部每人捐 10 元。

7 月 28 日　降大暴雨，雨量为 138 毫米，农作物受灾，房屋受损。

8月13日　海兴农场制发《关于建立职工代表大会实施方案》，明确了职代会的权利与作用，提出了职工代表大会主席团候选人名单，刘洪安为职代会主席、郑学良、张广金为副主席。

10月1日　海兴农场开关厂与弹簧厂合并。

10月4日　海兴县人民政府批复，同意海兴农场成立河北省海兴县农工牧商联合公司。常务副县长王文达任名誉总经理，韩丑清任总经理，陈玉兴、吴其祥任副总经理。

11月21日　海兴县人民政府批复，同意海兴农场成立化工、橡胶集团公司，机电集团公司，纺织集团公司和运输建筑公司。集团公司组建后，职能部门和机构设置由农场自行决定。

12月6日　农场办公楼剪彩启用，建筑面积1360平方米，投资89万元。

12月8日　海兴农场召开体制改革会议，会上公布了场部机关部分科室改称为处，即财务处、教育处、机电处、审计处、后勤处。党委书记、场长韩丑清在会上讲话。

1991年　海兴农场新建学校三处，建筑面积达1050平方米。其中投资49万元建中学一处，结束了建厂以来无中学的历史，解决了职工子女求学难、上学远的问题。

1991年　海兴农场投资30万元，铺设"明泊洼—孔庄子"柏油路。

1991年　河北省政府授予海兴农场"建功立业先进单位"荣誉称号。

1991年　沧州地委、行署授予海兴农场"文明建设先进单位"和"建功立业先进单位"称号。

1991年　海兴农场发展枣粮间作区1万亩。

1991年　海兴农场直拨程控电话开通，总投资30万元，架设电话线路，并连接进入了全国直拨网。

1991年　海兴农场制定《工业承包经营上缴利润指标包干责任制》《农业家庭经营上交粮、油指标包干责任制》和《机关工作人员岗位责任制》。

1991年　海兴农场走种、养、加工相结合的路子，从黑龙江引进优质肉牛70头、优种羊40只，种植苜蓿3000亩，开发枣粮间作区4000亩。

1991年　实现工农业总产值2675.6万元。

● **1992 年** 1月1日 海兴农场出台《工业管理规定》，推行群体承包责任制，在管理上实行定利润、定指标、超利润分成。

1月5日 海兴农场召开工作会议，总结回顾上年工作，安排部署本年工作任务。场党委书记、场长韩丑清在会上讲话。会议提出 1992 年要实现工农业总产值 5000 万元、利润 500 万元的奋斗目标。

3月14日 《沧州日报》报载，海兴县农场在全省农垦工作会议上荣获"两个文明建设"先进单位称号。

3月16日 海兴农场出台《关于新建商品房的规定》。逐步推行住房改革，公有住房均可折价出售给个人，所有权与居住权归户，达到产权明晰、一步到位。

3月 海兴农场在天津成立化工橡胶集团公司驻天津办事处。

4月18日 海兴农场决定：塑料制品厂与棉织厂合并，合并后定名为河北省国营海兴农场塑料制品厂。

5月1日 粮食价格全部放开，居民定量供应取消，全国通用粮票和地方粮票停止流通。

5月6日 位于原明泊洼农场的东点桥开工建设，总投资 32 万元。

7月12日 海兴农场干旱无雨，85％的农作物枯死，秋收无望。

7月 海兴农场制定《农业管理的暂行规定》，强调：继续办好家庭农场，允许多种承包组织并存。

8月 海兴农场在天津举行"海兴农场橡胶、化工产品发布会"，全国 13 个大中城市的数百名企业知名人士出席发布会。在会上发布了橡胶、化工、机电等产品。农场党委书记、场长韩丑清主持了发布会，并与部分企业家洽谈了产品销路。

9月7日 海兴县委书记王其江、县长索金栋来场到重点企业橡胶厂进行考察调研，场党委书记、场长韩丑清陪同调研。

9月13日 海兴农场制定出年内和明年的技改项目 6 个，分别是橡胶厂、塑料网具厂、化工厂、电缆厂、管件厂和开关厂，总投资 1217 万元。投产后，年可增产值 4375 万元，利税 690 万元。

10月12—17日 海兴农场在天津召开订货会。137 名客商与会，在此次订货会上签订了橡胶、化工、机电等销售合同 6057.8 万元，股份 20 万元。

11月25日 降雨雪后，气温骤降，大地封冻，全场大白菜由于抢收不及时损失惨重。

12 月 12 日　海兴农场制发《关于全方位引进的规定》，以优惠的政策，面向社会对适应农场的工农业生产项目、技术、人才、资金等进行全方位引进，当年招揽场内外各类人才 30 余人。

12 月 23 日　海兴农场制发《1993 年农业管理规定》。对领导机构的设置进行调整：场部下设农业处、七个分场，明晰了分场的主要职责是抓好家庭农场的行政管理和生产服务。

12 月 29 日　海兴农场党委对 12 家工厂企业领导班子进行了调整，计调整领导班子成员 31 人。

1992 年　实现工农业总产值 1811 万元。

1993 年　1 月 1 日　海兴农场作出《工业管理规定》，要求：各工业单位的管理实行利税指标定额上交；班子承包、自主经营责任制的两种管理方法。

1 月 17 日　海兴农场印发《关于场部机关实行财务包干的意见》。

1 月　海兴农场晋升为海兴县二级企业。

2 月 13 日　海兴农场成立项目开发办公室。

2 月 28 日　县委对农场党委会进行调整，由 8 人组成，韩丑清任党委书记，伍其祥任党委副书记，林萍、黄平胜、邓金池、刘竹青任党委委员。

3 月 20 日　海兴农场发布《招商引资公告》，介绍了投资环境和优惠政策，公布了建立 2 万亩工业开发基地的目标。

3 月 23 日　海兴农场召开农业工作会议，安排部署"一抗双保"，棉花种植及植树造林工作。场党委书记，场长韩丑清在会上做讲话。

4 月 6 日　海兴农场召开第一季度工作会议，总结上年工作，部署本年任务，海兴县委副书记、县长索金栋莅临会议并做讲话。会议出台了《关于抓好一抗双保和脱贫致富的意见》。

4 月 6—10 日　海兴农场遭受了历史罕见的寒流袭击，最低气温达 -5～-3℃，果树、小麦、蔬菜等农作物严重受害。

4 月 12 日　海兴农场制定《关于购销工作的几点规定》。

5 月　海兴农场建立皮革厂并投入生产。

7 月 1 日　沧州地市合并称沧州市，海兴县为其所辖，海兴农场归其所属。

11 月 23 日　海兴县经济委员会发出《关于国营海兴低压开关厂技术改

造开发系列产品的可行性报告批复》。项目总投资 94 万元。项目完成后，新增产值 120 万元。

1993 年　海兴农场推行了"抓骨干、带一般"的企业发展措施，对发展潜力大、市场前景好的企业进行重点扶持，培植了 3 个年产值 1000 万的企业，即化工厂、橡胶厂和低压开关厂，同时被县政府纳入全县 18 个骨干企业行列。

1993 年　海兴农场新建闸涵 5 座。

1993 年　实现工农业总产值 1931 万元。

● **1994 年**　1 月 15 日　海兴农场制定出台《关于干部职工实行房改的暂行规定》，全面实行干部职工住房商品化。

2 月 19 日　海兴农场制定出台《关于加强工业企业内部管理的实施办法》。

7 月 2 日　14 时 10 分至 14 时 36 分，海兴农场遭受冰雹袭击，冰雹大如鸡蛋，一般的如小枣，农作物减产 50%～80%。

7 月 9 日　海兴农场老龄委员会成立，吴炳银任主任。

8 月 3—7 日　海兴农场普降大雨，4 日为大暴雨，降雨量达 245 毫米，大部分农田积水。

9 月 11 日　海兴农场建立印刷厂、冷饮厂。

1994 年　海兴农场调整农业产业结构，至翌年发展种植棉花 1000 亩，西瓜 573 亩，蔬菜大棚 2 座，完成嫁接冬枣基地 5000 亩。

1994 年　工农业总产值 3350 万元。其中工业产值 2850 万元，农业产值 500 万元。

● **1995 年**　1 月 1 日　海兴农场制定出《1995 年工业管理规定》。要求：各工业单位实行利润大包干，自主经营，独立核算，超利润分成，逐月上交的管理办法。

1 月 16 日　海兴农场场长办公会研究决定筹建一个大型肉牛养殖场。

2 月 21 日　海兴农场向海兴县计划委员会发出《关于建一个大型养牛场的请示报告》，建设规模为年出栏肉牛 300 头。需建牛舍 100 间、草料仓库 5 间、办公室 5 间、蓄水池 1 个、大院 1 个，总建筑面积 1800 平方米，总占地面积 4000 平方米。基建投资预算 35.5 万元。流动资金 64.2 万元，年可获纯利 25.8 万元。

4 月　海兴农场投资 300 万元对原化工厂扩建（新建冶炼厂），工程竣工并投入生产。

5月15日　海兴农场与付吉永投资公司合资兴办的红木家具厂投入生产。该厂主要生产红木家具，年产量2000套，当年实现产值90万元，获利25万元。

6月24日　下午3时，海兴农场遭受突如其来的特大风雹袭击，降雹持续20分钟，冰雹直径3～5厘米，最大重量1.7斤。冰雹过后，电力通信设施被拦腰折断，倒塌房屋400余间、7670亩春播作物被砸毁，毁坏果园800亩，各种果树2.2万株，直接经济损失572万元。这次风暴来势之猛，成灾面积之广，损失之大，实属农场成立以来所罕见。灾后，省市农垦部门领导亲临现场，指挥抗灾自救。

7月1日　海兴农场党委通报表彰了5个先进党支部和20名优秀党员。

7月23日　海兴农场召开党政班子会议。会议确定了工农业发展思路，提出了1996年实现总产值1亿元，利税1000万元的奋斗目标。场党委书记、场长韩丑清在会上讲话。

8月4日　海兴农场制发《海兴农场机关体制改革试行方案》。对机关工作人员实行定岗、定员，做到人岗相宜。

9月14日　海兴农场开展"三学"（学理论、学党章、学孔繁森）、"三查"（查世界观、查人生观、查价值观）、"三克服"（克服个人主义、拜金主义、享乐主义）、"一坚持"（坚持全心全意为人民服务的宗旨）活动，持续到12月底结束。

10月11—12日　河北省农垦局在海兴农场召开了首次市县属农场现场考察经验交流会，全省50多名市县属农场场长出席会议。海兴农场党委书记、场长韩丑清在会上介绍经验，与会人员参观考察了2.6万亩的耕地。原沧州地委书记郭枢俭，沧州市委常委、海兴县委书记王其江莅临大会并讲话；河北省农垦局局长胡金城、副局长韩荣杭分别为在大会上做了总结报告，赞扬了海兴农场自力更生、艰苦创业的农垦精神。

10月31日　10时50分，海兴农场二分场西北角4000多斤豆秸垛发生火灾。场领导及时赶赴现场，指挥灭火，经干部职工奋力扑救，下午14时20分将大火全部扑灭。火灾烧伤救火人员10名，损失柴草25万斤，烧毁房屋4间，直接经济损失31万元。

11月16日　农业部统计处、工业处、教育处的任铁民、尹思明、韩小玲等8人组成的"垦区调查团"到海兴农场考察调研。"垦区调查团"先后实地察看了红木家具厂、橡胶厂、开关厂、化工厂以及万亩枣粮间作基地。沧州市委常委、海兴县委书记王其江，县长索金栋，县委副书记田永利及场党委书记、场长韩丑清等陪同考察。

12月22日　海兴农场下发通知，对场部内设机构进行调整。撤销基建、后勤处，将其职能移交工会。房产管理所与工会合署办公，同时下设办公室等10个内设机构，并明确了职责范围。

12月20日　农场做出《关于计划生育若干问题的规定》。

12月23日　海兴农场制发《"九五"造林绿化规划》，计划"九五"期间投资36.5万元，种植枣粮间作400公顷，栽植枣树9万株，四旁植树17万株。

12月27日　海兴农场成立三产处。主要负责全场物资、商贸、交通运输、房地产贸易、文教、卫生等。

1995年　实现工农业总产值4204万元。

1996年　1月1日　海兴农场发布《农业管理的暂行规定》。对农业系统主要经济指标及上交任务、压缩非生产人员、果树承包与管理、土地管理以及各分场和家庭农牧场的奖罚等做了详细的规定，并制定出《关于对场属工业、农业经济及其他部门考核实施办法》。

1月28日　海兴农场在青岛召开产品订货会，推销电阻器等产品，成交额60万元。

1月31日　海兴农场在天津召开订货会，推销化工、橡胶、开关、印刷等产品，天津、北京、石家庄、沈阳等20家客户应邀参会，成交额达1500万元。

1月　海兴农场启动水利工程建设，当年兴建涵洞7座，修排灌沟10900米，建扬水站1座，开挖主渠道6200米，总共动土8400立方米，增加可灌溉面积1万亩。

2月3日　海兴农场在天津举行新闻发布会。会前在《天津日报》上发布了关于开展"五引进"活动的公告和"海兴农场高薪招聘公关部长"的启示，此次会上与天津宁河联合农场等单位签订了土地开发协议，共同开发宜农荒1.3万亩，引进资金300万。

6月15日　《沧州日报》报道：海兴县农场在农业开发中借助外力引进资金，做活荒地开发的大文章。目前，该农场沉睡了几十年的6000多亩荒碱地在轰轰的机耕中变成一片平整待播的良田。

7月26日　海兴农场在天津、石家庄、宁河分别召开了招商引资推介会。北京、天津等10多家企业应邀参加，会议期间与这些企业进行了深入交流与洽谈，取得了丰硕的成果，在推介会上与天津宁河农场初步签订了来场合作开发万亩水稻基地和兴建年产值1000万的轧钢厂。

7月　海兴农场连续召开党政领导班子会议，讨论确定了工业实行个人风险抵押、承包；农业实行"家庭农场集约化、种植基地化"；机关实行"经费包干、职能百分奖惩"的一系列改革方案。

8月10日　由于上游水库泄洪，加之汛期连降大雨，全县人民抗洪告急。农场迅速组成470人的防汛大军和500人的后备队，随时待命驰援抗洪抢险。

10月27日　海兴农场召开经济体制改革会议。党委书记、场长韩丑清在会上做讲话。会议提出了经济体制改革的意见和设想。

11月2日　海兴农场在干部队伍中开展勤政、廉政建设大讨论，工作持续到11月20日结束。

1996年　海兴农场着力抓好"两高一优"农业：在四分场发展万元田20亩（大棚）；在二至六分场和畜牧场发展千元田3500亩（种植棉花、西瓜和高产田）。

1996年　完成工农业总产值4250万元，其中工业产值2600万元，农业产值1650万元。

1997年　2月　农田基本建设开始施工，当年完成兴修涵洞17座、排水沟渠8200米，排水沟清淤8000米，共动用土方工程19540立方米，有效地治理了旱、涝、碱的土地。

3月23日　为了促进农场企业发展，海兴农场党政领导实行包联企业，将企业责任到人、"分包到户"，帮助企业抓好全方位管理，并对所有承包企业的干部实行百分制考核。

7月中旬　持续高温，旱情严重。自4月以来，全场降水量仅30多毫米，不足常年同期的五分之一，是1980年以来，海兴农场同期降雨量最少的一年。

7月　投资220万元翻修明泊洼至孔庄子柏油路，全长12.5公里。

7月　海兴农场进一步推行工业企业改革，实行资产重组，对砖厂、冷饮厂等进行公开招标，租赁或股份制经营。

8月11日　海兴农场与天津橡胶集团公司达成联营协议，成立"津兴化工橡胶公司"，当年12月投入运营。

秋　海兴农场遭受百年不遇大旱灾，秋粮全部绝收，麦收后秋作物没下种，一片白地，少数点种也绝收。

10月　海兴农场与沧州东代化工有限公司联合成立"沧海第一化工厂"。投产不到一个月，相邻村村民以化工厂有污染为由，进行阻止，迫使该企业停产。据评估，设备损失52.93万元。

1997年　完成工农业总产值1371万元。其中工业产值490万元，农业产值881万元。

● **1998年**　1月1日　海兴农场制发《机关管理规定》和《农业管理的暂行规定》。

同日　县委对农场党政领导班子进行调整，调整后的党委由7人组成。韩丑清任党委书记，吴金明任副书记，贾吉祥、黄平胜、邓金池、邢建国、刘洪安为党委委员。行政班子：韩丑清任场长，贾吉祥、邢建国、邓金池、王玉庆、冯玉秀任副场长，井树伟任场长助理。

同日　海兴农场做出《关于劳动人事方面的规定》，进一步规范职工就业、离退休、调资、养老保险和福利及人才流动、职称聘任等方面工作。

1月20日　海兴农场党政领导进行分工：韩丑清主持党政全面工作，贾吉祥分管财务、后勤、扶贫、开发工作；邢建国分管农业、水利、土地工作；邓金池分管审计、公安、检察、法院、司法、机电工作；冯玉秀分管工业、清欠工作；黄平胜分管纪检工作；吴金明分管党务、组织、宣传、班子建设、干部统计、劳资工作；王玉庆分管文教、卫生、计划生育工作；刘洪安分管工会、机关工作；井树伟分管办公室工作。

1月　海兴农场对原工作体制进行改革，组建了工业集团和农业集团两大公司。

5月22日　海兴农场成立残疾人联合会，由5人组成，冯玉秀任主席，各分场设立了联合会联络员。

6月4日　海兴农场六分场320亩小麦被相邻村村民抢光。累计损失小麦20万斤，造成12户断粮，25户农工减产85％以上，112人无饭可吃，给国家造成直接经济损失25万元。

6月6日　海兴华富农业开发有限责任公司在农场成立。种植冬枣14500株，美国黄花苜蓿300亩，紫穗槐5000万棵，当年完成水利沟渠的全部工程，动土75万立方米，打深机井两眼，修建闸涵25座，平整土地5000亩。

9月15日　海兴农场与黄骅亿利达公司签订协议，确定在农场联合开发4万亩撂荒地，用于种养加工等一系列开发。

9月17日　海兴县人民政府发布公告，宣布：农场四邻村民凡占用农场的土地，一律全部收回（和农场有合同的除外）；四邻村民与农场土地边界不清的，土地局按1989—1991年土地普查标准确权。

12月　海兴农场在工作总结中记述：由于市场疲软，企业利润下降，海兴农场部分企业被迫下马，四个龙头企业（橡胶厂、化工厂、冶炼厂、开关厂）基本处于停产状态，其他几个小型企业也举步维艰。

1998年　全年完成总产值1080万元，其中工业产值210万元，农业产值870万元。

1999年　3月16日　海兴农场党委召开扩大会议，会议确定了1999年的基本工作思路。

5月27日　《海兴农场体制改革方案》出台并实施。将农场划分两个分场，总场与分场责、权、利彻底分离，建立了分场独立自主经营、自负盈亏，自行担负文教、卫生、职工养老保险等各项社会福利事业的新机制。2001年12月13日，撤销分场机构。

5月　海兴农场进行土地调整，把全场所有耕地全部收回。一分场实行了"两田制"（口粮田、承包田），其所有人口每人一亩口粮田外，剩余的按承包田承包给职工；二分场实行了"三田制"（口粮田、劳保田、商品田），其所属人员每人一亩口粮田，职工可以承包"承包田""商品田"。

8月1日　海兴农场二分场所辖三队吸收股份14个（每股投入资金7000元），畜牧队吸收股份25个（每股投入资金4000元），打出股份制深机井两眼，增加灌溉面积1000亩。

10月　海兴农场与沧州宏兴养殖公司签订饲养合同，计划养猪800头，小尾寒羊200只、羊120只。

1999年　海兴农场挖成一条长2000米、宽3米、深1.5米的灌溉沟渠，动土10000立方米，受益面积1000余亩。

1999年　全年完成总产值 876.99 万元，其中农业产值 258.59 万元，工业产值 483.4 万元。

● **2000 年**　3 月 17 日　海兴农场向县委、县政府作出《关于与沧州华凯投资有限公司签订开发 1.5 万亩荒地的呈请报告》称：为充分利用闲散地，壮大农场经济，有效提高单位面积产量和综合经济效益，本着互惠互利的原则，以租赁的方式与沧州华凯投资有限公司达成了基本协议，签订了 1.5 万亩荒地开发合同。

3 月　海兴农场兴建印刷厂并投入生产。

5 月 29 日　沧州市委副书记赵维椿在海兴县领导许洪泉、曹宗博的陪同下来农场考察了"科技示范园区"特色农业种植项目。场党委书记、场长韩丑清全程陪同考察。

2000 年　海兴农场成立招商引资委员会，韩丑清任主任；成立农业管理委员会，邢建国任主任；成立工业管理委员会，刘洪安任主任；成立清欠破产委员会，黄平胜任主任。

2000 年　海兴农场实行教师队伍优化组合聘用制度。

2000 年　海兴农场引进开发商 11 家，开发荒地 28620 亩，规划拟建 4 个产业基地。即：苜蓿基地、苗圃基地、生物饲料基地、养殖基地。

● **2001 年**　1 月 4 日　海兴农场成立推进企业改革领导小组，由 11 人组成，韩丑清任组长，刘竹青、贾吉祥、黄平胜、刘洪安任副组长。

3 月 19 日　海兴农场党委召开纪检工作会议。会议要求：纠正和查处违反工作纪律，效率低下，不作为、乱作为等影响机关效能建设和发展环境等四个方面问题。

3 月 21 日　海兴农场党委印发《关于农场机构设置情况的通知》。公布了调整后的 12 个内设机构和人员构成。

3 月　按照县委统一部署，海兴农场开展"三个代表"重要思想学习教育活动，这次活动场部机关从 3 月中旬至 11 月中旬结束，各基层单位从 11 月初到 2002 年 6 月底完成。

4 月 20 日　明确党政领导班子成员分工：韩丑清主持党政全面工作；吴金明分管党务、组织、宣传、劳资、公安、检察、法院、司法、工会、青年团、妇联、武装、机关工作；贾吉祥分管财务工作；邢建国分管农业、林业、土地、机电工作；刘竹青分管工业、农业开发工作；

付秀敏分管计生、文教、工业工作；王玉庆分管协助二分场工作；冯玉秀分管清欠工作；刘洪安主持一分场工作；井树伟分管办公室工作。

5月17日 《沧州日报》刊登题为"引进资金八千万，开发荒地二万亩"的报道。报道说：海兴县农场将2万亩旱（盐）碱地租赁给沧州三高绿色产业开发有限公司30年，由对方投资进行综合开发，总投资为8000万元。

6月26日 海兴农场党委携同场教育部门发出《关于对危险校舍中的师生妥善安置的通知》，要求雨季来临之际，在危险校舍中上课的班级立即停课并进行妥善安置。

6月29日 在庆祝建党80周年之际，沧州市委常委、纪委书记张其昌，在海兴县委副书记张兴华、县委常委、组织部部长赵学明的陪同下来场亲切看望慰问了1937年入党的老党员徐金升，并为老人送去了2000元慰问金和各种生活用品，表达了党组织的关怀。

9月18日 海兴农场成立土地开发办公室。

9月 经场党委研究决定，县物价局评估，将开关厂、砖厂公开向社会出售，由个人一次性买断，独立经营。

10月17日 海兴农场向县委、县政府作出了《关于遭受严重旱灾情况的报告》。报告称：1997年以来雨量稀少，旱情持续严重，2.3万亩秋作物全部干枯死亡、绝收。

11月15日 沧州市人民政府做出《关于盐山县和海兴县行政区域界线争议问题的决定》。两县行政区域界线走向为：从海泊路和宣北干沟交汇点起，沿海泊路向西南方向行约1790米至东西中心干沟，沿东西中心干沟向东行约1420米至南北中心干沟，沿南北中心干沟向南行约1915米，转向东沿原明泊洼农场界线沟行约1360米至盐高公路，沿盐高公路东行约925米至海兴农场开发区界线沟。

2001年 海兴农场投资200万元开发万亩苜蓿基地，年产干苜蓿1万吨，获产值700万元。

2001年 完成工农业总产值568万元。其中工业产值142万元，农业产值426万元。

● **2002年** 3月25日 海兴农场开始办理最低生活保障工作。

3月 海兴农场纳入河北省电网农村电网第二批改造项目，投入资金50万元对场辖8个队、10个居民点进行简易变网改造。

4月17日 县委研究决定：刘竹青任农场党委副书记、副场长，主持全面工作；免去韩丑清党委书记、场长职务。

4月 河北格润农牧有限公司成立。

5月10日 场党委成员进行分工：刘竹青主持全面工作；吴金明主抓党务、组织，分管文教、劳资、青年、武装、机关工作；贾吉祥分管财务、民政、宣传；黄平胜分管纪检、工会、后勤、土地工作；齐世英主抓全场农业、组织；邢建国主管全场农业、电力工作；王玉庆主抓工业，分管政法、综合治理、稳定工作；付秀敏分管妇女、卫生工作；井树伟协助吴金明抓机关工作。

5月13日 海兴农场党委对场部内设机构进行调整。调整后的内设机构为：办公室、财务科、农业科、纪委、开发办、计生办、民政办、土地所、工会、武装部和派出所。同日，海兴县文教局对全县危险校舍进行了拉网式检查，在此次检查中农场有34间校舍由于年久失修定为D级危房，16间校舍定为C级危房，县政府、县文教局迅即进行查封。

5月14日 香港万胜实业有限公司与县冰洁生态农业示范园合作开发的千亩林业育苗项目一期工程竣工，投入劳力2000人次，启动农机设备60余台次，完成播穗150万株，育苗面积在省农垦系统位列前茅。

5月 海兴农场由于未能完成上级下达的计划生育任务指标，被县委、县政府挂黄牌警告。此后，由于加大计划生育工作力度，2003年计划生育各项指标完全达标。

7月9日 海兴农场开展教育集资活动，至7月20日全场共集资8万元，用于改善办学条件。

7月14日 海兴农场最高气温达到42℃，创下了自1954年由气象记录以来的第二个高温纪录（最高温度是1955年夏天的42.9℃）。

7月25日 海兴农场召开由各单位负责人、机关全体工作人员、党员、职工代表80余人参加的工作会议。场党委副书记、副场长刘竹青在会上做了题为《立足本场、与时俱进、深化改革，开创稳定发展新局面》的讲话，会议还出台了《鼓励养殖的优惠政策》。

9月23日 海兴农场召开"八到户"活动暨警示教育动员会议。党委副书记、副场长刘竹青在会上做动员讲话要求：严格落实市委提出的"八到户"要求，转变工作作风，深入农户，体察民情，解决民难。此后，场部机关干部积极响应，下基层、进农户、办实事，身体力行"三个代表"，受到群众欢迎。

11 月 5 日　海兴农场召开"三田制"改革会议，场党委副书记、副场长刘竹青在会上做动员讲话，会议还出台了《农业土地调整方案》，全面推进"三田制"改革。即：口粮田（常住人口每人一亩"口粮田"保饭吃）、劳保田（每位参保职工五亩"劳保田"保退休）、商品田（在优先本场职工和种、养大户承包的前提下，推向社会开发承包）。到 2003 年 4 月 20 日，全场 3000 余人签订了新的承包合同，完成"三田制"改革。

12 月　海兴农场引进土地开发商 11 家，对外承包土地 3 万亩。

2002 年　海兴农场把发展林果作为富民产业，完成开发占地面积 310 亩的林果园区，先后建枣草基地、牧草基地面积达 4900 亩，引进种植抗虫棉 3000 亩。

2002 年　海兴农场投资 50 万元兴修水利工程，打出深机井 4 眼，修复旧机井 2 眼，开挖排涝、沥碱水渠 5800 米，使 2000 亩粮田受益。

2002 年　实现工农业总产值 787 万元。其中农业产值 437 万元，工业产值 200 万元，第三产业产值 150 万元。

2003 年　2 月 24 日　海兴农场向县委、县政府作出《关于春荒期间申请救灾的济困报告》称：农场持续干旱 6 年，造成 96 户断粮，群众生活受到影响。据估算粮食缺口达 32.4 万斤，请求帮扶与救助。

3 月　海兴农场输变电网改造工程竣工，架设通信线路 7 公里，新增电话 120 部。

3 月　国内"非典"疫情暴发，海兴农场全体党员干部群众，迎难而上，群防群控，对过往的车辆、人员严格消毒、排查，有效地控制了疫情发生。

5 月 12 日　海兴农场 143 位离退休干部职工自发组织为全县抗击"非典"捐款 2900 元，为防治"非典"献出自己的一份爱心。

6 月 9 日　海兴农场投资 18 万元兴建的乌鸡养殖场投入运营。存栏乌鸡 4800 只。至 8 月底达到养殖规模 8000 只，产下的 1000 斤青壳蛋首批打入北京市场。

6月13日　海兴农场成立了招商引资委员会，刘竹青任主任。

8月5日　据海兴县广播电视台报道：农场发挥土地丰富的自然优势，加快经济发展。制定了《招商引资若干优惠政策》和为开发商服务的八项承诺，并先后引进河南、山东等地开发商20余家，对外承包土地2.2万亩，农业开发项目建设资金1310万元，投资完成棉花种植面积9000余亩，完成首蓿种植面积6000余亩，经济作物林5900余亩，其中枣草间作2400亩。为解决外地客户投资中存在的农田灌溉问题，投入资金310万元，打深机井11眼，浅机井6眼，建设高低压线路5000米，新上变压器10台。

9月28日　海兴农场制定《分场道路建设实施方案》，由此启动村级道路建设。至2004年分别筑成：汤孔线至一分场、二分场、三分场、五分场、八分场5条公路，总长度20公里，完成投资120万元。由此，改变了过去的"弯弯路、疙瘩道"，基本实现了队队通公路。

9月30日　海兴农场引进的橡塑跑道、精密铸造、轧钢、食用香精4个项目相继在农场落户扎根，完成总投资308.7万元。

10月11日　海兴农场遭遇严重风暴灾害，降雨170毫米，冲倒房屋267间，刮倒冲毁学校、工厂围墙310米，砖厂窑体塌陷，200万砖全部被毁。1.98万亩农作物成灾，约计造成经济损失538万元。此前持续7年大旱，故称"一夜连双灾，五更分旱涝"。

10月27日　海兴农场与香港南华集团举行签约仪式。海兴县政府副县长严卫主持了签约仪式。县委副书记、县长刘俊义出席了签约仪式并发表了致辞。香港南华集团天津南华房地产开发有限公司副总经理王克华与农场党委书记、场长刘竹青签约合作书。总投资8400万元的香港南华农业示范项目落户农场，该项目是集种植、养殖、加工于一体的综合性农业项目，总投资8.4亿元，分三期投入，4年完成。

10月30日　汤孔公路竣工通车，全长12.5公里，总投资855万元。该公路是农场连接场外的主干道。

11月30日　农场投资54万元在畜牧队新建的中心小学竣工投入使用。该工程于2002年7月10日动工兴建，建筑面积860平方米，占地面积3600平方米。

12月　丰源农牧公司在农场投资兴建农业生态园区，该园区位于五队，占地面积600亩，主要用于种植、养殖业。种植品种主要是冬枣和杂木，养殖的品种是猪、林地柴鸡、白洋淀大鹅。

2003年　海兴农场启动沥碱排涝封界工程，开发封界沟24千米，清晰了农场土地与相邻村庄的边界。通过合法程序依法陆续收回历年来被相邻村侵占9300亩土地的所有权。

2003年　海兴农场投资470万元，对明泊洼原机务队南1000亩撂荒地进行全面复耕，打深机井2眼，并完成了布线、通电、通地下管道。

2003年　全场完成总产值1752万元。

2004年

1月20日　海兴农场制定出台《2004年招商引资实施办法》，明确了招商任务、指标和完成时限，开始推行小团组及亲情、联谊和网络招商活动。

3月10日　禽流感传播形势严峻，海兴农场对各队采取拉网式检查，每日实行零报告制度，有效地控制了疫情蔓延。

3月12日　海兴农场推行"股份制"植树。一是由县农业局无偿供苗，待树木成林受益时按农业局20％、海兴农场20％、农户60％的比例分成；二是由外来客商无偿供苗，待树木成材受益时按供苗商20％、种植户80％的比例分成。

3月20日　海兴农场组织干部职工，在汤孔公路两侧、宣北干沟以北进行义务植树造林活动。当年完成植树25万株，新增绿化面积8000亩。超额完成指标任务的60％，栽种的主要品种有速生杨、酸枣树、刺槐、紫穗槐等。

4月19日　海兴县委副书记、县长梁志谦，县委常委、常务副县长贾兆军来农场，在场党委书记、场长刘竹青的陪同下到四队万亩荒地开发项目区进行考察调研。该项目于1月份动工。总投资1496万元，已完成投资1316.5万元。本月30日，一期工程竣工并通过省、市、县三级验收。

4月20日　海兴农场引进的木制门业生产项目开工。该项目由鑫星木制门业有限公司投资100万元，占地面积1.5万平方米，主要生产中档实木、实木复合烤漆套装门等各种装潢木制套材。

5月16日　海兴农场发生强降雨，持续时间长达17小时，农田积水。

6月25日　为优化投资环境，拉动小城镇建设。农场规划：在位于宣北干沟北、汤孔公路西侧建立占地面积为4500亩的工业开发园区。

7月20日　降雨318毫米，大部分农田积水严重。

7月28—29日　沧州市农工部长会议在海兴召开，会前，市委常委、市农工部长周爱民率各县市区农工部长一行18人来农场参观了南华集团、农业生态园和万亩土地开发项目。

9月1日　海兴农场印发《关于农田水利工程和公益设施投资问题的规定》。

9月　益奥特塑胶器材有限公司、健翔体育器材公司相继落户农场。

2004年　农场推行工业企业改制，对开关厂、砖厂实行了股份合作制，对油脂厂、冷饮厂、化工厂、印刷厂、橡胶厂等实施了清产核算、资产评估和产权界定。通过改制使农场经济减少了损失，新增合作项目4个，创年产值1850万元，利税395万元。

2004年　海兴农场把离退休人员工资列入统筹，把此前拖欠的工资一次性补清，累计补款151.89万元。

2004年　实现总产值3389万元。完成农业产值2122万元，完成工业产值757万元，服务业产值510万元。

2005年　1月30日　海兴农场与上海光兆公司签约合作开发的万亩速生杨种植项目落地生根。栽种速生杨110万株，由上海光兆公司提供树苗，海兴农场完成栽植任务。4月9日《沧州日报》对此进行了宣传报道。

2月2日　县委发出通知：刘竹青任农场党委书记、场长（任职时间为2004年1月）。

3月1日　海兴农场召开经济工作会议。党委书记、场长刘竹青在会上做了题为《一线两厢，统筹协调，发展区域经济》的讲话。会议提出以"一线两厢"（"一线"是指汤孔路沿线的益奥特公司、除尘制造公司和南华集团；"两厢"是指汤孔路两侧的4500亩工业区建设和荒地开发）的发展模式来规划工、农业项目新格局，统筹经济发展的新区域，打造海兴农场的新形象。

3月2日　海兴农场召开春季植树造林动员大会，会上传达了农场制定的《2005年植树造林管理规定》，场领导与各单位签订了植树合同。会后各队建立了植树专业队，当年完成植树面积8200亩，植树80万株。对此，市、县电视台先后进行了宣传报道，农场在河北省农垦系统植树造林工作表彰会上受到表彰，并被沧州市农业局授予"造林绿化工作先进单位"。

3月31日　海兴县委副书记、县长梁志谦、副县长刘国发来农场调研植树造林绿化工作。党委书记、场长刘竹青陪同调研。

4月4日　沧州市益奥特塑胶器材公司将价值近万元的体育器材捐给农场中心学校。海兴县领导李洪昌、董海英出席捐赠仪式。

4月25日　海兴农场制定出台《招商引资考核办法》及任务分解表，把招商引资目标任务分解到各个部门，进一步动员全场上下深入开展招商引资活动。

5月1日　海兴农场制定出台《土地管理暂行办法》。

6月13日　沧州市委副书记潘冬青、副市长匡洪治来农场进行考察调研。场党委书记、场长刘竹青等陪同调研。

7月20日　海兴农场召开第五次工会代表会议，出席会议的代表38人，会议选举产生了海兴农场工会第五届委员会，由5人组成，吴金明当选为工会主席，齐世英为副主席。

7月25日　海兴农场党委召开保持共产党员先进性教育活动动员大会，党委副书记吴金明在会上传达了《保持共产党员先进性教育活动实施方案》。党委书记、场长刘竹青在会上做动员讲话。这次活动历经学习动员、分析评议、整改提高三个阶段进行，持续到12月底。

9月13日　海兴农场党委召开后备干部工作研讨会。党委书记、场长刘竹青在会上做了题为《强化培养，培训更新知识结构，加快农场发展》的讲话。

9月23日　海兴农场决定：分别在南区（位于原中学以南，占地面积19.3亩）和北区（位于汤孔路西侧，占地面积8亩）建立两个工业开发小园区。

11月14日　海兴农场出台《关于规范土地转包秩序的规定》。

11月21日　海兴农场成立扶贫办公室。

2005年　实现总产值5341万元。其中农业产值2946万元；工业产值1860万元。

2006年　1月7日　全国总工会农林水工会副主席丁哲元、河北省农垦局局长孙荣第一行14人来农场调研。在场党委书记、场长刘竹青的陪同下走访慰问了困难职工，还围绕现行体制、职工低保等相关问题与场领导进行了座谈。

2月22日　海兴农场召开民营企业家、部分干部、党员代表座谈会。场党委书记、场长刘竹青主持会议。会议围绕实施"十一五"规划进行了座谈讨论。

3月5日　海兴农场召开庆祝"三八"妇女节表彰会议，场党委书记、场长刘竹青出席会议并向受表彰的"优秀女教师""优秀女团员"颁发证书和奖品。

3月24日　上午，海兴农场党委召开经济暨表彰先进会议。党委副书记吴金明主持会议。会上公布了《海兴农场"十一五"规划（草案）》，表彰了2005年度先进单位3个，种养大户、养殖能手、农业开发及招商引资先进个人5名。党委书记、场长刘竹青在会上做了总结讲话。

4月30日　北京绿能经济植物研究所副所长、研究员黎爵、浙江浩淇新能源制种有限公司北京办事处主任闵岩，在沧州市农业局负责人的陪同下来农场培训传授农业新品种"M-81E"甜高粱的栽培种植技术。场党委书记、场长刘竹青等参加了此次培训。

5月17日　海兴农场实施的渠道防渗工程项目竣工，该项目于4月动工，建设总长度4000米。

5月24日　海兴农场制定出《二〇〇六年对种粮职工粮食直补及综合直补实施方案》。

6月8日　河北省农业厅农垦局副局长傅强一行来海兴农场调研税费改革工作，并主持召开由青县、青先、梅庄洼四个农场参加的税费改革工作汇报会。海兴县政府副县长刘国发，海兴农场党委书记、场长刘竹青参加了此次会议。

7月4日　下午4时25分，狂风携带着冰雹袭击农场，降雹持续12分钟。据统计，受灾面积达6000亩。其中绝收500亩，损坏房屋20间，直接经济损失达235万元。

7月13日　海兴农场召开上半年招商引资调度会，机关全体工作人员和农业单位队长等共计67人与会。会议总结分析了上半年招商引资完成情况，确定下半年招商引资重点。场党委书记、场长刘竹青在会上做了题为《鼓劲加压、全力以赴，打好招商引资攻坚战》的讲话。同日，海兴农场成立防汛救灾指挥部，刘竹青任总指挥，张殿峰、董海峰任副总指挥，同时成立3个抢险队，由120人组成。

7月31日　海兴农场遭受特大暴雨袭击。降雨量228毫米，致使1080公顷农作物受灾，20间民房受损，直接经济损失583.2万元。

8月1日　海兴农场党委作出《关于控制公款吃喝歪风的暂行规定》。

8月2—4日　农业部农垦局副局长龚菊芳、省农业厅农垦局局长孙荣第一行在县委副书记、县长梁志谦的陪同下，到农场进行调研，实地察看了职工居住环境，走访、慰问了部分贫困职工家庭，场党委书记、场长刘竹青全程陪同。

9月1日　海兴农场召开经济工作分析会议，分析总结了前7个月的经济运行情况研究，部署了后几个月的工作任务。场党委书记、场长刘竹青在会上做题为《自我加压、奋力突破、努力完成全年工作任务》的讲话。会议确立了"五抓五带"和建立"一线两厢"的目标和任务。"五抓五带"即：组织抓企业、企业带职工；组织抓市场、市场带职工；组织抓基地，基地带农户；组织抓协会，协会带农户；组织抓劳务，劳务带农户。至翌年吸收职工入股参营20个，公路沿线建起餐饮服务、农资供应、修配、五金、维修第三产业6家，发展种、养大户5家，建立不同类型的农经会4个，县外输出劳动力300名。

9月13日　省农业厅农垦局副局长傅强一行来农场，对人畜饮水解困工程招标工作，进行检查指导，农场党委书记、场长刘竹青全程陪同。

10月30日　海兴农场人畜饮水解困工程竣工。该项目总投资为120万元，其中国家财政专项扶贫资金90万元，企业自筹30万元。完成项目规模为：打深机井5眼，井深450米，铺设供水管道3000米，建设面积12平方米的井室5座，设计单井供水能力每小时50平方米，解决了6个居民点的800户、2637人和1700头大牲畜的人畜饮水困难。

11月10日　海兴农场引进的2000亩甜高粱种植项目，试种成功。

11月20日　海兴农场在四队开挖的大型蓄水池竣工，动土64500立方米。

11月21日　海兴农场"开展送温暖、献爱心"社会捐助活动，场级领导每人50元；一般干部职工每人30元。到11月24日结束。

11月27日　《海兴农场税费改革方案》出台，改革的主要内容是：取消农业税；免除义务教育费、优抚费、计划生育费、乡村道路修建费等。

12月30日 《沧州日报》报道，今年入冬以来，每到傍晚时分，就会有千余只喜鹊逐批飞进海兴农场三队北树林，成为独特景观。

2006年 河北省地方病防治所和县卫生防疫部门进驻农场。对氟斑牙患者和氟骨症患者进行调查。调查结果表明：当地出生的8～15岁学生氟斑牙患病率100％，氟骨症患者占35.2％；1980—2006年氟骨症骨折患者68例，当地人群尿氟均值为5.1毫克/升，确定农场为饮水型重病区。

2006年 全年实现总产值5740万元。其中农业产值2960万元；工业总产值2200万元。

2007年 1月8日 河北省人民政府办公厅下发了《关于进一步深化国有农场改革的指导意见》，根据要求，农场教育、医疗全部交到地方政府，国办教师的工资纳入财政开支。

2月3日 《沧州日报》报道，经省国土资源厅专家勘测发现，海兴农场内蕴藏着丰富的煤矿资源。

3月29日 海兴农场制发《关于招商引资优惠政策的规定》，在土地政策、税收、行政审批等方面实行优惠政策。

3月 海兴农场大力开展植树造林活动，积极配合南华集团完成栽植树木92.5万株。其中冬枣30万株、梨树2.5万株、沽化大枣4万株、小枣22万株、酸枣14万株、枸杞20万株。当年栽植的树木90％以上生芽吐绿。

4月2日 据县电视台播报；近日，鑫星木制有限公司正式落户农场并开工生产，占地面积15000平方米，是集生产中档实木、实木复合烤漆套装门、扣板、连线、踢脚线门窗及各种装潢木制套材的木制门业。

4月23日 《沧州日报》报道，今春以来，南华集团投资8400万元兴建的南华农业生态园果树种植数量已达120万株，生态园建设初具规模。同日，沧州市东部绿化工作会议在海兴召开。与会人员在海兴县委副书记、县长贾兆军陪同下来农场参观了造林绿化工作。

4月27日 海兴农场召开经济工作会议，分析经济形势，部署工作任务，对2006年度5个先进单位，6名先进个人进行了表彰。党委书记、场长刘竹青在会上做《深化改革、乘势而上、全面开创农垦工作新局面》的讲话。会议围绕上项目、定产业，确定了2007年要干的10件大事实事。同日，为改善职工饮水条件，投资30万元在南北区新上饮用净化降氟设备。

5月28日　海兴农场党委制定出台了《关于在干部队伍中开展"五查五树"集中检查整顿活动实施方案》，决定从6月上旬开始利用两个月的时间在全场干部队伍中开展以"五查五树"为主要内容的集中检查整顿活动，重点解决干部队伍中创新意识、大局意识、责任意识、服务意识、廉政意识存在的突出问题。

6月22日　为切实提高农工法律意识。农场开展"法律八进"（即法律进机关、进村队、进社区、进学校、进家庭、进企业、进单位、进市场）活动。该项活动为期5年。

6月27日　海兴农场制定出台《农业干部作风整顿方案》，这次整顿，历经宣传发动、查摆问题、建章立制三个阶段，持续到7月16日结束。

7月11日　海兴农场召开招商引资总结调度会，回顾上半年工作，分析存在的问题和面临的机遇，部署下半年招商任务。党委书记、场长刘竹青在会上做了题为《鼓劲加压，全力以赴，打好招商引资攻坚战》的讲话。

7月19日　海兴农场下发通知，开始在全场推行城镇职工医疗保险。规定医疗保险费社会统筹部分由所在企业单位、家庭农场担负，大额医疗费由个人缴纳。

9月12日　由于海兴农场7—8月份雨量偏少，给农作物造成了严重的"卡脖旱"，受灾面积1506公顷。其中绝收面积335公顷，直接经济损失499万元。同日，海兴县水务局编制完成《海兴县农场扬水站工程建议书》，拟建在农场六队、七队内，宣惠河南岸，规划灌溉面积5000亩。

10月26日　海兴农场召开农业工作会议，场领导班子成员及各农业队负责人等共计33人参加会议。场党委书记、场长刘竹青在会上做了题为《认清形势，推进农业产业化、规范化》的讲话，提出了今后农业工作的重点。

11月1日　海兴农场召开"创建企业文化"学术论证会。14名机关工作人员进行了演讲论证。

12月1日　为营造全新的农场发展环境，进一步转变经济发展模式，海兴农场组织全场干部职工开展"解放思想，我为农场发展献计策活动"，号召全场上下行动起来，共同为农场的发展建言献策。该项活动集中安排 3 个月。

12 月 5 日　海兴农场开展食品安全宣传监督检查工作，出动宣传车辆 40 次，张贴标语 1000 张，分发宣传资料 1 万多份，对辖区内的食品加工企业、销售摊点、商店、学校等重点区域进行食品安全检查，消除各类安全隐患，确保百姓吃上放心食品。

2007 年　海兴农场种植的 17000 亩棉花喜获丰收。总产量 3400 吨，同比增长 54%。

2007 年　海兴农场在宣惠河建流量 1.5 立方米/秒的扬水站一座，完成 1200 米主引水渠和 1000 米地上灌水渠工程，保障了 3000 亩耕地的灌溉。

2007 年　海兴农场实现总产值 6136 万元。其中农业产值 3216 万元，工业产值 2300 万元，第三产业值 620 万元。

● **2008 年**　1 月 1 日　海兴农场制定出台《招商引资奖惩及考核办法》。对引进项目的单位和个人进行奖励，以鼓励全民招商。

1 月 10 日　河北垦区"金蓝领计划"试点海兴农场培训班举行开班仪式，河北省农业厅农垦局信息科长李书强出席开班仪式，130 名农工走进了课堂，邯郸农业大学孙金德教授受邀讲授了棉花高产栽培技术及病虫害防治的知识培训。

1 月　海兴农场开展了为期两周的产品质量和食品安全大检查。重点对辖区内食品生产、加工、销售市场进行检查，严格畜禽屠宰监管，对病死畜禽进行无害化处理，做到不准宰杀、不准食用、不准销售、不准转运。对违规违纪的商户依法进行处罚，不符合规定的下达《限期整改书》，屡禁不止的商户予以取缔。

4 月 3 日　海兴农场召开专题会议，全面部署 2008 年度粮食直补和农资综合直补工作。会议出台《2008 年粮食直补和农资综合直补工作实施方案》，对种粮农民直接补贴。

4 月 29 日　海兴农场启动中低产农田改造项目，改造中低产田 4300 亩，用于种植冬枣、棉花及高效农业，项目总投资 430 万元。

5 月 9 日　《河北农垦情况》第 9 期刊发了题为《对海兴农场人才队伍建设工作的观察与思考》的文章。

5 月 19 日　上午 9 时，海兴农场举行募捐仪式，干部群众踊跃捐款累计 10771 元。23 日，农场全体党员以交纳"特殊党费"的形式再次捐款

8560 元，用于支持四川汶川抗震救灾和灾后重建工作。

5月30日　海兴农场召开"保稳定、促发展、迎奥运"工作会议，要求迅速行动，切实做好保障奥运安全的各项工作，并成立了领导小组，制定了严格的安保工作措施，工作至9月20日结束。

8月6日　海兴农场开展第二次全国经济普查工作。

8月8日　《河北农垦情况》第21期报道：海兴农场举全场之力，扎实开展农业产业化龙头企业建设、农民专业合作经济组织建设、农村社区服务中心三项建设为主要内容的农业经营体制改革。

8月　海兴农场引进的华信畜业有限公司大型养猪项目投入运行。该公司是香港南华集团在大陆独资企业。占地1400亩，总投资6000万元，搞特色生猪养殖加工。到2009年7月，公司有种猪1000头，其中美国杜洛克400头，美国长白、大白各300头。仔猪6000头，年出栏2万头。

10月8日　海兴农场首届冬枣采摘节暨开园仪式隆重举行。来自省市县的领导和山东、山西、天津等地的400余名来宾参加仪式。河北省农垦局副局长傅强出席了开园仪式并发表致辞，沧州市农业局局长纪俊仁和海兴县政府副县长毕延文共同为华丰公司、丰源公司揭牌。海兴县领导李洪昌、孙庚杰、毕延文、王连治出席了开园仪式。冬枣园由华丰公司投资和丰源公司投资建设，占地分别为2000亩和600亩。揭牌仪式结束后，来自八方的宾客驱车到冬枣园进行了采摘。

11月14日　据《河北农垦情况》第34期报道：海兴农场全面做好冬季植树造林工作，在农场三队和畜牧队公路两旁栽植柳树1万株。

11月20日　海兴农场中低产田改造工程全面施工。改造一队至三队低产田2300亩，打深机井3眼、泵房3间，架设输电线路2140米，铺设地下管道5260米，开挖主排水沟7条，总长度6756米；毛沟38条，总长35070米，平整土地400亩，总投资162.58万元。于2009年7月竣工。

2008年　全场农作物播种面积3.6万亩，粮食产量4800吨。全场存栏牛385头，存栏羊1075只，存栏猪780头。

2008年　全场实现总产值7076万元。其中农业产值4029万元，工业产值2392万元。

2009年 1月13日　海兴农场举行2008年国有贫困农场财政扶贫资金项目招标会。项目建设内容：完成2300亩中低产田改造，项目总投资162.58万元，国家财政专项资金补助122.5万元，自筹40.08万元。

1月23日　春节前夕，海兴农场开展产品质量和食品安全大检查。重点对辖区内的食品生产、加工、销售市场进行检查，对违法违纪的商户依法进行了处罚，以保证居民的饮食安全。

1月　海兴农场党委书记、场长刘竹青被河北省农业厅、河北省人事厅、河北省总工会评为"河北省农垦系统劳动模范"。

3月1日　海兴农场被评为"河北省农垦系统信息工作先进单位"。

3月10日　海兴农场召开深入学习实践科学发展观活动动员大会，认真学习贯彻上级党委深入学习实践科学发展观活动有关会议精神，对全场开展深入学习实践科学发展观活动进行动员部署。场党委书记、场长刘竹青在会上做动员讲话。此次活动历经学习调研、分析检查、整改落实三个阶段。同日，海兴农场出台《关于开展"三摸底三帮助"活动的实施方案》。由此开展"三摸底三帮助"活动。

3月　海兴农场制定《开展干部作风建设年活动的实施方案》。这次"干部作风建设年"活动的主要任务和目标是解决"五个问题"、树立"五种风气"、强化"五项意识"、建设"一套班子"、打造"一支队伍"。

4月22日　海兴农场召开经济工作会议。场部全体机关工作人员及各农业队、各企业负责人共计85人参会。党委书记、场长刘竹青在会上做了《奋发有为的推进农场科学发展》的讲话，场党委副书记吴金明主持会议。会议回顾总结了上年经济工作运行情况，安排部署了2009年经济工作的重点任务。表彰了2家纳税大户、2个先进单位、2家种植养殖大户和2名先进个人。

4月23日　沧州市东部绿化工作会议在海兴县召开，与会人员在县长贾兆军的陪同下来海兴农场实地参观了造林绿化工作。

5月30日　海兴农场引进的山东无棣同丰有限公司养鸡项目一期工程竣工。该项目总投资1800万元，年存栏500万只。分三期（存栏、饲料加工、畜禽屠宰）建成，至2013年全部竣工。

6月10—11日　海兴农场举办首届金太阳杏采摘活动，来自有关公司、企业的领导等281人进行了采摘。这次采摘以"太阳杏"搭台，经济唱戏，宣传农场，进行招商。

7月5日　香港南华集团万头种猪扩繁项目落户农场。当年完成基建面积15万平方米，引进原种猪1000头。

7月8日　海兴农场党委对基层干部进行为期两周的集中培训。此次培训的主要内容是科学发展理论。

7月13日　《河北经济日报》报道：农场人均收入达到3200元。职工家庭全面实现电器化，35％的家庭安装了电脑，12％的家庭拥有私人轿车，村队城镇化建设率达到了25％。植树造林面积已达到了1.4万亩，居海兴县之首。拥有冬枣、金太阳杏、中华圣桃、苹果、金水梨、柿子等果树面积8000亩。30000亩荒地引进开发商25户，投入资金6000万元，建成占地15000平方米现代化养猪场，年产一元种猪1000头，二元商品猪20000头。招商引资引进工业项目6个，其中有益奥特塑胶器材有限公司、吉人篮板制造有限公司、宏盛体育器材有限公司、新农生物化工有限公司等，年产值突破了3000万元。农场发展600亩以上的棉花种植基地8个。

7月16日　海兴县业余剧社与香港南华集团在农场举行联谊活动。戏曲演唱者们的倾情演唱，博得了观众们的阵阵掌声。

8月14日—10月31日　海兴农场实施《2009年农业耕地初步微调方案》，对农业土地进行调整。调整是以农业队为单位进行劳保田、口粮田的调整，对原有口粮田的家庭户，按现有实际人口数重新分配。

9月　河北翔宇体育设施制造有限公司成立，注册资金2000万，占地面积103亩，该公司主要生产经营体育场馆座椅、设计规模为年产各类体育场馆座椅3000万套。

12月　海兴县博远农牧有限公司成立，该公司位于农场西开发区，注册资金500万，该公司是一家以养殖、种植业为主的民营企业。

2009年　世界和国内甲型H1N1流感传播形势严峻，海兴农场采取防控措施，控制疫情蔓延，未出现病例。

2009年　实施农田基础设施改造项目，项目总投资133.20万元，项目竣工后，可改善项目区1840亩耕地的种植条件，预计年可增收11.9万元。

2009年　全场实现总产值11596万元。其中农业产值7845万元，工业产值3096万元。

● **2010 年**　1 月 13 日　县人民政府作出《关于收回国营海兴农场土地使用权的决定》（海政字〔2009〕71 号）。根据文件要求，收回国营海兴农场土地使用权，并将其土地使用权无偿划转至海兴县城市建设投资公司，收回国营海兴农场 2500 亩土地使用权。

2 月 22 日　海兴农场举办新春文艺汇演。演出了具有浓郁的地方特色节目，为节日增添了喜庆的气氛。

3 月 5 日　海兴农场成立农业开发公司。

3 月 16 日　海兴农场对享受棚户区改造政策的条件和范围作出了具体的规定：①户口在场且在场居住，并从事农场各种工作超过三年（含）者享受此政策；②在农场周边村庄居住，但符合一是 1979 年以前（含）户口迁入农场的，二是正式职工或合同制职工身份的从事农场工作和缴纳职工养老保险未间断者，享受此政策。

3 月 20 日　海兴农场举行法国 ORVIA 选育种集团公司种禽养殖基地建设项目洽谈会。通过洽谈，双方签约了养殖项目，该项目一期投资 200 万欧元，主要经营生产种鸭雏、种鹅雏、商品鸭雏、鹅雏及商品蛋（非转基因品种）。

3 月 29 日　海兴县政府下达了《关于法国阿戈热禽业公司在海兴设立阿戈热乐（河北）禽业有限公司》的批复。

4 月 2 日　海兴农场管委会聘任董海峰、张殿峰为副场长。

4 月 12 日　海兴农场与沧州浩源公司就无公害甜玉米种植项目达成合作，该项目一期投资 1.5 亿元。

4 月 20 日　为了贯彻落实国家和省加快棚户区改造的决策部署，深入推进农场棚户区改造，解决群众住房困难的问题，加快新型城镇化建设，海兴农场成立棚户区改造领导小组，由 6 人组成，刘竹青任组长，王玉庆、张俊霞任副组长。

4 月 20 日　海兴农场制定出台了《棚户区改造工程规划方案》。提出棚户区改造规划时间为 3 年（2011—2013 年）；拟建棚户区改造住宅地点为汤孔公路北；安置户数 1400 户，其中低收入家庭 600 户。

5 月 27 日　海兴农场启动打造 2000 亩无污染产业集聚区（农业深加工区、养殖区、农业生态观光区、林果种植区）。规划投资 8000 万元，占地面积 3 万亩，当年完成园区内"四道一平"及道路硬化和环境绿化、亮化工程。

6月25日　海兴农场在一队和三队实施的中低产田改造项目全面施工，开发面积4027.71亩，对项目区内实行林、田、路、沟统一规划，修建配套灌溉工程，动用土方22.57万方，土地翻耕3731.85亩，开挖排水沟61269米，新建排水涵洞4座，修泥石路两条3300米，砌砖路2770米，增加水浇地面积3720亩。项目总投资599.42万元，于12月13日竣工。

7月19日　农场内降雨量超过100毫米，达到大暴雨量级。

8月25日　据县电视台播报：由沧州华凯集团投资1.2亿元、规划面积1000亩的特色观光园项目已完成120余亩的环城养殖水面护坡建设及绿化工程。项目建成后，将形成集科研、种植、良种繁育、畜禽养殖、休闲娱乐为一体的现代化农业生态观光园。

9月2日　海兴农场投资兴建的水利工程建设项目竣工。新建扬水站一座，翻修小型独立生产桥一座，开挖排水沟渠2.8万米，建排水涵洞9座。项目运营后，2万亩耕地受益。

9月13日　农田基础设施改造工程全面施工。开发区域位于汤孔公路西，面积3500亩。完成清淤主排水沟10条，长11377米；毛沟清淤86条，总长5.6万米；平整土地313亩，总投资45.5万元。

9月　海兴农场二队至三队，四队至五队，汤孔路至医院道路铺筑工程全部竣工通车，累计总长度7063米。

10月13日　海兴农场医院竣工投入运营，占地14400平方米，建筑面积1960.08平方米，总投资346万元，该医院于2008年6月动工兴建。

10月27日　海兴农场召开安全生产专项整治会议，安排部署安全生产工作。会后，对全场7家工业企业进行了安全生产大检查。经查，对5家存有安全隐患的企业进行了停产整顿。

10月28日　河北省农垦局副局长傅强、办公室主任杨康来农场调研扶贫项目建设情况。

12月2日　农田基础设施改造项目竣工。完成1840亩农田基础设施改造，打深机井两眼，架设输电线路4170米，铺设地下管道5785米。该项目是省农垦局扶贫项目，总投资133.2万元，其中财政专项投资100

万元，自筹 33.2 万元。同日，海兴农场在工作总结中记述：年内引进涉及农产品深加工、种禽养殖、生态观光等项目 6 个，总投资 7100 万元，到位资金 4240 万元，其中到位外资 247 万美元。

12 月 3 日　海兴农场与河北景天生态农业开发有限公司签约，确定该公司拟总投资 1500 万元，建设开发现代化农业生态园，该园区位于农场中区养殖区。

12 月 23 日　河北省农垦局副局长徐世江率廊坊市各农场负责人一行来农场调研扶贫项目建设情况。场党委书记、场长刘竹青就"十一五"期间扶贫项目建设做了详细汇报。五年来扶贫项目总投资额 2417.4 万元，其中争取国家专项扶贫资金 529.1 万元，国家发改委项目 1490 万元，海兴农场自筹 398.3 万元，完成扶贫项目建设 4 个。

12 月　海兴农场在一队、三队实施的中低产田改造项目竣工。增加水浇地面积 3720 亩。项目总投资 599.42 万元。

2010 年　海兴农场村级一事一议财政奖补政策得到落实。项目设计总投资 21.94 万元，得到财政奖补工程资金 50%，用于改善道路交通、人居饮水及小型水利建设。

2010 年　由市、县土地整理中心投资在农场实施的土地整理项目启动。整理改造中低产田 1.6 万亩，打深机井 11 眼，架设输电线路 4000 米，硬化田间道路 20 公里，铺泥石路 8 公里，开挖田间毛沟、斗沟共计 45 公里，新修闸涵 68 个，铺设地下管道 5000 米。

2010 年　全场实现总产值 13110 万元。其中农业产值 9000 万元；工业产值 3450 万元，服务业产值 660 万元。

● **2011 年**　1 月 8 日　海兴农场推行农村合作养老制度，542 户 1403 人参合。一次性或按年累计缴纳一定数额的参合基金，65 周岁以后便可每年领取养老金。

2 月 8 日　海兴农场召开经济工作会议，会议对 2010 年度 3 个先进单位，9 名先进工作者、先进个人、种养能手进行了表彰。党委书记、场长刘竹青在会上做了题为《求真务实谋民生，开拓创新促发展》的讲话，提出发展农场经济的设想与任务。

3 月 6 日　海兴农场全面落实粮食直补和综合直补"双补"惠民政策，每亩补贴 54.44 元，补贴面积 22173 亩，落实补贴资金 120.71 万元，惠及 7 个农业队 600 余户。

3 月 8 日　海兴农场召开纪念"三八"国际劳动妇女节表彰会议。会上表彰了为农场建设和发展做出贡献的 15 名"三新"模范代表、种植女能手、和谐家庭、好丈夫、优秀女教师。

4 月 23 日　一阵狂风刮过，冰雹铺天盖地而降，持续 15 分钟，盛果期的 5000 棵杏树被砸落果，严重受损。

5 月 23 日　根据冀垦字〔2011〕14 号文件要求：农场设立了南区居委会、北区居委会和 10 个居民点、7 个村民委员会（队）。同日，海兴农场实施一事一议工程，惠及场内四个农业队，完成一队、二队、五队农田排水沟渠 6130 米，维修队内道路 600 米，投入资金 39 万元。

6 月 17 日　海兴农场开展动物防疫活动，对全场 6040 头猪、牛、羊进行免疫注射，无一例疫情发生。

6 月 21 日　海兴农场开始实行新型农村合作医疗。新型农村合作医疗基金实行农民个人缴费，集体扶植和政府资助相结合，有 1479 名职工参合，筹集新农合基金 44370 元，96 人享受到农村合作医疗补助，新型农村合作医疗实现了全覆盖。

8 月 10 日　海兴县委书记刘金明来农场检查指导工作，在场党委书记、场长刘竹青陪同下到法国独资企业阿戈热乐（河北）禽业有限公司进行实地考察调研。同日，海兴农场举行高级农艺工培训鉴定工作启动仪式，河北省农垦局领导出席仪式并讲话。河北大学农学院教授就农作物种植及棉花栽培新技术等农业知识做了专题讲座。经培训、鉴定、考核，为 35 名农艺工核发了《高级农艺工资格证》。

8 月 15 日　22—24 时，海兴农场辖区遭受罕见特大风雨袭击，降雨量达 307.3 毫米，同时伴有 6 级大风，风速 10.5 米/秒。农作物受灾面积 39120 亩，90 户房屋进水，3 户房屋倒塌，经济损失达 3304.9 万元。灾后，场领导迅速赶赴各区，查看灾情、指挥救灾工作。

8 月 26 日　县委研究决定：贾福利任农场党委副书记、场长，免去刘竹青农场场长职务。

9 月 7 日　河北省农垦局下发文件，批复农场《关于 2011 年农垦节水灌溉建设实施方案》。在畜牧队铺设防渗管道 6000 米，安装阀门 120 个，改善了 6000 亩农田灌溉条件，缓解了水资源供需矛盾。

9月26日　海兴县政府下发〔2011〕51号文件，批复农场危房改造项目划拨供地方案。

9月29日　河北省发展和改革委员会下达《关于柏格庄农场等24个国有垦区危房改造建设项目实施方案的批复》。其中县农场建设改造住户270户，建筑面积33058平方米；新建楼房240户，建筑面积30562.5平方米；新建平房15户，建筑面积1416平方米；维修加固15户，建筑面积1080平方米。建设地址：汤孔路西，宣北干沟南，畜牧队北，占地面积30亩，总投资5319.01万元，其中中央投资202.5万元，省级补助202.5万元，海兴农场自筹640万元，职工自筹4274.01万元。10月15日，危房改造工程将全面启动。

10月2日　海兴农场党委制发《加强和改进干部队伍作风建设的实施方案》，决定在全场干部队伍中开展作风建设活动，切实治理"庸、懒、散"及不作为、慢作为、乱作为等现象。

10月10日　海兴农场制定出办公、考勤、印章、财务、车辆使用、公务接待6项管理制度，并开始实施。

10月18日　调整对外开放和招商引资领导小组，由13人组成。贾福利任组长，王玉庆、张殿峰任副组长。

10月21日　河北省农垦局副局长徐世江来农场督查危旧房改造项目进展情况。

11月10日　海兴农场印发《关于加强土地管理的通知》。要求：严管重罚擅自私搭乱建、破坏地形地貌或私自买卖转让土地使用权，确保土地面积不流失。

11月14日　海兴农场养殖业发展好于往年，新增不同规模的养殖户20个，全场存栏猪、牛、羊6040头，出栏4130头，同比增长3%。同日，北京保吉安公司在农场投资建设无公害标准化肉鸡生产基地，该项目由北京保吉安公司拟投资5亿元，意在建设无公害标准化肉鸡饲养、育雏、屠宰为一体的产业化基地。

11月16日　北京天正汇金公司与农场合作开发的牡丹园种植项目，先期完成试种30亩，该项目预计总投资5000万元，占地面积1000亩。

11月19日　海兴农场5600亩农田基础设施建设项目竣工。建扬水站1座，涵洞22座，铺设地下输水管道6387米，开挖沟渠2900米，毛沟

4646 米，斗沟 6479 米，完成农田基础设施建设 2715 亩。该工程于 2010 年 12 月开始动工。

11 月 22 日　海兴农场党政领导明确分工：刘竹青负责党委全面工作；贾福利主管场务全面工作；吴金明分管人事、政法、文教、信访、团委、计生工作；王玉庆分管招商、安监、工会、土地、扶贫、电力工作；井树伟分管组织、党政办、机关、民政、残联工作；张俊霞分管财务、妇联、宣传、卫生工作；董海峰分管武装部、开发工作；张殿峰分管农业、后勤工作。

11 月 26 日　海兴农场印发《"吃、拿、卡、要"专项清理工作实施方案》。历经动员教育、自查自纠、整改落实三个阶段进行专项治理。通过治理，进一步优化了农场经济发展环境，开通了项目审批"绿色通道"。

11 月　海兴农场规划在四队兴建南北长 360 米、东西宽 210 米、深为 3 米，面积为 113 亩，蓄水量为 17.9 万立方米的水库一座，形成"以水兴农、以农促牧"的农牧业协调发展新格局。

2011 年　海兴农场实施 2715 亩农田基础设施建设项目。该项目总投资 144.21 万元，其中国家财政专项资金补助 110 万元，海兴农场自筹 34.21 万元。

2011 年　全场实现总产值 10972 万元。其中农业产值 6000 万元，工业产值 4300 万元，新增固定资产 1.18 亿元。

● 2012 年　2 月 21 日　海兴农场被河北省农垦局、河北经济日报社评为"全省农垦新闻宣传工作先进单位"。

2 月　海兴农场被海兴县委、县政府评为"招商引资先进单位"。

3 月 3 日　海兴农场成立危房改造工程领导小组，由 5 人组成。贾福利任组长，吴金明任副组长。由此，危房改造工程全面施工建设，当年完成新建维修平房 30 户。

3 月 15 日　海兴农场与河北省儒商协会合作投资建设的万亩绿色生态园项目正式启动，项目投资预计 3000 万元，一期工程占地 160 亩，当年建成高标准温室大棚 30 座、弓棚 30 座。

3 月 28 日　海兴农场党政领导与全体职工一起来到雨水林千亩方进行义务植树。当月完成植树 2700 亩，栽植速生杨 2200 亩，竹柳 500 亩，形成了以田间沟渠、生产道两侧为"点"，以宣北干沟、宣南干沟、宣惠河两岸为"线",以工业园区、鱼水林千亩方为"面"的科学布局,受到了县委、县政府的表彰。

4月1日　海兴农场对辖区现有人口资源分布进行规划调整,拟规划在畜牧队打造"万人居民城镇",在四队建设"居民新区"。鼓励辖区职工向畜牧队、四队两个居民点搬迁居住,新搬迁居住的职工可以享受国家补贴政策。

4月16日　海兴农场制定出台《农业开发土地承包费征收奖惩办法》。

4月22日　《海兴农场关于高效基本农田整治项目建议书》编制完成,项目计划投资1870万元。其中水利建设投资980万元,农田建设投资820万元。农场自筹资金670万元,申请上级扶持资金1200万元。

4月　县委宣传部,团县委等部门领导与来自全县的50余名青年志愿者在农场宣惠河两岸开展了"关爱自然、义务植树"志愿栽树活动,现场完成植树1000株,并将此地命名为"志愿者林"。

5月1日　海兴农场制发《树木管理办法》,明确了农场辖区内林木栽植管理及权属;林木管护责任和奖惩办法。

5月3日　海兴农场编制完成《生态林业示范建设项目建议书》。拟规划建设分两期:一期(2013—2014年),主要实施补偿林下地面所有权,在现有1.4万亩林地的基础上新扩增经济林地3.5万亩;二期(2015—2016年),主要实施合理科学规划林地,用于林下生态特色养殖(包括柴鸡、火鸡及珍禽)。

5月4日　海兴县政府在石家庄就滨海盐碱地棉花技术研发与省农科院棉花研究所签约。省农科院棉花研究所决定在海兴农场投资100万元建设棉花试验站,合作研发棉花新品种。省政府副省长龙庄伟、省农科院棉花研究所所长张香云、海兴县县长陈建等出席签约仪式。

5月11日　海兴农场实施"一事一议"项目,预计总投资2193万元。完成修建畜牧队、四队、五队、场部东等地的排水沟3680米和部分道路的翻修翻建工程,使国家惠农政策落实到位。

5月18日　河北省农林科学院院长王慧军一行来农场棉花试验站考察调研。在海兴县委副书记、县长陈建的陪同下,实地察看了试验田的棉花出苗情况,对棉花早期田间管理进行了技术指导。

7月1日　海兴农场党委被评为全县"争先创优先进基层党组织"。

7月10日　沧州市委、沧州市人民政府授予海兴农场"文明单位"荣誉称号。

7月14日　海兴农场召开由场部机关干部职工、各农业队、部门及企业负责人参加的会议。党委副书记吴金明主持了会议，会上传达了农场制定出台的《土地管理规定和房屋建设规定》《林木管理办法》《全体干部职工培训工作方案及要求》及安全生产相关文件。党委副书记、场长贾福利在会上做讲话，提出了今后工作的重点任务是全力打造"绿色农场、生态农场、和谐农场"建设。场领导王玉庆、井树伟、张俊霞、张殿峰、董海峰出席了会议。

7月25日　沧州市发展和改革委员会下达《关于沧州市海兴农场危房改造项目配套基础设施建设投资概算的批复》。

7月　海兴农场被沧州市委、沧州市政府授予"文明单位"荣誉称号。

8月3日　16时受台风"达维"影响农场域内出现强降雨天气，降雨量140毫米。粮食作物和棉花作物全部受灾。直接经济损失1550万元，其中农业经济损失900万元。灾后，海兴农场及时对场区危房、危桥、道路等建筑设施进行拉网式排查，对危及防汛安全的柴草垛等阻水物进行彻底清除，疏通排水渠道，将辖区内危旧住房户，转移到安全房屋居住。同日，海兴农场与北京农科院在西点合作开发特种蔬菜种植和彩椒育种项目，占地面积250亩，当年建成自动滴灌和喷灌的棚室16座。

8月17日　海兴农场开辟周末课堂，规定每周六场部机关干部集中学习。学习的主要内容：政治理论、法律法规、国学教育、农业技术、企业管理。以理论滋养初心，以实干践行使命。

10月8日　投资100万元修建的职工休闲小区竣工使用。该小区位于农场四队，占地面积5000平方米，小区内配有娱乐等设施，供职工群众休闲娱乐。

10月23日　河北儒商联合会、石家庄市沧州商会、寿光县蔬菜局、河北浩森有限公司等项目合作团莅临海兴县与农场举行万亩特色种植、万亩农牧开发项目合作签约仪式。县政府副县长孙文强、农场场长贾福利出席签约仪式。11月8日，《河北经济日报》对此进行了报道。

11月8日　海兴农场在畜牧队完成"改厕"102座。

11月19日　海兴农场实施的四队至五队公路翻建工程、畜牧队队内公路及排水设施工程、汤孔路至农场西点公路修建工程全部竣工畅通。

11月20日　海兴农场启动新型农村合作医疗，参保人数1916人，筹集新农合基金9.5万元，187人得到农村合作医疗补助。

11月　博远农牧有限公司在农场投资养殖基地项目启动建设，该项目占地2000亩，拟规划投资5亿元，建设无公害标准化肉鸡饲料、育雏、饲养、屠宰加工为一体的产业化基地。项目建成后，预计年育雏能力6000万羽，年肉鸡出栏量3000万只，年肉鸡屠宰量6000万只，年产饲料12万吨。该项目于2013年10月竣工投产。

11月　海兴农场在小学实施"午餐工程"，为南区小学和中心小学的221名小学生提供免费午餐及冬夏两季校服，此为海兴县内首例。

11月　海兴农场完善社会保障体系，救助困难家庭609户2966人，累计发放保障金20.88万元。

12月5日　海兴农场互助敬老院建成入住，建筑面积600平方米，主要用于解决无住房户等基本生活保障。

12月10日　海兴农场水利建设工程竣工，完成建设内容：对四队和七队进行土地综合治理，改善灌溉面积4500亩，完成各农业队开挖沟渠8000米，治碱咸台田200亩，该工程于2012年5月动工建设。

12月27日　河北省发展和改革委员会下发《关于24个国有垦区危房改造建设项目实施方案》的批复，同意农场建设改造危房270户，建筑面积19050平方米，新建平房100户，建筑面积8000平方米，维修加固170户，建筑面积11050平方米，总投资1692.5万元。

12月　海兴农场"双补"资金全部落实到位，粮食直补及综合直补面积为22173.1亩，补贴标准54.57元/亩，共发放直补资金121万元，惠及8个农业队712户。

2012年　海兴农场规划调整区域：环场部周围为核心集聚区、场部东部与南部为种植和生态庄园区、场部西部为综合开发区、六队和七队为特色养殖区。

2012年　全场实现工农业总产值11260万元，实现生产总值6400万元，固定资产投资1.29亿元。

2013年　1月25日　海兴农场成立"河北省农科院海兴农场农业技术服务中心"。

2月10日　海兴农场积极引进新型农业生产项目，共流转土地7081.3

亩。绿源苗木培育有限公司、一逸柳树有限公司、石家庄儒商协会、河北天霖农业高效开发有限公司、鑫瑞林业种植专业合作社、如是农业科技有限公司等一批有规模、有实力的企业相继落户农场。产业涉及苗木培育、大棚果蔬，形成了新型农业产业格局。

2月 河北省农垦局、河北经济日报社授予海兴农场"河北省农垦新闻宣传工作先进单位"。

3月29日 汤孔线至三队、二队公路开工建设，全长4392米，于2015年4月3日竣工通车。

3月 海兴农场被海兴县委、县政府评为"2012年度招商引资先进单位"。

4月10日 海兴农场委托有关部门规划设计的现代农业生态示范园区，规划建设的5万亩苗木基地正式启动，与沧州一逸柳树育种公司合作建成了全国柳树品种最全的种质植资源库，先后建立了"柳树种质资源圃""柳树无性系测定林""柳树育苗密度试验区""柳树丰产栽培试验区""柳树育苗示范区""柳树新品种示范区"等。

4月17日 海兴农场作出《整体规划及土地、林地管理规定》，根据地形及种植结构，对区域进行调整，规划为五个区：生活区、农产品交易区、养殖区、种植、工业区。

4月21日 为筑巢引凤，加快产业聚集，高新技术园区动工建设，规划总占地面积11000亩。一期占地5327亩，预计总投资7885万元，当年完成"一纵一横"道路建设，并与6家企业达成入园投资协议。

4月 海兴农场出台《关于招商引资奖励政策的规定》，对引进的流通行业、工业、养殖业、社会事业、服务业项目的投资者和引进者按项目所缴纳税金留成部分的5%连续奖励三年，以优惠的政策和良好的投资环境吸引客商来场投资兴业。

5月3日 海兴县委书记贾兆军来农场调研指导工作，深入到重点企业及园区建设工地，进行实地察看，并就如何加快推进园区建设提出了具体要求。县领导孙文强、郭长青、徐瑞青一起参加了调研。

6月8—9日 海兴农场组成22人考察团，启程赴大型500强企业之一的山东龙口市南山集团考察学习企业管理经验。

6月14日 海兴县委研究决定：贾福利任县农场党委书记，免去其副书记职务；免去刘竹青县农场党委书记职务。

6月 海兴农场兴建的幼儿园竣工使用，占地面积888平方米。

7月15日 海兴农场成立农村面貌改造提升工程领导小组，由16人组成，贾福利任组长，吴金明、王玉庆、井树伟、张殿峰、董海峰任副组长。同日，海兴农场农村面貌改造提升工程正式启动，开展"四清四化"（清垃圾、清杂物、清残垣断壁、清庭院，实现净化、绿化、亮化、美化）。拆除危房187间，填平坑洼动土1800立方米，安装路灯300余盏，设垃圾桶30余个，新建公厕10个。当年完成投资890万元，打造了靓丽的城镇景观，优化了人居环境。

7月27日 为鼓励农场内学子圆大学梦，场党委作出规定：在场内居住（以户口本及房产证为准）的应届生考入一本院校的奖励5000元，考入二本院校的奖励3000元。

8月26日 党的群众路线教育实践活动领导小组成立。贾福利任组长，吴金明、王玉庆、井树伟、董海峰、张殿峰任副组长。

8月 海兴农场投资兴建的南区学校竣工使用，占地面积2162平方米，建筑面积711平方米。

9月3日 农业部科技发展中心主任胡兆荣一行来场调研。

9月22日 河北省农垦局批复《关于2013年农场节水灌溉建设项目实施方案》。

10月9日 海兴县委书记贾兆军来农场就生态园建设情况进行督导调研。

10月11日 河北省农业厅、河北省农村科学院在农场召开滨海盐碱地棉花高产新品种新技术现场观摩会。省属各级主管农业、科技的领导、专家和植棉大户共计100余人云集农场，参加会议并进行观摩。省农业厅副厅长张文军、省农科院院长王慧军、海兴县政府副县长徐瑞青等出席了会议。

10月14日 阳光工程培训举行开班仪式，来自各队的100多名职工接受农业技能培训。省农垦局科教处处长杨延昌出席开班仪式并讲话。

10月 海兴农场供水工程竣工，居民全部饮用上黄河水，2019年饮用上长江水。

11月20日 海兴农场开展"义务植树，共建生态农场"为主题的植树造林活动。全场 200 多名干部、职工、学生、志愿者在宣惠河南岸现场植树 2000 余株。

12 月 26 日　据悉，年内发放良种补贴资金 103.09 万元，粮食直补及综合直补资金 140.49 万元，发放城镇低保救助金 132.5 万元。

12 月　海兴农场完成了四队通五队公路翻修、修建了畜牧队队内公路及排水设施，修筑了汤孔路至西点公路、汤孔路至二队公路。

12 月　危房改造工程，完成 130 套平房维修和 46 户平房建设，8 栋住宅楼，6 栋竣工，完成投资 2750 万元。

2013 年　海兴农场兴建"农垦人家"新兴社区，该社区按照"三区同建"总体规划，聘请专业设计队伍，高规格、高标准规划建设。社区占地面积 500 余亩，可容纳人口 1 万余人居住，按照绿色生态环保原则，全部采取雨污分离和节能环保建设模式。

2013 年　全场实现总产值 11888 万元；实现生产总值 6900 万元；固定资产投资 35909 万元。

2014 年　1 月 20 日　下午，共青团团县委书记李修丽一行 4 人到农场走访慰问贫困学生陈华涛一家，并送去了助学金。

2 月 15 日　海兴农场与河北省农林科院签订的《2014 年河北省渤海粮仓建设专项任务书》开始实施。打造以盐碱地改良为重点的渤海粮仓建设"海兴模式"。

3 月 14 日　海兴县委书记贾兆军，县委副书记、县长陈建率县"四套班子"成员来农场进行义务植树。海兴农场开展了"绿色攻坚行动"，出动 2000 人次，在街道、庭院、隙地、水系进行植树造林 5250 亩。26 日，海兴县绿化委员会以"海兴农场春季造林成绩显著"为题，向全县进行推广。

3 月 15 日　海兴农场在二队、三队、畜牧队，开发建设 5 万亩的苗木基地项目全面启动，当年完成 2800 亩苗木种植，品种主要有海棠、金叶榆、碧桃、龙柏、桃树、葡萄等多种高档苗木。

3 月 20 日　海兴农场被评为海兴县"2013 年度实绩突出单位""2013 年度招商引资先进单位"。

5 月 28 日　海兴农场积极培育独具特色产业落户生根。从福建厦门等地引进的热带植物辣木试种成功，并与中古辣木研究中心合作，建成中古辣木北方种植基地；与省科技厅及农林科学院合作，打造了辣木育苗移栽项目基地；2014年11月28日，河北省发改委将此产业列为省重点项目。到2017年，辣木种植面积达到1000余亩。

6月6日　河北省农垦局局长傅强来场调研高效节水灌溉项目。对农场高效节水灌溉项目情况给予充分肯定，并对今后的项目建设提出指导意见。

6月8日　博远农牧现代农业生态循环产业园项目施工建设，该项目位于高新园区，占地面积800亩，规划投资1.5亿元，建设饲料、孵化、生物有机肥基地。当年建设鸡舍20栋，日产种蛋9万枚。完成投资5000万元。

6月25日　海兴农场出台《关于划定管理区域的实施意见》，进行区域划分：原一队划为北区；二队和三队划为东区；四队和五队划为南区；六队划为中区；新增高新区。

7月8日　沧州市市长王大虎带领市重点项目观摩团一行约200人莅临农场，对今年以来新开工的重点项目进行了现场观摩。海兴县委书记贾兆军、县长陈建及农场党委书记、场长贾福利陪同观摩。

7月22日　按照海兴县委对党的群众路线教育实践活动的统一部署，场党委召开专题民主生活会。委员们对班子成员和个人存在的问题，逐项对照检查，开展批评与自我批评，达到了"红红脸、排排毒、出出汗"的效果。县委常委、副县长孙文强和县纪委、县委组织部等相关部门人员参加并指导了此次民主生活会。

8月5日　海兴县委副书记、县长陈建率重点项目观摩团一行来场，实地观摩了翔宇体育设施有限公司和高新产业园区等重点项目，陈建对农场特色产业发展和产业园区建设给予充分肯定。

8月28日　海兴农场制发《"六打六治"打非治违专项行动实施方案》，在重点行业（领域）集中开展打非治违专项行动，工作持续到12月底，确保了全场安全生产形式持续稳定。

9月3日　汤孔线至六队村里公路竣工通车。该工程于8月1日开工建设，全长0.81公里，宽3.5米，路基6米。

9月10日　河北省发改委重点办副主任张存良，市发改委副主任、重点办主任张现龙一行来农场考察辣木种植基地项目，对农场开发种植辣木这个新型产业表示赞赏。海兴县领导陈建、徐瑞青及场党委书记、场长贾福利陪同考察。

9月13日　海兴农场与北京红山财富投资有限公司在农场场部三楼会议室举行签约仪式。场党委书记、场长贾福利主持仪式并与该公司董事长李彤光签约,双方采取PPP合作模式携手共建高标准,高规格的高新产业园区。

9月18日　国家林业局植物新品种保护办公室组织中国林科院、江苏省林科院及河北农业大学有关专家莅临农场,到苗木基地对沧州一逸柳树育种公司选育的"渤海柳4号"和垂柳"渤海柳6号"和"渤海柳7号"新品种进行鉴定。经鉴定,专家一致认为3个品种符合植物新品种审查要求,同意将其认定为柳树新品种。

9月23日　《沧州日报》刊登通讯《海兴建成全国最大柳树基因库》:自去年4月以来,柳树基因库共种植了国内外柳树优良品种无性系356个,是全国最大最全的柳树资源汇集区,也是柳树新品研发基地。试种的"渤海柳1号"获国家新品种授权,在盐碱地上生长良好。

9月　海兴农场投资兴建的北区学校竣工使用,占地面积8833平方米,建筑面积1366平方米。

10月21日　沧州市委书记商黎光、市长王大虎率各县(市、区)委书记,县(市、区)长组成的重点项目观摩团一行200余人莅临农场,对正在施工建设中的高新产业园区等重点项目进行了现场观摩。商黎光书记对农场项目建设呈现的良好发展势头充分肯定,并对今后发展提出了要求。海兴县委书记贾兆军,县委副书记、县长陈建及场党委书记、场长贾福利一起陪同观摩。

11月11日　海兴农场党委召开党的群众路线教育实践活动总结大会,对农场教育实践活动进行总结,对巩固活动成果,加强作风建设,推进从严治党等工作进行全面部署。同日,海兴农场发布《关于各区域加强规划建设管理及资源保护的通告》。严禁私建厂房和民房,坚决制止放牧、乱堆乱放、乱开乱采、私搭乱建、乱砍滥伐、乱捕乱猎、烧荒等现象。

11月22日　河北省农垦局局长傅强一行5人来农场验收高效节水灌溉项目。一致认为农场高效节水灌溉示范项目规划科学、运作合理、成效显著。该项目总投资300万元,完成渠道清淤工作累计25公里。

11月28日　沧州市扶贫办主任刘立楼带领各县市扶贫办负责人一行50余人在海兴县副县长段勇的陪同下，来场考察辣木种植及深加工项目。

12月2日　沧州市副市长肖凤利一行来农场调研，先后到耐碱苗木种植区及高新园区进行实地察看，现场听取了场党委书记、场长贾福利关于园区建设发展的简要汇报，对今后农场农业产业化发展提出了指导性意见。海兴县领导陈建、孙文强陪同调研。

12月4日　海兴县委书记贾兆军，县委副书记、县长陈建率县直机关干部职工300余人来农场参加义务植树活动，现场共完成植树7000余株。

12月18日　海兴农场铺筑的工业园区横纵道路竣工，该工程于9月20日开工建设，全长2.6公里。

12月24日　危房改造工程开始，当年完成维修平房维修185套及100户平房新建工程。

12月26日　海兴农场开展百日安全专项治理行动，对坍塌、高坠、机械伤人、消防、食物中毒等重点存在的突出问题和薄弱环节进行综合整治，依法拆除一批彩钢板违章建筑，关停一批行政许可手续不全的企业，遏制了各类安全事故的发生。

2014年　投资995万元修建和完善了5条柏油路，总长度27公里。

2014年　发放良种补贴资金51.62万元，粮食直补及综合直补资金140.47万元，惠及180户。

2014年　全场实现总产值13810万元，实现生产总值8080万元，完成固定资产投资4.8亿元。

● **2015年**　1月9日　河北省农业厅巡视员刘化俊、省农垦局局长傅强一行3人在市农牧局副局长杨国兴、市农场站站长王国柱陪同下来农场进行调研。听取了农场关于园区建设、项目建设、危房改造进展情况的汇报，实地察看了高新园区、辣木基地、危房改造等建设情况，并对近年来农场改革发展取得的成绩给予充分肯定。

1月23日　为把农场打造成全国最大耐盐碱苗木基地和5万亩森林公园，海兴县人民政府做出《关于实施农场变林场行动的决定》。

1月24日　农业部农垦局局长王守聪一行3人，在省农业厅副巡视员刘化俊、农垦局局长傅强的陪同下来农场调研。先后到高新园区、辣木种植基地及柳树种植资源库进行了实地察看，并召开座谈会听取了农场党委书记、场长贾福利关于农场改革和经济社会发展情况的工作汇报。

1月29日　江山能源100兆瓦一期20兆瓦农光互补项目落户农场。该项目是由江山永泰投资控股有限公司投资建设，占地约面积3500亩，预计总投资8.65亿元，年均日照1400小时，年发电1400万摄氏度，该项目运行后在带来电能的同时，还催生了食用菌种植、畜禽养殖、加工、销售产业链，可实现年产值1.68亿元。

3月6日　海盐路至小黄桥公路开工建设，该工程全长8公里，宽9米，路基16米，总投资2288万元，于2016年4月7日竣工通车。

3月11日　海兴农场开展民兵组织整顿工作。参加这次整顿的民兵有40余人。通过这次组织整顿，优化了民兵组织结构，提升了民兵组织应急能力。

3月18日　海兴农场启动绿色养生基地建设项目，该项目拟投资4.75亿元，占地面积470亩，主要是建设园林式集养生、养老、老年病治疗、康复、护理及残疾人矫形为一体的综合性健康养护中心，是为老年人提供各种综合性服务的养老服务场所。

3月19日　沧州市老干部局组织地市级老干部郝凌云、李金月、刘云成、沈志鸣等一行13人来农场参观考察。在海兴县委书记贾兆军、县长陈建等领导的陪同下，观摩了重点项目建设和5万亩耐盐碱苗木基地及农村面貌改造提升。老干部们还兴致勃勃地挥锹挖坑，与县、场400余名干部职工进行义务植树5000余株。

3月20日　海兴县现代农业园区启动兴建，园区核心区位于农场，占地面积8.2万亩，辐射带动周边6个乡镇共50余万亩，规划总投资为40.62亿元，目标是到2022年打造"河北省内一流，独具特色的集农产品种植。养殖、精深加工、农产品流通市场、农业生态旅游等第一、第二、第三产业融合、产、销、游于一体的现代农业综合区。"当年完成建设面积2万亩，入驻企业11家，初步形成了以现代设施农业、现代林果和现代畜牧养殖业为三大支撑的产业结构，成为助推农场经济发展的新引擎。

3月　海兴农场被海兴县委、县政府评为实绩突出单位。

4月6日　海兴农场投资4500万元，采用篱笆式种植模式，完成种植有机梨 3000 亩。

4月16日　海兴农场领导率农业科及各区代表一行10人赴山东青州考察花卉种植项目，学习种植先进技术。

4月22日　海兴县苗木繁育及发展研讨会在农场举行。有关专家和来自各乡镇场的80多名与会者共同探讨了苗木繁育及发展的先进技术，一起分享了苗木行业的前沿信息。

5月10日　海兴农场对贯穿场区的汤孔路两侧进行景观带建设。在主干道安装路灯55盏，对沿线绿化进行补植，沿街房屋进行粉刷，打造了临路景观长廊。

5月24日　海兴农场党委召开"两学一做"（学习党章党规、学习系列讲话，做合格共产党员）学习教育动员会议。场党委书记、场长贾福利就如何开展好"两学一做"活动进行了动员和部署。

7月17日　河北省科技厅专家组一行9人对农场申报省级农业科技园区工作进行现场考察。先后实地考察了博远现代农业生态园区循环经济项目、辣木种植区、高档苗木种植区等项目。专家组对农场现代循环农业科技示范园运用现代循环农业的理念给予高度评价。9月23日，该园区被河北省科技厅认定为"省级农业科技园区"。

7月21日　沧州市重点项目观摩团一行100余人莅临农场，对重点项目建设情况进行实地观摩。观摩过程中，沧州市政府市长王大虎对农场项目建设呈现的良好势头表示赞赏。海兴县委书记贾兆军，县委副书记、县长陈建及场党委书记、场长贾福利陪同观摩。

7月　海兴农场被海兴县委、县政府授予"文明单位"荣誉称号。

8月　海兴县第一座光伏发电站在农场内动工兴建，占地面积1650亩。当年12月26日初次并网，2016年4月27日全容量并网。

9月10日　林业局发展规划与资金管理司区域处处长陆诗雷、规划设计院院长马国清在省林业厅副厅长刘风庭的陪同下来农场考察调研生态苗木基地建设。先后到耐盐碱苗木基地、柳树资源库及辣木种植基地进行了实地察看。在听取了场党委书记、场长贾福利的相关工作汇报后，对农场突出地方特色，推进绿色和生态发展给予充分肯定。海兴县委副书记、县长回永智等陪同考察调研。

10月5日　海兴农场职工崔文祥在孔庄子集市上把突然昏倒地上的老人

送往盐山县医院，得以及时治疗，受到人们的纷纷称赞。

12月2日 沧州市副市长肖风利一行在海兴县委书记陈建，县委常委、副县长孙文强的陪同下来农场调研，先后到耐碱苗木种植区及高新园区进行察看，还详细了解了基地建设和园区发展过程，并对今后农场农业产业化发展提出了指导性意见。

12月9日 海兴县政府发出《关于成立海兴农场现代农业园区建设领导小组的通知》。领导小组由30人组成，县长回永智任组长，常务县长邢浦忠、副县长孙文强、政协副主席杨长新任副组长。场党委书记、场长贾福利为成员。同日，海兴县人民政府办公室印发《海兴农场现代农业园区管理委员会主要职责、内设机构和人员编制规定》的通知。明确海兴农场现代农业园区管理委员会为县政府管理的事业机构，内设办公室、规划管理股、招商引资股、项目管理股。

2015年 实现总产值14920万元，其中农业产值7000万元，工业产值7200万元，第三产业产值720万元，固定资产投资5亿元。

● 2016年

2月18日 海兴县政府在农场召开论证会。河北省农业发展规划处副处长金宇携专家组一行应邀参加论证会，就《海兴县现代农业园区发展规划》，通过现场察看，充分讨论，认为该规划设计合理，具有前瞻性、科学性和可操作性，体现了现代农业发展理念，一致通过规划论证。海兴县委常委、副县长孙文强、场党委书记贾福利及市县相关部门负责人参加了此次论证会。

3月26日 沧州市政协原副主席闫悌云、沧州市农业委主任伊金道一行来农场辣木基地考察调研辣木育苗情况。今年农场培育种植辣木1000亩，推广种植2000亩，打造辣木产业链。

3月 海兴农场被海兴县委、县政府评为实绩突出单位、招商引资先进单位。

4月14日 海兴县委书记陈建来场督导、调研重点项目建设。先后深入到农场苗木产业及农光互补项目建设基地进行实地察看。同日，北京投资商及丹麦农业专家来农场调研建设农业工厂项目。

5月10日 中澳农牧有限公司肉牛项目在农场举行开工仪式。中国肉牛协会会长许尚忠，沧州市人大常委会副主任刘金明，海兴县领导回永智、刘明亮、张树根出席开工仪式。县委副书记、县长回永智致辞。该项目由北京青牛西渡进出口有限公司投资建设，项目总投资 7.2 亿元，这是农场农牧史上引进的投资最大的项目，全面达到设计规模后，年屠宰能力 10 万头，生产高品质冷鲜进口牛肉 7.5 万吨。

5月30日　海兴农场制发《环境问题整改工作方案》，开展环境集中整治专项行动，取缔无任何手续企业，整治"脏乱差"企业，严管重罚秸秆、杂草焚烧，全力打造蓝天绿水的生态农场。

5月10日　场党委书记、场长贾福利率相关人员到黑龙江垦区与新友谊农场携手走出国门，赴俄罗斯乌苏里斯克地区市合作开发种植 20 万亩土地。双方初步达成合作开发意向。

6月17日　沧州市政府领导刘立著、市农牧局局长徐斌、市扶贫办主任刘立楼来农场调研现代农业园区建设情况。先后到农光互补基地、林果种植基地、辣木种植基地、林下经济养殖场进行了实地调研。海兴县领导陈建、孙文强一起陪同调研。

6月22日　海兴农场实施的小型水利设施项目竣工验收。该项目位于宣惠河北岸，完成灌溉土地面积 482 亩，新建泵站一座。铺设地下防渗管道 5884 米，出水口 100 个。

7月6日　沧州市人大常委会主任匡洪治一行来海兴农场调研了现代农业园区建设情况，先后到柳树种植资源库、林果种植示范区及产业园区进行了实地察看。海兴县政府县长回永智陪同。

7月26日　沧州市市长王大虎率领全市重点项目观摩团来农场观摩现代农业园区及农光互补项目建设情况。王大虎就项目建设、发展规划与项目负责人进行了细致的交流，对农场重点项目建设给予充分肯定。县委书记陈建、县长回永智一起陪同观摩。

8月1日　海兴农场举行第一届篮球邀请赛，全县 10 支代表队应邀参赛。

8月2日　河南牧原集团项目经理陈金良一行来农场进行实地考察。与农场达成投资建设百万头生猪的合作项目。该项目由河南省牧原有限股份公司投资建设，规划占地面积 1800 亩，总投资 2.6 亿元，打造集养猪生产、屠宰、饲料加工为一体的大型现代化农牧企业。

8月11日　沧州市委常委、副市长张林一行在海兴县委书记陈建、县长回永智的陪同下，来农场省级农业科技园对大花萱草培育及辣木移栽项目进行考察调研。

8月23日　中国农垦经济发展中心刊物编辑处副处长张韧一行，在省农垦局副局长杜亚周、市农场站站长王国柱的陪同下，来场先后到林果种植基地、耐盐碱苗木基地、辣木种植基地、林下养殖基地进行调研。

8月　沧州市委、市政府授予海兴农场"文明单位"荣誉称号。

9月25日　海兴农场在场部三楼会议室举行联谊会。海兴农场籍和在农场工作过的80名在外知名人士及创业人员应邀参会。

10月11日　河北省现代农业园区考评组一行到海兴农场对省级现代农业园区创建工作进行现场考评。通过实地查看耐盐碱苗木基地、辣木种植基地、林下经济养殖等现场，考评组一行对农场现代农业园区建设给予充分肯定。

10月12日　河北省农科院棉花所与沧州市农牧局在农场召开"滨海盐碱地改良与棉花新品种新技术示范"现场观摩会。沧州市农牧局、各县农业（牧）局农技推广人员及植棉大户60余人参加了会议。

10月13日　河北省农垦局局长邓祥顺一行来场对现代农业园区建设情况进行调研。

10月20日　海兴农场领导率农场相关人员一行10人前往山东烟台参观考察苹果种植先进技术。

10月21日　汤孔线至西点养鸡场公路开工建设，该工程全长2.5公里，宽7米，路基11米，总投资208万元，于2017年1月21日竣工通车。

10月　国际林木遗传资源培训大会在农场召开。来自全球20多个国家的林业专家、科研院所和林业企业代表共计100余人走进柳树种质资源库，共同交流林木遗传资源的保护经验，促进生态产业大发展。

10月　有机食品产销基地建成投入使用，占地17000亩，总投资3500万元。

11月　海兴县现代农业园区被河北省农业厅认定为省级现代农业园区、被国家科技部认定为第一批国家级"星创天地"。

12月2日　海兴农场投资600万元，修建拓宽的场内10公里柏油路运行畅通。

12月24日　华能风力发电项目落户农场，总投资5亿元，工程装机容量50兆瓦。

12月26日　河北省人民政府办公厅下发《关于认定2016年河北省现代农业园区的通知》，位于海兴农场核心区的海兴县现代农业园区，被河北省政府认定为省级现代农业园区。

12月　中华人民共和国农业部授予贾福利"全国农业先进个人"称号。《沧州日报》2017年1月17日对此进行了报道。

12月　海兴农场为118名国营企业职工缴纳养老保险金，年缴费达742729.76元。

12月　《中国农垦》杂志刊登通讯《昔日盐碱地，今朝绿意浓——河北农垦海兴农场发展纪实》。

2016年　海兴农场采取"龙头企业十基地十农户"模式带动职工发展林下经济养殖。当年基地养殖非洲雁、皖西白鹅等7万只。

2016年　全场实现生产总值23250万元，固定资产投资完成5.3亿元。

2017年　2月24日　海兴县2017年重点项目集中开工仪式在农场牧原牧业项目现场隆重举行，包括牧原养殖屠宰项目、中澳肉牛、河北雄辉50兆瓦农光发电、四馆两院及文化广场建设等7个项目开工，总投资38亿元。海兴县委书记陈建宣布开工。同日，海兴农场中心小学通过沧州市教育局组织的"沧州市中小学标准化学校"验收，成为"沧州市标准化小学"。

2月27日　有机梨认证专家论证会在农场举行。国家注册产品检查员及果树专家等应邀参加了论证会，对农场采用篱笆式种植模式规划种植的1.97万亩梨树，其中采用有机种植方式种植的3000亩新梨七号、秋月、皇冠等品种进行实地查看，严格检测，反复论证，被北京五洲恒道认证公司认证为有机食品，于9月29日颁发了有机转换认证证书。

2月28日　河北省扶贫办党组副书记罗强来农场现代农业园区进行考察调研。海兴县委书记陈建、县长回永智一起陪同调研。

3月29日　海兴农场四队至小营乡公路开工建设，该工程全长2.7公里，宽3.5米，路基6米，总投资154万元，于2017年6月29日竣工通车。

4月5日　海兴农场启动"走百家、进千户、解万难、建小康"的精准扶贫活动。

4月7日　海兴县人民政府下达《河北省国营海兴农场污水处理项目实施方案》的批复。

4月17日　中铁锦绣健康产业股份有限公司董事长何建辉一行来农场考

察，寻找医疗健康服务合作项目。

4月20日　中国抗癌医疗集团董事会主席李培强一行在县政府副县长郭峰的陪同下来农场现代农业园区参观考察。

4月25日　著名画家郝惟谊到海兴农场格润农庄创作、写生。

5月4日　海兴农场成立森林公园管护中心，并出台《海兴农场森林公园管护中心工作职责及管理制度》。

6月6日　海兴县新海岸农业开发有限公司被沧州市人民政府认定为市级农业产业化重点龙头企业。该公司成立于2013年5月，规划总投资5000万元，占地面积1000亩，采用现代化设施种植错季蔬果。

6月23日　唐山市汉沽管理区党工委书记、管委会主任许焕庆率一行60余人组成的考察团，来农场参观柳树种植、林下养殖。同日，《海兴农场实行河长制工作方案》出台。按照"一河一长、一湖一长、一库一长、一地一长"的原则，实行分级负责，属地管理，条块结合，全流域包干的管理体系，确保每条河流、每座水库、每个坑塘都有人管理，都有负责人。场级领导分别担任主要河流的河长，股站长分别担任辖区内河流、坑塘及沟渠的河长。

6月28日　海兴农场召开"一问责八清理"专项行动暨基层"微腐败"专项整治推进会议。场党委书记、场长贾福利在会上讲话，就如何开展好"两个专项行动"进行了具体的安排和部署。

7月24日　沧州市委副书记、政法委书记宋仁堂来农场就加快推进"三区同建"工作进行考察调研。先后来到牧原集团百万生猪养殖及饲料加工项目、华能海兴50兆瓦光伏发电、"农垦人家"居民区、耐盐碱苗木基地、篱笆式梨种植示范区、辣木基地等地进行了实地察看。县领导刘明亮、曹勇及场党委书记、场长贾福利陪同考察调研。

7月28日　海兴县现代农业园区入选国家发改委及农业PPP项目库，成为第一批农业领域政府和社会资本合作试点项目。同时被沧州农牧局评为"最美园区"。

8月4日　河北省委书记、省人大常委会主任赵克志，在市委书记杨惠的陪同下来农场考察调研。赵书记一行先后来到现代农业产业园区，辣木种植基地和耐碱苗木基种植区，察看了辣木长势，听取了场党委书记、场长贾福利关于园区发展运营情况汇报，充分肯定了农场农业产业开发新模式。并就农场今后如何创新现代农业发展方式，促进农垦发展和农工富裕做出了重要指示。海兴县委书记陈建，县委副书记、县长回永智及场党委书记、场长贾福利全程陪同考察调研。

8月10日　海兴农场投资500万元与海兴利民医院合作建立的海兴农场医院投入运营。该院坐落在农场北区，建筑面积400平方米。

8月29日　沧州市农牧局局长王玉印来农场，就加快推进现代农业园区建设进行调研，政府副县长孙文强，场党委书记、场长贾福利陪同调研。

8月30日　河北省农业厅园区处处长任俊厚一行到海兴农场，就加快推进现代农业园区工作进行调研。政府副县长孙文强，场党委书记、场长贾福利陪同调研。调研期间，任俊厚一行先后来到海兴农场牧原集团百万头生猪养殖及饲料加工项目、华能海兴50兆瓦光伏发电、耐盐碱苗木基地、篱笆式梨种植示范区、辣木基地地等地，详细细了解项目设计规划、运作模式及发展建设情况。

9月11日　海兴现代农业园区被沧州市委宣传部、沧州市农牧局评为十大"最美现代农业园区"。

9月20日　江苏省东辛农场党委书记、场长韩中书一行，就加快农场林业、畜牧养殖业等发展来农场学习考察。并就今后产业发展方向与场党委书记、场长贾福利进行了深入交流和探讨。

9月29日　海兴县人大常委会主任李洪昌一行来农场，先后考察了城郊森林公园、新区、甬道绿化、现代农业园柳树种植资源库，听取了场党委书记、场长贾福利的工作汇报，并进行了认真的评议，一致认为近几年农场造林绿化、现代农业园区建设态势喜人，成效显著。副县长孙文强、海兴农场场长贾福利等陪同。同日，高湾路至二队公路开工建设，该工程全长1.4公里，宽4米，路基7米，总投资88万元，于2018年10月19日竣工通车。海兴农场制定出台《农业"三项补贴"改革工作实施方案》，对补贴资金、补贴对象、补贴依据、补贴标准和发放要求做出了具体的规定。

9月　海兴农场被沧州市委宣传部、沧州市农牧局评为"2017年度沧州市最美现代农业园区"。

10月28日　海兴农场印发《关于各区党支部深入贯彻十九大精神的通知》。要求：全体党员认真学习十九大报告、党章；每名党员都要撰写学习心得和笔记，以加深对党的十九大会议精神的认识和理解。

11月14日　海兴GEB至农场二队公路建设竣工。该路场1400米，宽4米，投资87.1万元。

11月15日　海兴农场投资300万元，开挖明泊湖建设工程竣工。湖面总面积3697平方米，湖深3.5米。该工程于2016年6月20日开工建设。

11月27日　海兴农场投资37万元兴建的面积为800平方米的温室育苗大棚投入运营。

12月3日　海兴农场规划建设的农业生态园项目完成一期工程，动土10万立方米，该项目总投资1200万元，计划分三期二年时间完成。

12月5日　沧州市委书记杨慧、市长梅世彤率全市重点项目观摩团来农场进行重点项目观摩，观摩团一行先后到产业园区、生态园区、新型社区进行实地查看。海兴县领导回永智、曹勇，场党委书记、场长贾福利等陪同观摩。

12月6日　海兴农场制发《关于安全生产事故隐患大排查、大整治攻坚行动的方案》。

12月18日　海兴农场印发《创建"国家级卫生县城"实施方案》。

12月20日　海兴农场党委举行宣讲党的十九大精神报告会，河北大学马列主义学院教授应邀前来为全体党员干部做了宣讲报告。委员副书记吴金明主持报告会并就学习宣传十九大精神提出要求。同日，长城网刊登题为《沧州海兴县打造全国最大最全柳树基地》的新闻进行了报道。

12月26日　海兴农场重点项目建设实现新突破。年内引进亿元以上项目4个，总投达23.45亿元。

12月　海兴县委、县政府授予海兴农场"文明单位"荣誉称号。

2017年　海兴农场被沧州市委、市政府定为"沧州市农垦改革试点农场"。

2017年　全场实现总产值37045万元，固定资产投资65000万元。

● 2018年　1月19日　海兴农场党委召开动员大会。全场机关干部、企业负责人、各区职工代表80余人参加会议。会议主要是安排部署学习党的十九大精神。场党委书记、场长贾福利在会上讲了意见；海兴县政府副县长孙文强到会指导，并在会上宣讲了十九大报告。海兴农场党委书记、场长贾福利被评选为沧州市第十四届人民代表大会优秀代表。海兴农场制发

《关于进一步严明工作纪律改进作风的管理制度》。

2月23日　海兴县委副书记、县长回永智，副县长张树根来农场检查指导企业安全生产工作。先后深入到相关企业进行实地检查指导，并就进一步搞好安全工作提出严格要求。

2月24日　海兴农场党委召开党风廉政建设、反腐倡廉会议，会议确定：开展党风廉政思想建设，践行"八项规定""六条禁令"，坚决纠正"四风"，深入推进党风廉政建设和反腐败斗争。场党委书记、场长贾福利在会上做了讲话。

2月27日　海兴农场党委举办首次公开竞选人才大会，13名工作人员参加了竞选活动，通过现场演讲、答辩、民主测评，竞选出优胜者，作为任用科室负责人及公司经理的重要依据。场党委书记、场长贾福利出席了竞聘会议并做总结讲话。

3月5日　海兴农场召开安全生产工作会议。党委副书记吴金明主持会议，场党委书记、场长贾福利在会上讲话要求，各单位各企业要进一步强化安全生产意识，严格落实目标责任制，始终保持高压态势，坚决防止和遏制各类安全事故的发生。会后，安全生产工作强势推进，先后4次开展安全生产大检查，排查各类安全隐患56处、污染隐患20处，取缔"散、乱、污染"企业3家。

3月6日　河北省农工办副主任刘振洲、农垦局局长邓祥顺一行在沧州市政府秘书长李卫东、农牧局长郑义森的陪同下抵达农场，调研和督查土地确权和农垦改革情况。在实地考察了有机梨、大棚桃等种植基地后，召开了座谈会，听取了几个农场相关工作的汇报，并就土地确权及农垦工作中存在的问题进行了现场答疑和指导。海兴县领导曹勇、孙文强及场党委书记、场长贾福利全程陪同调研。

3月9日　外交部原副部长、中国国际交流促进会常务副会长于引一行10人在副县长傅荣凤的陪同下来农场进行实地考察，并与农场洽谈了有关文化产业项目合作事宜。

3月12日　湖南浔龙河控股集团执行总裁黄建平一行来农场参观考察了有机水果、特色养殖基地。场党委书记、场长贾福利陪同考察并向客商介绍了农场投资环境和发展优势。同日，海兴农场制定出台《土地使用权确权登记发证实施方案》。

3月23日　海兴农场成立"打黑除恶"专项斗争领导小组，由 13 人组成。

3月27日　中国兵工学会科技产业研究中心项目主任安永平一行来农场，先后到柳树种植资源库、有机梨种植基地、辣木培育中心进行了实地考察调研，海兴县领导郭峰、张树根及场党委书记、场长贾福利全程陪同。

4月6日　海兴农场组织举办"践行十九大精神书画笔会"活动，以书画形式宣传十九大精神，来自黄骅、盐山、海兴的七位书画家参加了笔会。

4月9日　海兴农场组织全体机关干部职工到东北区开展义务植树活动，现场植树 2000 余棵。

5月6日　晚7时，践行十九大精神演唱会在北区广场举行。演出节目有声乐、诗朗诵、戏曲等，演唱会运用传统的文化艺术和唱红歌为载体，唱响新时代，共筑中国梦。

5月10日　"中国书画 30 家走进海上丝绸之路北方起点——海兴"活动举行。书画家一行到海兴农场格润农庄参观考察、采风写生。

6月10日　海兴农场启动国有土地权籍调查工作。经过实测、调查、确认、登记、公示等环节，于8月确权土地总面积 6.3 万亩。

7月1日　海兴农场党委开展"凝聚红色力量，传承党的精神"活动。党委书记贾福利走访看望老党员；党委副书记吴金明带领 30 余名党员进行宣誓活动，重温党的誓词，牢记党的使命。

7月16日　海兴县委、海兴县人民政府印发了关于《海兴农场农垦改革工作实施方案》的通知。同日，根据中央、省农垦改革文件精神，全面推行农垦改革工作。改革的模式是按照"分开不分离"政府购买服务，建立和完善管理体制。一是成立了海兴海农农业开发有限公司（下设三个分公司：养殖公司、种植公司和农产品物流公司），主要负责农场企业经营管理工作；二是成立海兴农场社区管理委员会。主要负责行政社会经济事务。对在场原有工作人员进行了科学安置，共计 40 人，其他人员根据个人意愿和特长全部安排到新成立的三个公司，进行企业经营工作。

7月21日　海兴农场召开"扫黑除恶"专项斗争大会，对"扫黑除恶"专项斗争进行动员部署。80 余人参加会议。会议要求：全场动员，部门联动，深入排查，确保"扫黑除恶"打出实效，保障人民群众合法权益。场党委书记、场长贾福利在会上做讲话。

8月9日　沧州市农垦改革会议在农场召开。河北省农垦局局长邓祥顺莅临会议。在听取了各农场相关工作汇报后，对沧州市农垦改革工作取得的成绩给予肯定，并就下一步农垦改革进行再部署。与会人员还参观了现代农业园区。

8月10日　中国农业开发银行河北省分行张景明处长来场调研，就农发行在支持农业产业化发展等方面与场委书记、场长贾福利进行了洽谈与沟通。

8月12日　《河北海兴农场志》编纂工作领导小组成立。由7人组成，贾福利任组长，井树伟任副组长。下设编纂办公室，杜月华任主任。

8月15日　海兴农场突降大雨，降雨量为145毫米。

8月　《农村工作通讯》和《河北农业》分别以《靠海而兴，靠绿而富》和《昔日盐碱地，今日绿意浓》为题报道了海兴农场发展情况。

9月4日　河北省农业厅副厅长尹彦勋一行在市政府副秘书长李卫东、常务副县长曹勇的陪同下来农场就农垦改革进行工作调研。其间深入到有机梨种植基地、辣木种植基地进行观摩，并召开了座谈会，听取了党委书记、场长贾福利关于农垦改革工作的汇报后，提出了指导性意见。

9月6日　为解决餐桌污染，确保食品安全，海兴农场开展食品安全排查整顿活动，在人员聚集的场所宣传食品安全政策和知识，还对食堂、饭店、家宴进行食品安全排查和整顿。

9月　海兴农场召开《宪法》学习宣传专题部署会。自此，在全场干部职工中开展学习宣传《宪法》活动。

10月1日　海兴农场格润农庄组织举办"祖国华诞金秋鼓会"。

10月3日　《沧州日报》以《荒滩变绿林　颜值产高值——走进海兴现代农业园区》为题，对海兴农场瞄准生态——盐碱地上建起森林公园；对准高端转型梨果研发有机产品；找准效益——发力绿色养生休闲基地等进行了长篇宣传报道。

10月16日　沧州市委副书记、政法委书记宋仁堂一行来农场调研"三区同建"工作。先后深入到农垦人家居民社区、海岸设施农业种植基地进行了实地查看。并听取了场党委书记、场长贾福利的相关工作汇报后，对农场"三区同建"工作取得的成就表示赞赏。

10月17日　上午,在重阳节到来之际,海兴农场颐养院举行了揭牌仪式。场领导董海峰、井树伟共同出席揭牌仪式并致词。该院占地面积4000平方米。

10月23日　沧州市政府副秘书长李卫东带领全市重点建设项目观摩团一行来场现代农业园区进行观摩,对农场重点项目建设给予高度评价,对有机碱梨种植产生了浓厚的兴趣。

10月26日　海兴农场党委制发《深入学习贯彻党的十九大精神实施方案》。提出重点学习的内容是:党的十九大报告、《中国共产党章程(修正案)》、习近平新时代中国特色社会主义思想等;学习的方法是开展理论学习,宣讲、研讨、交流等,引导全体党员干部不忘初心、牢记使命。

10月28日　海兴农场垦区危房改造工程项目竣工使用。200多户乔迁新居,入驻新型社区。该项目于2011年10月15日开始启动,历经7载,完成危房改造维修270户,建筑面积3.1万平方米;异地新建建筑面积3.3万平方米,其中新建楼房300户,建筑面积为30562.5平方米,平房235户,建筑面积1416平方米,加固维修15户,建筑面积1080平方米,占地面积27452.5平方米。项目总投资3748.5万元,其中中央预算内投资202.5万元,省级财政补助202.5万元,海兴农场配套资金640万元,职工自筹资金累计4274.01万元。

10月30日　海兴农场投资40万元建设的电子商务平台投入运行,对场区内生产的农副产品在网上进行宣传推广。

10月31日　"非洲猪瘟"疫情传播形势严峻,海兴农场采取与养殖户签订承诺书、禁止县外调运生猪,进行严格排查封堵等防控措施,未出现一例疫情。

11月7日　7时,中央电视台七套《美丽中国乡村行》栏目播出《海兴农场:跟着大鹅去寻宝》的专题节目。

11月8日　海兴农场职工李海兴、刘金潭跳入环卫湖刺骨的水中救起落水儿童,在当地被传为佳话。

11月16日　海兴农场温室大棚有机种植建设项目进行公开招标。项目为篱壁式有机梨树150亩,建设连栋薄膜温室大棚。

11月27日　海兴农场成立碱梨技术推广服务中心。

11月 《中国农垦》报道：海兴农场已发展林下养殖面积达 7000 亩，包土鸡、皖南白鹅、非洲雁、有机山羊、野鸡、鸵鸟、孔雀等许多优质品种，林下养殖的总数量达到 18 万余只（头）。

12月22日 海兴农场开展冬季森林防火警示教育活动，在辖区内悬挂标语，张贴宣传画，竖立警示牌，启动广播喇叭。

12月26日 海兴农场投资 260 万元建设的冷库投入使用。占地面积 6666.67 平方米，冷冻库面积 700 平方米，储存量为 480 吨。该工程于当年 1 月 29 日开工建设。

12月30日 海兴农场格润农庄举办黄骅海兴篮球友谊赛。

2018年 全场实现总产值 38660 万元，固定资产投资完成 51500 万元。

● **2019年** 1月16日 沧州市委副书记、政法委书记宋仁堂一行来农场检查指导"三区同建"工作。先后深入到农垦人家居民社区、新海岸设施农业种植等基地进行实地考察，对农场"三区同建"工作取得的成就给予充分肯定，并就今后加快和推进"三区同建"工作讲了意见。

1月17日 海兴农场新建的有机梨种植温室大棚竣工使用，总投资 222 万元，占地面积 160 亩，安装诱虫灯 30 个。

2月19日 海兴农场成立爱心团队，200 余人踊跃加入，该团队开展每日一捐，所捐款项全部资助贫困职工子女。

2月20日 海兴农场召开农垦改革落实工作会议。党委副书记吴金明在会上公布了《农场党委关于表彰 2018 年度先进单位和先进个人的决定》；副场长董海峰传达了《海兴农场农垦改革工作实施方案》。党委书记、场长贾福利在会上讲话，回顾总结了上年工作，安排部署了 2019 年工作任务。

3月28日 雅布伦生态庄园项目启动建设。该项目规划总投资 4.75 亿元，占地面积 291.67 亩，建筑面积 19.4 万平方米。建设内容为住宅、公寓、幼儿园、商业、卫生院、活动中心。

4月1日 县委决定：李树松任农场党委委员、常务副场长。

4月8日 0 时 12 分，海兴农场实施人工增雨作业，共发射火箭弹 6 枚，此次降水不仅降低了森林火险等级，对农业生产起到了积极作用。利用人工降雨是从 1996 年开始试行的。

4月24日 海兴县政府党组发出通知，贾福利任海兴海农农业开发有限公司董事长兼总经理；李树松任农场常务副场长兼海农公司副总经理。同日，海兴农场出台《海兴农场处置林区防火应急预案》，并成立应急处理领导小组，贾福利任组长，李树松任副组长。

5月1日　万幞纺织项目投入生产，该项目占地100亩，主要生产高档弹力丝、家纺布等，规划总投资1.2亿元。

5月11日　农业农村部农垦局局长邓庆海在河北省农业农村厅副厅长刘飚、农垦局局长邓祥顺的陪同下来农场调研，先后调研了林下养殖、有机梨种植及农垦人家小区。邓局长一行对农场改革、现代农业园区建设及扶贫攻坚取得的成绩给予盛赞，并提出了指导性意见。沧州市政府副秘书长李卫东、海兴县委书记陈建，县委副书记、县长回永智，场党委书记、场长贾福利等一起陪同考察调研。

5月25日　我国台湾农业专家王启东一行3人来农场现代农业园区进行参观考察。场党委书记、场长贾福利陪同考察，双方就如何打造高端精品农业种植基地进行了洽谈与交流。

5月　海兴农场开展“河库四乱”拆违工作，到12月12日，四处违建全部拆除。

6月4日　“河北长城网”来农场就农垦企业化改革及现代农业发展进行实地采访，场党委书记、场长贾福利接受了采访。海兴农场的发展纪实在长城网刊发后，各大媒体相继转载，并被中共中央宣传部“学习强国”转发。

6月4日　我国台湾客商调研团一行在海兴县副县长郭峰的陪同下来农场参观。海兴农场党委书记、场长贾福利接待，双方就项目投资进行了深入的洽谈。

6月20日　农业农村部农垦局召开了全国农垦深化改革发展工作座谈会。此次会议上，海兴农场做了以“全面深化农业改革，加快速现代农业发展”为题的典型发言。

6月26日　上午，海兴农场党委举办题为“筑梦党旗红、初心耀党徽”的主题党日活动。场领导贾福利、李树松、董海峰与来自场区70余名党员共同演唱了《没有共产党就没有新中国》，一起观看《张富清：英雄本色》的纪录片，重温了入党誓言。

7月11日　海兴农场召开警示教育大会。认真贯彻落实习近平总书记关于从严治党重要论述。会上通报了违规违纪典型案例，教育引导党员干部、机关工作人员，以案为鉴，警钟长鸣，不忘初心，牢记使命，坚守廉洁底线，干净干事。场党委书记、场长贾福利在会上做讲话。

7月12日　海兴农场召开修志工作专题会议。场领导贾福利、李树松、董海峰出席会议。会议听取了修志工作进展情况的汇报，安排部署了今后工作任务。农场相关部门负责人及编辑人员参加了此次会议。党委书记、场长贾福利就编史修志的意义、作用与要求讲了意见。

8月2日　沧州市援疆指挥部与新疆维吾尔自治区轮台县联合主办了"沧轮两地书画展"。海兴农场文化站杜月华应邀代表沧州市赴疆参加"雪域·轮台"第二届当代书画作品展，他挥毫泼墨书写的"千里思"以独特的神韵获得观展者的驻足赞叹。

8月12日　海兴县委常委、纪委书记王亚平来农场巡视暴雨后的受灾情况，并要求农场做好生产自救。

8月20日　沧州市市长梅世彤在海兴县委书记陈建，县委副书记、县长回永智的陪同下来农场翔宇椅业进行调研。听取该企业负责人关于企业发展情况的汇报，观看了产品展厅，了解了企业生产经营情况、产品工艺、市场前景和发展规划，并对今后如何进一步助力企业做大做强提出了殷切希望。场党委书记、场长贾福利等一起陪同调研。

8月20日　为治理环境污染，保障职工群众安全过冬，海兴农场开展劣质散煤管控及洁净煤推广供应工作，共发放洁净型煤300吨，置换不达标煤26.7吨。

8月25日　海兴牧原农牧有限公司"牧原聚爱助学计划"奖学金发放仪式在农场三楼大会议室举行。该公司为场区内考取大学的9名新生提供资助27000元。场党委书记、场长贾福利及县文教局、畜牧局、牧原公司领导共同出席了发放仪式。

8月28日　沧州三丰牧业有限公司新建禽类深加工项目落户农场，总投资3.6亿元，占地面积100亩，该项目主要是打造集种鸭、养殖、屠宰加工生产、熟食加工、冷链物流于一体的专业化、产业化的综合型企业，投产后预计年加工能力1200万只，年产值5.5亿元。

9月7日　海兴农场举办了"奋进新时代，筑梦新征程"为主题的文艺晚会。

9月12日 海兴农场党委召开"不忘初心、牢记使命"主题教育动员部署会议。场部机关全体机关工作人员、各队党员共计80余人参加会议。

9月16日 海兴农场成立了主题教育工作领导小组，由11人组成。贾福利任组长，李树松任常务副组长，吴金明、董海峰、井树伟任副组长。

9月18—20日 河北省农垦现代农业园区建设培训班在海兴农场举行。来自全省农垦系统的80余人参加了这次培训。省农业农村厅副厅长张保强、农垦局局长邓祥顺、沧州市副市长贾兆军、市农业农村局局长王玉印等出席开班仪式。

10月10日 海兴现代农业园区入围"河北省现代农业精品园区"。

10月11日 中国农村水利气象工会副主席原成刚一行在省农垦局副局长杨康陪同下，来农场调研农垦改革进展及工会组织建设情况。先后调研了林下养殖等基地，参观了新民居住宅小区，走访慰问了贫困职工。

11月1日 第二十届中国农产品交易会在廊坊市举行。副场长董海峰率团参加。交易会上，海兴农场"冀海农系列产品"作为河北省农垦系统品牌首次设立单独展位，精彩亮相。

11月2日 海兴农场污水处理厂开工建设，该厂位于高新区，总投资5800万元，厂区占地面积为56亩，设计规模达到日处理污水1万吨。一期设计规模达到日处理污水0.5万吨，项目运行后，可对农场生活区及高新园区内所有企业生产生活用污水进行处理。

11月13日 党委书记、场长贾福利被河北省农垦局推荐参加《人民日报》举办的"2019·村暖花开乡村扶贫扶志典型人物"评选活动，河北省农垦系统仅推荐两名典型人物参选。

11月20日 河北省审计厅副厅长赵建护一行来农场现代农业园区进行调研，实地考察了林下养殖、耐盐碱苗木、高档苗木基地，对现代农业园区建设给予高度评价。海兴县委书记陈建、人大常委会主任李洪昌及场党委书记、场长贾福利陪同。

12月14日 国家信访局司长李自军、山东省环保促进会会长王堃一行在海兴县委副书记、县长回永智，副县长贾永强的陪同下莅临农场小学，调研了操场、幼儿园改建项目。场党委书记、场长贾福利及县文教局的负责人一起陪同并参加座谈。

12月21日　举行爱心人士王堃为海兴农场学校捐赠仪式。国务院扶贫办开发指导司副巡视员张洪波、国家信访局机关党委副书记张瑞军、济南慈善会会长徐明梅及海兴县领导陈建、回永智、王云龙、贾永强出席了捐赠仪式。山东省工业环保促进会会长王堃向农场学校和幼儿园捐款43万元，用于改善学校和幼儿园办学条件。海兴县委书记陈建在捐赠仪式上发表讲话并向王堃会长赠送锦旗。场党委书记、场长贾福利，县教育局局长张树青参加了此次捐赠仪式。

10月至12月　海兴农场开展"清理荒草优化环境"活动，出动干部职工1600人次对农场内沿线两侧及生活区周边的荒草、秸秆、柴草，垃圾进行清理，共清理杂草2300吨。

2019年　海兴农场全力开展精准扶贫工作，采取一户一策、一人一策结对帮扶，发放救助款、物折合人民币10万多元，按照人均纯收入低于3200元的标准识别出贫困户28户、51人。其中，纳入地方政府建档立卡贫困户3户，3人。截至12月份，已全部脱贫。

2019年　农场实现生产总值40284万元，固定资产投资完成3.27亿元。

明泊洼农场大事记

● **1955年**　10月6日　沧县专署制定出《沿海及泛区农业垦改计划（草案）》。计划组织专区劳改犯开垦盐山明泊洼生荒地45300亩，要求1956年完成开荒20000亩种植棉花，产皮棉50万斤；1957年开荒23000亩，产皮棉230万斤。

● **1956年**　1月27日　沧县地委作出《组织青年志愿垦荒队的指示》，要求：盐山县的明泊洼建大型农场，属沧州地区公安处六科第五劳改队。

1月　经省委批准，在盐山县建立明泊洼劳改农场。当时土地面积为45000亩，南临宣惠河，中部有宣北干沟通过，将全场土地横切为两部分，将东西全场32华里的土地分为中点、东点、西点；编制167人，下设行政办公室、财务办、第一、第二生产队、公安分局、供应站、卫生所、工会、教员。

2月24日　为充实劳改农场，上级从沧县、宁津、交河、河间、盐山选调了年龄18岁以上30岁以下的在乡复员军人、35名乡村干部、40名初中以上文化程度的25岁以下青年学生来劳改农场工作。

秋　河北省和沧县专区支援 15 台大型拖拉机开垦明泊洼，此为盐山县内使用拖拉机之首。

12 月　据资料显示：本年完成垦荒 35000 亩，种棉 10000 亩，收棉 35 万斤，种粮 2.5 万亩，亩产 200 斤，收粮 50 万斤。

1957 年　1 月 1 日　盐山县在明泊洼农场建气象站，开始进行天气预报工作。此为今海兴县和盐山县第一个气象站。由于工作成绩显著，被中央气象局评为全国红旗站。1961 年迁至大韩庄，1980 年迁到南杨庄。

1958 年　11 月 8 日　明泊洼劳改农场成立"红专大学"。

1959 年　7 月 18 日　农场小麦喜获丰收。种植的 4617 亩小麦，亩产 1000 斤以上的 7.07 亩，亩产 800 斤以上的 18.67 亩，亩产 500 斤以上的 13.5 亩，总产量 56697 斤，平均亩产 122.8 斤。

9 月 7 日　场领导魏忠义在全省盐碱地改良经验现场交流会上做典型发言，介绍了明泊洼新生农场通过进行土壤普查，洗碱压盐，深翻土地来改良碱地的经验。

1959 年　农场在不长庄稼的盐碱地上种植了 3000 亩水稻，获得亩产 700 多斤的高额产量。

1960 年　5 月 29 日　盐山县委组成生产检查团对明泊洼新生农场山芋插秧、生产管理、开荒土地、管种管收、畜牧生产、人民生活进行了检查评比活动。评比结果表明，所查项目分别位列全县前一、二、三名。

10 月　贯彻上级"瓜菜代"的指示，人均每天定量为五两左右。因此大力发动群众，采集野生植物等为代食品。

1960 年　明泊洼新生农场大搞以治洼改碱为中心的农田基本建设，大力修筑台田，进行除涝治碱，增加复耕面积。

1961 年　7 月 11 日　凌晨至 12 日夜半，明泊洼新生农场降大雨到暴雨，累计 200 毫米以上，农作物积水成灾。

7 月 22 日　上午至 23 日凌晨降水量达 200 毫米。

7 月 27 日　当晚至夜间狂风加暴雨袭击农场，风力 7～8 级，最大风力超过 10 级，持续一小时左右，庄稼全部刮倒折断，房屋受损严重。

12 月　年内物价上涨，口粮严重不足。为渡过灾荒，明泊洼新生农场发动群众采集野菜等为代食品，同时上级政府发来救灾物资，全场基本度过缺粮难关。

1961 年 明泊洼新生农场使用柴油机组发电照明。

1962 年 6 月 19 日 毛主席发出了民兵工作要做到"组织落实、政治落实、军事落实"的指示，明泊洼新生农场对民兵组织进行全面整顿，场部建立了民兵营，国营队建立了民兵连。

7—8 月 连降大雨，农场内一片汪洋，4000 多亩农作物全被淹没。

8 月 蝗虫成灾。明泊洼新生农场动员一切力量投入灭蝗，首次用飞机撒药灭蝗，把损失降到最低。

1963 年 11 月 8 日 原属专署公安处领导的明泊洼劳改农场第三分场移交专署民政局领导，改为长期流浪人员安置农场。

1964 年 3 月 明泊洼新生农场开展社会主义教育运动，时称"粗四清"（清工、清账、清财、清经济）。通过召开生活会，进行"洗手洗澡"，相互展开背对背"搓澡"帮助。对一些干部四不清问题进行揭发，清理和退赔。

7 月 21 日—9 月 18 日 农场遭遇连续降雨近两个月之久，累计降雨量达1000 余毫米，洼地水深达 2 米，大雨冲毁房屋，砸伤砸死牲畜，粮食作物惨遭绝收。其间上级领导前来进行慰问，组织排涝，抢种秋菜，及时种麦，安排职工群众生活，救灾度荒。

1965 年 3 月 9 日 河北省民政厅给沧州专署民政局下发的批复称：省人民委员会已批准撤销明泊洼安置农场，该场所有安置人员由省海滨农场接收，所有农机、耕畜等生产资料除调给省荣复军人精神病疗养院附属农场一部分，其余均由海滨农场接收。

6 月 25 日 根据上级通知精神，将沧州专区明泊洼新生农场移交给河北省农垦局管辖。

6 月 26 日 海兴县正式成立，明泊洼新生农场由盐山县划入海兴县。

6 月 28 日 河北省农垦局下发《关于抽调 25 干部立即接管明泊洼农场的紧急通知》。决定：抽调配备场长、副场长、政委（兼党委书记）、政治部主任（兼党委副书记）4 人。以及下设的生产办公室、政治处、后勤办和 3 个生产队、1 个机务队共计 48 人（包括以工代干）。从柏各庄、芦台、中捷、南大港等四个老农场抽调 29 名脱产干部，于 7 月 10 日前到场报到。

7 月 10 日 河北省农垦局与明泊洼新生劳改农场开始办理交接工作。这次交接有移交单位书记常东坡，接管单位省农垦局农场负责人刘德福二同志负责。省、专派员参加了这次交接工作。

7月16日　隶属河北省公安厅劳改局的沧州专区明泊洼新生农场移交河北省农垦局辖，命名为国营明泊洼农场。

8月16日　河北省农垦局下发《关于启用国营明泊洼农场新印章的通知》。原省劳改局所属明泊洼农场交河北省农垦局接管，命名为国营明泊洼农场。周秀山任农场党委书记。

12月10日　明泊洼农场建立派出所并启用印章。

1965年　开辟了赵毛陶至农场自行车邮运投递路线。

● **1966年**　4月8日　海兴县人民委员会批转《海兴县半耕半读中等农业机械化学校招生工作有关事项的通知》，决定在明泊洼西点建立一所半耕半读中等农业机械化学校。任务是培养运用和检修拖拉机、排灌机械技术人才。不久，学校受"文化大革命"冲击停课。

11月26日　明泊洼农场党委召开首届党代会。全场应到党员54名，出席会议35名。各队团支部书记及职工委员会列席会议。会议选举周秀山、原所仁、刘德福、杨玉春、杨国珍、周安福、何金欣为党委会委员。推举周秀山为党委书记，原所仁为副书记。

● **1967年**　2月　明泊洼农场成立了联合兵团、联合委员会两大群众组织。取代了农场党政领导权力。

1968年　大黄大队由海兴农场划归明泊洼农场管辖。

● **1968年**　8月　明泊洼农场管理体制下放，省属明泊洼农场改为沧州专区属农场。

9月　工人毛泽东思想宣传队进驻农场学校，参与学校领导管理。

10月5日　沧州地区革委会批复，同意成立明泊洼农场革委会，由23人组成。周秀山任主任，原所仁、陈清水任副主任。农场召开万人大会庆祝。

12月　海兴县革委派"贫下中农毛泽东思想宣传队"进驻农场，深入到各队开展"斗、批、改"运动。主要任务是：清队、整党、改革不合理的规章制度，建立一个革命化的领导班子。

● **1969年**　8月30日　海兴县"五七干校"在明泊洼西点成立。成立之初，是专门用来对县级以下党政干部进行所谓"改造"的场所。县直大部分干部下放到干校劳动锻炼，在干校学文件、读报纸、忆苦思甜、斗私批修。

1976年　由明泊洼农场迁至海兴县城。

1969 年　明泊洼农场成立服装厂并投入生产。

● **1970 年**　1970 年　明泊洼农场建立电机厂，是全县唯一能生产电机的小工厂，该厂主要为农村生产电动机。

1970 年　明泊洼农场建立的翻砂厂、酱油厂相继投产。

● **1971 年**　4 月 30 日　明泊洼农场召开党的代表会议，选举产生了农场新的党委会。

8 月　明泊洼农场连降数场大雨，降水量达 1000 毫米，80％的农田积水，大部分晚秋作物被水淹没。场党委分赴各队，发动职工群众排水抗灾，抢救作物，减少损失。

1971 年冬　一场大搞农田基本建设的群众运动在三队全面展开，完成开挖沟渠长 30 华里，平整土地 600 亩。

1971 年　明泊洼农场建立弹簧厂并投入生产。

● **1972 年**　3 月 16 日　明泊洼农场党委召开党员大会。全场应到党员 103 名，到会党员 78 名。经民主协商投票选举，张忠勋、刘德福、杨之金、张玉杰、张文兴、王桂祥、李兰云当选党委会委员。同日举行了第一次全体会议，选举张忠勋为党委会书记，刘德福、杨之金为党委副书记。

1972 年　明泊洼农场兴建橡胶厂并投入生产。

1972 年　明泊洼农场成立剧团，该团在海兴县多次演出现代京剧《沙家浜》等现代剧目，受到观众好评。

● **1973 年**　8 月 31 日至 9 月 2 日　明泊洼农场两次遭受冰雹袭击，雹粒大如核桃。

11 月 26 日　海兴县委免去张忠勋明泊洼农场党委书记职务。任命刘金岭为农场党委书记（未到职）。后任命杨之金为农场党委书记。

11 月　开始实行计划生育，先是搞好宣传教育，抓好节育技术队伍培训，组织计划生育小分队。

12 月 25 日　明泊洼农场开展基干民兵组织整顿工作，在此次整顿中编制了连、排、班，配备了基干民兵干部队伍。

● **1974 年**　6 月 3 日　明泊洼农场设立武装部。

9 月 30 日　明泊洼农场内大黄公路大桥竣工。该工程由国家水电部投资 14.9 万元投资兴建。设计标准为汽 13 吨，结构形式为砼型梁，桥长 107 米、宽 9 米、10 孔，是我县规模较大的桥梁。

1974 年底　明泊洼农场建立广播信号放大站，主要转播县广播电视局节目和农场自办节目。

1975 年　1 月　明泊洼农场三队兴建白酒酿造厂,酿造出了远近闻名的杂交高粱高度白酒。

9 月　在全县文艺汇演中,明泊洼农场三队团支部书记岳建国编排演出的《扬鞭催马送粮忙》获奖。

10 月 28 日　大黄大队划归高湾公社管辖。

12 月　明泊洼农场掀起"农业学大寨""普及大寨县"的高潮。

1976 年　1 月 7 日　孟庆恒任农场党委副书记。

1 月 28 日　明泊洼农场党委召开干部职工大会,教育干部职工春节期间破旧俗、立新风;开展节约活动,反对铺张浪费。

2 月 16 日　明泊洼农场下辖 8 个单位恢复了政治夜校。据统计参加夜校学习的人数达 560 人。

7 月 28 日　唐山发生 7.8 级地震,波及农场。震后,明泊洼农场党委积极采取了一系列防震措施:动员全场 300 多户、1500 多人搬到户外,并决定工副业单位全部停产,同农业队一起参加除草、灭荒、防汛等工作,以实际行动支援地震灾区人民。

1976 年　明泊洼农场一队建立养猪场,年养猪 200 余头。

1977 年　2 月 26 日　明泊洼农场当夜召开生产队长以上干部、党团员和贫下中农代表共计 1000 人参加的大会。宣传贯彻落实全国农业学大寨会议精神,动员广大干部群众打响春耕生产第一炮,搞好"三突击"(搞土速效肥、打井、管麦)活动。党委书记、革委会主任曲玉贤在会上做讲话。

5 月 21 日　明泊洼农场机务队革新小组研究制造的小麦收割机试制成功,预计这台收割机每天至少割麦 200 亩,相当于 100 个劳动力的功效。

1978 年　2 月 10 日　为进一步促进生产的发展,搞好扭亏增盈,改变"多干少干,干好干坏一个样"的状况,明泊洼农场制定出《关于奖惩制度试行草案》,共计 53 条。对农业、工副业、林业、畜牧业等各个领域和行业的奖惩办法做出了详尽的规定。

3 月 18 日　明泊洼农场机务队自行改革的机引两用氨水机试车成功,投入使用。该机器可施氨水、中耕灭茬、施肥并用,每日能完成 250 亩的中耕或施肥,相当于 50 个劳动力的工作效率。

4 月 7 日　王金荣任农场党委副书记,免去孟庆恒农场党委副书记职务。

4月15日　明泊洼农场利用黑光灯诱杀虫蛾。自去年以来安装了18架黑光灯，到9月19日，计诱杀各种虫蛾35万头。

7月18日　在县委召开的夏季农业学大寨劳模大会上，四队作为粮食增产幅度大、多种经营上得快的先进集体受到表彰奖励。县委领导给披红戴花授锦旗，并奖给195型柴油机一台。

10月3日　陈凤仁任农场党委副书记、副场长。

10月15日　张尚义任农场党委书记。免去曲玉贤党委书记、革委会主任职务，任农场党委副书记、场长。

11月15日　明泊洼农场。在宣惠河北岸建起一座有实用价值的流量1.6立方米/秒的中型扬水站。

12月26日　明泊洼农场召开全场干部群众参加的大会。会上，表彰奖励了超产、超盈利的6个先进单位、10个先进班组和102名先进个人。场领导分别向这些先进单位、班组及先进个人颁发了锦旗、奖状、奖金、奖品，还奖励了贡献较大的电机厂一台电视机。党委书记张尚义在会上讲话，并给获奖者颁奖。

1978年　明泊洼农场在东点建起扬水站一座。

1979年　1月11日　明泊洼农场党委召开干部群众大会。会上宣布了给6名党员干部落实政策；对48人的不实材料当众进行销毁；给2名老职工摘掉"四类分子"的帽子，解除管制。

3月22日　明泊洼农场农科站恢复和建立了生物防治农药厂、土壤化验室、植保组、试验组、气象哨五个科研小组。研制的"7216"细菌农药，进入正常生产后，年产量可达21000斤，除满足本场外还可支援其他社队。

5月18日　明泊洼农场一、四队麦田发生麦蚜和锈病，两队干部职工利用"敌锈钠"除治小麦锈病，采用"乐果乳剂"除治蚜虫，有效地控制了虫害的蔓延。

6月19日　据农场报告称：进入6月以来，明泊洼农场发生夏蝗，每平方丈达千头以上，一些麦田套种的玉米叶子被吃光，虽经药治，仍给秋季丰收造成了严重威胁。

10月14日　海兴县委决定：齐洪洲任农场党委副书记、场长，免去曲玉贤党委副书记、场长职务。

10月25日　明泊洼农场为扭转企业资金亏损局面，扩大经营项目，先后在沧州市开设了旅馆、饭店，扩大了酱油坊，增加了豆腐坊，恢复了三队酒厂。

10月27日　经上级有关部门批准，三队酒厂恢复生产，开始酿造高粱白酒。

12月　农场调整生产结构，扩种黄豆、花生、甜菜、芝麻、向日葵等经济作物面积，为扭亏增盈助力。

1979年　明泊洼农场改为县属农场。

1980年　1月28日　王之澄任农场党委副书记、副场长职务。

3月　明泊洼农场召开预防"02病"专题会议。各连队支部书记、队长、赤脚医生等共计30多人参加了会议。会议要求：强化预防措施，严控疫情发生。

6月20日　王玉增任农场党委副书记。

6月28日　明泊洼农场农科站历经两年的时间在种植4种农作物的25亩地里成功地试验了8种化学除草剂。实验证明，运用化学除草剂安全可靠，此后在全县进行了施用和推广。

7月5日　明泊洼农场动工兴建的第二座渡槽竣工。该工程于5月5日动工修建，位于场部西侧，全长52米，容纳两个流量，设计为方形一体。

8月29日　明泊洼农场举办抢收种麦培训班。参加培训的有各连队、班组长，农业技术员等50余人。通过培训掌握了科学机耕、种麦技能。

1980年　明泊洼农场粮食总产量240万斤，油料总产量13万斤，创造了建场以来的最高纪录。

1980年　明泊洼农场分别在二队、三队修建的扬水站竣工并投入使用。

1981年　1月17日　据海兴县电视台报道，明泊洼农场办起3所职工夜校，组织干部职工在夜校学文化、学政治、学科学。

3月6日　明泊洼农场召开预防流行性脑脊髓膜炎会议。会上讲授了预防流行性脑脊髓膜炎的措施。当日下午，对700名15岁以下在校学生和幼儿园幼儿进行了药物点鼻预防。

3月10日　明泊洼农场办起业余中学，招收学员61人，年龄最大的50岁。一些国营队的党支部书记、队长、会计带头报名参加业余中学的学习。

4月1日　明泊洼农场砖瓦厂完成专业承包合同签订，是农场首家开始实行专业承包生产责任制的企业。该厂始建于 1974 年，连年亏损，3 月初制定出承包生产责任制的具体办法，从此打破了"大锅饭"，实行了专业承包制。

5 月 17 日　明泊洼农场 15 个单位取消了"大锅饭"，实行了四种形式的联产计酬责任制：一是打破原工资级别，一包到底，实行全奖全罚；二是实行浮动工资制，每月开工资的 80%，年底按完成任务好坏决定奖罚和补发；三是包工包产到组，定额管理；四是计件工资，实行四六分成。

10 月 25 日　王玉增任农场场长、党委副书记，主持全面工作。王文华任农场党委副书记，免去齐洪洲场长、党委副书记职务。

12 月 30 日　海兴县电视台报道，明泊洼农场四队获得夏粮大丰收，职工家属平均每人向国家贡献 3500 斤小麦。

● **1982 年**　3 月 26 日　县委决定：免去张尚义农场党委书记职务。

4 月 25 日　县委决定：免去王玉增农场场长职务。王元恒任农场党委副书记、场长。于章福任农场党委委员、副场长。

6 月 7 日　县委决定：免去李之新农场党委副书记职务。

7 月 1 日　明泊洼农场归地区农林局管理。

10 月　王金荣任农场党委书记。

1982 年　明泊洼农场成立戏校。所学剧种为河北梆子与京剧，职能是培养戏曲人才与营业演出。

● **1983 年**　1 月 3 日　曲玉贤任农场场长、党委副书记。8 月 12 日，主持农场工作。

3 月 1 日　海兴县政府批复，原明泊洼艺校定名为海兴河北梆子剧团，行政上隶属明泊洼农场，业务上接受县文教局领导。1983 年 4 月改建为海兴县河北梆子剧团。剧团由 50 人组成，是海兴县历史上第一个戏剧专业剧团。1986 年排演的《陈三两》等参加河北省会演，荣获"新苗"奖，并由河北省电视台录像播放。1990 年初，因经济亏损停止演出，剧团解散。

3 月　明泊洼农场一队、四队、五队开始实行家庭农场，即与农村土地承包到户相似，分田到职工，以家庭为农场独立核算单位。明泊洼农场对家庭农场确定上交产量指标，确保超产归己。翌年，二队和三队相继办起了家庭农场。

8 月 20 日　张学先任明泊洼农场党委副书记。牛建国、靳文泽任副场长。

9 月 2 日　明泊洼农场在中心小学扩建的新校舍交付使用。建筑面积 280

多平方米，投资 1700 元。

1984 年　4 月 10 日　刘国琦任农场副场长、党委委员。

4 月 10 日　明泊洼农场办起职工业余学校，1 个中学班，3 个扫盲班，地址分别设在场部、砖瓦厂、第四生产队。学习时间为每周一、周三、周五晚上，中学班开设数学、语文、化学、物理、农技等课程，扫盲班开设有语文、数学课，参加学习的学员计 102 人。

4 月 23 日　明泊洼农场归沧州地区农林局管理。

7 月　县委决定：免去王金荣农场党委书记职务。

1984 年　农场在工业企业中推行"一包三改"（定额包干、联产计酬），厂长由委任制改成聘用制，工人由固定工改为合同制，工资由固定工资改为浮动工资制。

1985 年　5 月　免去张学先党委副书记职务。

8 月 28 日　免去牛建国副场长职务。

11 月 7 日　明泊洼农场党委成立整党工作领导小组，由 3 人组成。刘国岐任组长，王之澄任副组长，张玉杰任成员。

1986 年　1 月 21 日　县委决定：刘国岐任农场党委书记、王之澄任党委副书记、副场长，吴炳银任党务副书记，靳文泽任副场长。

3 月 20 日　明泊洼农场整党工作基本结束。这次整党是从 1985 年 11 月 5 日开始，经历了学习阶段、对照检查阶段、组织处理和党员登记阶段。参加这次整党的共计 11 个党支部的 88 名正式党员和 8 名预备党员，在整党后期对党员进行了重新登记。

7 月　明泊洼农场耿云发、刘忠祥、杨秀坤被评为县优秀共产党员。

1986 年　明泊洼农场场部区域居民用上自来水。

1987 年　5 月 12 日　晚 10 时许，明泊洼农场遭风雹袭击，阵风 10 级以上，麦田受灾，树木、棉花倒折落果。

5 月　明泊洼农场发生狂犬咬伤事件。场党委迅速成立家犬捕杀专业队伍，对家犬进行排查摸底造册，限期捕杀。

12 月　县委决定：免去刘国岐明泊洼农场党委书记职务。

1988 年　1 月　县委决定：赵燕民任明泊洼农场党委代理书记。

8 月　明泊洼农场启动由河北省畜牧局安排的"万亩草场飞播"项目，该项目主要种植优质牧草紫花苜蓿。

● **1989 年**　3 月 23 日　海兴县武装部召开民兵工作表彰会议。明泊洼农场三队民兵连及三队民兵连长邓大海在会上受到表彰。

4 月 10 日　明泊洼农场归属海兴县管理。

12 月 15 日　海兴县委组织部通知，免去王之澄明泊洼农场党委副书记职务。

12 月 20 日　海兴县委组织部通知，免去吴炳银明泊洼农场党委副书记职务。

● **1990 年**　3 月 6 日　河北省地方病研究所主任陈一新、检验师吴银海及地区有关领导一行 8 人，自带普查的全部设备到明泊洼农场就地下水氟中毒情况进行详细摸底。调查结果是：居民 566 人中有 5 人具有明显症状，更为严重的是，最近两年中有 17 人因氟骨症骨折，其中儿童 8 名、成年人 9 名，属高氟重病区。省地方病研究所决定，把明泊洼农场作为研究硼盐降氟试点。

6 月　海兴县委决定：免去赵燕民明泊洼农场党委代理书记职务。

8 月 18 日　海兴县委决定张金生任明泊洼农场党委书记。

10 月　海兴县委组织部通知，许洪勇任农场副场长。

● **1991 年**　1 月 10 日　海兴县委决定免去张金生明泊洼农场党委书记职务。

1 月 15 日　海兴县人民政府决定，明泊洼农场与海兴农场合并，建立县属河北省国营海兴农场，对原两场的全部固定资产和流动资产，以及生产生活资料实行统一经营管理。

1 月 22 日　海兴县委召开大会，宣传明泊洼农场与海兴农场合并建立新的河北省国营海兴农场。

第一编

自然环境

海兴农场位于海兴县政府驻地西偏南8公里处，地势低洼平坦，自西南向东北略有倾降。地下水南甜北咸，地上有宣惠河流过，水源较丰富。表层土质有砂土、黏土、盐化土等。南部和东部多黏质土，北部多盐化土。气候属暖温带季风型大陆性气候，干旱、洪涝等自然灾害较多。

　　建场初，这里虽为国营农场，机械化程度比附近村队先进许多，但农业生产方式和经营管理模式还比较落后，自然资源也未能得到充分地开发利用。

　　改革开放以后，人们解放思想，开拓进取，本着"生态立场、林果兴场、产业富场"的发展思路，努力打造"绿色生态、和谐宜居、美丽富饶"现代化国营农场，农场的自然环境得到了进一步优化，资源优势获得了进一步发挥。

第一章　地　质

第一节　地质特征及演变

海兴农场地质构造属黄骅坳陷区。海兴农场现域古生代早期是一片汪洋大海，后来地壳发生剧烈变动，历经反复上升和下沉。

古生代中后期，这里逐渐抬升为陆地，但该地区还时常为潮水淹没，成为滨海漫滩。

中生代，环太平洋地区地壳运动剧烈。该地区上升隆起，为"埕宁隆起"的一部分，北部至黄骅县（今黄骅市）内形成坳陷。隆起与坳陷的交界地带受张力作用，发生断裂，形成断层，并伴有岩浆活动，一直延续至白垩纪后期（距今 7000 万年）。这次构造运动在地质史上被称为"燕山运动"。

新生代第三纪，受"喜马拉雅运动的影响"，地壳缓慢沉降，近 5000 年来地壳下沉约 10 米，平均每年 2 毫米，由于河流泥沙的沉积与风积黄土的补偿，地面虽略有沉浮，但基本未变，只是地面仍缓慢沉降。

第二节　地质构造

海兴农场的地质构造主要是中生代和新生代构造活动的产物，其活动的表现形式及强度在时间和空间上是不均衡的。中生代晚期升降幅度很大，形成一系列东北——西南向的褶曲。附近有黄骅坳陷、埕宁隆起、车镇坳陷、无棣隆起等，海兴农场正处在埕宁隆起的中心偏南部位。由于受张力作用的影响，这一带岩层破裂易被侵蚀，在漫长的地质年代中形成谷地。后经黄河多次泛滥改道，部分黄河水由此道注入渤海，泥沙沉积，给两岸留下了几十米厚的沙质沉积层。

埕宁隆起与黄骅坳陷之间有一断裂带——羊二庄断裂带，它向西南经贾象、丁村、明泊洼延伸至盐山县内。

埕子口断裂位于埕宁隆起。西起盐山经明泊洼，由西北向东南延伸至郭桥，进入山东省无棣县转为近东西向，至大山北转为北东向，延伸入渤海，全长 120 公里。北段为埕宁隆起与济阳拗陷的分界线之一。中段倾向南，倾角自上而下逐渐变缓。

这两大断裂带在地质历史上岩浆活动频繁，有流纹和气孔构造。地质部门曾在海兴、盐山辖区钻探 6 孔，其中编号为 7～16 的一孔，就在海兴农场附近。勘探表明，海兴农场地层自上而下大致分为 6 层：顶层为棕红色的火山砂、砾，厚约 20 米；次层变为薄层灰黑色火山粗砂层夹黄褐色黏土分布于火锥四周；第三层为黄色粉砂层，含黑色玄武岩砂粒及黄绿色橄榄石晶体，具有近似水平的薄层理；第四层为黑色的火山砾层，砾径一般为 2～6 毫米，大者 20～30 毫米，混有黄白色纫砂岩碎块，具有交错层理；第五层为黄色凝灰质细砂层，含玄武岩砂粒及橄榄石晶体，组成微层理、交错层理或呈透镜状；第六层有厚 5 米胶结较好的火山砂、砾层，间夹一层厚约 20 厘米的玄武岩。

第三节　地　层

海兴农场地壳在中生代隆起的基础上，新生代持续下降，形成复合型断陷盆地的边缘。由于古地壳的隆起，基底较高，沉积层与邻区比较厚度小些。海兴农场厚度为 400～500 米，主要为松散的陆相沉积，上部间有海相沉积。

第四纪沉积分层如下：

上新统：深度为地下 350～500 米，为棕红、灰、灰紫及蓝灰色厚层黏土夹灰绿、暗灰、灰紫色薄层砂的湖相沉积，岩性致密坚硬，具水平层理，含钙质结核，底部含小砾石，有锰质侵染。

下更新统：深度为地下 250～420 米，为棕红色、紫红色黏土，混灰绿色条斑和红色铁质侵染，质坚硬碎块状结构，具劈理面，含少量钙质结核及条纹，多属浅海相沉积环境。赵毛陶以南属湖相沉积，孔庄子以河相为主。

中更新统：深度在地下 130～280 米，分为上、下两段，上段顶部有较厚的碳酸盐质风化壳与上更新统分界，为棕黄色粉砂夹灰绿色条带与中砂细砂层，具有明显的微细层理，重矿物组成有磷灰石、锆石、闪角石等，砂层中混有亚砂土和黄色黏土层，该层为冲积相、湖相、海相交替沉积。下段为棕黄、棕褐色、混绿色斑的黏土、亚黏土、砂层发育，砂中常混有一定成分的泥质。底部与下更新统的界面有凝灰岩和玄武岩，主要成分是石英、长石，矿物组成含有锆石、闪角石、绿帘石、钛铁矿等。

上更新统：深度为地下 40～150 米，也分上下两段，上段为灰黄、锈黄亚黏土粉砂、细砂及淤泥层，岩性松散，具水平层理或波状层理，多为散钙，可见到小的钙结核。顶部有厚 2 米的灰绿色淤泥质亚砂土。下段为灰黄色、灰、灰绿色的亚黏土、粉砂以及细砂层，有5～7层钙质沉积层，钙结核丰富，富蚌壳化石，为海相沉积层。

全新统：由地表到地下40米，分上、中、下三层。上层深度小于10米，以冲积相为主。中层一般为地下10～20米，西南部为冲积相及湖相的灰黑色淤泥质黏土、亚黏土或泥炭。农场内大部分地区为洪泛相黏土、亚黏土。下层为地下20～40米，为以冲积为主的灰黄色、黄色亚黏土或亚砂土夹细粉砂层，古河道或低洼地区为冲积、湖积灰黄色、灰黑色含淤泥质的亚砂土夹细粉砂层，底部为薄泥炭层含腹足类化石碎片。

第二章 地 貌

第一节 地貌发育

海兴农场现代地貌的基底是太古代形成的结晶片岩、花岗片麻岩和混合岩。中更新世末，农场现域为陆地环境，气候温凉干燥，在低洼地带分布着针、阔叶混交林、灌木丛林和温带草原，在地貌发育过程中，经历过三次海浸、海退过程。

第一次海浸是距今大约11万年前发生的"沧州海浸"，海岸线达到沧州附近。海兴农场完全被海水淹没，水深由南向北2～28米。至距今7万年前时海退为陆，经过4万年的海相变化，沉积了一套厚度在20米以上的海相地层。由于地势低洼，地面经常积水，形成湖泊沼泽环境。

距今3.9万年前，发生了第二次海浸，海岸线移至献县附近，称为"献县海浸"。海兴现域再次沉入海底，水深自西南向东北9～25米。经1万多年后，海平面相对下降，海水退出，沉积了一套厚度在15米以上的海相地层。

全新世初期，海兴现域大部分为低平原，湖泊沼泽、洼地广布。古黄河曾一度流经此地，留下很厚的冲积层。孔庄子、明泊洼为河流洪泛相沉积而成。

全新世中期，气候转暖，比现在年平均温度高2～3℃。高纬度大陆冰川融化，海面上升，海岸线西移。大约6000年前，海兴农场全域又一次被海水浸吞，持续1500年左右，海水方东退。

全新世后期，海水继续东退，海岸线慢慢东移，大约800年前，海岸线接近现在的位置。由于黄河多次改道，流经海兴农场现境，流速减慢，河流夹带的泥沙大量沉积，湖盆、沼泽逐渐填平。流水冲积、洪积地貌发育，有沙质沉积的缓岗，有洪积的洼地，有流水侵蚀和沉积复合作用的古河道和沿海潮沟。

大约4000年前，海兴农场一带开始有人类活动，一些森林被砍伐辟为耕地，其他植被与现在基本一致，只是在湖泊、沼泽及坑塘周围散布着天然林块。明泊洼是当时湖泊消亡留下的残迹，洼内部生长着水生草本植物，保存了自然生态景观；这里生长着的耐盐碱的植物，如黄蓿、碱蓬、芦苇等组成了滨海型盐生草本植物群落。

第二节　地貌类型

海兴农场的地貌虽也有古代河流造成的河床两侧泥沙沉积形成的缓岗状，但洼地和漫滩还是这片土地的基本特征。

洼地：古代的湖泊、沼泽经过长期的沉积作用形成浅平洼地。海兴农场现域内洼地很多，占全县的洼地数量的15％。原孔庄子农场，就是以开发孔庄子洼、苗庄子洼建立的。原明泊洼农场的建场范围就有"大泊、二泊、三节泊"三个大洼淀。《海兴县水利志》记载海兴县全境有34个大洼，现农场域内就有5个，洼地面积有1270公顷，占全县大洼面积7702公顷的16.5％。

漫滩：海兴县处九河下梢，海兴农场辖区也汇集着诸多河流，就现代而言光流经农场的就有老宣惠河、新宣惠河、宣南干沟、宣北干沟。这些河流年径流量不大，汛期较短，都发挥着排洪、引水的双重作用。长年累月的河流冲刷造成的主河道两侧一般为古河道漫滩。漫滩地势大多低洼，多为黏质碱土和洪积黏土，且土层较厚，除农场北部一些土地盐碱化外，南部土壤比较肥沃。

第三章　气　　候

海兴农场属于暖温带季风型大陆性气候区。气候特点是：冬季受西伯利亚、蒙古高压控制，盛行西北风，干燥寒冷，雨少雪稀；夏季受大陆低压和太平洋高压的影响，盛行东南风，高温高湿，阴雨多；春季温暖干燥，雨少风多；秋季冷暖适宜，云高气爽，温凉适中。降水量年际变化较大，年内分布不均，基本趋势呈"春旱、夏涝、秋吊、冬干"类型。

第一节　四季特征

海兴农场四季分明，光照充足，季节特征明显。

春季（3—5月）：虽仍受西北大陆冷气团控制，但冷空气明显减退，温度回升较快。月平均气温由3月份的5℃升到4月份的13℃，继而又升到5月份的20℃。春季平均气温比冬季高14℃。温度变化之大超过了夏秋两季与冬季相仿。春季降水少，大风多，蒸发量大。季降水量平均59毫米，占全年降水量的10%。大风日数平均为16天，占全年的48%，是大风最多的季节。季蒸发量达739毫米，比年降水量583毫米还多150余毫米。春季虽已回暖，但冷空气活动仍相当频繁，气候冷暖多变，有时24小时降温可达13℃。大风、降温、干旱、霜冻等灾害性天气时有发生。

夏季（6—8月）：由于受太平洋暖湿气团的影响，气温高，降水多。其中6月上中旬降水较少，气候干热；6月下旬至7月上旬雨季开始，降水明显增多。本季各月平均气温都在24℃以上，以7月份最高，为27℃左右。各月平均最高气温为27～31℃，也以7月份最高。历年极端最高气温多出现在6月份，1988年6月13日高达40.6℃。夏季相对湿度前期小，后期大，其中6月份为61%，高于5月份，天气干热。7月份以后，随着雨季的到来，相对湿度达79%，常出现闷热天气。夏季降水集中，季降水日数为33天左右，降水量400～500毫米，平均433毫米，占全年总降水量的74%；其中7月、8月两月多达396毫米，占本季降水量的91%。

冰雹、连阴雨和因降水集中而出现的沥涝，是夏季的主要灾害性天气。如1971年7月降水量多达476毫米，超过了常年夏季的降水量，从而造成了大面积农田发生涝灾。

秋季（9—11月）：入秋以后，气温逐渐下降。月平均气温，9月比8月下降5℃，10月又下降7℃，11月再降8.5℃。一般到10月下旬、11月上旬日平均最低气温可降至0℃以下。初霜日最早出现于10月6日（1979年），比常年平均10月18日提前10天左右。秋季降水显著减少，晴天多。降水量平均为78.6毫米，占全年总降水量的13%。

秋季的灾害性天气有冰雹、连阴雨和霜冻，大多数年份有秋旱。

冬季（12—2月）：由于受西伯利亚冷气团控制，气候干寒。各月平均气温在0℃以下，1月份最冷，平均气温为-5～-4℃。各月平均最低气温低于-6℃。历年极端最低气温曾达到-21.2℃（1990年1月31日）。冬季盛行西北风，平均风速4米/秒，17米/秒以上的大风日数为6天。结冰初日11月4日，最早为10月21日。1—2月的最大冻土深度为59厘米（1977年2月），平均深度为41厘米。冬季雨雪稀少，季降水量（冬季一般为降雪）12毫米，仅占全年总降水量的2%。

第二节　日　照

日照变化较大，可照时间在冬至日为9小时29分，在夏至日为14小时52分。平均全年日照时数为2718.8小时，年均日照百分率为63%；最多为3514小时（1984年），最少为2314.5小时（1985年）。一年之中以5月为最多，达291.8小时，6月次之；3—10月，各月日照时数均在230小时以上，农耕期（≥0℃）日照时数为2142.1小时，占年均日照总数的79%；作物生长活跃期（≥10℃）日照时数为1652.9小时，占年均日照总时数的61%（表1-3-1）。

全年太阳辐射总量125.84千卡[①]/平方厘米。以5月最多，为16千卡/平方厘米，12月最少，为5.4千卡/平方厘米。

表1-3-1　海兴农场各月平均日照时数及辐射总量（1966—1990年）

项目	月份											
	1	2	3	4	5	6	7	8	9	10	11	12
日照时数（小时）	192.5	183.9	231.1	237.1	291.8	276.8	220.6	232.3	241.2	231.4	197.3	182.8
日照百分率（%）	64	60	63	60	66	63	50	56	65	67	65	62
辐射总量（千卡/平方厘米）	6.2	7.2	11	13	16	14.4	12.2	12	11.4	9.2	6.5	5.6

第三节　气　温

气温：海兴农场东近渤海，但因近海水领域小、海水浅，对气温的调节作用不大，较

---

① 卡为非法定计量单位。1卡＝4.186焦尔。——编者注

同纬度的地方气候有点冬暖夏凉，每日的早晚亦有较大温差，但在气温变化上表现的基本上还属大陆性。

月平均气温，最低出现在1月，为-4.7℃；最高出现在7月，为26.6℃。自1月下旬起，温度逐月上升，3月5日前后（2月20日—3月21日）升至0℃，开始进入农耕期。3月21日左右（3月6日—4月5日）升至5℃，此时早春作物播种。4月8日左右（最早3月27日，最晚4月17日）气温升至10℃，作物进入生长活跃期。4月28日左右（最早4月18日，最晚5月26日）气温升至15℃，进入喜温作物适宜生长期。历年绝对最高温度一般出现在6月、7月，偶尔出现在5月（1982年5月25日38.4℃），多在6月。最高温度为40.6℃（1988年6月13日）。7月平均气温达到顶峰，为26.6℃，8月气温开始回落。9月13日左右（最早8月25日，最晚9月25日）下降至20℃，为喜温作物光合作用最适温度的下限。10月7日左右（最早9月25日，最晚10月19日）气温降至15℃。10月27日左右（最早10月20日，最晚11月9日），喜凉作物继续生长。11月15日左右（最早11月2日，最晚12月1日）气温降至5℃。11月30日左右（最早11月12日，最晚12月13日），气温降至0℃。12月下旬至次年2月份往往出现全年绝对最低温度，多出现在1月份，历年绝对最低温度为-21.2℃（1990年1月31日）。年平均温度11℃（1969年）～13.1℃（1989年），1966—1989年连续多年平均温度为12.1℃。

霜期：历年平均初霜日在10月18日前后，最早在10月6日（1979年），最晚在11月9日（1990年）。终霜日在4月13日前后，最早在4月1日（1974年），最晚在4月27日（1985年）。初、终霜间隔日数平均167天，最多198天，最少158天。历年平均无霜期233天，最多271天，最少162天。

第四节　地　温

地温：年均地温14℃，各月平均地温以1月份最低，为-4.4℃，冬季各月均在0℃以下。历年地温极端最低值为-28.8℃（1979年1月31日）。3月升至6.8℃，4月、5月份春播期间，5厘米深处旬平均地温由11℃上升至23℃左右，每旬上升2℃多。7月为全年地温最高月份，月平均地温为29.9℃。9月、10月秋播期间，5厘米深处旬平均地温由23℃左右下降至11℃左右，每旬下降2℃多（表1-3-2）。

表 1-3-2　海兴农场春秋季播种 5 厘米深处旬均温度（1966—1987 年）

月份	4月（℃）	5月（℃）	9月（℃）	10月（℃）
上旬	10.8	19.3	23	16.9

（续）

月份	4月（℃）	5月（℃）	9月（℃）	10月（℃）
中旬	13.9	21	21.9	14.7
下旬	16.8	23.8	19.2	11.4

冻土：每年由11月至次年3月，前后5个月有冻土现象。10厘米深处土壤冻结，一般在12月中旬，最早在12月上旬，最晚在12月下旬。解冻一般在2月下旬，最早在1月下旬，最晚在3月上旬。30厘米深处冻结一般在1月中旬，解冻一般在2月下旬。最大冻土深度，年平均41厘米，以2月为最大，1月次之，极端最大冻土深度为59厘米，出现在1977年2月15日。

第五节　降　水

1966—2019年平均降水量为571.5毫米，最大为1021毫米（1971年），最小为221毫米（1968年），最大降水量较最小降水量相差800毫米，相当于最小年份的4.6倍。历年平均降雨量为568.7毫米（表1-3-3）。

表1-3-3　1966—2019年降水量一览表

年度	降水量（毫米）	年度	降水量（毫米）	年度	降水量（毫米）
1966	614.0	1984	648.0	2002	478.2
1967	542.0	1985	534.0	2003	583.6
1968	221.0	1986	380.0	2004	672.1
1969	663.0	1987	702.0	2005	606.2
1970	516.0	1988	415.0	2006	746.5
1971	1021.0	1989	365.0	2007	585.2
1972	514.0	1990	716.0	2008	532.4
1973	739.0	1991	641.4	2009	634.9
1974	581.0	1992	305.4	2010	695.2
1975	588.0	1993	392.4	2011	730.0
1976	575.0	1994	679.3	2012	646.7
1977	912.0	1995	781.9	2013	516.0
1978	555.0	1996	612.3	2014	385.4
1979	499.0	1997	273.6	2015	684.6
1980	523.0	1998	654.3	2016	636.9
1981	502.0	1999	449.0	2017	547.2
1982	439.0	2000	489.4	2018	744.6
1983	478.0	2001	406.2	2019	356.6

春夏秋季降雨，冬季一般为降雪。历年平均初雪日在12月8日（最早是1968年的11月8日，最晚是1974年的1月20日），终雪日平均在3月15日（最早是1974年的2月5日，最晚是1979年的4月12日）；初雪日和终雪日间隔日数平均为97天，最长147天

（1969 年），最短 17 天（1974 年）。0.1 毫米以上的降雪日数平均 8 天，最多 19 天（1969 年），最少 3 天（1977 年）。降雪多在 1 月、2 月，其次是 12 月和 3 月。但近些年冬季降雪呈下降趋势。1966—1990 年，这 25 年中只有 1968、1977、1978、1986、1988 这 5 年，冬季无雪。而 1991—2018 年，这 28 年中，就有 1991、1992、1993、1995、1996、1998、1999、2002、2010、2011、2012、2014、2018、2019 年 14 个年份，冬季零降雪。

全年各季降水量分配不平衡，据统计，1966—2015 年一般冬季 1 月平均降水量最少，仅 3.1 毫米，其中 7 个年份降水量为 0；其次为 12 月，3.7 毫米，其中 7 个年份降水量为 0；再次为 2 月，5.2 毫米，其中 9 个年份降水量为 0；冬季三个月平均降水量之和仅 12.4 毫米，占全年平均降水量的 2%。春季月均降水量 30 多毫米，全季平均降水量 62.8 毫米，也有的年份春季降水极少，造成春旱。夏季降水量最多，又多集中于 7 月、8 月，7 月平均降水量 205 毫米，8 月 134 毫米，两个月平均降水量 339 毫米，占全年平均降水量的 59% 以上。个别丰水年份，7 月降水量多达 476.6 毫米（1971 年），8 月多达 372.8 毫米（2011 年）。由于 7 月、8 月降水集中，往往造成夏涝。秋季降水骤减，并逐月递减，9 月平均 43.5 毫米，10 月平均 21.3 毫米，11 月平均 11.6 毫米，全季平均降水量之和 76.4 毫米。但秋季降水年际变化较大，1967 年 10 月降水量仅 0.1 毫米，1981 年 9 月降水量仅 1.4 毫米，1988 年 11 月降水 0 毫米，出现秋旱；个别年份秋季降水偏多，2003 年 10 月降水量达 151.5 毫米，2007 年 9 月降水量多达 109.2 毫米，2007 年 9—10 月两个月连续降水 231.2 毫米，造成严重秋涝。全年降水量呈下降趋势，据统计 1966 年至 1990 年的 25 年间，降水总量为 14350.8 毫米，年均降水量为 574 毫米；1991—2015 年的 25 年间，降水总量为 14182.5 毫米，年均降水量为 567.3 毫米。两个 25 年相比，后一个 25 年与前 25 年相比，每年少降水量 6.7 毫米。历年各月最大、最小降水量见下表（表 1-3-4）。

表 1-3-4　各月最大、最小降水量（1966—2018 年）

月	1	2	3	4	5	6	7	8	9	10	11	12
最大降水量（毫米）	20.1	41.0	39.2	68.9	127.8	247.6	476.6	372.8	109.2	151.5	61.8	32.7
年度	2001	1998	2007	1991	2006	1977	1971	2011	2007	2003	2014	1990
最小降水量（毫米）	0	0	0	0.5	0.7	17.4	14.4	1.0	1.4	0.1	0	0
年度	1978 1986 1991 1995 1999 2011 2012	1968 1977 1988 1992 1993 1996 1999 2002 2012	2006 2011	1992	1996	1997	1968	1997	1981	1967	1988 2002 2010	1986 1993 1995 1996 1998 1999 2014

第六节 气压和风

气压：年平均气压为 101.71 千帕。冬季受蒙古高压控制，气压升高，尤其是 1 月，气压高达 102.77 千帕，为全年最高月份，次为 12 月，为 102.76 千帕。自 2 月以后，大陆性热带低压逐渐北移，气压逐月下降，至 7 月降至 100.34 千帕，为全年最低气压。自 8 月以后，蒙古高压逐渐南下，气压逐月上升，至 11 月达到 102.54 千帕。

风：属季风气候区。冬季西伯利亚寒流不断南侵，农场内盛行西北风，春季和夏初多西南风，7 月多偏东风，8 月多东北风。县域东部沿海一带受海面影响，夏季海陆风交替明显，一般是上午刮西南风，下午刮东北风，晚间转南风，有"早西晚东夜向南"之说。

农场风速为全区最大的区域之一，历年平均风速 4.1 米/秒。1969 年最大，平均 4.6 米/秒。1975 年、1988 年、1989 年最小，平均风速在 3.5 米/秒以下。

一年之中，春季风速最大，3—5 月平均风速均在 5 米/秒以上；4 月平均 5.3 米/秒，是全年风速最大的月份。夏季 8 月风速最小，为 3 米/秒。秋冬两季风速由小增大，秋季从 9 月的 3.2 米/秒，增大到 11 月的 4 米/秒，冬季稳定在 4～4.2 米/秒。

第七节 湿度和蒸发

湿度：年平均相对湿度为 63％，1990 年最大，为 70％，1968 年最小，为 57％，全年以春季的相对湿度最小，尤其是 4 月、5 月，为 53％，是全年湿度最小的月份。6 月以后逐渐加大，随着雨季的到来，7 月增至 78％，8 月达到 80％，是全年湿度最大的月份。由于秋季降水量锐减，相对湿度急剧下降到 9 月的 70％，并以 3％～4％的速率逐月递减。冬季相对湿度继续下降，至 1 月、2 月稳定在 60％左右。

蒸发：年平均蒸发量为 2096 毫米，1985 年蒸发量最小，为 1688.7 毫米，1972 年蒸发量最大，为 2375 毫米。历年各月平均蒸发量以冬季为最小，尤其是 1 月，只有 52.4 毫米，12 月次之，为 56.3 毫米，2 月随着气温升高，蒸发量不断增大，达到 73.3 毫米。春季受日照、气温、风的影响，蒸发量急剧上升，3 月为 159.3 毫米，4 月为 254.1 毫米，5 月上升到 318.6 毫米。个别年份 3 月最大蒸发量曾达到 203.4 毫米（1968 年），4 月达到 327.8 毫米（1978 年），5 月达到 393 毫米（1971 年）。夏季 6 月蒸发量最大，历年平均蒸发量为 334.1 毫米，1972 年 6 月蒸发量最大，达到 558.3 毫米。7 月以后蒸发量逐月递减，至中秋 10 月，平均蒸发量又降至接近初春 3 月的水平。

第八节　物　候

海兴农场年平均气温 12.0～12.1℃；极端最高气温 41.6℃；极端最低气温－23.8℃，略带海洋性气候。无霜冻期 190 天左右。年平均干燥度 1.21～1.3。平均年降水量 600 毫米左右；年平均日照时数 2711～2784 小时；年太阳总辐射量 124～126 千卡。该区降水较多，降水集中。春旱频率 80％，春涝频率不足 10％；夏旱 30％，夏涝 40％；秋旱 40％，秋涝 15％。

一、植物物候

1. 木本植物物候期

表 1-3-5　农场内常见木本植物物候期

植物名称	芽开放期（日/月）	展叶始期（日/月）	展叶盛期（日/月）	开花始期（日/月）	开花盛期（日/月）	开花末期（日/月）	果成熟期（日/月）	叶变色始期（日/月）	叶色全变期（日/月）	落叶末期（日/月）
杨树	22/3	12/4	17/4	4/5	4/6	4/7		10/9	30/9	26/10
柳树	25/3	6/4	8/4	19/4	22/4	2/5		22/10	2/11	20/11
桑树	7/4	11/4	17/4	27/4	30/4	9/5	29/5	2/10	22/10	12/11
枣树	25/4	3/5	6/5	20/5	10/6	21/6	26/9	7/10	20/10	27/10

2. 农作物物候期

表 1-3-6　农场内常规农作物主要物候期

作物名称	播种期（日期）	出苗期（日期）	分蘖期（日期）	越冬期（日期）	返青期（日期）	起身期（日期）	拔节期（日期）	抽穗开花期（日期）	成熟期（日期）
冬小麦	9月下旬	10月上旬	10月下旬	11月下旬	3月上旬	3月下旬	4月上旬	5月上旬	6月中旬
夏玉米	6月下旬	6月底					7月中旬	8月中旬	9月下旬
大豆	6月中旬	6月下旬	7月上旬（分枝期）				7月下旬（始花期）	8月下旬（终花期）	9月中旬
夏谷子	6月中旬	6月下旬					7月下旬	8月上、中旬（孕穗期、抽穗期）	9月中旬
高粱	4月下旬	5月上旬						7月上旬	8月下旬

二、动物物候

表 1-3-7　海兴农场动物始见、绝见日期

相关时间		家燕（日/月）	蟾蜍（日/月）	青蛙（日/月）	蚱蝉（日/月）
始见日期	平均	5/4	11/4	12/5	25/6
	最早	23/3	1/4	18/4	15/6
	最晚	16/4	28/4	17/6	3/7
绝见日期	平均	17/10	27/10	18/10	21/9
	最早	10/10	13/10	7/10	5/9
	最晚	23/10	7/11	8/11	5/10

三、非生物物候

表 1-3-8　海兴农场非生物物候期

状况	初霜（日/月）	终霜（日/月）	结冰初日（日/月）	结冰终日（日/月）	初雪（日/月）	终雪（日/月）	初雷（日/月）	终雷（日/月）
平　均	10/11	14/3	4/11	1/4	15/12	10/3	30/4	30/9
最早	15/10	17/2	21/10	9/3	8/11	5/2	14/3	13/8
最晚	5/12	4/4	18/11	20/4	20/1	12/4	5/6	31/10

第四章　水　文

第一节　地　表　水

地表水资源即区域内由降水形成的地表径流量。据《海兴县水资源调查与评价》记载海兴县 1956—2005 年平均径流深为 53.9 毫米，地表径流年内分配不均，年际变化大。海兴县地表径流的产生主要集中在 6—9 月，而 7—8 月的径流量可占年径流量的 90% 以上。年径流量的年际变化大。如 1961 年径流为 379 毫米，而 2001 年仅为 1.9 毫米。随着气候变化雨量变小，海兴县地表水资源总量呈现减少趋势，海兴农场也是这样。因此，加强天然降水的保护和充分发挥外部水的利用是当务之急。

一、河水

流经海兴农场河渠共有 3 条，分别是宣惠河、宣南干沟和宣北干沟。

宣惠河：宣惠河盐山县段始开于明代，1614 年盐山知县刘子諴聚工开挖排沥河道，西起王帽圈村（今属孟村县）北燕子口洼，东至高湾村（今属海兴县）入无棣干沟，长 43 里。民颂其利，时称刘公渠。1740 年直隶总督孙嘉淦奏开宣惠河，源起吴桥县，东北流经东光县、南皮县、沧县大浪淀入石碑河达于海。以宣泄运河以东积潦、利国惠民，故取名宣惠河。此宣惠河故道，而非今宣惠河道。后因石碑河水多，宣惠河水难以容纳，1746 年协办大学士吏部尚书署直隶河道总督刘於义又聚工开挖了由南皮县刘和睦村分出的宣惠河南支，东行 30 多公里入盐山县的刘公渠（此后统称为宣惠河）。此宣惠河南支乃是今宣惠河道。清代和民国初期对宣惠河虽几经疏浚，但未能根治。

中华人民共和国成立后，党和政府对宣惠河的治理非常重视，经不断治理，其标准、效益逐步提高，使其真正成为利国惠民的河道。1957—1958 年改宣惠河由原四女寺减河为半独立入海河道，既保留了原路又开了新道。新道由沃土村东南向北行，经范庄东、东白庄子东至毕王文村东北折向东行，长 32.45 公里，称宣惠引河。

1964—1965 年改宣惠河为独立入海河道。从清水沟开始，向东行经范庄南，又东行过官庄北，至常庄子东北入海，改道段长 15 公里。1974 年冬至 1975 年春，再次对宣惠河进行扩大治理，对其尾闾裁弯取直。取直工程西起大黄庄村东，东北行经后程村北、尤庄子南、白庄子南至新立庄入 1965 年所开其尾闾河道归海，取直从农场域内的就有 5 公里。经过这次根治，宣惠河设计标准为 5 年一遇，最大流量为 332 立方米/秒，成为运河以东的主要灌溉、排沥河道。作为农场唯一的引水渠道，对农场的农业排灌起着至关重要作用。

宣南干沟：宣南干沟为古河道。650 年作为无棣沟之干渠由沧州刺史薛大鼎奏开之（《唐书地理志》）。后因年久失修而淤废。1949 年秋，沧南专署建设科测量队帮盐山县设计开挖了宣南干沟。当时选一条作为定线依据，即西起虎匹马村南，经卸楼、旧县、韩集、孟店、望树、小营至代庄向东北行至高湾西入宣惠河，长 42 公里。1962 年冬，盐山县曾疏浚宣南干沟太平店以下 17 公里。1964 年秋，经沧州专署水利局设计，盐山县组织万余民工对宣南干沟进行了开挖疏浚，动土 69.8 万立方米。1978 年冬移至新立庄处入宣惠河，全长为 60 公里。为使宣南干沟与 1973—1974 年宣惠河取直段配套，有利于排沥淋碱和蓄水抗旱，经盐山、海兴二县协商于 1978—1984 年扩挖了宣南干沟。从高湾拖拉机桥上游 1.4 公里处以上由盐山开挖，以下至新立庄 15.5 公里由海兴县分两期完成。宣南干沟自盐山、海兴县协商扩挖以来，蓄水抗旱效益显著。宣南干沟由盐山进入海兴，首先经过的是农场五队。作为主要的排沥河道，为农场洼地排涝发挥了积极作用。

宣北干沟为宣惠河下游北部地区的主要排水渠道之一，1949 年秋由沧南专署建设科测量设计，由盐山县组织开挖，西起盐山县边乡张龙潭北，经边务、薛沃北、南赵毛陶南、原明泊洼农场场部北至沃土村西入老宣惠河，全长 35 公里，控制面积 152 平方公里，设计流量 26.6 立方米/秒，沟深 2～3.5 米。1950 年在明泊洼农场东点北接纳郑龙沟。1952 年、1955 年、1962 年盐山县曾对宣北干沟进行了疏浚。1966 年秋，盐山、海兴两县商定同时治理各自县内段：盐山县施工段长 20 公里，海兴长 15 公里，达到三年一遇排沥标准。这次治理，海兴县调动受益社队 1800 人，历时 45 天，完成土方 29 万立方米，投入标工 10 万个。海兴县内 31.5 平方公里得以排沥淋碱，宣北干沟流经农场，受益面积 16 平方公里。

二、浅层水

据《海兴县水资源调查与评价》记载：海兴县地下水分为浅层地下水和深层地下水，细分为 5 个含水组，其中浅层地下水为第 I 含水组，深层地下水分为 II、III、IV、V 含水组。

海兴农场为滨海冲积海积平原，因此大部分地段的地下水的区域类型属于咸水区。第 I

浅层淡水，除现农场部分连队地区矿化度小于 2 克/升的水质较好，可以饮用和灌溉外，其余地区为矿化度大于 3 克/升的浅层咸水区。

原海兴农场的四队、五队，具有浅层淡水开采条件外，其余地段多是咸水和微咸水。

第二节　地　下　水

海兴农场的地下水可利用量多在地下深层第Ⅱ含水组以下。

第Ⅱ含水组，矿化度 3~10 克/升，底界埋深由西向东渐深，从 40~250 米。含水组上下均有隔水层，水质较差。含氟量大，不能饮用，饮用会造成氟中毒。其典型症状是氟斑牙和氟骨症。这些症状在儿童和中老年人身上表现尤为突出。生活饮用水含氟量高，导致海兴县氟斑牙、氟骨症、骨折、腰背疼痛、关节僵直等疾病发生率极高，影响了人民的身体健康和经济的发展。在饮用机井水早期，人们只感觉到机井水的洁净方便，没有意识到氟化物的危害。随着时间推移，饮用机井水的人出现骨折的越来越多，青少年还出现牙齿发黄的现象，氟化物的危害开始显现。这种现象从最早使用机井水的原海兴农场和原明泊洼农场开始出现，之后其他饮用机井水的地方也陆续出现。明泊洼农场氟中毒情况最为严重，明泊洼第一口机井深度为 30 丈，经检测深层淡水饮水含氟量为 4.8 毫克/升，远远超过了 1.0 毫克/升的国际卫生标准。1992 年场部及附近居民 2168 人，其中氟斑牙 468 人，氟骨症 103 人，发病率为 26.3%。在海兴农场生长的青少年，几乎全部患有氟斑牙。

第Ⅲ含水组，为深层淡水，底界深度 400 米左右，淡水体的厚度为 16~28 米，水量大，水质较好。矿化度小于 1.5 克/升。

第Ⅳ含水组，地层埋深 460~550 米，单层厚度 3~4 米，一般 3 层，最多 7 层。明泊洼砂层不太发育，储水量相应变小，单位出水量 3~5 立方米/小时，最大 15 立方米/小时。

第Ⅴ水组，地层相当于第三系上新统地层。上段底界埋深 600~650 米，可利用砂层厚度 15~40 米，水质较好，矿化度一般小于 1.5 克/升。

2018 年，海兴农场深水机井保有量 21 眼，多打在第Ⅲ含水组以下。

第五章 土 壤

土壤是土地的重要组成部分，不同类型的土壤及其肥力特征，又在很大程度上影响土地使用的方式。由于地质、地貌、母质、气候、水文等自然条件的作用和悠久的农耕历史的影响，孕育了海兴县多种土壤类型和多样的土壤性质。

海兴县在全国第二次土壤普查中完成编写的《海兴县土壤志》，记述了海兴农场土壤的成土因素、土壤类型与分布、土壤理化性质、土壤养分状况。

根据土壤分类的划分原则和依据，海兴农场土壤除潮土类中部分滨海盐化壤潮土、滨海脱盐潮土外，主要属滨海盐土亚类、滨海草甸盐土亚类两个类型的土壤。盐土的成土母质是冲积母质，由于海水侵蚀和地下水高度矿化而形成盐土，在现农场土壤中占60％以上。

盐土潮土是本场分布面积最大、农业性能好、粮食产量较高的农业土壤类型。其一般性态特征是：发育在富含石灰冲积海积母质上，有夜潮现象，心土层和底土层有大量锈斑、铁锰结核。由于潮土的成土条件不同，形成不同的潮土亚类，其性态特征也不相同，表现在表层质地、颜色、土体结构、发育程度、养分含量、农业状况等方面。

一、原明泊洼农场土壤

壤质潮土的性态特征：壤质潮土包括砂壤质潮土、轻壤质潮土、中壤质潮土三个土种，大部分分布在低洼平坦地区，地下水埋深为1.5～2.4米，质地适中，土色为灰棕色或暗棕色，结构良好，呈团粒状或团粒结构，孔隙度为48％～55％，土层疏松。从化学性质看，土层中的氧化还原作用频繁，心土层和底土层有锈纹、锈斑，保水保肥能力中等，土壤养分含量较高。

原明泊洼大多属滨海中壤质潮土。

全国第二次土壤普查时，普查队在原明泊洼农场一队东1000米处，做过一个代表性的剖面理化性质分析（表1-5-1）。

表 1-5-1　壤质潮土理化性质统计表

代表剖面	土层	深度（厘米）	物理黏粒（%）	颜色	有机质（%）	含氮量（%）	代换量（%）	碳酸钙（毫克当量/100 克）	pH
明泊洼农场一队东	滨海中壤质潮土	0～20	35.0	灰棕	1.1798	0.0706	11.75	8.50	8.35
		20～60	36.0	红棕	1.0135	0.0661	21.39	17.50	8.45
		60～90	38.3	灰棕	0.9054	0.0448	10.54	7.00	8.45
		90～150	30.2	浅棕	0.1893	0.0078	3.31	6.75	8.60

由上表可以看出：由于地形、部位、质地的不同，使壤质潮土的水、肥、气、热重新分配，物理黏粒由砂壤质潮土的 16％增加到中壤质潮土的 38.3％，养分含量由砂壤质潮土到中壤质潮土也逐渐增高。

壤质潮土的物理性质表明：其生产性能良好，水、肥、气、热等因素协调，能满足作物需要。砂壤质潮土适宜种植花生、甘薯、油料作物，但保水保肥性能差，须勤施肥，勤浇水；中壤质土适宜种植小麦、玉米，应注意适时耕作，合理施肥，以充分发挥中壤质潮土的各种理化指标。

滨海中度盐化均质潮土的性态特征：这类土种是指 1 米土体内质地相同的沉积物，海兴农场有滨海中度盐化轻壤质潮土和滨海中度盐化中壤质潮土 2 个土种，表层含盐量为 0.3～0.6 克/升，地下水矿化度为 2～5 克/升，为硫酸盐-氯化物盐化潮土。这类土种质地较轻，易耕种，无黏质隔层，通透性强，有利于淋洗盐分；表层含盐量较高，作物受害较重，缺苗 30％～50％。土壤改良以种植绿肥和大水压盐为主。适宜种植向日葵、棉花等耐盐作物。

表 1-5-2　滨海中度盐化均质潮土理化性质统计表

代表剖面地点	土种名称	土层（厘米）	含盐（%）	阴离子（%）			阳离子（%）		
				HCO_3^-	Cl^-	SO_4^{2+}	Ca^{2+}	Mg^{2+}	K^+、Na^+
明泊洼农场四队	滨海中度盐土化中壤质潮	0～5	0.69	0.055	0.201	0.025	0.006	0.004	0.152
		50～80	0.63	0.047	0.183	0.006	0.007	0.006	0.125

滨海中度盐化间层质地不同潮土的性态特征：这类土种本县有滨海中度盐化轻壤质底黏潮土、滨海中度盐化轻壤质腰黏潮土、滨海中度盐化中壤质底砂潮土、滨海中度盐化中壤质体黏潮土 4 个土种，亦为硫酸盐-氯化物盐化潮土。表层含盐量为 0.28～0.4 克/升，地下水矿化度为 4～6 克/升。这类土种在层次上有黏隔层或漏砂层，表层含盐量较高，不易淋洗，对作物危害较大；漏砂层通透性好，有利于淋盐。要加以改良，以种植绿肥和大水压盐为主，适宜种植向日葵、棉花等耐盐作物。

二、原海兴农场土壤

原海兴农场土壤有六个类型，即滨海轻度盐化潮土包括滨海轻度盐化轻壤质潮土、滨海轻度盐化轻壤质底黏潮土、滨海轻度盐化轻壤质体黏潮土、滨海轻度盐化中壤质潮土、滨海轻度盐化中壤质底砂潮土、滨海轻度盐化中壤质体黏潮土，其性态特征因土壤质地的不同而异。

海兴县有滨海轻度盐化轻壤质潮土和滨海轻度盐化中壤质潮土两个土种，为硫酸盐-氯化物盐化潮土。土壤含盐量为 0.18~0.27 克/升，地下水矿化度为 2~4 克/升。

土壤普查时，普查队在原海兴农场六队正西偏南 2100 米，做过一个代表性的剖面理化性质分析：

表 1-5-3 滨海轻度盐化均质潮土理化性质统计表

代表剖面地点	土种名称	土层（厘米）	颜色	质地	全盐（%）	阴离子（%）			阳离子（%）		
						HCO$_3^-$	Cl$^-$	SO$_4^{2-}$	Ca^{2+}	Mg^{2+}	K$^+$、Na$^+$
海兴农场六队西南	滨海轻度盐化中壤质潮土	0~5	浅黄	轻壤							
		5~10	浅黄	中壤	0.27	0.055	0.052	0.010	0.006	0.002	0.050
		10~20	浅黄	中壤							
		20~50	深灰	黏土	0.40	0.042	0.108	0.015	0.010	0.004	0.078
		50~80	灰	黏土							
		80~150	黄棕	轻壤	0.27	0.047	0.052	0.017	0.006	0.003	0.049

由上表可以看出，这种土壤质地较轻，易耕种，通透性强，无黏质隔层，有利于淋洗盐分，含盐量较低，作物受轻度盐害，立苗在 70% 以上，属较好的耕作土壤。但要有计划地加以改良，可多施有机肥，种植翻压绿肥，注意围堘蓄墒、浇水压盐。

滨海轻度盐化间层质地不同潮土的性态特征：这类土种有滨海轻度盐化轻壤质底黏潮土、滨海轻度盐化轻壤质体黏潮土、滨海轻度盐化中壤质体黏潮土、滨海轻度盐化中壤质底砂潮土，亦为硫酸盐-氯化物盐化潮土。土壤含盐量为 0.2~0.4 克/升，地下水矿化度为 3~5 克/升。这类土种在质地层次上有黏质隔层或底部漏砂层，表层盐分不易淋洗，作物受害时间较长；漏沙层则相反，盐分升降快，作物受害时间短。对这类土壤的改良要注意深耕、多施有机肥，浇水时要勤浇少浇。

第六章　植　　被

第一节　天然植被

海兴农场内天然植被有落叶灌丛、盐生植被、沼生植被和水生植被四个类型。

一、落叶灌丛

农场内生长的灌丛主要为红荆灌丛，多散生于盐生草甸中，或集中分布，或零星分布，农场内各地均生长有红荆灌丛。为泌盐性盐生植物，一般生长在含盐量1‰的地带。植株高1米左右。

二、盐生植被

盐生植被是海兴农场最基本的植被类型，种类多，分布广。在重度盐化潮土区的原明泊洼农场的西部多有分布，生长在土壤含盐量为1‰左右、地下水埋深1～2米的地带，生长环境恶劣。主要有盐地碱蓬（俗称黄须菜）、海楂子、马绊草、芦草、羊角菜、白茅、荆三棱、皮菜等。原海兴农场也有少量分布。

在轻盐化潮土地区的原海兴农场，盐生植被主要有稗子草、茅草、马齿苋、狗尾草、虎尾草、蒲公英、红麻菜、车前子、节子草、灰菜等。

三、沼生植被

农场内的沼生植被主要是芦苇，可分为常年积水型芦苇群落和季节性积水型芦苇群落。海兴农场内芦苇分布广，面积大。

第二节　人工植被

海兴农场人工植被所占比重较大，主要有以下两个类型。

一、木本栽培植被

农场内木本栽培植被主要树种有杨、柳、榆、椿、槐、白蜡、紫穗槐等。水果树有苹果、梨、桃、杏、石榴、葡萄、枣树等。尤其 2016 年以来，随着现代农业园区的建设，高附加值的辣木，耐盐碱的柳树、白蜡、国槐以及太阳梨、碧桃、海棠、金叶榆、龙柏等高档苗木培育种植，农场的木本栽培植被走向了特色化、经济化的发展道路。

二、草本栽培植被

农场的草本栽培植被基本为农作物群落，主要有小麦、玉米、谷子、高粱、大豆、甘薯、花生、棉花等。

第七章　自然资源

第一节　土地资源

根据海兴县于 1989—1991 年完成全县土地资源详查并编写的资料，海兴农场土地总面积 69000 亩，其中耕地面积 37000 亩，建设用地 2896 亩，全场人均土地面积大大高于全县人均土地面积水平，农场人均耕地面积也高于全国人均耕地面积水平。海兴农场土地资源丰富且属国有，地类较全，广泛适用于农、林、牧、渔各业的发展，是发展本地经济独有的宝贵资源。

第二节　水　资　源

水资源是指一个地区在一定时期内的多年平均淡水量。海兴县水资源由大气降水形成的地表径流和地下径流两部分组成。

《海兴县水资源开发利用现状分析报告》中的有关章节记述有海兴县水资源现状。

一、地表水资源

海兴县地表水资源由大气降水形成的地表径流自产水和外来水两部分组成。

宣惠河上的新立庄蓄水闸拦蓄了丰富的水源。建设于海兴农场六队、七队域内的海兴农场扬水站和大黄村的扬水站，方便了农场域内的灌溉。场区内宣惠河、宣北干沟、宣南干沟三条河流年蓄水量 9000 万立方米。1997 年建成的大黄扬水站、2010 年建成的海兴农场扬水站，整个农场扬水站数量占全县扬水站的三分之一。大黄扬水站配备配电变压器 100 千伏安，配备扬水电机功率 95 千瓦，提水能力为一个流量；海兴农场扬水站灌溉能力为 5000 亩。

（一）降水量

海兴农场内 1956—1990 年多年平均降水统计，降水量的年内分配主要集中在汛期

（6—9月份），经计算全县多年平均降水量为584.9毫米，汛期多年平均降水量为465毫米，多年平均汛期降水量占年降水量的79.5%。

（二）自产地表水资源

海兴农场1956—1990年全县及各分区的多年平均地表水资源量。

海兴农场区域按海兴分区，部分在Ⅰ区，多半在Ⅱ区。原海兴农场按Ⅱ区地表径流量计算：原海兴农场控制面积13.3平方公里，农场多年平均径流总量为90.4万立方米。原明泊洼农场控制面积33.3平方公里，农场多年平均径流总量为213.7万立方米。

（三）农场水资源

海兴农场的过境水资源量为宣惠河的下泄水量。沧州水文水资源勘测局自1983年在海兴设立了径流量控制站，经计算入县界处的1984—1990年各年的宣惠河入境水量见表1-7-1。从7年的情况分析，农场水量的年际变化为86万～5964万立方米，最大1984年的5964万立方米是最小1986年的86万立方米的69.3倍；农场水量的年内变化主要集中在7月、8月。

表1-7-1　宣惠河流入农场水资源统计表

年度	宣惠河入场水量（万立方米）
1984	5964
1985	288
1986	86
1987	211
1988	1208
1989	1589
1990	2713
总计	12059
平均	1723

二、地下水资源

根据海兴农场浅层地下水资源的实际情况，这里对浅层地下水资源评价的对象是矿化度小于2克/升的淡水和矿化度2～3克/升的微咸水，占全场面积不足五分之一。

三、水资源时空分布特征

1. **农场区地下淡水分布不均匀性**。浅层地下水资源分布的不均匀性是由于水文、地质构造等的不同所造成。如淡水资源贫乏，特别是北部无淡水，南部淡水仅集中在原海兴农场四队、五队附近。

2. **可恢复性和可调节性**。海兴农场浅层地下水资源具有可恢复性和可调节性，在农作物需水期开采地下水，到汛期即可得到补充。枯水年供水量大，补给量小，可以超采一部分水量，利用丰水年予以回补。但超采量不能过大，以免引起不良后果。

3. **组成上的差异性**。海兴县浅层地下淡水总补给，主要由三部分组成：①降雨入渗补给，占总补给量的 72.3%；②地表水体入渗补给（即河道蓄水入渗补给量、坑塘蓄水入渗补给量、渠系渗漏补给量、渠灌田间入渗补给量之和），占总补给量的 26.8%；③井灌回归，占总补给量的 0.9%。由以上几项可以看出，降雨入渗补给量所占比重最大，也就是说地下水资源主要来自大气降水。

第三节　生物资源

海兴农场地处冀中平原东南部，东滨渤海。这一优越的自然地理位置，使这里的生物资源非常丰富，尤其是牧草资源和水产资源具有得天独厚的优势。

一、野生植物

（一）天然牧草

海兴农场牧草资源丰富，草质优良，生长旺盛，覆盖度大部分在 80% 以上，有荒草地近 1 万亩，其中 150 亩以上的成片天然草场 0.6 万亩，加上"四旁"（河旁、坑旁、道旁、田旁）的零星草地，每年可产鲜草 1 亿斤，载畜量为 2.1 万只羊单位。牧草分为野生草和人工种植草。野生牧草分为芦苇、稗子、獐毛、盐地碱蓬、蒿子秆、碱蓬等六个群落，主要有芦苇、稗子、獐毛、盐地碱蓬、蒿子秆、碱蓬、荆三棱、白茅、荸荠、狗尾草、虎尾草、蒙古鸦葱、白刺、二色补血草、蓟、刺儿菜等十几种野生草菜，营养价值较高，为发展畜牧业提供了极为有利的条件。芦苇、獐毛又是编织、造纸的重要原料。

（二）其他野生植物

海兴农场地域宽阔，地形多样，具有丰富的药用资源。

药用野生植物有萹蓄、白刺、菟丝子、车前草、扫帚菜、蛇床子、苍耳、龙葵、华黄芪、老鹳草、萝藦、葶苈子、吐鲁酸、益母草、大蓟、小蓟、野苘麻、曼陀罗、野苜蓿、猫眼草、蒲公英、夏枯草、萱草、棱子草、马蔺、地雷草、灯芯草、茅、香草、狗尾草、独行草、甘草、盐地丁、甜地丁、地黄、苦菜子、败酱草、马齿苋、猪毛菜、芦草、蒲子、浮萍草、鸡冠花、牵牛花、灰菜子、蒺藜、翻白草、冬葵、铁苋菜、苦马豆、二色补血草、苣荬菜、苦苣菜、打碗花、列当、地笋、紫苏、野芫荽、决明子、牛蒡子、野菠菜、满天星、血见愁、节节草、草麻黄、白头翁、金鱼藻、荠菜、麦蒿、蓼、地锦。

非药用野生植物有辣子菜、野麦子、菊芋、青甸、芜菁、白草、蔓子草、马尾草、羊脚菜、甜菜子、穆子草、羊胡子草。

人工种植草主要是苜蓿。

二、野生动物

（一）兽类

黄鼬、獾、狸、狐狸、野兔、老鼠、中华田园犬、蝙蝠等。

（二）鸟类

啄木鸟、猫头鹰、燕子、麻雀、喜鹊、乌鸦、水鸭子、苇鸡子、腊咀、鹁鸪、丝光椋鸟、布谷鸟、雕、树鹦、鹩哥、黄雀、红嘴椋鸟、鹏鹏、鱼鹰子、鹰、黄鹂、鹭、虎皮、翠鸟、灰鹤。

国家级重点保护的珍贵鸟类有：丹顶鹤、白鹳、黑鹳、大天鹅、小天鹅。

（三）爬行类

蛇、龟、鳖、壁虎、蜥蜴。

（四）两栖类

青蛙、蟾蜍。

（五）药用野生动物

刺猬、蝎子、蜈蚣、蟾蜍、斑蝥、黄蜂、土蜂、蚯蚓、蜗牛、蝼蛄、蝉、螳螂、蜘蛛、地鳖、蜣螂、九香虫、野蚕、蟋蟀。

（六）昆虫类

农作物害虫天敌资源分属昆虫纲、蛛形纲两个纲，共有 10 目、44 科、124 种。昆虫纲占 8 目、33 科、101 种，其中以膜翅目居多，有 11 科、39 种；蛛形纲以蜘蛛目为最多，有 10 科、22 种。

表 1-7-2　海兴农场野生动物名录

种名	纲	目	科
狐	哺乳纲	食肉目	犬科
狸	哺乳纲	食肉目	猫科
黄鼬	哺乳纲	食肉目	鼬科
鼠	哺乳纲	啮齿目	鼠科
田鼠	哺乳纲	啮齿目	鼠科
鼢鼠	哺乳纲	啮齿目	鼠科
兔	哺乳纲	食草目	兔科
蝙蝠	哺乳纲	翼手目	
麻雀（老雀）	鸟纲		文鸟科
燕子	鸟纲		燕科
戴胜（呼勃勃）	鸟纲		戴胜科
乌鸦	鸟纲		鸦科
喜鹊	鸟纲		鸦科
黄雀	鸟纲		雀科
啄木鸟	鸟纲		啄木鸟科
鹌鹑	鸟纲		雉科
鸬鹚（鱼鹰子）	鸟纲		鸬鹚科
鸢	鸟纲		鹰科
鸱鸮（猫头鹰）	鸟纲		鸱鸮科
蝉	昆虫纲	同翅目	蝉科
蚁	昆虫纲	膜翅目	蚁科
蚍蜉	昆虫纲	膜翅目	蚁科
蟋蟀（蛐蛐）	昆虫纲	直翅目	蟋蟀科
螽斯（蚱蜢）	昆虫纲	直翅目	螽斯科
蝼蛄	昆虫纲	直翅目	蝼科
蜣螂（屎壳郎）	昆虫纲	鞘翅目	金龟子科
天牛（花牛）	昆虫纲	鞘翅目	天牛科
斑蝥	昆虫纲	鞘翅目	
尺蠖（步曲）	昆虫纲	鳞翅目	尺蠖科
蚊子	昆虫纲	双翅目	蚊科

（续）

种名	纲	目	科
蠓（蠓虫子）	昆虫纲	双翅目	蠓科
蝇	昆虫纲	双翅目	蝇科
虻	昆虫纲	双翅目	蝇科
臭虫	昆虫纲	半翅目	臭虫科
虱	昆虫纲	虱目	人虱科
衣鱼（蠹）	昆虫纲	缨尾目	衣鱼科
螳螂（刀螂）	昆虫纲	螳螂目	
蜻蜓	昆虫纲	蜻蜓目	
蜗牛	腹足纲		蜗牛科
守宫（蝎虎）	爬行纲		壁虎科
蜥蜴	爬行纲		壁虎科
蛇	爬行纲	蛇目	蛇科
肌蛛（钱串子）	多足纲		蜈蚣科
蚯蚓	寡毛纲		巨蚓科
虾	甲壳纲	十足目	
蛭	蛭纲		水蛭科
蛙（黑斑蛙）	两栖纲		蛙科
鲫	鱼纲		鲤科
鲢	鱼纲		鲤科
鲤	鱼纲		鲤科
鲇	鱼纲		鲇科
鳅（泥鳅）	鱼纲		鳅科
黄鱼	鱼纲		鲤科

（七）鱼类

鱼类主要有有鲤鱼、鲫鱼、草鱼、鲢鱼、河蟹等 20 余种。2020 年，海兴农场水产养殖和河道捕捞收获 3.5 吨鱼类。

三、昆虫类农作物害虫天敌

农作物害虫天敌资源分属昆虫纲、蛛形纲两个纲，其中以膜翅目居多；蛛形纲以蜘蛛目为最多（表 1-7-3）。

表 1-7-3　农作物害虫天敌资源

门	纲	目	科	种数	主要天敌名称
节肢动物门	昆虫纲	膜翅目	姬蜂科	12	螟蛉悬茧姬蜂、食蚜蝇姬蜂、螟蛉瘤姬蜂、黏虫白星姬蜂等
			茧蜂科	13	黏虫线绒茧蜂、绒茧蜂、中华茧蜂、茧蜂、螟虫长距茧蜂、斜纹夜蛾侧沟茧蜂等。
			蚜茧蜂科	4	烟蚜茧蜂、燕麦蚜茧蜂等
			小蜂科	2	广大腿小蜂、次生大腿小蜂
			广肩小蜂科	1	黏虫广肩小蜂
			两腹金小蜂科	1	蚜虫金小蜂
			跳小蜂科	1	多胚跳小蜂
			赤眼蜂科	1	赤眼蜂
			土蜂科	1	白毛长腹土蜂
			长背蜂科	1	黄足蜂
			泥蜂科	2	蜾蠃、蛉蜂
		鞘翅目	瓢虫科	11	多异瓢虫、七星瓢虫、十三星瓢虫、龟纹瓢虫、异色瓢虫、黑缘红瓢虫等
			芫菁科	2	暗头豆芫菁等
			虎甲科	1	散纹虎甲
			步甲科	6	赤胸步甲、中国曲径步甲、短鞘步甲、黄边青步甲、步甲、蝼步甲
			龙虱科	1	灰龙虱
			隐翅虫科	1	青翅蚁形隐翅虫
		双翅目	寄蝇科	6	饰额短须寄蝇、黏土侧须寄蝇、虫蝗寄蝇等
			食蚜蝇科	9	黑带食蚜蝇、大灰食蚜蝇、梯纹食蚜蝇、斑腰食蚜蝇等
			斑腹蝇科	1	食蚜斑腹蝇
			食虫虻科	2	食虫虻等
			长喙虻科	1	安蜂虻
		半翅目	蜻科	1	蝎蝽
			姬蝽科	3	华姬猎蝽、暗色姬蝽等
			花蝽科	1	小花蝽
			盲蝽科	1	黑食蚜盲蝽
			长蝽科	1	大腿蝉长蝽
		永翅目	草蛉科	4	中华草蛉、大草蛉、丽草蛉、叶色草蛉
			蚁蛉科	1	中华蚁蛉
		蜻蜓目	蜻科	4	黄衣等
			箭蜓科	1	螅（豆娘）
		螳螂目	螳螂科	3	薄翅螳螂、广腹螳螂、中华螳螂
		革翅目	蠼螋科	1	蠼螋
	蛛形纲	蜘蛛目	球腹蛛科	3	温室球腹蛛等
			微蛛科	3	草间小黑蛛等
			壁钱蛛科	1	北国壁钱蛛
			园蛛科	4	四点亮腹蛛、横纹金蛛、叶斑圆蛛等

（续）

门	纲	目	科	种数	主要天敌名称
			漏斗蛛科	1	漏斗蛛
			狼蛛科	3	中华狼蛛等
			蟹蛛科	4	三突蟹蛛、条纹尖尾蛛等
			跳蛛科	1	白斑猎蛛
			平腹蛛科	1	中华平腹蛛
		蜱螨目	植绥螨科	1	津洲钝绥螨

第四节　风能资源

海兴农场靠近渤海，是全省风能资源最丰富的地区之一，为充分利用风力能源，搞好风力发电等项目提供了有利条件。

一、风向

海兴农场属季风气候区，冬季盛行西北风，春季和夏初多西南风，夏季盛行东南风。

二、风速

海兴农场年平均风速为4.1米/秒。平均风速的季节变化，春季（3—5月）最大，平均风速为5米/秒，4月份平均风速为5.3米/秒，是全年风速最大的月份；冬季（12月—翌年2月）次之，平均风速为4米/秒；夏季8月份风速最小，平均风速为3米/秒。

三、大风

（一）8级以上大风

以日最大风速大于或等于17米/秒（达8级风）作为大风日数，平均年大风日数、年最多大风日数和年最少大风日数如下（表1-7-4）。

表1-7-4　年平均大风日数及年最多、最少大风日数

年平均大风日数（日）	最多年大风日数（日）	最少年大风日数（日）
32.5	49	13

大风日数年变化，春季（3—5月）最多，占全年总数的45%～55%，其中以4月为最多，占全年总数的20%～26%，8—9月大风最少，只占全年总数的6%～8%。

（二）6级以上大风

以风速大于或等于10.7米/秒（接近6级风）作为大风日，平均全年6级以上大风日数为40～46天。6级以上大风日数年变化和8级以上大风相似。

四、风压

海兴农场年平均风压为0.441kN/m²，有效风能参数详见表1-7-5。

表1-7-5　海兴农场有效风能参数

年有效风速出现时数 （h）	年有效风能密度 （W/m²）	年有效风能贮量 （10³W·h/m²）
5371	143	766

第八章　河流洼淀

海兴农场区域内主要有宣惠河、宣南干沟、宣北干沟、郑龙干沟、七一干渠等河道沟渠，还有大量毛斗沟渠。有明泊洼、苗家洼、孔庄子大洼等若干洼淀，有扬水站、涵闸、机井等水利设施。

第一节　主要河流沟渠

河流主要有宣惠河、宣南干沟、宣北干沟、郑龙干沟等河流沟渠。

一、宣惠河

宣惠河是河北省沧州市南运河以东地区的一条重要排沥河道，它源自山东省德州市郊的津浦铁路护道沟，向北至吴桥县王指挥村正式称为宣惠河，再向东北流经东光、南皮、孟村、盐山等县，全长165千米，流域面积3031平方千米，是沧州市东南部地区的主要排沥河道。从国营海兴农场六队入县内，至常庄子村东北入渤海湾。海兴农场内河道长度6.12千米，有桥梁2座。为季节性排沥河，旱季可灌溉。

中华人民共和国成立后，1950年开始对宣惠河进行全线疏浚，同时开挖、疏浚沿线支流，即宣南、宣北二干沟和无棣沟。

1950年3月20日至4月10日，由山东渤海行署组织沿河9县10万民工对宣惠河进行全线疏浚，上起吴桥县王指挥村，下至盐山县沃土村（今属海兴县），全长150千米。1955年，四女寺减河承担了卫运河的分洪任务，使宣惠河排沥受到顶托。1957年，四女寺减河再次加大分洪量，宣惠河沥水难以下泄，经中央批准，下游开挖宣惠引河。

1963年，海河流域发生历史性大洪水，宣惠河再次受到四女寺减河洪水顶托。1964年冬至1965年春，河北省和沧州专区组织治理宣惠河，为根治海河提供了经验。

1973年6月，沧州地区水利局为促进宣惠河中流域的农业发展，以"除涝、治碱、利于灌溉"为宗旨，编制完成了《宣惠河除涝治碱扩建工程初步设计》，以水电部审批：

"河道按五年一遇开挖，十年一遇标准弃土，建筑物按十年一遇兴建。"宣惠河扩大治理工程于 1973 年 10 月开工，至 1975 年春竣工，全长 155 千米，其中海兴农场城内长 6.12 千米。第一期工程是 1974 年冬，由沧县、东光、青县和盐山 4 县的 2.4 万名民工开挖取直大黄庄至新立庄段，工期 26 天完成总工程的 36.5%。第二期工程是 1974 年春，又增加孟村、吴桥、南皮和黄骅 4 个县，共 8 县计 4.34 万民工，施工 57 天完成全线裁弯取直工程。两期工程动土 975 万立方米，投资 425 万元。取直工程西起海兴县大黄庄村东，向东行经后程村北，尤庄子、白庄子村南至新立庄归老宣惠河入海，取直 30.6 公里，全线长 36.6 公里。

宣惠河海兴农场段自盐山县刘武庄子村东入农场，到高湾镇后程村西出农场，农场内流经 6.12 千米。1990 年以来，引黄水、引岳水都曾从这条河送到海兴县。

2012 年海兴县水务局对宣惠河 10 千米河道进行治理，恢复原设计流量。2013 年 12 月 13 日，沧州市人民政府发布《关于划定市级河道管理范围的通告》，明确宣惠河左岸和右岸自盐山界至海兴宣惠河防潮闸距离为 34.86 千米，距弃土堤外坡脚为 100 米。

二、宣南干沟

宣南干沟为古河道。650 年，作为无棣沟之干渠由沧州刺史薛大鼎奏开（《新唐书地理志》），后因年久失修而淤废。1949 年中华人民共和国成立后，对宣南干沟进行疏通。1965 年海兴建县，于 1978 年对宣南干沟进行扩挖治理。西起海兴县前戴庄（西南接盐山界），向东北行经高湾，到新立庄入宣惠河，长 20 公里。控制面积 91 平方公里，是农场内灌溉效益较显著的河道。流经海兴农场内自高湾镇后戴村西至高湾镇后良章村，全长 1.71 千米。

三、宣北干沟

宣北干沟源自盐山县边务乡，东行至中赵毛陶村西入县界，在尤庄子村南入宣惠河，设计流量 26.6 立方米/秒。流经海兴农场西起赵毛陶镇南赵毛陶村，东至苏基镇西尤庄子村，全长 8.27 千米。

四、郑龙干沟

郑龙干沟源于苏基镇郑龙洼村西，因最早源头在郑龙洼村，故名。该干沟开挖于

1950 年，东入宣惠引河，长 12.3 千米，流域面积 47.3 平方千米，有桥 5 座。

五、七一干渠

七一干渠开挖于 1971 年，全长 7 千米，是一条农业排灌沟渠，位于高湾镇和国营海兴农场内，南起农场三队，向北流经刘佃村东、栾庄子村西、马庄子村东、邓庄子村西、小黄村东，北入宣惠河，是一条农业排灌河道。

第二节　洼淀水库

海兴农场所在区域自古洼淀密布，面积千亩以上的洼淀有 6 个，其他洼淀若干，其中最有名洼淀是明泊洼。海兴农场内的大小洼淀全部得到开发利用，有的改造成良田，有的改造成林地，有的建成养殖场，有的建成工厂，有的建成太阳能发电厂，原来的洼淀特征基本不复存在。

一、明泊洼

明泊洼又称大泊洼，也称泊洼。《盐山县志》载："引河，泊洼泄水之区，自程村入高湾界，东至沃土庄迤南，会宣惠河入氯津。"明泊洼现有面积 266.67 公顷，水入宣北干沟。

二、南泊洼

南泊洼位于赵毛陶镇南赵村东南，面积约 400 公顷，属宣北干沟河系。

三、农场三队北洼

三队北洼，面积 400 公顷，水入宣惠河。

四、小黄大洼

小黄大洼位于高湾镇小黄村西，面积 200 公顷，水入宣惠河。

五、农场六连洼

农场六连洼位于原海兴农场六队西，面积 200 公顷，水入宣惠河。

六、苗家洼

苗家洼位于高湾镇苗庄子村南，面积 2000 亩。

七、杨家坑

杨家坑在苗庄子村南，面积 1000 亩。

八、杨家洼

杨庄洼在孔庄子村南，面积约 3000 亩。

九、田家洼

田家洼在孔庄子村西，面积约 3500 亩。杨家洼和田家洼今又合称孔庄子大洼。

十、小黄东洼

小黄东洼，在小黄村东，面积 3000 亩，水入宣惠河。

十一、四分场水库

四分场水库位于海兴农场四分场。

十二、农场北部农场水库

农场北部农场水库位于海兴农场北部，汤龙洼村南。

第三节　坑　　塘

海兴农场内原有坑塘 8 个，在居民点附近，主要是取土挖成。汛期雨水及生活污水流入坑塘，水质肥沃，水的可见度一般在 20～40 厘米。这些坑塘提供居民生活用水，也是牲畜家禽饮用水源，可以养鱼，可以养鸭养鹅，可以灌溉，同时起到调节气候、美化环境的作用。

第九章　自然灾害

海兴农场有几个荒洼淀泊开垦而成，地势低洼，野草丛生，原自然环境较差，旱、涝、风、雹、震、蝗、冻各种灾害频频光顾，记不胜记。随着社会的发展科学的进步，有些灾害得到了有效控制，有些灾害还在发生，亟须重视和治理。

第一节　水　　灾

1949 年秋，沥涝成灾。

1950 年，秋雨涝。

1951 年 8 月上旬，涝。

1953 年 8 月，特大暴雨，涝灾。

1954 年 7—8 月，沥涝。

1955 年 8 月上中旬，连降 5 次大雨，宣惠河水猛涨。大部分庄稼遭受涝灾。

1958 年 7 月上旬至 8 月上旬，降暴雨、大暴雨 3 次。

1959 年 7 月中旬，累计降雨 600 多毫升平地积水达 1 米左右，陆地行舟。

1960 年夏秋，雨涝成灾，庄稼减收七成。

1961 年夏大涝。7 月 11—23 日连降 6 次大雨，8 月 14—19 日连续 2 次降大雨，降雨量达 1230 毫米，7 月 19 日最大降雨量为 212.1 毫米，加上客水侵入，遍地汪洋。

1962 年 7—8 月，盐山县农场连降大雨，9477 亩耕地积水，深处达一米以上，其中 7793 亩农作物绝产，1674 亩严重减产，群众生活难以为继。

1963 年 7 月 14—16 日，盐山县农场连降大雨，平地行舟，大部分农作物惨遭绝收，房舍多有倒塌。

1964 年 7 月初至 8 月中旬，降暴雨、大暴雨共 7 次，总雨量 779.4 毫米，仅 8 月 6 日一次降雨 210 毫米，8 月 14 日一次降雨 171.9 毫米，7 月 21 日至 9 月 18 日期间累计降雨达 1100 毫米，平地行船。盐山县农场因大雨倒塌房屋 394 间。

1966 年 7 月 26—28 日，海兴农场降雨量 140 毫米，是全县降雨量最大的区域，大部分农田积水。

1971 年 7 月 24—31 日，海兴农场暴雨成灾，河水外溢、交通中断、房屋倒塌，80% 的农田作物被水淹没。

1972 年 8 月 3 日，海兴农场连降数场大雨，降水量达 700 毫米，大部分耕地积水成灾，一些桥涵、房屋被冲毁、淋塌。

1977 年 6—8 月，海兴农场连续降水 800 多毫米，其中 7 月 5 日一次大暴雨降水 146.8 毫米。河道排泄不畅，水位浸出河床，大水横流，收割后的小麦大量腐烂变质，交通中断，全场超过一半的耕地被淹，4226 亩春播作物被淹，1250 亩绝产；200 万块砖坯子被水冲坏；倒塌房屋 30 间。

1984 年 8 月 8—13 日，海兴农场连续降雨，加上盐山县内的客水流入，大部分庄稼被淹，平地积水深 1.5 尺。8 月 22 日晚 9 时至 23 日凌晨 5 时，海兴农场、明泊洼农场遭受暴风雨袭击，阵风 10 级。本地降雨再加上盐山县客水流入，导致积水深达半米，使 550 亩向日葵绝产，350 亩向日葵减产 50%、350 亩芝麻减产 30%，其他作物 4230 亩减产达 20% 以上，六队、七队 2 条公路冲毁，部分房屋倒塌或受损。

1989 年 8 月，连续降雨，22 日降暴雨，降水量 214 毫米。

1990 年 7 月 6—21 日，海兴农场连降 6 场大雨，总降水量 537 毫米，造成工农业直接经济损失 50.57 万元。7 月 29 日，海兴农场暴雨，降水量 190 多毫米，农作物全部受灾，半数绝产。

1991 年 7 月 28 日 8—18 时，降大暴雨，降水量为 138 毫米，农作物受灾，损坏倒塌房屋。

1994 年 8 月 3—7 日，全场降水 245 毫米，其中 4 日为大暴雨，日降水 152 毫米。

1995 年 7 月 24 日、25 日和 30 日，全场连续遭受暴雨袭击，农田积水严重，形成沥涝。

2003 年 10 月 11 日凌晨 4 时，全场遭遇大风和强降雨，降雨持续 48 小时，降水量达 150 毫米，沥涝严重。

2004 年 5 月 16 日，海兴农场发生强降雨，持续时间长达 17 小时，给农业生产造成极大损失。

2006 年 7 月 30 日—8 月 5 日，连降暴雨，降水量达 260 毫米，造成全场大面积受灾。

2007 年，遭遇严重秋涝，9 月和 10 月两个月内降水达 231.2 毫米，导致玉米等农作物无法正常收获。

2010年8月23日，受强对流天气影响，平均降水量110毫米，个别地方降水量达到200毫米。

2011年8月15日，海兴农场遭遇特大暴雨袭击，降水量达307.5毫米，同时伴有6级大风，农作物受灾面积39120亩，90户房屋进水，3户房屋倒塌，经济损失达3304.9万元。灾后，场领导迅速赶赴各区，查看灾情、指挥救灾工作。

2012年7月21日至8月13日，海兴农场遭受台风"达维"和暴雨的袭击，平均降水量320.5毫米，粮食作物和棉花全部受灾，农业直接经济损失900万元左右，全场直接经济损失总计达1550万元。

2015年7月29日20时20分—8月3日22时30分，海兴农场遭受暴雨的袭击，降雨量大，间歇性长时间降雨导致涝灾发生，平均降水量255.3毫米。

第二节　干　　旱

1952年春，旱。

1955年，7—8月未降透雨，庄稼枯干如柴。

1957年秋，旱。

1959年春，旱。

1960年春，大旱。

1963年，旱。

1965年，全年大旱。

1966年，春旱，严重影响春播。

1968年，大旱，全年降水量21毫米，农场庄稼俱枯死。

1972年7月3日，春、夏两季多风少雨，旱情之重为农场历史上少见，给农业生产造成严重威胁。

1973年5月，农场未落透雨，风多雨少，旱情日益恶化，河流干涸，坑塘枯竭，地下水位下降3~5米，墒情流失严重。

1983年从6月上旬到7月中旬，50多天农场滴雨未落，海兴农场6000余亩春作物枯死。

1987年9月至1988年6月，海兴农场10个月降水量一共仅为56.3毫米，最大一次降水为10毫米，造成人畜饮水困难，50%的秋播小麦绝产，70%的春季农播作物枯死，经济损失14.2万元。

1989 年，严重旱灾，1 月至 8 月 31 日，海兴农场降水只有 217.4 毫米，农田受灾面积 6869 亩，5000 亩大豆几乎绝产，全场减产达 80 余万斤。

1991 年冬—1992 年春，发生旱灾，1992 年全年降水量仅 305.4 毫米。

1992 年 7 月，海兴农场干旱无雨，85％的农作物枯死。

1993 年，严重春旱，春旱未除，夏旱又接连发生。

1996 年，海兴农场春季干旱严重。

1997 年，大旱，全年降水量 273.6 毫米。

1998 年，大旱。

1999 年，大旱。

2000 年，大旱，农业歉收，人畜饮水困难。

2001 年，大旱。

2002 年，大旱，粮食亩产 112 公斤，比正常年份减产 50％。

2003 年，大旱。

2004 年，大旱。

2005 年，大旱。

2006 年，大旱。

2007 年，大旱。

2009 年，大旱。

2010 年，大旱。

2011 年，大灾。

2012 年大旱，农作物受旱，粮食减产。

2013 年大旱，农作物受旱，粮食减产。

2014 年，旱情严重，全年降水量仅 385.4 毫米。春旱、夏旱、秋旱相连。

2019 年，大旱，海兴农场全年降水 356.6 毫米，秋旱尤其严重，8 月后无雨，致使冬小麦因墒情不好无法播种。

第三节　风　灾

1966 年 7 月 2 日，遭 10 级大风袭击，并加有核桃大的冰雹。部分房屋顶被掀，围墙被刮倒，农田遭灾。

1968 年 7 月 20 日晚，县内遭 10 级大风袭击，苏基等 9 个公社遭受冰雹灾。

1983 年 6 月 27 日，狂风四起，风力 10 级，阵风 12 级以上，海兴农场 92 间职工宿舍被毁，供电与广播设施倒杆断线被严重损坏，海兴农场全场停电 48 小时。

1984 年 6 月 27 日晚，狂风四起，风力达 12 级以上。围墙、烟囱全部被刮倒，782 间房屋受损，500 多棵树和 52 根电线杆被折断或连根拔起，2770 亩农作物绝收，供电、通信设施均受到严重损坏，造成场内停电 48 个小时。

1985 年 6 月 27 日，海兴农场遭受 12 级特大风暴侵袭，782 间职工宿舍、院墙，车间、粮库严重受损。7 月 9 日，遭遇风雹灾害，阵风 10 级以上，局部地区棉花、果树受灾严重。

1987 年 6 月 29 日，海兴农场、明泊洼农场遭受 40 分钟风雹袭击。

1988 年 9 月 3 日，海兴农场遭受狂风、冰雹袭击，风力达 10 级，阵风 12 级，冰雹大如核桃。

1990 年 6 月 23 日，海兴农场遭风灾，风力 8～10 级，阵风达 12 级，农作物及果树受灾严重，电力、通讯线杆全部被刮断。

1997 年 8 月 20 日，海兴农场遭受严重风暴袭击。

2005 年 7 月 22—24 日，海兴农场受副热带高气压带和 5 号台风"海棠"的共同影响出现暴雨天气过程。

2005 年 8 月 8 日，受第 9 号台风"麦莎"的影响，海兴农场降暴雨，风力 8 级，阵风 9 级。

2012 年 8 月 3—4 日，海兴农场受第 10 号台风"达维"的影响，发生强降雨。

2018 年 7 月 24 日，第 10 号热带风暴级"安比"影响海兴农场，给海兴农场带来强降雨天气。

2019 年 8 月 10—13 日，第 9 号台风"利奇马"海兴农场，带来强风和强降雨。

第四节 雹 灾

1953 年 6 月 24 日，盐山县一、二、四、五区共 22 个村遭大如鸡蛋的雹灾，持续 30 分钟，小麦损失惨重。

1966 年 7 月 2 日，海兴农场遭受 9～10 级大风暴雨袭击并伴有核桃大的冰雹，持续达半小时。大风刮倒部分围墙，掀掉部分房檐。

1974 年 8 月 31 日至 9 月 2 日，明泊洼农场两次遭冰雹袭击，933.38 公顷农作物受灾。

1975 年 6 月 28 日下午 6 时 58 分，海兴农场和明泊洼农场遭 60 分钟 11 级大风和冰雹袭击，农作物受灾，有房屋受损、树木连根拔掉。

1976年10月3日，海兴农场和明泊洼农场遭受雹灾，降雹时间10～30分钟，雹块大者像核桃，地面积雹1～3寸。

1980年7月16日下午2时许，全县8个公社，2个农场的104个大队遭受风雹灾害，1.4万公顷农作物受灾。

1982年5月11日凌晨，海兴农场遭受雹灾，冰块大者像鸡蛋，春苗、瓜菜、林果受灾严重。6月27日，海兴农场发生疾风骤雨并降雹灾，雹大如鸡蛋，持续半小时，林果、棉花受灾严重。

1985年8月10日下午4时13分至4时30分，海兴农场遭受大风和冰雹的侵袭。冰雹大的如核桃，小的像枣，伴随8级以上大风袭来。风雹过后，树木刮折，庄稼倒伏，9625亩庄稼减产三成以上，农业经济损失19.5万元。

1987年5月22日晚10时至次日凌晨2时21分，海兴农场遭受严重风雹袭击。阵风10级，冰雹大如核桃。降雹持续12分钟。

1987年6月29日下午4时30分，遭受40分钟风雹袭击，春田作物和果树受害。

1988年9月3日晚11时35分，海兴农场遭受狂风和冰雹袭击，风力10级以上，阵风高达12级，持续30分钟，部分房顶被掀坏，公路沿线树木、电杆连根拔起，庄稼全部倒伏，树叶、果实被砸落。春旱秋灾造成直接经济损失约计37万元。

1991年6月5日21时至6月6日0时10分，海兴农场突降暴雨，并夹杂高密度冰雹。降雹时间长达40分钟，致使棉花及瓜果蔬菜和春苗遭受严重损失。

1995年5月8日，海兴农场遭受风雹袭击，风力8～10级，风雹来势猛，前后3次，间隔时间短，使农作物和盐业遭受严重损失。

1995年6月24日15点3分至15点23分，海兴农场遭受特大风雹袭击，降雹达20分钟，三队尤为严重。海兴农场冷饮厂直接经济损失69495元；油脂厂经济损失32000元；砖厂经济损失12.06万元；印刷厂经济损失36000元；农业受灾面积7670亩，大豆、玉米、棉花、西瓜、果树、大棚菜等春播作物全部砸毁，直接经济损失240.5万元。

2011年4月23日，海兴农场遭受风雹灾害，持续15分钟，盛果期的5000棵杏树，被砸落果，严重受损。恒丰生态农业发展有限公司直接经济损失达60万元。

第五节　蝗　灾

海兴县是河北省重要蝗虫发生地之一。海兴农场区域洼淀较多，历来是蝗虫滋生地和栖息地。

1949 年春久旱不雨，5—6 月发生蝗、金龟子、红蜘蛛、蛴螬、尺蠖、蝼蛄等十几种虫害。

1950 年 6 月下旬，发生大面积蝗灾。7—8 月，变为飞蝗，严重危害庄稼。

1952 年 5 月，海兴农场大面积发生蝗蝻。泊洼农场，每天投入治蝗者达万人，奋战 40 多天，将蝗蝻捕灭。

1953 年夏，发生蝗蝻等虫害。

1958 年 4—6 月，发生蝗灾。

1959 年 8—9 月，盐山县发生蝗灾，盐山县农场等地尤为严重。

1966 年 6—7 月，沿海草洼发生大面积蝗灾。

1972 年秋季，沿海蝗区残蝗严重。

1973 年 6—7 月，滨海地区的夏蝗发生较为严重，主要发生在地广村稀的苇荒大洼。

1975 年，滨海地区发生夏秋蝗灾，密度一般每方丈（11.1 平方米）三五头，密的可达三五十头，个别达上千头。并发现个别群居型蝗蝻。

1978 年，滨海地区发现群居型和中间型的飞蝗蝻。

1985 年 9 月，出现了东亚飞蝗起飞的严重情况。这是农场新中国成立以来第一次出现蝗虫起飞情况。

第六节　霜　　冻

霜冻，是一种较为常见的农业气象灾害，是指空气温度突然下降，地表温度骤降到 0℃以下，使农作物受到损害，甚至死亡，通常出现在秋、冬、春三季。海兴农场历史上霜冻时有发生。

第七节　干 热 风

干热风，亦称"干旱风""热干风""火风"，是一种高温低湿并伴有一定风力的农业灾害性天气，在海兴农场主要危害小麦晚期的生长和管理，是影响海兴农场小麦生产的主要农业气象灾害之一。

据记载，2000—2012 年，海兴农场发生干热风 167 天，其中轻度干热风 71 天，中度干热风 29 天，重度干热风 67 天。

第二编

建置 区划

中国农垦农场志

第一章　地理位置

海兴农场位于河北省海兴县西南部，地处北纬 $37°56'10''$ 至 $38°17'33''$，东经 $117°18'33''$ 至 $117°58'09''$。海兴农场属河北平原东部的运东滨海平原的一部分，由古黄河、马颊河、海河水系沉积和海相沉积而成，低洼平坦。总体地势为西部、西南部较高，东部、东北部较低，平均海拔高程（黄海同程）约 5.1 米，土地总面积 46.6 平方公里。

海兴农场东部与高湾镇接壤，东北部与苏基镇相连，西面与盐山县边务乡为邻，南与盐山县小营乡毗连，北靠赵毛陶镇。海兴农场场部坐落在农场北部的明泊洼区域，东北距海兴县城 9 公里，西北距首都北京 240 公里，北距天津 120 公里，西距省会石家庄市 261 公里，西北距沧州市 68 公里，东北距黄骅港 39 公里。海兴农场北部有国道 338 线经过，东部紧邻荣乌高速公路、黄大铁路、省道 215 线，附近还有国道 205 线、国道 228 线、石黄高速公路、朔黄铁路、沧州地方铁路经过，已完成规划的津潍高速铁路和邯港高速公路穿越本场。

第二章　建置沿革

1948 年 3 月，靖远县政府在县城南的南杨庄村建立农场。

1949 年 2 月，将杨庄农场迁往大韩庄，建立试验农场。属山东省德州专区管辖。

1949 年 5 月 1 日，靖远县复称盐山县，农场也改称盐山县试验农场。

1950 年 5 月，属山东省德州专区盐山县管辖。

1952 年 11 月，改属河北省沧县专区盐山县管辖。

1958 年 4 月 28 日，盐山县改属天津专区管辖。12 月 20 日，盐山县改属天津市管辖。11 月 8 日，孟村回族自治县、庆云县、盐山县合并，称孟村回族自治县，盐山县农场改称为国营孟村回族自治县农场。12 月 25 日，孟村回族自治县又改为盐山县，农场随之改称国营盐山县农场。

1959 年 12 月 28 日，盐山县农场改称为天津市盐山农牧场。

1961 年 5 月 23 日，国务院批准盐山县由天津市改属沧州专员公署领导。6 月，天津市盐山农牧场改称为盐山县农场。

1965 年，海兴县建立，盐山县农场划归海兴县，改称河北省国营海兴农场。

1984 年 4 月 23 日，海兴农场和明泊洼农场划归沧州地区农林局管理。

1989 年 1 月，沧州地区将海兴农场和明泊洼农场下放至海兴县管理。

1991 年 1 月 20 日，海兴县人民政府决定原明泊洼农场与原海兴农场合并，建立新的河北省国营海兴农场，辖区为原来两个农场所辖区域。

第三章　行政区划

1948 年 3 月，靖远县农场在县城南的南杨庄建立。

1949 年 3 月，由于南杨庄专区耕地少，靖远县农场迁往盐山县城西的大韩庄，改称山东省盐山县农场，土地面积 122.79 亩，其中耕地面积 108.19 亩。

1952 年 10 月，盐山县农场随盐山县由山东省划归河北省管辖，称河北省盐山县农场。

1952 年和 1954 年在李奋乾村和小边务村分别建立一个分场，全场土地面积达到 313.62 亩，耕地面积 259.22 亩。

1957 年，根据《孔庄子苗家洼建场规划》，盐山县农场在苗家洼、孔庄子一带开荒扩建，当年开荒 9000 余亩。12 月，场部由大韩庄搬迁到苗家洼，在小营乡刘佃庄借用民房 20 间作为场部办公用房。

1958 年，农场垦荒达到高潮，耕地面积达到 20000 亩。同时开始实行"场带社"体制，农场不仅管理 6 个国营生产队（其中第一生产队在大韩庄），还管理附近的 10 个农村生产队。由于管理不便，李分乾分场、小边务分场解散，土地和房屋交由附近的生产队和政府有关部门管理使用，人员转到新场区工作。

1959 年 11 月 10 日，孔庄子、刘佃庄、大黄庄子、马庄子、栾庄子、巩邓庄子、苗庄子、小黄庄、东和乐庄、西和乐庄、刘武庄子 11 个村正式并入盐山县农场管辖。12 月 16 日，盐山县小营公社曾小营管理区曾小营生产队拨入盐山县农场一部分土地，至此，农场面积扩大到 21000 亩。

1960 年，大韩庄场区解散。

1965 年 6 月 26 日，海兴县建立。农场划归海兴县管理。盐山县农场改称海兴农场，其所辖孔庄子、刘佃庄、栾庄子、邓庄子、苗庄子、马庄子、大黄庄、小黄村等 8 个农村生产大队继续由海兴农场管辖，东和乐庄、西和乐庄、刘武庄子划归盐山县。

1968 年，大黄大队由海兴农场划归河北省国营明泊洼农场管辖。

1984 年 5 月，海兴县将原海兴农场所辖的孔庄子、刘佃庄、苗庄子、栾庄子、马庄子、邓庄子、小黄村和明泊洼农场所辖的大黄村共 8 个村划出，恢复建立孔庄子乡。

1991 年 1 月，原明泊洼农场与原海兴农场合并组建河北省国营海兴农场，所辖区域即为现农场所有区域。

第三编

农场党组织

海兴农场自 1948 年成立后，隶属关系和领导机构名称进行了多次变动，党组织机构也随之变更，并经历了一个不断发展壮大的过程，无论是在建场初期的困难条件下，还是在其后的各个历史时期，党组织带领农场人民艰苦创业，砥砺前行，在拼搏中毅然奋起，在改革中开创新局。历届党委作为领导核心，坚定不移地抓好党的基层组织建设，加强党对意识形态工作的领导，在组织建设、党风党纪教育、宣传和精神文明建设方面取得了成绩。特别是进入中国特色社会主义新时代，农场党委坚持全面从严治党，努力打造干事创业、风清气正的政治生态，加快推进"绿色生态、和谐宜居、美丽富饶"现代化农场建设，垦区面貌、生态环境、交通条件、民生保障等方面发生了深刻的变化。

第一章　中共海兴农场委员会

海兴农场体制经过多次变化，党组织的称谓也随之变更。党的工作机构在几个历史时段内多有交叉和党政合署办公。

第一节　领导机构

1948年3月，农场在靖远县（盐山县）城南杨庄成立。1949年3月迁往大韩庄，称大韩庄农场。随之建立了党组织。海兴农场建场初期的党员名单见表3-1-1。

表3-1-1　海兴农场建场初期的党员名单

姓名	入党时间
李之营	1947.7
杨之金	1946.2
吴宝安	1949.6
韩荣台	1948.5
张泽臣	1946.8
呼玉龙	1948.8

1957年春，农场在孔庄子苗家洼一带扩建后，陆续从大韩庄搬迁到现在农场所在地，并建立党支部。

1959年5月，中共盐山县农场党支部召开党员大会，选举产生了由7人组成的党总支委员会。

1959年6月，盐山县委批准，建立盐山县农场党委会，设第一书记1人、第二书记1人，副书记1人。隶属中共盐山县领导。当年12月，盐山县农场归河北省天津市畜牧局管辖，并改称盐山县农牧场，隶属中共盐山县委和天津市畜牧局党组领导。

1960年7月，建立盐山县农牧场党委会，并启用"中国共产党天津市盐山县农牧场委员会"印章。

1965年6月，盐山县农场划归新成立的海兴县管辖，更名为"中国共产党国营海兴农场委员会"。1967年2月，群众组织取代了党政领导权力。

1968年8月，沧州地区革命委员会批准建立海兴农场革命委员会，实行一元化领导。

1971年4月，恢复党委会，召开了中国共产党国营海兴农场第二次代表会议，选举产生了由7人组成的党委会。其中设党委书记1名，副书记2名。

1977—1984年，中共海兴县委先后对农场党委会成员进行了调整。

1986年12月，沧州地委、行署下发通知，从1987年1月1日起，农场党委书记、场长的任职由地区农林局报请行署党组批准，其他场级领导由地区农林局党组批准。

1987年1月，沧州农林局党组发来通知，对农场党委领导班子进行调整，调整后的党委会由5人组成，设副书记3名，暂由1名党委副书记主持工作。

1989年4月，海兴农场归属海兴县管辖，隶属中共海兴县委领导。

1991年1月，海兴农场与明泊洼农场合并，海兴县委对农场党委领导班子进行调整。调整后的党委会由7人组成，设党委书记1名，副书记3名，纪委书记1名。

2002年4月，海兴县委对农场党委成员进行调整。调整后的党委会暂由4人组成，设党委副书记2名，暂由1名党委副书记主持工作，至2004年1月。

2013年6月，海兴县委对农场党委主要领导进行调整，调整后海兴农场党委由7人组成，设书记1名，副书记1名。

2019年，海兴农场党委由5人组成。其中书记1名，副书记1名，委员3名，党支部6个，党员225名。海兴农场委员会历任领导详见表3-1-2。

表3-1-2　中共海兴（盐山县）农场委员会历任领导一览表

名称	职务	姓名	在职时间	备注
中共盐山县农场委员会 1959.06—1960.07	书记	付俊明	1959.06—1960.07	
	第二书记	杨之金	1959.06—1960.07	
	副书记	张尚义	1959.06—1960.07	
中共天津市盐山农牧场委员会 1960.07—1961.06	书记	付俊明	1960.07—1961.06	
		杨之金	1960.07—1961.06	
	副书记	张尚义	1960.07—1961.06	
		白瑞丰	1960.07—1961.06	
中共盐山县农场委员会 1961.06—1965.06	书记	付俊明	1961.06—1961.12	
		赵洪岐	1961.12—1965.07	
	第二书记	付俊明	1961.12—1962.12	
		杨之金	1961.06—1965.06	
	副书记	白瑞丰	1961.06—1965.06	
		张尚义	1961.06—1961.12	

（续）

名称	职务	姓名	在职时间	备注
中共国营海兴农场委员会 1965.07—1968.05	书记	赵洪岐	1965.07—1966.09	
		范立东	1966.09—1968.04	
	第二书记	付俊明	1965.07—1966.05	
		杨之金	1965.07—1968.05	
	副书记	张长岭	1965.07—1968.05	
		白瑞丰	1965.07—1968.05	
	委员	芦风和	1965.07—1968.05	
国营海兴农场革命委员会 1968.05—1971.02	主任	薛风楼	1968.05—1971.02	
	副主任	芦风和	1968.05—1971.02	
		高付胜	1968.05—1971.02	工人代表
中共海兴县国营孔庄子农场委员会 1971.02—1977.08	书记	张兴奎	1971.03—1977.08	
	副书记	吴炳银	1971.03—1975.06	
		窦承彦	1971.11—1974.02	
		王明山	1975.01—1977.04	
		刘树青	1975.02—1975.07	
		郭志勇	1975.02—1977.08	
		杨国胜	1975.07—1976.01	
		余章福	1975.12—1977.08	
		齐福玲	1976.09—1977.08	
		肖金台	1976.07—1977.05	
		刘元兴	1977.03—1977.08	
		郭诰营	1977.02—1977.08	
	委员	窦承彦	1971.03—1971.11	
		高汝增	1971.11—1975.03	
		何香波	1971.11—1977.08	
		邢朝秀	1976.12—1977.08	
		张全德	1976.12—1977.08	
		王国栋	1976.11—1977.08	
		刘明兰	1976.11—1977.08	
		赵宝义	1976.11—1977.05	
中共海兴县国营 孔庄子农场委员会 1977.08—1981.03	书记	马崇庆	1979.02—1979.06	代理书记
			1979.06—1981.03	
	副书记	郭诰营	1977.08—1980.11	
		刘元兴	1977.08—1979.09	
		郭志勇	1977.08—1979.03	
		齐福玲	1977.08—1979.03	
		余章福	1977.08—1981.03	
		康守贵	1978.10—1979.12	
		李金龙	1979.03—1980.12	

（续）

名称	职务	姓名	在职时间	备注
中共海兴县国营 孔庄子农场委员会 1977.08—1981.03	副书记	张长领	1979.06—1979.09 1980.10—1981.03	
		曲玉贤	1979.10—1981.03	
	委员	刘新华	1978.01—1978.08	
		王国栋	1977.08—1981.02	
		邢朝秀	1977.08—1981.03	
		刘明兰	1977.08—1980.02	
		张全德	1977.08—1981.03	
		韩博田	1978.09—1981.03	
中共海兴县国营 孔庄子农场委员会 1981.03—1986.09	书记	翟玉杰	1981.03—1986.09	
		刘元兴	1981.03—1986.09	
	副书记	曲玉贤	1981.03—1982.12	
		余章福	1981.03—1982.04	
		邢朝秀	1982.11—1985.12	专职党务副书记
		吕文华	1983.01—1986.09	
	委员	邢朝秀	1981.03—1982.11	
		韩博田	1981.03—1981.11	
		张全德	1981.03—1984.07	
中共河北省国营海兴农场委员会 1986.09—2002.04	书记	韩丑清	1986.09—1987.11	主持工作
		韩丑清	1987.11—2002.04	
	副书记	吕文华	1987.01—1993.03	
		吴其祥	1987.01—1994.02	
		吴炳银	1989.12—1996.06	
		吴金明	1998.01—2002.04	
		黄平祥	1987.01—1991.01	
		张金生	1987.01—1990.07	
	委员	吕文华	1986.09—1987.01	
		路金生	1987.11—1991.01	
		张广金	1991.01—1992.12	
		杨秀坤	1991.01—1991.12	
		黄平胜	1992.03—2002.04	
		林萍（女）	1991.03—1998.01	
		刘竹青	1993.05—1998.03	
		邓金池	1993.05—1998.03	
		姚宝庆	1993.05—1998.03	
		邢建国	1997.04—1998.03	
		贾吉祥	1997.04—2002.04	
		刘洪安	1998.01—1998.03	

（续）

名称	职务	姓名	在职时间	备注
中共河北省国营海兴农场委员会 2002.04—2013.06	书记	刘竹青	2004.01—2013.06	
		刘竹青	2002.04—2004.01	主持工作
	副书记	吴金明	2002.04—2013.06	
		贾福利	2011.09—2013.06	
	委员	黄平胜	2002.04—2004.01	
		贾吉祥	2002.04—2003.04	
		井树伟	2003.04—2013.06	
		王玉庆	2006.06—2013.06	
		董海峰	2009.12—2013.06	
		张殿峰	2009.12—2013.06	
中共河北省国营海兴农场委员会 2013.06—2019.12	书记	贾福利	2013.06—2019.12	
	副书记	吴金明	2013.06—2019.12	
	委员	王玉庆	2013.06—2015.04	
		井树伟	2013.06—2019.12	
		董海峰	2013.06—2019.12	
		张殿峰	2013.06—2017.02	
		李树松	2019.03—2019.12	

第二节　工作机构

海兴农场党委工作机构随着工作需要和各项事业的改革和发展而设置。建场初期，仅设党政合署办公室。1957年扩建后，机构逐渐完善。1959年，党委下设党委办公室、妇联、工会、团委。1961年设立武装部。

1973年，相继恢复武装部、妇联会、共青团、工会。

1988年党委下设办公室、武装部、组织、宣传、工会、妇联、团委。

1991年1月，海兴农场与明泊洼农场合并。党委下设办公室、组织、纪检、宣传、武装、妇联、共青团、工会。

2003年农场党委下设办公室、武装、综治办、工会、团委、妇联。

2017年，海兴农场党委下设党政办公室、组织、纪检、武装及宣传科、妇联、团委、工会、发展与政策研究室、民族宗教办公室、文秘科、综治办。

第三节　党的基层组织

一、基层党总支

1991 年 1 月，海兴农场与原明泊洼农场合并后，海兴农场党委下设 6 个党总支委员会。

1994 年，撤销 6 个党总支，建立了 21 个党支部。

2002 年 3 月，撤销分场机构，建立了两个党总支委员会。

2014 年 8 月，海兴农场划分为五大区域，海兴农场党委在北区、南区、中区、东区及高新园区设立了 5 个党的总支委员会。

二、基层党支部

1957 年农场扩建后，有党员 6 名。1959 年党员发展到 32 名，同年 5 月农场党总支委员会下设 7 个国营生产队和场部机关共 8 个基层党支部，9 月农场将 7 个国营生产队减为 4 个，11 月农场相邻 10 个村归农场管辖，由此，农场党委下辖 15 个基层党支部。

1965 年 6 月，农场归新建海兴县管辖，有 3 个大队划给盐山县。由此，海兴农场党委下辖 5 个国营队、1 个机务队和转盘窑及 8 个农村大队，共 15 个基层党支部。

1968 年 6 月，各基层建立了革命委员会，实行"一元化"领导，1971 年后逐步恢复了党的基层组织。

1985 年，海兴农场党委下设 4 个农业队、9 个工厂企业，共 13 个基层党支部。

1987 年，海兴农场党委下辖场直、四、五、六、七队及机务队、供应室、修配厂、弹簧厂、皮鞋厂、制砖厂等 11 个党支部。

1988 年 5 月，海兴农场党委会将下属 11 个党支部调整为 7 个党支部。场部机关、医院、学校为第一党支部；五金厂、弹簧厂、纺织厂、皮鞋厂、第二电器厂、门市部为第二党支部；机务队、供应室、锁厂、针织厂、修配厂为第三党支部；砖厂、四队为第四党支部；五队为第五党支部；六队为第六党支部；七队为第七党支部。

1989 年，建立 12 个基层党支部，分别是场部机关党支部、学校党支部、弹簧厂党支部、皮鞋厂党支部、灯具厂（含开关厂）党支部、机务队（含化工厂）党支部、砖厂（含饲料厂）党支部、修造厂（含供应室、锁厂）党支部、四队党支部、五队党支部、六队党支部、七队党支部。

1991 年 1 月，海兴农场与明泊洼农场合并后，海兴农场党委下设场部机关、医院、文教、制砖厂、化工厂、电缆厂、开关厂、橡胶厂、管件厂、机务队、纺织厂、塑料厂、一分场、二分场、三分场、四分场、五分场、六分场、七分场、八分场等党支部委员会。

2005 年，海兴农场党委下设 11 个党支部。

2015 年 4 月，海兴农场党委重建 7 个党支部。分别是机关支部、文教支部、高新园区支部、北区支部、南区支部、东区支部和中区支部。

2017 年 10 月，建立场区内第一个非公企业党支部。

2019 年，海兴农场党委下设机关、北区、东区、中区、南区和企业联合 6 个党支部。

第二章　党员和代表会议及出席县党代表

第一节　党　　员

1957年建场初期，农场有职工54人，仅有党员6人。随着党组织的发展壮大，党员人数不断增加。至1965年农场划归海兴县管辖时，党员发展到52人。1977年，党员数97人。1984年农场有党员107人。1991年明泊洼农场与海兴农场合并，党员人数为216人。2011年有党员245人。2019年，党员人数225人（表3-2-1）。

表 3-2-1　海兴农场历年党支部及党员数

年度	支部数	党员数	年度	支部数	党员数
1948		2	1970	6	99
1949		2	1971	6	97
1950		3	1972	6	93
1951		3	1973	6	92
1952		4	1974	7	79
1953		4	1975	7	81
1954		5	1976	7	84
1955		5	1977	9	97
1956		6	1978	9	74
1957	1	6	1979	9	78
1958	1	30	1980	9	84
1959	1	32	1981	9	81
1960	1	32	1982	9	82
1961	1	30	1983	9	82
1962	1	27	1984	9	107
1963	1	28	1985	9	106
1964	6	51	1986	9	108
1965	6	52	1987	11	115
1966	6	98	1988	11	116
1967	6	98	1989	11	118
1968	6	99	1990	21	215
1969	6	98	1991	21	216

（续）

年度	支部数	党员数	年度	支部数	党员数
1992	21	216	2006	11	245
1993	21	216	2007	11	245
1994	21	241	2008	11	245
1995	21	220	2009	10	235
1996	21	223	2010	11	245
1997	21	220	2011	9	245
1998	21	221	2012	9	245
1999	21	223	2013	9	246
2000	21	224	2014	9	242
2001	16	220	2015	7	242
2002	16	221	2016	7	243
2003	16	229	2017	7	244
2004	16	226	2018	6	230
2005	11	229	2019	6	225

第二节　党员代表会议

一、第一次党员代表会议

1959年5月5日，盐山县农场召开党员大会。选举产生了第一届党总支委员会，杨之金当选为党总支书记，张尚义当选为副书记，段玉文、付兴业、李墨峰、韩荣台、张锡禄为委员。

二、第二次党员代表会议

1971年4月15日，国营孔庄子农场召开党员代表大会（党代会）。参加会议的代表64人。经过民主协商，选举产生了由7人组成的党委会。选举张兴奎为中共海兴县国营孔庄子农场党委书记，吴炳银为副书记（兼武装部长），窦承彦、姜云洞、孙洪祥、王明山、王秀荣为党委委员。

第三节　海兴县历次党员代表大会代表

一、出席海兴县第一次党代会代表

1971 年 6 月 2—4 日，中共海兴县第一次党代会举行。海兴农场共 17 名代表参加了会议，分别是张兴奎、曲寿祥、王明山、徐金声、王秀荣（女）、姜俊岭（女）、张景荣（女）、李秀贞（女）、谢忠玉、姜云洞、吴炳寅、孙洪祥、邓保树、张金明、黄绍温、赵梅池、翟玉成。

二、出席海兴县第二次党代会代表

1985 年 12 月 1—4 日，中共海兴县第二次党代会举行，翟玉杰、吴其祥、杨之明作为农场代表出席会议。

三、出席海兴县第三次党代会代表

1990 年 1 月 10—12 日，中共海兴县第三次党代会举行，韩丑清、刘华明代表海兴农场出席会议。

四、出席海兴县第四次党代会代表

1992 年 12 月 15—17 日，中共海兴县第四次党代会举行，海兴农场选举产生参加中共海兴第四次代表大会人员，分别是韩丑清、林萍、寇承树。

五、出席海兴县第五次党代会代表

1998 年 3 月 9—11 日，中共海兴县第五次党代会举行，海兴农场选举韩丑清等代表海兴农场参加大会。

六、出席海兴县第六次党代会代表

2003 年 4 月 15—17 日，中共海兴县第六次党代会举行，海兴农场选举刘竹青等代表海兴农场参加大会。

七、出席海兴县第七次党代会代表

2006 年 6 月 29—30 日，中共海兴县第七次党代会举行，刘竹青、吴金明、吕海山代表海兴农场参加会议。

八、出席海兴县第八次党代会代表

2011 年 8 月 28—9 月 2 日，中共海兴县第八次党代会举行，贾福利、乔海龙、刘国章代表海兴农场出席会议。

九、出席海兴县第九次党代会代表

2017 年 2 月 15 日，中共海兴县第九次党代会举行，孙文强、贾福利、孙凤鸾、董昭敏代表海兴农场出席会议。

第三章　党务工作

第一节　党务机构

一、党委办公室

建场后，农场设党委、管委会两套班子，1959 年 12 月成立党委办公室（党委办公室与管委会办公室合署办公），也称为党政办公室。其主要职能：掌握全场工作动态；负责各类文件、报告的起草以及信息简报的编写和上报；负责文件收发、催办、机要，保密、档案管理、会务组织、打字文印；负责机关行政事务、后勤保障、车辆管理、对外接待、来信来访、政策研究等。

1979—2019 年组织编报信息 2149 条，被省、市（地区）、县机关和各级报刊内刊采用 842 条。2008 年 3 月，海兴农场被河北省农垦局评为"信息工作先进单位"。

党委办公室还紧紧围绕场党委关注的重点、群众关心的焦点加强调研，掌握第一手材料，先后形成多份党委工作计划、方案、决定、意见等重要文件材料，为党委决策提供重要依据。

二、纪律检查委员会

1984 年初，海兴农场开始恢复纪律检查工作，场党委设立纪检委员岗位。1991 年 1 月，中共海兴农场纪律检查委员会成立，设专职书记 1 人，杨秀坤任书记。1992 年 3 月，为加强党的纪律检查工作，场党委对纪律检查委员会进行充实调整，调整后由 9 人组成，设书记 1 人，副书记 2 人，下设办公室。由原来的农场党委下属升为农场同级机构。

主要工作职能：监督检查遵守党内法规、落实党风廉政建设责任制、遵守廉洁自律各项规定的情况。协助党委加强党风廉政建设和反腐败工作，推进廉政文化建设。受理群众信访举报，调查和处理所属辖区内党组织和党员违反党章和其他党内法规的案件。受理职责范围内的控告和申诉，尊重和保障党员权利；认真解决群众合理诉求，维护群众合法权益。承办县纪委和农场党委交办的其他事项。

三、组织工作

1959 年 12 月，由成立的党政综合办公室兼管组织工作。1961 年 9 月，农场党委分工，明确 1 名党委副书记分管组织工作。1971 年 11 月，县委任命 1 名政工干事，由政工干事代管组织工作，于 1970 年代中期设立了组织委员岗位。

组织委员是党委在党的组织工作方面的参谋和助手，其主要职能：负责党的组织建设与党员管理教育；认真学习和落实党员发展工作新要求新规定，严格工作程序，确保党员发展质量；负责对全场各单位及非公有制企业基层党组织建设的指导与检查；负责农场辖区的干部管理与考核、考察。

四、宣传工作

建场之初，党委明确由一名副书记分管宣传工作，1959 年 12 月，由成立的党委办公室兼管宣传工作。1971 年 11 月设立政工干事，宣传工作由其主抓主管。1970 年代中期海兴农场党委设专职宣传委员。2007 年成立了农场宣传机构——文化广播服务中心。2017 年 3 月成立宣教室。

主要工作职能：负责对党的路线、方针、政策的宣传；负责组织广大党员干部群众学政治、学理论及党的基本路线；负责宣传英雄模范人物和先进典型；全面做好理论武装、新闻、广播、精神文明、宣传文化等工作，为社会主义现代化建设提供思想保证和舆论支持。

第二节　纪律检查工作

一、查办案件工作

纪律检查工作开展以来，特别是 1992 年成立纪律检查委员会以来，查处违纪党员 9 人，组织处理 9 人，对党员干部问责 9 人。1996 年 2 月对工作涣散、不遵守机关纪律、无故脱岗的 11 名工作人员进行通报批评。2006 年，对在土地承包中违纪现象进行处理，并进行通报批评。2013—2018年，对违反中共中央八项规定等情况开展明察暗访，共查处违纪案件3起，给予纪律处分9人。

二、执法监察工作

坚持标本兼治，综合治理。组织开展行政效能监察、执法监察活动，维护企业的合法权益。

1978年11月，农场根据中央文件精神，开展财经纪律大检查。查处超支欠款、铺张浪费、购买非生产性设备和占用流动资金等违规款项36.9万元。

1987年9月，农场把反对官僚主义斗争和开展"双增双节"运动列为海兴农场纪检工作的突出内容，开展自查自纠活动。

1992年10月，农场对所属各单位党政一把手进行纪律大检查，检查主要内容为党的方针政策执行落实情况、财务开支、工作中的"吃、拿、卡、要"、因喝酒误事及打架斗殴情况。

2001年3月，海兴农场党委召开纪检工作会议，重点纠正和查处违反工作纪律、效率低下、不作为、乱作为等影响机关效能建设和发展环境的四个方面的问题，严肃机关纪律，对值班情况进行抽查检查，对违反值班纪律的人员进行严肃处理。

2008年4月，农场为强化对机关工作人员履行职责的监督，规范工作人员的行为，优化农场发展环境，面向社会开展对机关工作人员的不作为、乱作为，包括利用职务和工作便利"吃、拿、卡、要"，向服务对象摊派钱物、索要赞助，违法实施处罚、检查、行政许可以及执法不公，徇私舞弊等行为进行投诉举报活动。

2013年以来，农场严格落实各项强农惠农措施。海兴农场纪委围绕涉及群众利益的补贴落实情况，进一步规范了补贴发放的申请、办理和公示等程序；加大对热点、难点问题的查处力度，当好职工身边的贴心人；深入职工家中，征求群众反映的各项意见和建议。

2014年以来，农场建立了对违反中央八项规定精神及"四风"问题监督检查的长效机制。在春节、清明、劳动节、国庆节、中秋等假日对领导干部公款吃喝、高消费娱乐、一桌餐、公车私用、私车公养等违反中共中央八项规定精神和"四风"问题开展明察暗访。

三、廉洁自律工作

1980年5月，海兴农场党委做出规定：场、队领导不准以任何借口到职工家吃喝；

招待来客一律个人开支；请有关联系单位的客人吃饭按规定标准交生活费。

1989 年 10 月，海兴农场召开基层班子成员和场直科室负责人参加的会议，传达贯彻县政府《关于清理私借公款的规定》及《关于党政机关在公务活动中用餐的规定》。1992 年为控制吃喝费用，对用餐标准进行了严格规定。2006 年 8 月，根据海兴县委、县政府《党政机关工作人员禁酒令》，制发了《关于控制公款吃喝歪风的暂行规定》，严格控制中午饮酒。

2011 年，海兴农场制定《加强和改进干部队伍作风建设实施方案》，在廉政建设方面提出：抓教育、抓预防、抓监督、抓制度，把制度建设贯穿于惩治和预防腐败的全过程。

2012 年海兴农场做出规定：严格落实中央八项规定，严禁用公款搞相互送礼、相互宴请以及赠送现金、有价证券、支付凭证和贵重物品等拜年活动；严禁用公款大吃大喝，进行高消费娱乐活动；严禁以各种名义突击花钱、滥发津贴、奖金和实物；严禁党员干部以任何形式参与赌博或以赌博和交易形式收受财物；严禁公车私用及使用公车接送子女上（放）学、参与探亲访友、婚丧嫁娶、旅游观光、购物、就餐和一切个人活动；严禁超标准办公用房，对场部机关办公用房进行自查自纠。

2013 年，贯彻中纪委《关于严格禁止利用职务上的便利谋取不正当利益的若干规定》精神，并以此为主题组织开展场级领导班子专题民主生活会，健全完善领导干部廉政档案，执行领导干部收入申报、个人重大事项报告制度。同年 6 月制发了《海兴农场公务接待管理制度》，在公务用餐中规定：公务用餐费用不得以会议费、培训费等名义支出；严格执行财务支出"双签制"；执行"一餐一卡"，公务接待费支出必须由党政办公室出具"审批卡"，上级领导来本场考察调研，一般安排自助餐，对有重大活动确需宴请的，以农场特色饭菜为主安排"四菜一汤"，一律不上高档菜肴，不安排烟酒。本县工作人员到本场从事公务活动，确需用餐的，一律在本场餐厅用餐，每人每餐标准不得超过 20 元；从严控制陪餐人员，本县各部门、单位之间不安排相互宴请。工作人员在农场辖区内从事公务活动，一律不安排公务用餐；工作人员工作日午餐一律不准饮酒。

四、党风党纪教育工作

海兴农场党委把对党员干部和机关工作人员进行党风党纪教育摆在重要位置。1986 年开展政治纪律和组织纪律整顿，通过学习《中国共产党章程》《关于党内政治生活的若干准则》，通过组织生活会的形式，运用批评与自我批评的武器，进行自我教育。1990 年 5 月，在全体党员中开展民主评议党员活动，处置不合格党员 1 名。执行"三会一课"制度，开展"党员联系户"活动。1996 年，在党员干部中开展勤政廉政建设大讨论活动。

2010 年以党风廉政建设责任制为龙头，以惩防体系建设为主线，以深入开展"干部作风建设年"活动为载体，抓党风、转作风，开展党员干部"进企业、进农业队、进农户"与职工群众"同吃、同住、同劳动"活动。

2012 年以来，按照"重在教育、重在预防"的原则，结合反腐倡廉工作实际，海兴农场党委以"读书思廉、躬行践廉、家庭助廉、谈话促廉"教育为抓手，积极探索加强廉政文化建设的有效途径和方法，力求实现廉政教育经常化。定期组织党员干部进行党风廉政建设和作风建设理论学习，深入开展理想信念、党纪国法教育。

2013 年，利用学习会、民主生活会、党风廉政建设专题会以及其他会议组织广大党员干部学习《中国共产党党内监督条例》《中国共产党党员纪律处分条例》《中央八项规定六项禁令》及党的基本理论和基本路线。

2019 年 7 月 11 日，在召开的全场警示教育大会上，通报了各地违法违纪典型案例，做到常敲打，时提醒、以案为鉴，防微杜渐。同时还多次组织党员干部观看警示教育专题片，组织基层班子成员外出参观廉政警示教育基地。在办公区悬挂张贴廉政名言警句，充分发挥警示震慑、教育作用，使每名党员干部做到坚守底线、不越红线、清正廉洁、干净干事。

五、纠正部门和行业不正之风工作

海兴农场党委认真贯彻中央、省、市、县纪委的部署要求，认真谋划，狠抓落实，扎实推进党风廉政建设和反腐倡廉工作。

1990 年 10 月，开展纠正行业不正之风工作，重点纠正服务行业的服务态度和服务质量、超标准违纪建房问题。

2008 年 9 月，海兴农场纪委针对机关少数工作人员在职责范围内应办事项中存在拒绝、放弃、推诿、拖延或利用职务和工作便利"吃、拿、卡、要、报"等不作为、乱作为现象，面向社会发动群众进行举报、投诉。

2011 年 11 月 26 日，农场印发《海兴农场"吃、拿、卡、要"专项清理工作实施方案》，分动员教育、自查自纠、整改落实三个阶段进行整顿治理。

党的十八大以来，海兴农场以"零容忍"的态度整治不正之风和腐败问题。2012 年对城镇、农村不符合标准的低保户进行清理整顿，追回违规资金 1.25 万元，对不符合低保标准的 28 户予以取消。2013 年 4 月，对空挂人员和借调外单位人员进行清理。对项目立项、设计、招投标、合同签订、施工、建设工程质量，安全、资金拨付等关键环节进行全程监督检查。加强对社保、低保、扶贫、民政救灾等专项资金的监管，纪检组多次进行专项检查。2013年5月海兴农场制发《关于进一步加强机关纪律的通知》。严禁工作时间串岗、聊天、玩电脑游戏或从事其他与工作无关的事情；对照严肃财经纪律的要求，抓好"小金库"治理；对农场采购进行统一监管开展专项资金综合治理。完善反腐工作机制，相继建立了财务、人事、工程、重大事项等一系列规章制度，形成约束机制。2013年7月，农场贯彻海兴县委印发的《海兴县正风肃纪专项行动实施方案》。重点围绕"十对照""十整治"开展了为期1个月的整风肃纪专项行动。对照勤政为民，真抓实干的要求，重点整治机关个别工作人员懒、散及办事效率不高的问题。2017年5月，召开"一问责八清理"专题会议，制定下发了《"一问责八清理"专项行动暨基层"微腐败"专项整治自查自纠整治自查自纠工作实施方案》，抓住重点，对症施策，有效解决了纪律松弛、懒政怠政、为政不廉等"微腐败"问题。对农场机关，特别是领导干部的办公用房进行再清理，对不符合中央八项规定的情况进行再整改。

第三节　组织工作

一、干部队伍建设

建场之初，农场有干部7名；1965年农场划归海兴县时有干部13名。1991年明泊洼农场与海兴农场合并，共有干部52名（表3-3-1、表3-3-2）。

表3-3-1　1949—2005年海兴农场干部情况统计表

年度	人数（人）	年度	人数（人）	年度	人数（人）
1949	7	1961	13	1973	20
1950	5	1962	13	1974	20
1951	3	1963	—	1975	23
1952	9	1964	—	1976	23
1953	6	1965	13	1977	24
1954	9	1966	12	1978	24
1955	4	1967	12	1979	25
1956	4	1968	15	1980	25
1957	6	1969	13	1981	23
1958	12	1970	13	1982	23
1959	13	1971	13	1983	18
1960	13	1972	15	1984	45

（续）

年度	人数（人）	年度	人数（人）	年度	人数（人）
1985	45	1992	48	1999	36
1986	45	1993	35	2000	38
1987	45	1994	35	2001	38
1988	33	1995	36	2002	38
1989	33	1996	36	2003	40
1990	33	1997	33	2004	40
1991	52	1998	35		

表 3-3-2　2005—2019 年海兴农场工作人员统计表

年度	人数（人）	年度	人数（人）
2005	48	2013	106
2006	48	2014	113
2007	50	2015	118
2008	62	2016	120
2009	70	2017	123
2010	74	2018	132
2011	85	2019	142
2012	97		

自建场以来，在干部队伍建设上，海兴农场严格执行上级党委在不同时期关于干部任用、考核、奖惩以及退休的规定，并经过党委会集体研究决定。

1. **干部选拔任免**。1959 年 6 月，盐山县农场党委任命了第一批基层党支部书记、国营生产队长。当年 12 月配备了农场内部机构负责人，调整充实国营队领导班子共计 24 人。

1975—1976 年，根据海兴县委 1974 年 1 月制发的《关于加强党的思想和组织建设的意见》提出的选拔和培养接班人的要求，海兴农场党委先后配备了 2 名 30 岁以下的新生力量担任党委副书记，各国营队和农村大队相继配备了 1～2 名 25 岁以下的新生力量。

1983 年，按照"四化"要求（即革命化、年轻化、知识化、专业化）调整农场各级领导班子结构，大胆把有文化、懂经济、懂技术、会经营的 9 名 30～40 岁的年轻干部充实到基层领导班子。

1990 年 9 月，县委对新任乡、局级干部改试用制为助理代理制。海兴农场干部任用采用"委任、选举、聘任"三种形式，并鼓励机关人员承包企业或到企业任职。

2000 年后，农场更加注重培养选拔后备干部。2005 年 9 月，海兴农场党委召开专题后备干部座谈会，对后备干部的培养、培训进行探讨和部署。2016 年 3 月选派 27 名优秀干部驻村扶贫，3 名干部沉到基层，活跃在农村，进行精准扶贫。党的十八大以来，按照习近平总书记提出的"信念坚定、为民服务、勤正务实、敢于担当、清正廉洁"的好干部标准，农场坚持正确的用人导向，根据年度考核结果和工作表现及岗位配置情况等选拔任用中层干部。

2. 干部考核培训工作。1986 年后，实施以德才素质评价为中心，坚持定量考核与定性考核相结合的考评管理制度，有效发挥了激励和监督作用。1989 年 11 月，农场党委对 10 个工业单位和 4 个农业队的 32 名副职以上干部进行了德、能、勤、绩考核，并将此次考核的结果进行综合排名，作为调整基层班子、任用干部的依据。此后，逐步加强对场辖区内各基层单位、各部门、场部各科室负责人及机关工作人员的考核。2007 年 3 月，海兴农场开展不同形式的内部评议活动。由机关一般职工给场领导打分，场级领导给一般职工打分，打分的内容分为德、能、勤、绩、廉五项，并将评议结果公开、透明。2011 年，制定了加强农业管理干部考核责任制，凡是农业挂职人员，农业工资实行绩效考核制，权力下放到农业副场长及农业科。农业人事任用、任免权下放到农业副场长。农业队统计的行政管理、绩效考核归农业，实行财务副场长业务考核、任免制度。

2013 年，11 月农场出台了《海兴农场机关干部考核办法》，坚持月考核和年度考核相结合，实行百分制与经济利益挂钩。2014 年 8 月，成立专门考核机构——人力资源办公室。2013—2019 年全场共有 150 名工作人员参加年度考核，其中确定优秀等次人员 50 人，合格人员 100 人，30 余名基层干部、科室负责人、工作人员受到表彰。

3. 老干部工作。海兴农场党委在培养、选拔青年干部的同时，对多年为农场建设和发展辛勤工作退下来的老干部、老党员、老职工在政治上给予尊重、在生活上给予关怀。

1989 年 10 月，海兴农场党委主要领导与 35 名离退休老同志欢聚一堂，庆祝第一个老人节。1990 年 1 月举行老干部形势报告会，海兴农场党委主要领导向 76 名与会老干部通报农场经济社会发展情况，以及经济工作安排和打算，近距离地征求他们对工作的建议和意见。1994 年 7 月农场成立老龄委员会，组织开展老干部活动。2003 年 5 月，海兴农场 143 名离退休老干部、老党员慷慨解囊献爱心，自发组织为全县抗击"非典"捐款 2900 元。特别是在新时期，海兴农场党委紧贴实际，不断创新老干部工作。2013 年 11 月和 2015 年 10 月农场先后两次接待沧州市、海兴县离退老干部观摩团来场参观考察，认真倾听他们对农场改革发展的建言献策。2013 年 9 月农场成立老干部活动中心。2014 年 5 月开展以"医疗、保健、送温暖"为主题的服务活动，定期组织老干部进行体检，做好特困离退休老干部帮扶工作，妥善解决离退休干部生活中遇到的实际困难。春节、中秋节、重阳节等传统节假日期间对老干部进行走访慰问。2014 年 1 月，党委书记场长贾福利带领党政班子成员下队入户，开展为期一周的"下基层、送温暖、听意见"活动。党委成员分头走到11名老干部、老党员身边，面对面地倾听他们的利益诉求，宣传习近平新时代中国特色社会主义思想，引导老同志们退休不褪色、余热映初心，使他们积极为农场改革发展发挥余热，献策出力。

4. **人才工作**。建场初期，由于农场位于偏僻的荒野之地，人才十分匮乏。1968年12月，海兴县革委分配南开大学、中国人民大学、北京农业大学、河北大学、河北北京师范学院、天津师范学院、河北农业大学等13所高校的32名高校毕业生来农场走与工农相结合的道路，锻炼2年后陆续选拔调离。改革开放后，农场通过招聘、引进、自行培养、学历教育（参加广播、函授、电大等自学考试）等多种方式培养、引进科技、管理人才，逐步形成一定规模的人才队伍。1983年，海兴农场党委执行县委、县政府《关于发挥知识分子作用，改善知识分子工作和生活条件的规定》，把知识分子工作列入重要议事日程，逐步改善知识分子的生活条件，提高他们的政治待遇。

为防止人才流失，1991年4月，海兴农场作出《控制人才外流的几项规定》。1992年12月再次作出《海兴农场关于全方位引进人才的规定》。1995年农场下发海农〔1995〕4号文件，提出人才流动的控制对象包括厂队长、副厂队长、党支部书记、会计、教师、医务人员、技术人员。1995年、1998年海兴农场先后两次下发文件规定：对引进的人才（会计、教师、医务人员、技术人员、高科技人员、高层次的企业管理人员）实行工资奖励等优惠政策。到1999年招揽、引进各类人才183名，其中高级工程师3名，有7人在工厂、企业等任正职。2005年1月，海兴农场对科技人员、高层管理人员及教育、医疗领域的专业技术人员在工资待遇方面给予适当倾斜。中共十八以后，海兴农场党委践行"经济竞争就是人才竞争"，树立"人才是第一资源"的意识，不断创新人才工作政策。在招商引资中既注重固定资产投入，又重招才引智，积极营造拴心留人的良好环境。在评价使用、职务晋升等方面给予优先，在薪酬待遇给予提高。2017年10月，海兴农场调整提高专业技术人员和知识分子工资待遇，高级职称人员每月上调工资700元、中级职称人员每月上调300元。本科学历者每月上调工资500元，大专学历每月上调工资200元。随着一批经验丰富，技能娴熟的技术人员逐年退休，人才短缺、操作岗位技术力量薄弱、新技术推广受滞等问题日益凸显。鼓励干部职工参加学历教育，自学成才。并采取"走出去、请进来"的办法，以委托式、定向式、菜单式和选派式的专业培训，为农场培训项目管理、市场营销、特色种植、养殖等专业技术和管理人才，建立生产经营管理的后备人才库。2018年2月，海兴农场党委组织举办了首次公开竞聘选拔人才大会，通过演讲、民主测评等环节比拼，将优胜者作为任用中层干部的依据。准予科技人才承包经营、利润分享。2019年全场拥有专业技术人员56人，其中高级专业技术人员1人，中级专业技术人员 9 人，初级 46 人。大专以上学历人员 57 人、中专以上学历 22 人，为农场各项事业发展提供了有力的人才支撑。

表 3-3-3　1968 年 12 月分配到海兴农场的大学生名册

序号	姓名	性别	毕业学校、系别	序号	姓名	性别	毕业学校、系别
1	郭恩庆	男	河北师范大学数学系	17	张桂玲	女	河北北京师范学院中文系
2	吴淑平	男	河北师范大学数学系	18	冯宝祥	男	河北农业大学
3	李德华	女	天津师范大学物理系	19	杨玉增	男	河北农业大学
4	陈秀华	女	张家口农业高等专科	20	夏玉珍	女	河北水利专科学校
5	郭玉祥	男	张家口农业高等专科	21	王秀荣	女	河北省农垦耕读大学
6	王树	男	中国人民大学档案系	22	董秀明	男	河北省农垦耕读大学
7	宋桂凤	女	河北大学生物系	23	孙翠兰	女	河北省农垦耕读大学
8	付赛南		河北北京师范学院数学系	24	牛兆丰	男	河北农业大学
9	郝文杰	男	河北大学生物系	25	康新茹	女	河北农业大学
10	闫安津	男	天津师范大学物理系	26	曹长厚	男	河北省农垦耕读大学
11	朱德荣		天津师范大学地理系	27	胡鸣钟	男	河北省农垦耕读大学
12	沈玉英		北京师范大学政教系	28	张恢		河北省农垦耕读大学
13	南维翰		北京师范大学中文系	29	钱肖章		南开大学
14	张全斌	男	北京农业大学	30	扈瑞青		中国人民大学
15	周人纲	男	北京农业大学	31	王振生	男	河北水利专科学校
16	段淑琴	女	河北北京师范学院数学系	32	张国胜	男	河北北京师范学院中文系

二、基层党组织建设

1959 年，各生产队及场机关都建立了党支部，农场党总支下设 8 个支部，党员 32 名。

1961 年 9 月，盐山县农场党委作出《关于进一步加强基层党组织领导的决定》。

1989 年 8 月，海兴农场制发《关于基层党组织建设的实施意见》，对党的基层组织建设、党支部各项制度建设、预备党员在预备期的教育和考察、发展新党员以及妥善处置新党员等提出了要求。

2005 年，开展"三级联创"活动，重点抓好后进党支部整顿转化和"三培养两促进"工作。2006 年 4 月，为抓好基层党建和发挥好基层党支部职能，海兴农场党委制定下发了《关于强化基层党支部职能作用的通知》，强调坚持党领导一切的宗旨，各单位的工作实行支部书记负责制，各项工作支部书记为一把手负责制。2007 年 1 月，制定出《海兴农场 2007 年基层党组织建设工作要点》，实行党建工作责任制。2009 年，围绕"狠抓党建、抓好党建促发展"，海兴农场党委投资 20 万元对各农业队党支部活动室进行了规范化建设、设置了党员活动室和监督栏。2010 年，开展学习实践科学发展观活动，组织以创建"五个好"（领导班子好、党员队伍好、工作机制好、工作业绩好、群众反映好）先进基层党组织，当"五个模范"（自觉学习、执行政策、爱岗敬业、遵纪守法的模范）优秀共产党员为主要内容的争先创优活动。

2012 年起，坚持以新时代中国特色社会主义思想为指导，深入贯彻中共十八大、十九大会议精神，以党建工作为统领，确定了"围绕经营抓党建、抓好党建促发展"的工作思路。以推进和提高"两个覆盖"为抓手，增加基层党组织的覆盖面，做到"应建尽建"，配齐配强基层党务干部。2014 年 8 月，建立南、北、中、东及高新技术产业园区 5 个党总支，总支书记均由一名场党委副书记或副场长担任。推进非公有企业基层党组织建设，2017 年 10 月建立场区内第一个非公企业党支部，用党组织指导规范企业发展。从严从实抓好党内政治生活，2017 年 11 月，海兴农场党委制定下发了《关于严格落实党的组织生活制度的实施方案》，从党委到支部，建立和完善了"三会一课"、党员管理、党员发展、党务公开制度。用更高的标准，更好的制度建设更优秀的党组织。认真做好发展党员工作，按照各个时期党章对发展党员的要求和规定，做到严格工作程序，确保发展党员质量。特别是新时期，为把更优秀的人才吸收到党组织，农场党委按照"三推一公示"制（即在党员推荐、群众推荐、党组织推荐、经社会公示）确定发展对象，以提高党组织纯净性。场党委季度专题研究发展党员工作。2012—2019 年，全场共发展党员 21 名，其中大专以上学历 19 人。新党员年龄结构、文化结构得到了优化，党员队伍不断发展壮大，2019 年底全场共有党员 233 人。

表 3-3-4　1957—2019 年党员学习培训工作表

时间（年）	培训学习内容	参加人员	参加人数（次）	备注
1957—1959	毛主席讲话及著作	全体党员干部		
1960	毛主席著作、总路线文件	股站级以上干部及各党支部书记	60	
1961—1964	毛主席著作、社会主义教育文件	全体党员		
1965—1969	《毛主席语录》、毛主席著作	全体党员及群众		
1970	学习新党章和"五十字纲领"	全体党员	100	
1971	《实践论》	全体党员干部	150	轮训
1972	《共产党宣言》《矛盾论》《人的正确思想是从哪里来的》	股站级以上党员干部	60	
1973—1975	《毛泽东选集》《毛主席语录》	全体党员		

（续）

时间 （年）	培训学习内容	参加人员	参加人数 （次）	备注
1976—1978	《毛泽东选集》	股站级以上党员干部		
1979—1981	《关于党内政治生活的若干准则》邓小平关于目前形势和任务的讲话	中层以上党员干部	80	
1982	党的十一届七中全会公报、党的十二大文件	全体党员干部	160	
1983—1985	中共中央关于整党的决定、《邓小平文选》	党委干部	20	
1986	《党章》《关于党内政治生活的若干准则》	中层以上干部	80	
1987—1988	党的十三大精神	全体党员干部	180	
1989—1991	企业管理、经济管理、农业技术	中层以上党员干部	65	
1992—1994	党的十四大精神、社会主义经济管理学	党员干部	150	
1995	企业管理、经济管理	中层以上党员干部	80	
1996	物质文明建设和精神文明建设、为人民服务	全体党员干部	180	
1997—1998	党的十五大精神	全体党员干部	200	
1999—2000	体制改革和企业改革	全体党员干部	210	
2001—2003	社会主义市场经济	全体党员干部	210	
2004—2006	中国特色社会主义理论、市场经济、体制改革	全体党员干部	210	
2007—2008	保持共产党员先进性教育实践活动的文件及著作	场部机关及各队、学校党员	240	
2009—2011	《毛泽东、邓小平、江泽民论科学发展》《科学发展观重要论述摘编》等党的一系列关于科学发展观的理论,新农村建设与和谐社会建设,社会主义市场经济知识	场部机关及各队、学校党员	300	轮训
2012	国学教育、农业技术、法律知识、企业管理	股站级以上干部	400	轮训
2013	十八大精神	全体党员干部	300	
2014—2015	十八届三中全会精神、习近平同志系列讲话	全体党员干部	300	
2016	《党章》、习近平讲话文件	全体党员干部	310	
2017	十九大精神、习近平新时代中国特色社会主义思想	全体干部	310	
2018	十九大精神、《宪法》	全体干部	310	
2019	《党章》《宪法》、习近平关于"不忘初心、牢记使命"论述	全体党员	310	

第四节　宣传工作

一、政治宣传工作

建场后，宣传工作主要围绕党在各个时期的中心工作开展。20 世纪 50 年代初期，农场先后开展了《婚姻法》《宪法》《过渡时期总路线》等文件的宣传活动。20 世纪 60 年代，农场开展了毛主席著作"老三篇"《为人民服务》《纪念白求恩》《愚公移山》及雷锋、焦裕禄等英雄模范事迹的宣传活动。20 世纪 70 年代，农场对大搞农田水利基本建设进行了宣传推广。1979 年，农场主要以宣传中共十一届三中全会精神为主。20 世纪 80 年代，农场主要围绕加强精神文明建设、坚持四项基本原则、改革开放开展宣传工作。2000 年后，农场主要围绕保持共产党员先进性教育、社会主义荣辱观等开展宣传工作。开设学习园地、悬挂宣传条幅等。

2012 年 10 月中共十八大召开后，全场上下把"学习宣传党的十八大精神"作为宣传工作的首要任务，利用文化墙、宣传栏进行宣传报道，在互联网开通海兴农场网站，利用网站、微信等网络新闻媒体宣传社会主义核心价值观、社会公德、职业道德、家庭美德等。2017 年 10 月中共十九大召开，进入中国特色社会主义新时代，在场区内制作、张贴十九大宣传公益性广告 60 余条（幅），在主要街道、建筑围杆、广场、公园悬挂"不忘初心、牢记使命""讲文明、树新风"宣传条幅 42 幅。在场部机关大厅、会议室设立了电子屏幕持续播出宣传"八项规定""三严三实""两学一做"内容，举办新闻图片专栏 5 期，展出新闻图片 30 余幅。

二、新闻宣传工作

1974 年，海兴农场建立了广播站，早、中、晚分别播音。通讯报道工作迅速发展，场部配有通讯报道员，各基层单位配有兼职通讯报道员，理论骨干发展到 5 人。负责党的路线、方针、政策的宣传，报道场内涌现出来的先进典型等。

1972—2000 年，海兴农场向县广播站推送反映农业学大寨、干部参加集体生产劳动、大搞农田基本建设、积肥造肥、抢收抢种等新闻稿件 20 篇，播报 36 篇。2000—2019 年向县电视台推送上级领导检查指导工作、招商引资上项目、植树造林、学习宣传党的群众路线教育活动等新闻稿件 37 篇、采用 22 篇。2012—2013 年连续两年被河北省农垦局评为"河北省农垦新闻宣传工作先进单位"（图3-3-1），杜景楠、秦晓寒分别被评为"河北农垦系统新闻宣传工作优秀通讯员"。

图3-3-1　海兴农场被评为"河北省农垦新闻宣传工作先进单位"

三、文艺宣传工作

1975年10月，全场宣传贯彻全国农业学大寨会议精神，进行张贴宣传标语、建立学习专栏、编排文艺节目，到田间地头演出，宣传、歌颂农业学大寨中涌现出来的先进事迹和先进人物。

2009年7月16日，海兴县业余剧社与香港南华集团在海兴农场举行联谊活动。戏曲演唱者们的倾情演唱，博得了观众们的阵阵掌声。

2010年2月22日，海兴农场举办新春文艺汇演，表演了具有浓郁的地方特色节目，为节日增添了喜庆的气氛。

2018年5月6日，经海兴农场党委研究，由宣传科文化站杜月华组织策划举办践行十九大精神演唱会在农场北区广场举行。演出节目有声乐、诗朗诵、戏曲等。演唱会运用传统的文化艺术和唱红歌为载体，唱响新时代，共筑中国梦。海兴县委、县人大、县政府、县政协的有关领导和农场全体干部职工群众一起观看了演出。

2019年9月7日，为庆祝中华人民共和国成立70周年，海兴农场举办了"奋进新时代　筑梦新征程"为主题的文艺晚会。歌唱祖国，共庆华诞。

四、对外宣传工作

1972年1月至1974年5月，《沧州日报》先后5次宣传报道了海兴农场党委一班人参加集体生产劳动、抓好水利建设、教给青年工人成长的先进事迹。

1992 年后，围绕经济建设宣传招商引资政策、投资环境，先后在天津、青岛等地召开新闻发布会、项目推介会，吸引了多家客商前来考察投资。《天津日报》对此进行宣传报道。

2007 年 6 月至 2009 年，《河北农垦情况》先后刊发了题为《海兴农场开展法律八进活动》《深化改革，乘势而上，全面开创海兴农场工作新局面》《五抓、五带、增收、农业促发展》《海兴农场改革开放三十年发展纪实》等 7 篇长篇报道和 12 篇信息。2009 年，在《河北经济日报》《沧州日报》显要位置刊发长篇报道 3 篇。

海兴农场结合"生态农场、和谐农场、产业富场"建设的奋斗目标，制作了图文并茂地反映农场绿色生态、园区建设、林果基地、林下养殖的宣传画册 1 套，制作外宣专题片 1 部。2017 年在"美丽河北、魅力沧州"最美人物、最美景物主题评选活动中，海兴农场园区成功上榜。国家、省、市报刊、新闻宣传单位记者纷至沓来。2018 年 11 月 7 日，中央电视台七套《美丽中国乡村行》栏目播出《海兴农场跟着大鹅去寻宝》专题片，《中国农垦》《农村工作通讯》《河北日报》多家媒体专版对海兴农场进行长篇宣传报道。2019 年 6 月，河北省政府网站刊发组图《"绿色密码"开启，盐碱地的蜕变》，被中央委员会宣传部和多家媒体相继转载。2012—2019 年在各级新闻媒体发稿 15 篇，其中在长城网等知名网站发稿 6 篇，在《中国农垦》发稿 2 篇，在《农村工作通讯》《河北农业》各发稿 1 篇，在《河北日报》《河北经济日报》《沧州日报》发表新闻报道稿件 3 篇，中央、河北省、沧州市电视台播报新闻稿件 2 篇。通过创新宣传方式，发挥媒体优势，坚持网上网下全方位、多角度、立体式宣传，为建设生态、美丽、富强的农场营造了良好的舆论氛围，海兴农场的知名度和美誉度得到进一步提升。

五、党员教育工作

1970 年 7 月至 9 月开展整党建党活动。整党建党的方法和步骤：学习新党章和"五十字"建党纲领、突出思想整党、加强组织整顿、搞好吐故纳新。

1985 年 11 月至 1986 年 2 月，进行全面整党。按照"统一思想、整顿作风、加强纪律、纯洁组织"的要求，组织全场广大党员学习共产党员的标准，党的路线等文件，每个党员按照共产党员的标准进行对照检查。同时进行党内评议，并对全体党员进行重新登记，全场应登记的党员 98 人，重新进行登记的 97 人，不予登记的 1 人。通过这次整党使广大党员受到了教育，得到了提高，重点解决了以权谋私、官僚主义等突出问题，推动了"两个文明"建设。6 月 26 日，在全场党员干部中开展政治纪律和组织纪律整顿。整顿的方法是学习《中国共产党章程》《关于党内政治生活的若干准则》，通过组织生活会，运用批评与自我批评的武器进行自我教育，工作至7月底结束。

1987年6—9月，在党员干部中开展以"入党为什么、在职干什么、离职留什么"为主题的"党员百日大讨论"活动，激发党员干部建功立业的热情。

1989年7月，在党员干部中开展坚持四项基本原则教育和"一个中心两个基本点"的教育活动。

1991年，在全体党员中开展"三个基本"教育，即马克思主义基本理论教育、党的基本路线教育、党的基本知识教育。

1995年9—12月，开展"三学"（学理论、学党章、学孔繁森）、"三查"（查世界观、查人生观、查价值观）、"三克服"（克服个人主义、克服拜金主义、克服享乐主义）、"一坚持"（坚持全心全意为人民服务的宗旨）活动。

2001年3月，全场开展"三个代表"重要思想学习教育活动。

2005年6—12月，全场开展保持共产党员先进性教育活动，开设学习园地、悬挂宣传条幅，印发学习资料。给每一名党员发了教育读本，笔记本和《知识竞赛试题》，组织全体党员认真学习有关文件，撰写心得体会，联系思想作风和工作实际开展批评与自我批评。

2014年2月，全场开展党的群众路线教育实践活动，9个党支部的200多名党员参加了此次活动，通过学习教育、征求意见、查摆问题、落实整改，认真解决了党员干部队伍中存在的"四风"问题，提高了党员干部素质，促进作风转变，密切了干群关系，践行了党的宗旨。同年，海兴农场党委组织党政领导班子成员开展"警醒日"集体学习活动，围绕"中国梦·赶考行，怎样交一份优异的答卷"，认真学习焦裕禄同志的先进事迹和习近平总书记在河南兰考考察时的讲话精神。教育引导党员干部以焦裕禄同志为标杆，做为民、务实、清廉的表率。

图3-3-2　海兴县农场"两学一做"工作会议

2016年，开展"三严三实"专题教育、"两学一做"学习教育等党内教育活动（图3-3-2），先后组织20多场专题座谈会，发出500多分征求意见函，深入开展理想信念教育，引导党员干部坚定马克思主义信仰，树立正确的世界观、人生观和价值观。

2019年9月，开展"不忘初心、牢记使命"主题教育活动。通过学习教育、调查研究、检视问题、整改落实四项重点措施，聚焦"守初心、担使命、找差距、抓落实"总要求，制作主题教育公示栏、意见箱等，做到检视问题往实找，整改落实往严处抓，主题教育活动往实里做。开展了"五个一"主题教育活动，即组织党员重温入党誓词、重温入党申请书；组织党员开展向党旗宣誓活动（图3-3-3）；组织党员到参观红色、廉政教育基地；组织党员观看红色纪录片、先进模范人物事迹片；组织党员开展街道志愿者服务活动。教育党员坚定信仰，担当作为，让初心使命在灵魂深处刻印，让奋斗激情在实践中闪光。

图3-3-3　入党宣誓

六、理论教育工作

1960年1月，组织党员干部学习《哲学》《政治经济学》《社会主义学说》《实践论》《矛盾论》及总路线的若干文件，培养了25名理论骨干。

1979年2月，先后举办四期由各基层单位党员干部参加的学习班，集中学习培训中共十一届三中全会公报和《农村人民公社工作条例试行草案》，明确将工作重点转移到社会主义现代化建设上来。

1980年，海兴农场举办了第一期党员学习班，由党委主要负责同志亲自授课，组织全体党员集中学习了中共中央关于加快发展农业的文件、《党的十二条准则》及《刑法》《刑事诉讼法》。5月5日，海兴县委在《宣传工作简报》中给予了宣传报道。

2009年3月，为深入开展学习实践科学发展观活动，强化党员干部理论学习，筑牢科学发展思想根基，举办培训班 2 次，参加培训的党员、机关工作人员 300 人次。

2012 年 11 月，党的十八大召开以后，海兴农场党委把学习贯彻十八大精神、教育党员干部作为重中之重，组织党员干部、机关工作人员参加"学习十八大精神辅导班"，邀请海兴县委党校讲师结合实际对十八大精神进行解读，向各基层党组织发放了新党章、十八大报告学习辅导材料。

2017 年 10 月，党的十九大召开后，海兴农场迅速进行动员部署，掀起学习贯彻十九大会议精神新高潮。制定了党委中心组、集体学习、个人自学三个层面的学习计划，系统学习《党的十九大报告辅导读本》《习近平新时代中国特色社会主义思想》《党章》《中国共产党廉洁自律准则》等。开办"机关大讲堂"，邀请河北大学马克思列宁主义学院教授田海舰、宇文宏、海兴县领导等来做专题辅导讲座（图 3-3-4），开展了"党委班子成员讲党课"和在党员干部中"我为基层讲一课"活动。成立宣讲小组分赴各基层，走到每位党员干部、职工群众身边进行"零距离"宣讲，"面对面"交流，让十九大精神进各区、进企业、进校园。开展宣讲活动 10 场次、交流研讨 5 次，党员干部撰写心得 100 余篇，受教育党员干部群众 560 人次。

图 3-3-4　2017 年 12 月 20 日，河北大学教授田海舰在海兴农场做十九大精神专题辅导讲座

第四章　重要时期

第一节　全面建设社会主义时期

中华人民共和国成立之初，新生的试验农场经济十分困难。为了尽快恢复和发展经济，农场党组织领导职工群众，以勇敢和勤劳的姿态建设农场，发展经济。1951年开展了增产节约劳动竞赛活动，提高了劳动生产率，由1949年每人耕种7亩地的基础上，提高到每人耕种18亩。1953年开始进入有计划的社会主义经济建设时期，在土地盐碱、基础十分薄弱的情况下，农场十几名农垦战士艰苦创业，发展生产，在经营上实行定额管理，推广技术，提高产量，降低成本，粮食产量逐年上升，明显地高于相邻村庄，到1957年全面完成了第一个五年计划，开始大规模进行社会主义建设。

为加强农业垦荒，增加耕地面积，提高粮食产量，1957年3月开始在苗家洼一带扩建农场，480名农垦战士，来到茫茫大洼，进行大规模"一垦三改"（开垦荒地，改造盐碱地，改造低洼地，改革农作物种植），当年完成开垦3500亩的荒地和盐碱地。1958年1月，农场制定出《1958—1962年第二个五年发展生产规划》。全场男女老少齐上阵，披星戴月，实行行动军事化管理，白天工地上红旗招展，晚上火把通明，你追我赶，开展劳动竞赛，大搞深翻土地，垦荒改碱，挖沟引水，兴修水利，养猪积肥，增施肥料，提高产量。据资料显示，当年完成开垦荒地1755.6亩，蓄水9000立方米，实现灌溉面积3940亩，月积肥完成9364万斤，日积肥达350万斤。为了实现过高的增产指标，还改低产作物为高产作物，毁玉米、谷子改种甘薯，还强调种水稻，大搞小麦密植，由于超越了客观现实规律，造成人力物力的浪费。

1960—1964年，农场连遭自然灾害，1960年春旱、夏涝，粮棉减产，每日人均口粮250克左右，借以谷米糠、野菜等代补粮食不足。1961年7—9月，连降大雨40天，水深处齐腰，淹没粮田37163亩，倒塌房屋2236间，场党委紧急动员1850名青壮年，抢险救灾，派23名干部带领238名职工群众代表挨家挨户地检查人民群众的衣食住行，给2298名患有营养不良、浮肿等五种疾病者进行免费医治，并将上级政府救助的6000斤粮食组织青壮年用马驮肩扛送至灾民手中。1962—1964年的7—9月，降水量均在1000毫米以上，80％的农作物遭灾。特别是 1964 年 7—9 月，面对暴雨成灾、洪水来袭的危急情况，农场党委迅即领导抗洪救灾，转移灾民和牲畜，带领群众在抗洪抢险第一线，日夜施工加固危险堤段，组织群众从水中抢收庄稼，鼓励受灾群众开展生产自救，重建家园，充分展示了中国共产党领导下的社会主义优越性。灾情过后，农场党委，汇集全场人民，发扬愚公精神，靠车推肩抬，大搞修台、田条，到 60 年代中期，逐步有了旱能浇、涝能排的保障能力。

1972 年开挖修建了横贯全场 14 华里的"七一"排灌干渠，到 1973 年共开挖大小沟渠 39 条，使全场 27000 亩耕地基本免除了旱涝灾害。在工业方面先后建成了五金交电厂、修配厂等 6 家工业企业，1976 年工业总产值达 100.6 万元。

第二节　改革开放和社会主义现代化建设时期

1978 年开始进入改革开放的新时期，农场重点进行了农业和工业改革。

1. **农业改革**。1980 年 9 月，中共中央下发了《关于进一步加强和完善农业生产责任制》的文件，根据文件精神，1981 年 1 月开始，在全场推行大包干制度，到 5 月所辖 70 个生产队有 39 个建立起"统一经营，联产承包"形式的农业生产责任制，31 个生产小队实行"小段包工"。1983 年，国营农业队实行以班组为主的生产责任制，场部把任务指标下放承包到队，再由队承包到班组，财务由农场统收统支，承包的土地、任务指标一年一变。1984 年 1 月，农场出台《1984 年生产经济承包责任制试行办法》，职工兴办家庭农场，打破原来的固定等级工资制变为现在以经济成果为标准的活工资；家庭农场职工全部实行财务包干，自负盈亏的办法，完成场里交给的粮油指标，其余部分归己所有；调整经济结构，变单一经济为多种经营；企业财产作价出售，允许个人购买大中型机具牲畜、农具。当年办起职工家庭农场 130 个，搞职工联产联利承包户 110 家，把承包责任制由过去的一年一变改为一定三年不变。通过自主经营，合理调整种植结构，由原来单一的粮食生产，增加了经济作物和林果业，并向种、养、加方向转化。突出发展枣粮间作，苜蓿种植，畜牧养殖，到 1996 年发展枣粮间作 1 万亩，新载枣树 15 万株，嫁接改良经济价值高的冬枣树 7.5 万株，发展种植、养殖、加工大农户 246 个。

进入 21 世纪后，以农业增效为目标，以结构调整为主线，依托丰富的土地资源优势，不断深化农业改革，2002 年 11 月至 2003 年 4 月完成"三田制"改革，（口粮田、劳保田、商品田）改革，"商品田"在优先本场职工和种养大户承包的前提下，推向社会承包。培植了新的经济增长点，农业生产向大规模、高效益发展，按照集群化、产业化、规模化管理要求，通过土地合理调配、整合和流转，引导农户成立自由结合的合作组织，建立种植、养殖基地。到 2008 年先后建成生态示范园区、冬枣种植园区、棉花种植园区、甜高粱园区等规模性示范园区，大力培育果品蔬菜、畜禽养殖等特色优势产业，引进了一些对产业结构有示范、拉动作用的农业开发项目。到 2009 年，吸引种植棉花开发商 30 家，形成 2 万亩的棉花种植基地，苜蓿种植基地五个，种植面积 5000 亩、枣粮间作 2400 亩，形成了以引进的香港南华集团、海兴格润农牧公司、华富农业生态园、冰洁绿色庄园等六家以林果业、养殖业、农产品加工业为龙头的现代农业建设基地。

2. **工业企业改革**。大致分为三个阶段。第一个阶段为 1979—1984 年，这个阶段改革的中心是在工厂企业中实行经济责任制。就是把企业经营好坏同职工利益挂起钩来，打破"大锅饭"，克服平均主义，1980 年在工厂企业中实行定人员、定资金、定利润。1984 年在工厂企业中全面实行经济指标承包，实行交利润递增包干、联产计酬、定额计件、利润分成四种形式。从此，工业改变了作坊式生产模式，真正向企业化发展，到 1984 年，工业企业发展为 9 家，主要产品有弹簧、五金交电、织布、绣花、皮鞋等。第二阶段为 1986—1990 年，这一阶段改革的中心是实行厂长（经理）负责制，进行企业承包。1988 年 1 月，制发《关于工业企业经营管理的实施意见》，加强改革企业领导体制，实行和推广厂长（经理）委任承包责任制，给企业放权松绑，厂长、职工的经济收入与单位经济效益直接挂钩，多劳多得，拉开档次，确立了厂长对产供销、人财物实行统一管理，全面负责的中心地位。开始推行"四个引进"，即引进人才、引进项目、引进技术、引进资金，以优惠的政策面向社会，对适应农场的工农业生产项目、技术、人才实行全方位引进，到 1988 年引进了低压电器、化工、制锁等项目 5 个。第三个阶段的改革从 1991 年开始，这一段是围绕产权制度改革这一核心进行的。自 1989 年起，农场对部分企业进行了兼并、联合、股份制等形式的改革，实现了资产重组和优势互补，使资产在流动中进一步增强，当年五金厂、开关厂、皮鞋厂合并成立海兴农场低压开关厂。到 1992 年工业企业发展到 18 个，分 4 个门类，18 种产品。其后，工业企业开始由数量型增长向规模效益型发展，到 1993 年培植了 3 个年产值 1000 万元的企业。20 世纪 90 年代末期，由于市场疲软等原因造成 90％以上企业停产、下马。

进入 21 世纪后，为迅速恢复和发展场域经济，农场党委坚持"项目立场、富民强场"的发展战略，进一步加大招商引资力度，2003 年制定了《招商引资若干优惠政策》，强化措施，优化环境，全力营造亲商安商富商的浓厚氛围，当年引进轧钢、橡塑、食用等工业企业项目。2004 年，加大力度对所有破产企业进行资产清理，先后对停产的开关厂、油脂厂、砖厂、冷饮厂实施了清产核资、资产评估和产权界定等。通过内部改制，使农场新增合作项目 4 个，新增固定资产投资 537 万元。为提升农场经济水平，使农场经济持续快速增长，还不断加大培育和巩固工业产业项目，在培育现有工业产业项目的同时，壮大民营经济，以农场传统体育器材、低压电器等优势产业为主体，向优势产业项目的配套产业延伸，鼓励企业增加固定资产投入，实现短期内企业的增资扩规，提高农场优势产业项目竞争能力，到 2009 年先后，引进了一批以电器、化工、体育器材、铸造、编织等不同行业为主的工业项目，其中沧州市益奥特塑胶器材有限公司、沧州市吉人篮板制造有限公司、鑫源电器有限公司等企业以实现规模化生产，逐渐发展成为海兴农场的龙头企业。

第三节 中国特色社会主义新时代

海兴农场坚持以习近平新时期中国特色社会主义思想为指导，按照"产业兴旺、生态宜居、乡风文明、治理有效、生活富裕"的总要求，全力推进"生态立场、林果兴场、产业富场"。

1. **全面推进从严治党，促进场风文明**。深入开展"两学一做""不忘初心、牢记使命"主题教育活动，用习近平新时代中国特色社会主义思想武装头脑，加强道德建设，开展"十星级文明户""最美家庭"创建评选活动，组建志愿者团队，开展志愿服务、扶危济困活动 30 场次。深化移风易俗，倡导"厉行节约、反对餐桌浪费"，努力打造干事创业、风清气正的政治生态。

2. **推进园区建设，促进产业振兴**。坚持高标准规划设计，高质量建设，重点打造了"耐盐碱林果、有机食品产销、绿色养生养老、农业休闲旅游"四大产业基地，培育形成 2.7 万亩苗木种植、4700 亩林果种植、500 亩瓜蔬种植，建成全国柳树品种最全的种质资源库，成功推出 400 余种柳树良种。以种植反哺养殖，发展林下经济养殖 18 万头（只）。深入实施品牌战略，2015 年，与河北省农林科学院、河北农业大学、南京农业大学合作，投资 8000 余万元，采用篱壁式种植模式种植有机梨 3000 亩，亩产达 3500 斤。总投资 2500 万元，养殖的有机山羊 2000 只，先后通过了有机食品认证，并注册"冀海农"和"嘉景"商标，"海兴碱梨"获得国家地理标识认证，提升了农业竞争力。培育壮大农业休闲旅游产业，以"农业十产业＋文旅"等综合发展模式，打造集生态观光、农业采摘、农家生活体验等项目为一体的"田园综合体"，2019 年完成采摘园及省级中小学研究实践教育基地认定工作。年客流量达到 3.6 万人次，促进了农场创收。

坚持经济发展，招商为要，外引项目，内优环境，改造提升传统产业，培育壮大新型产业，2012 年以来，先后引进了百万头生猪养殖及饲料加工项目、沧州三丰牧业有限公司禽类深加工、江山新能源 100 兆伏农光互补、华能发电 50 兆伏风力发电 9 个重点项目，其中超亿元项目 9 个。通过产业振兴，为 200 名贫困职工提供再就业，人均收入由 2012 年的 4500 元增加到 2019 年 6120 元。

3. 提质"美丽农场"建设，促进生态宜居。从创建生态农场入手，以改路、改水、改厕、垃圾集中处理为重点，以绿化、亮化、硬化、美化为目标，大力实施农场面貌改造提升工程。2013 年 7 月，开展"四清四化"，拆除危房 187 间，填平坑洼动土 1800 立方米，安装路灯 300 盏，配置垃圾桶 30 个，新建公厕 10 座。2017 年开展"河库四乱"拆违 4 处，2018 年开展"利剑斩污"专项行功，排查污染隐患 20 处，取缔"散乱污"企业 3 家，2019 年开展"清理荒草优化环境"活动，清理杂草 2300 吨。促进了大气质量持续改善。践行绿水青山就是金山银山的发展理念，大力开展植树造林，绿化面积达到 4.7 万亩，绿化率达到 71%。

4. 抓好民生保障，促进生活富裕。大力实施基础设施、安居工程等项目，投资 1.2 亿元，完善场区内道路、排水、电力、通信、农田水利等基础设施建设，累计投资 8000 万元，实施安居工程，改善居住环境，采取雨污分离和节能环保建设模式，建成"农垦人家"新型社区。并为贫困职工提供免费住房。聚焦产业扶贫，引导带头 200 余名贫困职工进入种植、养殖基地务工，到 2019 年全部实现脱贫。不断提升居民保障水平，城镇居民养老、医疗保险实现全覆盖，让广大农工获得更多的幸福感、安全感。

5. 农垦企业化改革。根据中共中央、国务院《关于进一步推进农垦改革发展的实施意见》，农场作为改革的试点先行先试，自 2015 年全面推行农场企业化改革，2018 年完成土地确权和登记工作，按照"内部分开、管办分离、授权委托、购买服务"的改革模式，成立了海兴海农农业开发有限公司，下设三个分公司，主要负责农场企业经营管理工作，农场改革与现代农业园区建设相结合，打造了集循环农业、创业农业、农事体验于一体的"田园综合体"。

第五章　精神文明

海兴农场党委按照中央、省、地（市）县党委的要求，从20世纪80年代初期开始加强精神文明建设，相继开展了以"五讲四美""全民礼貌月""学雷锋、树新风"为主要内容的社会主义精神文明教育活动。

第一节　精神文明建设

一、精神文明建设

为响应全国总工会、共青团、全国妇联等9个部门发出的开展"五讲四美"活动的倡议和贯彻执行省、地、县关于开展学雷锋、树新风活动的决定，1982年3月14日，海兴农场召开了精神文明建设动员部署会议，拉开了精神文明建设活动的帷幕。会后在全场开展了第一个以学雷锋、树新风为主要内容的"文明礼貌月"活动，从解决"脏乱差"入手，先后组织了3次卫生扫除大会战，投入人力2000多人次，清除垃圾3000多车。在治脏的同时，发动群众义务植树4000株。为了传播雷锋的先进事迹，电影队制作了幻灯片，广播站开办了专题节目。在雷锋精神的鼓舞下，全场组织起了200名青年参加的"青年帮扶小组""青年服务队"进行义务帮扶。

1983年，在全场开展了以共产主义思想为核心的爱国主义、思想道德教育，开展"文明单位""五好家庭"评比活动，有10户"五好家庭"受到县有关部门的表彰。

1987年1月，为贯彻中共中央《关于社会主义精神文明建设指导方针》精神，开展了职业道德和社会公德教育，开展民主、法制、纪律教育。

1989年8月，围绕培育"四有"（有道德、有文化、有思想、守纪律）新人，开展了学政治、学文化、学科学、学技术活动，在全场评选出"十大公仆"，形成崇尚先进、学习先进的良好风气。

1995年后，海兴农场按照上级部署开展以创建文明家庭、文明单位为主要内容的群众性精神文明创建活动，和以"四查一纠"为主要内容的社会公德教育活动，培养公民的爱国主义和社会主义思想。

1996 年 5 月，农场组织全体干部职工集中学习《为人民服务》《物质文明建设和精神文明建设是统一的奋斗目标》等文章，开展了精神文明建设大讨论活动，提高为民办事的服务意识，推广创建"十星级文明户"、评选"十佳爱岗敬业道德标兵"等活动。

2005 年 12 月，农场认真贯彻《公民道德实施纲要》，改陋习、树新风，组建起两支南北秧歌队等民间文艺组织，摈弃赌博、搞封建迷信等陈规陋习。

2006 年 1 月，海兴农场印发了《海兴农场创建精神文明单位实施方案》，与各单位、企业签订了《精神文明建设目标责任书》，从创建生态文明农场入手，开展了以改路、改水、改厕、进行垃圾集中处理为重点，以亮化、绿化、硬化等为目标的环境综合整治，场区面貌有了显著的改变。

2007 年，农场把精神文明创建绩效纳入场领导班子和领导班子成员考核内容、列入各基层单位年度考核指标，做到与经济工作同频共振。

2011 年，在全场广泛开展"文明户""和谐家庭"评选活动，以家庭和谐促进社会稳定。

2012 年 10 月，党的十八大召开后，海兴农场党委把精神文明创建活动铭于心、践于行，明确责任，量化目标，高密度、多频次地对创建点位进行"把脉会诊"，将精神文明创建工作不断向前推进。

大力营造人人参与的文明农场创建氛围。海兴农场以社会主义核心价值观、"讲文明、树新风"和"创建文明农场、建设美丽家园"为主要内容，在场区主要街道、公路两侧设立了灯杆广告牌 265 块；在广场周围、居民住宅楼等建筑围墙悬挂标语 378 幅；在主要路段设置了大型宣传牌；通过微信群随时将文明建设的动态向职工群众发布；将精神文明建设取得的成果向新闻媒体推送 108 条。

培树道德风尚，弘扬文明新风。海兴农场建立了"学雷锋服务站"、爱心志愿者服务团队，多次开展街道志愿服务活动。开辟了"道德讲堂"，建立了"光荣榜功德录"，传播建场初期农垦战士的创业精神。开展了"文明家庭""星级文明户""道德模范"评选活动，大力弘扬善行义举。

加强文化设施建设，活跃群众文化生活。海兴农场建立文化站、综合档案馆、图书室，兴建了文化广场及休闲娱乐等公共场所，多次组织开展了群众喜闻乐见的广场舞、秧歌舞展演，举办了戏剧、歌曲文艺晚会，让健康文明生活占领农场阵地。

开展环境治理，建设美丽农场，实施"美化、硬化、亮化、绿化"工程。2013 年，海兴农场从解决"脏乱差"入手开展"四清四化",进行"全民洗城"。清理垃圾、填平坑洼,拆除危房,美化了场区容貌;积极推进场区旧路改造、道路硬化,兴修场区 5 条公路,总长度达 40 多公里,实现了硬化户户通;给场区大小街道安装照明灯 400 余盏,实现了"街街明";践行"绿水青山就是金山银山"的理念,弘扬塞罕坝精神,大力开展植树造林,实现了环场皆绿,生态宜居;通过"三区同建"大大改善了居民的居住条件。

图 3-5-1　"党员活动日"义务劳动

1990 年、1991 年海兴农场被沧州地委、行署授予"两个文明"建设先进单位;1992年被河北省农垦局授予"两个文明建设"先进单位;2010—2011 年被沧州市委、市政府授予"文明乡镇"称号;2014—2016 年连续三年蝉联沧州市"精神文明建设"先进单位;2016 年被评为全省农垦系统"精神文明建设"先进单位(图 3-5-2)。

图 3-5-2　海兴农场获得的沧州市文明单位奖牌

二、创建文明行业

1984 年起,海兴农场结合精神文明建设制定了厂规厂约,开展了"双学双比"(学文化、学技术、比成绩、比贡献）。开展"岗位练兵""劳动竞赛"等活动。1988 年，砖厂除完成上缴利润 3 万元还盈利 2.8 万元。1992 年，海兴农场把精神文明建设纳入《工业管理规定》，各工厂企业逐步实现了厂区绿化、环境美化、车间整洁，文明生产。1995 年开展了"弘扬企业文化、争创最佳效益"活动，制定了职业道德百分考核制度，把精神文明建设同个人收入挂钩，调动了企业内部各个方面的潜在动能，推动了物质文明建设。2007 年还召开了"创建企业文化"学术论证会、演讲会等。进入 21 世纪，重点开展了"文明生产、奉献社会"等活动。2019 年 8 月，牧原有限公司为农场辖区内 9 名大学生提供资助 2.7 万元。

农业战线：1989 年 12 月 17 日，海兴农场第二期简报显示：六队在完成开发 5000 亩苜蓿基础工程后，超额完成上交公粮任务。韩荣芳、位玉清等 10 多户积极主动向国家超交爱国粮食。1996 年起推广创建"十星级文明户"活动，使农工在参与过程中受到激发和教育，到 2019 年拥有星级农户 3 户。围绕崇德向善、遵纪守法、环境整治等内容，开展了"五好文明家庭""美丽庭院""最美家庭"创建活动，到 2019 年拥有"五好文明家庭" 4 户、"美丽庭院" 5 个、"最美家庭" 2 户。海兴农场把精神文明建设融入优化农业发展环境中，通过举办多种类型的培训班，组织农工学政治、学文化、学科学、学技术。2008 年、2017 年通过实施"金蓝领计划"、阳光工程等先后培训新型农工约计 520 人次，使他们成为农场现代化建设的领军人物。

财贸商业战线：在精神文明建设中，海兴农场通过制定服务公约和道德规范、开展学雷锋树新风活动和"假如我是顾客"的大讨论，不仅做到文明经商、礼貌待客，还多次开展下乡支农惠农活动。1984 年 9 月在秋收种麦时，供销社和信用社联合下村入户调查发现有 34 户急缺化肥，供销社及时到外地购置了 5 吨化肥与信用社的负责人一同送到农户手里，受到群众的好评。

教育卫生战线：海兴农场以办人民满意的教育为宗旨，以道德建设为重点，把立德树人贯穿于教育工作的全过程，加强教师队伍的师德师风建设，做到为人师表，以校园为阵地，充分发挥共青团、少先队、校外辅导员的作用，广泛开展"学雷锋、树新风""志愿者""手拉手"活动，培育"五爱"精神，利用各种重要节假日、纪念日，举行升国旗、唱红歌、诗歌朗诵比赛 176 场次，坚持不懈地加强对学生进行文明礼仪教育，集中开展"小小志愿者义务植树""护绿行动"等志愿服务活动 57 场次。通过无形的引导，有形的服务，使精神文明建设在教育行业落地生花。

卫生系统：海兴农场以提高医务人员文明素质为抓手、以患者为中心、以提供优质服务为目的，通过多种形式开展医德医风教育，纠正行业不正之风，制定了服务公约和道德规范。1982 年在"五讲四美"活动中，通过开展"假如我是一名患者"等教育活动，涌现了许多"白衣红心"战士，如卫生院的刘华明、小黄村"赤脚医生"黄丽华。1982年刘华明被评为海兴县精神文明先进个人。

1985年3月，海兴农场实行文明卫生院百分制评比。1989年3月，为增强卫生工作的透明度，实行"两公开、一监督"制度，有效地遏制了不合理收费、以医谋私等不良行为。1990年3月，开展了"学雷锋精神，争做白求恩式白衣战士"活动。医务人员义务行医，送医送药上门。1997年开展巡回义诊活动。2000年后，农场多次开展健康教育活动，引导和帮助城镇居民建立了良好的卫生习惯。

三、创建文明单位

1982年5月20日，海兴农场供销社被评为海兴县精神文明建设先进集体，并在县委召开的全县精神文明建设表彰大会上受到表彰。

2013—2014年度海兴县文明单位：海兴农场北区党支部。农场北区坚持深入开展党的群众路线教育实践活动，对标乡村振兴"产业兴旺、生态宜居、乡风文明、治理有效、生活富裕"总体要求，制定了精神文明考核办法，修改完善了村规民约，深入田间坑头宣传《公民道德建设实施纲要》和法律法规等，培育文明新风。通过开展"民主恳谈"活动，了解职工所想所盼，突出"特色农业"发展之路，引导职工"科技致富"，建起优质果蔬大棚30座。在环境治理上不断发力，硬化主干道4.5公里，安装路灯60余盏。

2015—2016年度海兴县级文明单位：河北翔宇体育设施制造有限公司。公司以培育践行社会主义核心价值观，提升职工文明道素养为根本，紧紧围绕建设"文明、安全、高效"企业，组织职工深入学习贯彻习近平总书记系列讲话精神，开展理想信念道德教育，在公司逐步形成了遵守职业道德、崇尚社会公德、致富不忘回报社会的新风尚。把环境建设纳入企业发展规划，全面推进"硬化、绿化、净化、亮化"建设，打造了整洁、生态、安全文明企业。

2016年海兴县文明单位：海兴农场中区党支部。农场中区深入开展党的群众路线教育实践活动，坚持抓党建促文明，对职工群众进行道德教育和法制教育，利用广播、板报、展牌宣传村规民约、文明礼仪、善行义举，以法制"定纷止争"，以德治"春风化雨"，形成了尊老爱幼、礼让宽容、团结友爱、扶贫济困的淳朴民风，推进了"美丽乡村"建设，通过种树木、建新居、修道路、砌围墙、种花草，85％的职工住上新房，区主干道和居民点全部道路实现硬化，柏油路通到居民家门口，实现了居民推窗见绿，出门有花。

2017—2018年海兴县文明校园：海兴农场中心学校。学校坚持"以德为先、以人为本、突出办学特色"创建文明校园。加强师德师风建设，引导教师不忘立德树人初心，牢记人才培养使命，以创建文明校园为抓手，帮助学生"系好人生的第一粒扣子"，充分利用宣传橱窗、文化墙面、展示专栏、主题班会等在校园开展了"我的中国梦""经典诵读"、升国旗、聆听道德故事、学雷锋树新风教育实践活动。推行校园文明礼貌用语，让学生知礼仪，重礼节。对学生进行法制教育、安全教育及自救自护演练，每学期都举行"防震防火防水安全紧急疏散实地演练"。成立了英语、跳绳、书法、美术、阅读等兴趣小组，以人文底蕴滋教育之根。

2017—2018 年海兴县文明单位：海兴农场北区党支部。农场北区坚持"两个文明"一起抓，宣传《公民道德建设实施纲要》，完善村民约，开展文明道德教育，推进了移风易俗，消除了婚丧嫁娶大操大办等不良风。坚持普法教育走门入户，教育群众知法守法。聚焦"美丽乡村"建设，大力开展科技普及教育，促进产业结构调整，坚持生态优先，以绿色有机发展引领乡村振兴，2018 年建立设施果树基地 2000 亩，带动职工创业致富。通过道路硬化、亮化、绿化，人居环境持续改善。

第二节　精神文明教育工作

一、"三爱"教育

1982 年起把热爱祖国、热爱中国共产党、热爱社会主义"三爱"教育贯穿于精神文明全过程，在"五四""六一""七一""八一""十一"等节日举行升国旗、唱国歌、入队、入团、入党宣誓，请老党员做党的传统报告，参观"红色"教育基地，慰问老党员等"三爱"教育实践活动。围绕改革开放 40 周年、新中国成立 70 周年、抗战胜利 75 周年、中国人民志愿军抗美援朝出国作战 70 周年等重要时间节点，大力开展革命历史和革命传统教育、社会主义理想信念教育，进一步激发了全场职工群众的爱国情怀，唱响共产党好，社会主义好。

二、"三德"教育

在精神文明建设中，坚持对全体干部职工群众进行"三德"（社会公德、职业道德、家庭美德）教育，全力提高干部职工群众的精神风貌和文明素质。2006 年在公民道德实践活动中，开展了"三管六不"活动，即管好自己的嘴，不说粗话、脏话，不随地吐痰；管好自己的手，不乱扔杂物，不损坏公物；管好自己的脚，不横穿马路，不践踏草坪。机关干部在接听电话时使用"您好""谢谢""再见"等文明用语。把《公民行为规范十不准》和《文明用语二十条》，印成宣传板，挂上墙，见诸每个人的行动。聚焦职业道德教育，制定了《职业道德行为规范》《文明公约》，2007 年开展了以文明礼貌、助人为乐、爱护公物、保护环境、遵纪守法为主要内容的职业道德教育，增强了干部职工为人民服务的理念。2012 年创办了道德讲堂，邀请讲师讲授国学礼仪，传递温暖关爱、传播英雄人物的先进事迹，让榜样的力量带动更多的人奋力前行。把尊老爱幼、男女平等、夫妻和睦、勤俭持家、邻里团结作为开展家庭美德教育的主要内容。自 1982 年以来结合创建五好家庭，持续开展家庭美德教育，大力宣传孝敬模范，教子模范等，2012 年后在未成年人中开展了"感恩长辈""分担家务"活动，帮助父母洗衣、扫地教育实践活动。把家庭美德教育与法治教育相结合，2007 年开展了以"平安家庭""不让毒品进我家""零家庭暴力社区（村）"和"星级文明家庭"等创建活动为载体，教育引导家庭成员互敬互爱、互帮互助，以家庭和谐促进社会稳定。

三、法制教育

坚持法治教育与道德教育相结合，利用宣传橱窗、"法制宣传栏""学习园地"有线广播广泛宣传法律法规。1980 年 1 月举办了第一期由全体党员参加的培训班，对全体党员进行了《刑法》《刑事诉讼法》培训教育。1987 年 3 月开展普法教育，先后举行 4 次普法考测，参与者 240 名。2007 年开展了"法律八进"活动，即法律进机关、进村队、进社区、进学校、进家庭、进企业、进单位、进市场。把《妇女权益保障法》《婚姻法》《继承法》《未成年保护法》《老年人保护法》等法律法规的内容，通过集中教育和入户宣讲，来增强干部职工的法律意识，从而做知法、守法的好公民。

结合推进平安农场建设，持续开展法制教育，2018 年为贯彻落实习近平总书记关于加强《宪法》学习宣传教育的重要指示，海兴农场成立了领导小组，研究制定了学习宣传教育实施方案。自上而下地开展了《宪法》学习宣传教育活动，党委会、场长办公会坚持会前学《宪法》；开办了"法律讲堂"，并邀请法律专家授课，还充分利用网络媒体、法制宣传栏、广播喇叭、电子显示屏幕投放《宪法》相关的内容，受教育者达 2000 余人次。

据不完全统计，自 20 世纪 80 年代初以来，通过举办法制培训班、开办法制讲堂、发放普法宣传书籍、资料学法用法考法，教育群众达数万人次。

四、艰苦创业教育

利用召开会议、做传统报告、写回忆文章等形式进行艰苦创业教育，开展了"践行农垦精神、讲述身边故事"，在改革开放时期开展了"解放思想、开展艰苦创业"大讨论及"沧海桑田话农场"活动。1990 年 6 月，在全体党员中开展"三查、三忆、三对比"活动。"三查"即对照党章，查个人思想、查党性观念、查日常表现；"三忆"即忆党史、忆场史、忆个人成长史；"三对比"即把自己的思想和行为同党员标准比、同革命前辈比、同优秀党员比。2009 年 7 月 17 日，《河北农垦情况》第 22 期刊发文章《崛起中的海兴农场》，回忆了 1957 年农场扩建之初，老农垦战士在吃、住、行十分艰难的情况下，在"斥卤不毛""如场之涤"的苍苍芦荡，茫茫大洼，用他们的一双手、一把镐、一张锨，起早贪黑，向荒地开战，把"冬季一片白茫茫，夏天一片水汪汪"的盐碱滩开垦出 3500 亩米粮田，以弘扬老农垦战士艰苦创业精神，激励农场人乘势而上，奋发崛起。

五、社会主义核心价值观教育

党的十八大以来，按照中央《关于培育和践行社会主义核心价值观》的要求，坚持立德树人，广泛开展社会主义核心价值观教育活动。充分利用横福标语、宣传专栏、滚动播放电子屏、新闻稿件等多种形式向广大职工群众宣传社会主义核心价值观的内容。把社会主义核心价值观纳入场党委中心组学习计划、宣讲内容和机关工作人员周末读书活动内容，开展以"树立社会主义核心价值观"为主要内容的教育实践活动，组织观看郭明义等道德模范、志愿者事迹视频。围绕"全民义务植树护绿行动""打造洁净秀美家园""便民利民"等开展志愿服务活动 167 次。

第三节　文明新风

海兴农场倡导文明新风，使农场居民崇尚新思想，树立新风尚。

一、崇尚科学

2017 年 7 月 23 日起在全场开展了崇尚科学、反对邪教、破除迷信的集中教育整治宣传月活动。利用分发宣传资料、道德讲堂，通过身边的人和事教育引导群众崇尚科学、抵制封建迷信。相关部门协调联动进行集中排查，对涉嫌从事封建迷信活动的人员和活动情况进行查处，对危害社会、群众及伺机敛财、骗财的迷信活动进行取缔。不断净化社会风气，推动健康文明生活。

二、厉行节约

2008年农场出台有关政策，要求：关闭办公室高耗能电器，关闭空调，改吹电风扇，严禁办公楼各走廊"长明灯"，倡导"绿色出行"，干部职工住所离单位近的能步行的，不要开车，住所远的能骑自行车的，不要开车，参加公务活动的"搭车同去"，最大限度地减少开支。2015年5月10日，海兴农场向全体干部职工发出"例行勤俭节约，反对餐饮浪费"倡议书，广泛开展爱粮节粮活动，在餐饮处悬挂"文明就餐"宣传图片、"光盘行动"提醒牌，倡导干部职工用餐做到定量取餐，不留剩饭。还通过培树节约典型，曝光浪费行为，形成"厉行节约，反对浪费"的文明新风。

三、尊老爱幼

尊老爱幼是中华民族的传统美德。海兴农场从20世纪80年代初开展了评选"五好家庭""最美家庭"等系列活动。孙秀英，1981年"五好家庭"代表——好儿媳，居住在孔庄子村，婚后23年如一日，辛勤劳动，勤俭持家，孝敬公婆，后来，婆婆患了严重的脑出血，瘫痪在炕上，手脚不能动，孙秀英就一口一口地喂饭，大小便失禁就一把屎一把尿地擦洗。她精心侍奉患病的婆婆，精心打理8口人的衣、食、住、行。

四、见义勇为

2018年11月8日上午，海兴农场一队职工刘汉信的家属骑着电动三轮车带着两个孩子从地里回家，不慎落入环卫湖中。路经此地的农场职工李海兴、刘金潭见湖中有小孩在水里挣扎，刘金潭顾不上脱掉外衣，纵身跳入水中，托住孩子的头，使尽全力，把两个孩子推上岸边，负责接应的李海兴用木棍奋力把刘汉信的家属也拉上岸边。祖孙三人得救了，刘金潭全身被水浸透了，二人累得气喘吁吁，稍微休息后又把祖孙三人及时送回家，不留姓名地离开了。事后刘汉信到场部寻找到二位救命恩人百般感谢。

五、扶贫济困

海兴农场南区马益阳、马益明、马益凯姐弟三人分别是海兴二中初中一年级、农场南区小学三年级、农场小学幼儿园小班品学兼优的学生。几年前父亲下落不明，母亲不堪生活重负离家出走，姐弟三人跟着患有严重疾病的爷爷和身体羸弱的奶奶艰难度日，面临辍学。2019年3月16日，场工会发起了"人人献爱心"活动，建立爱心团队，干部职工和爱心人士踊跃捐款累计捐善款50500元。

六、拾金不昧

2016年9月30日上午，海兴农场职工马志洪去县城送料，车行至在海兴县城雅布伦大酒店时，看到地上一个黑色提包，下车捡起来后，开车走出了几十米，又把车停下，好奇地打开包一看，包内装有数沓厚厚的现金和手提电脑及发票。他按照名片上的电话号码给失主打了几次电话但未接通，他又经多方联系寻终于找到失主。当失主从他手里接过失而复得的13万元现金、电脑和票据时，感动地连忙抽出重金给马志洪表示感谢，但被马如红婉言谢绝了。

七、助人为乐

2005年10月5日，海兴农场70多岁的退休老职工刘荣军去孔庄子村赶集，突然昏倒地上，不省人事，引起众人围观。恰逢南区职工崔文祥也赶集路过此地，他拨开人群，将老人抱到车上，送往盐山县医院，经查老人患了脑出血，好在老人得到及时救治，刘荣军老人的家人闻讯后感激万分。崔文祥助人为乐的善行义举，得到人们称赞。

八、爱岗敬业

张平是原明泊洼农场的一名老职工，在农垦战线艰苦奋斗了几十年，用自己的拼搏精神践行着农垦人的初心，创造着感人的奇迹。张平来到农场后，最大的心愿就是多种粮，种好粮，为国家做贡献。在劳力不足、机械紧张的年代，为确保颗粒归仓，天还未亮，张平第一个拿起磨好的镰刀，走出家门，奔向一望无际的麦田，他像一名冲锋陷阵的勇士，连续两年创造了一人一天割九亩麦田的奇迹，《沧州日报》赞之为"不用加油的收割机"。他先后被评为省、地、县先进生产者、劳动模范。

第四编

行　政

中国农垦农场志

第一章 行政机构

第一节 农场管委会

1948年，盐山县农场成立之初，由于人员少，没有设立管理机构。1950年1月农场成立了场务办公会，由7人组成，负责领导场内的一切管理工作。1955年由事业单位改为国营企业单位。1958年6月盐山县农场设立管委会，下设7个生产队。同月，天津、沧县两个专区合并，盐山县改属天津专区，12月，又改属天津市，农场归其所属。1958年11月，孟村、庆云、盐山三县合并，农场改称为"国营孟村回族自治县农场"。同年12月又复称"盐山县农场"，1959年11月盐山县将农场周围的11个村划归农场管辖，由此形成了国营和集体两种所有制经济。12月将盐山县农场改称为"天津市盐山农牧场"，由天津市畜牧局领导。1961年6月，沧州地区从天津市分出，盐山县更改为沧州专署领导，农场复称为"国营盐山县农场"。

1965年7月1日，盐山县农场更名为海兴农场。1968年5月，经沧州地区革命委员会批准成立海兴农场革命委员会，实行"一元化"领导，党委会和革委会合署办公。1968年5月27日至8月21日，海兴农场7个国营队及3个大队经县革委会批准，相继成立了革命委员会。1978年11月，恢复场长制，任命农场正副场长；1984年4月，海兴农场归沧州地区农林局管辖；1986年12月，沧州地委、行署发出《关于对地属农场实行统一管理的通知》，海兴农场的人、财、物、产、供、销等工作属于此前地区农林局成立的沧州地区农垦工商联合公司统一管理。根据党政分开的原则，海兴农场的党、团、工、青、妇、文教、卫生、司法等项工作均由其所在县负责。从1987年1月起，海兴农场党委书记、场长的任职，由地区农林局提名报行署党组审批，其他场级负责人由地区农林局党组任命。1988年4月，沧州地区农林局、农垦公司批准，组建了新的农场管委会；1989年4月，沧州地区行署发出通知，海兴农场归属海兴县管辖。

1991年1月，海兴县人民政府下达《关于海兴农场同明泊洼农场合并的决定》，建立新的"河北省国营海兴农场"。10月，县政府批准成立了"河北省海兴县农牧商联合公司"。此后领导体制实行改革，采取招聘的方式，由县政府招聘了部分副场长。

2017 年 3 月，海兴农场深入贯彻落实《中共中央、国务院关于进一步推进农垦改革发展的实施意见》《河北省委、河北省人民政府关于进一步推进农垦改革发展的实施意见》《中共沧州市委、沧州市人民政府关于进一步推进农垦改革发展的实施意见》《中共海兴县委、海兴县人民政府关于印发〈海兴农场农垦改革工作实施方案〉的通知》等文件精神，全面推进农垦改革工作，改革的模式是按照分开不分离的原则，政府购买服务，建立和完善管理体制：一是成立河北海农农业发展有限公司，公司依照有关法律和政策规定，通过上级任命或职工代表大会选举产生董事长和董事会成员，全力负责农场企业经营工作；二是成立海兴农场社区管理委员会，主要负责行政社会经济事物。

海关农场历任行政领导见表 4-1-1。

表 4-1-1　海兴（盐山县）农场历任行政领导一览表

名称	职务	姓名	任职时间	文件依据	备注
盐山县农场（盐山农牧场） 1949.02—1965.07	场长	蔡家矿	1949.02—1952.03		
		杨之金	1956.06—1965.07	盐山县〔1956〕人任字第 7 号	
	副场长	杨之金	1952.03—1956.06		
		马元鹤	1957.08—1965.07		
		张德明	1962.12—1965.07		
国营海兴农场 1965.07—1968.05	场长	杨之金	1965.07—1968.05		
	副场长	马元鹤	1965.07—1968.05		
		张德明	1965.07—1966.10		
国营海兴农场革命委员会 1968.05—1978.10	主任	薛凤楼	1968.05—1971.03		
		张兴奎	1971.03—1977.08		
	副主任	芦凤和	1968.05—1971.03		
		高付胜	1968.05—1971.03		工人代表
		高汝增	1971.11—1975.03		
		郭志勇	1972.06—1978.10		
		刘树青	1972.06—1975.07		
		刘明兰	1976.11—1978.10	〔1977〕海组干任字 114 号	
		韩博田	1978.09—1978.10	〔1978〕海组干任字 125 号	
海兴农场管理委员会 1978.10—1991.01	场长	康守贵	1978.11—1979.10		
		曲玉贤	1979.10—1983.01	〔1979〕沧地政干任字 105 号	
		刘元兴	1984.06—1986.09		
		韩丑清	1986.09—1991.01	〔1987〕沧组干字	
	副场长	康守贵	1978.10—1978.11	〔1978〕海组干任字 149 号	代场长职
		郭志勇	1978.10—1979.03		

（续）

名称	职务	姓名	任职时间	文件依据	备注
海兴农场管理委员会 1978.10—1991.01	副场长	刘明兰	1978.10—1980.02		
		韩博田	1978.10—1981.11		
		张忠礼	1980.03—1980.11	〔1980〕海组干任字 37 号	
		王国栋	1980.01—1981.02		
		刘元兴	1982.12—1984.06	〔1982〕海组干任字 46 号	主持行政工作
		朱德奎	1983.08—1985.03	〔1983〕海组干任字 56 号	
		吕文华	1982.12—1987.01	〔1982〕海组干任字 46 号	
		黄平祥	1987.01—1988.04		
		张金生	1987.01—1989.12		
		吴其祥	1988.04—1992.12		
	场长助理	张广金	1990.09—1991.01	〔1990〕海组干任字 108 号	
		林萍（女）	1990.09—1991.01	〔1990〕海组干任字 108 号	
		贾吉祥	1990.09—1991.01	〔1990〕海组干任字 108 号	
		邢建国	1990.09—1991.01	〔1990〕海组干任字 108 号	
		黄平胜	1990.09—1991.01	〔1990〕海组干任字 108 号	
河北省国营海兴农场 1991.01—2019.12	场长	韩丑清	1991.01—2002.04		
		刘竹青	2004.01—2011.08		
		贾福利	2011.08—2019.12	海人社干任〔2011〕1 号	
	副场长	许洪勇	1991.01—1998.01		
		林萍（女）	1991.01—1998.01		
		冯玉秀	1992.12—1998.03		
		邢建国	1992.12—2004.01		
		贾吉祥	1992.12—2005.02		
		邓金池	1998.01—1998.03	海组干字〔1998〕1 号	
		王玉庆	1998.01—2015.04	海组干字〔1998〕1 号	
		付秀敏（女）	2000.01—2009.01	海组通字〔2000〕22 号	
		刘竹青	2002.04—2004.01		主持行政工作
		井树伟	2005.06—2019.12		
		张俊霞（女）	2010.04—2016.10		聘任
		董海峰	2010.04—2019.12		聘任
		张殿峰	2010.04—2017.02		聘任
		李树松	2019.04—2019.12		常务副场长
	场长助理	贾吉祥	1991.01—1992.12		聘任
		邢建国	1991.01—1992.12		聘任
		黄平胜	1991.01—1992.12		聘任
		乔文治	1991.03—1991.07		
		井树伟	1998.01—2000.04		
		刘文岭	1999.08—2000.01	海组通字〔2000〕22 号	
		董海峰	2001.01—2010.04		
		张殿峰	2004.01—2010.04		

第二节　内设机构

1949年3月，海兴农场建立之初，场长1人，职工7人。1951年增加至8人，下设技术股、经营繁殖和技术推广股。1957年扩建后，有场长、副场长、会计、管理员等9人。1959年12月16日，农场管理委员会设立了办公室（党政办公室）、财务股、农业技术股、畜牧股、畜禽繁殖场、采购供应保管股、基建工业股、工业机械队，配备了场长、副场长、会计、管理员。同时，农场建立了妇女联合会、工会。

1961年9月，农场党委下设了三个临时办公室，即农业生产办公室、多种经营和人民生活办公室、整风整社办公室。

1966年1月，农场下设生产科（负责计划管理全场生产）、财务科（负责全场财务管理）、供应科（负责全场物资收发储存保管）。

1985年1月，海兴农场设一室（办公室）、一科（计财科）、三个公司（农业生产技术服务公司、工业公司、粮油供销公司）。

1988年4月，增设机电科，同年6月建立供销科。

1991年12月8日，海兴农场进行内设机构改革，机构名称由原来的科改称处，下设党政办公室、财务处、农业处、教育处、劳资处、审计处、机电处、基建处、后勤处、经委、妇联与计生办（合署办公），成立了化工橡胶集团公司、机电集团公司、纺织集团公司。

1995年12月17日，场党委对内部机构进行合并调整：撤销基建处、后勤处，其具体工作转交由工会管理；保留房产管理所机构，与工会合署办公；增设三产管理处、督导检查办公室。调整后设有办公室、督导检查办公室、劳资处、财务处、农业处、经委、三产处、教育处、审计处、机电处。

1998年1月，撤销经委和农业处，分别成立工业集团总公司、农业集团总公司。同年7月，撤销工业集团总公司、农业集团总公司，恢复经委和农业处，由总场进行行政管理。同年9月成立计生办、内保处、土地所、小车队。

2001年3月21日，海兴农场党委下发《关于农场机构设置情况的通知》，对总场机构重新进行设置：办公室、财务室、经委、农业处、土地所、机电处、考核办、计生办，农业处、土地所与团委合署办公。9月成立土地开发项目办公室，11月成立扶贫开发办公室。

2002年5月8日，场部机关下设办公室、财务科、农业科、经委、开发办、计生办、民政办、土地所和派出所。

2003 年，场部设党委、场长两套班子，下设办公室、经委、农业科、财务科、劳资科、文教科、土地所、开发办、民政办、残联、综治办、计生办、派出所等职能部门。

2005 年 3 月 20 日，海兴农场出台了《关于深化体制改革、加快发展的意见》。改革后的内设机构有党、政办公室、经委、农业科、财务科、劳资科、文教科、土地所、开发办、民政办、残联、综治办、计生办、派出所等部门。同年 11 月，设立扶贫办公室。

2006 年，增设内保科、资产清理办公室。

2007 年，海兴农场设党委班子 5 人，管理区委员会 5 人。下设职能科室 9 个、51 人。党政综合办公室、社会事务办公室、综合治理办公室、财经办公室、计划生育办公室、农业综合服务中心、文化广播服务中心、社会保障所、统计站。下属 7 个农业队，每队设队长、统计各 1 名。

2010 年，下设职能科室 19 个，有办公室、财务科、农业科、计生办、综治办、民政办、残联、扶贫办、劳资科、文教科、工会、司法所、开发办、派出所、内保科、资产清理办公室、农业开发公司。

2012 年 3 月，扶贫办与招商办合并成立企业科，同年建立农业开发综合服务中心。

2013 年 3 月，成立宣教室、综合档案室。

2015 年 12 月 9 日，海兴县人民政府办公室印发《海兴农场现代农业园区管理委员会主要职责、内设机构和人员编制的规定》的通知，明确海兴农场现代农业园区管理委员会为县政府管理的事业机构，内设办公室、规划管理股、招商引资股、项目管理股 4 个股室。

2017 年 7 月，海兴农场实行企业改革后，内设工作机构做部分调整。海兴海农农业开发有限公司下设养殖公司、种植公司和农产品物流公司。设置了党政，办公室（人事资源办、后勤、档案室、团委、妇联、劳资科）、环保科（河长制）、社会事务办公室、扶贫办、文秘科、综治办、组织科、民居办、招商办、宣传科、武装部、军人事务所、应急办、工程服务中心、农业科、文教室、财务科、统计科、森管中心、市场监管办、食品安全监管办、民政办、计生办、残联民族宗教办、土地所、发展与政策研究室。

第三节　国营队、分场（区）、村（大队）

海兴农场历史上的基层单位先后有生产队、分场、分区。

一、国营队

1948 年 3 月，靖远县农场成立。1951 年盐山县农场设立了一个田间生产队。1958 年 7 月，盐山县农场下设 8 个国营生产队（一至七队、青年队），包括驻大韩庄的一队、二队（运输队）、三队（畜牧）、驻场部东南部的四队和五队、驻场部西北部的六队和七队。各队配备了队长、行政副队长，国营生产队下设两个小组（学习小组、生产技术研究小组）。1959 年 9 月，将 8 个国营生产队精简为 4 个中队。同年 12 月成立稻田队、工业机械队、畜牧二队，畜牧队搬迁至孔庄子成立了禽繁养殖场。1960 年后又改为 9 个国营队。

1966 年 1 月，海兴农场下辖 5 个农业国营队（3 个队兼有菜园）、1 个机务队、1 个砖瓦厂。1969 年 1 月撤销畜牧队，建立三队。

1984 年后期，海兴农场取消生产队，农场直接领导家庭农场，把有的生产队变成技术服务站，作为农业生产技术服务公司的下伸单位，每站只保留 2 人，既种田又做技术服务，在经济上给予少量补贴。

1985 年，撤销农场三队。

1990 年，海兴农场辖 8 个生产队。

2005 年，海兴农场有 8 个农业队。

2010 年，下设 7 个队，每队设队长、统计各 1 名。

二、农村队

1958 年 9 月，实行人民公社制，所辖各行政村改称生产大队，大队分小队。1959 年 11 月 10 日，盐山县将小营乡第六管理区所属孔庄子、刘仙庄、苗庄子、栾庄子、邓庄子、马庄子、大黄庄，第七管区所属刘武庄子、东和乐庄、西和乐庄等共 11 个农村大队、37 个生产小队、1573 户、6901 人划归农场管辖。1965 年 6 月，农场下辖的东和乐庄、西和乐庄、刘武庄子三个村划归盐山县管辖。1966 年，农场下辖农村 8 个生产大队、51 个生产小队。1967 年大黄村划归明泊洼管辖。1984 年，因农场企业办社会压力大，海兴县将海兴农场所辖孔庄子等 7 个村划归新建孔庄子乡，海兴农场形成单纯的全民所有体制企业。

三、分场

1991 年，海兴农场与明泊洼农场合并后，所属生产队改称分场，下设一至八分场。

1994 年，海兴农场八分场改为海兴农场畜牧场。

1999 年 5 月 27 日，经海兴县委、县政府批准，海兴农场重新划分为两个分场。其中，一分场包括：砖厂、机务队、化工厂、电缆厂、再生胶厂、印刷厂、开关厂、弹簧厂、工业总公司及下属的毛纺厂和冶炼厂、粮站、四队、五队、六队、七队、小三队、孔庄子医院、农场中学、第一中心小学和五队、六队、七队小学；二分场包括：橡胶厂、毛巾厂、针织厂、纺织厂、箱包广、冷饮厂、农药厂、驻沧州办事处、秦海构件厂、一队、二队、三队、畜牧场、华富农业开发公司、明泊洼医院、第二中心小学、一队小学、三队小学。

2001 年 12 月，海兴农场两个分场合并。2002 年 3 月 6 日，海兴农场撤销两个分场的办事机构。

四、分区

2011 年 5 月，根据冀垦字〔2011〕14 号文件要求，海兴农场设立了南北两个居民委员会，分别称南区居委会、北区居民委员会，有 10 个居民点。

2014 年 8 月 12 日，场党委将农场划分为五大区域：北区、南区、东区、中区、高新园区。汤孔线以东，宣北干沟以南为东区（二队、三队）；汤孔线以西，除高新园区部分为北区（一队、畜牧队）；原六队为中区；原四、五队为南区；汤孔线以西紧邻北区为高新园区。

第二章 综合政务

综合政务主要包括文秘工作、接待工作、督办工作、保密工作、应急管理、政务公开以及档案与史志工作。

第一节 管理机构

1957年建场之初，职工管理工作主要有办公室。1986年12月17日，按照沧州地委、行署《关于对地属农场实行统一管理的通知》，自1987年1月1日起农场人事管理统属地区农村局管辖，一般干部和职工调配、转正、升级、离退和劳动工资均由地区农村局农垦公司统一来管。1989年4月10日，沧州地区行署下发通知农场归属海兴县管理。1991年12月场内设机构实行改革，部分科室改称为处，设劳资处。2002年5月场部内设机构再度调整，人事工作回归办公室管，2004年又恢复为劳资科管，2014年8月农场办公室下设人力资源办公室，行使国家劳动和社会保障工作至今。

第二节 办公综合管理

一、文秘工作

1959年12月，农场设立党政办公室以来，文秘工作始终坚持围绕党委中心工作和决策部署。一是提高文稿质量。在重大会议，重大政策出台之前，坚持提前谋划，深入调研，积累资料提出建议和意见，为领导科学决策提供依据和参考。1955年1月沧州地委农村工作部向全区转发了《关于盐山县农场经营管理的经验报告》；1965年12月撰写的《大搞台田，获得连年增产》在全省农垦工作会议上做典型发言；2007年4月为场主要领导写的《深化改革，乘势而上，开创海兴农场工作新局面——在经济工作会议上的讲话》，被刊登在《河北农垦情况》第13期；2019年6月撰写的《全面深化农业改革，加速现代化农业发展》被农业农村部在农垦系统转发交流。二是围绕党委、管委会中心工作，寻找工作的闪光点，找准切入点，及时反馈信息。2004—2010 年被《河北省农垦情况》采用信息 52 篇；2008 年 10 月在《河北农垦情况》第 29 期头条刊发题为《海兴农场冬枣开园仪式隆重开幕》的信息；2011—2019 年被农业部刊发信息 2 篇，被河北省农垦局刊发信息 2 篇、被沧州市农业局刊发信息 20 篇，被海兴县委、县政府刊发 160 篇。2009 年 3 月被评为河北省农垦系统信息工作先进单位，陈新亮被评为优秀信息员；2012 年 2 月，杜景楠被评为河北省农垦系统优秀信息员并获三等奖。

二、接待工作

全面提高接待工作质量。立足农场实际，突出农场特色，坚持超前服务，规范接待工作程序。2012 年起，海兴农场在公务接待中严格执行中央八项规定精神，2013 年 6 月《海兴农场公务接待管理制度》出台，对来农场考察调研的上级领导，一般安排自助餐，对有重大活动的用餐，以农场特色为主，安排"四菜一汤"。海兴县内有关部门来场，需要用餐的，一律在场部职工食堂。2012—2019 年累计接待各类来场调研及招商接待等 230 余次，年均接待 33 次。

三、督办工作

为促进农场各项重大决策和重要工作部署的贯彻落实，农场办公室坚持督导工作横到边、纵到底的原则，一是对年初制定的《海兴农场重点工作目标分解》《海兴农场大事要事》完成情况进行定期与不定期的督导。二是突出上级党委重大决策和重要部署。2019 年为打赢精准脱贫攻坚战，确保民生工程、产业项目按时完成，抽调精干工作人员组成专项督导小组进行督导。三是严格落实临时督导任务，对"两节"值班、"一问责八清理"中的"三不为"工作、冬季供暖、大气污染治理等多项工作落实情况进行重点督导。四是坚持开展对重点工作大督导。进入 21 世纪共组织各种督导活动 90 余次。

四、保密工作

贯彻《保密法》《保密实施办法》，结合工作实际建立健全了《海兴农场保密制度》，并在工作中贯彻执行。不断加强对保密人员的学习培训教育工作，定期对保密工作进行监督检查。2008 年 8 月奥运期间，对全场 12 个重点涉密岗位的涉密文件、计算机及网络开展了3次专项检查。2015年起，进一步强化对涉密载体的管理，对涉密计算机进行逐台检查，禁止违规上网，严格执行文件的签收、登记、传阅、保管、保密制度，全场未发生泄密事件。

第三节　应急管理

一、加强应急管理体制建设

2019年4月12日，海兴农场建立了以场长贾福利为组长的应急管理领导小组，下设工作机构，配备了应急管理人员，落实了应急管理工作责任人及联络员，做好群众的组织动员工作，建立健全了全场应急管理网络体系，确保处置突发事件应对活动相关工作的有序进行。

开展应急管理科普宣传。农场先后开展了以"学习应急知识，提高应急技能"为主题的应急管理宣传活动。利用张贴横幅标语，举办专栏，发放各类应急资料，进队入户宣传，发放宣传资料等形式开展全民性森林防火等防灾救灾宣传。据不完全统计，发放各类应急知识宣传资料3000份，受教育群众达5000人次。

二、建立应急预案体系

为及时有效地处置农场区域内各类突发自然灾害和公共事件，农场建立起统一指挥、职责明确，反应迅速的处置体系。2015年5月12日，制发《防汛抗旱应急预案》。2017年7月6日，又结合工作实际进行了系统的修订，形成新的《海兴农场防汛抗旱应急预案》。2018年3月9日，制作下发《森林管护防火应急预案》，组成扑火应急队，配备小型消防车、灭火器等灭火设施。2018年9月10日，下发《关于非洲猪瘟等动物疫病防控工作应急预案》。

三、积极开展应急演练

组建了由场工作人员、派出所干警、森林管护中心人员及各区相关人员组成扑火应急队，举行了6次应急演练，定期开展森林火灾处置演练4次。农场中心小学坚持每学期开展一次防震、防火、防水安全紧急疏散实地演练。

四、加强应急值守和报告

一是建立健全了突出公共事件信息报告工作机制，坚持上情下达，下情上报，做到不漏报、不瞒报、不迟报，确保各类应急信息及时、准确传送。二是应急值守，严格执行24 小时值班制度，实行由领导班子成员带班，特别是在国家、省、市县重要会议和重要传统节日、疫情防控、防汛抗旱、森林防火等非常时段，场领导带头值班、值宿，保证了突发事件的及时处置。

第四节　政务公开

1990 年 11 月 12 日，沧州地委在海兴县召开"两公开一监督"现场会议。按照会议部署和要求，农场党委把政务公开工作列入日程，常抓不懈。中共十六大以来，政务公开不断深化，建立政务（行政）服务中心，行政权力运行不断透明。中共十八大以来，不断创新政务公开方式方法，坚持方便群众知情权、便于群众监督的原则，拓宽工作领域，深化公开内容，丰富公开形式。

一、建立政务公开长效机制

海兴农场成立了以场长为组长，各有关股室负责人为成员的政务公开领导小组，明确一名党委副书记分管，办公室及宣教室具体抓，配备了专职人员具体负责抓政务公开工作，做到"五个落实"（落实分管领导、落实专门机构、落实专职人员、落实专项经费、落实有关工作措施和制度）。同时把政务公开工作列入场年度工作考核、各区、部门年度工作考核的重要内容之一，形成了一级抓一级，层层抓落实的组织领导机制，保证了政务公开工作经常化、制度化、规范化。

二、政务公开内容

海兴农场政务公开按照合法、具体、规范、真实的要求，在不涉及党和国家秘密的前提下，各股室根据其职责范围，将直接关系到群众民主权利、切身利益以及社会关注、群众关心的事项，通过适当方式向干部群众和社会公开，接受群众监督。主要内容有：职能、职责公开，包括场领导姓名、职务、分工；决策公开，包括制定的重要规划，作出的重要决策，年度工作主要目标的执行情况；财务公开，包括财政预决算报告等。

不断深化政务公开内容，全面推进重点领域信息公开。2018 年，农场认真贯彻落实《中华人民共和国政府信息公开条例》以及中共中央办公厅、国务院印发的《关于全面推进政务公开工作的意见》，在保障性住房、食品安全、环境保护、公共安全、扶贫济困、脱贫攻坚、涉农资金、民政优抚救济、重大疫情等方面深入推进政务信息公开。2018 年在政府信息平台共发布各类政务公开信息 83 条。

三、政务公开形式及程序

海兴农场政务公开按照"因地制宜、简便易行、方便群众、有利监督"的原则采取多种形式：一是按照本单位的职能分工，制定公开目录，确定政府信息公开内容；二是坚持把县政府门户网站作为农场信息的公开工作第一平台，结合机构改革，对门户网站进行了升级改造并安排专人负责网站日常更新维护，严格按照信息发布审核程序，对拟发布的信息进行把关核验；三是在场部办公楼显要位置开辟政务信息公开专栏，及时公布重大事项，以及群众关注的热点问题；四是在档案室设置信息查阅场所；五是建立场级领导接待日，及时了解和解决群众的诉求。

第五节　档案与地方史志

一、档案事业管理

档案室设置及建设：1948 年建场之初，档案无所寄存。1956 年 9 月盐山县委制定了《关于在全县范围内开展文书处理和档案工作的意见》等文件、教材。1957 年 4 月，农场把文书处理和档案工作纳入《关于若干制度规定》，至此档案工作逐步走入正轨。由办公室人员兼做文书处理和立卷工作。1966—1978 年档案工作处于停止状态。1979 年开始恢复档案工作，1980 年 3 月，按照海兴县委档案科印发的《文书处理工作简则》《档案保管暂行办法》等规定，农场开展立卷归档工作。1988 年《档案法》颁布后，档案工作得到逐步加强，配备了兼职档案员和档案室，2007 年档案目标管理工作晋升为河北省三级。2013 年配备了专职档案员，调剂解决了 39.33 平方米的专门档案室。2013 年 10 月，按照新的档案目标管理认定办法，海兴农场档案工作被评为 AA 级。

档案室室藏：截至 2019 年 12 月，海兴农场档案室保存有 1950—2019 年档案 5990 卷，资料 5100 册，其中文书档案 3860 卷（件），其中永久 1800 卷（件），长期 1160 卷（件），短期 900 卷（件）；财会档案 1500 卷；基建档案 353 卷；科技档案 145 卷，企业档案 132 卷。

档案资料的收集与整理：档案的收集是各科室将该年度办理完毕的文件材料，按照归档范围移交综合档案室立卷归档。收集立卷的主要内容是能反映本场主要职能活动和基本历史面貌的文件材料（包括照片、影像等），主要有上级领导机关针对本场工作的来文、本场形成的文件和下属单位报送的文件材料（包括照片、影像、电子文件）。档案的整理工作，在 2002 年以前，文件资料按"卷"为保管单位整理归档，自 2003 年以后，改为以"件"为保管单位进行归档，海兴农场档案仍然按照年度结合问题进行归档，按永久、长期、短期三个不同保管期限进行整理立卷。2006 年 12 月，国家档案局 8 号令实施后，归档文件保管期限改为永久、定期 30 年和定期 10 年。档案分类采用"按年度结合组织机构""年度结合问题"相结合的方法。案卷排列以时间顺序排列为主，结合按问题的重要程度排列。

档案资料的保管和利用：档案的保管按照"以防为主，防治结合"的原则，逐步落实了"七防"措施，2012 年农场加大对档案工作的投入，投资 10.88 万元，购置了组密集架、空调等设备。

档案资料的利用，一是向利用者提供室藏原件服务。随着农场改革和发展，档案的利用数量逐年增加，利用效果明显提高。据不完全统计，进入 21 世纪，累计向利用者提供各门类档案 6200 卷次，接待利用者 2300 人次。这些档案中的各种信息为农业生产、经济改革、土地确权等提供了大量的依据和凭证。二是利用室藏档案编写了 90 余万字的《河北海兴农场志》。

二、地方志编写

1991 年，海兴农场为海兴县地方志编纂委员会办公室编写《海兴县志》提供本场的资料。

2018 年 8 月，海兴农场党委组织了首部农场总志——《河北海兴农场志》的编写工作，建立了以党委书记、场长贾福利为主任的编委会，成立了杜月华主任的编志办公室，聘请了专业编辑人员启动编写工作。

中国农垦农场志

第五编

农　业

农业是海兴农场的立场之本，长期以来是农场的支柱性产业。海兴农场农业以旱作物为主，主要播种小麦、玉米、高粱、谷子、大豆、花生、棉花、西瓜、芝麻、向日葵等农作物，还种植梨、枣、葡萄等果树。1995年以后，海兴农场从种植业为主转向种植、养殖、加工并重，农业产业化水平不断提高。2009年以后，重点发展林业和畜牧业，落实"农场变林场"，海兴农场农业生产发生巨大变化。2011年，《海兴县国民经济和社会发展第十二个五年规划纲要》明确指出海兴农场应该发展特色种植产业。2016年，全场农作物播种面积4.36万亩，粮食产量4790吨。主要特色产业是棉花、冬枣，棉花播种面积26250亩，产量5250吨，产值5250万元；冬枣园2000亩，年产冬枣300吨，实现产值280万元。另外，引进农业开发商17户，承包海兴农场土地面积2.35万亩。2019年，粮食播种面积19440亩，总产量5647吨；棉花播种3150亩，总产量661吨。

第一章 农业概况

第一节 从农场初创到扩大垦荒

1948年3月，山东省政府为发展农业生产决定各地试办农场。靖远县政府在南杨庄建立靖远县农场，耕地面积30亩，发展农业生产，推广农业技术工作。

因南杨庄一带土地有限，1949年春，靖远县农场迁往县城西的大韩庄村（今属盐山县盐山镇），土地面积122.79亩（其中耕地面积108.19亩），职工22人（其中干部7人、工人15人），牲畜6头（包括种畜3头），铁瓦车一辆，继续开展推广农业技术和优良品种，改进工作方法，进行土壤改良。1949年5月，靖远县农场改称为盐山县农场。由于缺乏办场经验，经营管理不善，加之当年沥涝成灾，盐山县农场当年农业没有收入。

1950年，盐山县农场加强经济核算，改善劳动组织，减少非生产人员，干部由7人减到5人，工人由15人减到9人，实行分区负责和定额产量，提高了劳动生产率，在1949年每人耕种7亩的基础上，提高到每人耕种18亩，达到自给自足，得到华东区政府奖米1.25万公斤（当年，沧南专署共获奖米2.5万公斤）。1951年，农场获得山东省人民政府锦旗一面。1952年、1955年各获得河北省人民政府锦旗一面。1954年获得沧县专区锦旗一面。

1952年，在今韩集镇李分乾村建立李分乾分场，土地面积100亩。1954年在边务乡小边务村利用原地主"千顷李"家土地建立小边务分场。小边务分场土地面积130多亩，有职工三四人，农忙时雇佣当地村民帮助劳动。这时盐山县农场土地面积达到313.62亩，耕地面积259.22亩，职工21人。

1950—1954年，盐山县农场的粮食单位面积产量逐年上升，小麦产量更为显著，较周围村庄增产明显（表5-1-1）。

表5-1-1 国营盐山县农场小麦亩产与周边地区亩产对比表（1950—1954年）

年度	项目	农场（公斤）	周边（公斤）	比周边增产（%）
1950	小麦	81.3	45.0	+80.7

（续）

年度	项目	农场（公斤）	周边（公斤）	比周边增产（%）
1951	小麦	90.9	35.0	+159.7
1952	小麦	152.6	54.4	+180.8
1953	小麦	137.5	36.0	+281.9
1954	小麦	164.4	50.0	+228.3

1953—1957 年盐山县农场的粮食作物总产和平均产量也是逐年上升（表 5-1-2）。

表 5-1-2　盐山县农场 1953—1957 年粮食作物产量表

年度	播种面积（亩）	总产（公斤）	平均亩产（公斤）
1953	147.3	14951.05	101.5
1954	253.6	32293.08	127.3
1955	228.2	33347.81	146.1
1956	220.1	64007.25	290.8
1957	179.9	48564.40	270.0

1955 年，盐山县农场由事业单位转为国营企业。7 月，农场实行"粮食三定"（定产、定购、定销），群众称为"定心丸"，调动了人们的生产积极性。当年，盐山县农场粮食总产量为 33347.81 公斤。

1955—1957 年，盐山县农场副业收入 66021.45 元，支出 52569.97 元，开展了多种经营，发展养猪、畜牧、运输、地瓜育苗等，盈利 13451.48 元，副业至 1957 年三年总收 124236.57 元，总支出 92838.07 元，盈利 35398.56 元。

表 5-1-3　盐山县农场 1958 年前各种农作物亩产量调查统计表

作物名称	一般年景（公斤）	较好年景（公斤）	春旱或秋涝（公斤）
冬小麦	20～60	75	30～50
高粱	50～65	100	35～60
谷子	75～100	150	40～70
大豆	50～90	100	30～60
玉米	55～75	90	30～60

1956 年，国家成立农垦部，以加强农业垦荒，增加耕地面积，提高粮食产量。盐山县农场由于土地面积狭小，周围村庄密集，没有发展的空间，1956 年 12 月 4 日到 1957 年 1 月 6 日，由沧县专区协同盐山县领导研究制定了《苗家洼建场规划》（图 5-1-1），总规划土地面积 29799 亩，建场总投资 103 万元。苗家洼一带地势低洼，土地盐碱，交通不便，十年九涝，农业收成很低，是盐山县最大的低洼地。当年，盐山县农场粮食产量 64007 公斤，盈利 1.53 万元，被树为沧县专区农场扭亏增盈的榜样。

图 5-1-1　盐山县农场场长杨之金（后排右一）同沧县专区工作人到苗家洼实地勘查

1957 年春，盐山县农场扩建，全场土地总面积 20916 亩，其中耕地面积 13500 亩。3 月，国营盐山农场正式搬迁到孔庄子一带，农场的土地被孔庄子村分为南北两部分。农场扩建时，除了从原农场带过来的少数工人之外，大部分工人是从盐山县的各个公社招收的新工人。

到 1958 年，干部职工总数为 463 人，其中有季节工 392 人、脱产干部 12 名、下放干部 25 名等。有牲畜 151 头，有锅驼机、汽油机各 1 台，胶轮车 24 辆，铁瓦车 1 辆。当时，农场条件恶劣，垦荒者穿粗布衣服，吃粗粮咸菜，有的在附近农户家里借住，有的住在窝棚里。冬季寒冷，夏季潮湿，蚊虫叮咬，蛇蝎出没，遍地是水，交通不便。农场牲畜较少，缺乏农机设备，靠人工在大洼里开挖沟渠，建设道路，平整土地，种植树木，播种庄稼，兴修水利，把低洼地逐步建成良田。11 月 1 日，盐山县人民委员会向河北省人民委员会报送了《关于扩建苗家洼、孔家洼及机械农场的呈请》，拟请于苗家洼、孔家洼扩建国营机械农场。12 月盐山县大韩庄试验农场迁至城东苗家洼，办公地址刘佃庄，借用民房 20 间。当年，农场开垦荒地 3500 亩，播种 3200 亩，收粮 13 万公斤。1957 年，粮食总产量 48564 公斤，亩产 45.3 公斤，收入总值 56700 元，上缴利润 10189.32 元。

1958 年，盐山县农场发布《1958—1962 年第二个五年发展生产规划》，提出 6 项主要任务：扩大开荒种植，扩大浇地面积，增种高产作物，改种优良品种，大力发展养猪积肥，开展多种经营。1958 年 9 月，由于前期干旱无水浇，后期雨涝，排水不畅，造成水稻几乎绝产。秋后，盐山县农场进行深翻地，多施肥，播种冬小麦 3600 亩，投入劳力 314 人，启动水车 5 部、水斗 86 个，完成蓄水 9 万立方米，灌溉小麦 3940 亩。当年，农场完成开垦荒地面积 17551.6 亩，粮食总产量 26.18 万公斤，亩产 34.9 公斤，收入总值 12.3 万元。

1959年，实行场村合并，以场代村。同年，实行奖励制度，开展评比竞赛推动工作，调动了职工的积极性和主动性，5—8月，先后召开了三次奖惩大会。当年，粮食播种面积计划9180亩（包括复种面积），春播6080亩，占总耕地面积60%；计划播种多穗高粱3270亩，实播4000余亩；本地高粱计划550亩，实播890亩；玉米计划600亩，实播620亩；谷子计划1000亩，实播1100亩；棉花计划播500亩，实播240亩。另外，还有蔬菜、芝麻等实播6850亩。计划播种3100亩大豆，实播1548亩，玉米实播839亩。全年粮食产量2562.5万公斤，亩产41.3公斤。农业、畜牧业、副业，总投资计划46.46万元，实际投资19.4万元，计划总收入7952.50元，实收入32.72万元。净盈利3.67万元（其中，农业盈利5.75万元，副业盈利1.31万元）。

图 5-1-2　1970年海兴农场工人在耕地

表 5-1-4　盐山县农场农牧业 1957—1961 年生产情况表

项目	单位	合计	1957年	1958年	1959年	1960年	1961年
一、农业生产							
播种面积总计	亩	48453	3504	7578	9273	15977	12121
其中：粮食播种面积	亩	46565	3395	7505	8967	15281	11417
总产量	吨	1385.35	154	281.8	413.5	464.35	71.7
亩产	公斤	29.75	45.36	37.55	46.11	30.39	6.28
棉花播种面积	亩	410.1	69.1	50	151	40	100
总产量	公斤	5213	2533.5	820.5	2149	210	
亩产	公斤	12.71	36.66	16.41	14.23	5.25	

（续）

项目	单位	合计	1957年	1958年	1959年	1960年	1961年
油料播种面积	亩	127			30	44	4
总产量	公斤	2507			20	2487	
亩产	公斤	19.74			0.67	55.52	
二、畜牧生产							
大牲畜	头		48	161	172	188	183
其中牛	头		5	32	35	36	35
马	头		7	73	87	81	84
驴	头		2	26	25	33	28
骡	头		34	30	30	38	36
羊	只			473	547	552	225
猪	只		96	191	944	516	107
三、畜产品							
猪肉	吨	11.55			9.76		1.79
牛羊肉	吨	4.16				2.21	1.95
蛋品	吨	1.95				0.74	1.21
禽肉	吨	1.23				0.61	0.62
羊毛	吨	3.33			0.24	0.80	1.06	1.23
牛奶	吨						
四、商品量							
粮食	吨	82.5	82.5				
棉花	公斤						
油料	公斤						
猪肉	吨	24.75			9.76	13.20	1.79
牛羊肉	吨	4.16				2.21	1.95
禽肉	吨	1.23				0.61	0.62
蛋品	吨	1.95				0.74	1.21
羊毛	吨	3.31			0.21	0.81	1.06	1.23
牛奶	吨						
劳动生产率							
每一职工年创造价值	元		200.80	390.33	732.80	424.81	618.17
每一生产工人年创造价值	元		214.40	412.30	762.60	447.08	664.49
每一职工年生产粮食	公斤		608.5	675.0	825.0	161.0	681.5
每一农业工人年生产粮食	公斤		939.5	1657.0	2000.0	286.0	1293.0

注：表中部分统计数据缺失。

1959—1960年，盐山县农牧场（包括10个村）开展丰田方运动，在原有8个麦田方的基础上，划为大小麦田丰产方30个，共计9240亩，占总麦田的65%。为实现麦田增产目标采取了"九到方"的措施：即政治思想教育到方、干部领导到方、携手竞赛到方、养猪积肥到方、技术指导到方、科学研究到方、劳力固定到方、工具修理到方和文化娱乐到方。

1960年2月16日，盐山县农牧场在全场范围内开展大检查，重点检查了麦田管理、春季生产备耕和人民生活。当年，盐山县农牧场在农业生产中开展了精收细打，精收的粮食达40吨，细打的粮食达25吨，按实收割数3万亩计算，平均每亩多收粮食2公斤多，够全场9149人吃14天。9月4日，农牧场党委召开党团员、生产队长及贫下中农代表共计545人参加的动员大会，党委副书记、场长杨之金在会上做动员报告，号召全场干部群众，全力以赴投入生产第一线，实行全民大办农业。入冬后，农牧场掀起全民大搞积肥运动新高潮，组织积肥专业队42个，投入劳力930人，完成积肥4682万公斤。当年盐山农牧场粮食总产量40.13万公斤，亩产32.8公斤。上交商品粮25万公斤，上缴利润1.22万元。

图5-1-3　海兴农场拖拉机在耕地

1961年，盐山县农场粮食总产量5万公斤，亩产6.7公斤。

1962年，盐山县农场粮食总产量22.5万公斤，亩产40.5公斤，上交商品粮2.5万公斤。

1963年，农场土地面积21000亩，已开垦耕地面积10262亩，实际播种面积15741亩，夏收"农大183"小麦繁育700亩，拖拉机混合台4台，联合收割机2台，汽车1辆，拖车2台，胶轮大车27辆，职工344人，年生产总值18.01万元，其中包含农业产值7.12万元，工副业7.61万元。工资总额13.87万元。全年盐山县农场粮食总产量26.6万公斤，平均亩产19.4公斤，上交粮食42.85吨。

1964年，盐山县农场耕地面积为34122亩，其中集体32642亩，社员自留地1480亩。全年粮食总产量18.2万公斤，平均亩产12.7公斤，上交粮食42.85吨。

第二节 发展壮大

1965 年，海兴县建立，盐山县农场划归海兴县，改称河北省国营海兴农场。"文化大革命"期间，海兴农场农业生产继续发展，农业机械、粮食新品种、化肥、农药进一步得到推广，耕作技术不断改进，粮食产量稳步提高。

表 5-1-4　海兴农场 1965—1971 年耕地情况统计表

年份	耕地面积（百亩）	水浇地（百亩）	年内机耕地面积（百亩）	台条田面积（百亩）
1965	294	2	105	125
1966	345	5	169	144
1967	297	16	8	123
1968	297	20	125	108
1969	297	27	161	142
1970	297	29	115	88
1971	297	23	177	136

数据来源：海兴县《国民经济统计资料汇编（1965—1971）》

1965 年，海兴农场遭遇严重旱灾，春旱连秋旱。10 月，海兴农场进行全民发动，掀起了男女老少齐上阵，千盆万罐一齐上的"三保运动"（保丰收、保种麦、保春播）。本年，海兴农场粮食总产量 65 万公斤，平均亩产 68.5 公斤，为国家提供商品粮 35 万公斤，总收入达 33.8 万元。

图 5-1-4　1977 年，海兴农场联合收割机在收割小麦

1968 年，海兴农场大旱，年降雨量仅 120 毫米，禾苗枯死，粮食减产，群众生活艰难，孔庄子村出现了浮肿病人。

1970 年 9 月 30 日，海兴农场传达海兴县革委召开的工业会议精神，学习贯彻以"农业为基础，工业为主导"的方针，明确了农业的根本出路在机械化。

1975 年，海兴农场 1300 多人大搞农田基本建设，新修台田 3770 亩，平整土地 280 亩，全年粮食总产量 700 吨。全年农业总收入 22.48 万元，亏损 24.18 万元。

1978 年，海兴农场搞套种，抢墒种好"二茬带田"。8 月 25 日，海兴农场开展"三大种"（种田菁、种紫穗槐、种枣树）"七大养"（养猪、养兔、养羊、养鸡、养鸭、养鹅、养鱼）和"两大办"（大办社队工副业、大办沼气）活动，开始用"黑光灯"治害虫。全年粮食总产量 603 吨。

1979 年，全年粮食总产量 774.5 吨。

1980 年，农业丰收，全年粮食总产量 645 吨，油料总产 55 吨，全场农业产值 23 万元，农业亏损 19 万元。

1981 年，国营农业队实行定流动资金、定产量、定利润、定奖惩和自包全年开支（包括工资）的"四定一包制度"。

1983 年，海兴农场在全面实行大包干责任制的基础上，开始兴办职工家庭农场，推行家庭农场承包责任制，实行"死包基数，确保上交，超收自留，歉收自补"的承包办法，在家庭农场中征收的粮食供应本场工业干部、职工。

1984 年 3 月 14 日，为鼓励农民开发荒碱地和坑塘，海兴农场在机耕浇地、货款、优种上实行了"三优先"，所辖 7 个农村大队的 100 多户村民完成开垦荒碱地 1200 多亩，开挖坑塘 20 多个。当年 4 月，海兴农场所辖农村生产队划出，土地 1.5 万亩，其中耕地 1 万亩。本年，海兴农场农业实行承包责任制，粮食产量 400 吨、油料产量 86.5 吨、皮棉 30 吨，总收入 47.2 万元。

1985 年，海兴农场农业技术服务公司为家庭农场购进化肥 150 吨、农药 0.6 吨、种子 17.5 吨，在生产技术上进行指导。全年粮食产量 600 吨、油料产量 105 吨、皮棉产量 12 吨，农业总收入 50 万元。

1986 年 7 月，沧州地区国营农场场长会议在海兴农场召开。当年海兴农场粮食总产量 237 吨，油料总产量 11.5 吨，棉花总产量 5 吨，农业总产值 50 万元。

1987 年，海兴农场粮食总产量 600 吨，油料总产 37.5 吨，棉花总产量 38.5 吨，农业总产值 58 万元。

1989 年 1—10 月，海兴农场总降雨量只有 274.9 毫米，单次最大降雨量为 66.7 毫米，小麦总产量 210 吨，秋粮因旱灾减产严重，秋粮总产量 145 吨。

1990 年，海兴农场总人口 1984 人，其中有职工 1012 人。有固定资产 118 万元。全场有农业队 5 个，其中草场 1 个，兴办家庭农场 228 个，从事农业生产的职工 530 人。开发草场 5000 亩，枣粮间作区 3000 亩，大牲畜 161 头，拖拉机 24 台，机井 5 眼，扬水站 1 座，粮食总产量平均每年 600 多吨，农业总产值在 80 万元左右，农田基本建设初具规模。3000 亩枣粮间作区到盛果期每年新增产值 300 万元，利润 200 万元。开发的 5000 亩草场，已试种了 1000 亩互花米草，成活率 80%～90%，年亩产鲜草 8000 公斤，每 2 亩可饲养 1 头肉牛，可养肉牛 500 头，年产商品牛肉 120 吨，新增产值 60 万元，利润 40 万元。

海兴农场从 1955 年改为全民所有制企业以来，到 1990 年共生产粮食 15770 吨，给国家提供商品粮 2225 吨。

第三节　进入新时期

1991 年，河北省国营海兴农场与国营明泊洼农场合并为新的河北省国营海兴农场，人口 7400 人，其中干部职工 2100 人，离退休人员 306 人，拥有土地面积 10 万亩，其中耕地 2.5 万亩，场部下设农业处，有 7 个农业分场和 1 个畜牧场，农产品主要有大豆、玉米、小麦、向日葵、鸭梨、苹果、葡萄、冬枣等。存栏肉牛 400 头，羊 3000 只。全年粮食总产量 2200 吨。全场拥有固定资产 1000 多万元，流动资金 3000 万元，年产值 6000 万元，利税 600 万元。

1993 年，海兴大旱。4 月 6 日，海兴农场制定《关于抓好一抗双保和脱贫致富的意见》。农业各分场抗旱补救，夏粮产量 240 吨，比上年增加 30 吨。当年，夏播作物有 6000 亩，上半年农业总产值 36.8 万元，上半年利润 15.9 万元。

1993 年，推广优种，共购进优良品种 9 吨，可播种 3000 亩。

1994 年 12 月 4 日，党委场长联席会确定 1995 年农业方面计划产值 1000 万元，利润 300 万元，税金 6 万元，上交 27 万元，折粮 250 吨，农业人均产值 6000 元，人均收入 2000 元，98% 的脱贫，80% 的致富，50% 小康目标。1994 年农业总产值 500 万元。

1995 年，种植棉花 1000 亩，西瓜 573 亩，蔬菜大棚 2 座。10 月 11—12 日，河北省农垦局在海兴农场召开全省农牧场现场会议，省农垦局局长胡金城、沧州原地委书记郭枢检以及来自 50 多家省县属场长参加会议。会议对海兴农场取得的成就和成功经验进行了总结，交流了经验，到海兴农场进行了现场参观考察。当年，海兴农场农业系统总人口

1600 人，其中农业职工 987 人，农业系统总产值 1050.8 万元，纯收入 320 万元，利润 190 万元，人均收入 2000 元。种植业总产值 664.8 万元，收入 199.4 万元，其中：粮豆总产 3150 吨，总产值 504 万元，纯收入 151.2 万元；经济作物与油料作物 2870 吨，总产值 160.8 万元，纯收入 48.2 万元。

1996 年，海兴农场确定农业工作：(1) 一分场处做好种植，重点抓好家庭副业袜子生产，向毛袜生产基地发展；(2) 四分场重点发展大棚菜，大棚菜要推广到 10 户，产值不能低于 5 万元；(3) 五分场建成苇帘生产基地，80% 的户要有苇帘机，产值要达到 18 万元，利润 5 万元；(4) 确保六分场的小康建设要按标准，加速度，保质量，按时完成。(5) 畜牧场重点搞好水利建设，与稻田开发工程接轨，抓好农业新技术的开发和利用。(6) 其他分场要抓好自己的特色产业，在种植结构和为职工办实事，办好事上做文章。当年，海兴农场着力发展"两高一优"农业：一是在四分场发展万元田 20 亩（大棚）；二是在二至六分场和畜牧场发展千元田 3500 亩（种植棉花、西瓜和其他高产作物）。

1997—2002 年，海兴农场发生连续严重干旱，农业生产和人民生活受到严重影响。

1998 年 1 月 1 日，海兴农场组建农业集团公司。同日，出台《海兴农场 1998 年农业管理暂行规定》。9 月 15 日，海兴农场与黄骅亿利达公司签订协议，确定在农场联合开发 4 万亩撂荒地，用于种养加工等一系列开发。

1999 年 4 月，海兴农场与首批来农场承包土地的江苏承包人签订了面积为 8000 亩的承包合同，每亩承包价格 26 元，承包期限 30 年。

2000 年，海兴农场引进农业开发商 11 家，开发荒地 28620 亩，规划拟建 4 个产业基地。即：万亩苜蓿基地、2000 亩苗圃基地、生物饲料基地、养殖基地。

2001 年 5 月，海兴农场将 2 万亩旱（盐）碱地租赁给沧州三高绿色产业开发有限公司进行综合开发，租期 30 年，总投资为 8000 万元。

2002 年，海兴农场完成开发占地面积 310 亩的林果园区，先后建枣草基地、牧草基地面积 4900 亩，种植抗虫棉 3000 亩。当年，海兴农场引进土地开发商 11 家，对外承包土地 3 万亩。

2003 年，海兴农场以推行农业的"三田制"改革，以优化环境，招商引资。当年完成总产值 1600 万元，比 2002 年增长了 151%。当年引进河南、山东等地耕地和荒地开发商 25 家，对外新增土地承包面积 2.2 万亩，引进农业项目建设资金 1310 万元，引进了一些对产业结构有示范、拉动作用的农业开发项目，其中：棉花种植总面积 10000 亩；苜蓿种植总面积 6000 亩；经济林 5900 多亩，包括枣草间作 2400 亩，育苗 420 亩；香港南华集团与海兴农场签约建设农业生态示范园区一个，总投资 8400 万元，占地面积 400 亩。海兴农场投资

310万元打深机井11眼、浅机井6眼，建设高低压线路5000米，新上变压器10台。

2006年，小麦9870亩，总产量2467.5吨，同比增加25.67%。棉花共计11000亩，总产量1100吨，同比减少22.8%，玉米9870亩，总产量3454吨，同比增加72%。

2006年4月28日，海兴农场成功引进甜高粱种植项目，计划在宣北干沟以北种植2100亩。该项目由沧州市农业局无偿提供种子，并与农场职工签订回收合同，按市场价回收。11月10日，海兴农场乙醇生产项目正式启动。该项目总投资30万元，主要利用农场种植的800亩甜高粱秸秆生产乙醇。

2008年，全场农业产值4400万元，完成计划的135.1%。全场农作物播种面积3.6万亩，粮食产量4800吨。其中，棉花播种面积22995亩，产量4600吨，产值2400万元；小麦7400亩，总产量2072吨；冬枣2000亩，总产量35吨，产值37万元；开始种植甜高粱，甜高粱播种面积2500亩，出苗1270亩，秸秆产量3175吨，产甜高粱190.5吨，产值107万元。

2009年，全场农作物播种面积4.21万亩，粮食产量4070吨。全年棉花播种面积2.6万亩，棉花产量4000吨，产值2340万元；冬枣园2000亩，年产冬枣20吨，产值30万元。海兴农场中低产田改造项目投资160万元，华凯农业观光园投资600万元，三利畜牧业有限公司投资300万元。

2010年，海兴农场以园区建设为中心，确定"四区"产业发展格局，分别是：加工园区、养殖园区、农业生态观光园区、林果种植园区。当年全场农作物播种面积4.36万亩，粮食产量4790吨。棉花播种面积2.63万亩，棉花产量5250吨，产值5250万元。有冬枣园2000亩，年产冬枣300吨，实现产值280万元。2010年固定资产投资5310万元，同比增长30%。主要包括：华凯农业观光园900万元，农业产品深加工园区120万元，丰源农牧公司100万元，土地复耕项目461万元。

"十一五"期间，增加中低产田改造6855亩，年增加农业收入148.4万元。引进优质农作物品种，借助金蓝领培训工程，培训农业种植技术人员300名。

2011年，海兴农场农作物播种面积4.36万亩，粮食总产量2430吨。其中，棉花播种面积2.66万亩，产量3200吨，产值2560万元；小麦播种面积6750亩，产量2100吨、产值588万元；玉米播种面积7500亩，产量1500吨，产值420万元；大豆播种面积150亩，产量30吨，产值18万元；其他农作物播种面积630亩，产量63吨，产值37.8万元。全场实现农业产值6000万元。

2012年，海兴农场在遭遇干旱、暴雨的情况下农作物种植面积达41025亩。其中小麦8250亩，玉米6150亩，棉花26625亩，农业种植总产值1.5亿元。小麦参加风雹灾保险 5000 亩，占总播种面积的 60.6％；棉花参加风雹保险的 18360 亩，占总种植面积的 69.0％。在博远农牧公司、华信公司、阿戈热乐公司等养殖龙头企业的带动下，农场养殖业得到快速发展，养殖品种由传统猪、牛、羊向野鸡、柴鸡、种鸭、特色肉鸡等高附加值产品转变。共存栏牛 175 头，出栏 260 头；存栏羊 1430 只，出栏 2200 只；存栏猪 6600 头，出栏 11600 头；存栏鸡、鸭、鹅 26.5 万只。养殖总产值 3.2 亿元。

2013 年，海兴农场提出以搞好"一园一区三基地"建设为重点，努力将农场建设成为集生态种植、生态养殖、观光养生、休闲旅游、苗木培育为一体的现代化农场。一园为森林公园，一区为高新技术园区，三基地一是耐盐碱苗木基地、现代农业种养殖基地和绿色生态养生基地。本年度全场农作物播种面积 2864 公顷，农业总产值 8500 万元；流转土地 7081.3 亩；正式申报国家林科院全国柳树种质资源库项目；投资 800 万元完成农田水利建设项目；养殖业由传统养殖向野鸡、柴鸡、种鸭、种鹅、渤海驴、特色肉鸡等高附加值产品转变。

2014 年，海兴农场以"生态立场、林果兴场、产业富场"为总基调，加大森林公园建设力度，按照"以产业促旅游，以旅游促产业"的思路，大力发展特色农业、绿色农业、观光农业、休闲农业、体验农业，把农业产业化基地建设成为旅游景点，大力开发特色旅游产品，进一步拓宽生态旅游内涵。全场农作物播种面积 2865 公顷；农业总产值达 6400 万元。

2015 年，海兴农场立足本场自然资源优势，提出充分挖掘地域特色，大力培育农业特色产业体系，大力发展生态绿色有机农业和休闲旅游养生农业的发展目标。

2016 年，海兴农场谋划独具特色的"五百园"建设：即百花园、百果园、百鸟园、百松园、百鹿园。当年全场农业总产值 7500 万元；农作物播种面积 1560 公顷；发放良种补贴资金 17.83 万元、耕地地力补贴 81.8 万元。全年植树 6700 亩，其中果树 3000 亩。同年 11 月 18 日，科技部公布第一批星创天地名单，国营海兴农场星创天地成为全国第一批通过备案的园区之一。

2017 年，海兴农场与俄罗斯达成开展农业开发合作项目意向，项目为开发种植 4 万亩优质、高效非转基因大豆和玉米，计划总投资额度 8500 万元。同年 9 月 11 日，海兴现代农业园区被沧州市委宣传部、沧州市农牧局评为 2017 年度沧州市十大"最美现代农业园区"（图 5-1-7）。

2018 年，海兴农场推进国有农场企业化改革和公司化改造，组建专业化农业产业公司，成立养殖公司、种植公司和农产品物流公司。养殖公司养殖鹅 7000 只，黑猪 200 头；种植公司采用篱笆式种植模式种植有机梨 2000 亩；农产品物流公司主要负责农场及周边

图 5-1-5　收获玉米

图 5-1-6　成片的高粱

的农产品仓储中转、物流配送、电子商务、冷藏保鲜等。当年，海兴农场畜禽养殖量达到18 万余只（头）。与俄罗斯合作开发农业项目，投资 520 万元。

图 5-1-7　2017 年农场获沧州市"最美现代农业园区"奖牌

第二章　耕地治理和利用

第一节　土地改良

海兴农场在盐山县城南杨庄（今属盐山县盐山镇）积极推广土地改良。1949年农场搬迁到盐山县城西的大韩庄（今属盐山县盐山镇）继续推广土壤改良，改善农业生产条件，提高农作物产量，增加农工收入，为国家多交粮食。1957年，盐山县农场搬迁到苗家洼一带后，进一步加强土地改良工作进程，对农业生产起到了积极作用。

一、推广深松深耕

在盐山县城南杨庄和盐山县城西大韩庄期间，盐山农场土壤主要靠牲畜力量和人工进行深耕。主要是由马牛驴骡拉着犁进行土地的翻松。有时也依靠人力，用铁锨、三齿、凿沟翻松土地。

1957年，盐山县农场开始使用拖拉机深翻土地。当时群众没有见过拖拉机，有的步行数十里带着干粮来看"铁牛耕地"。实行农业责任制后，为防止土壤板结，利用农机具补贴项目，一些农户购置大型农机和配套农具。每年深耕作业2000亩以上。

1974年，海兴农场掀起大搞深翻土地、大搞养猪积肥高潮。

二、除碱治涝

海兴农场所处的地区主要是盐碱地，地势低洼，排水困难。

1957—1960年，为了除碱治涝，农场推广了台田和条田。整个农场修建排水干渠14条、支渠20条，田间斗渠、农渠、毛渠交错纵横，使5000亩涝洼荒地得以治理，占全场涝洼荒地面积的50％。

20世纪60年代后期，农场开始进行土地整理和田间毛渠、斗渠清淤，促进土壤盐分排沥，减轻盐碱危害。

1962年冬，新修台田405亩。

1963年，新修台田488亩，改良了土壤，增加了复种面积。

1964年，农场发动干部群众完成开挖台田工程2000亩，园田工程10000亩。

1965年10月12日，海兴县委在农场召开台田建设现场会。参加会议的有社、队和生产队负责人共计500余人。农场党委副书记、场长杨之金在会上介绍了搞好台田建设的经验，与会人员通过实地参观学习，进一步明确了大搞台田，除涝治碱的重大意义。12月，海兴党委副书记、场长杨之金在河北省农垦工作会议上做了题为《大搞台田获得连年增产》的典型发言，介绍了大搞台田，除涝治碱的经验和做法。当月，海兴农场掀起大搞台田修建工程新高潮，干部职工群众开赴工地斗风雪、抗严寒、甩大锹、挑重担，完成修建台田面积5270亩，开挖排水干渠、边沟42条，动土75万立方米。

1971年，开挖七一干渠。1971—1973年，海兴农场开挖大小沟渠39条，维修台田、条田3000多亩，全场实现了70%的水浇地、12000亩耕地浇上了水。

利用民兵组织开展农田水利建设，把开挖沟渠作为备战和训练民兵的一项内容。1975年，海兴农场以基干民兵为主组织起一支400多人的"三田"建设突击队，以深翻改土为中心任务。同年冬，海兴农场男女老幼1300人投入"三田"建设，至12月4日完成开挖台田3770亩，平整土地320亩，机耕白地700亩，深翻土地4000亩，开挖13条配套沟渠和7个蓄水坑塘，动土28万立方米。

1978年，海兴农场五队组织干部群众大搞农田基本建设，完成沟渠开挖清淤22条，动土2400立方米，使苗家洼1600亩农田受益。

1983年10月16日，海兴农场完成台田清淤、疏通沟渠198条，垫地面积1524亩，动土17000多立方米。

2014年，海兴县成为实施"河北渤海粮仓建设"工程重点示范县，县政府专门制定了《海兴县推进"渤海粮仓"项目建设实施方案》，在整合先进盐碱地利用技术和结合自身特点的原则下，通过生态调控、土壤综合改良和农业轻简高效栽培技术等方式开发利用盐碱地。实施盐碱棉田综合改良，对核心区棉田进行土地整理。利用明沟排水排盐，开挖毛沟、围沟、畦沟，原有沟渠加深，条田间距50米左右，对间距不足的进行了增沟；初步完成重度盐碱低产田的抬升，拉伸耕层与地下水位距离，抑制来年的春季返盐；对蓄水池进行了修整和加大，有效调配降雨资源，缓解该地区的春季干旱和夏季积涝问题。增施有机肥进行改土，提高土壤肥力和持续增产能力。在播期增施有机肥的基础上，在棉花收获后进行棉田深耕并撒施粪肥改良土壤结构，利于土壤涵养水分和养分，达到抑盐增产目的。

三、农田改造

盐山县农场迁到孔庄子一带以后，初期经过开垦排灌，沟渠分开，土地连成方，建成了台田和条田，有斗有方，有沟有渠。

1962 年冬，新修台田 405 亩，1963 年计划完成 488 亩。

1975 年，老人、妇女、儿童都投入到深翻土地的工作中，全场投入深翻土地的人数达到 1210 人，其中妇女占 1040 人。国营队充分发挥机械化的优越性，购置了深耕犁，用东方红-77 拖拉机作动力，每天能耕地 30 多亩，深度达到 6 厘米以上。孔庄子大队采用拖拉机套耕的办法，起两层土，套耕 3 次，深度能达到 50 厘米。当年新修台田 3770 亩，平整土地 280 亩，长葛式的深翻 500 亩（图 5-2-1）。

图 5-2-1　20 世纪 70 年代，工人们在人工翻地

2003 年，海兴农场投资 470 万元，对原明泊洼机务队南 1000 亩撂荒地进行全面复耕，打深机井 2 眼，并完成了布线、通电、通地下管道。

2004 年 1 月，海兴农场四队万亩荒地开发项目动工，建设内容：复耕土地面积 3700 亩，开沟排水，淋碱沟 119.4 公里，修建涵洞 13 座；平整土地 209 公顷；深耕土地 209.4 公顷；修建主公路 14.5 公里；打深机井 5 眼；铺设地下喷灌管道 11305 米，加压水泵 5 台；安装变压器 3 台；架设高低线路 5.1 公里；栽种防护林 20.2 万株。总投资 1496 万元，已完成投资 1316.5 万元。4 月 30 日，一期工程竣工并通过省、市、县三级验收。

2008年4月29日，海兴农场启动中低产农田改造项目，改造中低产田4300亩，用于种植冬枣、棉花及高效农业，项目总投资430万元。

2009年，海兴农场对中低产田改造。该项目总投资162.58万元，其中国家财政专项补助122.5万元，农场自筹40.08万元。

2010年，海兴农场确定农田建设重点项目有4项。一是农田基础设施改造项目。该项目属省农垦局2009年扶贫项目，2010年完工，总投资133.2万元，对1840亩的农田基础设施进行改造，打深机井两眼，架设输电线路4170米，铺设地下管道5785米。二是中低产田改造项目。该项目总投资599.42万元，设计总工程量4027.71亩，全部为未利用土地。项目区为两处：一处位于农场三队，另一处位于农场一队。对项目区内的盐碱地和基础设施较差地进行开发，进行土地平整、修建配套的灌排工程，实行田、林、路、沟统一规划，增加水浇地3720亩，确保旱涝保产。2011年海兴县国土资源局与海兴农场签订《土地开发整理项目工程移交及运行管护责任书》，向海兴农场移交农场三队、一队土地开发项目、设备，包括扬水站1座（含水泵，电机及电控设备）、地下灌溉管道6.39千米、排水闸2座、涵洞4座、变压器1台、高压线526米。三是中低产田改造项目。该项目是发改局批复的以工代赈项目，总投资99万元，2011年完工。四是农田基础设施建设项目。该项目是省农垦局2010年扶贫项目，总投资140万元，2011年完工。

2011年，海兴县国土资源局与海兴农场签订《土地开发整理项目工程移交及运行管护责任书》，向海兴农场移交明泊洼土地开发项目、设备，包括扬水站1座（含水泵，电机及电控设备）、深机井一眼（含井房、水泵及电控设备）、地下灌溉管道6387米、涵洞22座、变压器2台、高压线2.1千米。

2012年4月22日，《海兴农场关于高效基本农田整治项目建议书》编制完成，项目计划投资1870万元。

2012年，海兴农场加大了农田水利建设力度，自筹资金，各农业队共挖沟渠8000米，治碱抬田示范200亩。在四队实施土地治理项目，使800亩农田达到旱涝保收标准；在三队实施农业综合开发土地治理项目，保障5000亩农田的旱涝保收。在一队实施"上粮下渔"项目。"上粮下渔"是改良盐碱低洼地的造田方法。

2013年，大力推进"滨海盐碱荒地渔田综合改良高效示范区"项目实施，该项目总投资180万元，占地265亩，该项目的建设为盐碱地的改良找到一条出路。

四、提高土壤肥力

1956 年，农场开始盐山农场开展大规模的积肥运动，使用优质农家肥，耕地土壤有机质增加，土壤状况得到好转。使用农业机械以后，牲畜的使用量逐渐减少，农家肥的使用量也随之降低。由于过量使用化肥，造成土壤板结，粮食增产减速。

1965 年，农场开始推广种植田菁，改良土壤，减轻其盐碱程度。1991 年种植 2000 亩田菁。

从 20 世纪末开始，海兴农场实行沃土工程，开展土壤测土施肥项目，通过不同地块的土壤化验结果制定不同的配比，结合有机肥和化肥的合理搭配，促进土壤腐殖质和团粒结构的形成，土壤耕层状况好转。

2005 年以后，推行秸秆还田，土壤肥力得到明显提高。2018 年，小麦、玉米秸秆还田比例达到 90％以上。

第二节　农业综合开发

1988 年 4 月，海兴县被列入河北省海河流域平原农业开发区，海兴县成立农业开发领导小组办公室。农业综合开发项目，包括土地治理项目和产业化经营项目。农业综合开发的实施，在改善农业基础设施，提高农业抵御自然灾害的能力，提高农作物产量和农工收入，提升科技水平，完善产业体系，创新经营方式等方面起到了推动作用。海兴农场纳入海兴县农业综合开发项目。

一、土地治理项目

1988—2017 年，海兴农场实施土地治理，完成土地治理面积 3 万亩，投资 6000 万元，其中财政投资 5000 万元，群众投资 1000 万元。水利设施，完成铺设地下管道47.5 米，开挖疏浚渠道 1270 千米，修建闸桥灌点 47 座，架设农电线路 11 千米，增设变压器 6 台，发展喷灌 8500 万亩。农业设施方面，海兴农场完成改良土壤 1 万亩，良种繁育 1000 亩，修建机耕路 320 千米，其中新建硬化路 32.1 千米，购置农机 42 台套。林业措施方面，海兴农场完成植树 4 万株，苗圃建设 13 亩，购置小型仪器 14 台件。科技措施方面，海兴农场完成科技推广面积 3000 亩，技术培训 360 人次，新增灌溉面积

4000 亩，改善灌溉面积 5000 亩，新增和改善除涝面积 8000 亩，新增林网防护面 7000 亩，新增节水灌溉面积 1000 亩。全场新增粮食生产能力 44 万公斤，新增农业总产值 200 万元，受益农工新增收入 2213 万元。

二、产业化经营项目

农业综合开发统计，财政扶持企业 5 个。

2006 年，河北格瑞农牧公司养殖项目投资 400 万元，其中农场自筹 100 万元，贷款 100 万元，实现肉牛养殖 500 头。

2007 年，养殖公司改建猪舍 3000 平方米，购置仪器 20 台套，引进种猪 40 头，总投资 39 万元，其中中央投资 20 万元，自筹 19 万元。

三、荒地开发

2000 年 3 月 17 日，海兴农场向海兴县委、县人民政府发出《关于与香港华凯投资有限公司签订开发 1.5 万亩荒地的呈请报告》。报告内容：为充分利用闲散土地，壮大农场经济，有效提高单位面积产量和综合经济效益，促进和带动农业增转化，加快农场经济和农业现代化的步伐，经多次洽谈协商，本着互惠互利的原则，以租赁的方式与香港华凯投资有限公司达成了基本协议。①签订开发合同。双方签订 1.5 万亩荒地开发合同，亩租金 25 元，其中可耕地 1116 亩，亩租金 80 元，年租金共 31.88 万元。②项目投资：项目投资总额 9532 万元。其中，大棚菜基地 1116 亩，投资 2232 万元；果林基地 1000 亩投资 1000 万元；度假村（含垂钓园、草场式猎场、跑马场）2000 亩，投资 2000 万元；万亩牧草基地（种植首蓿），投资 1300 万元；水利设施建设投资 1000 万元（开挖封闭式开发区界渠、宣惠河引水工程、建宣北干沟水闸、打机井 30 眼）；配套工业区及畜牧养殖基地共 120 亩，投资 2000 万元。③项目投资期限：第一期总投资额 3323 万元，主要用于水利设施，牧草基地，蔬菜基地，养殖基地的建设；第二期投资总额为 3200 万元，主要用于二期牧草扩建、果林基地、工业基地、宾馆建设等；第三期投资总额为 3000 万元，主要用于猎场、跑马场、度假村建设。④该项目计划 2000 年 4 月 1 日进驻，租赁期限 50 年。

该项目上马后，除华凯公司技术人员及管理人员外，可安排农场下岗职工 100 人就业，改变农场的农业种植结构，改变地表地貌，促进海兴农场经济的发展。

2004 年 4 月，海兴农场四队荒地开发项目经河北省国土资源厅批准立项实施，项目占地 3700 亩，总投资 1496 万元，资金来源全部为上级拨款。该项目从 2004 年 1 月动工，主要工程有开挖排水淋碱沟 119.4 千米，动土 35.7 万立方米；修建涵洞 13 座；平整土地 209 公顷，动土 21.7 万立方米；深耕 209.4 公顷；修路 14.5 千米，动土 3 万立方米；打深机井 5 眼；埋地下喷灌管道 11305 米，加压水泵 5 台；安装变压器 3 台，架设高压线路 5.1 千米；绿化防护林总植树 20.2 万株。

第三节　耕地管理

海兴农场建立后，根据国家法律和有关规定，其耕地全部属于国有，农场耕地管理按照国有农垦企业管理方法，实行集中统一管理，集中统一使用。

1983 年开始由农业职工以户为单位建立家庭农场，农场耕地承包到家庭农场经营。

2003 年，海兴农场推行"三田制"改革，把耕地分为口粮田、劳保田和商品田，确定全场每人 1 亩口粮田保吃饭，参保职工每人 5 亩劳保田保退休，商品田对外承包保农场经费支出。

为落实国有农场税费改革政策，切实减轻农工负担，对农工耕种的口粮田执行同当地农村一样的税费改革政策，不收费、不交税，实行零负担，2007 年 6 月，海兴农场与农工签订口粮田种植合同。合同规定，乙方（种植农工）在种植土地时要依法经营，对土地只有使用权，没有所有权，因故不能种植，乙方可向甲方（农场）提出申请，由甲方统一安排，不经甲方同意，严禁乙方私自转包；特殊情况参照农村的一事一议办理；甲方有权在乙方种植的土地上进行统一的农田水利工程规划。在保障乙方正常亩均收入前提下，对引进的高、优、特品种进行规模化区域推广，乙方义务协助，不能阻挠，否则甲方有权进行合理流转或调整；乙方种植土地内的树木严禁私自砍伐，成林后报林业部门批准后方可砍伐；乙方不得搞掠夺性和破坏性生产（如用含盐量超过 3‰ 的咸水浇地），更不能撂荒；乙方退休、调迁、离场、婚迁、死亡后，甲方收回统一流转；本合同签订之日起，2003 年所签合同同时作废。

2008 年 1 月 13 日，国土资源部、农业部发布《关于加强国有农场土地使用管理的意见》。

2010 年 10 月 5 日，海兴农场根据职工参保缴费情况，规范社会保险田分配条件。分配条件需满足：①必须为 2009 年 12 月 31 日之前办理转工手续并且在农场居住的固定工、合同工；②不在农场居住，必须是 1979 年以前进场的固定工、合同工；③连续缴费无中断记录的固定工、合同工；④最近几年新参保连续缴费的合同工；⑤中断缴费但最近两年一次性补齐的固定工、合同工；⑥到龄退休职工，务必把社会保险田合同交回劳资科、否则停发工资；⑦各队接到社会保障所出具的应分社会保险田介绍信（由劳资、财务、农业盖章有效），方能将土地调整到职工户头；⑧各队已分社会保险田、但最近两年中断缴费的应使时补齐，否则收回社会保险田；⑨无介绍信各队私自分配社会保险田的人员除缴纳承包费外，追究其行政管理责任，严重者开除公职；⑩2003 年"三田制"改革；通过协调已分配劳保田的固定工、合同工，由 5 亩调整为 10 亩；⑪现在社会保险田的分配标准为每位职工 10 亩。

2011 年 11 月 10 日，海兴农场发出《关于加强土地管理的通知》，规定：不得占用土地建坟、建窑或擅自建设房屋；不得私自取土，损坏原有设施，破坏地形地貌，破坏种植条件等；不得私自买卖或其他形式非法转让土地的使用权；确保土地面积不流失；不准搞掠夺性生产，更不得撂荒，应培肥地力，改善土地质量；未经批准不得私自种植长期生长植物，如确需种植须经农场批准同意后，再到林业部门办理"林权证"，方可种植。

2012 年 6 月 20 日，海兴农场成立基本农田划定工作领导小组，组长贾福利，副组长王玉庆。

2012 年 10 月 23 日，海兴农场经调查发现，农场原有土地总面积为 10.4 万亩，现实有土地面积 8.2 万亩，耕地 3.77 万亩，其中基本农田 3.4 万亩，建设用地 0.15 万亩，未利用地 3.23 万亩。

第三章 种 植 业

第一节 种植业发展

种植业是海兴农场农业生产的主导产业，主要作物有玉米、小麦、高粱、大豆、水稻、棉花、向日葵、西瓜。粮食作为大宗作物，播种面积占农作物播种面积的80%左右。

1951年，盐山县农场下设技术室、经营繁殖和技术推广股、田间生产队。

1956年，农业部要求国营农场的作物产量高于当地群众同等处置的作物产量。1957年，盐山县农场粮食播种面积3515.5亩。1958年，农场粮食播种面积20916亩。

1959年，盐山县农场邻近的10个农村生产队并入农场，耕地面积进一步扩大。

1961年后，盐山县农场贯彻"调整、巩固、充实、提高"八字方针，提高经营水平。1963年粮食生产开始回升。1964年贯彻"一业为主，以粮为主"的经营方针，走大寨道路，自力更生，建设稳产高产农田，生产得到恢复和发展。即使在"文化大革命"期间，海兴农场农业生产水平也在持续提高。

1979年，粮食产量2926.9吨，亩产71.1公斤，总产创历史最高水平。

20世纪80年代，贯彻落实"决不放松粮食生产，积极发展多种经营"方针，适当增加油料作物和其他经济作物种植面积，推广普及先进农业技术，兴办职工农场，种植业生产进入新的发展时期。粮食作物面积略有减少，单产总产水平持续稳定提高。1984年海兴农场所辖的7个农村生产队划出后，粮食作物播种面积相应减少（表5-3-1）。

表 5-3-1　1965—1989 年海兴农场粮食总产量

年度	总播种面积（亩）	总产量（吨）	夏粮产量（吨）
1965	44375	2103.55	1010.35
1966	42053	2021.35	188.45
1967	35760	1710.85	242.25
1968	34900	905.00	205.00
1969	39628	2304.35	58.47
1970	37274	1730.55	247.1

（续）

年度	总播种面积（亩）	总产量（吨）	夏粮产量（吨）
1971	36762	1315.25	381.51
1972	42818	1565.82	599.50
1973	36045	1910.66	127.65
1974	45405	2110.49	662.99
1975	42977	2698.41	718.34
1976	43830	1795.40	631.40
1977	37353	1198.59	677.61
1978	41730	2552.77	1012.81
1979	41171	2926.90	1021.01
1980	42004	1995.95	206.32
1981	39416	2059.77	180.29
1982	27683	2225.31	52.54
1983	33258	2459.62	559.20
1984	3293	320.00	250.00
1985	8000	600.00	40.00
1986	9760	241.00	120.00
1987	8626	601.30	41.50
1988	7348	464.10	57.50
1989	9917	282.41	136.50

数据来源：《海兴县国民经济统计资料四十年汇编（1949—1989）》。

1988年，海兴农场小麦3900亩，总产57.5吨，平均亩产25公斤。

1989年，海兴农场遭受严重旱灾。夏粮严重减产：种植的3900亩小麦，总产136.5吨，平均亩产35公斤。秋粮作物同样严重减产：高粱1050亩，最高亩产25公斤，总产26.25吨；谷子1037亩，最高亩产15公斤，总产15.55吨；玉米1140亩，最高亩产10公斤，总产11.4吨；2755亩大豆、640亩向日葵、247亩杂粮几乎绝收。

表5-3-2　1990—2010年海兴农场农作物播种面积统计表

年度	播种面积（公顷）
1990	690
1991	1709
1992	1087
1993	1188
1994	1129
1995	1544
1996	1544
1997	1064

（续）

年度	播种面积（公顷）
1998	1706
1999	1632
2000	1194
2001	1745
2003	1925
2004	3386
2005	2417
2006	2240
2007	1901
2008	2808
2009	2893
2010	3131

第二节　种植结构

国营海兴农场农业种植结构主是粮食作物、经济作物和园艺作物。粮食作物主要有小麦、谷子、玉米、高粱、红薯、水稻等。经济作物主要有芝麻、向日葵、花生、蓖麻、油菜、甜菜等。园艺作物主要有蔬菜、花卉等。饲草绿肥作物主要有苜蓿、田菁、草木樨、毛耳茗子等。

一、粮食作物

（一）小麦

小麦是海兴农场传统粮食作物，有冬小麦、春小麦之分。同治《盐山县志》载："麦：小大二种，小曰秣，大曰麰。"1949 年之前，小麦品种有红秃头、小红芒、鱼鳞白等，产量低而不稳。农业合作化后，先后引进优良小麦品种有碧玛 1、齐大 195、白秃头、红秃头、蚰子麦、蟋蟀腚、红芒红麦等。齐大 195 产量高，秸高，成熟早，抗寒性中等，抗倒性较强，抗病性强，品质优良。以后又陆续引进碧玛 4、早洋麦、泰山 1 号、泰山 4 号、科遗 26、科遗 29、冀麦 9 号、昌乐 5 号、农大 311、北京 10 号、济南 8 号、济南 13 号、石家庄 53 号、石家庄 54、石家庄 407、沧州 1 号、津丰 2 号、丰抗 2 号、丰抗 8 号、丰抗

13 号等 40 多个品种。由于小麦优良品种的推广种植，提高了小麦产量。1949 年之前，小麦亩产量不过 20 公斤。1953 年平均亩产 112.5 公斤。1953 年平均亩产 151.25 公斤。1958 年收获冬小麦 90.4 亩，平均亩产 40.75 公斤，总产 3684 公斤。1963 年集体经营播种小麦 18710 亩，1964 年平均亩产 61 公斤，总产量 95.79 万公斤；社员自留地播种小麦 975 亩，平均亩产 94 公斤，总产量 9.17 万公斤。

表 5-3-3　海兴农场 1965—2011 年冬小麦播种统计表

年度	播种面积（公顷）	单产（公斤/公顷）	总产量（吨）
1965	1246.67		91.00
1966	800.00		190.00
1967	753.33		240.00
1968	953.33		205.00
1969	986.67		585.00
1970	820.00		245.00
1971	820.00		375.00
1972			599.50
1973			127.65
1974			662.99
1975			718.34
1976			631.40
1977			677.61
1978			1012.81
1979			1021.01
1980			206.32
1981			180.29
1982			52.54
1983			559.20
1984			250.00
1985			40.00
1986			120.00
1987			41.50
1988			57.50
1989			136.50
1990	233.00	1290	300.00
1991	431.00	1335	600.00
1992	533.30	450	240.00

（续）

年度	播种面积（公顷）	单产（公斤/公顷）	总产量（吨）
1993	533.30	450	240.00
1994	75.00	747	56.00
1995	467.00	3227	1507.00
1996	613.00	2083	1277.00
1997	723.00	2509	1914.00
1998	27.00	2222	60.00
1999	799.00	501	400.00
2000	799.00		611.00
2001	799.00	814	650.00
2002			
2003	1333.00	2004	2671.00
2004	333.00	2249	749.00
2005	658.00	2251	1481.00
2006	606.00	2250	1363.50
2007	574.00	2998	1721.00
2008	493.00	4201	4855.00
2009	447.00	3899	1743.00
2010	540.00	2528	1365.00
2011	500.00	2962	1481.00

注：表中部分数据缺失。

　　小麦喜肥、水、光、耐盐碱、抗低温，是适应性很强的高产作物。在种植中因地制宜，播种时进行选种，干旱碱地种植科遗 26、科遗 19、冀麦 9 号、昌乐 5 号等；水肥充足地种植丰抗 2 号、丰抗 8 号、丰抗 13 号、济南 13 号等高产品种。播种时期，一般为秋分前后，当地有"白露早，寒露迟，秋分麦子正当时"之说。播种方法，旱碱地多为沟播，宜于保摘蓄水，其他地均为平播。在管理上，基肥与追肥并用，农家肥与化学肥料同使；灌溉分为冻水、返青水、拔节水、灌浆水、壮粒水，当地有农谚"麦收八十三场雨"，即农历八月下雨播种，十月下雨好过冬，翌年三月下雨利拔节；同时还要适时进行中耕锄草等。农业合作化以后，特别是实行家庭联产承包生产责任制以后，随着农业技术的普及和发展，生产基本条件的改善，包括土地的改良、水利设施的兴建、化学肥料的应用、品种的更新、栽培管理方法的改进等，小麦生产得到了很好的发展。

河北省冬小麦种植分为 8 个类型区，海兴农场属于冀中洼碱地冬麦区。

（1）小麦种植历史。1958 年，海兴农场种植小麦 2150 亩，分布在一队、二队（即孔庄子北洼），亩产 65 公斤，总产 55.9 吨。

1975 年，播种小麦 13000 亩，有 7000 亩在 9 月 12 日前完成，打破了"古来处暑种麦早"的老习惯。机器耕地 6100 亩，深度 25 厘米上下，套耕 3000 亩，七步犁耕 1900 亩，深度 16～20 厘米，并采取砸坷垃、起高垫洼和增加耙地遍数等措施，打破了历来浅耕粗耙的耕作方法。施肥增加，有 5300 亩平均每亩施肥 2 车，有 800 亩平均每亩施肥 3 车多，有 2600 多亩每亩施肥 5 车以上，亩施肥量比上年增加 3 倍以上。普遍采用磷酸二氢钾浸种，有 600 亩铺底肥腐殖酸氨，有 700 亩铺底肥磷肥，还有 1100 亩铺饼肥作底肥。播种面积中，机播 5600 亩，行距 25 厘米，亩下种量 10 公斤，二大垅套 3500 亩，四垅子靠 1100 亩，亩下种量 7.5 公斤，彻底消灭了"二大垅"，基本解决了"小四垅"，打破了历史上种麦下种量不过 5 公斤的落后习惯。基本实现优种化，全场主要用了科遗 29 和沧交 101 两个小麦优良品种，为了实验对比和准备推广的品种有科遗 26、向阳 2 号、向阳 4 号、海农 1 号和济南 6 号等。

1971—1979 年，海兴农场积极扩大种麦面积，增加水肥投入，冬小麦生产得到快速发展。小麦虽然上去了，但挤压了经济作物，形成"只管粮上纲（达到《全国农业发展纲要》规定的指标），丢掉一大帮（棉、油、烟、麻、糖、菜）"的局面，影响整个农业效益，农民增产不增收。同时，由于冬小麦种植面积过大，旱地麦面积大量增加。

1983 年后，实行家庭农场制度，小麦种植面积大幅增加。

（2）小麦品种更新改良。中华人民共和国成立后，逐步建立健全各级农业科研机构，种子管理机构和良种繁殖场，积极整理、选育、引进、推广一大批冬小麦良种。

第一次换种，1949—1954 年，主要推广红秃头、大小红芒、大小白芒、定县 72 等。

1963 年，"农大 183"小麦繁育到 700 亩。

（3）种植制度。古代，农场地区就已有较为科学的小麦种植体系。20 世纪 50 年代，农场主要沿用传统种植制度，多以一年一熟为主，部分两年三熟制，渐有一年两熟制。有的年份因夏秋降雨积水，则实行一水一麦。20 世纪 60 年代中期到 70 年代后期，农业生产条件逐渐改善，冬小麦面积不断扩大，以冬小麦为主体的种植制度发生较大变革。

（4）播种。20 世纪中期，小麦播种以秋分节为适时。近年来，由于全球气候变暖，播种时间有所推迟，一般在 10 日 1 日前后。

主要方式有撒播、条播、耧播、机播和育苗移栽。撒播：为较原始的播种方式，手撒籽，不分行，以密取胜。条播：一般用犁、耠子开沟，顺沟撒籽，合土压实。耧播：公元六世纪前后，随着耧的产生，耧播迅速成为普遍的播种方式，因其省种、高产，沿用至今。机播即使用农业机械播种，至 2010 年，已全部采用机播。

（5）施肥。小麦施肥分为底肥、种肥、追肥。

（6）麦田管理。包括除治病虫害、适时浇灌、除草、保墒等。

1959 年 10 月 1 日，盐山农牧场针对 11 月份、12 月份小麦管理提出技术措施意见。

盐山农牧场 11 月份、12 月份小麦管理技术措施意见

1959 年 10 月 1 日

今年我场种麦 3000 亩，一般出苗良好，为获得丰收，保证平均亩产 400 斤以上，特提出以下技术措施意见。

1. 除治锈病，据调查，我场有个别地块儿、碱片儿，发现锈病，为防止蔓延，现在应立即摘除病叶，把病叶集中深埋，以防传染。

2. 浇尿浇稀，为促进小麦生产发育，现在可进行浇尿浇稀，方法是，浇尿兑水 1～2 倍，浇稀兑水 3～5 倍。

3. 锄麦或搂苗。为防止雨后地面板结，可进行搂苗和葱苗，以促进小麦生长，同时，因个别地块整地不良，大坷垃压一部分麦苗，不能出土，可把坷垃弄碎，把麦苗轻轻搂出，但注意搂苗和锄苗，不能伤苗。

4. 浇冻水，在夜冻昼消时进行浇冻水，一般在小雪节内进行，可随浇随锄，以防地面裂缝，麦苗受害。

5. 盖肥，在上冻时每亩盖厩肥 4～5 车（8 千斤至 1 万斤），全部麦田覆盖一遍，把厩肥弄碎撒匀，这样一方面能保温，一方面能供给明春生长发育之用，同时还能弥补底肥不足，或未施底肥的缺陷，这是增产的主要关键，上冻后应大力突击完成。

6. 轧麦。在上冻后进行浇麦，以破碎坷垃，消灭裂缝，保温保苗，但重盐碱地和碱片之处不应轧麦，以免返碱。

浇麦，一是浇入冬水，二是浇返青水，三是浇灌浆水。没有充足水源时，就打井浇麦。

做好麦田锄划，既能保墒，又能培养小麦根系，还能除草。

1975 年，海兴农场孔庄子大队总结出小麦"九不种"，即：不施底肥不种，不深耕深

耙不种，有水源条件不调畦不种，不是优种不种，不药剂拌种不种，不用磷酸二氢钾浸种不种，不适当密植不种，不适时不种，墒情不好不种。

保墒抢墒，保持好的墒情是苗全苗旺的关键。

1975年，海兴农场种麦特点：一是播种期早，在已播面积中，有7900亩是在10月9日前播种，白露节前播种小麦面积占了总任务的46.4%，其中有1700亩在处暑节气播种，打破了"古来处暑种麦早"的老习惯。二是耕得深，耙得细，整得平。已播种面积中，机耕地6100亩，深度超过25厘米，套耕3000亩，七寸步犁耕1900亩，深度在5～6寸，并采取了砸坷垃、起高垫洼和增加耙地遍数等措施，打破了当地历来浅耪粗耙的耕作方法。三是施肥量大，播种的12000亩小麦普施底肥，其中有5300亩平均每亩施肥3车多，2600亩每亩平均施肥5车以上。此外普遍使用磷酸二氢钾浸种，有600亩的铺了腐殖酸铵，有700亩铺上磷肥，有1100亩施用了饼肥。四是合理密植，机播5600亩，行距25厘米，每亩用种子10公斤左右，二大拢套3500亩，彻底消灭了"二大拢"，基本解决了"小四拢"，打破了历史上种麦下种量不过5公斤的落后习惯。五是基本实现优种化。全场选用科遗29和沧交101。还有科遗29、向阳2号、向阳4号、海农1号、济南6号等。在播种小麦的同时，还播种油菜1500亩。

（二）玉米

玉米，本地称棒子，是禾本科玉蜀黍属一年生草本植物，雌雄同株异花授粉植物，植株高大，茎强壮，是重要的粮食作物和饲料作物，也是海兴农场播种面积最大、总产量最高的农作物。玉米含有丰富的蛋白质、脂肪、维生素、微量元素、纤维素等，味道香甜，可做各式菜肴，如玉米烙、玉米汁等，它也是工业酒精和烧酒的主要原料。

据史书记载，海兴农场一带于清乾隆年间开始引种玉米，迄今已有300余年的栽培历史。乡人因形似棒子，故俗称棒子。其叶可作饲料，秸秆为燃料。1949年以前，农家品种有灯笼红、鸡跳脚、小石棒子等，亩产仅30公斤左右。1950年引进金皇后、大马牙、二马牙等品种。1952年，盐山农场指导李奋乾村一互助组培育出"金皇后玉米"种子，经年内种植亩产682.3斤，创盐山县夏种产量最高。1954年种植玉米29.9亩，平均亩产182公斤。1957年引进石交1号、华农2号。1958年，玉米播种面积2040亩，平均亩产100公斤，总产204吨，其中2000亩与大豆间作。20世纪60年代引进双交玉米双跃105、京白2号等，推广玉米辅助授粉技术。20世纪70年代推广单双玉米群单101、103、郑单2号等。1980年起推广鲁原单4号、聊育5号、鲁原单8号、中原单4号等优良品种。

表 5-3-4　海兴农场 1965—1989 年玉米播种面积和产量

年度	面积（百亩）	产量（吨）
1965	187.0	91.0
1966	120.0	190.0
1967	113.0	240.0
1968	143.0	205.0
1969	148.0	585.0
1970	123.0	245.0
1971	123.0	375.0
1972	151.0	599.5
1973	132.0	127.7
1974	167.0	663.0
1975	179.0	718.3
1976	148.0	631.4
1977	181.0	677.6
1978	146.0	1012.8
1979	153.0	1021.0
1980	132.0	206.3
1981	117.0	180.3
1982	39.0	52.5
1983	101.0	559.2
1984	66.0	250.0
1985	17.0	40.0
1986	43.0	120.0
1987	21.0	41.5
1988	29.0	57.5
1989	54.0	136.5

表 5-3-5　海兴农场 1990—2011 年玉米播种统计表

年度	播种面积（公顷）	单产（公斤/公顷）	总产量（吨）
1990	80	375	30
1991	992	2250	223
1992	26	1485	39
1993	127	3750	475
1994	82	1780	146
1995	167	5251	877
1996	260	3000	780
1997			
1998	15	4533	68
1999	15	1133	17

（续）

年度	播种面积（公顷）	单产（公斤/公顷）	总产量（吨）
2000	40		39
2001	533	405	216
2002			
2003	467	3747	1750
2004	400	6178	2471
2005	608	3247	1974
2006	658	5251	3455
2007	318	1469	467
2008	506	4423	2238
2009	413	6000	2478
2010	578	2249	1300
2011	90	2444	220

注：表中部分数据缺失。

玉米的适应性较强，抗逆性亦强，便于管理。夏玉米栽培，有"夏争时，早种一日，早熟十日"之说。玉米种植管理中包括中耕锄划，除草灭荒，除治病虫害。旱碱地采用小型杂交种鲁原单4号，水肥条件好的地以播种中型品种聊育5号为主，改平播为大小垅种植，玉米豆类间作套种，氮肥、磷肥、有机肥配合施用。

海兴农场玉米种植面积和产量，在粮食作物中居第二位。2010年后，推广早熟高产、抗倒耐密、多抗广适等特性的普通玉米新品种，还种植鲜食玉米和粮饲兼用型青贮玉米品种。

（三）大豆

我国是世界上最早种植大豆的国家，商周时期就有大规模种植。海兴县内大豆种植也有悠久的历史，主要品种有黄豆、黑豆、大青皮、小青皮等。大豆抗逆性差，惧旱怕涝，以夏播为主。大豆既作食粮又可榨油，豆秸还是牲畜的重要饲料。

1954年，种植大豆59.5亩，平均亩产119.95公斤。20世纪70年代引进文丰5号、前进2号等。20世纪80年代开始引进冀豆系列等品种。

表5-3-6　海兴农场1965—1971年大豆播种面积和产量

年度	面积（百亩）	产量（吨）
1965	115	50
1966	125	565
1967	118	245
1968	36	5

（续）

年度	面积（百亩）	产量（吨）
1969	126	280
1970	118	305
1971	120	200

数据来源：海兴县《国民经济统计资料汇编（1965—1971）》。

（四）高粱

海兴农场所在地栽培高粱始于汉代，迄今已有 2000 余年历史。同治《盐山县志》记载："蜀秫，俗名高粱，有红白二种，亦有粘者。"1950 年盐山县引进多穗高粱。1954 年，盐山县农场种植高粱 5 亩，平均亩产 66.25 公斤。1958 年第一次种植多穗高粱 3000 亩。20 世纪 60 年代开始推广种植遗杂 7 号、晋杂 5 号、原杂 10 号、渤杂 3 号、无棣 701 等。1964 年播种高粱 7134 亩。1965 年海兴农场种植高粱 5600 亩。总产量 425 吨，亩产量 75.9 公斤。1970 年全场高粱种植面积 11000 亩，总产量 455 吨。杂交高粱虽然高产，但适口食性差，秸秆利用率低。20 世纪 80 年代初期随着扩种小麦、玉米及经济作物，高粱面积呈下降趋势。1990 年高粱种植 29.3 公顷。

2006 年 4 月，海兴农场引进甜高粱。该项目由沧州市农业局无偿提供种子，并与农场职工签订回收合同，按市场价回收。

2011 年高粱播种面积 20 公顷，总产量 30 吨。2019 年高粱播种面积 18 公顷，高粱总产量 27 吨。

表 5-3-7　海兴农场 1965—1971 年高粱播种面积和产量

年度	面积（百亩）	总产量（吨）
1965	56	425
1966	75	405
1967	95	665
1968	95	545
1969	89	675
1970	110	455
1971	84	235

数据来源：海兴县《国民经济统计资料汇编（1965—1971）》。

表 5-3-8　海兴农场 1990—2010 年高粱播种统计表

年度	播种面积（公顷）	单产（公斤/公顷）	总产量（吨）
1990	29.3	1365	40.0
1991	206.0	2250	463.5

（续）

年度	播种面积（公顷）	单产（公斤/公顷）	总产量（吨）
1992	13.7	1530	21.0
1993	21.0	3375	69.8
1994	133.0	4902	652.0
1995	107.0	4505	482.0
1996	61.0	2246	137.0
1997	200.0	510	102.0
1998	20.0	6000	120.0
1999	20.0	700	14.0
2000			
2001	53.0	57	3.0
2002			
2003	24.0	3000	72.0
2004			
2005	7.0	2143	15.0
2006	133.0	3000	399.0
2007	41.0	1463	60.0
2008	167.0	1952	326.0
2009	60.0	6750	405.0
2010	5.0	2200	11.0
2011	20.0	1500	30.0

注：表中部分数据缺失。

（五）谷子

谷子，禾本科，古称稷、粟，亦称粱，果实粒小，多为黄色，去皮后俗称小米。我国种植谷子历史达7000年以上。海兴农场谷子产量居谷类之首。农民有"好高粱打不过赖谷子"之说。谷子的农家品种有黄谷、白谷、红面谷和黑粘谷等。合作社时期增添了齐头白、楼里秀等。谷子分春播和夏播。青到老等品种生育期短，早熟品种的出现，由夏播谷逐渐取代了春播谷。谷子也是海兴主要粮食作物，加工为米、面，营养价值高，适口食性强，是人民生活不可缺少的主食。谷草是牲畜的主要饲草，也可打做草苦等。谷子抗逆性差，怕旱，怕涝，一般播种于排水良好、有灌溉条件的地块。

1953年，盐山县农场种植谷子42.4亩，平均亩产142.1公斤。1954年播种面积和上年相同，平均亩产接近250公斤。1957年引进华农4号。1958年种植谷子300亩。1964年播种谷子710亩。20世纪70年代引进大寨谷、杨村谷、青到老等品种。20世纪80年代引进豫谷1号等品种。

表 5-3-9　海兴农场 1965—1971 年谷子播种面积和产量

年度	面积（百亩）	产量（吨）
1965	5	30
1966	1	5
1967	6	50
1968	11	45
1969	14	155
1970	15	165
1971	14	65

数据来源：海兴县《国民经济统计资料汇编（1965—1971）》。

表 5-3-10　海兴农场 1990—2010 年谷子播种统计表

年度	播种面积（公顷）	单产（公斤/公顷）	总产量（吨）
1990	57.3	345	20.0
1991	71.0	2250	159.0
1992	7.5	405	3.0
1993	92.7	600	55.8
1994	67.0	1478	99.0
1995	13.0	1538	20.0
1996	13.0	2846	37.0
1997	70.0	414	29.0
1998			
1999			
2000			
2001	3.0	333	1.0
2002			
2003	33.0	3030	100.0
2004			
2005	7.0	2857	20.0
2006	7.0	5000	35.0
2007			
2008	26.0	6000	156.0
2009	60.0	3000	18.0
2010	5.0	800	4.0

注：表中部分数据缺失。

（六）水稻

海兴农场这一区域，历史上曾种植水稻。1957 年，盐山县在孔庄子一带开展稻田建设，大片建设水稻田。1958 年 2 月 26 日，盐山县农场编制了《盐山县农场稻田规划设计任务书》。由于是第一年试种水稻，盐山县农场职工没有种植经验，河北省农垦局介绍天津军粮城的技术人员黄秋生帮助育苗两个多月，共用稻种 21750 公斤。当年计划播种水稻 12000 亩，由于水源不足，实际播种 3000 亩，实际收获 500 亩，平均亩产约 15 公斤，总产 7500 公斤。由于气候干旱，水源没有保证，水稻种植停止。1964 年曾播种水稻 80 亩。

1995 年开始，海兴农场研究建设水稻基地。1996 年春节前，通过考察论证，认为种水稻不仅可以改造海兴农场土地状况，而且效益可观，为此海兴农场与天津市宁河县（今宁河区）取得联系，利用农场的优惠政策和实际条件，确定共同开发种植水稻 2 万亩的项目。1996 年 4 月，开发荒地 3000 亩建成水稻基地，其中扬水站投资 50 万元，闸涵投资 15 万元，道路沟渠投资 35 万元。1997 年计划开发种植水稻 15000 亩，总投资 800 万元。首先在农场三分场建一个占地 5000 亩的水库，用来保证种植水稻用水，建扬水站 3 座，总动土 600 万立方米。由于水源等问题，该项目最后终止。

（七）甘薯

甘薯俗称红薯、地瓜。1748 年，直隶总督方观承由浙江引进甘薯于天津府属各州县，为海兴种植甘薯之始。1949 年以前，海兴农场一带只有零星种植，传统品种有黄瓤、白瓤两种。新中国建立后，引进胜利百号。1958 年掀起种植甘薯热，通过行政命令，强行大面积推广种植。1959 年 10 月 29 日，农场加强了红薯种块的储存管理，向盐山县委写出了《盐山全民农场关于开展检查山芋母子的专题报告》。20 世纪 60 年代开始推广一窝红、遗字 138 号、河北 872 号、唐山红等品种。1964 年种植红薯 224 亩。20 世纪 80 年代引进徐薯 18 号等。甘薯抗逆性强，耐旱、耐瘠薄，病虫害较少，多能高产稳产，是调剂粮色的新鲜品种（按 4∶1 折粮）。

1995 年，海兴县有关部门曾推广种植红薯品种"红心王"。

（八）稗子

稗子，又叫碱谷、龙爪稷，禾本科虎尾草族，稗属一年生植物。同治《盐山县志》载："稗，黄稗之属，糠多壳厚，谷中下品。"稗子是一种杂粮，平均亩产量很低，营养价值很高，内含丰富的维生素和微量矿物质，其植株被称为稗子草，耐涝。稗子为一年生草本植物，多为野生，人工种植较少。1964 年，盐山县农场种植稗子 449 亩。1987 年又进行试种。

（九）黍子

黍子，单子叶禾本科植物，生长在北方，耐干旱，一年生栽培作物，民间称为"黍子""黍谷"，分为黄黍子、白黍子、黑黍子等品种。《盐山新志》载："黍性皆粘，有黄白黑红诸色，用以酿酒造糖。"

海兴农场现有少量种植，主要品种为黄黍子，籽实淡黄色，常用来做年糕等食物。

（十）荞麦

荞麦，又名三角麦，为蓼科荞麦属一年生草本植物。荞麦起源于我国，至今已有2000年的栽培历史。本地种植历史悠久。《盐山县志》载："荞麦，一名荍麦，宜晚种。"

（十一）莜麦

莜麦，也称为铃铛麦、燕麦，1958—1965年，海兴农场和明泊洼农场都曾种莜麦。

（十二）小杂粮

小杂粮泛指生育期短、种植面积少、种植地区和种植方法特殊、有特种用途的粮豆，其特点是小、少、特、杂。海兴农场小杂粮种植历史悠久，主要有绿豆、小豆、豌豆、豇豆、玉谷等，种植面积小，产量低。

二、经济作物

海兴县经济作物主要有棉花、芝麻、花生、向日葵等，还有零星种植的蓖麻、油菜、甜菜、烟叶等。

（一）棉花

海兴农场栽培棉花历史悠久。春种秋收。农民有"枣芽发种棉花，小满花不上家"之说。传统品种有长绒、短绒两类。棉花抗逆性强，耐旱、耐盐碱，但病虫害较多。棉花浑身皆宝，棉絮纺织、棉籽榨油、棉籽饼既为畜禽饲料又可作肥料，棉秆过去多作烧柴，当今已成为工业制品的原料。棉花发展前景广阔，已成为海兴农场的主要经济作物之一。

1949年以前，棉花亩产皮棉12公斤左右。1950年开始推广石短5号、徐州1818、鄂光棉等。1957年引种新品种"五爱"。1958年播种棉花50亩，全部播种在荒碱地上，亩产达到50公斤。1959年原计划每亩产棉217.5公斤，亩投资82.29元，实际亩产40公斤，投资47.32元。20世纪70年代引进鲁棉1号，20世纪80年代引进7315、冀棉8、冀棉10和夏播棉等，适时制定了一系列优惠政策，激发棉农植棉积极性，植棉面积逐年增加。1984年播种棉花2050亩，完成分配任务的137%，相当于1983年的7倍。对棉田普遍进行的精耕、细耙、平整、普遍使底肥。全场出动25台机器，大干10天把计划种棉的土地普遍进行了冬灌，通过冬灌提高了地温，保住了墒情。先后举办了五期植棉技术培训班，共培训700余人次，还印发了介绍怎样种植棉花的小册子。采用科学方法对1万多公斤种子进行了精选和药剂拌种。

表 5-3-11 国营海兴农场 1965—1989 棉花总产量

年度	播种面积（百亩）	产量（吨）	年度	播种面积（百亩）	产量（吨）
1965			1993	10.7	4.0
1966			1994	42.0	40.0
1967			1995	133.0	151.0
1968		1.0	1996		
1969	2.0	2.0	1997	3.0	
1970	2.0	3.5	1998	6.0	7.0
1971	2.0	1.0	1999		5.0
1972			2000		8.0
1973			2001	223.0	126.0
1974			2002	215.0	124.0
1975		0.5	2003	547.0	375.0
1976			2004	1253.0	2820.0
1977			2005	633.0	950.0
1978		0.5	2006	733.0	363.0
1979		0.5	2007	78.0	45.0
1980			2008	1005.0	1533.0
1981			2009	1733.0	1950.0
1982		0.5	2010	1532.0	1230.0
1983		4.5	2011	1341.0	1106.0
1984		30.0	2012	1020.0	985.0
1985		40.0	2013	1109.0	976.0
1986		2.0	2014	865.0	917.0
1987		13.0	2015	802.0	899.0
1988		2.5	2016	857.0	1038.0
1989		0.5	2017	651.0	752.0
1990	19.3	7.0	2018	649.0	761.0
1991	86.0	58.0	2019	598.0	742.0
1992	8.5	4.0			

注：表中部分数据缺失。

1992 年 3 月 29 日，海兴农场制定了《关于 1992 年棉花种植的奖惩规定》。考核指标分为实际完成种植面积和棉花交售任务两部分。明确奖励与惩罚措施：①凡完成任务的不奖不罚；②超额完成任务的，每超一亩奖款 0.5 元；③在 1992 年多种植一亩棉花，奖售给种棉户平价柴油两公斤；④凡完不成任务的，按 1992 年农业管理制度执行惩罚。奖惩兑现的办法：奖惩必须由农业处及有关部门联合验收后分期兑现，完成播种后兑现 1/2，完成棉花交售后再兑现 1/2，奖金由各分场支配。上级对棉农的挂钩奖励依然执行，奖金由财务处支付，柴油由农业处在农业指标中给予安排。

2000 年以后，还有少量种植转基因抗虫棉。

2003 年，种植棉花 1 万亩。

2007 年，海兴农场种植棉花 1.7 万亩，总产量 3400 吨，同比增长 54％。

2007—2009 年，沧州市农科院在海兴农场建设 1700 亩滨海盐碱旱地现代化植棉技术体系示范田，平均亩产籽棉 200 公斤，亩效益在 1000 元以上。

2011 年，海兴农场组织推广农业技术。围绕"粮食增产、农业增效、职工增收"这一中心，狠抓农业技术推广服务，举办了"棉花种植、病虫害防治"等技术培训班，培训 200 多人次。

2012 年 5 月 4 日，海兴县在石家庄就滨海盐碱地棉花技术研发与河北省农科院棉花研究所签约。省农科院棉花研究所决定在海兴农场投资 100 万元建设棉花试验站，同海兴县合作研发棉花新品种。河北省副省长龙庄伟、海兴县县长陈健、河北省农科院棉花研究所所长张香云等出席签约仪式。5 月 18 日，河北省农林科学院院长王慧军、副院长张建军在海兴县县长陈建、副县长孙文强及县农业局相关领导的陪同下到棉花所海兴农场试验站进行调研。张香云介绍了试验站的前期筹备工作和工作方向。

2013 年，棉花研究所滨海盐碱地棉花新品种新技术示范基地开始建设，示范新品种包括冀杂 2 号、冀 863、冀 151、冀 3536、冀 1516 等多个具有高产潜力品种，核心示范田面积 1000 亩。林永增研究员、李智峰研究员作为技术专家，指导海兴县农业局、国营海兴农场完成农业厅盐碱地育苗移栽项目。3 月 10—12 日，棉花所组织专家在海兴农场进行"棉花优质高产示范基地"高效植棉技术培训。当年冀杂 2 号核心区籽棉产量 233～246 公斤，比对照田增产 17％～23％，亩用工减少 8 个，亩计节本增效 640～770 元，获得较高产量的同时，降低了植棉过程中的用工成本和植棉劳动强度，提高了棉农的植棉净收益。优质高产棉花新品种冀 863 在土壤墒情差的情况下，播种时拉水造墒，实现了全苗壮苗。生育期长势较好，抗枯黄萎病。经测定亩种植密度 3844 株，单株结铃 12.1 个，单铃重 5.9 克，亩产籽棉（85％折算）233.5 公斤，接近杂交品种产量。育苗移栽品种选用具有高产潜力的杂交优势种冀 3536，该品种苗期叶色深绿，茎粗叶肥，根多、密、粗壮，0.4％含盐量以下棉田移苗成活率 96％以上，0.4％含盐量以上中度棉田移苗成活率 70％左右。移栽棉花在高成活率的基础上，具有棉株健壮、根系发达、花期集中、结铃大等特点，经测定移栽田亩种植密度 2356 株，单株结铃 20.5 个，单铃重 6.5 克，亩产籽棉（85％折算）267 公斤。10 月 11 日，河北省农业厅、河北省农林科学院在棉花所海兴试验站召开河北省滨海盐碱地棉花高产新品种新技术现场观摩会议（图 5-3-1）。会议观摩了棉花所培育的高产耐盐碱新品种冀杂 2 号、冀棉 151、冀棉 863、冀 1516 及盐碱地简化高效栽培技术和棉花高产创建育苗移栽技术示范田。与会人员对棉花所培育的耐盐新品种、河北省棉花产业技术体系研究的盐碱地植棉新技术以及省农业厅组织的棉花高产创建活动取得的成绩给予了高度的评价。

图 5-3-1　河北省滨海盐碱地棉花高产新品种新技术现场观摩会议现场

2014 年，海兴县实施"河北渤海粮仓建设"工程，海兴农场作为项目主要实施地点，发挥自身的土地资源集中和职工积极性高的优势，动员 168 户职工在宣北干沟两侧成方连片种植棉花，共计 6500 亩，品种为冀杂 1 号，主要技术措施包括地膜覆盖、施足底肥、增施有机肥、扒盐播淡、抑盐保墒、扩行增密、简化整枝、合理化控等。

2016 年 10 月 12 日，棉花所与沧州市农牧局在海兴农场联合召开"滨海盐碱地改良与棉花新品种新技术示范"现场观摩会，沧州市农牧局、各县农业（牧）局、国营海兴农场等单位农技推广人员及植棉大户等 60 余人参加了会议。

（二）芝麻

芝麻是海兴县主要油料作物之一，种植历史悠久，但种植面积小，产量不稳。播种分春播、夏播，以春播为主。传统品种有草型和分枝型两类，有黑、白、褐三色。1965 年仅种植 2 亩芝麻。20 世纪 70 年代开始引进外地新品种，20 世纪 80 年代引进冀芝 1 号、冀芝 3 号等。1990 年芝麻种植面积增加到 134 亩，总产量 5360 公斤，亩产 30 公斤。2019 年种植 89 亩，总产量 4450 公斤，亩产 50 公斤。

（三）花生

花生是海兴油料作物之一，农场种植花生历史悠久，但播种面积较小。农家传统品种主要有小红仁、伏花生等。20 世纪 70 年代引进徐州 68-4、海花 1 号。80 年代引进 R321 等品种。花生播期多为春播，夏播易涝，产量低。

（四）向日葵

向日葵又名葵花，俗名转子莲，因其朝着太阳转故名。向日葵耐盐碱、耐瘠薄。分春播与夏播。适宜海兴大面积种植，已成为海兴农场主要油料经济作物之一。海兴农场种植历史近百年，植于地头、沟边或庭院，春种秋收，可观赏可食用。传统品种多为单头，也有九蓬灯等，种皮分黑、白、灰三种。20 世纪 80 年代引进三道眉、黑葵等品种。1965 年以前，向日葵没有成片播种，只在屋前屋后零散种植，1966年开始成片种植。

1980年，海兴农场六队种植向日葵750亩，全部锄了两遍，蜂授粉2遍，获得丰收，产量4.5吨，销售金额4500多元。

2000年以后，引进种植了双季油葵。春季油葵种植时间是清明前后，7月收获。秋季油葵种植时间是7月份，收获时间是十月份。每季亩产200公斤左右。

（五）油菜

1975年，播种油菜1500亩。

表5-3-12　海兴农场1965—2019年油料作物总产量统计表

年度	总产量（吨）	年度	总产量（吨）
1965	0.5	1993	37.9
1966	5.0	1994	92.0
1967	7.5	1995	102.0
1968	4.5	1996	324.0
1969	16.5	1997	22.0
1970	11.5	1998	240.0
1971	3.0	1999	87.0
1972	2.5	2000	66.0
1973	6.5	2001	290.0
1974	4.0	2002	0
1975	15.5	2003	46.0
1976	5.0	2004	160.0
1977	7.5	2005	110.0
1978	22.0	2006	67.8
1979	26.5	2007	22.0
1980	84.5	2008	168.0
1981	261.0	2009	344.0
1982	117.5	2010	74.0
1983	124.5	2011	76.0
1984	186.5	2012	21.5
1985	107.0	2013	27.0
1986	11.5	2014	45.0
1987	37.5	2015	59.0
1988	43.0	2016	36.0
1989	3.0	2017	64.0
1990	21.0	2018	78.0
1991	267.6	2019	135.0
1992	58.6		

表 5-3-13　明泊洼农场 1965—1989 年油料作物总产量统计表

年度	总产量（吨）	年度	总产量（吨）
1965	0.5	1978	0
1966	0.5	1979	3.0
1967	1.5	1980	67.5
1968	0.5	1981	120.0
1969	3.5	1982	89.0
1970	2.5	1983	113.5
1971	1.0	1984	289.0
1972	0.5	1985	85.5
1973	2.5	1986	33.5
1974	0	1987	40.5
1975	0	1988	48.0
1976	0.5	1989	16.5
1977	0.5		

（六）甜菜

1973 年，海兴县糖厂建立，为给糖厂提供生产原料，县委决定全县各公社农场都要种植甜菜，支持糖厂生产。海兴农场按照县委要求，每年都种植甜菜。1979 年，海兴县糖厂改建为酒厂后，甜菜种植基本结束。

（七）蓖麻

蓖麻为一年生草本或草质灌木。蓖麻种子的含油量非常高，榨出蓖麻油黏度高，凝固点低，既耐高温又耐低温，在工业上用途广。蓖麻种子含蓖麻毒蛋白及蓖麻碱，有药用价值，在医药上作缓释剂，种子也有毒性。

海兴农场所在区域很早就有蓖麻种植。农场把蓖麻种植作为农业的一部分，既有大田成片种植，也在沟边、路边、房屋旁边利用空闲地种植。1966 年春，海兴农场发动干部职工、学生在河边、塘边、道边、坡边种植蓖麻 53 万株。1981 年，海兴农场团委发动团员青年抓住时机，利用沟渠路边，房前屋后和一些闲散土地大种蓖麻，要求每一个团员青年种植达到 100 墩，到 3 月 6 日，全场已种植蓖麻 4 万多墩。

（八）麻类

国营海兴农场的麻类植物主要有苎麻和苘麻。苎麻由人工播种，自古人们就用来织成布，作为衣服的主要面料。苘麻是一年生亚灌木草本植物，常见于路旁、荒地和田野间。苘麻的茎皮纤维色白，具光泽，可编织麻袋、搓绳索、编麻鞋等纺织材料。种子含油量约15％～16％，供制皂、油漆和工业用润滑油；海兴农场曾利用低洼地种植苘麻。到 20 世纪 80 年代，海兴农场的苘麻除野生外基本没有人工种植。

表 5-3-14 国营海兴农场 1965—1971 年麻类播种面积和产量统计表

年度	播种面积（百亩）	总产量（公斤）
1965	1	5600
1966	1	4500
1967		
1968		
1969		2300
1970		900
1971		300

注：表中部分数据缺失。

（九）烟叶

国营海兴农场自建场来就有烟叶种植。烟叶种植主要是由农场职工和农民在自家庭院或居住地附近的荒地上种植，主要供家庭自用。有的年份，农场部分农村生产队和国营生产队也有少量种植。据海兴县《国民经济统计资料汇编（1965—1971）》记载，1971 年国营海兴农场烟叶总产量 250 公斤。

（十）甘蔗

1958 年，盐山县农场原计划播种甘蔗 500 亩。压缩水稻播种面积，增加甘蔗的种植面积。当年甘蔗的实际播种面积增为 5294 亩。

三、园艺作物

园艺作物主要有蔬菜、花卉等。

海兴县种植瓜蔬历史悠久，种类繁多。新中国成立以前，种植面广，面积少，多为自食，零星出售。农业合作社、人民公社成立以后，各生产队均开辟菜园生产瓜菜，主要供给社员食用，出售较少。1964 年种植瓜类 13 亩。建立家庭农场以后，瓜蔬生产发展颇快，引进优质品种，推广塑料大棚栽培技术，由生产自食为主变为以生产商品瓜菜为主，出现瓜蔬生产专业户。1987 年试种章丘大葱。1990 年瓜蔬栽培达 10 余类 40 多种，其中以西瓜、白菜、茄子、番茄、韭菜、茴香、芹菜、菠菜、南瓜、西葫芦、脆瓜、甜瓜为主。瓜蔬生产调剂了全场人民生活，缓解了本场干部职工对瓜蔬的供需矛盾，并成为当地农工主要经济收入之一。

表 5-3-15　海兴农场主要瓜蔬名录表

科	蔬菜名称
黍科	菠菜
菊科	茼蒿
茄科	辣椒、茄子、番茄
百合科	韭菜、大葱、蒜、洋葱
伞形科	芹菜、胡萝卜、茴香、芫荽（香菜）
葫芦科	南瓜、黄瓜、冬瓜、甜瓜、丝瓜、西葫芦、瓠子、西瓜、栝楼
睡莲科	藕
旋花科	菊芋（姜不辣）
木耳科	木耳
十字花科	白菜、油菜、萝卜、莴苣、甘蓝（洋白菜、普通甘蓝）、花椰菜（菜花）、芥菜、雪里蕻、青菜、芜菁（蔓菁）

主要食用菌有木耳、香菇、平菇、猴头菇等。

花卉主要有地肤和大花萱草。

（一）　地肤

地肤别名地麦、落帚、扫帚苗、扫帚菜、孔雀松。株丛紧密，株形呈卵圆至圆球形、倒卵形或椭圆形，分枝多而细，具短柔毛，茎基部半木质化。茎分支很多，叶子线状披针形，单叶互生，叶线性，线形或条形。穗状花序，开红褐色小花，花极小，无观赏价值，胞果扁球形。植株为嫩绿，秋季叶色变红。果实扁球形，可入药，叫地肤子。嫩茎叶可以吃，老株可用来作扫帚。

1987 年，国营海兴农场试种了地肤。

（二）　大花萱草

大花萱草是百合科多年生宿根草本植物，根状茎粗壮，肉质根。花葶由叶丛中抽出，聚伞花序或圆锥花序，有花枝，花色模式有单色、复色和混合色。花大，漏斗形、钟形、星形等，外花被裂片倒披针形或长圆形，内花被裂片倒披针形或卵形，花药黄色、红色、橙色或紫色等多种颜色，每年 5—10 月开花。大花萱草耐旱、耐寒、耐积水、耐半阴、耐盐碱和耐瘠薄。大花萱草在园林花坛、花境、路边、草坪中丛植、行植或片植，也可做切花，是园林绿化的好材料（图 5-3-2）。

2015 年，海兴农场开始种植大花萱草，并与省科技厅、省林业科学研究院合作开展大花萱草繁育与示范工作。2016 年 8 月 11 日上午，沧州市委常委、副市长张林到海兴农场省级农业科技园调研大花萱草培育种植项目。2018 年，海兴农场培育推广种植大花萱草 50 亩。

图 5-3-2　大花萱草

四、饲草和绿肥作物

海兴农场饲草、绿肥作物种植主要有苜蓿、田菁、草木樨、毛耳苕子等。

（一）苜蓿

苜蓿为海兴农场主要传统饲草作物之一，开紫花，多年生草本植物，一般在雨季播种，多年收割，一年可收割 2～3 茬，亩产量 2010 公斤左右。苜蓿能养地，又是优质饲草，养分含量与牲畜的适口性均为上成。随着畜牧业的发展，苜蓿植面积逐年增长。

（二）田菁

田菁属于豆科作物，耐涝、耐盐碱，适宜在低洼盐碱地上种植，田菁属优质豆科绿肥植物，产量高，根部有较多的根瘤菌，在改良土壤、提高肥力方面有明显效果。春播繁种，秋播前将田菁翻压，作为绿肥翻入土中，然后播种小麦。海兴农场于 20 世纪 60 年代中期开始推广种植田菁，向县内外农业社队学习种植田菁、养地、压碱、增产粮食的先进经验。1979 年夏，海兴农场播田菁面积 200 多公顷，占小麦播种面积的三分之一，提高小麦产量起到良好作用。1991 年，海兴农场绿肥播种面积 1000 亩。

第三节　品种改良和合理密植

海兴人民在长期从事农业生产过程中，围绕土壤改良、合理施肥、水利灌溉、种子改良、合理密植、作物保护、工具改革、田间管理八个方面，即于 1950 年代制定的"土、肥、水、种、密、保、工、管"，积累了丰富的经验，农技农艺不断提高，促进了农业生产的发展。

一、品种改良

历史上县内种植的各种农作物，品种单一，产量低，抗性差，限制和影响了粮食生产水平。中华人民共和国成立后，农科部门重视种子的研究、试验、推广。1950 年初，盐山县农场开始推广杂交制种，进行良种繁育。1961 年，盐山县农场开展小麦品种对比试验，用了农大 183、农大 672、碧玛 1 号、五四麦、西北 6028、中农 28、果总 26 共 7 个品种，试验证明农大 183 当年产量最高。

1962 年 11 月 22 日，中共中央、国务院发出《关于加强种子工作的决定》。盐山县农场要求各生产队在庄稼收割以前要采取田间"穗选""片选"等办法，选留粮谷种子；生产队应该有自己的"种子田"，为自己繁殖种子；要选育具有不同特性的、产量高、品质好的优良品种；要继续坚持党政领导、科学技术人员和群众三结合的原则，有领导地、有组织地发掘民间传统的优良品种，重视农民群众选种育种的成就和经验，并且帮助他们，把他们的经验加以科学的总结和提高。

海兴建县后，海兴农场加强种子工作，各生产队继续开展优良品种的繁育和推广，贯彻"四自一辅"（自繁、自选、自留、自用、辅以国家调剂）的总方针。1983 年实行家庭农场制以后，采用自选、交换和购买的方式，使用粮食优良品种。2000 年以后，粮食作物基本停止使用自选品种。良种引进与繁育为农业增产增收提供了基础保证。

二、合理密植

合理密植是种植业优质高产、节本高效的基础和有效途径。其作用主要在于充分发挥土、肥、水、光、气、热的效能，通过调节农作物单位面积内个体与群体之间的关系，使个体发育健壮，群体生长协调，达到高产的目的。农作物合理密植，是农民悠久的种植传统。但在海兴农场一带农业生产历史上，由于受农业生产技术、作物品种、肥料地力等因素影响，往往是稀苗大穗，广种多收。民间有"稀谷密高粱，棒子三棵一锄杠"的说法。中华人民共和国成立后，随着科学技术的发展，海兴农场合理密植得到推广，农场职工根据作物品种特性、土地肥沃与瘠薄、水源、肥料、气候、管理技术确定了作物的合理密植的原则：①株型紧凑和抗倒伏的品种宜密，株型松散和抗倒性差的品种宜稀；②土壤肥力较低、水肥等条件较差时宜稀植，肥力基础较高、水肥条件好时宜密植；③晚熟品种一般植株高大，单株生产力高，适宜稀植，早熟品种一般植株较小，单株生产力较低，适宜密植；④精细管理的宜密，粗放管理的宜稀。随着农业生产技术的进步、盐碱地改良和机械化程度的提高，2000 年以后，海兴农场农业种植基本实现合理密植。

（一）小麦

小麦产量构成因素是由亩穗数、每穗粒数和千粒重三个因素构成的。农谚云："麦收三件宝，头多穗大籽粒饱。"

小麦合理密植，一看每亩多少种子，二看种子在田间如何摆布。大多采用"以田定产、以产定穗、以穗定苗、以苗定籽"的四定方法。原来每亩小麦播种量 4～5 公斤，1950 年代，随着农业技术的推广和生产水平的提高，小麦每亩播种量逐步提高，到 2000 年，每亩播种量达到 12 公斤。随着新型播种机的使用，播种质量得到提高，种子利用率也得到提高，大量种子节约下来，每亩冬小麦的播种量 9 公斤。

在农业生产中，有的职工在小麦密植方面，没有做到合理密植，而是过度密植，导致透光、透水、透气不好，影响小麦生长，有的发生倒伏，产量受到影响。

（二）玉米

玉米光合效能比较高，在合理密植条件下，能发挥更大的增产作用。中华人民共和国成立前，玉米一般每亩 2000 株左右。随着技术进步、品种改良和化学肥料的使用，一般密度为每亩 5000 株左右，有的品种达到 6000 株。具体做法是：①改宽行为窄行种植。适当缩小行距，增加种植密度，是提高玉米产量的主要措施。紧凑型玉米的种植行距以 60 厘米左右为宜，平展型品种以 60～70 厘米为宜。矮秆品种一般比高秆品种的适宜行距要小一些。为了便于管理，也采用大小行种植，大行行距 70～80 厘米，小行行距 45～50 厘米。②选用高质量的优良杂交种。高质量的种子是保证密度的主要条件，如果种子发芽率低，纯度不高，籽粒大小不匀，播种后造成缺苗断行，会给出苗速度、生长势、发育进程等带来不利影响。当高密度种植时，矮株、弱株会产生空秆，造成减产。③增加播种量。播种粒数一般应掌握为计划密度的 2～3 倍，即每穴播种 2～3 粒。④严格定苗。按株距要求定苗，每穴留 1 苗。如遇缺苗断行，在相邻株留双苗，注意所留双苗长势一致，并隔开一定距离。⑤在田边、畦头多留 5% 左右的预备苗以备补缺，保证实收株数，实现高产。

2010 年以后，玉米种植普遍采用播种机播种，玉米植株的株距和行距可以统一固定，更有利于实现合理密植。

（三）大豆

大豆品种中叶子较大、植株较高、分枝较多的品种适宜稀植，反之叶面积较小、植株高度较小、繁茂性差的品种适宜的密植。过度密植，会出现落花、空豆荚以及倒伏的问题。

（四）高粱

高粱的光合效能也较大，合理密植作用大。中华人民共和国成立前，高粱是海兴农场一带的主要粮食作物，一般密度为每亩 2000 株左右，亩产 50～70 公斤。中华人民共和国成立后，高粱种植得到加强，尤其农场迁至苗家洼后，高粱种植面积扩大，品种改良，推行合理密植，密度达到每亩 6000～7000 株，产量达到 300～400 公斤，最高的超过 500 公斤。

第四节　耕作制度

海兴农场耕作制度的演变比较平缓，这主要是由于县内气候条件差异不明显，耕作制度差异主要受土壤水肥条件和管理水平的影响。

一、熟制

熟制指的是农作物的种植制度，依据各地积温条件不同而有明显的差异。为了充分利用地力，尽可能多地从土地中获得收益，从春秋战国时期开始，我国就开始探索土地连作制度。在 1958 年以前，海兴农场区域由于土壤一般含盐量较多，形成水碱地洼、村稀地大，因此农业操作粗放，只有少量耕地两年三熟或一年两熟，约 70% 的耕地是一年一熟。从海兴农场发展过程看，主要延续以下栽培模式：

一年两熟制：主要以玉米为主，其他栽培有春玉米、甘薯、高粱、棉花、向日葵等；

一年一熟制：主要以高粱、玉米为主，其他有向日葵、甘薯、田菁、蔬菜；

两年三熟制：主要是小麦。

二、间作、套种、轮作

（一）间作

间作指在同一田地上于同一生长期内，分行或分带相间种植两种或两种以上作物的种植方式。间种往往是高棵作物与矮棵作物间种，如玉米间种大豆或蔬菜。

海兴农场农业间作主要有枣-粮、玉米-绿豆、玉米-大豆、高粱-大豆、绿肥-小麦、棉花-绿豆、棉花-蔬菜等。2000 年以后又发展了枣草间作、林草间作。

（二）套种

套种又称带田，是指在前季作物生长后期的株行间播种或移栽后季作物的种植方式，也叫套作、串种。对比单作它不仅能阶段性地充分利用空间，更重要的是能延长后季作物的生长季节，提高复种指数，提高年总产量。套种是能够集约利用时间的种植方式。

海兴农场的套种从 20 世纪 60 年代开始发展起来，1970 年代中期形成高潮。带田分为头茬带田和二茬带田，头茬带田是春季播种，二茬带田在夏季播种。套种形式主要有小麦-玉米、棉花-瓜、小麦-向日葵、玉米-大豆、小麦-油菜。1976 年，海兴农场孔庄子大队种植带田，总结了带田的十大好处。1980 年春，海兴农场在麦田内套种玉米 785 亩、高粱 1250 亩，小麦和玉米高粱都获得丰收。

（三）轮作

很早以前，人们就发现，同一种作物连续种植就会出现减产，不同作物轮流种植就会实现稳产，所以民间有"油见油，三年愁""谷后谷，抱着哭""倒茬如上粪"的说法。

轮作，又称倒茬，指在同一田块上有顺序地在季节间和年度间轮换种植不同作物或复种组合的种植方式。同一种作物连续种植就会出现土壤养分的非均衡消耗，轮作可以避免这一现象的出现，是用地养地相结合的一种生物学措施。

海兴农场在农业生产过程中实行过一年一熟的大豆→小麦→玉米三年轮作。还实行过粮肥轮作，就是在麦收后种植绿肥——田菁。还实验过四区轮作：即小麦田、田菁绿肥（第一年），小麦、向日葵（第二年），高粱或大豆（第三年），玉米混绿肥（第四年）种麦。

第五节　收获收割

一、小麦收获

过去小麦成熟后，收获全靠人工。割下的麦子运到麦场后直接打轧，麦子运到麦场后，先用铡刀去掉根部，再进行打轧。打轧时，过去用牲口拉碌碡，有的用人力拉碌碡，轧好后，再人工起场、扬场，把干净的麦子装袋运回贮藏，麦秸堆积成垛。整个麦收过程与夏播时间重合，时间紧，天气热，劳动强度大。

海兴农场建立后，逐渐实行机械化，收割使用收割机，轧场改用脱粒机，扬场用扬场机。1974年夏收时为了"龙口夺粮"，海兴农场开始使用粮食烘干机。1976年开始使用大型联合收割机收割小麦（图5-3-3）。

图 5-3-3　1977 年小麦丰收，联合收割机正在卸载收获的小麦

1983年，以农工家庭户为单位的家庭农场制度实行后，农工的生产积极性主动性有所提高，粮食产量增加。但是，由于农业经营规模缩小，田地分割，农业机械不能发挥应有的效力，农场原有的大中型农业生产设备处于半闲置状态，不少设备因长期存放缺乏保养而损坏甚至报废，有的只能低价处理，大部分农工家庭农场没有农机设备，只能使用畜力，农业生产机械化水平出现严重倒退。

1990年以后，广泛使用联合收割机，小麦收割速度提高，缩短了收割时间，进一步降低了劳动强度，极大缓解了三夏生产的矛盾。

海兴农场历史上就重视精收细打，做到颗粒归仓。1960年盐山县农牧场开展的精收细打，精收的粮食40吨，细打的粮食25吨，按实收割3万亩计算，每亩平均多收粮食2公斤多，够当时全场9149人吃14天。

二、玉米收获

原来玉米收获，有的先打叶，再削顶，粮食秸秆一块运回。有的先削顶打叶，再掰玉米，最后捯玉米秸秆。由于耕地使用畜力或人力，所以捯玉米秸必须彻底，否则耕地时遇到整个的玉米根，就影响耕地速度和效率。

1960年以后，由于使用拖拉机耕地，耕地能力提升，收割玉米时玉米秸连同玉米轴一镰砍，然后运到麦场里，减少了工序，加快了腾茬，为及时播种小麦抢出了时间。

1995年之后，使用联合收割机，玉米直接收割。2010年后，联合收割机实现秸秆直接还田，增强了土壤肥力。

第六节　植物保护

一、主要病害

多选用抗病品种，加强肥水管理，增强作物的抗逆性；采用药剂拌种，处理作物秸秆，进行土壤消毒，根除病源；对再生病害，配合药剂进行综合防治，效果较好。

（一）黑穗病

黑穗病是一种小麦、高粱、玉米等都能感染的植物病害。受害部位产生黑色粉末，也叫黑疸、黑粉病。黑穗病危害高粱穗部，发病时主要在穗期才显露特征，不到穗期察觉不出，也有部分在前期会显露一些症状。在穗期变为穗基部膨大，穗较小，穗内有黑色粉末。防治方法：此病通过病菌传播，多是病菌孢子在土壤或残株上越冬，翌年借风雨传播。在种植时选择抗病性强的品种，再将田间残基清理干净，尤其是病残株，集中烧毁或深埋，再将土壤深翻消毒，合理轮作，精耕细作。如果是个别发病，先将病株拔除，用石灰粉撒在病穴消毒，如果是大规模发病，可用药剂喷洒防治。

（二）锈病

锈病是由真菌中的锈菌寄生引起的一类植物病害。危害植物的叶、茎和果实。锈菌一般只引起局部侵染，受害部位可因孢子聚集而产生不同颜色的小疱点或疱状、杯状、毛状物，有的还可在枝干上引起肿瘤、粗皮、丛枝、曲枝等症状，或造成落叶、焦梢、生长不良等。严重时孢子堆密集成片，植株因体内水分大量蒸发而迅速枯死。锈病也是危害极大的病害，它主要危害叶片，多发病在穗期前后，发病时叶片出现红、紫以及褐色的小病斑，随着病菌感染蔓延，病斑逐渐扩散，最后叶片出现大片的病斑，病斑中有孢子堆，这些孢子在破裂后会有锈色的粉末，从远处看，就像叶片生锈了一样。

小麦锈病俗名黄疸，分条锈、叶锈、秆锈和冠锈四种，病原均为柄锈菌。病菌吸取小麦营养，减少光合作用面积，叶面表皮破裂，造成籽粒秕瘦或不能抽穗。锈病分布广且危害性大，多见于禾谷类作物、豆科植物和梨等。中国在20世纪60—70年代，小麦叶锈病曾大面积流行。1964年雨量较大，海兴农场小麦锈病大发生，造成小麦严重减产。

（三） 小麦黑杆病

小麦拔节后，麦秆、麦叶和叶鞘呈现黑色条纹，破裂后散发出很多黑粉，发病植株长不高，分蘖多，不抽穗。播种过早，土壤干燥，地温较高时易发病。1985年曾在农场发生。

（四） 谷子线虫病

俗名"倒青""瞎穗"等，1980—1982年，大部夏谷产区发生线虫病，特别是"青到老"谷，危害更为严重，曾庄、边务等乡有的地块基本绝收。典型症状表现为直立的病谷穗呈"倒青"状。

（五） 谷瘟病

染病谷子的基秆、叶及叶鞘密生灰色霉状物，严重时穗很小或枯死。阴雨有露、空气潮湿、气温25℃时最易发生；播种过早，密度过大，氮肥过多，成熟较晚时，也易发生。

（六） 玉米大、小斑病

俗名"跑马干"。发病初期，在叶片上出现水浸状青灰色斑点，逐渐向两端扩展成黄褐色斑点，长者达30厘米以上，病斑交错，连在一起，全叶干枯，致使玉米不能抽穗，造成大量减产，每年都有不同程度的发生。

（七） 棉花炭疽病、立枯病

立枯病危害棉花种子及幼苗，而炭疽病则危害幼苗及棉铃。年年都有发生。炭疽病以种子传播为主，立枯病以土壤传播为主。

（八） 棉花黄萎病、枯萎病

均为毁灭性病害。黄萎病于6—8月份发生，染病植株的下层叶片脱落；枯萎病于早期产生危害，染病植株萎缩变小，直至枯焦死亡。1980年，随着鲁棉1号种子的引进，植棉面积迅速扩大，黄萎病、枯萎病接踵而至。1984年点片发生，1986年得到控制。

二、主要害虫

（一） 蝗虫

海兴农场是在荒地上开荒建场，地势低洼，历史上多次发生严重蝗灾，蝗灾发生的危险性大，防蝗任务艰巨。1962—1964年，实行飞机治蝗。

（二）黏虫

黏虫俗名"五色虫"，是暴食性害虫，为鳞翅目夜蛾科，喜群居，危害麦、稻、粟、玉米等禾谷类粮食作物及棉花、豆类、蔬菜等 16 科 104 种以上植物，常常群居于叶片，白天潜伏、晚上行动，啃食叶片叶肉，往往在爆发期将作物叶片全部吃掉，只留下一茎秆，使作物不能正常生长，严重时植株死亡或颗粒无收。一年繁殖三代，7 月下旬至 8 月上旬出现大量第三代幼虫，主要危害谷子、玉米、高粱等作物。每年都有不同程度的发生。

（三）麦蜘蛛

俗名"火龙"。一年繁殖三四代，3 月下旬至 5 月上旬是危害盛期，吸食麦叶汁液，使叶片干枯，造成减产。

（四）玉米螟

俗名"玉米钻心虫"。主要危害玉米，亦危害谷子、高粱、棉花、豆类等作物。一年发生三代，6 月中旬、7 月下旬和 8 月下旬为危害盛期。幼虫危害心叶，成虫后蛀入茎秆。

（五）粟灰螟

俗名"谷子钻心虫"。主要危害谷子，亦危害玉米、高粱。一年繁殖三代，每年 5—8 月危害严重。

（六）高粱条螟

俗名"高粱钻心虫"。危害高粱、玉米。一年繁殖两代，第一代幼虫于 6 月下旬转移到"喇叭口"内食害叶肉和叶脉，造成茎秆倒折，不能抽穗。

（七）高粱蚜虫

主要危害高粱，亦危害玉米。受害叶片出现油光色，组织被破坏，茎叶干枯。每年发生，造成高粱大量减产，甚至绝收。一年繁殖几代，5 月开始危害，7 月是危害盛期。

（八）棉蚜

俗名"腻虫"，主要危害棉花，吸叶片汁液，造成叶子减缩，生长缓慢，推迟显蕾、开花时期，棉蕾脱落，降低了棉花产量。

（九）棉铃虫

除危害棉花外，还危害玉米、小麦，蔬菜等，一年繁殖四代，以二、三代幼虫危害为最重，6 月下旬至 8 月上旬是危害盛期，使棉花的嫩尖、花、蕾、青铃等部位腐烂或形成僵瓣，降低产量和质量。

（十）蝼蛄

分华北蝼蛄、非洲蝼蛄两种。华北蝼蛄二至三年完成一代，非洲蝼蛄一年完成一代。

4月中下旬和9月下旬至10月下旬是危害盛期。被危害的小麦、玉米、高粱、大豆、甘薯、棉花、蔬菜等作物缺苗断垄，造成大量减产。

（十一）蛴螬

又名金龟子。蛴螬是金龟子的幼虫，危害小麦、玉米、高粱、大豆、花生、棉花等作物的根部，成虫危害农作物和果树的芽、叶、花。

三、杀灭有害细菌

杀灭有害细菌主要使用杀菌剂。杀菌剂主要有：波尔多液、硫黄粉、石硫合剂、代森锰锌、甲基托布津、粉锈宁、多菌灵、多抗霉素、敌菌灵、三唑酮、甲霜灵、退菌特等。

四、消灭害虫

（一）人工灭虫

过去，农业生产中用农药很少，遇到害虫发生，主要通过人工灭虫。这种原始的灭虫方法效率低，局限性大。1949年6月初至8月下旬，盐山县农场相继发生蝗蝻、黏虫、钻心虫等虫害。黏虫危害最重，20%～30%的叶子被吃光。当时消灭害虫的办法只能是人工除虫。1950年6月，农场内发生大面积蝗虫；7—8月份变为飞蝗，严重危害庄稼，采取的措施仍然是人工捕杀。

（二）农药灭虫

中华人民共和国成立之前，海兴农场一带群众偶尔使用烟叶、韭菜、大蒜做天然农药，给蔬菜等作物除虫，而使用最多的农药是信石，又称砒霜，用作防治病虫害的杀虫剂，也用来毒杀鼠类等动物。

中华人民共和国成立后，农药生产和使用得到迅速发展，常见的农药剂型有粉剂、可湿性粉剂、悬浮剂、干悬浮剂、粒剂、乳油等。

1972年，海兴农场四队在麦收后加强玉米病虫害防治，组织劳力和放假的学生对830亩玉米等春播作物普遍进行了抓"颗粒"和喷洒农药，使已发生的玉米钻心虫得到了除治。1975年，海兴农场和明明泊洼农场发生黏虫、钻心虫、蚜虫、豆虫、造桥虫等虫灾。

1979年夏，海兴农场蝗虫成灾，每平方丈达千头以上，一些麦田套种的玉米叶子被吃光，全场干部群众全力投入除虫灭蝗运动，将蝗虫对夏秋作物造成的危害降到最低。

1980—2000年，主要使用有机磷农药灭虫。1982年7月，海兴农场发生蚜虫、黏虫面积达2万多亩，场党委组织7个农村生产大队和4个国营生产队全部除治一遍，有的除治2～3遍，有1.6万亩基本消灭了病虫害。

（三）黑光灯灭虫

黑光灯是一种特制的气体放电灯，灯管的结构和电特性与一般照明荧光灯相同，只是管壁内涂的荧光粉不同。黑光灯能发出一种人看不见的紫外线，且农业害虫有很强的趋光性，所以广泛用于农业。海兴农场在1977年就使用黑光灯灭虫。

（四）机械灭虫

1962年5月，盐山县农场发生蝗灾，农场组织干部群众捕打，上级派飞机播撒农药，未成灾害。

1965年7月底，海兴农场发生大面积秋蝗，蝗虫密密麻麻。海兴农场，采取集中领导、集中人力、集中时间联合作战的办法，投入劳力1746人，实行扑打、农药、机治三结合，一天撒药粉1750亩，撒毒饵和人工捕打951亩，灭蝗取得明显成效。

1966年5月，海兴农场发生蝗虫灾害，场领导亲临一线指挥，带领广大干部群众动用喷粉器械、麻袋、小布袋等开展灭蝗活动。其间，上级还派飞机前来灭蝗，效果甚佳。

五、除草

野草与农作物争水、争光、争肥，是农作物生长的重要障碍。海兴农场在防草除草方面采用了很多有效的方法。

（一）人工除草

人工除草是最传统、最古老、用得最多的除草方法，主要有手工拔除、铁锹铲、搂子搂、镰刀割、锄头锄、耘锄耘、秸子秸埋等方法。

（二）动物除草

通过鸡、鸭、鹅、牛、羊等家禽家畜把草吃掉。

（三）化学除草

海兴农场从20世纪70年代末开始试验使用除草剂除草，灭草灵、扑草净等灭草效果都较好。1980年代中期推广使用面积扩大。1985年进行玉米、大豆、高粱播前或后使用拉索灭草实验，除草效果均在 85％以上。20 世纪 90 年代除草剂使用广泛，尤其棉花种植方面使用最多。1997 年玉米田实验用灭草隆灭草，灭草率达 90％。进入 21 世纪后，粮食、棉花种植中几乎全部用除草剂代替了人工除草和机械除草。

六、地膜覆盖

地膜覆盖，是指以农用塑料薄膜覆盖地表的一种措施，能够减轻雨滴打击，防止冲刷与结皮形成，有效减少土壤水分的蒸发，天旱保墒、雨后提墒，促进作物对水分的吸收和生长发育，使土壤保持适宜的温度、湿度，使地温下降慢、持续时间长，利于肥料的腐熟和分解，提高土地肥力。同时，一定程度上还能减少草害和虫害的发生。

海兴农场地膜覆盖始于 20 世纪 70 年代，当时只有少量实验。1980 年代中期后逐步得到推广，20 世纪 90 年代大量使用。1991 年使用农用塑料薄膜 1100 公斤，其中地膜使用量为 900 公斤。覆盖主要用于棉花、西瓜栽培，也有用于玉米和蔬菜栽培，其中地膜覆盖棉瓜间作效果好。1993 年，海兴农场使用农用塑料薄膜 400 公斤，其中地膜使用量 300 公斤。1997 年，海兴农场使用农用塑料地膜 1 吨，地膜覆盖面积 20 公顷。2003 年，海兴农场种植的 547 公顷棉花全部采用地膜覆盖，总产量 375 吨。此后，棉花种植全部采用地膜覆盖技术。2004 年，海兴农场种植业 1253 公顷采用地膜覆盖，使用地膜 52 吨。地膜覆盖后土壤中残留的地膜逐渐积累，影响农作物的正常生长，也成为一种新的环境污染。2019 年，海兴农场使用地膜覆盖作物为 796 公顷。

七、调节农作物生长

调节农作物生长主要使用植物生长调节剂。海兴农场常用植物生长调节剂有矮壮素、乙烯利、赤霉素、萘乙酸等。1984 年，通过喷洒缩节胺、乙烯利控制棉花植株过快生长。以后，植物生长调节剂使用范围和用量逐年增加。

第七节　肥料及施肥

一、传统有机肥料

建场前至建场初期，肥料来源主要是人畜粪便和堆积枢制的草肥。施用人工制的有机肥，每亩用量1~2立方米。施肥的范围较小，占农业总耕地的5%。培肥地力主要依靠夏播绿肥掩青和轮种苜蓿。

海兴农场一带自古以来因地多施肥少，肥料一般施用在较好的地里，洼地或土质较差的土地，历年来都不施肥。农业合作化后，好地每亩施肥1000公斤，很少追肥，不施肥的占70%左右，产量不够稳定。

1958—1962年，在作物的各生长阶段增施速效肥。全场开展养积并举，专业与群众相结合的积肥活动。1959年，进行小麦"丰产"试验，亩施粗肥5万公斤，结果造成作物严重倒伏。此后，为有效地提高小麦单位面积产量，从改良土壤和积肥、施肥相结合，施用以有机肥为主，粗肥细施。经过合理施用肥料，结果比未施肥的麦田增产23.2%~41%；绿肥掩青与不掩青地块相比增产39%；施用500公斤基肥，当年能增收小麦9.3公斤；亩施6.75~15公斤硫酸铵，每1公斤硫酸铵可使小麦增产8.26~8.5公斤。

1959年，第三生产队研究出高效积肥方法：本年，粮食总产量51.25万斤，亩产82.5斤，上缴商品粮36万斤，上缴利润6500.2元，收入总值135712.79元。

1960年，盐山县全民农场掀起全民大搞积肥运动，组织起42个积肥专业队，930名男女劳力，到12月29日共计积肥46820吨，受到盐山县委的表扬。

1963年，全场积肥6000车。

1971年，海兴农场针对历史上种麦不铺底肥的老习惯，党委成员深入7个农村大队，向干部群众做细致的思想工作，引导群众总结小麦增、减产的经验教训，改变过去"冬天送粪春天撒，大风一起漫天刮"造成肥料流失，肥效降低的现象。

1973年，海兴农场施小麦追肥，标准为氮肥每亩12.4公斤、返青肥每亩10公斤、拔节肥每亩2.3公斤。

1975年，海兴农场提出了积肥造肥的具体任务：大生产队1000车、小生产队800车、国营农业队各400车。全场已建积肥地栏91个，积肥坑84个，高温积肥堆143个，另有猪圈1021个，积尿缸102口，投入积肥劳力1400多人，上半年积肥3.5万多车，为上年同期积肥量的3倍多，完成县委分配的6.5万车备肥任务的54%。先后两次在苗庄子大队召开积肥现场会，推广苗庄子大队党支部成员分工包队，实行责任制的领导经验。农场组织联合检查，推广四合一高温沤肥法，做到麦秸、粪、土搭配适当，及时上水，适时倒垛，以保证秸秆发酵烂透。

1977年3月9日，海兴农场掀起积肥运动新高潮。

1982年8月，海兴农场掀投入积肥造肥劳力达4000多人，积肥造肥13000多车，为种足种好小麦备足了肥料。

二、化学肥料

化学肥料，简称化肥，是用化学和物理方法制成的含有一种或几种农作物生长需要的营养元素的肥料。也称无机肥料，包括氮肥、磷肥、钾肥、微肥、复合肥料等。

（一）海兴农场化学肥料的使用

1958年以后使用商品肥料品种主要有硫酸铵、豆饼、骨粉和过磷酸钙，适用于麦田和棉田。硫酸铵作追肥，每亩16公斤，混沤豆饼19公斤、骨粉7.5公斤、过磷酸钙5～7.5公斤作基肥，人工撒施。1959年扩大施肥面积。春季施小麦追肥3000亩，每亩6.8公斤。

1964年以后，上级调拨化肥，种类有硫酸铵、硝酸铵、氯化铵等，用于肥料的试验和生产。单位面积施用量逐年增加，产量同步增长。

1966年，推广使用小麦种肥，每亩用硫酸铵2～2.5公斤。1970年后，磷肥施用量由每亩20公斤增至50公斤。

1976—1980年，曾用氨水作为肥料。当时沧州化肥厂生产氨水，各生产队都建有专用的氨水池。氨水气味刺鼻，对人的眼睛、呼吸系统和皮肤都有明显的刺激作用。原来氨水施用困难非常大。农场各队都研究解决方法，有的制造单齿耧耩氨水，有的把耩地的耧改造成耩氨水的专业耧。1978年3月18日，明泊洼农场机务队自行改革的机引两用氨水机试车成功，投入使用。该机器可施氨水、中耕灭茬、施肥并用，每日能完成250亩的中耕或施肥，相当于50个劳动力的工作效率。

1975年，小麦播种时，海兴农场把上级拨来的50吨腐殖酸铵和50吨磷肥全部铺做底肥。

1980年以后，在农业生产上出现单纯依靠化肥，忽视有机肥和盲目增施肥料的现象。以亩产小麦300公斤地追肥氮肥50公斤较为适宜，其中一亩追25～35公斤，经济效益最佳。至1984年使用化肥，种类有尿素、碳酸氢氨、硝酸铵、硫酸铵、过磷酸钙、钙镁磷等。其中以尿素、碳酸氢铵和过磷酸钙为主，年使用面积达5000亩以上。尿素使用机械播施，后两种是人工撒施和机播。

表 5-3-16　1975—1989 年海兴农场化肥施用量（实物量）统计表

年度	农场化肥施用量（吨）	年度	农场化肥施用量（吨）
1975	213	1983	99
1976	160	1984	
1977	180	1985	60
1978	268	1986	30
1979	859	1987	60
1980	310	1988	54
1981	265	1989	50
1982	144		

数据来源：《海兴县国民经济统计资料四十年汇编（1949—1989）》。

表 5-3-17　1990—1993 年海兴农场化肥施用量统计表

农用化肥施用量				
合计（折纯吨）	氮肥（实物吨）	磷肥（实物吨）	钾肥（实物吨）	复合肥（实物吨）
17	58	40		2
	540	270		
	110	130	40	50
153	55	40	18	20
292	92	120	40	40

数据来源：1990—1993 年《海兴县国民经济统计资料汇编》，部分数据缺失。

1990 年后期，化肥大量使用，在机肥料逐渐减少，造成土壤板结等问题。

1990 年后期，随着工业发展、机械化水平的提高，牲畜使用减少，化学肥料替代有机肥，主要有二铵、尿素、复合肥和过磷酸钙等。化肥的施用，使农作物产量提高，但长期施用易造成土壤板结。存在的主要问题：重无机肥轻有机肥，重氮肥轻磷肥，重追肥轻底肥，以致肥效低，土壤理化性状变差。1993 年化肥施用量按实物量计算为 330 吨，其中氮肥 110 吨、磷肥 130 吨、钾肥 40 吨、复合肥 50 吨。

2000 年以后，随着小麦、玉米使用联合收割设备，作物秸秆实现还田，增加了耕地肥力。

2018 年，海兴农场农用化肥使用量 200 吨，其中氮肥 100 吨、磷肥 100 吨、钾肥 20吨、复合肥 30 吨。

（二）主要化学肥料

海兴农场使用的主要化学肥料分为氮肥、磷肥、钾肥、微肥、复合肥料等。氮肥包括硫酸铵、硝酸铵、氯化铵、碳酸氢铵、氨水、尿素等。磷肥包括过磷酸钙、钙镁磷肥、硝酸磷、云南磷肥等。钾肥包括硝酸钾、磷酸二氢钾等。复合肥料包括磷酸二铵、磷酸一铵等。

还有叶面肥，叶面肥又不同于植物生长调节剂，也称为植物营养剂、植物复合液肥等，它是把氮、磷、钾、铁、锌、锰、硼、铜等大量或微量元素集中在一起制成的一类营养物质，大多是作物根系吸收水肥不良时作叶面喷肥以补充养分，促进作物生长发育。

第八节　农机具

铁制农具品种繁多，主要的有镰刀、锄头、钉耙和锹、铲、锨等。传统的铁制农具，是根据当地农民使用习惯、农田特点、耕作要求、收割方式等进行生产。因此，规格式样千差万别，带有鲜明的地方性。

在 20 世纪 50 年代初，生产铁制小农具的均为一家一户的个体铁铺，一直沿用红炉、铁砧、铁锤、铁钳、手拉风箱等，工具简陋，劳动强度大、效率低，产品自产自销，并兼修理。经营形式灵活多样，有挂样生产，按样出售；也有来样生产，带料加工。手工业合作化高潮中，农具铁铺合并建立铁业社，开始进行技术革新，改造平炉，采用鼓风机送风。

一、传统农具

传统家具主要有犁、耙、锄头、镰、权、耙、扫帚、锨等。

（一）犁

犁是一种耕地的农具，通常系在牛身上，也有人力驱动的，用来破碎土块并耕出槽沟，从而为播种做准备。

（二）耙（pá）

耙，是农业生产中传统的翻地农具，曾经是农家必备的农具之一。也是中国武术器械之一，由农具演化而来。铁齿钉耙，耙齿锋利似钉，攻击性强，也兼有兵器的作用。

（三）耧车

耧车也叫"耧犁""耙耧"，是现代播种机的始祖。西汉农学家赵过发明三脚耧，由耧架、耧斗、耧腿、耧铲等构成，可播大麦、小麦、大豆、高粱等。

（四）耢子

耢子是中国一种古老的农具，用于翻土，使土变得松软以便于种植农作物，使其更好地生长。

（五）锄头

锄头是一种长柄农具，其刀身平薄且横装，专用于耕种、除草、疏松植株周围的土壤。本地锄头主要有鹤嘴锄和扒锄子。

（六）镰刀

镰刀是农村收割庄稼和割草的农具，一般用来收割麦子、稻谷。

（七）独轮手推车

独轮手推车主要用于作物运输，为农民减轻了不少运输重担。1950 年之前，车轮为木轮，其后逐渐为胶轮所代替。

（八）畜力车

古代最省人力的运输方式，由牛、马、骡做畜力，在农业历史上占据了不可或缺的地位，至今农场仍有少量使用。

（九）扁担

扁担是扁圆长条形挑、抬物品的竹木用具。

（十）石臼

石臼是用石头凿成的器具，用于春米谷等作物，可做碾碎、去壳等用。

（十一）耙（bà）

耙，有竖齿耙、钉耙几种。耙是农户用于碎土、整地的工具，多为长方形双排顺齿耙。竖齿耙由耙架、铁齿装配而成，耙齿分 2 排，前排 8 颗、后排 9 颗，上尖下大，耙架前端横梁上安有 2 个铁环，作耕牛牵引用，后梁上装一铁环，安装拉手，农民站在耙架上加压，正常牛力一天可耙田 12 亩左右（2 遍）。常用的耙主要有圆盘耙、钉齿耙。

（十二）木锨

木锨，又叫扬锨。用于扬稻谷。如昔日农村使用耕牛拉石碌的方式从稻（麦）穗碾下稻（麦）子除去叶子灰尘时，一般在侧风向采用扬撒方式，使灰尘、碎叶脉等杂物随风飘走。

（十三）棍棒

用棍棒敲打麦子、谷子、豆子、玉米轴等，使其脱粒。

（十四）碌碡

碌碡又称"碌轴"，中国农业生产用具，是一种用以碾压的畜力农具。总体类似圆柱体，中间略大，两端略小，易于绕着一个中心旋转。用来轧谷物（通常需搭配石碾作底盘）、碾平场地等。

（十五）簸箕

簸箕用藤条或去皮的柳条，竹篾编成的大撮子，碾场的时候最常见。三面有边沿，一面敞口，密集无缝，主要用来清选粮食，把粮食放在簸箕内上下颠动，可扬去糠秕等杂物。也用来晾晒食品。

（十六）石磙

石磙，是打场用的一种脱粒农具工具，与碌碡相似。石磙一般都是大青石做成的，也有用钢筋水泥灌注做成的，呈圆柱体，圆柱形，两端有磙眼，使用时用特制的木架子套上，可以用牲口拉，也可以用机械拉，一般用于小麦、谷子、大豆、高粱等农作物，使粮食脱离穗子。

（十七）耘锄

除草耘地用的工具，就是在把耠子头换上耘锄头。

（十八）砘子

砘子是播种覆土后用来镇压以利出苗的石制农具，拉砘子就是播种后用砘子把松土压实。在小麦、玉米播种后通过滚动压实，起保墒作用。

二、现代化农业机械

盐山县农场之初，就确定推广农业机械化，但囿于当时的实际条件，农业机械化起步较晚。

1953年，盐山农场技术人员，通过研制发明了播种分流器，受到河北省农村厅的表扬。

1954年，盐山县农场有七寸步犁2件、10寸步犁1件、双轮双铧犁1件、解放式水车4台、胶轮大车1辆。

1958年盐山县农场计划购置农业机械：中型拖拉机15台（标准台，含播耘机、圆盘耙、镇压器、万能除草中耕全套）、C-4联合收割机1台、解放牌2辆、拖车1辆、15马力[①]窝拖机3台、10马力柴油机1台、摇臂收割机1台、胶轮车24辆、铁瓦车1辆、双轴双铧犁10部、12行播种机1台、棉花播种机1部。同年盐山农场施肥改用条播机。

1959年8月29日，盐山农场有锅驼机、汽油机各1台。1963年，盐山农场有拖拉机混合台4台、标准台8.2台、联合收割机2台、汽车1辆、拖车2台、胶轮大车27辆。

1962年，盐山县农场配置了东方红拖拉机3台，联合收割机1台。

海兴县建立后，农场的农业机械化程度越来越高，拖拉机、收割机、柴油机、水泵等现代化机械从少量到普及，从小型到大型，在农业生产中广泛应用。2000年以后，几乎所有的农业生产工序，都离不开机械（图5-3-4）。

---

① 马力为非法定计量单位，1马力＝0.735千瓦。——编者注

图 5-3-4　拖拉机在平整土地

1964 年，盐山县农场有胶轮大车 22 辆、小胶轮车 29 辆，胶轮手推车 281 辆、铁木轮大车 83 辆。

1969 年，海兴县革命委员会召开工业会议，学习贯彻"以农业为基础、工业为主导"的方针，明确农业的根本出路在于机械化。

20 世纪 70 年代，农场开始使用收割机，后又使用联合收割机。

1973 年，海兴农场机务队站职工人数 37 人，工资总额 1795 元，生产人员 29 人，其中，驾驶员 18 人（其中 6 人有动机证、7 人有田农证、5 人无证），农具手 8 人，修理工 1 人，保管员 2 人。管理人员 8 人，其中负责人 2 人，机务人员 2 人，会统人员 2 人，其他人员 2 人。拖拉机保有量：合计混合台 7 台，标准台 14.4 台，发动机 253.6 千瓦；有东方红 75 型 1 台、东方红 54 型 3 台、东方红 40 型 2 台、千里马 28 型 2 台。机引犁合计 7 台，其中拖拉机五铧犁 4 台、拖拉机三铧犁 1 台、悬挂五铧犁 1 台、深耕单铧犁 1 台；机引耙 8 台，其中 24 片圆盘耙 2 台、钉齿耙 6 台；镇压器 4 台，全部为 V 型镇压器。播种机合计 4 台，其中 24 行播种机 2 台、平方米点播机 1 台、棉播机 1 台；中耕施肥机 1 台；收获机械 2 台，其中自走式联合收割机 1 台、牵引式联合收割机 1 台；场上作业机械 2 台，其中大型脱谷机 1 台、小型自制脱粒机 1 台；运输机械 4 台，其中载重汽车 1 台、5 吨拖车 1 台、3 吨拖车 2 台。房屋建筑面积 160 平方米，其中机棚机库 4 间，面积共 40 平方米；仓库 10 平方米、修理间 10 平方米；办公室和宿舍 10 间共 100 平方米。机耕地 10458 亩（其中深耕 4200 亩），机耙地 10458 亩，机械播种 7300 亩，机电灌溉 10000 亩。半机械化农具 718，其中人畜力喷雾（粉）器 176 件、手推胶轮车 516 辆、畜力胶轮车 36 轮。场上作业及加工机械 33 台，场上作业机械 3 台，其中谷物脱粒机 2 台、扬场机 1 台；

加工机械 30 台，其中饲料粉碎机 5 台、米面加工机 21 台、榨油机 3 台、棉花机械 1 台。农机手 54 人。农用动力机械 92 台，共 753.7 千瓦，其中柴油机 27 台，共 335 千瓦（图5-3-5），电动机 65 台，容量共 418.7 千瓦。

图 5-3-5　农场工人搬运柴油机

1979 年，机务队利用拖拉机装配成中耕器，一天中耕 150 亩，基本实现中耕培土机械化，这项核心技术的改革增加了机务队的收入，减轻了职工的劳动强度。

图 5-3-6　海兴农场机务队工人在研究工作

1984 年，农场的村庄生产队实行责任制，一家一户的小农经济导致农村机械化程度退步，原有的大中型农业机械不能发挥作用，农户普遍使用畜力或人力耕作，机械化程度很低。农场国营生产队实行承包责任制，建立"家庭农场"，同样出现大中型农业机械不能发挥作用的问题，单个家庭农场普遍使用畜力或人力耕作，随后又添置小型拖拉机等农业机械。农场原有的大型联合收割机等设备或被调出，或因放置时间过久而报废。

表 5-3-18　1965—1989 年农业机械统计表

年度	海兴农场			明泊洼农场		
	农业机械总动力（马力）	农用排灌机械（台）	机电井（眼）	农业机械总动力（马力）	农用排灌机械（台）	机电井（眼）
1965	25	13		19	12	
1966						1
1967						
1968						
1969						
1970		10			5	
1971			1			2
1972						
1973						
1974						
1975	2681	96	6	1156	7	5
1976	2882	94		1627	17	
1977	3845	129		1800	17	
1978	4132	137		1622	13	
1979	3961	155		1950	12	
1980	4323	149	12	1924	12	7
1981	4676	168	12	1924	12	6
1982	4926	177	12	1519	12	7
1983	3293	114	12	1607	10	6
1984	731	28		1607	10	
1985	718	10	6	1607	10	6
1986	1576	63	6	1600	9	7
1987	2593	48	5	1657	25	7
1988	2532	29	5	2721	1	7
1989	1992	29	5	547		6

数据来源：《海兴县国民经济统计资料四十年汇编（1949—1989）》，表中部分数据缺失。

表 5-3-19　1990—1997 年农业机械统计表（1）

年度	农业机械总动力（千瓦）					耕作机械			
	合计	柴油发动机动力	汽油发动机动力	电动机械动力	其他机械动力	大中型拖拉机		小型拖拉机	
						台	千瓦	台	千瓦	大中型拖拉机配套农具（台）	小型拖拉机配套农具（台）
1990	2505	2081	11	413		13	330	40	353	16	13
1991	2947	2380		567		26	1008	13	115	12	58

（续）

年度	农业机械总动力（千瓦）					耕作机械					
	合计	柴油发动机动力	汽油发动机动力	电动机械动力	其他机械动力	大中型拖拉机		小型拖拉机		大中型拖拉机配套农具（台）	小型拖拉机配套农具（台）
						台	千瓦	台	千瓦		
1992	2005	1588		417		23	787	36	317	9	58
1993	2907	2340		567		23	787	46	406	9	58
1994	917	689		228		23	787	46	406	9	70
1995	3194	2530		580	84	23	787	52	459	9	106
1996	3435	2671		680	84	23	787	58	512	9	130
1997	3584	2904		680		29	787	54	496	9	183

表 5-3-20　1990—1997 年农业机械统计表（2）

年度	农用排灌机械								收获机械					
	农用排灌动力机械		柴油机		电动机		农用水泵（台）	喷灌机械（套）	联合收割机		机动收割机		割晒机（台）	机动脱粒机（台）
	台	千瓦	台	千瓦	台	千瓦			台	千瓦	台	千瓦		
1990			40	259	7	244	47						2	6
1991	66	496	57	172	9	324			1	66			2	6
1992	66	496	57	172	9	324	78		1	66			2	6
1993	76	566	67	242	9	324	82						2	6
1994	78	570	69	246	9	324	82	0						6
1995	89	628	80	304	9	324	103	0					8	12
1996	96	690	87	366	9	324	113	0					14	16
1997	101	712	92	388	9	324	114	0					14	26

表 5-3-21　1990—1997 年农业机械统计表（3）

年度	运输机械								其他农业机械	
	农用载重汽车		农用机动三轮车		大型拖车（辆）	小型拖车（辆）	胶轮大车（辆）	胶轮小车（辆）	推土机	
	辆	千瓦	辆	千瓦					台	千瓦
1990	7	524			11	10	5	50	5	254
1991	8	640				36	72	69	4	177
1992	8	640				36	5	69	4	177
1993	8	640	10	88		24	78		4	177
1994	8	640	10	88					4	177
1995	8	640	20	163					4	177
1996	9	661	21	169					4	177
1997	9	661	25	203		35			4	177

表 5-3-22　海兴农场农业机械化水平

年度	当年实际机耕面积（公顷）	当年机械播种面积（公顷）	当年机械收获面积（公顷）
1990			
1991	313	267	133

（续）

年度	当年实际机耕面积（公顷）	当年机械播种面积（公顷）	当年机械收获面积（公顷）
1992	300	500	100
1993	1500	100	
1994	220	133	133
1995	220	133	133

1993 年，海兴农场农业机械总动力 2726 千瓦，其中柴油发动机动力 2159 千瓦，电动机动力 567 千瓦。耕作机械中大中型拖拉机 23 台、787 千瓦，其中轮式拖拉机 16 台、506 千瓦；小型拖拉机 36 台、317 千瓦；大中型拖拉机机引农具 9 部，其中机引犁 3 部，机引耙 6 部；小型拖拉机机引农具 58 部，其中机引犁 29 部，机引耙 27 部，机引播种机 2 部。农用排灌动力机械 66 台、496 千瓦，其中柴油机 57 台、172 千瓦，电动机 9 台、324 千瓦，农用水泵 78 台。收获机械中有联合收割机 1 台、66 千瓦，割晒机 2 台，机动脱粒机 6 台。饲料粉碎机 21 台。农产品加工机械 243 千瓦，其中碾米机 11 部、磨面机 1 部、榨油机 1 部。农用载重汽车 8 辆、640 千瓦，全部为柴油汽车；小型拖车 36 辆。推土机 4 台、177 千瓦。半机械化农具中胶轮大车 5 辆人、胶轮手推（拉）车 69 轮。其中 23 台大中型拖拉机和 10 台小型拖拉机为农场所有，26 台小型拖拉机为农户所有；8 辆农用载重汽车全部为农户所有；66 台农用排灌动力机械中 10 台为农场所有，56 台为农户所有。

2016 年开始，海兴农场实行免费深耕，由专业公司使用深耕机械提供专业化服务，所需资金由上级政府部门负责。

2009 年，落实农机具补贴。

第九节　设施农业

海兴农场大棚设施农业开始于 20 世纪 80 年代初期。2010 年后得到快速发展，设施农业规模不断扩大，建成设施农业基地，提高了设施农业生产规模化、产业化、专业化、组织化水平。

1994 年，海兴农场发展蔬菜大棚 2 个。

1996 年，海兴农场确定四分场重点发展大棚菜，当年大棚菜要推广到 10 户，产值不能低于 5 万元。

2013 年，海兴农场规划 3 万亩现代设施农业基地，计划总投资 5 亿元，当年完成投资 2000 万元，实施 600 亩设施蔬菜大棚建设。在农场二队和河北儒商协会合作建设设施蔬菜种植基地；在畜牧队与新海岸现代农业公司合作设施蔬菜种植基地；在西点与北京市农科院合作兴建高标准蔬菜温室大棚，建成特色蔬菜种植基地。聘请大棚蔬菜农业技术专家全程实地指导，采用现代化设施栽培种植西红柿、黄瓜、茄子、豆角、辣椒、甜瓜和葡萄等早春和秋冬反季节蔬果品种。

2015年，海兴农场投资800万元完成10个温室、19个冷棚及部分配套设施建设，种植包括大棚桃、草莓、牛角辣椒、水果黄瓜、黄罗曼、红罗曼等品种。

2017年，海兴农场设施蔬菜种植完成投资2000万元，建设600亩设施蔬菜大棚。通过示范作用，带动周边农户，更新种植观念，改变种植模式，提高种植效益，打造特色品牌，按照公司带基地、基地连农户的发展模式，由公司提供种苗和技术与农户签单收购，互盈互利，共同发展。

2018年，海兴农场不断加大设施农业投入，按照"科学种植，特色突破，产业经营"的发展思路，广泛运用设施农业种植，积极引进蔬菜抗病品种、科学示范嫁接栽培技术、推广无公害蔬菜生产理念。大棚内种植的桃、草莓、甜瓜、韭菜、茴香、番茄等受到市场欢迎。

2018年11月16日，海兴农场温室大棚有机梨种植建设项目进行公开招标，项目为种植篱壁式有机梨树150亩，建设连栋薄膜温室大棚2个。

2019年，海兴农场完成种植篱壁式有机梨树150亩，建设连栋薄膜温室大棚2个的任务。

第十节 渤海粮仓项目

2014年，海兴县实施河北省渤海粮仓建设工程海兴县盐碱地生态改良与现代农业技术集成示范项目。该项目主要内容是通过生态调控、土壤综合改良和农业轻简高效栽培等开发利用渤海湾盐碱地，服务"棉田东移"种植结构调整战略，确保粮食安全和粮棉协调发展。

一、项目内容

（一）千亩示范田建设

实施地点和面积：国营海兴农场，面积为3000亩，其中棉花1000亩（棉花所负责实施）、玉米1000亩、小麦1000亩。力争实现籽棉亩产230公斤、玉米亩产500公斤、小麦亩产400公斤，小麦亩均节水50立方米。

（二）万亩示范区建设

实施地点和面积：国营海兴农场，面积为 10000 亩，其中棉花 6000 亩、小麦 2000 亩、玉米 2000 亩。力争实现籽棉亩产 200 公斤、玉米亩产 500 公斤、小麦亩产 400 公斤，小麦亩均节水 50 立方米。

（三）辐射区示范推广

实施地点和面积：地点设在海兴县，示范面积 80000 亩。力争实现籽棉亩产 200 公斤、玉米亩产 500 公斤、小麦亩产 400 公斤，小麦亩均节水 50 立方米。

二、项目组织实施

渤海粮仓项目于 2014 年 2 月 15 日经海兴县政府、海兴农场与河北省农林科学院签订《2014 年河北省渤海粮仓建设专项任务书》开始实施。同年 7 月 15 日，沧州市财政局下达《沧市财农〔2014〕108 号文件》要求实施。

（一）示范区土地规划

2014 年 2 月 28 日，王慧军院长在海兴农场调研时指出：海兴县要作为 2014 年河北省渤海粮仓建设示范县中的重点示范县，要打造以盐碱地改良为重点的渤海粮仓建设"海兴模式"，当年年底基本成型，第二年达到成熟，彻底解决河北省盐碱地地区的"春旱夏涝秋吊"问题，让农民获得实实在在的效益；"海兴模式"要成为将来河北区域盐碱地改造的技术模式，并向全国推广，在海兴打造省级乃至国家级的先导型农业现代化园区。

3 月，按海兴县渤海粮仓建设领导小组安排，分别在海兴农场一、四、五、六、七队规划出 12000 亩耕地用于万亩示范区建设和千亩示范方建设。包括：①万亩示范区：盐碱棉田综合改良及棉花前重式简化高产栽培技术示范区 6000 亩、春玉米地膜沟播技术示范区 2000 亩、冬小麦节水高产栽培技术示范区 2000 亩；②千亩示范方：春玉米地膜沟播技术示范方 1000 亩、冬小麦节水高产高效栽培技术示范方 1000 亩。

（二）项目实施进展

3 月中旬开始进行土地整理，根据春季地下水位情况整理条田、台田和排碱沟，铺设了排水管道，在条田内铺设芦苇或塑料盲管淋碱。4 月上旬组织农户参加棉花生产技术培训，举办春玉米播前技术培训。对部分地块增施了有机肥，提高土壤肥力和持续增长能力。4 月 25 日左右棉花播种，做好棉花苗期病虫害防治工作，加强小麦病虫害防治工作。5 月上旬举办春玉米节水高产技术培训，完成春玉米播种工作。6 月上旬举办玉米病虫害防治技术、小麦孕穗杨花期节水技术培训，积极落实做好小麦收割和玉米播种工作。9月上旬举办小麦播前技术培训，完成小麦播种、棉花玉米测产及采摘收获工作（表5-3-23）。

表5-3-23 渤海粮仓项目任务、技术经济指标完成情况表

	作物	计划面积（亩）	落实面积（亩）	对照亩产（公斤）	测产（公斤）	增产（%）	亩节水（立方米）	节水量（万立方米）
千亩示范方	玉米	1000	1000	400	474.1	18.5	55	5.5
	小麦	1000	1000	350	427.6	22.2	50	5.0
	小计	2000	2000					10.5
万亩示范区	棉花	6000	6000	175	203.0	16.0	65	39.0
	玉米	2000	2000	400	473.6	18.4	55	11.0
	小麦	2000	2000	350	407.0	16.3	50	10.0
	小计	10000	10000					60.0
示范推广区	棉花	45000	45000	175	195.6	11.8	65	292.5
	玉米	25000	25000	400	451.7	12.9	55	137.5
	小麦	10000	10000	350	400.0	14.3	50	50.0
	小计	80000	80000					480.0

（三）项目效果

项目区内无增粮指标，节水指标467万立方米。项目实施后，项目区内作物产量均较对照区增产效果明显，共计节水550.5万立方米。棉花与小麦实现设定产量，玉米受2014年严重干旱影响，产量略低。

（四）培训和宣传

在播种前和关键管理时期，在核心区和示范区就小麦、玉米节水高产及病虫害综合防治技术等内容联合河北省农林科学院、县农业局开展技术培训和技术宣传工作，举办技术培训班6期次，培训技术人员和农民骨干700余人次；印发技术明白纸4000余份、技术资料700余份；通过电台、电视台进行技术宣传2期次，在有关报纸进行技术和课题宣传3期次。

三、项目资金落实和支出

渤海粮仓项目资金落实和支出主要有以下几项。

（1）海兴农场投资42万元，实施盐碱水排水工程。工程包括：新挖毛沟40条，每条长350米；原有围沟、畦沟加深，长度为1800米；修建两座桥涵；铺设排水管道1400米；安装强排泵1套。

（2）投资16万元，新修建林间路长1000米。

（3）投资123.51万元进行农资采购，包括种子、肥料、农药、地膜。

（4）劳务用工 4.38 万元。

（5）海兴农场与河北省农林科学院组织了 6 次农作物种植技术培训，共计 12.82 万元。

（6）投资 5 万元购买大型农用机械，其中大型东方红拖拉机 1 台、大型土地深松机一台、大型旋耕机一台。

四、项目效益

项目实施取得良好的经济效益、社会与生态效益。

1. **经济效益方面**。项目区千亩方推广优质棉花 6000 亩，增产籽棉 16.8 万公斤，增加产值 100.8 万元；辐射区棉花 45000 亩，增产籽棉 92.7 公斤，增加产值 556.2 万元（按收购价 6 元/公斤计算）。项目区千亩方推广优质玉米 2000 亩，增产玉米 14.72 万公斤，增加产值 29.44 万元；辐射区棉花 25000 亩，增产玉米 129.5 万公斤，增加产值 259 万元（按收购价 2 元/公斤计算）。项目区千亩方推广优质小麦 2000 亩，增产小麦 11.39 万公斤，增加产值 22.79 万元；辐射区小麦 10000 亩，增产小麦 50 万公斤，增加产值 100 万元（按收购价 2 元/公斤计算）。

2. **社会效益方面**。项目实施后，农业生产基础设施将进一步改善，促进全县农作物生产向基地化、标准化、专业化、规模化方向发展，项目实施区农作物增产明显，为社会提供优质商品粮。

3. **生态效益方面**。通过项目的实施，促进了农田标准化建设，推广生态技术，提高农资投入的利用率，大力推广测土配方施肥和秸秆过腹还田技术，增加土壤有机质，增强土壤保水保肥性能，降低农药、化肥的使用量，能有效改善土壤肥力，有利于保护有益生物，做到用地与养地相结合，实现粮食生产与环境保护的协调发展。

第四章 林　　业

海兴农场的林业发展，从最初的"四旁植树"，到植树造林，到生态林建设和退耕还林，再到"农场变林场"，建设"森林公园"，海兴农场的林业从无足轻重到成为农场的支柱性产业之一，不但产生了很高的经济效益，而且产生了显著的生态效益和社会效益。

第一节　林业概况

1949 年，盐山县农场在大韩庄后拥有一座占地 6 亩的梨园，由 3 名工人管理，由于工人不懂技术，管理粗放，导致梨树发生虫害，几乎没有收入。1950 年，盐山县农场加强梨树管理，防治病虫害，372 株梨树进入盛果期，年产量 9000 公斤。1956 年产梨 37908 公斤，平均亩产 2569.5 公斤。

农场搬迁到孔庄子后，重视植树造林，除柳树、杨树、刺槐、榆树等乔木外，还种植桎柳、棉柳、紫穗槐等灌木。

1970 年代中期，海兴农场要求各农村队和国营队大量种植紫穗槐，既改良土壤，美化环境，又增加集体收入。

1987 年，种植枣树 2100 棵，苹果树 850 棵。

1988 年，海兴农场实有果树面积 35.9 亩，总产 7.2 吨，新栽枣树 70 亩，共计 1300 株。

表 5-4-1　海兴农场 1965—1989 年林地面积和果类产量

年度	林地面积 （亩）	干鲜果总产量 （公斤）	梨产量 （公斤）	红枣产量 （公斤）
1965		4050	0	4050
1966		14950	0	14950
1967		851550	0	851550
1968		0	0	0
1969		5850	0	5850
1970		6750	0	6150

（续）

年度	林地面积（亩）	干鲜果总产量（公斤）	梨产量（公斤）	红枣产量（公斤）
1971		6150.0	0	5650.0
1972		2472.0	0	1417.5
1973	177	9311.5	684.0	6050.0
1974	376	37693.0	1500.0	29731.5
1975	379	30890.0	157.5	21998.0
1976	350	121269.5	4274.5	20244.5
1977	68	52686.0	7450.0	29536.0
1978	78	55947.5	7242.0	40703.5
1979	202	75681.5	27725.0	38989.0
1980	238	70920.0	19344.0	41932.0
1981	122	94908.5	16478.5	69813.0
1982	213	74552.0	12386.0	54511.0
1983	62	78025.0	11850.0	55675.0
1984		9750.0	6500.0	1500.0
1985		0		0
1986		5000.0	100.0	1000.0
1987		15730.0	9600.0	1930.0
1988		7200.0	2900.0	1100.0
1989		7800.0	3000.0	1500.0

注：表中部分数据缺失。

1989 年 9 月 3 日，海兴农场启动 1000 亩枣粮间作区项目，历经选苗、刨苗、运输、栽植四道工序，投入劳动工日 500 个，各种运水车辆 70 多台次，完成枣树栽植 1.5 万株。11 月 10 日，该项目经抽查验收，合格率达 99.4%。

1990 年 7 月 4 日，为提高果树的成活率，加速果树成行，使果树按计划进入盛果期，海兴农场制定了《关于枣粮间作区果树管理的规定》。

1991 年，海兴农场发展枣粮间作区 1 万亩，种植刺梨 1600 棵。

1994 年，海兴农场完成冬枣嫁接 5000 亩。

1995 年，全场林果面积 370 公顷。当年苹果种植面积 1200 亩，其中结果面积 100 亩，全年总产量 100 吨，总产值 10 万元，纯收入 3 万元。

2002 年，国家出台鼓励农民退耕造林的惠民政策，海兴农场积极落实国家和上级相关的林业产业政策，鼓励辖区职工退耕造林，发展林业经济。

2004 年 3 月 12 日，海兴农场推行"股份制"植树。一是由海兴县农业局无偿供苗，待树木成林受益时按农业局 20%，农场 20%，农户 60% 的比例分成；二是由外来客商无偿供苗，待树木成材受益时按供苗商20％，种植户80％的比例分成。3月20日，海兴农场组织干部职工，在汤孔公路两侧、宣北干沟以北进行义务植树造林活动。全年完成植树25万株，新增绿化面积8000亩，超额完成指标任务的60％，栽种的主要品种有速生杨、酸枣树、刺槐、紫穗槐等。

2009年，海兴农场争取了国家退耕还林政策，林地职工享受到了每亩每年160元的补贴。农场专门确定了护林队、农业队和农场农业科为农场林业安全管理责任单位，对辖区职工个人林地进行确权，并签订《土地承包合同》《林木管护协议》。

2011年，海兴农场为增加绿化面积，美化环境，扩容林区，从植树节起推行"全场居住人口一人一棵树，一户一合同"工作制度，开展春季造林绿化，在海兴县林业局的支持下，在"五千六"新增造林面积900亩，树种主要为杨树、柳树等。

图5-4-1　2015年3月19日，沧州市老干部在海兴农场植树

2018年，河北省委、省政府对造林绿化更加重视，出台了《国土绿化三年行动实施方案（2018—2020年）》《河北省国土绿化规划（2018—2035年）》《关于创新体制机制推进大规模国土绿化的意见》等文件，将国土绿化三年行动列入全省重点工作大督查内容。海兴农场当年完成春季造林800亩，秋冬季绿化造林1000亩。全场种植耐盐碱苗木及有机梨13000余亩。

2019年，海兴农场碱梨丰收，受到市场欢迎。到当年底，海兴农场绿化面积4.9万亩，绿化率达71％。

第二节　林木种类

2019年，海兴农场用材树、经济树情况统计如下。

一、按生长类型分

河北省国营海兴农场的林木，按树木生长类型可以分为四类：乔木类、灌木类、藤木类、匍匐类。

（一）乔木类

乔木类，指树体高大，通常6米至数十米，有1个根部发生独立的直立主干，树干和树冠有明显区分的树木。海兴农场乔木种类主要有28个科、38个属、69个品种（表5-4-2）。

表5-4-2　海兴农场主要乔木一览表

科别	属别	品种
杨柳科	杨属	加拿大杨、大官杨、新疆杨、小美杨、银白杨、沙兰杨、钻天杨、毛白杨、北京杨、小叶杨、小钻杨
	柳属	旱柳、垂柳、龙须柳
榆科	榆属	白榆、大叶榆、金叶榆
蝶形花科	槐属	国槐、龙爪槐
	刺槐属	刺槐（洋槐）
桑科	桑属	桑树
	蓉属	无花果
苦木科	臭椿属	臭椿（樗）
楝科	香椿属	香椿
	楝属	苦楝
玄参科	泡桐属	泡桐、青桐、毛泡桐
梧桐科	梧桐属	梧桐
悬铃木科	悬铃木属	法国梧桐
含羞草科	合欢属	合欢树
鼠李科	枣属	金丝小枣、酸枣、绵枣儿、无刺枣、串铃枣、冬枣
芸香科	花椒属	花椒
	金橘属	金橘
木樨科	丁香属	紫丁香
	女贞属	长叶女贞（大叶女贞）
	白蜡属	白蜡树
蔷薇科	苹果属	苹果、海棠
	梨属	梨、杜梨
	山楂属	山楂（山里红、红果）
	樱桃属	李、杏、桃、红叶碧桃
安石科	石榴属	甜石榴、酸石榴
云石科	皂角属	皂角

（续）

科别	属别	品种
苏铁科	苏铁属	苏铁
胡桃科	胡桃属	核桃
柏科	侧柏属	侧柏
	圆柏属	桧柏、龙柏
棕榈科	蒲葵属	蒲葵
榛科	榛属	平榛
紫葳科	梓树属	楸树
黄杨科	黄杨属	黄杨木
辣木科	辣木属	辣木
柿树科	柿树属	柿树
桑科	桑属	桑树
松科	松属	油松、马尾松

（二）灌木类

灌木类，树体矮小，通常在 6 米以下，主干低矮的木本植物。海兴农场灌木种类主要有 12 个科、12 个属、13 个种（表 5-4-3）。

表 5-4-3　海兴农场主要灌木一览表

科别	属别	品种
柽柳科	柽柳属	柽柳（红筋条、红荆条）
蝶形花科	紫穗槐属	紫穗槐
茄科	枸杞属	枸杞
夹竹桃科	夹竹桃属	夹竹桃
杨柳科	柳属	杞柳（绵柳）
忍冬科	接骨木属	接骨木
蔷薇科	蔷薇属	月季、刺梅
锦葵科	木槿属	木槿（扶桑）
榛科	榛属	平榛
黄杨科	黄杨属	黄杨木
桑科	榕属	无花果
卫矛科	卫矛属	卫矛

（三）藤木类

藤木类，能缠绕或攀附他物而向上生长的木本植物。海兴农场藤木种类主要有 3 个科、4 个属、4 个种（表 5-4-4）。

表 5-4-4 海兴农场主要藤木一览表

科别	属别	品种
葡萄科	葡萄属	葡萄
	爬山虎属	爬山虎
紫葳科	凌霄属	凌霄
紫茉莉科	宝巾属	叶子花

（四）匍匐类

匍匐类，干、枝等均匍地生长的木本植物。海兴农场匍匐类只有 1 个科、1 个属、1 个种（表 5-4-5）。

表 5-4-5 海兴农场主要匍匐类一览表

科别	属别	品种
柏科	圆柏属	铺地柏

二、按经济用途分

中华人民共和国成立前，海兴农场所辖区域主要用材树种有榆、柳、杨、槐、椿、松、柏、桑、杜、梧桐等；主要经济树种有枣、梨、桃、杏等。中华人民共和国成立后特别是农场搬迁到现址后，大搞植树造林，发掘改良传统优良树种，引进新品种。

（一）用材林树种

1. **杨树**。杨树生长快，树干高，寿命长。杨木可以用作建筑、家具、火柴、造纸、纤维、人造板等的原料。品种有加拿大杨、大官杨、新疆杨、小美杨、银白杨、沙兰杨、钻天杨、毛白杨、北京杨、小叶杨、小钻杨、天演速生杨等。其中，白毛杨是杨树中材质最好的，原来没有成片树林，是"四旁植树"的主要树种。1995 年后，海兴农场根据国家发展生态林和退耕还林政策，种植白毛杨 2000 多亩，成为海兴农场最主要的树种。2002 年开始种植天演速生杨，成长周期短，成材快。

2. **柳树**。柳树是海兴农场分布最广的树种，有旱柳、垂柳、杞柳（绵柳）、龙须柳等品种。其中旱柳种植最多，杞柳已经很少。2013 年，海兴农场建立全国最大最全的柳树优良品种基因库，重点培育了柳树新品种"渤海柳 1 号"。柳树基因库共种植了国内外柳树优良品种无性系 356 个。

3. **刺槐**。刺槐又名洋槐，是良好的用材树，又是保持水土、防风固沙、改良土壤和"四旁植树"的绿化树品种。它材质坚硬，抗压强度高。刺槐耐旱，喜湿润怕涝，多种土壤都能生长。

4. **国槐**。国槐，又称家槐、槐树，树形高大，是庭院植树的常用树种。其花淡黄，可食用，可入药，也可作染料。国槐的荚果，俗称"槐米"，是一种中药。国槐木材富弹性，耐水湿。

5. **白蜡树**。白蜡树是重要的绿化树种。白蜡树木材坚韧，供编制各种用具，也可用来制作家具、农具、车辆、胶合板等。白蜡树枝条可编筐。

（二）经济林树种

1. **枣树**。枣树是海兴农场主要树种之一，其果实红枣也是海兴特产。海兴农场枣树的种类主要有金丝小枣、酸枣、绵枣、无刺枣、串铃枣、长枣、冬枣。

冬枣，历史上在海兴农场一带村庄就有零星种植，它以果实大，含糖量高，品位俱佳的特点，被人们视为稀有珍品。冬枣因果收较晚，品质优良等，深受广大消费者青睐。冬枣抗性强，病虫害少，生长健壮，产量高，收益大，被农民赞誉为"摇钱树"。过去由于农业生产落后，人们生活所需的粮食生产不足，而冬枣不能作为食物长期贮存，因此生产受到严重制约。20世纪80年代，随着粮食生产的增加和人民生活水平的提高，冬枣作为一种果品逐渐受到重视。20世纪90年代，海兴农场大量栽种和嫁接冬枣。

2. **苹果**。海兴农场苹果品种主要有红元帅、黄元帅、大国光、小国光、白龙、印度青、倭锦、鸡冠、红玉、黄魁、红魁、新红星、红富士、新乔纳金、王林、昌苹一、昌苹二、葵花、胜利、向阳红。

3. **梨**。梨树生长寿命长，产量高，经济价值大，适于沙质壤土，耐盐碱，耐低温，适宜范围广。

海兴农场梨的品种有鸭梨、苹果梨、大雪花梨、小雪花梨、白梨、莱阳梨、香水梨、酸梨、胎黄梨、脆梨、金华梨、金村秋梨、棠梨、香面梨、鸭广梨、小酸梨、皇冠梨等。

4. **桃**。桃，果实肉质细腻，营养丰富，海兴农场有毛桃、白桃、五月鲜、六月红、久保、蜜桃、大青桃等品种。

5. **杏**。杏果营养丰富，海兴农场杏品种有大香白杏、小香白杏、串枝红、蜜香杏、麦黄杏、金太阳杏等。

6. **葡萄**。海兴农场葡萄的种类有玫瑰香、龙眼、红鸡心、巨峰等品种。

7. **柿树**。柿树，本地原来种植很少。2000年以后，有些农场居民从市场购得种苗，在庭院、街边少量种植，所结果实全部自用。

8. **石榴**。石榴分中甜石榴和酸石榴两种，在本地种植历史长，主要为家庭庭院种植，既能产果，又能美化环境。

9. **桑树**。桑树，桑科桑属落叶乔木或灌木，高可达15米。叶为桑蚕饲料，木材可制器具，枝条可编箩筐，桑皮可作造纸原料，桑椹可供食用、酿酒，叶、果和根皮可入药。桑葚是人们常食的水果之一。

10. 辣木。辣木是辣木科辣木属植物，乔木，高3～12米，原产于印度，为热带和亚热带地区观赏树，其嫩叶、豆荚、花均可入菜，枝、茎、根、籽营养丰富，具有保健和治疗功能。种子可出产食用油，叶和根同样可食用。2013年，海兴农场开始引进种植。

（三）薪炭林

薪炭林是指以提供柴炭燃料为主要经营项目的乔木林和灌木林。营造薪炭林，宜选择易成活、萌生力强、速生、产量高、燃值大、能固氮、可一材多用（提供燃料、用料、饲料、肥料）的硬材阔叶树种。大都实行矮林，每隔1～3年进行轮作换茬。

（四）观赏树

观赏树，包括彩叶树。彩叶树指叶色常年呈现异色（非绿色）的树木。2014年建成彩叶林基地400亩。2017年，海兴农场与河北省农科院、河北省林业科学研究院合作彩叶树种培育推广完成种植30亩（图5-4-2）。品种有碧桃、金叶榆、红叶李（红叶梨）等。

图 5-4-2　海兴农场培植的景观树木

1. 碧桃。碧桃，桃的一个变种，为蔷薇科李属。习惯上将属于观赏桃花类的半重瓣及重瓣品种统称为碧桃。落叶小乔木，高可达8米，一般整形后控制为3～4米。树冠广卵形，树皮灰褐色；枝条红褐色，无毛；单叶椭圆状或披针形；花单生或两朵生于叶腋。花有单瓣、半重瓣和重瓣，春季先叶或与叶同时开放；花色有白、粉红、红和红白相间等色。

2. 金叶榆。金叶榆，榆科，榆属落叶乔木，高可达25米，树皮暗灰色，单叶互生，叶片卵状长椭圆形，金黄色。金叶榆枝条密集，树冠丰满，造型丰富。广泛应用于道路、庭院及公园绿化。

3. 红叶梨。红叶梨，也称红叶李，蔷薇科李属落叶小乔木，干皮紫灰色，小枝淡红褐色，均光滑无毛。单叶互生，叶卵圆形或长圆状披针形，色暗绿或紫红，叶柄光滑多无腺体。核果扁球形，径1～3厘米，花叶同放，花期3～4月，果常早落。喜光也稍耐荫，抗寒，适应性强，以温暖湿润的气候环境和排水良好的砂质壤土最为有利。怕盐碱和涝洼。叶自春至秋呈红色，尤以春季最为鲜艳，花小，白或粉红色，是良好的观叶园林植物（图5-4-3）。

图 5-4-3　海兴农场的观赏林木（秦晓寒摄影）

第三节　植树造林

植树造林是新造或更新森林的生产活动，它是培育森林的一个基本环节。海兴农场一带自古就有植树造林的传统，民谣说："先人留下浓荫树，后辈儿孙好乘凉。"据文献记载，清光绪三十四年（1908年）盐山县知县王光鸾告示民众沟旁路边栽柳种树。2010年以来，海兴农场的植树造林工作多次得到省、市、县的表彰。

一、四旁植树

"四旁植树"是村旁、宅旁、水旁、路旁进行植树的总称。今海兴农场一带在历史上洼大村稀，土地盐碱，没有大面积的土地用于植树造林，但人们充分利用沟、渠、路旁以及房前屋后零星隙地进行植树造林。四旁植树的林木品种包括经济林、用材林、防护林、风景林等多林种。人们在四旁植树时注重树种的选择和造林密度，一般都能收到良好的结果。

盐山县农场搬迁到孔庄子一带后，各队和居民开展四旁植树，充分利用土地，扩大绿地面积，增加居民收入，对解决居民用材、薪炭、饲料和肥料也起了很大作用，同时也起到改善生态环境、保护农作物、美化生活环境、调节小气候、净化空气多方面作用。

二、造林工程

1960 年 2 月 15 日，盐山县农牧场首次召开植树造林动员大会，场党委副书记、场长杨之金在会上做动员报告。到 3 月 8 日，6 个国营队和 11 个农村队的 3800 人参加植树造林运动，完成宜林荒地植树和四旁植树 8640 亩。

1972 年 3 月 10 日，海兴农场开展春季植树造林活动。全场干部职工、群众、学生一起投入植树，完成造林面积 160 亩。

1979 年 3 月 12 日是中华人民共和国第一个植树节，海兴农场组织发动干部职工义务植树，当天就有 1200 余人参加植树，种植刺槐、柳树等共 5000 株。

2004 年，海兴农场成立场长任组长的植树领导小组，一名副场长主抓，以股份制性质植树，由农业局供苗的，待树木收益时，采取 2∶2∶6 的分成，即农业局提 20%，农场提 20%，种植户提 60%；由外来客商供苗的，采取 2∶8 分成，即外来客商无偿供苗，待树木收益时，供苗商提 20%，种植户提 80%。对植树占用耕地的（由农业局供苗的），农场免征 40% 的上交任务。对规划的植树地块，"谁的地谁种植，谁受益"。农场成立统一护林队伍，并实行权、责、制挂钩。制定了《农场植树工作意见》，严防人畜损坏树木。本年春季植树造林工作中，海兴农场完成了 25 万株树苗栽植任务，面积 800 亩，超额完成了指标任务的 60%，树苗成活率 80%。当年春，海兴农场还推广枣棉间作地 100 亩，推广冬枣 580 亩。

2005 年 3 月 2 日，海兴农场召开春季植树造林动员大会。会上传达了农场制定的《2005 年植树造林管理规定》，场领导与各单位签订了植树合同。会后各队建立了植树专业队，当年完成植树面积 8200 亩，植树 80 万株。海兴农场在河北省农垦系统植树造林工作表彰会上受到表彰，被沧州市农业局授予"造林绿化工作先进单位"。

2006 年，海兴农场新增植树面积 4000 亩，农场制定了相关保护措施，并层层落实责任，荣获"全县植树造林工作先进单位"荣誉称号。

"十一五"期间完成了场内汤孔路段的环境绿化，植树造林总面积 500 亩。绿化面积达 60% 以上。

2007 年 3 月，海兴农场开展植树造林活动，配合南华集团完成栽植树木 92.5 万株。其中冬枣 30 万株、梨树 2.5 万株、沾化大枣 4 万株、小枣 22 万株、酸枣 14 万株、枸杞 20 万株，成活率达 90% 以上。

2011 年，海兴农场在县农林局的支持下，在五千六（地名）新增造林面积 900 亩，树种主要为杨树、柳树等。当年底，海兴农场共有林地 1.4 万亩，其中经济林 1.1 万亩，果林 0.22 万亩，防护林 0.08 万亩，分别占全场林地总面积的 78.6％、15.7％和 5.7％；全部林地占全场总面积的 13.3％，占全部耕地的 31.1％。

海兴县人民政府《2012—2014 年造林绿化攻坚活动总体思路》要求，海兴农场的所有宜林地块，采取由县林业局提供树苗，职工负责栽植、管护并收益的方式，进行全面造林绿化。

2012 年，海兴农场成立由场长贾福利组长的植树造林工作领导小组，确定小组成员为植树造林工作的直接责任人，做到分工明确，责任到人，确定雨水林每年每亩补助资金 160 元，连续补贴 8 年。同时，通过多种渠道宣传植树造林的意义、效益、以及相关法律法规，并协调农经、水利、林业等多部门联动，早规划，早安排，形成了全民参与的良好局面，形成了以田间沟渠、生产道路两侧为"点"，以宣北干沟、宣南干沟、宣惠河两岸为"线"，以工业园区、雨水林千亩方为"面"的科学布局。春季植树 2700 亩，其中，速生杨树 2200 亩，竹柳 500 亩。为了高标准，高质量完成此造林任务，海兴农场投入了大量人力、物力，平整沟渠 5000 余米；治碱抬田 170 余亩，投入 40 余万元。2012 年入冬季来，海兴农场按政府《2012 年秋冬季造林绿化实施方案》，在汤孔公路两侧、5600 亩工业园区绿化带、六队养殖小区绿化带、林业产业基地进行了高标准植树活动，采用铺设隔碱层、换土等方法，确保树木成活率。在一队开发葡萄庄园示范项目，占地 50 亩；在三队与黄骅市国丰物资有限公司合作开发园林化苗木基地项目，完成 200 亩苗木种植；山东滨州一逸林业有限公司投资建设的耐盐碱苗木研发推广项目。2012 年海兴农场造林任务 1600 亩，实际完成造林 3300 亩。

2013 年，海兴农场为确保种一片活一片，特制定了种植、管护各项管理规定，严格组织，精心部署，共植树 7000 亩。

2014 年，农场按照"尊重自然、传承文化、凸显特色、因地制宜、整体和谐"的原则，注重人文景观、自然景观与农场风光相交融，沿路沿河造林造景，大规模发展育苗，全力打造"园林式、常绿式、立体式、休闲式"生态景观。农场积极与县林业局衔接，根据农场土地条件、树种的选择等方面进行了科学的规划和设计，优先选用抗逆性强的乡土树种进行造林，积极采用覆膜造林等抗旱节水造林先进技术。农场以全民义务植树为契机，发动干部群众 2000 人次进行植树造林，提出了"坑、苗、水、管"四字技术标准和"挖大坑、栽大苗、浇足水、扶直苗、培好土、踩实坑、保好墒"21 字要求，提高了林活率。海兴农场春季完成造林 5250 亩，其中白蜡、柳树混交片林 500 亩；榆树、国槐混交片林 450 亩；国槐、法桐混交林 300 亩；杨树、榆树混交林 200 亩；柳树苗木基地 1500 亩；

彩叶苗木基地 500 亩；榆树苗木基地 500 亩；黑松、海棠 300 亩，桃树、葡萄、苹果丰产园基地 100 亩，基本上建立了集休闲、观光、育苗和林业经济产业于一体的林木生产基地。

2015 年，海兴农场按照全县"东工，中城，西生态"总体规划，委托中国农业科学院、河北农科院和北方设计研究院，高起点规划 5 万亩耐盐碱苗木基地，打造"北方最大的耐盐碱苗木基地"，完成 1.8 万亩苗木种植。采取多渠道商业化、自主经营化模式，引进一批知名苗木公司，在原有普通耐盐碱苗木的基础上，新增金太阳梨、垂碧桃、海棠等高档苗木。将场区绿化分片、分段，定岗位、定任务、定责任，严格考核奖惩。制定《海兴农场绿化管理办法》，严防和严查侵占绿地、破坏绿化事件发生。以专业队伍与社会力量相结合，对绿地养护实行分级管理。

三、造林计划和规划

农场在建立之初就重视林业，在大韩庄期间林果业有较好的经济效益。

1995 年 8 月，国营海兴农场党委制定《海兴农场"九五"造林绿化规划》。规划要求，在林果占地面积 370 公顷的基础上，计划"九五"期间投资 36.5 万元，安排枣粮间作区 400 公顷，栽植枣树 9 万株，四旁植树 1 万株，到 2000 年全场累计造林 2740 公顷，栽植枣树 17 万株。累计栽植用材林木 3 万株，达到全场人均枣树 28 株，用材林木 5 株，使农场林果占地面积占耕地总面积的 77%，主要路、沟林网化。

2015 年 2 月 16 日，海兴县委常委、副县长孙文强主持召开海兴县造林绿化工程招投标监督小组全体会议，专题研究海兴农场 2015 年造林绿化机制问题。会议指出，按照《海兴县人民政府关于实施农场变林场行动的决定》和《海兴县 2015 年造林绿化实施方案》，海兴农场 2015 年造林绿化任务 1.3 万亩。①县财政投资 1500 万元全部用于土地流转，不足部分由海兴农场自筹解决。②土地流转完成后，由海兴农场负责，依纪依规采取市场化运作方式，按照适地适树原则，进行苗木繁育，由于海兴农场特殊的土壤条件，原则上选用本县本土苗木树种。③育苗单位要严格按照规划设计，达到绿化景观效果。

《海兴农场 2016 年春季造林绿化实施方案》，造林绿化任务为 1.17 万亩。以林业产业基地、果树园区为重点，辅以通道绿化、河滩绿化、居民区绿化，力争完成县政府下达的任务。

《海兴县 2017 年造林绿化工作实施方案》提出：海兴农场新建以榆树、法桐、丝棉木、彩叶绿化苗木等乡土树种为主的耐盐碱、高标准林苗一体化示范基地 10000 亩。《海兴农场 2017 年春季造林绿化实施方案》确定，造林绿化任务为 1.02 万亩。专门成立海兴农场 2016 年秋季及 2017 年春季造林绿化领导小组（简称植树小组）和海兴农场 2016 年秋季及 2017 年春季造林绿化验收小组（简称验收小组）。制定补贴标准：①50 亩以上种植篱笆式梨树的国有公司补贴标准，农场验收后按 4000 元/亩标准补贴；②50 亩以上种植篱笆式梨树的私有公司，农场验收后按 2000 元/亩标准补贴；③50 亩以上常规果树种植的公司或个人，农场验收后按 1000 元/亩标准补贴；④100 亩以上种植辣木的公司或个人，农场验收后按 2000 元/亩标准补贴。

《海兴县 2018 年秋冬季造林绿化实施方案》，明确海兴农场 2018 年秋冬季造林绿化任务是发展林业产业基地 1000 亩。

四、退耕还林

海兴农场先后出台《海兴农场果树优惠管理办法》《海兴农场鼓励职工种植果树优惠管理办法》《海兴农场退耕还林还草任务要求》，支持绿化和退耕还林工作的开展。

第四节　典型林木种植

一、冬枣种植

海兴农场 1988—1989 年栽植枣树 1 万亩，总株数 15 万株，1994—1995 年，在沧州市和海兴县林业局支持下，将枣树全部改良嫁接成冬枣。

海兴农场自 1994 年以来，利用两年时间改良嫁接冬枣 75000 株，成活率 91.3%，5000 亩冬枣基地已初具规模。

2009 年，冬枣成为海兴农场的主要特色产业，有冬枣园 2000 亩，当年产冬枣 20 吨，产值 30 万元。

2019 年，海兴农场冬枣获得丰收，产量达 42 吨，产值 78 万元

二、杨树种植

海兴农场一带历史上就有杨树种植的传统。2004 年初，海兴农场与上海光兆速生杨植物公司签约引进 1 万亩速生杨种植项目，计划总植树 130 万株。由上海光兆公司提供树苗，海兴农场完成栽植任务。光兆公司补偿占地费，第一年至第二年每亩补偿 100 元，第

三年每亩补偿 20 元，第四年至砍伐每年每亩补偿 30 元，每五年一个循环期，合作期限 20 年。2005 年 4 月，总投资 320 万元。当年 4 月，海兴农场与上海光兆公司种植的 1 万亩速生杨全面铺开，栽种 32.8 万株。

三、葡萄种植

海兴农场 1959 年开始种植葡萄，农场职工庭院也有种植。

1988 年，海兴农场种植葡萄面积 10.5 亩，平均亩产 300 公斤，总产 3.2 吨。

1992 年，海兴农场产葡萄 2 吨。

2012 年，实施河北华臻葡萄庄园项目，当年试种 200 亩葡萄，全部成活。此后，葡萄种植没有发展。

四、梨树种植

海兴农场一带地质碱性，自古就有梨树种植的传统。1949 年，盐山县农场搬迁到大韩庄后种植有梨树 14.6 亩，由于管理不善加之自然灾害，当年亏损。经过总结经验教训，加强管理，梨的产量得到提高。1951 年 9 月，农场 372 株梨树进入已盛果期，年产量 18000 斤。1953 年梨亩产 21104 公斤，收入 2053 万元（旧币）。1954 年梨亩产 10920 公斤，收入约 2096 万元。

1988 年，海兴农场种植梨树面积 14.7 亩，平均亩产 200 公斤，总产 2.9 吨。

2016 年，海兴农场开始种植篱笆式梨树，实行公司化管理，总投资 8000 万元，采用篱壁式种植模式规划种植梨树 1.97 万亩。2017 年实现种植 200 亩。2017 年度财政预算海兴农场"林果一体化"基地补贴资金 200 万元，其中申请林果一体化基地补贴资金 100 万元。根据预算安排，资金使用如下：①50 亩以上种植

图 5-4-4　有机梨认证证书

篱笆式梨树的国有公司补贴标准，农场验收后按 4000 元/亩标准补贴（已实施种植 396 亩）；②50 亩以上种植篱笆式梨树的私有公司补贴标准，农场验收后按 2000 元/亩标准补贴（已实施种植 200 亩）；③50 亩以上种植常规果树的公司或个人补贴标准，农场验收后按 1000 元/亩标准补贴（已实施种植 160 亩）。当年，园区内生产的有机梨获《有机转换认证证书》。

图 5-4-5 海兴农场出产的有机梨

2018 年 8 月 27 日，海兴县民政局向海兴农场碱梨技术推广服务中心筹备组发出《同意成立海兴农场碱梨技术推广服务中心的批复》，同意海兴农场碱梨技术推广服务中心成立民办非企业单位，并准予民办非企业法人注册登记，发给《民办非企业（法人）登记证书》。10 月 23 日，沧州市观摩团观摩海兴农场万亩育苗基地及有机碱梨产业项目工作。

图 5-4-6 海兴农场有机梨种植基地

2019 年，完成有机梨种植 3000 余亩，部分梨树已经挂果，亩产 2500 多公斤，每亩纯利润达 2 万多元。

五、柳树基地建设

海兴农场及周边地区自古以来就有种植柳树的传统。2013 年，海兴农场规划建设现代农业生态示范园区，重点扶持沧州市一逸柳树育种有限公司加快柳树优良品种基因库建设。

海兴农场的柳树基因库是全国最大的柳树种质资源基因库。柳树基因库主要负责耐盐碱、耐干旱、耐瘠薄的新品种研发、试验。柳树种质资源基因库承担着国家柳树工艺专项，与中国林科院、山东省林科院和山东农业大学联合进行柳树新品种的培育和高效利用研究。在面积 2000 亩的土地上，种植了国内外柳树优良品种无性系 430 多个，成为柳树新品种的重要研发基地。

"渤海柳 1 号"是基因库的明星品种，它的形态特征是主干通直，顶端优势极强，生长期内干皮黄绿色。枝条在立秋后逐步变色，颜色随着天气变冷加深。经过多年观察，"渤海柳 1 号"根系发达，抗风，抗雪压，可适应多种不同类型的土壤，在环渤海盐碱地上生长良好，具有速生性特点。2013 年 3 月，林业局植物新品种保护办公室组织中国林科院、江苏省林科院及山东省有关专家对"渤海柳 1 号"旱柳新品种进行审查，并于当年 7 月 9 日正式授权。"渤海柳 2 号"和"渤海柳 3 号"等 15 个品种也通过林业局植物新品种保护办公室审查并授权，获国家林木新品种知识产权。

海兴农场柳树基因库分为柳树资源保护区、柳树育苗示范区、柳树苗期测定区域、柳树测定林区域、苗圃生产示范区。

2016 年，《海兴县人民政府工作报告》指出：海兴县发展苗木种植 3 万余亩，培育耐盐碱、耐干旱柳树品种 365 个，海兴县成为全国最大的柳树基因库和北方最大的耐盐碱苗木基地。

2019 年，海兴农场进一步发展柳树深加工产业。

六、辣木种植基地

为搞好农业供给侧结构性改革，经海兴农场与农业专家多方论证，2013 年 5 月份从云南、福建等地引进了具有喜温、耐旱、耐贫瘠、抗逆性强、适应性广等特点的辣木，通过"低温冷藏、基质催芽、育苗移栽"的种植模式进行试种 50 亩，成活率达 99%，种植取得突破性成功。引种成功后，海兴农场种植面积每年都在 1000 亩以上，全部用于各种深加工，包括辣木茶、辣木酒、辣木食品、辣木饲料等。据查证，海兴农场为北方首个也是唯一成功引种植辣木的地区。同时，农场与中古辣木研究中心合作，建成中古辣木北方种植基地；与河北省科技厅、河北省农林科学院合作，打造海兴农场辣木育苗移栽项目基地。该场种植的辣木经国家食品质量监督检验中心检验含有丰富的蛋白质和人体所需的 11 种氨基酸，嫩叶中所含钙元素是牛奶的 4 倍，蛋白质是牛奶的 2 倍，钾元素是香蕉的 3 倍，铁元素是菠菜的 3 倍，维生素 C 是柑橘的 7 倍，维生素 A 是胡萝卜的 4 倍。开发生产的辣木茶、辣木面等系列产品，也受到了省、市科技部门的认可。通过多年种植试验证明，北方也能种植辣木，该场种植的辣木叶经国家食品质量监督中心检验，主要指标优于南方种植的同等品种。农场在扩大种植规模的基础上，进一步打造辣木产业链，研发辣木茶、辣木保健品、辣木食品等系列产品，除辣木食品外，向功能饲料发展，使辣木成为具有海兴农场特色的产品。

第五节　森林公园建设

2013年，海兴农场提出以搞好"一园一区三基地"建设为重点，将农场建设成为集生态种植、生态养殖、观光养生、休闲旅游、苗木培育为一体的现代化农场。

1. **一园为森林公园**。总投资6亿元，委托河北省林科院，河北农科院、河北省北方规划设计院，规划设计农场现代农业生态示范园，按照打造"森林公园"的总布局整合现有资源，目标是三年之内将我场打造成省级森林公园，五年之内打造成国家级的森林公园。到2013年，我场总体绿化率37.9％；森林公园核心区域绿化率57％。

2. **一区为高新技术园区**。总占地11000亩，其中建设用地7900亩。一期占地5327亩，可用于建设用地4526亩，一期建设预计总投资7885万元。截至2013年11月，已有六七家钢管企业、电子企业、健身器材等高科技、环保、无污染项目和海兴农场达成投资意向，今年计划完成园区内土地的调规、平整、上下水、主要路基建设等工程以及五个项目合同的签订，逐步形成高新技术产业重点聚集区。

3. **三基地**。一是耐盐碱苗木基地建设。海兴农场规划5万亩苗木基地，以沧州一逸林业有限公司为技术依托和龙头依托，建成我国最大的柳树基因库，现已通过林业部认证。成立专业技术指导和市场营销队伍，搞好苗木市场建设，争做苗木龙头企业，带动海兴县苗木业的发展，进而推动海兴县北方最大耐盐碱苗木基地的建设。截至2013年已完成2.7万亩。

二是现代农业种养殖基地建设。按照"科学种植，特色突破，产业经营"的发展思路，广泛运用设施农业种植，积极引进蔬菜抗病品种、科学示范嫁接栽培技术，致力于推广无公害蔬菜生产理念。海兴农场规划3万亩现代设施农业基地，总投资5亿元，截至2013年已完成投资2000万元和600亩设施蔬菜大棚建设。在农场二队和河北儒商协会合作建设设施蔬菜种植基地；在畜牧队与新海岸现代农业公司合作设施蔬菜种植基地；在西点与北京市农科院合作兴建高标准蔬菜温室大棚，建成特色蔬菜种植基地。

三是绿色生态养生基地建设。总投资4.75亿元，占地470亩。该项目是打造集养生、养老、老年病医疗、康复、护理及残疾人矫形康复为一体的园林式综合性健康养护中心，是为老年人提供各种综合性服务的养老服务场所，建成以后可为海兴县级及周边区域乃至沧州市老年人提供居住、休闲、养老服务。

海兴农场以"一园一区三基地"为重点，以"建新居、造园林、上项目、惠民生"为抓手，以打造"绿色农场、生态农场、和谐农场"为总目标，强力推进农业产业结构调整，培育特色主导产业，推动农场持续快速健康发展。

2014年，海兴农场启动5万亩苗木基地建设项目，耐盐碱苗木基地为北方最大耐盐碱苗木基地，完成2.7万亩苗木种植，其中，耐盐碱柳树苗木基地种植300多个品种、1500亩；彩叶苗木基地种植500亩；榆树苗木基地种植500亩；黑松、海棠苗木基地种植300亩；桃树、葡萄、苹果种植基地1000亩；还有金叶榆、龙柏、桃树、国槐等多种苗木。同年，海兴农场为打造占地13000亩的森林公园，采取合作、补贴以及返租的方式协调承包大户流转土地8900亩。

2016年，海兴农场做好森林公园建设，加快"农场变林场行动"步伐，加快基础设施建设，其中道路建设投资1300万元，同时申报"国家级森林公园"，核心区域到2016年底绿化率达到57%。森林公园计划总投资6亿元，按照打造"森林公园"的总布局整合资源。

2017年5月4日，海兴农场森林公园管护中心成立，海兴农场印发了《海兴农场森林公园管护中心工作职责及管理制度》。

2019年，森林公园建设取得进一步发展，吸引了本县和外地的游客，促进了农场旅游业的发展。

海兴农场森林公园管护中心工作职责及管理制度

2017年5月4日

（一）认真贯彻执行《森林法》《森林防火条例》等林业法律法规以及国家、省、市、县有关森林资源保护与管理的规定，积极开展林业政策的宣传教育工作，提高广大职工和土地经营户遵纪守法和爱林护林的自觉性。

（二）明确管护责任区范围及管护职责。

1. 管护范围：原明泊洼所有土地；

2. 掌握森林资源状况，确定工作重点，完善管护机制，有权要求承包户、开发商及管护公司落实管护措施；

3. 农场每年支付森林公园管护费，包括：燃油、电费、车辆维修费、人员加班费及人员绩效工资等。森林公园管护中心负责督导落实农场与管护人员（公司）签订的各项协议。

4. 如因管护中心监管不力导致没有达到农场要求，由农场处罚管护中心，管护中心再按照协议对管护人员或公司进行处罚。

（三）森林公园具体管护要求及处罚如下。

1. 对管护区内道路、沟渠、宣传牌、标志牌等基础设施进行日常督导维护，发现问题及时通知管护人员修缮。如出现重大损毁必须及时向农场汇报。如被发现管护区内基础设施被损毁没有及时修缮或向上级汇报，视损毁程度扣罚森管中心 200～2000 元/次。

2. 按要求做好对辖区树木的护理督导：①对管护范围内的树木进行日常巡查，掌握树木生长情况，如有树木不能正常生长的情况，及时告知农场。②根据不同树种，督导管护人员每年修剪不少于两次。除此以外，按照农场的要求再进行修剪。按要求督导管护人员给树木进行施肥。如发现没有按要求修剪树木或施肥，扣罚森管中心 200 元/次。③做好日常病虫害监测预防工作，一旦发生病虫害，能够及时发现和督导救治，保证不形成灾害。如没按要求进行病虫害督导防治，造成灾害，视灾害程度扣罚森管中心 200～2000 元/次。④做好浇水及排涝，如发生干旱或涝灾，及时督导管护人员浇水或排涝，保证树木正常生长。如没按要求进行督导浇水或排涝，造成树木死亡，扣罚森管中心 5 元/棵。⑤及时督导管护人员清理树间杂草，使之不影响树木生长和美观，清理后的杂草均铺在树下。其中，主要道路及其两侧 100 米内不得使用灭草剂，且草保持不高于 20 厘米。如没按要求督导清理树间杂草，影响树木生长和美观，视情节轻重扣罚森管中心 200～2000 元。⑥在火灾易发季节，要加强巡视，一旦发现火情，做到及时发现和消灭。如因管理不当引发火灾，按着火面积扣罚森管中心 200 元/米^2。⑦防止牲畜啃咬、盗窃及没有办理相关手续进行移栽等破坏。如发生盗窃等人为破坏现象，视情节轻重扣罚森管中心 200～2000 元/次。⑧倒伏扶正。如树木因风雨发生倒伏，要及时督导扶正。如树木确已死亡，要及时进行督导移除。如没有及时督导扶正或移除，视情节轻重扣罚森管中心 200～2000 元/次。

（四）本规定自下发之日起执行。

第六节 森林防护

海兴农场在林业生产中认真落实《森林法》《森林病虫害防治条例》《河北省森林病虫害防治实施办法》《河北省森林防火规定》和《河北省森林防火实施办法》等法律法规，做好森林防火防灾工作，从未发生森林火灾事故。

一、森林防火

海兴农场多措并举做好冬季森林防火。每年召开冬春防火专题会议，对森林防火工作进行全面动员，要求全体工作人员要清楚认识到森林防火的严峻形势，全面贯彻落实省、市、县各级文件要求和会议精神，并结合农场实际情况，采取符合自身实际的各项措施，认真部署、切实落实当前森林防火工作。加强宣传，营造氛围。通过悬挂标语、张贴防火宣传画、广播喇叭、微信群等形式，时刻提醒广大群众的森林防火意识，在全场形成良好的防森林火灾的氛围，同时在林区进入路口设立警示牌，提醒进入林区人员。强化力量、严格查处。加强森林防火应急队伍建设，配备小型消防车等灭火设备，农场森林管护中心每天白天夜间定时进行巡查，确保及时发现火源、报告火源、扑灭火源。对因人为原因引起森林起火的要严格查处，对造成森林起火的人员查明后交由司法公安机关处理，对发现火源后处理不及时造成损失的责任人进行责任追究。

2016 年，海兴农场成立森林管护中心，负责苗木日常管护及防火、病虫害防治、森林防护、防火、防盗工作等。2016 年 11 月 28 日，为进一步做好森林管护工作，经场长办公会研究，决定安排 8 名工作人员专职做好森林管护中心工作。杨立军任主任森林管护中心。

2019 年 4 月 24 日，海兴农场成立应急处理小组并出台《海兴农场处置林区防火应急预案》。应急处理小组由场长贾福利任组长，副场长李树松任副组长。《海兴农场处置林区防火应急预案》对应急处理和善后工作做了规定。(1) 启动应急处理：①各区日常做好火情高发期各自辖区内居民、开发商宣传教育工作；②发生火情时森管中心及时组织人员扑救，第一时间将火灾事故报 119 火警并向上级主管部门领导汇报；③发生火灾时迅速组织人员做好无关人员疏散、撤离工作；④工作人员迅速携带安全灭火器材奔赴现场，做好火区隔离，并控制火势蔓延，开展有效的救灾工作，等待消防救援；⑤林区发生火灾扑救应"以专为主，专群结合"扑救林区火灾时应当先保护人民生命安全，落实灭火人员安全保障措施。(2) 善后工作：①工作人员了解统计火灾发生的时间、地点、火势情况，人员财产损失情况，并及时向上级部门报告；②协助相关部门分析事故发生原因，总结灾害处置效果，防止事故再次发生。7 月 9 日，海兴农场要求国土所及安监办结合上级有关文件精神，编制《海兴农场森林防火应急预案》。

二、森林病虫害防治

（一）枣树虫病害

枣树病害：枣锈病、枣叶黑斑病、印度枣白粉病、枣灰斑病、枣煤污病、枣花叶病、枣白腐病、枣褐斑病、枣炭疽病、枣缩果病、枣裂果病、枣果锈病、枣树缺铁症、枣树冻害、枣树旱害、枣树风寒。

枣树害虫：桃小食心虫、枣绮小蛾、棉铃虫、枣黏虫、枣尺蠖、枣芽象甲、大灰象甲、隐头枣叶甲、黄刺蛾、扁刺蛾、褐边绿刺蛾、枣刺蛾、桃天蛾、樗蚕、苹果小卷叶蛾、枣瘤大球坚蚧、枣粉蚧、枣瘿蚊、枣瘿螨、朱砂叶螨、星天牛、枣豹蠹蛾、黑蚱蝉、牧草盲蝽、梨尺蠖。

（二）杨树主要病虫害

杨树主要害虫：柳毒蛾、杨扇舟蛾、杨小舟蛾、美国白蛾。

杨树主要病害：杨腐烂型溃疡病、杨水泡型溃疡病、杨大斑型溃疡病。

（三）葡萄主要病害

葡萄主要病害：葡萄炭疽病、葡萄白腐病、葡萄霜霉病、葡萄黑痘病、葡萄白粉病、葡萄褐斑病、葡萄扇叶病、葡萄黑腐病。

（四）梨树主要病虫害

梨树的主要病虫害有梨小食心虫、茎蜂、黑星病、黑斑病、梨尺蠖、梨蚜虫、星毛虫、朱砂叶螨、梨实蜂、梨大食心虫等。

（五）病虫害防治

1. **生物防治。**养殖和释放害虫天敌，使用抗击有害生物的细菌等。

2. **化学防治。**使用农药杀死害虫。

3. **物理防治。**人工捕捉；组织人力摘除虫瘿和卵块；利用幼虫受惊后吐丝下垂的习性，震动树干捕杀下落的幼虫；对于尺蠖等成虫需爬行上树产卵的害虫，在成虫羽化前在树干绑扎塑料布等方法以防成虫上树产卵；人工收集地下落叶或翻耕土壤，以减少越冬蛹的基数；成虫羽化盛期用黑光灯诱杀，降低下一代的虫口密度。

第七节 林下经济

2000 年以后，海兴农场在发展苗木产业的同时，采取"企业＋基地＋农户"的模式，大力发展"林下经济",包括种植、养殖、旅游等。海兴农场"林下经济"养殖已发展2000亩,品种包括野鸡、非洲雁、皖西白鹅、野鸭等。2018年养殖野鸡、鹅等6万多只(图5-4-7)。

图 5-4-7 林下养鹅

第五章　畜　牧　业

畜禽养殖是海兴农场农业主导产业之一。1950年代，农场畜牧业以养猪为主，大牲畜由场公养，猪羊公养为主，鸡鸭以户养为主。20世纪70年代后期和20世纪80年代，农场稳定养猪，鸡、鸭等禽类主要由户饲养。此外，还有部分貂、兔、鹿、蜂等。20世纪90年代，海兴农场发展"优质、安全、生态、高效"畜禽业为目标，以培养适应现代畜禽业发展现代养殖户为抓手，以建设养殖基地为重点。进入21世纪以后，畜禽经营产业化、饲养畜禽专业化、养殖规模化、生产标准化，逐步实现畜禽业数量、质量和效益的同步增长，组成大型集团化畜牧企业。

第一节　畜牧业概况

海兴农场一带历史上畜牧业养殖主要以农户散养为主，养牛、马等大家畜是为了给农业和生活提供动力，零星养的猪、羊、鸡、鸭、鹅主要为贴补家庭收入。农场成立后，畜牧业经过了由小到大，由传统饲养方法到现代化大规模养殖的过程。

1950年代初，盐山县农场就开始发展畜牧业。最早的畜牧业主要是饲养家畜，以提供畜力。

1955年，盐山农场建立了养鸡场、养猪场。

1958年，盐山县农场开始引进美国火鸡。当年底，猪存栏200余头，鸡存栏125只，羊存栏300余只。

1959年第一季度，盐山县农场养猪950头，孵化火鸡500多只。5月，场党委副书记、场长杨之金带领场部机关12名干部与工人一起，经过12天的日夜奋战，建成300座猪舍投入使用。6月2—6日，国家在北京市老爷山家禽场召开五省市发展畜禽现场会议，盐山县农场场长杨之金出席会议。7月，盐山县农场提出本农场作为国家出口商品生产重要基地，应大力发展畜牧业。当月猪存栏1301头；鸡存栏1108只，其中小火鸡700余只，本地鸡和莱克京鸡264只；羊出栏600余只，其中奶羊18只，细毛羊67只。10月11日，毛泽东主席发表《关于发展养猪事业的一封信》，要求全党把猪"看得和粮食同等重要"，充分认识"一头猪就是一个小型有机化肥工厂"，号召全国"大养特养其猪"，实现"一人一猪，一亩一猪"，解决肥料的主要来源，实现农业循环发展。当年底，盐山县农场生猪存栏944头。

1961年4月，盐山县农牧场家禽队共有职工39人，有羊552只（图5-5-1）、鹅24只、白来航鸡125只、火鸡820只。家禽队认真执行放牧与饲养相结合的方针，节省了65吨精料，全年上交商品鸡500只，产蛋16000枚。

1962年底，盐山县农场存栏大牲畜161头（匹），猪99头，羊232只，鸡1084只。

图5-5-1　农场饲养的山羊

1963年，盐山县农场共有大牲畜166头。

1964年，盐山县农场有大牲畜581头（匹），其中：牛377头、驴100头、骡48匹、马56匹。猪存栏491头，羊存栏260只。

1976年8月22日，海兴农场发生牲畜疫病，100头牛患流感病。10月，全国国营农场养猪座谈会召开，贯彻毛泽东主席《关于发展养猪的一封信》精神，农林部要求1980年之前实现一人一头猪，有条件的农场要实现一亩一头猪。

1979年，海兴农场组织饲养人员到芦台农场进行专门学习，对猪舍进行消毒。本年大牲畜存栏95头（匹），其中驴4头、牛2头；猪395头；社员家庭饲养鸡鸭共850只、兔200多只。

1980年11月19日，国营五队从集市上购买了26头瘦牛，经过两个月的科学饲养，销往香港，收益4000多元。当年农场畜牧业售出肥猪127只、仔猪70只，收入5.3万元。

1990年上半年，海兴农场有大牲畜出栏161头（匹）、猪46头、羊187只、鸡1500只、鸭30只、鹅40只、兔200只；生猪出栏15头，羊出栏80只；种植互花米草1000亩。

1991 年，从黑龙江引进优质肉牛 70 头、优种羊 40 只。

1992 年，共有大牲畜 400 头。

1993 年 4 月 6 日，《海兴农场关于抓好一抗双保和脱贫致富的意见》提出大力抓好畜牧业。为激励畜牧专业户多养、养好牛、羊或其他养殖业，提高经济效益和社会效益，确保畜牧款的按时回收，特采取以下措施：①奖励：畜牧专业户年纯收入 5000 元以上，并按时还款的，场奖给专业户 100 元的奖品；年收入 1 万元以上的，并按时还款的，奖给专业户 200 元的奖品。②惩罚：凡是农场给予投资的专业户，养殖户的养殖数量至今不到位的，限 6 月底前全部到位，到 6 月底仍不到位的，马上抽回农场投入的全部资金。

1995 年，畜牧业年末存栏大牲畜 400 头（匹），其中牛 50 头，另有羊 4000 只、猪 100 头、鸡 2000 只，年产值 272 万元，纯收入 81.6 万元。

1998 年 3 月，河北省国营海兴农场存栏肉牛 800 头、羊 4500 只。

2003 年 6 月 9 日，海兴农场投资 18 万元兴建的乌鸡养殖场投入运营，存栏乌鸡 4800 只。8 月底，存栏乌鸡 8000 只，首批青壳蛋打入北京市场。

2006 年，海兴农场存栏牛 520 头，出栏 210 头，同比增长 5％；存栏羊 2500 只，出栏 980 只，同比增长 8.8％；存栏猪 600 头，出栏 320 头，同比增长 60％，实现产值 160 万元，同比增长 25％。引进投资 12 万元的养鸡项目投入生产

2008 年，养殖业发展有所突破，增加规模不同的养殖户近 20 个，主要是养猪。全场存栏牛 385 头，出栏 260 头，同比增长 34％；存栏羊 1075 只，出栏 1950 只，同比增长 92％；存栏猪 780 头，出栏 400 头，同比增长 141％。

2011 年，海兴农场增加了规模不同的养殖户近 20 个，主要是养猪。全场存栏牛 60 头，出栏 30 头；存栏羊 350 只，出栏 100 只；存栏猪 5630 头，出栏 4000 头，同比增长 3％。

2012 年，农场养殖业发展迅速，年存栏猪、羊、牛 7105 头（只），出栏 11820 头（只）。由传统的养猪、牛、羊开始向野鸡、柴鸡、鸭、特色肉鸡等高附加值产品转变。

2013 年，在博远农牧公司、华信公司、阿戈热乐公司、沧州景天农牧有限公司等养殖龙头企业的带动下，海兴农场养殖专业户发展到 200 余户。

2014 年，海兴农场养殖业迅猛得到快速发展，一是规模进一步扩大；二是养殖品种由传统猪、牛、羊加速向野鸡、柴鸡、种鸭、特色肉鸡等高附加值产品转变。

2017 年 2 月 24 日上午，海兴县 2017 年重点项目集中开工仪式在海兴农场牧原牧业项目现场举行，全面拉开新一年项目建设的序幕，县委书记陈建宣布项目开工，县长回永智在开工仪式上致辞，县委副书记刘明亮主持开工仪式。场长贾福利在开工仪式上做表态发言，牧原百万头生猪养殖及屠宰项目经理陈金良介绍了项目情况，县四大班子有关领导出

席开工仪式，县人大常委会主任李洪昌、县政协主席刘国生出席。

2019年，海兴农场猪、牛、羊的养殖达到历史最好水平，河南牧原农牧有限公司全年猪出栏6万头，存栏1.2万头。

图 5-5-2　海兴农场肉牛养殖

第二节　畜禽种类

一、大牲畜

大牲畜是海兴农场重要的使役工具，通过驯养，达到使其发挥动力作用的目的。海兴农场的大牲畜主要有牛、驴、骡、马。1993年有大牲畜400头（匹）。

1. **牛**。滨海黄牛占总头数的80％，是海兴农场的传统品种，具有力大、耐粗饲、耐劳役、适应性强的特点。1958年引进蒙古牛，当年有牛32头，其中牛犊和种牛各1头。1977年引进草原红牛、南阳牛，通过与滨海黄牛杂交，所生杂种牛体躯增大，表现良好。1979年引进海福特、夏洛莱等肉牛冷冻精液与滨海黄牛杂交。1989年对改良后的初生犊进行品貌鉴定，认定改良犊体质健壮，具有肉牛的基本特征。

2. **驴**。有大型渤海驴与小型毛驴两种。渤海驴又名沧州驴，系当地特产，体型高大，结构紧凑，毛色以三白与黑乌头为主。具有易用能力强、耐粗饲、适应性强等特点。毛驴为乡土品种，毛色杂，体型小，生产性能低，食量小，耐粗饲，耐劳役，适应性强。1958年有驴26头，其中有驴驹4头、种驴2头。

3. **骡**。有马骡、驴骡两种。公驴、母马交配所生的种间杂种为马骡，外貌偏似马，耐粗饲，耐劳役，抗病力、适应性强，寿命较长。公马、母驴交配所生的种间杂种为驴骡，外形偏似驴，体型小，好使役，易饲养。1958年有骡30头。

4. **马**。多为蒙古马。1957年前，今海兴农场一带村庄马匹很少。农场搬迁扩大规模后，有马7匹，1958年有马73匹，其中马驹2匹、种马2匹、省农林厅拨来蒙古马48匹。1959年有马87匹，场部建立马号，农村生产队和国营生产队都建有马厩，饲养马匹作为畜力。1983年后，由于实行责任制，建立家庭农场，马匹数量增加。1990年代中期以后，随着机械化水平的恢复和提高，马匹的数量逐渐减少，到2015年海兴农场已经没人再把马匹作为使役动物，在农场也很少见到马匹。

农场历年养殖大牲畜统计如下（表5-5-1）。

表5-5-1 海兴农场1953—2019年大牲畜年末存栏量

年度	合计	牛（头）	马（匹）	驴（头）	骡（头）
1953	6	1			5
1954	6	1			5
1955	26	7	2	1	16
1956	28	7	2	1	18
1957	48	16	5	8	19
1958	161	32	73	26	30
1959	172	35	82	25	30
1960	21	1	9	6	5
1961	178	30	84	28	36
1962	152	20	67	25	40
1963	130	14	51	24	41
1964	129	9	56	26	38
1965	618	399	62	109	48
1966	686	458	70	94	64
1967	663	445	61	98	59
1968	627	402	68	97	60
1969	641	419	70	94	58
1970	693	465	75	90	63
1971	651	414	81	92	64
1972	636	390	87	87	72
1973	634	354	110	80	90
1974	770	446	129	99	96
1975	825	469	146	98	112
1976	777	377	183	99	118
1977	724	337	180	97	110
1978	755	330	197	100	128
1979	786	324	221	95	146
1980	764	302	236	72	154

（续）

年度	合计	牛（头）	马（匹）	驴（头）	骡（头）
1981	763	282	328	42	111
1982	838	320	371	44	103
1983	904	418	333	41	112
1984	97	2	31	3	61
1985	31	7	10	0	14
1986	156	2	24	2	128
1987	173	14	24	4	131
1988	171	10	19	4	138
1989	158	10	16	0	132
1990	197	44	19	0	134
1991	422	80	100	4	238
1992	322	90	12	20	200
1993	390	100	100	40	150
1994	460	300	60	0	100
1995	560	300	60	40	160
1996	560	300	60	40	160
1997	400	100	100	40	160
1998	300	100	100	0	100
1999	163	44	19	0	100
2000	3	1	1	0	1
2001	39	0	37	0	2
2002	32	32	0	0	0
2003	61	45	0	16	0
2004	73	55	0	18	0
2005	86	68	0	18	0
2006	93	73	0	20	0
2007	118	96	0	22	0
2008	125	106	0	19	0
2009	135	109	0	26	0
2010	155	116	0	39	0
2011	161	125	0	36	0
2012	387	352	0	35	0
2013	501	462	0	39	0
2014	515	475	0	40	0
2015	701	485	0	216	0
2016	717	494	0	223	0
2017	746	526	0	220	0
2018	740	530	0	210	0
2019	780	550	0	230	0

二、小家畜

1. **猪**。当地黑猪饲养历史很久，具有体型小、鬃毛长、产仔多等特点。从1957年开始先后引进大约克夏、巴克夏、杜洛克、长白等瘦肉型猪，黑猪逐渐淘汰，养猪成为农场畜牧业生产的重要组成部分。养猪既可积肥，又可出售增加收入，也为国家出口创汇作出贡献。1958年农场成立畜牧队。2017年，河南牧原集团在海兴农场投资建成百万头生猪养殖场。2018年海兴农场生猪饲养达到历史最高水平。

表5-5-2　海兴农场1965—2019年生猪年末存栏量

年度	数量（头）	年度	数量（头）	年度	数量（头）
1965	546	1984	12	2003	1100
1966	1054	1985	15	2004	1100
1967	1286	1986	28	2005	1100
1968	176	1987	20	2006	1500
1969	538	1988	50	2007	1850
1970	1420	1989	41	2008	2010
1971	1079	1990	41	2009	2100
1972	888	1991	416	2010	2250
1973	871	1992	100	2011	7000
1974	1239	1993	100	2012	6880
1975	1894	1994	100	2013	6700
1976	2148	1995	400	2014	6500
1977	1278	1996	400	2015	5500
1978	1222	1997	400	2016	5300
1979	1674	1998	100	2017	13500
1980	1344	1999	100	2018	57200
1981	1172	2000	100	2019	24000
1982	1031	2001	100		
1983	826	2002	350		

2. **羊**。传统品种有山羊、绵羊两大类。山羊有本地山羊、莎能奶山羊等。绵羊有大尾寒羊、小尾寒羊等。中华人民共和国成立以后引进了新疆细毛羊、美利奴羊、高加索羊，后基本被淘汰。1986年，存栏羊绝大多数为杂交山羊。

表 5-5-3　海兴农场 1965—2005 年羊年末存栏量

年度	数量（只）	年度	数量（只）
1965	276	1986	68
1966	581	1987	250
1967	761	1988	410
1968	529	1989	128
1969	571	1990	128
1970	1076	1991	1111
1971	1001	1992	700
1972	625	1993	800
1973	418	1994	1600
1974	597	1995	1800
1975	812	1996	1800
1976	440	1997	1800
1977	370	1998	100
1978	422	1999	100
1979	599	2000	100
1980	988	2001	200
1981	1205	2002	
1982	1225	2003	4300
1983	1107	2004	4300
1984	63	2005	4500
1985	90		

3. **兔**。本地家兔主要有黑、白、灰三种毛色。20 世纪 70 年代引进青紫蓝兔，80 年代引进虎皮黄兔、法比兔、安哥拉长毛兔等。1986 年，以青紫蓝兔及其杂交后代兔为最多。

三、家禽

1. **鸡**。当地居民家庭养鸡产蛋，以自食为主，并赚取一些零用钱。鸡占家禽存栏数的 80％，大多为当地柴鸡，具有抗病能力强、耐粗饲、肉质鲜美、营养丰富等特点，但是生产性能较差。先后引进九斤黄、九斤白、白来航鸡、京白Ⅲ系、星杂 288、尼克、罗曼等优良品种，生产性能好，经济效益高，存栏数量逐年增加。1960 年，海兴农场开始饲养小火鸡，饲养方式以圈养为主。2003 年养殖乌鸡。

2. **鸭**。当地品种有麻鸭，北京白鸭等。麻鸭体型适中，产蛋率高，存栏只数占 65％。2010 年引进康贝尔鸭等。

3. **鹅**。河北鹅占存栏总数的 80%，年产蛋 50 枚，平均蛋重 143.5 克，屠宰率 77%；雁鹅、杂交鹅等，占存栏只数的 20%。

四、经济类动物

1. **鹦鹉**。鹦鹉是鹦形目，羽色鲜艳，常被作为宠物饲养。它们以其美丽的羽毛，善学人语技能的特点，更为人们所欣赏和钟爱。1980 年前后开始人工饲养，由商业机构收购。

2. **貂**。貂是一种生活在水中的哺乳动物，又称"水貂"。水貂皮草属于细皮毛裘皮，皮板优良，轻柔结实，毛绒丰厚，色泽光润。用它制成的皮草服装，雍容华贵，是理想的裘皮制品，有"裘中之王"的美称，因此又成了人们富贵的象征。貂皮具有"风吹皮毛毛更暖，雪落皮毛雪自消，雨落皮毛毛不湿"的特点。1980 年后开始，当地职工和农民开始饲养貂，县外贸部门专门收购貂皮，一度产销两旺。1992 年后，随着外贸形势的变化，貂皮价格大幅下跌，水貂养殖很快萎缩，现基本消失。

3. **狐狸**。狐狸的皮毛是优质皮毛。1990 年后，有居民养殖狐狸，规模不大。

4. **貉**。貉的毛皮具有针毛长、底绒丰厚、细柔灵活、耐磨、光泽好、皮板结实、保温力强的特点。饲养规模不大。

5. **野鸡**。2000 年以后，海兴农场的野鸡从无到有，从少到多。农场职工捕捉后有少量饲养。

第三节 饲养和繁育

一、饲养形式

1. **大牲畜**。1952 年以前为私人所有，单户饲养。1955 年牲畜作价入社，开始集体饲养。1957 年，盐山县农场搬迁到孔庄子后，大牲畜数量增加，农场实行统一饲养。以后，各生产队分别饲养使役。1983 年之后，随着土地承包和家庭农场的建立，大牲畜由家庭饲养使役，繁殖率提高，存栏数逐年增加。20 世纪 90 年代中后期，农场家庭饲养大牲畜数量逐渐减少。2010 年后，大牲畜的家庭饲养基本消失，而现代化的规模化养殖逐步发展。

2. **小牲畜、家禽**。群众饲养猪、羊、兔、鸡、鸭、鹅等历史悠久。猪、兔圈养；羊以牧羊为主，圈养为辅；鸡、鸭、鹅以散养为主。

二、饲养方法

（一）大牲畜的饲养方法

自从农场建立以来，大牲畜的饲养就是用传统的饲养方法。

农场实行集约化饲养。圈舍内设有供给食用的食槽，每头大牲畜留足 60～80 厘米长的食位，在成年驴之间，按食位距离，设置坚固的栅栏为障，以阻止其互相袭扰。搞好饲舍卫生，食槽和水缸要定期清洁消毒。做到"五净""三防"。"五净"就是草净、水净、槽净、圈净、畜体净。每个饲养处，都准备了大铁筛和淘草池，喂饲前，麦秸、搅草全部过筛，麦糠等带土饲草，全部过水淘净；饮水锅、缸，每两天刷洗一次；牲口下槽以后，将槽里的剩草彻底清除；不管下雨落雪，天天坚持垫圈，保持圈内干燥；每天给大牲畜清理身上的泥土，及时驱赶害虫。"三防"就是防暑、防寒、防病。

（二）猪的饲养方法

中华人民共和国成立初期，农场家畜家禽以分散的户养为主，饲养者将饲料加水稀释 4 倍，方法落后，效益甚低。农民养猪以积肥为主，出售为辅。农业合作化期间集体养猪，确定专职饲养人员，定时定量饲喂。

1979 年，海兴农场五队的"三八"养猪班大搞养猪积肥，贡献突出。这个组由 4 名妇女组成，由于她们工作努力，全队由原来的 60 头猪增加到 185 头，其中 50 多头达到 150 公斤以上，1978 年积肥 2400 多车。这个组实行分工到人，包圈喂养，增强了人们的责任意识。她们坚持做到手勤、腿勤、眼勤、少喂勤喂，勤打扫卫生、勤消毒，不喂凉食、不喂热食、不喂剩食、不把猪喂得过饱。注意观察母猪发情，做到交配适宜，做好孕猪和幼崽护理，提高繁殖成活率。

1982 年以后，养猪养鸡专业户采用配合饲料，水、食分放，既清洁卫生，经济效益也显著提高。

（三）火鸡的饲养方法

1959 年，盐山县农牧场引进美国火鸡，农场成立家禽队，有职工 39 人。1961 年 4 月，盐山农牧场有火鸡 820 只。其中火鸡一年的幼鸡 620 只、老鸡 200 只。放养人员 15 名。火鸡饲养采取以放牧为主，放牧与圈养相结合的方法。

三、繁育

1952 年，盐山县有关部门在盐山县农场设立配种站。1959 年，盐山县农牧场大韩庄场区在家畜繁育方面成效突出，既为本场区服务，也为周边各社队服务，创造了良好的经济效益和社会效益。

<h1 style="text-align:center">第四节　饲草饲料</h1>

海兴农场地处平原农业区，种植业比较发达，饲草饲料品种多，质量好。

一、主要饲料种类

1. **青饲料**。包括天然牧草、蔬菜类和水生植物等。青饲料含水高，含有多种维生素和微量元素，从 20 世纪 50 年代即开始生产加工应用和储存青饲料。1990 年明泊洼农场种植青饲料面积 7500 亩；1991 年，海兴农场种植青饲料面积 3200 亩；1992 年海兴农场种植青饲料面积 3000 亩。

2. **粗饲料**。主要包括农作物秸秆、藤蔓、树叶等，为羊、牛、骡、马、等牲畜的主要饲料，资源丰富，但利用率低，仅达 50％左右。

3. **加工饲料**。主要有麦麸、米糠及糠粕等，是饲养畜禽的好饲料。棉籽饼、豆饼、花生饼是饲养畜禽的蛋白饲料。

4. **配合饲料**。随着养殖业的兴起，配合饲料加工应运而生。猪饲料有仔猪饲料、成猪饲料。禽饲料有雏鸡饲料、中雏饲料、蛋鸡饲料。还生产浓缩饲料及各种单一饲料。

5. **矿物质饲料及动物性饲料**。贝砂粉、肉骨粉、羽毛粉。

二、饲料作物种植

苜蓿：1988 年，农场开始种植苜蓿 5000 亩。1991 年将 3000 亩苜蓿划分到 8 个家庭农场。1989 年 10 月 3 日，海兴农场开发的 5000 亩苜蓿基地工程动工。11 月 26 日进行项目抽查验收，合格率达 95％，完成开荒总面积 5028 亩，开沟排沟总长度 5500 米，总动土方 10 万立方米，投入劳动工日 9000 个，总投资 14.5 万元。2001 年，海兴农场投资 200 万元开发万亩苜蓿基地，年产干苜蓿 1 万吨，获产值 700 万元。

互花米草：1990 年 5 月 25 日，海兴农场在沧州地区农林局的指导下，开始种植互花米草，6 月 26 日完成栽植面积 1000 亩，当年成活率为 80％左右。互花米草耐盐碱，耐旱涝，草质好，产量高，每 2 亩可养肉牛 1 头。

第五节　动物疾病及防疫

海兴农场在畜牧工作中遵循"以防为主，养防结合，防重于治"的防疫原则，采取集中防疫和季节性防疫制度相结合，建立疫情报告制度，保证防疫工作落到实处。

一、动物主要疫病

1. **猪瘟**。猪瘟是热性败血症传染病，发病率、死亡率很高，是猪的三大传染病之一。1957年猪瘟大面积流行。1958年疫情面广，疫苗不足，在当时死猪甚多。进入20世纪60年代，农场注重对调入猪苗的检疫，并加强猪瘟防疫，猪瘟开始得到控制。1978年，猪瘟再度流行，被及时扑灭。2018年，我国发生非洲猪瘟疫情。

2. **猪丹毒**。猪丹毒也是猪的三大传染病之一，是由猪丹毒丝菌引起的一种急性、热性人畜共患传染病，属于农业部公布的二类动物疫病。该病广泛存在于世界各地，主要发生于猪，最易侵害母猪和架子猪，发病初期多为急性败血型或亚急性的疹块型，随后转为慢性型，患猪多发生关节炎、心内膜炎。1980年后基本消除。

3. **猪肺病**。猪肺病也是猪的三大传染病之一，是由多杀性巴氏杆菌引起的一种急性传染病。又叫猪巴氏性杆菌病。临床主要特征症状为急性出血性败血病、咽喉炎和肺炎，俗称"锁喉疯"或"肿脖子瘟"。

4. **鸡新城疫**。鸡新城疫是一种由病毒引起的急性传染病，俗称"传鸡"，即鸡瘟。随着疫苗的使用，新城疫逐渐得到控制。

5. **马传染性贫血病**。马传染性贫血病是一种由病毒引起的马属牲畜传染病。1956年首次发现。1976年出现较大扩散，1979年运用琼脂扩散法又查出3头，至1985年基本得到控制。

6. **口蹄疫**。口蹄疫是病毒引起的，牛羊猪等偶蹄兽类传染病。1979年首次在盐山发现。采取预防接种，封锁疫点，隔离病畜，深埋死畜等综合防治措施，到1983年基本扑灭。

7. **禽霍乱**。禽霍乱是家禽的一种出血性败血症，以夏末秋初最为多见，1976年大发生死亡鸡3000多只。经过严格检疫，综合防治，到1985年基本得到控制。

另外牲畜寄生虫病也是一大病症，疥癣、肠道寄生虫、球虫病等危害严重，从20世纪50年代到20世纪90年代均有不同程度的发生。

8. **疥癣**。鸡疥癣常表现为鸡自啄拔毛，是由于疥癣虫引起的脱羽痒症。

二、疫病防治

海兴农场动物防疫实施统筹制度，设有兽医站，有兽医1名，负责农场畜禽疾病治疗和防疫。

1954年，由盐山县统一组织全体兽医进行禽畜疫病的防疫注射。以后盐山农场每年都组织动物防疫。1975年海兴县多次举办培训班，组织防疫员大搞防疫。1982年，海兴农场基本消灭了猪丹毒、猪肺疫、炭疽病等传染病，基本控制了仔猪白痢、破伤风等病。

1980年开始，海兴农场按照上级要求，对病死畜禽焚烧深埋，以杜绝疫病扩散。

2011年，海兴农场开展高致病性禽流感、牲畜口蹄疫、高致病性猪蓝耳病、猪瘟集中免疫和日常补免，对全场60头牛、350只羊、5630头猪进行了免疫注射，并建立健全了台账，同时对全场5个大型养猪场和部分散养户的存栏猪，全部进行了接种，并对能繁母猪头数、耳标进行登记造册，建立台账，为养殖户及时申请发放了国家补贴。当年口蹄疫和禽流感规模场户的接种密度均达到100％，全场无重大动物疫情发生。

2012年，海兴农场以大型养殖企业为重点，加强对养殖专业户和散养户监管，完成了高致病性禽流感、牲畜口蹄疫、高致病性猪蓝耳病、猪瘟等疫苗的免疫接种工作，共接种鸡8622只、猪3756头、羊580只、牛281头，接种率达到了100％，并建立健全了台账。全场无重大动物疫情发生。

2018年，非洲猪瘟传入我国，海兴农场采取措施，积极防治。当年9月，海兴农场河南牧原海兴分公司等养猪企业全部封场，实行隔离防控，杜绝外地疫情传入。海兴农场没有发生非洲猪瘟。

三、常见疾病及治疗

畜禽常见病分内科、外科两部分。经过几十年的实践探索，兽医人员积累了丰富的经验。

内科病包括肠胃炎、肺炎、结症等。提出利用土方中药治疗，治愈率较低。随着兽医队伍的扩大和医疗技术的提高，海兴县和农场的兽医人员对常见病多发病采用中西医结合的医疗方法，确诊率和治愈率都有明显的提高。

外科病包括肠梗阻、关节炎、尿道结石、网胃阻塞，外伤跛行症等。兽医人员采取剖腹、切缝、固定、矫正等医治手段，治愈率达90％以上。

第六章　水　产　业

第一节　水产资源

海兴农场水资源缺乏，河渠坑塘大多为季节性积水。农场建场前，可供养鱼的水面不多，大雨大涝之年，群众自由捕捞野生鱼，淡水养鱼几无。

一、水生植物

水生植物主要为禾本科和睡莲科。禾本科水生植物有芦苇、蒲草等，分布于沟渠、坑塘，洼地等处面积较大，产量稳定。孔庄子大队利用低洼盐碱地发展芦苇生产，取得良好经济效益。睡莲科水生植物有莲藕等，多分布于坑塘之中，种植面积较小，产量低而不稳。

二、水生动物

水生动物主要是鱼，分野鱼和人工养殖鱼两大类。河渠塘里的野生鱼（亦称野鱼）类有鲤鱼、鲫鱼、鲢鱼、麦穗鱼、乌鳗、鲶鱼、黄鳝、泥鳅等。还有少量的河虾、河蟹等。

第二节　鱼类养殖

一、主要养殖鱼类

海兴农场的养殖鱼类以鲤鱼、梭鱼、黑鱼、鲶鱼、麦穗鱼、油光、泥鳅、鳝鱼为多，另有河虾、河蟹、甲鱼等。2019年主要以鲢鱼、鳙鱼（胖头）、草鱼、鲤鱼为主。鲢鱼、鳙鱼、草鱼食性简单，生长快，成本低，是海兴农场人工养殖的主要品种。鲤鱼味道鲜美，市场需求量大，售价较高。鲫鱼为海兴农场最早的人工养殖的鱼类，生长较慢。

二、鱼类养殖

自古以来，海兴农场一带地势洼下，洼淀坑塘密布，淡水鱼丰富，当地农民有捕鱼捕虾的传统。由于个体捕捞，产量无从统计。

盐山县农场扩建搬迁到苗家洼、孔庄子大洼后，农场开展人工养鱼和河道集体捕捞，渔业产量有所提高。1960 年代中期以后，气候逐渐干旱，雨水偏少，水源无保证，加之原有洼地大多改造成良田，淡水养鱼逐步萎缩，产量减少，雨水大的年份产量就相对多一些，雨水小的年份产量相对少一些。所捕鱼虾，主要有当地居民自己食用，少量到市场上销售。

1978 年 10 月，海兴农场孔庄子大队利用一个多年闲置荒废的旧坑塘，又在深机井附近修建了一个有 600 亩水面的坑塘，发展养鱼。上级有关部门进行技术指导，传授养鱼技术。在饲养管理方面，主要抓日常管理和投料巡塘。在投喂中严格执行定质、定量、定时、定位制度，为鱼类正常生产创造了良好条件。为了节约精饲料降低养鱼成本，把磨坊扫来的土面子经过精筛细罗，用来喂鱼。夏季及时与学校联合组织学生打草喂鱼。还在池塘中央安装黑光灯，采取灯光诱虫的办法增加鱼类的饲料。冬季把鱼塘灌满水冰封鱼塘，并坚持砸冰眼，及时扫雪，使鱼类能有充足的氧气，保证了鱼类的正常生长和安全越冬。1977 年孔庄子大队共捕获成鱼 1500 多公斤。农场 1978—1981 年坑塘淡水养殖统计见表5-6-1。

表 5-6-1　海兴农场 1978—1981 年坑塘淡水养殖统计表

	合计		小黄大队		栾庄子大队		孔庄子大队		国营四队	
	数量（个）	面积（亩）	数量（个）	面积（亩）	数量（个）	面积（亩）	数量（个）	面积（亩）	数量（个）	面积（亩）
1978	3	11	2	8	1	3				
1979	5	23	2	8	2	8	1	7		
1980	5	23	2	8	2	8	1	7		
1981	4	39	1	12	1	12	1	7	1	8

数据来源：《海兴县水产统计资料汇编（1965—1981）》。

1991 年，海兴农场有坑塘 8 个，总水面积为 70 亩，可利用发展淡水养殖。

1990 年代中期以后，流经海兴农场的宣惠河上游受到污染，并且污染程度逐年急剧加重，河内鱼虾数量也减少。到 2005 年后的三四年时间里，宣惠河水质为劣 V 类，河水散发的臭味飘出 1 公里外，河内鱼虾几乎绝迹，农场的水产养殖因水源污染受到影响。

2008 年，海兴农场水产养殖出产鱼 20 吨，虾 15 吨。

2012 年，海兴农场博远农牧有限公司开发水面 500 亩，年产优质水产品 230 吨。

2019 年，海兴农场水产养殖出产鱼虾 40 吨。

三、鱼病防治

海兴农场由于水产养殖规模小，鱼类发病不明显。2008 年后，随着水产养殖的发展，农场和养殖户把鱼病防治作为水产养殖的一项重要内容。

鱼病主要有传染性鱼病、侵袭性鱼病、非寄生物引起的鱼病、鱼类皮肤病、鱼肠道病。

第三节　芦苇生产

1975 年，海兴农场孔庄子大队利用低洼盐碱地发展芦苇生产，取得良好经济效益。

1984 年之后，海兴农场所属的农村生产队划出以后，农场基本没有芦苇生产。

2000 年以后，河道坑塘边自然生长的芦苇逐渐增多，农场职工少量收割，用作烧柴。

2019 年，海兴农场野生芦苇面积较大，没有形成连片的苇地。夏季有人收割鲜芦苇，作为牲畜饲料。冬季河流沟渠坑塘边的干枯芦苇几乎无人收割。

第七章 水 利

海兴农场一带为海积河积平原，土地盐碱瘠薄，原有耕地主要为盐碱地，这里地下淡水贫乏，地上河道淤积不堪。在中华人民共和国成立以前，这里旱涝碱灾频发，十年九灾，水灾为甚的局面。这里土地瘠薄，地势低洼，天旱地裂缝，雨后"一包脓"，影响了农业生产的发展，粮食生产低而不稳。当地民谣说："许孔车刘苗，栾马拱黄庄，东西二和乐，还有刘武庄，站在故城向东望，一片白龙江。"全场有三条河流通过，一是宣惠河；二是宣北干沟；三是宣南干沟。还有郑龙干沟、七一干渠等骨干沟渠和其他大小支渠、毛渠、斗渠和坑塘。

第一节 河道治理

一、宣惠河治理

1949年春，盐山县政府疏浚宣惠河，指挥部驻郭桥。

中华人民共和国成立后，党和政府带领人民对宣惠河进行了几次大规模的治理，成为排蓄兼顾的河道。

1950年3月20日至4月10日，由山东渤海行署（驻德州）组织沿河9县10万民工对宣惠河进行全线疏浚，上起吴桥县王指挥村，下至盐山县沃土村，长达150公里。这次治理提高了宣惠河排水除涝能力。1955年，因四女寺减河承担了卫运河的分洪任务，使宣惠河的排沥受顶。

1963年8月，海河流域发生历史大洪水，宣惠河受四女寺减河洪水倒灌。1964年11月1日，沧州专区治理宣惠河，成为"根治海河运动"的序幕战，盐山县农场所辖各生产大队派出民工参加宣惠河治理工程。

1973年10月，宣惠河扩大治理工程开工，至1975年竣工，全长155.8公里。宣惠河海兴农场段包括扩挖和取直两段。宣惠河海兴段的裁弯取直段长15.5公里完全是平地挖河，不仅工程量大，而且砥石、贝壳、淤泥、流沙遍及全段。

宣惠河自1973—1975年扩大治理后，近40年没有进行有效治理，河道淤积严重，致使排涝、蓄水能力大幅度下降，只要发生较大降雨都会给沿河两岸乡镇和农田造成灾害。

宣惠河海兴段及其支流多沙质土，水土流失严重，造成河道淤积。2009年6月10日，海兴县水务局向海兴县发展改革局发出《关于修复我县水毁工程的申请》，提出实施宣惠河复堤工程。同年，海兴县水务局完成投资3000万元的宣惠河清淤治理工程可行性研究报告，并上报沧州市水务局。

2012年6月14日，海兴县水务局向海兴县人民政府发出《关于组建海兴县宣惠河治理工程项目法人的请示》，拟组建"海兴县宣惠河治理工程建设管理处"，全面负责该工程的建设管理工作。6月15日，海兴县人民政府批复同意组建"海兴县惠河治理工程建设管理处"，全面负责宣惠河治理工程的建设管理工作。宣惠河治理工程项目总投资1741万元，其中中央资金870万元，市级配套资金418万元，县级配套资金279万元。工程于2012年11月22日开工，于2013年4月30日竣工。

二、宣南干沟治理

1949年秋，沧南专署建设科测量队帮助盐山县设计开挖宣南干沟。在当时的五条沟影中选其一条作为定线依据，即西起虎匹马村南，经卸楼、旧县、韩集、孟店、望树、小营至戴庄向东北行至高湾入宣惠河，长42千米，沟底高程0.56米，底宽9.5米，沟深2.0～3.5米，除涝标准三年一遇，排水能力30立方米/秒。

1962年冬，盐山县组织疏浚宣南干沟太平店以下17千米。1964年秋，经沧州专署水利局设计，盐山县组织1.1万民工对宣南干沟进行开挖疏浚，动土69.8万立方米。1979—1980年，海兴县和盐山县联合实施宣南干沟清淤工程，高湾拖拉机桥上游1.4千米处以上由盐山县施工。其后，河底淤积严重。

2011年9月，河北省水利水电勘测设计研究院石家庄分院编制完成《海兴县2011年规模化节水灌溉增效示范项目实施方案》，其中宣惠河古沟（即宣南干沟）清淤2.4千米。2014年8月，海兴县水务局、沧州水利勘测设计院编制完成《海兴县2014年现代农业粮食产业项目实施方案》，其中宣惠河古沟（即宣南干沟）清淤4976.9米，土方量22.42万立方米，投资180万元。工程于2015年3月7日开工，5月28日竣工。

三、宣北干沟治理

宣北干沟为宣惠河下游北部地区的主要排水渠道之一，1949年秋由沧南专署建设科设计，由盐山县组织开挖，西起盐山县边务乡张龙潭村北，经埵沃村北、南赵毛陶村南、海兴农场场部北至沃土村西入老宣惠河（今宣南干沟），全长35千米，设计流量26.6立方米/秒，沟深2.5～3.5米。

1952年、1955年、1962年盐山县曾对宣北干沟进行疏浚。1966年秋，海兴、盐山两县对宣北干沟进行治理，以排沥淋碱。

1991年以来，宣北干沟由于淤积严重，严重影响排涝和农业灌溉，流域内群众热切期望早日治理，县人大代表和政协委员也有相关议案和提案。

2013年10月，海兴县财政局、海兴县水务局、河北省水利技术试验推广中心编制完成《海兴县2013年现代农业粮食产业项目实施方案》，其中宣北干沟工程计划清淤6000米，土方量74727万立方米，投资28.4万元。该工程于2013年11月开工，2014年4月竣工。

2014年，宣北干沟清淤治理工程（图5-7-1）被列入海兴县2014年地下水超采综合治理地表水灌溉项目。该项目于2014年11月27日开工，2015年4月竣工。通过公开招标由沧州水利勘测设计院设计，由沧州市鑫泰水利建筑有限公司施工，恢复到原设计流量，工程投资178.76万元。

图5-7-1 宣北干沟清淤作业

四、郑龙干沟治理

1950年，盐山县党政领导鉴于赵毛陶以南、明泊洼以北的大面积洼地沥水无出路，带领当地民工 2000 人开挖，奋战一个秋季，开成该沟。该沟由郑龙洼村北向东，经张常丰村南、东尤庄子村东，向南入宣北干沟，长 6 千米。1965 年 10 月，海兴县组织民工疏浚郑龙干沟，11 月 28 日竣工，完成土方 36 万立方米。1966 年海兴县疏浚郑龙干沟，组织苏基、赵毛陶两个公社的 2172 名民工，完成土方 22.7 万立方米。1968 年 3 月 5 日至 6 月 10 日，海兴县再次对该沟进行扩挖，调集民工 2000 人，完成土方 78 万立方米，标工 19 万个。

1977 年，由于降雨所形成的沥水仍不能迅速排出，导致涝灾面积达 1100 公顷，粮食减产 8 万公斤。1979 年，海兴县按五年一遇标准扩挖郑龙干沟，由海兴县根治海河指挥部组织民工 2200 人大干一个冬季，完成土方 118.9 万立方米，标工 39.3 万个，由汤龙洼村北，向东经郑龙洼村北、张常丰村南、白庄子村北向东入宣惠引河，该干沟长度为 9 千米，排水能力 10 立方米/秒，36 平方千米土地赖以排沥。

1988 年，海兴县人民政府采取民办公助的方法，组织对该沟进行清淤，5 月 1 日开工，6 月 2 日竣工，人机结合完成土方 6.9 万立方米，其中机车完成 3.4 万立方米。总投资 2.18 万元，其中县财政拨款 1.5 万元。

2013 年 10 月，海兴县财政局、海兴县水务局、河北省水利技术试验推广中心编制完成《海兴县 2013 年现代农业粮食产业项目实施方案》，其中郑龙干沟工程计划清淤 11765 米，土方量 93970 万立方米，投资 35.7 万元。该工程于 2013 年 11 月开工，2014 年 4 月竣工。

五、七一干渠开挖与治理

1971 年，海兴农场党委研究决定开挖一条南北走向的排灌干渠。海兴农场党委总结了历史上的经验教训，组织了 4 个调查组实地调查，还召开了 20 多次由老农、干部参加的座谈会，对全场地形及原有沟渠排灌能力、台田配套等情况进行了全面调查。党委书记张兴奎在雨季几次亲自冒雨到几个大洼实地调查。场党委按照排、台、改、灌、林、田、路综合治理的方针，制定了三年水利工程规划和近期施工方案，首先开挖一条长 7 千米、宽 12 米的排灌两用骨干沟渠，干渠定名为"七一农业排灌干渠"，简称"七一干渠"。当年冬，七一干渠工程开工，一个月的时间竣工。其间，海兴农场党委成员全部来到各大队工地，带领干部群众冒严寒，踏冰雪，和干部群众同吃、同住、同劳动，一起抬土筐、甩大锹，帮助解决具体问题。为了疏通排水道，场长张兴奎、党委委员高汝增冒着严寒带头下水清淤。七一干渠南起农场三队，北经刘佃庄东北角，途径栾庄子西、马庄子东、邓庄子西、小黄村东，北入惠河，全长 7 公里。七一干渠开挖后，取得立竿见影的效果，1972

年 7 月中旬一次降水 175 毫米，积水很快排走，秋季作物获得了好收成。1976 年 3 月，海兴农场和所属各农村生产队都成立农田基本建设专业队，参加七一干渠的配套工程，投入劳力 1200 人，3 月 15 日完工。

第二节 农田沟渠治理

农场每年都组织农工修涵闸，挖沟渠，整修台田、条田，努力实现水利化。

在盐山县农场搬迁到孔庄子一带以前，当地就曾进行沟渠治理。1954 年开挖从曾小营经今海兴牧原一场至前戴村西宣南干沟的排水沟渠，后名老沟。

农场搬迁后，从 1957 年起，开挖治理了大量干支斗毛渠。1960 年，盐山县农牧场开挖从孔庄子村向东通宣南干沟的排水沟渠，后称为小沟。

1963 年冬，农场大搞台田运动，成立了战地指挥部，场长杨之金任总指挥，组织了 200 人的专业队，60% 的青壮年劳力吃住在工地，披星戴月开挖动土，完成台田工程 1070 亩。

农田沟渠治理直到 20 世纪 80 年代才基本结束。

1996 年，海兴农场启动水利工程建设，当年兴建涵洞 7 座，修排灌沟 10900 米，建扬水站 1 座，开挖主渠道 6200 米，总共动土 8400 立方米，增加可灌溉面积 1 万亩。

1997 年 2 月，海兴农场农田基本建设开始施工，当年完成兴修涵洞 17 座、排水沟渠 8200 米，排水沟清淤 8000 米，共动用土方 19540 立方米。

2011 年，海兴农场对各队水利设施进行摸底规划，并对三队、六队的部分沟渠进行清淤，开挖沟渠总长度 2000 米。当年，海兴农场有一队、二队、四队、五队享受一事一议补贴政策，涉及队内排水渠、农田水利等公益事业建设，项目设计总投资 19.8 万元。

2012 年，海兴农场落实利用"一事一议"开展沟渠治理工作。一是完成了 2011 年"一事一议"工程的建设落实，包括修建一队农田排水沟 1710 米，修建二队农田排水沟 2920 米，四队公路翻修 1650 米，修建五队农田排水沟 1500 米，队内道路修护 600 米，共投入资金 39 万元。二是完成了海兴农场 2012 年"一事一议"项目确立和申报工作，建立健全了申报档案。包括修建三队农田排水沟 1700 米，四队队内道路维修 2750 米和自来水管道安装 250 米，修建六队农田排水沟 1800 米，修建畜牧队村内排水沟 3000 米，共需资金 25.3 元，其中职工筹资 12.7 万元，申请财政奖补资金 12.7 元。

2013 年，海兴农场总投资 8900 万元实施沟渠治理和河道清淤，修建扬、排水站 12 座，形成"两纵两横"的大格局水渠，主要有连接宣北干沟和宣惠河三队东西两条排水沟、场部五千六（地名）和三千七（地名）通宣北干沟的两条主沟，解决畜牧队和三队主要地块的排灌；完成四队、五队的主排水沟加宽、清淤工作。其中，海兴农场北区畜牧队修建排水沟3200米。

2016年6月22日，海兴农场实施的小型水利设施项目竣工验收。该项目位于宣惠河北岸，完成灌溉土地面积482亩，新建泵站一座，铺设地下防渗管道5884米，出水口100个。

第三节　农田水利设施

一、扬水站

1973年，海兴农场开挖沟渠10条，修建扬水站2座，共动土50多万立方米，使全场2.7万亩耕地基本免除了旱涝灾害的威胁。

1974年，海兴农场建设扬水站1座。

1980年，海兴农场修建扬水站1座。

1993年，农田水利基本建设，新建闸涵5座。

1996年，海兴农场兴建涵洞7座，修排灌沟10900米，建扬水站1座，开挖主渠道6200米，总共动土8400立方米，增加灌溉面积1万亩。

2004年9月1日，海兴农场印发《关于农田水利工程和公益设施投资问题的规定》的通知。

2006年7月底，海兴农场人畜饮水项目完工。该项目实际投资121.2万元。其中，国拨专项扶贫资金90万元，配套和自筹31.2万元。项目自2006年9月动工，到当年11月全部竣工。项目完成了打深机井5眼，安装压力罐5个，井室5座，直径60毫米供水管道3000米，自来水安装800户，设计单井深450米，井径330毫米，单井出水量50立方米/小时，彻底解决了农场6个居民点2700人、1700头大牲畜的饮水困难问题。竣工后，聘请海兴县水务局水利技术指导中心的高级工程师郑树森等技术专家组成了项目验收小组，分别对各工程点进行初验，认为工程布局合理，工程质量优良。各项技术指数符合规范，达到验收标准。验收后，移交村（队）接管，办理了移交手续，村（队）长签字，聘用了有责任心、有专业技术的人员常年负责供水，并定期检查维护。

2007年10月10日，海兴县水务局编制完成《海兴农场扬水站工程项目建议书》。计划扬水站位于该场六队、七队内，宣惠河南岸，规划灌溉面积5000亩，估算投资35万元。

2007年，积极抗灾自救，共挖沟渠3600米，维修机井3眼，灌溉耕地2500亩。投资1.5万元完成斗渠1800米排水沟工程，保障了1000亩耕地的泄水防涝，促进了职工增产增收。

2010年1月7日，沧州市水务局转发《河北省财政厅、河北省水利厅关于下达2009年水利项目建设补助资金的通知》，下达海兴农场扬水站项目建设补助资金20万元。

以工代赈项目是加快海兴农场经济和社会的重要措施，是解决海兴农场贫困人口脱贫致富的重要手段。2010年9月2日，海兴农场制定《以工代赈"十二五"建设规划》，"十二五"期间，海兴农场以工代赈计划投资351.6万元，重点解决的是排水沟、闸涵、扬水站、桥梁建设等农场基础设施，通过项目建设推动区域经济发展，改善辖区生产、生活条件。项目包括水利工程建设：新建扬水站1座，灌溉面积900亩，翻修小型独立生产桥1座，开挖排水沟渠27770米，建排水涵洞9座，保障2000亩耕地排涝增收。

2012年，实施四队、六队、七队土地治理项目，已完成4000亩农田，改善了水利条件；三队农业综合开发土地治理项目正在建设中，竣工后可保障5000亩农田的旱涝保收。另外，农场自筹资金80万元，在各农业队共挖沟渠6350米，治碱台田6000多亩，海兴农场灌排整体规划已经顺利完成，该项目总投资1.08亿元。

表5-7-1　扬水站统计表

所在河道	级别	所在地点	结构形式	机组	流量（立方米/秒）	扬程（米）	作用
宣惠河	干	明泊洼场部西	斜坡	3	2.4	4	灌
宣惠河故道	干	小黄村东	八字式	2	0.8	4	灌
宣惠河	干	明泊洼东占	斜坡式	1	0.2	6	灌
宣惠河	干	明泊洼三队	井式	2	1.6	4	灌
宣惠河	干	明泊洼二队		1	0.6	3.5	灌
宣惠河	干	海兴农场		2	2	5	灌
宣惠河	干	小黄村西		2	2	5	灌
宣北干沟	干	明泊洼四队	井式	1	0.6	2	灌

二、水库

每到灌溉时节，农场职工需自备水泵和机器从河道取水灌溉农田，造成人力、物力和财力的极大浪费且效率低下。特别是在干旱年份，河道蓄水量少，小设备零星作业根本抢不到水，致使农田灌溉保证率低。

（一）北部水库

2010年4月29日，场长办公会研究水库项目建设相关问题。经海兴农场领导班子全体研究，确定与赵毛陶镇政府签订修建水库的协议。该协议应本着尊重历史、面对现实的原则，包括如下内容：①汤龙洼村所耕种的农场国有土地仍为海兴农场所有。土地所有权不变，土地使用权不变。②海兴农场修建水库项目占地144亩。③水库项目所占土地及水库以外取土所毁土地的补偿，由双方协商解决。补偿到位后项目动工实施。④水库项目外所剩土地，仍由汤龙洼村村民耕种。如重点项目需占这片土地，海兴农场收回时，双方须协商妥善解决补偿后，项目方可实施。会议决定成立水库建设项目成立领导小组与土地丈量补偿小组。领导小组组长由王玉庆担任，副组长为吴金明与董海峰，成员为内保科、农业科与涉及的农业队、开发办及农业开发综合服务中心全体工作人员。土地丈量补偿小组组长由张殿峰担任，副组长为李晓东，成员为杨吉利、乔海龙、何辰生、姚宝峰、张保全。领导小组负责该项目全面工作，重点做好安保工作，维护稳定；丈量补偿小组重点做好项目用地的丈量与种植户的协调补偿工作。

2011年5月27日，国营海兴农场编制完成《海兴农场水库及配套工程项目建议书》。本次规划项目区位于农场一队。规划思路是：利用百余亩低洼地开挖水库，在宣北干沟上修建泵站，开挖水库与泵站之间的连接渠，提宣北干沟水入库，蓄水灌溉周边5000亩农田。按功能划分，该项工程由引蓄、排涝两个系统构成，引蓄系统由泵站、渠道和水库工程组成；排涝系统由渠道和排水闸工程组成，即区域内的沥水汇集至渠道，通过泄水闸排至宣北干沟。因此该渠道兼有输水、排涝功能。另外，有两条农道穿过渠道，需建涵洞两座。

工程包括水库工程、泵站工程、渠道工程、排水闸工程、涵洞工程（2座）。水库面积131.76亩，蓄水量20.89万立方米。估算投资总计720万元。

工程完成后，可保证项目区5000亩耕地得以适时灌溉，粮食亩产可增加150公斤，每年可增产粮食75万公斤，年增效益150万元，大大增加了职工收入，效益十分显著；同时对构建和谐社会，实现小康社会目标，加快社会主义新农村建设具有巨大的促进作用。

（二）南部水库

2011年11月，国营海兴农场编制完成《海兴农场南部水库及配套工程项目建议书》，本次规划项目区位于农场四队。规划思路是：利用窑厂周边废弃取土区开挖水库，开挖引排水渠与宣南干沟连接，在引排水渠与水库交汇处建泵站，提宣南干沟水入库，蓄水灌溉周边4000亩农田。按功能划分，该项工程由引蓄、排涝两个系统构成，引蓄系统由泵站、渠道和水库工程组成；排涝系统由渠道和排水闸工程组成，即区域内的沥水汇集至渠道，通过泻水闸排入南干沟。因此该渠道兼有输水、排涝功能。另外，有3条农道穿过渠道，需建涵洞3座。水库南北长360米；东西宽210米，面积113亩，蓄水量17.9万立方米。

估算总投资 528 万元。工程完成后，可保证项目区 4000 亩耕地得以适时灌溉，粮食单产可增加 50 公斤，年增效益 120 万元。

2011 年，投入 100 万元修建水库、扬水站各 1 座，解决畜牧队畜用水及 2000 亩耕地灌溉，打造 100 亩果蔬叉季间种园区，发展特色农业。

三、机井

1959 年，盐山县农牧场投入劳力 100 人，首次打出机井 5 眼。

1970 年，海兴农场在一队和五队各打出 1 眼机井。这 2 眼机井由海兴县海机井队打成。当时海兴县机井队有匈牙利进口的油压钻机 2 台、磨盘机 2 台，第一眼 385 米的深机井，出水量 65 吨小时。到 2019 年底，海兴农场共有机电井 22 眼。

1999 年 8 月 1 日，海兴农场二分场所辖三队吸收股份 14 个（每股投入资金 7000 元），畜牧队吸收股份 25 个（每股投入资金 4000 元），打出股份制深机井 2 眼，增加灌溉面积 1000 亩。

2002 年，海兴农场投资 50 万元兴修水利工程，打出深机井 4 眼，修复旧机井 2 眼，开挖排涝、沥碱水渠 5800 米，使 2000 亩粮田受益。

2010 年，海兴农场有深机井（450～550 米）29 眼。

2014 年，为限制地下水漏斗区的发展，国家对海河流域实行压采，海兴农场对机井的使用进行控制。

2019 年，海兴农场所有机井全部封堵停用。

四、坑塘

2006 年 11 月 20 日，海兴农场总投资 33.54 万元，在四队开挖的大型蓄水池竣工，动土 64500 立方米。

第四节　农田灌溉

毛泽东主席指出：“水利是农业的命脉。”中华人民共和国成立前，落后的水利设施，严重制约了农业生产的发展。1949 年中华人民共和国成立后，政府领导农民大搞排游治碱。农场从 1957 年扩建后就采取措施做好灌溉。1963 年毛泽东主席发出“一定要根治海河"的号召后，海兴农场兴修水利，发展农田水利，改变农业落后面貌。农场大力发展水利灌溉事业，既开发利用地下水，又发展水利事业，积极利用地表水。

一、灌溉形式

（一）地表水灌溉

引取宣惠河、宣惠干沟、宣南干沟及其他沟渠坑塘的水灌溉农田、树木。

（二）地下水灌溉

1. **土井、砖井**。海兴农场内的水井原来都为土井和砖井。土井因冻融、冲蚀，一般寿命只有1年。土井上口直径1米，深4～5米，底直径1.5米。砖井上口直径1～1.5米，深6～8米，底直径1.5～2米。1957年，农场搬迁到孔庄子后，先后打井十数眼，多数是砖井，也有少量土井，主要供职工饮水，也用于种菜。1958年，打井出现高潮，打井数量多，主要是砖井。1990年以后，砖井数量逐渐减少，2010年，全场砖井所剩无几。

2. **真空井**。真空井因成井时用插管锥打孔，放入井管，有的也直接用锥管插入地下直到含水层，故也叫"插管井"，又叫它"对口抽""老头乐"。这种井成井方法简单，管材易购。由4至5人操作，30分钟就可成井1眼。真空井所用管材不一，有钢管和硬塑管，其他配套器材易购。1970年代中期后，土砖井逐步被真空井取代。海兴农场实行责任制后，真空井得到快速发展，1990年时达到200眼左右。2000年前后开始，手动真空井逐步被淘汰。

3. **浅机井**。浅机井深度为0～20米。打成后，安装机器抽水，故名"浅机井"。随着电力事业的发展，有的用电机抽水，又名"电机井"。1970年，海兴农场开始打浅机井，但浅机井水源没有保证。1983年农场实行承包责任制后，职工打浅机井和真空井的积极性提高。浅机井和真空井灌溉面积增加。

4. **深机井**。海兴农场第一眼深机井于1974年打成，铸铁管材，出水量65吨/小时。

1974年在孔庄子打成第一眼深机井，井深385米，出水量65吨/小时，既可供职工饮用，又可灌溉，每天可浇地1公顷。但深井水含碱量大，浇地后出现板结现象。

（三）喷灌、微灌

海兴农场自20世纪80年代开始发展喷灌，喷灌面积有所扩大。但由于设备移动不方便等原因，使用受到限制。

微灌是按照作物需求，通过管道系统与安装在末级管道上的灌水器，将水和作物

图 5-7-2　海兴农场春季喷灌

生长所需的养分以较小的流量，均匀、准确地直接输送到作物根部附近土壤的一种灌水方法，又称为局部灌溉技术。微灌可以非常方便地将水施灌到每一株植物附近的土壤，经常维持较低的水应力满足作物生长要求。微灌具有省水、省工、节能、灌水均匀、对土壤和地形的适应性强的特点。微灌可分为地表滴灌、地下滴灌、微喷灌、涌泉灌等。

喷灌和微灌的水源可以是地表水，也可以是地下水。

（四）人工降雨

20 世纪 80 年代后，沧州地区选择合适时机，用飞机向云中播撒碘化银等，使云层降水或增加降水量，以解除或缓解农田干旱、增加供水能力。1996 年以后，海兴县每年适时用火箭炮实施人工降雨。

二、提水工具

提水工具的发展随着井型的发展而发展。原始的提水工具逐步被先进的提水工具所代替。1965 年以前提水工具多为戽斗和辘轳。20 世纪 70 年代多使用人摇水车和马拉水车，20 世纪 80 年代大都使用潜水电泵。

1. **桔槔**。桔槔又名吊杆，主要由支架、吊杆、水斗三部分组成。提取坑、河之水，一人操作，比较轻便。

2. **拔斗子**。水斗梁上系一长杆，一人提拔井水，多用于菜园。

3. **戽斗**。戽斗又名抛斗子，是 20 世纪 60 年代以前多见的一种人力汲水工具。其形状略像斗，用柳条编制而成。水斗梁两端及斗底中央各系一根长绳，两人操作，提取坑水或河水。进入20世纪60年代后，由于管链水车、水泵的广泛使用，戽斗使用在农场逐渐减少，到1980年后，基本绝迹。

4. **辘轳**。辘轳是汲取井水的起重装置，井上竖立支架，上装有用手柄摇转的轴，轴上绕绳索，一端系水斗，水斗由柳条编制或铁叶片焊接而成。摇转手柄，使水桶一起一落，提取井水，用于取水饮用或灌溉。辘轳是20世纪70年代以前农场的重要提水工具。一人操作，一天浇地半亩左右。由于效率低，并且力气小的人不能应用，逐渐被管链水车、手压真空泵和机电水泵取代。20世纪80年代使用辘轳者甚少。到2000年，辘轳基本绝迹。

5. **管链水车**。管链水车是由管、链、齿轮、皮阀和架组成的。该地曾用过的管链水车有手摇和畜拉两种。有的把畜力改成机械。20世纪70年代末期管链水车被手压泵、离心泵、潜水泵所代替。

1940年代，采用木制龙骨水车。1950年代初期推广使用管链水车，其种类有五轮水车、解放水车及手摇水车。1958年，盐山县农场各式水车发展到12部。1967年，达到136部。进入20世纪70年代末期逐渐淘汰。

6. **手动真空井泵**。手动真空井泵又叫压水机、压井子、手压泵，俗名"老头乐"。靠活塞上下运动，将井管内抽成真空，汲取井水。20世纪70年代末，随着竹管井的推广，在农村普遍被采用。压水机分单管、双管两种。单管的每日浇地0.6～0.7亩，双管的每日浇地2亩左右。

1980年以来，这种提水工具发展很快。1980年5月13日，海兴农场孔庄子大队打成30眼真空井，利用手压泵抽水灌溉。农场党委在这个村召开了现场会，要求全场以最快的速度铺开，以解决全场抗旱水源不足的应急措施。2000年以后，逐渐减少，2019年已很少使用。

7. **机电泵**。机电泵分为离心泵、深井泵、潜水泵，是海兴农场使用的主要提水工具。

8. **机带真空井泵**。机带真空井泵使以柴油机或电动机为动力。1984年，孔庄子大队家家户户利用真空井给全村1000多亩麦田普遍浇水二遍，用真空井浇地种棉花350多亩。社员付考文有30亩麦田，他花500多元钱购买了一台2.6千瓦的柴油机和一套内径8.3厘米的真空井泵，给自己的小麦浇了三遍水，同时种上了11亩棉花。

9. **低压潜水泵**。2010年后，随着电动自行车和电动三轮车的广泛使用，出现了低压潜水泵，利用电动自行车的电瓶作电源，适合零散小块土地灌溉，方便实用，深受欢迎。

10. **聚乙烯软塑管输水**。20世纪80年代，海兴农场开始用聚乙烯软塑管引水，可节水1/3。

11. **输水管**。一般用PVC塑料管道作为输水工具。

三、灌溉实施

（一）传统灌溉

1973年，海兴农场拥有农用排灌机械92台，机井3眼（其中已配套1眼），扬水站1个（包括80千瓦机电泵2台）。

1975年，马庄子村浇麦，在机器不足的情况下，使用100副泼斗浇麦300亩。

1978年3月，海兴农场组织各生产队调用机械突击浇麦。

表 5-7-2　1975—1989 年水浇地面积统计表

年度	海兴农场（亩）	明泊洼农场（亩）	年度	海兴农场（亩）	明泊洼农场（亩）
1965	200	200	1978		
1966	500		1979	1375	
1967	1600		1980	1225	
1968	2000		1981	870	
1969	2700		1982	3150	
1970	2900	6200	1983	920	
1971	2295	6253	1984		
1972	80		1985		
1973	7821		1986		
1974	1701		1987	3000	
1975			1988	2000	5000
1976	580		1989	2000	2000
1977	7270				

数据来源：《海兴县国民经济统计资料四十年汇编（1949—1989）》。

2011年春，海兴农场积极部署春灌工作，及时召开专题会议，成立春灌领导小组，分工明确，责任到人，农业科技开发服务中心牵头落实，机关其他人员挂钩到农业队检查督促灌水质量。做好闸口、斗、农渠的清理修整工作，加固危险地段，确保水运行期间的安全畅通，减少水资源的浪费；棉茬地的埝子头和引渠头加固。

2012年，海兴农场投资970万元对四队和七队进行土地综合治理，改善灌溉面积4500亩，完成各农业队开挖沟渠8000米，治碱咸台田200亩。

（二）节水灌溉

2006年5月17日，海兴农场总投资10万元的4000米地下防渗管道工程项目竣工，有效地解决农场职工浇地难问题，节约了地下水资源。

5月19日,《河北农垦情况》报道:海兴农场正式启动。该项目的成功实施,将有效改变农场职工的农业现状,大大地节省地下深层淡水资源,提高水资源的利用系数。

2006年12月25日,沧州市财政局、沧州市水务局向海兴县财政局、水务局下达抗旱经费23万元,其中明泊洼农场等村节水工程5万元,节水灌溉工程6万元,由县抗旱服务组织实施。

2011年8月15日,沧州市财政局、水务局、农牧局向海兴县财政局、水务局、农业局下达农场节水灌溉建设项目补助资金25万元,用于海兴农场15万元,发展管道灌溉工程750亩。9月7日,海兴县水务局、河北省国营海兴农场编制完成《海兴农场高效节水灌溉项目实施方案》。9月19日,河北省农垦局批复同意《海兴农场节水灌溉项目实施方案》。

2014年10月31日,海兴县2014年地下水超采综合治理地表水灌溉项目公开招标,工程地点之一为海兴农场。主要建设内容包括渠道清淤、渠系建筑物维修改建、泵站新建改建、坑塘清淤扩容、田间扬水点、新铺田间配套低压管网等工程。

(三)农田水利

表5-7-3　海兴农场1990—2005年农田水利建设情况统计表

年度	有效灌溉面积 (公顷)	旱涝保收面积 (公顷)	机电排灌面积 (公顷)	机电井年末数量 (眼)	已配套机电井数 (眼)
1990	200	93	200	5	3
1991	200	93	200	5	5
1992	200		33	7	7
1993	500		500	7	7
1994	230		230	7	7
1995	230		230	7	7
1996	300	100	100	10	10
1997	300	100	100	10	10
1998	300	100	100	10	10
1999	300	100	100	10	10
2000	300	100	100	10	10
2001	300	100	100	10	10
2002	300	100	100	10	10
2003	300	100	100	10	10
2004	300	100	100	10	10
2005	800	100	800	30	30

第五节 人畜饮水

人畜饮水困难是海兴农场历史上面临的严重困难之一。海兴农场浅层地下水含盐量高，是典型的苦咸水。海兴农场自搬迁到孔庄子以后，始终把解决人畜饮水困难作为水利工作的重要内容，探索解决方法和途径。

一、人畜饮水

盐山县农场迁建之初，职工饮用水主要是砖井水、土井水和坑塘水。1971年打第一眼机井后，农场场部居民主要饮用机井水。1980代后期开始逐步从砖井水转变为深机井水，饮用水的运输主要靠人工手提肩挑。1993年后开始安装自来水。

2002年开始，为控制地下水超采，改善饮水质量，海兴县农村饮水由单纯依靠打机井向苦咸水淡化发展。

2005年，海兴农场实施人畜饮水解困工程。10月30日工程竣工。该项目总投资为120万元，其中国家财政专项扶贫资金90万元，企业自筹30万元。完成情况：打深机井5眼，井深450米，铺设供水管道3000米，建设面积12平方米的井室5座，设计单井供水能力每小时50平方米，解决了6个居民点的，800户、2637人和1700头大牲畜的人畜饮水困难。

2010年，农村村级一事一议项目财政奖补政策在海兴农场首年得到落实。农场村级一事一议项目工程内容涉及农场辖区道路交通、改善人居饮水、小型水利设施建设等领域的公益事业建设，项目设计总投资21.94万元，项目资金构成为县财政奖补工程资金50%，农场村内自筹项目资金50%，其中农场自筹项目资金10.97万元，财政补助10.97万元，项目已全部竣工，资金全部到位，已通过验收。项目建成后，很大程度上改善了海兴农场辖区村内的道路交通、人居饮水质量、水利设施，得到了场内职工群众的普遍好评。

2010年1月7日，《海兴县饮水安全工程总体规划》通过了省专家组审查，这标志着海兴县25.2万群众彻底告别了苦咸水和高氟水，喝上了安全放心水。

2013年，海兴县建设全县集中供水系统。5月20日，河北省发展和改革委员会、省水利厅下达河北省农村饮水安全工程2013年中央预算内投资计划，其中海兴农场总投资1500万元，解决3万人饮水安全问题。2013—2014年，海兴农场各居民点全部重新铺设了供水管道，居民生活用水全部用上了黄河水，摆脱了高氟水、苦咸水的困扰，没有新发生氟中毒现象，原有氟中毒患者状况也得到改善或控制。

2019年，海兴农场居民全部饮用南水北调中线引水工程输送的长江水，居民饮用水水质进一步提高。

二、降氟

由于海兴农场深层机井水含氟量过高，因此，随着深机井的普及，海兴县居民患上氟中毒症的越来越多，少年儿童氟斑牙的发病率极高，中老年人骨折和患腰椎病的急剧增加。县政府在机井供水方面采取了一些降氟措施，但居民氟中毒情况没有缓解。

1990年3月6日，河北省地方病研究所所长陈一新带专家组一行7人到海兴农场进行实地考察。经普查，全场成年氟骨症患者达35.2%，5%的重度氟骨症患者已丧失劳动能力，8～15岁儿童氟斑牙率100%，农场被定为饮水型氟中毒的重病区。

2006年，河北省地方病防治所和县卫生防疫部门对海兴农场氟斑牙患者和氟骨症患者进行调查。调查结果表明：当地出生的8～15岁学生氟斑牙患病率100%，氟骨症患者占35.2%，1980—2006年氟骨症骨折患者68例，当地人群尿氟均值为5.1毫克/升，确定农场为饮水型重病区。

2013年，居民生活饮用水使用黄河水，部分居民平时生活用水使用桶装纯净水，氟中毒现象逐渐减少至消失。2019年，海兴农场居民饮用水改为长江水，饮用水质量进一步提高，居民饮用高氟水问题已不存在。

第六节　水利管理

一、管理机构

中华人民共和国成立后，海兴农场所在区域的水利由盐山县水利部门管理。1965年海兴县成立后，海兴农场的水利管理由海兴县人民委员会水利科负责。1968年，海兴县水利科与县农林科、县气象站成立海兴县革命委员会农林水气组，农林水气组负责全县的水利管理。1970年，设立海兴县革命委员会水利科，负责全县水利管理工作。1974年，海兴县革命委员会水利科改称海兴县革命委员会水利局。1982年，海兴县革命委员会水利局改称海兴县水利局。2005年8月，海兴县水利局改称海兴县水务局。

1965 年，沧州专署在盐山县设立宣惠河管理处，统一管理宣惠河。1981 年宣惠河管理处撤销，宣惠河各县段交各县管理，海兴农场受海兴县委、县政府委托管理海兴农场段。

农场水利开始没有专门管理，以后由农业科代管。2015 年设立水电科，专门管理水利事业。

二、水费征收

1995 年，3 月 11 日，海兴县水利局印发《关于征收"引黄"水水费的通知》。水费征收标准：水费征收以人为单位对南部乡镇进行征收，其中包括海兴农场，征收标准为每人 3.5 元。交纳办法及时间："引黄"水费以乡镇为单位征收，按乡镇（场）现有户籍在册人数统一征收，由乡财政所集中交县水利局，缴纳时间要求在 1995 年 3 月底完成。4 月 29 日，海兴县人民政府印发《关于征收"引黄"水费的通知》，确定对海兴农场等 9 个用水乡镇场"引黄"水费的征收标准为现有农业人口（或从事农业人员）每人 3.5 元。1996 年 7 月 1 日，海兴县人民政府发布《关于"引黄"工程供水管理和水费征收的暂行规定》。

三、机井管理

海兴农场的机井由农场统一管理，委托机井所在生产队具体落实。

2013 年以后，针对地下水水位下降、地下漏斗区形成的现状，河北省逐渐控制机井的规模和数量，限制地下水取水量。2018 年 5 月 10 日，中共河北省委办公厅、河北省人民政府办公厅要求严格打井审批，改革打井审批管理办法，调整取用地下水审批权限，明确申报流程，不得再擅自审批；要严格控制地下水开采，禁采区一律不得开凿新取水井；限采区一律不准新增地下水开采量。

四、河长制

河长制，即由各级党政主要负责人担任河长，负责组织领导相应河湖的管理和保护工作。全面推行河长制是落实绿色发展理念、推进生态文明建设的内在要求，是解决我国复杂水问题、维护河湖健康生命的有效举措，是完善水治理体系、保障国家水安全的制度创新。

中共中央办公厅、国务院办公厅于 2016 年 12 月 11 日印发并实施《关于全面推行河长制的意见》，明确提出在 2018 年底全面建立河长制。

2018 年 5 月 16 日，国营海兴农场场长办公会决定成立海兴农场河长制成员单位领导小组，印发《海兴农场实行河长制工作方案》。海兴农场河长制成员单位领导小组组长贾福利（党委书记、场长），副组长吴金明（党委副书记）、董海峰（副场长）、井树伟（副场长）。场河长制办公室设在农场农业科，负责落实场级河长确定的具体事项，组织制定相关制度及考核办法，并负责具体组织实施。

2018 年，河北省国营海兴农场根据海兴县人民政府的安排，确定河长制分包河道人员（表 5-7-4）。

表 5-7-4　海兴农场河长制分包河道人员名单

河流名称	起点	终点	长度（米）	县级河长	乡级总河长	乡级河长	村级河长	保洁员
宣惠河中区段	盐山刘武庄村界	小黄村界	4350	寇艳春	贾福利	井树伟	刘文星	魏广新
宣惠河东区段	大黄村界	程村界	1770	寇艳春	贾福利	井树伟	刘月生	张胜林
宣北干沟北区段	南赵村界	汤孔路	2170	郭长青	贾福利	吴金明		张如松
宣北干沟东区段	汤孔路	西尤庄子村界	6100	郭长青	贾福利	吴金明	刘月生	杨震
宣南干沟南区段	后代庄村界	后良章村界	1720	刘明亮	贾福利	董海峰	褚亭	杨吉利

2018 年 6 月 22 日，海兴县防汛抗旱暨河长制工作会议召开。海兴县人民政府县长回永智同国营海兴农场场长贾福利签订责任状。

第八节　海河工程施工

中华人民共和国成立后，河北省为解决洪涝灾害给人民生产生活造成的威胁，决定根治海河。海兴农场历史所辖的村庄（农村生产队）从 1952 年起参加全省和专区（地区）的重大水利工程施工（表 5-7-5）。

1963 年 8 月，海河流域发生了历史上特大洪水，造成重大损失。同年 11 月 17 日，毛泽东主席发出"一定要根治海河"的指示，掀起了声势浩大、影响深远的根治海河运动。1964 年秋到 1965 年春，海兴农场所辖的 11 个农村生产队组织民工参加根治海河序幕工程——宣惠河治理工程。

1966 年 9 月 9 日，海兴农场所辖的 8 个生产大队组成海兴农场直属民兵连开赴青县上伍公社，参加子牙新河开挖工程。从这一工程开始起到 1980 年，海兴农场所属的农村生产队每年都组织民兵（民工）参加全省的根治海河工程（图 5-7-3）。

表 5-7-5　海兴农场民兵（民工）参加重大水利工程施工一览表

时间	施工项目
1952. 春	独流减河
1953. 春	独流减河
1954. 春	黑龙港河
1956. 6	廖家洼排水工程
1956. 秋	中捷农场修稻田
1957. 3	中捷农场修稻田和石碑河疏浚工程
1957. 11	南大港农场稻田工程
1957. 11	青静黄堵口及海挡工程
1957. 秋	北大港农场修稻田
1958. 春	黄骅农场土方工程
1858. 11—12 月	青静黄堵口及南大港农场稻田工程
1959. 12—1960. 4	南排河
1959. 秋—1960. 春	岳城水库
1960. 6	肖家楼穿运工程
1964. 3	大浪淀南排碱沟工程
1964. 秋	宣惠河
1965. 春	宣惠河
1965. 秋	宣惠河
1966. 秋	子牙新河
1967. 春	子牙新河
1967. 秋	滏阳新河
1968. 春	滏阳新河
1968. 秋	独流减河
1969. 春	独流减河
1969. 秋	大清河
1970. 春	大清河
1970. 6	黑龙港河
1970. 秋	永定新河
1971. 春	永定新河
1971. 秋	漳卫新河
1972. 春	漳卫新河
1972. 秋	漳卫新河
1973. 春	漳卫新河
1973. 秋	宣惠河
1973. 秋	漳卫新河
1974. 春	漳卫新河

（续）

时间	施工项目
1974. 春	宣惠河
1974. 秋	漳卫新河
1975. 春	漳卫新河
1975. 秋	漳卫新河
1976. 春	漳卫新河
1976. 秋	黑龙港河本支
1977. 春	黑龙港河本支
1979. 秋	北排河
1979. 秋	子牙新河
1980. 春	子牙新河

图 5-7-3　1975 年海兴农场民工在宣惠引河工地上

　　1976 年 1 月 20 日海兴农场组成以党团员为骨干的 125 人农田水利基本建设专业队，投入开挖漳卫新河、大浪淀工程建设。

　　海兴农场民兵营先后完成苏北干沟和无棣干沟施工。马庄子排在无棣干沟施工中，早晨 4 点就上工，晚上 7 点半才收工，排长王福岗、王玉亭以身作则，带头大干，休息时还常常平垫、整道、修工具，平均每人每天挖土 4.7 立方米。

第八章　农业管理

第一节　农业生产管理

一、农业生产管理机构

1948年，盐山县农场成立后，农场人员少，设场长1名，其他领导职务或机构没有考证。

1949年，农场迁到大韩庄后，组织机构情况不明，有场长。内设机构不清楚。至1957年搬迁到孔庄子，农场是否有生产管理机构，由于缺乏相关档案资料，无可考证。李分乾和小边务两个分场，各有工人四五名，明确一个人负责。

1957年，盐山县农场扩大规模垦荒后，农场和各队也没有专门的农业生产管理机构。

20世纪70年代，设立农业科。

1984年，海兴农场农业生产科改为农业生产技术服务公司。

1987年11月，农业生产技术服务公司改为农业科。

1990年，海兴农场设立草场。

1991年12月，农业科改为农业处。

2002年，农业处改为农业科。

2012年2月21日，成立农业综合服务中心。

2015年11月，成立海兴海农农业开发有限公司，实行公司化管理。

2020年，海兴海农农业开发有限公司改设为河北海农农业发展有限公司。

二、农业生产管理

海兴农场成立后，实行集中统一管理，农业生产以生产队为单位进行。生产队分为农村生产队和国营生产队。农村生产队管理方法与当地人民公社下属生产队的管理方法大体相同；国营生产队按照国营农垦企业管理。

1981 年，海兴县农村实行农业生产责任制。1982 年，国营生产队开始借鉴农村生产队的方法，探索实行农业生产承包责任制。1983 年 3 月 28 日，为进一步完善农业生产责任制，海兴农场农村生产队社员签订了农业生产承包合同，让农民吃"定心丸"，无忧无虑搞生产。在合同中，农场要求社员要兼顾国家集体个人利益的原则，把粮棉油料的种植面积、产量以及国家征购、集体提留和义务工等都做了详细规定列入合同，并明确了责权利。承包合同的签订打消了一些人怕"变"的顾虑，促进了农业生产的开展，全场七个农村大队的 57 个生产队全部与社员签订了承包合同。

1984 年 1 月 1 日　农场印发《1984 年生产经济承包责任制试行办法》，文件规定，农场职工兴办家庭农场，实行财务大包干，生产资料（大型拖拉机除外）作价归职工个人所有；工副业实行厂长任期目标责任制，采取工厂对车间、车间对班组、班组对个人等一系列承包形式，承包责任制由过去的一年一变，改为三年不变。至 4 月 10 日，办起职工家庭农场 130 个，联产联利承包户 110 家，实行利润承包的工副业（摊）10 个。7 月，海兴农场场部科室大都改为单独经营、独立核算、定额上交、自负盈亏的专业公司。农场生产科改为农业生产技术服务公司，取消生产队，农场直接领导家庭农场，把原有的生产队变为农业技术服务站，作为农业生产技术服务公司的下伸单位，每站只保留 2 人，既种田又服务，在经济上给予少量补贴。

1984 年 4 月，因为海兴农场对所辖农村生产队在管理经费、管理体制、税费收缴等方面存在困难，海兴县委、县政府根据海兴农场的建议，把农场所辖的 7 个村庄从农场划出，使农场从以场带社的体制转变为单纯的国有农垦企业体制。

1985 年 1 月 1 日，《河北省国营海兴农场经济体制改革的实施意见》对农场改革进行了全面深入细致的规定。主要内容包括：①为巩固、发展和进一步办好家庭农（林、牧、渔）场，农场要搞好定员定编。在编制内的管理人员、教师、业务人员和工厂商店的业务人员、技术骨干及其家属，经过批准可以不承包土地。其他人员原则上都要承包土地，办家庭农场。土地承包按"人三劳七"比例承包，土地承包期要延长到 15 年以上。国家是土地和其他自然资源的所有者，职工群众只有使用权，没有处理权，不准撂荒。职工改营他业和因故不能继续经营者，经农场同意，由职工自找对象协商转包。为了有利于今后养殖业和饲养业的发展，农场可适当留出一部分机动土地。家庭农场是农场经营活动的基层组织。办好家庭农场是全面改革的突破口，要进一步放宽政策，扩大职工家庭农场经营自主权，由种植单一型主要农作物向"以综合性种植业为主，多种经营"方面扩展。家庭农场是单独核算、自负盈亏的经济实体，土地、坑塘、林木、果树固定给职工家庭农场经营，职工子女可以继承使用。职工家庭农场由农场发给"证书"。家庭农场的财产受法律保护，任何单位和个人不得侵犯农场。除办好职工家庭农场外，还要根据当地资源和市场需要，积极发展各种专业户和联合体。今后家庭农场中的职工子女年满 18 岁以上者，可以登记上报批准，连续计算工龄。对编余的国家干部，要鼓励和支持他们办家庭农林牧场和其他服务行业。经济体制改革后，职工不愿承包自愿退场的，经批准按工龄计算发给一定费用，工龄在五年以上但不满十年的发给 100 元，工龄满十年以上的发给 200 元；长期临时工工龄在五年以上，但不满十年的发给 50 元，工龄满十年以上的发给 100 元。如有职工不承包也不缴纳规定的利费，自通知之日起，超过 15 天者，按自行退场处理，农场除名，并注销户口。②国营农场对家庭农场和专业户实行大包干，家庭农场和专业户根据承包项目应当上交一定的产品、费用（指标暂定三年不变），上交费用由上交产品抵顶。1985 年粮食七队每亩上交 45 斤，其余各队每亩上交 65 斤，油脂全场各队每亩 2 斤。1986 年、1987 年两年按七、三比例上交粮食，油脂不变。家庭农场和专业户的经营所得，"交够国家的，留足企业的，剩下全是自己的"。指标要切实包死，丰年不多交，灾年不少交，一律不挂账。③从 1985 年 1 月 1 日起全场一律取消粮食倒挂，实行购价销售。家庭农场口粮自产自留，从 1985 年 9 月 5 日起农场不再供应；经批准不承包土地的人员，口粮仍由农场供应。④大牲畜作价卖给家庭农场一次还清，今后要号召职工自买自用。⑤为提高农机具的利用率、完好率，农场农机具（包括汽车）可以作价卖给职工，搞专业农技服务，一次还清。也可以组织专业承包服务站，为家庭农场服务，合理收服务费。专业服务站要单独核算，自负盈亏。今后农机具要号召职工自购自用。⑥按林随地走的原则，凡便于家庭农场管理的林木都作价归个人，有利于家庭农场搞农林牧结合，搞生态农业提高经济效益。成片林和果园可承包给个人办家庭林场。⑦今后农场对家庭农场和专业户不在垫支生产费和预借生活费，对以前挂账要彻底清理算清。

1992 年 1 月，海兴农场制定《关于农业管理的暂行规定》，确定各下属农业单位 1992 年度的上交任务：一分场粮食 35 吨，油 631.5 公斤；二分场粮食 64.5 吨，油 1012 公斤；三分场粮食 70 吨，油 1135 公斤，款 3000 元；四分场粮食 54 吨，油 845 公斤，款 1850 元；五分场粮食 68 吨，油 1100 公斤；六分场粮食 50.5 吨，油 850 公斤；七分场粮食 26.5 吨，油 600 公斤；畜牧队款 10000 元。合计粮食 368.5 吨，油 6173.5 公斤，款 14850 元。

1992 年春旱连夏旱。7 月 27 日海兴农场召开农业汇报会。一分场：春播大豆 750 亩，250 亩重播。雨后播种 300 亩，有 300 亩没有播种，准备种向日和绿豆。二分场：种植西瓜 70 亩，每亩纯收入 200 元；播种棉花 70 亩，其中棉花地膜覆盖 50 亩，长势良好；春播大豆 100 亩，20 亩重播。雨后播种大豆 100 亩，有 50 亩出苗；30 亩玉米，有 20 亩出苗；30 亩芝麻，有 20 亩出苗。三分场：播种大豆 1200 亩、玉米 120 亩、芝麻 300 亩、棉花 170 亩、西瓜 280 亩、谷子 20 亩。大豆的苗只有一半，谷子全部重播，玉米的苗有一半，地膜覆盖棉花见桃，芝麻一半遭遇涝害，副业是编织苇帘。四分场：杨家坑涝地 300 亩。原播种大豆 800 亩，玉米 200 亩，葵花 100 亩。有 20 多人从事手套渔网加工、拖拉机运输、做木工。五分场：播种 1900 亩，其中高粱 150 亩，棉花 150 亩，谷子 60 亩，没有毁种的。种向日葵 100 亩，大豆 300 亩，玉米 80 亩。组织了一个小建筑队。六分场：1800 亩耕地，1200 亩保苗，只有 100 多亩没种上。七分场：春播作物没有重播，雨后播种 30 亩。

1992 年 12 月 19 日，场长办公会研究 1993 年企业经营方式和农业管理规定。12 月 23 日，海兴农场制定出台《海兴农场 1993 年农业管理的暂行规定》，明确各分场 1993 年上交任务：一分场粮食 35 吨，油 631.5 公斤；二分场粮食 64.5 吨，油 1012 公斤；三分场粮食 70 吨，油 1135 公斤，款 3000 元；四分场粮食 54 吨，油 845 公斤，款 1850 元；五分场粮食 68 吨，油 1100 公斤；六分场粮食 50.5 吨，油 850 公斤；七分场粮食 26.5 吨，油 600 公斤；畜牧队款 10000 元。合计粮食 368.5 吨，油 6173.5 公斤，款 14850 元。

1993 年 3 月 23 日，海兴农场召开农业工作会议。会议对近期工作进行安排：一是抓好"一抗双保"，抓好小麦拔节水，全年每人保证有 2 亩保命田；二是棉花要种植好，一分场种植 280 亩，二分场种植 260 亩，三分场种植 290 亩，四分场种植 270 亩，五分场种植 190 亩，六分场种植 240 亩，七分场种植 170 亩，共 1700 亩；三是抓好植树造林，河坝种优质杨树；抓农田设施维修；四是畜牧场要抓工作落到实处，该包的苜蓿地和白地尽快包出去。

1996 年 1 月 1 日，海兴农场发布 1996 年《农业管理的暂行规定》。对农业系统主要经济指标及上交任务、压缩非生产人员、果树承包与管理、土地管理以及各分场和家庭农牧场的奖罚等做了详细的规定。7 月，海兴农场连续召开党政领导班子会议，讨论确定农业实行"家庭农场集约化、种植基地化"。

1998 年 1 月 1 日，海兴农场制定《农业管理的暂行规定》。

1999 年 5 月，农场进行土地调整，把全场所有耕地全部收回。一分场实行了"两田制"（口粮田、承包田），其所有人口每人一亩口粮田外，剩余的按承包田承包给职工；二分场实行了"三田制"（口粮田、承包田、商品田），其所属人员每人一亩"口粮田"，职工可以承包"承包田""商品田"。

2000 年，海兴农场成立农业管理委员会，邢建国任主任。

2003 年 4 月 20 日，农场全面完成"三田制"改革，即：口粮田（常住人口每人一亩"口粮田"保饭吃）、劳保田（每位参保职工五亩"劳保田"保退休）、商品田（在优先本场职工和种、养大户承包的前提下，推向社会开发承包各项管理经费支出）。全场 3000 余人签订了新的承包合同。

2012 年 1 月，海兴农场出台《海兴农场 2012 年农业管理规定》。

三、农业生产计划

从 1948 年盐山县农场建场之初开始，盐山县农场（包括后来更名为海兴农场），每年都有生产计划。

1985 年，海兴县农业区划委员会组织编制了《海兴县农业发展总体规划》，把海兴县划分为 4 个农业类型区，海兴农场和明泊洼农场属于海兴县西部杂粮经作区。该区域土壤质以轻壤质为主，盐化面积较大，肥力低，保肥保水性能差，排灌条件较差，生产条件较低。历年种植以杂粮为主，经济作物种植居全县第一位，主要种植棉花和向日葵等。

1988 年，制定《海兴农场一九八八年农业规划实施意见》，明确 1988 年以深化改革，促进工农业生产，使农场经济出现一个新的飞跃，工农业总产值要达到 180 万元，争取达到 250 万元，粮豆总产量保证在 750 吨，农业总产值达到 70 万元，要使每个农业工人年纯收入达到 984 元。

四、职工家庭农场

1982 年 12 月，海兴农场开始推行经济体制改革，在全场实行"两包四定五统一"形式的农业生产责任制。两包：包粮棉油上交，包各项提留上交；四定：定牲畜、定农具、定投资、定奖励；五统一：统一种植计划，统一供应生产资料，统一安排使用劳动力，统一使用大型农机具，统一经营农副业生产。

（一）试办职工家庭农场

国营农场办职工家庭农场是农垦企业的一项重大改革。1981 年 5 月 29 日，海兴农场 70 个生产队中有 39 个建立起"统一经营，联产承包"形式的农业生产责任制，有 31 个生产队实行"小段包工"，一些农业职工中出现了个人承包意向。1982 年，海兴农场党委，尊重群众的首创精神，在全场实行了多种形式的经济承包责任制。1983 年 1 月，海兴农场全面推进和实行统一经营联产承包的生产责任制。在推行责任制中做到"三个坚持、五个统一、三个不取消"。即：坚持生产资料公有制，坚持以工厂、农业队为基本核算单位，坚持按劳分配的原则；统一生产计划，统一技术措施，统一上交主要产品，统一安排生产资料，统一供应种子，化肥及农药；不取消退职退休职工的工资，不取消退职退休办法，不取消公费医疗。同年，海兴农场参照海兴县农村改革模式进行农业改革，对经营形式进行了多样化探索，兴办职工家庭农场，以单户为主的承包形式效果最为显著。当年第五队办起 39 个家庭农场，职工生产积极性提高。家庭农场是单独核算，自负盈亏的经济实体，土地、坑塘、林木、果树固定包给职工家庭农场使用，经营所得交够国家的，留足企业的，剩下归己所有，家庭农场作为新型农业的经营主体。家庭农场调动了农场职工的生产积极性。同一时期召开的全国农垦工作汇报会议决定"在国营农场中兴办职工家庭农场"。同年 11 月，农牧渔业部批转了农垦局《关于兴办职工家庭农场的若干意见》，并在当年的中央农村工作会议上予以印发。

（二）家庭农场的全面兴办

1983 年底，海兴农场在各种形式实验的基础上又进行了进一步的完善充实，全部推行家庭农场承包形式。1984 年，中央一号文件正式提出"国营农场应继续进行改革，实行联产承包责任制，办好家庭农场"。9 月，农牧渔业部颁布了《国营农场职工家庭农场章程（试行）》。海兴农场试办家庭农场 229 个，农业人口 883 人，农业职工 508 人。农场把耕畜、农具作价卖给职工，产权归己，种子、化肥、农药等生产费用由职工自理，同时允许职工个人购买大中型机具、牲畜、农具。到 1984 年 11 月，全场办起家庭农场 251 个。1984 年取得较好的经济效益，粮食年产量 80 万斤。

（三）家庭农场全面巩固

1989 年，海兴农场继续推行家庭农场承包责任制，与各家庭农场重新签订承包合同，农作物的种植日趋合理，对农业的投入逐年增加，提高了耕地利用率。海兴农场明确丰年不多交，灾年不少交，并为家庭农场提供多种形式的产前、产中、产后服务。

五、农业技术培训

1983 年 3 月 17 日，海兴农场团委举办农业技术培训班。聘请县林业局农艺师、助理农艺师重点学习棉花的栽培、优良品种的培育、各种病虫害的防治和当前小麦管理，70 人参加培训。此后，场、队、村相继建立了农科技术指导站、农科技术服务站。

1984 年春，海兴农场党委举办了多期植棉技术培训班，培训植棉能手 700 余人次，印发植棉知识小册子 160 份。当年种植棉花 2500 亩，面积相当于 1983 年的 7 倍。

2010 年 1 月 10 日，河北垦区"金蓝领计划"试点海兴农场培训班举行开班仪式，河北省农业厅农垦局信息科长李书强出席开班仪式，130 名农工走进了课堂，邯郸农业大学孙金德教授受邀讲授了棉花高产栽培技术及病虫害防治的知识。

2017 年，园区通过农民科技培训班等形式，积极开展技术培训，培训农民 800 人次，发放技术资料 2000 余份，有效地提高了园区农民的农业科技水平。

第二节 林业管理

海兴农场在搬迁到孔庄子后，一直重视和加强对林业的管理，对植树造林作出计划和规定。早期以居民点和村庄周围造林为主，在管理上主要依靠各村队。随着林果业的发展和造林面积的增加，林业管理也得到加强。

1992 年，海兴农场的果树已承包到户，按签订的合同执行。1991 年的规定，15 年不变的政策此后根据情况还可延长。每年的承包款必须在 11 月底前完成。为保证果蔬的完好率，对死亡的果树要搞好更新换代，少活一棵惩罚承包者 20 元。

1993 年，海兴农场制定了《护树管树管理制度》，同时加强对新栽种的 3000 亩枣树的管理，从 1993 年起解散果林组，只留一人看树、修树、管树（包括苗圃地），工资每月 120 元。

1995 年，为加强对绿化造林工作的领导，国营海兴农场成立由五人组成的绿化领导小组，场长任组长，实行机关领导干部和处室定点包场、包片、包线（公路河沟的干线），并建立林业发展考核制度，把绿化工作列入党委议事日程。同时继续稳定和完善林业政策，一是继续完善果林承包责任制，认真履行合同，按合同办事并搞好公证，严禁出现毁林、哄抢果品等违法事件的发生；二是明确林木产权，抓好对林果树木的确权发证，确权后的各种树木经营权归自己，子女有权继承，任何人不得侵犯。做到多渠道增加对林果业的投入，要坚持国家投一点，个人拿一点的原则。在栽植嫁接管理等方面应用新技术，每年对植树户利用农闲季节搞 3~5 天技术培训，春秋两季到果园田间现场讲课，使每一个植树户基本掌握种树、管树技术。枣粮间作区要成片连方，重点发展规划处植树地，采用宣传与行政干预相结合的办法，确保目标的实现。

2011 年 3 月，海兴农场职工代表向场管委会提出的 5600 亩内树木管护和受益问题的申请。4 月 14 日，海兴农场管委会向职代会发出批复，关于职工代表提出 5600 亩内树木《管护申请》的批复，为稳定职工情绪，保障农场安定局面，基本同意职工的申请，但职代会必须做好以下工作：①职代会必须如实清点树木数量，一户一合同；②承包合同必须严谨，管护责任明确，确保树木栽得活、保得住；③职代会负责与职工的合同签订。

2012 年 4 月，河北省国营海兴农场印发《海兴农场树木管理办法》。

海兴农场树木管理办法

海农字〔2012〕6 号

为进一步搞好农场绿化，改善农场人居环境，充分利用闲散地块、路、沟渠，增加社会效益和经济效益。根据上级有关文件精神及有关法规，结合农场实际，特制订本办法：

第一章 林木栽植管理及权属

1. 凡是农场范围内的土地、沟渠、道路两旁、河滩、房前屋后等地经农场批准后方可种植树木，所栽植树木权属归栽植者个人所有，谁栽植，谁受益。

2. 未经农场批准，职工个人利用栽树名义，乱占土地，乱栽树木的，如遇有国家和农场征用或占用该地时，种植户必须无条件把树移走，并农场有权利收回该地块（包括承包田、口粮田、身份田）。

3. 以职工个人为单位，我场倡导植树造林的，必须与我场签订《林木管护协议》，并经林业部门批准后，协议双方按本协议，履行各方的权利和责任义务。

4. 凡经批准栽植的林木地，遇有农场或国家大型工程征占时，林木需进行移植或砍伐，赔偿办法按农场"地上物及青苗赔偿管理办法执行"。

第二章 林木管护责任

1. 林木栽植的职工个人必须采取有效措施，做好防火防盗工作，保证林木安全，特别是在干旱季节（冬春）防火期，对林区、野外用火和一切可能引起火灾的活动，必须采取安全措施（按森林防火标准）严加管理，发现火灾必须快速组织力量全力扑救，并查明原因，调查损失，追究责任。

2. 严禁任何单位和个人乱砍、乱伐树木，确需砍伐或出售营造的经济林和用材林，林木权属所有人必须做出计划并报县农业局批准后方能砍伐，否则视为盗伐林木。

3. 联合执法科室、各农业单位及农场相关部门承担我场全部林木的安全、管理、规划责任，对发生林木火灾、盗伐、破坏或相关责任人违反国家或农场相关政策规定的有权问责和做出相关适当奖惩。

第三章 责任奖惩措施

1. 严防林地发生火灾，如林地发生火灾，每损毁一株惩罚火灾肇事人 100 元，损毁 20 株以上报请有关部门，追究相应的责任。如出现火灾，管护人不能提供火灾原因、未能找到火灾责任承担方而造成的损失由管护人赔偿。

2. 严防盗伐林木，如发现盗伐林木事件，盗伐 1 棵罚数 100 元，盗伐 5 棵以上报请司法机关，追究有关责任人的经济或刑事责任。

3. 严防人畜损坏树木，凡是损坏 1 棵树惩罚损坏人（含监护人）栽植 3 棵，并保护三年（3 棵树），按每年 100 元管护费收取保证金暂收三年，三年后树木完好无损，退还暂收的押金。

4. 加强各级对树木的管护责任，要充分发挥职能优势，各守其责，如出现林木火灾、盗伐、破坏或相关责任人违反国家或农场相关政策规定的，联合执法科室、各农业单位及农场相关部门要承担相应的罚款、降级或行政责任。

5. 举报有奖，若举报发现有人或畜牧损坏树木，经查实给予举报者每棵树 5 元的奖励，此款在设罚款中列支，并为举报者保密。

6. 如我场年损丢树木不超过 30 棵，分别给予联合执法科室、农业单位及相关人员相应的奖励。

本办法自 2012 年 5 月 1 日起执行。

2013 年 3 月 5 日，海兴农场根据县委县政府把海兴农场打造成海兴县西部林场的部署和海兴农场建立耐盐碱苗木基地的规划，经场长办公会研究决定，对在本场投资进行造林绿化的公司或个人进行补贴。①规划面积和补贴标准：对本场用于造林绿化和苗木生产的 2000 亩土地给予补贴；对符合本场规划的造林绿化和苗木生产地块，给予每年每亩 80～140 元的补贴。②补贴办法：补贴自种植树木或苗木后开始补贴，每年由农场进行验收，经验收合格后，再进行补贴。③补贴方式：凡符合补贴政策的公司或个人，农场将以现金方式或按补贴标准在承包费中优惠的方式给予补贴。

2013 年 8 月 13 日，为预防和消除农场树木的各种破坏和灾害，保证树木健康生长，避免或减少树木资源的损失，以防火防盗、防止乱砍滥伐，海兴农场成立森林防护中心。防护中心办事处设立在派出所。为了提高防护中心的工作效率，特配两辆摩托警车供其使用。

2013 年 10 月 29 日，海兴农场根据县委县政府工作部署，决定在宣惠河、宣北干沟两岸河滩地实施绿化造林。明确了补偿措施：①绿化造林的土地，承包田免征承包费；绿化造林由农场统一安排，统一实施，造林完成后，树木收益由土地承包人所有。②口粮田每年每亩返租 400 元，劳保田每年每亩返租 400 元，到不享受劳保田为止。③造林完成后，由农场统一管护，如发现人为毁树，按国家及农场有关规定严肃处理。

2016 年 3 月 4 日，为加快现代农业园区建设，进一步调整农业产业结构增加职工收入，按照海兴农场"林果兴场"的总体思路，以汤孔线为中心，向东西延伸，规划建设优质果园。为鼓励广大职工积极参与，海兴农场出台《鼓励职工种植果树优惠管理办法》，规定：①采取职工自愿形式，以口粮田为主；②由农场免费提供果树苗，并免费负责栽植，以梨树、桃树与苹果树为主，农场无偿提供技术支持；③果树种植户每年补贴300元/亩，暂定补贴三年，补贴一年一发，并与种植职工签订补贴协议；④果树种植平均密度每亩不低于255株，树间地不能种小麦、玉米等农作物。

2016年8月29日，海兴县委常委、副县长孙文强主持召开会议，专题研究汤孔公路两侧绿化树木管护，打造绿色精品廊道问题。会议指出，随着海兴农场现代农业园区快速发展及农场变林场行动深入推进，各级各部门、社会各界到海兴农场指导工作、参观学习、旅游观光日益频繁。为提升整体形象，2014年秋冬季以来，对汤孔公路两侧各100米进行了绿化。为做好汤孔公路两侧绿化树木管护，把汤孔公路打造成绿色精品廊道，根据《海兴县人民政府关于全县通道绿化管护工作的批复》（海政复〔2016〕55号）精神，县财政每年按5.47元/株拨付管护经费。农业局将树木管护人工费（2.9元/株）扣除后，其余管护经费25.16万元由农业局拨付给海兴农场，由海兴农场负责组织实施。

2017年9月13日，为深化农垦改革，不断推进供给侧改革，结合全县东工中城西生态的要求，海兴农场在不断加大绿化种植面积打造森林公园的基础上，确定在原"明泊洼"地块区域性实施林果种植全覆盖战略，预计利用两年时间完成。为此，海兴农场制定《关于开展区域化林果种植全覆盖战略的实施方案》，该项战略按责任划分，结合土地流转工作，提倡职工参与大面积（50亩以上）林果种植。农场成立以贾福利为组长的领导小组，明确高新区种植负责人为吴金明，五千六（地名）和三千七（地名）种植负责人为董海峰，东区种植负责人为刘月生。

对管护不到位的职工进行处罚。2018年5月28日，由两名职工管理的护林地没有落实合同约定的条款，杂草未除，树木有损坏情况，垃圾倾倒现象严重，国营海兴农场林地管理督察组责令其于6月15日前整改完毕，并予以罚款1000元。6月20日，海兴农场出台了《海兴农场森林公园管护中心工作职责及管理制度》。

海兴农场森林公园管护中心工作职责及管理制度

一、认真贯彻执行《森林法》《森林防火条例》等林业法律法规以及国家、省市县有关森林资源保护与管理的规定，积极开展林业政策的宣传教育工作，提高广大职工和土地经营户遵纪守法和爱林护林的自觉性。

二、明确管护责任区范围及管护职责

1. 管护范围：汤龙洼北丁字路口至小黄村桥（包括二队、三队）以及场内主要道路两侧 20 米范围内绿化以及道路养护。

2. 掌握森林资源状况，确定工作重点，完善管护机制，有权要求承包户、开发商及管护公司落实管护措施。

3. 森林公园管护费由森管中心根据工程提出申请、预算，报批验收合格后支付，包括：燃油、电费、车辆维修费、人员加班费及人员绩效工资等。森林公园管护中心负责落实农场与管护人员（公司）签订的各项协议。

4. 如因管护中心监管不力导致没有达到农场要求，由农场处罚管护中心，管护中心再按照协议对管护人员或公司进行处罚。

三、森林公园具体管护要求及处罚

1. 对管护区内道路、沟渠、宣传牌、标志牌等基础设施进行日常督导维护，发现问题及时通知管护人员修缮。如出现重大损毁必须及时向农场汇报。如被发现管护区内基础设施被损毁没有及时修缮或向上级汇报，视损毁程度扣罚森管中心 200～2000 元/次。

2. 按要求做好对辖区树木的护理督导。

（1）对管护范围内的树木进行日常巡查，掌握树木生长情况，如有树木不能正常生长的情况，及时告知农场。

（2）根据不同树种，督导管护人员每年修剪不少于两次。除此以外，按照农场的要求再进行修剪。按要求督导管护人员给树木进行施肥。如发现没有按要求修剪树木或施肥，扣罚森管中心 200 元/次。

（3）做好日常病虫害监测预防工作，一旦发生病虫害，能够及时发现和督导救治，保证不形成灾害。如没按要求进行病虫害督导防治，造成灾害，视灾害程度扣罚森管中心 200～2000 元/次。

（4）做好浇水及排涝，如发生干旱或涝灾，及时督导管护人员浇水或排涝，保证树木正常生长。如没按要求进行督导浇水或排涝，造成树木死亡，扣罚森管中心 5 元/棵。

（5）及时督导管护人员清理树间杂草，使之不影响树木生长和美观，清理后的杂草均铺在树下。其中，主要道路及其两侧 100 米内不得使用灭草剂，且草保持不高于 20 厘米。如没按要求督导清理树间杂草，影响树木生长和美观，视情节轻重扣罚森管中心 200～2000 元。

（6）在火灾易发季节，要加强巡视，一旦发现火情，做到及时发现和消灭。如因管理不当引发火灾，按着火面积扣罚森管中心 200～2000 元/次。

（7）防止牲畜啃咬、盗窃及没有办理相关手续进行移栽等破坏。如发生盗窃等人为破坏现象，视情节轻重扣罚森管中心 200～2000 元/次。

（8）倒伏扶正。如树木因风雨发生倒伏，要及时督导扶正。如树木确已死亡，要及时进行督导移除。如没有及时督导扶正或移除，视情节轻重扣罚森管中心 200～2000 元/次。

四、本规定自下发之日起执行。

2018 年 6 月 20 日

2019 年 4 月，海兴农场为进一步加强森林管护及环境管理工作，维护良好生态环境，经场长办公会研究决定成立森林管护及环境管理工作领导小组。场长贾福利任组长。领导小组下设环境巡查小组，环境巡查小组由李树松任组长。

第三节　畜牧业管理

盐山县农场畜牧业管理主要由各队管理，同时建有专门的畜牧队。

1965 年以后，海兴农场加强了全场动物防疫工作，实施防疫统筹制度，对口蹄疫、布病、出败、气肿疽防疫、疥癣、羊痘、猪瘟、猪丹毒、猪肺疫、仔猪副伤寒防疫等动物疾病进行重点防控。

农场设有兽医站。兽医站负责全场的饲养动物的防疫、监督、检查工作，并且负责居民家庭饲养动物的防疫工作。

第四节　农业保卫

自盐山县农场建立以来，就重视农业安全保卫工作，一是防止盗窃，二是防止破坏。

盐山农场搬迁到孔庄子一带后，农场耕地与农村社队耕地犬牙交错，安全保卫形势更加复杂，农业生产中偷、抢、丢现象非常严重。海兴农场专门组织保卫力量，负责农业安全保卫工作，保护粮食生产。1959 年 5 月 16 日，盐山县农场夏收关于保卫安排意见，提出摸清惯盗和"筐子手"的底数。

1967 年 8 月 4 日，盐山县刘务庄子 80 余名群众哄抢海兴农场高粱 2.5 万余公斤，经地县有关部门解决，事态很快得到平息，哄抢的粮食大部分被退回。

1979 年，海兴农场成熟的农作物成批成块被盗抢，损失小麦超过 15 吨，损失秋粮超过 10 吨。县公安局多次维持生产秩序，但效果不明显。

1980 年，海兴农场加强了农业安全措施，农业生产被盗抢情况减少。11 月 5 日夜间，农场五队场内被 6 名不法分子用小推车和自行车盗走黑豆 1200 斤。

1981 年 1 月，海兴农场加强春节期间的治安保卫工作，对职工宿舍、家属院、生产队的仓库、牲口棚等进行安全检查，备好灭火用具，组成 24 名民兵参加的保卫小组昼夜巡逻。

1983 年 6 月 3 日，海兴县公安局和盐山县公安局为加强麦收期间安全保卫，在海兴农场联合召开三夏联防工作会议，参加会议的有海兴、盐山两县毗邻的 4 个场社的党委、派出所和 32 个农场连队、农村生产大队的主要负责人。会议认为夏收保卫是当前治安工作的中心任务，海兴农场地处河北省海兴、盐山两县交界之地，与山东省相邻，比较偏僻，过去案发率较高，鉴于目前正处于三夏大忙季节，一些不法分子可能要乘三夏大忙之际作案，扰乱社会秩序，为搞好夏收保卫，维护社会治安，会议要求各社场要切实加强"四防"组织，利用一切宣传工具对广大群众进行社会主义法制观念教育，制定护麦公约，并要求各社场党政部门和保卫组织依法办事，不徇私情，对违反和破坏社会秩序者要严肃处理，对于故意破坏外捣乱的要送交司法部门依法惩处。同时要求与会人员继续保持和发扬过去联防工作的光荣传统，加强各毗邻社队的密切合作和团结，切实做好治安保卫工作。海兴县公安局教导员李寿维主持了会议。海兴县公安局局长高秀敏和盐山县公安局副局长李永生在会上讲话。

1998 年 6 月 4 日，海兴农场六分场 320 亩小麦被马庄子村民抢光，累计损失小麦 20 万斤，造成 12 户断粮，25 户农工减产 85% 以上，112 人无饭可吃，给国家造成直接经济损失 25 万元。

海兴农场同样重视树木的安全保卫，发现树木被盗被毁现象，及时处理。2012 年后，随着林业事业的快速发展，海兴农场组织护林队伍负责森林防盗，设有专职护林员。

第五节　抗灾减灾

一、防洪除涝

海兴农场对防汛工作高度重视，为了切实做好防汛工作，确保度汛行洪安全，根据《中华人民共和国防洪法》确定的谁设障、谁清除的原则，每年都提前做好安排，都成立防汛领导机构，坚持做到抓紧抓实抓好，确保汛期安全。

1996年7月28日，根据县防汛工作会议精神，为保证农场工农业生产不受损失，保障国家财产和人身安全，海兴农场成立防汛领导小组。组长韩丑清，副组长邢建国、许红永、柴金月，下设三个防汛常备队。要求：①工农业单位的民兵连专任组长听到命令，迅速到指定地点集合待命；②六分场准备200根木桩，河堤上所有树木备用；③指挥地点设在场部农业处，北部集合地点在橡胶厂；④后备队500人，其中工业单位200人、农业单位300人。

2011年8月8日，海兴农场组建防御风暴潮抢险队伍。总指挥刘竹青，副总指挥董海峰、张殿峰。下设后勤保障队、防范救险队、卫生队、安监宣传队，准备编织袋等物资、车辆。

2013年5月，根据《海兴县防汛抗旱应急预案》有关规定，结合农场实际，制发了《海兴农场防汛抗旱应急预案》，成立了以场长贾福利为指挥长，场领导吴金明、王玉庆、董海峰、井树伟、张殿峰为副指挥长的防汛抗旱指挥部；成立了防汛抗旱抢险队伍。全场共成立了5个队共150余人的防汛抗旱抢险队伍，同时储备了防汛抢险物资。实行防汛区域分片领导牵头负责制，按照各组的防汛抗旱职责，责任落实到人，切实做到防汛抗旱工作事事有人管，处处责任明。

2018年4月份，海兴农场召开防汛抗旱专题会议，场长贾福利主持并对全场防汛抗旱工作进行安排部署：一是健全防汛抗旱组织机构，落实工作责任。成立由场长为指挥长、各区书记为副指挥长的防汛抗旱指挥部，指挥部下设办公室，负责日常工作和做好防汛抗旱的协调工作。二是突出重点，做好防汛抗旱各项准备。各职能办公室各司其职，制定防汛工作方案和重点地段抢险预案，组织协调好防汛抗旱所需人力、物力、财力，并及时做好宣传报道工作。组建抢险队伍，积极开展业务培训和演练。各区从5月1日起实行24小时值班制，确保汛情、旱情的信息畅通。三是认真开展汛前大检查，做好沟渠清理工作。场防汛抗旱指挥部组织力量对辖区内的防汛重点河段、重点工程、低洼易涝区等逐一进行检查，并及时整改。各区和各企业在汛期前重点对低洼易淹区、区内排水设施进行拉网式排查，对检查出的问题，能及时解决的要及时解决，不能及时解决的，要制定好度汛方案，并明确整改时限。

2018年5月31日，海兴县防汛抗旱指挥部向各乡镇农场发出《关于清除影响行洪排沥阻水物的通知》和《海兴县防汛抗旱指挥部关于健全防汛责任制和加强防汛纪律的实施意见》。同日，海兴县防汛抗旱指挥部印发《关于明确各级政府行政首长防汛职责的通知》，明确各级行政首长在防汛抗旱工作方面的主要职责。

2018年5月31日，海兴县防汛抗旱指挥部将各乡（镇）场及城区防汛工作、漳卫新河险工险段、内河及海堤防汛工作进行责任分包（表 5-8-1）。县政府副县长孙文强负责海兴农场防汛工作。

表 5-8-1　海兴农场范围内县级领导分包内河责任表

姓名	内河名称	长度（千米）
刘明亮	宣南干沟	21.5
寇艳春	宣惠河	36.2
郭长青	宣北干沟	12.5
马玉辉	郑龙干沟	12.7

2019 年 6 月 21 日，海兴农场研究部署防汛工作，排查防汛隐患。7 月 24 日，海兴农场传达落实《河北省防汛抗旱指挥部办公室关于认真贯彻落实李克强总理指示精神做好当前防汛工作的紧急通知》。7 月 29 日，海兴农场场长贾福利指示，要求农场应急办公室做好防汛应急工作。

二、抗旱

海兴农场历来对抗旱非常重视，建有抗旱组织和专门抗旱队伍，每个生产队都把抗旱作为重要任务。

1965 年，海兴农场遭遇历史上罕见的严重旱灾，春旱连秋旱。农场党政领导班子带领全场农工采取各种措施应对旱情，从春天开始，开展打井运动，各国营队和农村队共打压井 45 眼、土井 98 眼，春天使用水泵、水车、戽斗、辘轳、水桶、水盆等工具，利用地上水和地下水浇灌小麦 5200 亩，春播农作物 8600 亩。10 月，农场进行全民发动，掀起了"男女老少齐上阵，千盆万罐一齐上"的"三保运动"（保丰收、保种麦、保春播）。当年，海兴农场粮食总产量 130 万斤，平均亩产 137 斤，为国家提供商品粮 70 万斤，总收入达 33.8 万元。

1968 年，海兴农场遭遇特大旱灾，年降雨量仅 120 毫米，禾苗枯死，粮食减产。面对旱情，农场干部职工积极采取多种措施抗旱保生产。

1972 年，海兴农场遭遇严重旱灾，农场干部职工积极抗旱保生产

1983 年 11 月，海兴农场开展以浇地为中心的麦田管理，启动扬水站 3 处、机井 7 眼，动用机器 59 台，投入劳力 1600 余人，完成冬灌麦田、白地浇地 15000 亩。

1989 年春节期间，海兴农场从盐山县引水，为小麦浇上了返青水。为加强抗旱，海兴农场鼓励家庭农场采用地下水抗旱浇麦，农场党委、管委会决定家庭农场每购买 1 台真空井泵，农场补助 100 元，每浇 1 亩地，农场补助 2 元全场共购买机带真空井 20 台，浇麦 3000 多亩。

1993 年 4 月 6 日，随着旱情越来越重，海兴农场出台《关于抓好"一抗双保"和脱贫致富的意见》：①抗旱浇麦。从现在起，必须尽最大努力，挖掘地下水源，保证每人浇一亩麦田。各分场必须每五天报一次浇麦进度。农业处每隔 2~3 天去各分场检查督导。通过检查落实，凡从 4 月 6 日后抗旱浇麦的，每亩补款 2 元到户（此款在夏粮征收时兑现）。②抗旱保春播。各分场要及时抓好抗旱保春播的工作，要求必须达到每人一亩棉花和西瓜和一亩粮豆作物。场将给予一定的抗旱补贴，具体标准是：①每抗旱播种一亩地膜棉花，补贴种植户 3 元；②抗旱播种一亩地膜西瓜，补贴种植户 3 元；③每抗旱播种一亩平播棉花，补给种植户 1 元；④每抗旱播种一亩平播粮，补给种植户 1 元。各分场在搞好抗旱播种的同时，马上做好开沟等雨工作。上述补贴款在秋季粮油征收中兑现。

2013 年 7 月 10 日，海兴农场成立防汛抗旱工作领导小组，贾福利任组长。

另外，海兴农场还实施人工增雨，以解除或缓解农田干旱。海兴县人工增雨的方法主要是发射碘化银火箭弹和飞机播撒碘化银增雨两种方式。1996 年以来，海兴农场人工增雨效果明显。2019 年 4 月 8 日深夜，海兴县域内迎来降雨天气，在沧州市人工影响天气办公室统一指挥下，作业人员及时抓住有利时机，于次日凌晨 00 时 12 分在海兴农场作业点顺利开展人工增雨作业，此次降水不仅降低了森林火险等级，也对农业生产起到了积极作用。

三、防雹

1996 年，海兴县加强人工影响天气工作，在县气象局设立防雹指挥中心，在海兴农场设立移动防雹站，配备火箭炮 1 门，既能人工防雹，又能人工增雨。随着冰雹预测精准性的提高，防雹火箭炮的性能改进，海兴农场基本解除了雹灾的威胁。

四、防蝗

国营海兴农场历史上就是蝗灾多发区。海兴农场在搬迁之初就重视防蝗工作。一是人工除治。在蝗灾可能发生的年份，及时动员职工，除治蝗灾。二是实行动物除蝗。采用在农田里放养鸡吃掉蝗虫。三是农药除治。及时喷洒农药，除治虫蛹。

1959 年，全场共发生蝗虫面积 3000 余亩，普遍治一次，有的两次。人工除治 500 余亩，鸡吃 300 余亩。

1962 年 5 月，海兴农场、明泊洼农场一带发生蝗灾，盐山县政府和农场组织农工捕打，国家派飞机洒农药，由于处置及时，没有成灾。

1966年春夏之交，海兴农场、明泊洼农场一带发蝗灾，国家使用飞机灭蝗。

1970年后，海兴农场蝗灾发生减少，危害变小，农场每年都注意观察蝗蝻发生情况，发现问题随时解决，没有形成较大的蝗灾。

五、治碱

海兴农场一带历史上碱灾严重。盐嘎巴就是人们对严重的盐碱地上春天秋后所形成的白色盐碱表皮的叫法。海兴农场属海积河积平原的一部分，因地势低洼，盐碱地遍布全场，由南往北、从西到东逐渐增多加重。过去，宣惠河以北几乎盐荒一片。

中华人民共和国成立后，由于大规模的除涝治碱，特别是根治海河，建设沟洫台田，治盐治碱效果明显，大部分盐碱地变成"米粮川"甚至变成了高产田。

20世纪60年代开展的大规模台条田工程，把大片盐碱地变成耕地。通过水利工程、改土治碱、建设台条田、田菁压碱等方法，土地盐碱灾害逐步减轻。

1965年，海兴农场耕地面积1938公顷，其中洼地300公顷，占15.5%；碱地533公顷，占27.5%；良田1105公顷，占57%。

在20世纪70年代，生产队集体经营的后期，人们的生产积极性不高，土地盐碱化改良进度变慢。

1983年，建立家庭农场后，人民群众的生产积极性得到极大激发和释放。十几年时间，全场盐碱地所剩无几，几乎全部改造成了耕地、林地和其他非农用地。

2012年后，海兴农场积极开发荒地，改造盐碱地8600亩，使盐碱地全部得到改造，从此海兴农场内基本消灭了盐碱地。

第六节　农业补贴

一、种植业补贴

为保障国家粮食安全和提高农民收入，2004年起，我国取消农业税同时全面实行对种粮农民的直接补贴（以下简称粮食直补），粮食直补机制初步确立，补贴数额逐年增加，国家先后设立种粮农民直接补贴、农资综合补贴、农作物良种补贴和农机购置补贴四项补贴，补贴资金采取直接发放。国营农场同样享受农业补贴政策，这项政策实施以来，对国营海兴农场降低粮食生产成本、调动农工种粮积极性、促进粮食稳产增产、增加农工收入发挥了重要作用。

2004 年，河北省开始对国营农场实行种粮农民直接补贴。同年河北省对水稻、小麦、玉米、棉花实行良种补贴全覆盖，对生产中使用农作物良种的农民（含农场职工）给予补贴。海兴农场开始落实种粮农民直接补贴。

2005 年，海兴农场执行海兴县统一的单位面积补贴标准，粮食直补面积在有关统计资料反映的耕地面积内，根据应补贴粮食品种的实际种植面积核定。

2006 年，中央财政对种粮农民（含国有农场的种粮职工）因成品油价格调整增支给予补贴，并综合考虑当年化肥、农药、地膜等农业生产资料预计增支因素，在已有粮食风险基金安排的粮食直补资金基础上，中央财政再新增补贴资金，对种粮农民 2006 年柴油、化肥等农业生产资料预计增支实行综合直补。

2008 年 3 月 31 日，海兴农场制定出台《2008 年粮食直补和农资综合直补工作实施方案》，对种粮农民直接补贴。4 月 3 日，农场召开专题会议，全面部署 2008 年度粮食直补和农资综合直补工作。海兴农场规定粮食直补和农资综合直补的补贴范围原则上为本场适宜种植粮食的区域，已实行退耕还林的区域不予补贴；补贴的对象为补贴区域范围内的种粮农户。3 月 31 日，海兴农场成立对种粮农民直接补贴工作领导小组。海兴农场执行全县统一补贴标准 54.57 元/亩，共发放直补资金 121 万元，涉及 8 个农业队 712 户，补贴面积 22173.1 亩。

2009 年，海兴农场继续实行粮食直补和综合直补、沼气池补贴、小麦玉米棉花良种补贴政策。当年良种补贴的执行标准为棉花每亩补贴 15 元，小麦、玉米每亩补贴 10 元。

2011 年 3 月 1 日，海兴农场启动 2011 年度粮食直补工作，成立粮食直补工作领导小组，并将工作细化至全场农业科、财务科等相关科室，要求在遵循公开、公平、公正原则的同时，提前动作，狠抓落实，将此项工作开展好。通过信息采集、数据录入、张榜公示等程序，全部落实到位。2011 年全场落实粮食直补和综合直补面积 22173 亩，每亩补贴 54.44 元，落实补贴资金 120.71 万元，惠及 7 个农业队 600 余户农民。

2013 年，海兴农场发放良种补贴资金 103.09 万元、粮食直补及综合直补资金 140.49 万元。

2013 年 11 月 30 日，海兴农场制定《二〇一四年粮食直补和农资综合直补工作实施方案》。粮食直补和农资综合直补的补贴范围为适宜种植粮食的区域，实行退耕还林的区域不予补贴。补贴的对象为补贴区域范围内的农户。执行县统一的单位面积补贴标准，补贴面积在有关统计资料反映的耕地面积内，根据补贴的区域范围确定。粮食直补和农资综合直补的补贴金额根据农户补贴面积和县农资直补单位面积补贴标准计算为：农民计税面积与全县统一粮食直补和农资综合直补补贴标准的乘积。农户承包地转租转包的，原则上对承租（包）者进行补贴。原承租（包）合同有约定的，尊重农民意愿，按承租（包）合同的约定补贴。

2017 年 9 月 20 日，海兴农场针对农业补贴政策在实施过程中出现补贴脱离种粮对象、补贴精准度变弱、补贴效益递减、补贴发放成本高等问题，制定《海兴农场农业"三项补贴"改革工作实施方案》。①补贴资金由省财政厅依据《河北省财政补贴信息系统》中统计出的 2016 年农户补贴面积数进行补贴；②补贴对象为与海兴农场签订合同的职工，开发商户不予补贴；③补贴依据为职工与海兴农场签订的合同面积；④补贴标准按海兴县统一的单位面积补贴标准执行；⑤补贴发放严格执行补贴资金专户管理制度，确保补贴资金封闭运行，实行补贴兑付"一卡（折）通"；利用《河北省财政补贴信息系统》发放补贴资金和补贴通知，提高兑付效率，落实补贴公示制度，执行补贴信访受理制度，落实定期检查与重点抽查相结合的补贴监督机制，发现问题及时纠正处理，杜绝虚报冒领、截留挪用补贴资金等违规现象。

农业机械购置补贴也开始于 2004 年。2017 年，海兴县补贴机具为动力机械、收获机械、耕整地机械、种植施肥机械、田间管理机械共 5 个大类 7 个小类 10 个品目。海兴农场部分农工享受到该项补贴。

二、畜牧业补贴

2008 年，国家实施能繁母猪补贴政策。

2019 年，为应对猪肉价格过高的问题，河北省规定对存栏 50 头以上的生猪规模养殖场，圈舍的新建、引种、粪污处理、贷款等方面实施补贴。补贴标准为新建圈舍每平方米补贴 40 元，沼气每立方米补贴 150 元，引进良种母猪每头补贴 400～600 元，贷款贴息 50%；对农户饲喂的能繁母猪实施补贴；非洲猪瘟造成大量生猪被扑杀，根据政策规定，被合法扑杀生猪给予补贴。

三、林业补贴

2002 年，国家实施退耕还林工程。海兴农场及时落实相关政策，加快退耕还林，实施退耕还林政策的农户享受到政策补贴。

第七节　园区建设

海兴农场园区建设不断发展，经历了特色养殖与种植基地、现代农业示范园、海兴农业科技园区、现代农业园区等阶段。

一、农场特色养殖与种植基地

2012年4月6日，河北省国营海兴农场编制完成《海兴农场特色养殖与种植基地扶贫项目可行性报告》。全场面积10.5万亩，其中耕地4.5万亩，林地1.4万亩，宜农宜林荒地3万亩。项目区占地面积16800亩，土壤质地：60％为砂质壤土，40％为中壤土或黏质壤土。pH为7～7.8，有机质含量为0.99％～1.3％，土壤含盐量为0.19％～1.38％，速效磷为8～20ppm，速效钾为120～230ppm，碱解氮为25～60ppm。全场地势平坦。

建设宗旨：充分利用项目区土地资源优势，以特色养殖与种植推动高效农业发展；以生态为目标，坚持"全面保护、生态优先、突出特色、科学利用、持续发展"的方针。通过对项目区合理划分，逐步构建良性循环的生态农业系统，实现项目区资源的有效、可持续利用，充分发挥项目区在农场发展中的生态、经济和社会效益，促进农场高效、快速发展。

项目建成后，基地将向全场推广，将改变农场传统农业不足，加快农场产业结构调整，增加职工收入，同时，养殖产生的有机肥，可为种植提供经济又环保的肥料，种植又为养殖创造良好的生产环境，待种植区牡丹生长三年后，可在牡丹园中进行野鸡与柴鸡放养，从而实现农场循环经济。项目建成，对基地周边经济、社会效益可起到辐射作用，并为下一步搞农业特色旅游奠定基础，可大大吸纳农场剩余劳动力，带动农场各项事业的快速发展。

以"整体、协调、循环、再生"为总的指导思想，按照"生态化、资源化、无害化"的原则，建设基地项目。以循环经济理论为指导，充分体现生态农业、环保农业、绿色农业、特色养殖与种植的优势，形成一个经济、合理、完整的良性循环系统。

采用科学划分项目区方式，保持与居民区有合理距离，在畜牧队与四队分别划出养殖场区和种植区，建成两个拥有水、电、路、水利等配套设施完备的特色种植和养殖基地。

在畜牧队基地，建年出栏肉鸡50万只、野鸡3万只、柴鸡7万只的养殖场区3个，占地面积600亩，种植区分牡丹种植区8000亩，大棚种植区400亩。修建排水渠4公里，砖路3公里，桥涵3座，小型水闸1座。

在四队基地，建年出栏肉鸡 50 万只、野鸡 3 万只、柴鸡 4 万只的养殖场区 3 个，占地面积 500 亩；种植区分牡丹种植区 7000 亩、大棚种植区 300 亩。修建排水渠 3.5 公里，砖路 2 公里，桥涵 2 座，小型水闸 1 座。

工程投资估算 1500 万元，其中养殖投资 800 万元，种植投资 600 万元，配套路、电、水利等投资 100 万元。

二、农业生态园

2007 年 12 月 3 日，海兴农场规划建设的农业生态园项目完成一期工程，动土 10 万立方米，到位资金 50 万元，该项目总投资 1200 万元，计划分三期二年时间完成。

三、现代农业示范园

2014 年，海兴农场委托河北省农林科学院、北方设计研究院，规划设计万亩现代农业示范园，园区占地 1.1 万亩，总投资 3.8 亿元。园区引进了沧州市一逸柳树育种有限公司、新海岸设施蔬菜种植基地、河北天霖农业高效开发有限公司、黄骅市庆生园林工程有限公司、如是农业科技有限公司等一批有规模、有实力的企业，产业涉及苗木培育、大棚果蔬，形成以耐盐碱柳树、速生白蜡、国槐、大叶女贞、金叶榆、红叶石兰、红叶梨、红叶碧桃、法国梧桐等为独具特色树种的地域品牌。沧州市一逸柳树育种有限公司柳树种质资源库现已成为全国柳树品种最全的良种基因库，公司收集引进柳树无性系 136 个，成功推出速生、耐盐碱、观赏和耐干旱瘠薄等百余种柳树良种，建立了柳树资源汇集圃，已有三个品种申请国家新品种保护，渤海柳 1 号已获得国家新品种授权，选育出的 9901 柳已通过省林木良种审定。2014 年示范园已完成 9000 亩苗木种植，品种包括榆树、梨树、柳树、海棠、桃树、黑松、国槐、竹子、桑树等。其中，柳树共有 127 个品种，已获国家林科院柳树种质资源库认证。完成设施农业 300 亩，蔬菜大棚 120 个，完成 400 亩有机菜花育苗，种植葡萄 260 亩，地下输水管网工程已全部铺设完毕。

四、海兴农业科技园区

2015 年，海兴县人民政府向省科技厅申报在海兴农场建立海兴农业科技园区。7 月 17 日，河北省科技厅专家组一行 9 人对农场申报省级农业科技园区工作进行现场考察，先后实地考察了博远现代农业生态园区循环经济项目、辣木种植区、高档苗木种植区等项目,专家组对农场现代循环农业科技示范园运用现代循环农业的理念给予高度评价。9月23日,海兴农业科技园区被河北省科技厅认定为省级农业科技园区,填补了海兴县没有省级农业科技园区的空白。10月28日,海兴县人民政府成立河北海兴省级农业科技园区管理委员会。

五、海兴现代农业园区

海兴现代农业园区规划面积3万亩,区位优势明显,特色主导产业鲜明,园区以科技创新为支撑,以成果转化为手段,通过核心区引领、示范区带动和辐射区扩散发展路径,全面探索现代大农业融合创新模式,努力将其打造成为京津冀农业科技协同创新的综合示范基地。

2015年12月9日,海兴县政府成立海兴农场现代农业园区建设领导小组,县长回永智任组长,常务县长邢浦忠、副县长孙文强、政协副主席杨长新任副组长。同日,海兴县人民政府办公室印发《海兴农场现代农业园区管理委员会主要职责、内设机构和人员编制规定》的通知,明确海兴农场现代农业园区管理委员会为县政府管理的事业机构,内设办公室、规划管理股、招商引资股、项目管理股。

2016年,规划建设海兴现代农业园区。海兴现代农业园区以海兴农场为核心区,规划占地8.2万亩,辐射带动周边乡镇50万亩,园区的定位目标是打造一个"省内一流,独具特色的集农产品精深加工、农产品流通市场、农业生态旅游等一二三产业融合产、销、游于一体的现代农业综合区",带动海兴及周边部分县市的现代农业发展。海兴现代农业园区核心区重点建设"一核、两区、四基地"。"一核"即以国营海兴农场为核心,"两区"即农产品生产区和深加工区,"四基地"即有机食品产销基地、耐盐碱林果基地、绿色养生养老基地和农业休闲旅游观光基地。园区总投资40.62亿元,预计2022年建设完成。

2016年2月18日,海兴县人民政府邀请省农业厅发展规划处副处长金宇与专家组一行来海兴农场,对《海兴现代农业园区发展规划》进行论证,县委常委、副县长孙文强、沧州市农牧局副局长赵仁顺、沧州农场站站长王国柱、县农业局局长李世峰、场长贾福利等相关领导参加了专家论证会。与会专家考察了现场、听取了汇报,经过质询和认真讨论,一致认为该规划体现了现代农业发展理念、设计合理,具有前瞻性、科学性和可操作性,同意通过规划论证。

2016年12月份,海兴县现代农业园区被省政府认定为省级现代农业园区。

2017 年 3 月 18 日，海兴农场现代农业园区东区基础设施建设项目领导小组成立，副场长井树伟任组长。6 月 2 日，国家发改委召开全国农业 PPP（Public-Private-Partnership）第一批试点项目筛选答辩会，海兴现代农业园区通过答辩。7 月 28 日，国家发展改革委办公厅、农业部办公厅正式公布海兴现代农业产业园项目进入国家农业领域政府和社会资本合作第一批试点项目。当年，沧州市委宣传部、沧州市农牧局授予海兴农场现代农业园区十大"最美现代农业园区"称号，并下达市级补助资金 40 万元。

2018 年，河北省向海兴农场现代农业园区下达省级奖补资金 260 万元。

六、基地建设

海兴农场现代农业发展规划为 4 个基地，即耐盐碱苗木基地、有机食品产销基地、农业休闲旅游观光基地、绿色养生养老基地。

1. **有机食品产销基地**。依托农场优良生态环境，大力发展有机食品产业，积极将资源优势转化为经济优势。稳步扩大绿色、高端、新特农产品生产规模，全面提升农业绿色化、优质化、特色化、品牌化水平，规划建设有机蔬菜和有机水果生产销售基地，同时做好有机食品深加工等项目，进一步深化农业结构调整、发展高效生态现代农业。海兴农场发展"林下经济"养殖 7000 余亩，养殖数量约 18 万只（头），包括朗德鹅、樱桃谷鸭、非洲雁、有机山羊、黑猪、三黄鸡、渤海驴等，增强农产品市场竞争力。同时发展辣木、草莓、大棚桃等系列有机农产品。同时，做好农产品仓储物流及电子商务建设。

2. **苗木基地**。2013 年以来，根据海兴县委、县政府把海兴农场打造成绿色"西部生态园"的总体要求，按照县委、县政府"农场变林场行动"决定，海兴农场秉承"绿化就是文化，造林就是造福"的理念，委托中国农业科学院、河北农科院和河北省北方规划设计院，规划建设 5 万亩苗木基地，苗木基地项目从规划上高端定位，建设上高效率推进，管理上高标准要求，努力打造成为省内一流、国内知名的富有影响力的特色苗木基地。基地引进了一逸柳树育种、绿源苗木、庆生园林、如是农业等一批苗木公司，品种包括海棠、金叶榆、龙柏、黑松、碧桃、梨树、柳树、桃树、国槐、桑树等多种高中档苗木。现已建成全国柳树品种最全的良种基因库和柳树资源汇集圃，收集引进柳树无性系 136 个，成功推出速生、耐盐碱、观赏和耐干旱瘠薄等 400 余种柳树良种，已获林科院柳树种质资源库认证。进一步带动了农场耐盐碱苗木实现规模化发展，促进农场现代林业发展和职工增收，鼓励广大干部群众，特别是具有一定技术专长的专业技术人员深入基地，领办、创办苗木企业或承包基地，开展技术承包、经营承包，为海兴农场森林公园的建设奠定基础。

3. **有机梨基地**。海兴农场按照"林果兴场"的总体思路，依托森林公园既有生态环境，大力发展有机林果产业，积极将资源优势转化为经济优势。自 2015 年起，总投资 4500 万元，采用篱笆式种植模式种植有机梨 3000 余亩。品种包括鸭梨、秋月、香红、皇冠、雪青、玉露香、新梨七号等优质品种，梨园采用人工捕杀、诱虫灯诱杀等物理防治办法对病虫害进行防治。与河北省农林科学院、河北农业大学及南京农业大学合作，梨树的种植管控过程全部按 BeMMO 体系（有益微生物驱动的全过程有机种植体系）要求进行，并使用 BeMMO 体系的投入品，种植过程中严格按照有机农产品的生产操作规程实施，以牛、羊粪为底肥，不施任何农药、化肥、除草剂等，以有机生态循环的自然生长方式种植，采用防虫网、诱虫灯、性诱芯等对病虫害进行防治，并在林间养殖大鹅食虫除草，真正做到生态、自然、健康、安全，已注册"冀海农"商标，申报完成"海兴碱梨"地理标志商标。通过几年来的有机种植，部分梨树进入初果期，产量 15 余万斤，与烟台洛嘉果园、山东一正有机、上海上膳源、辽宁京翠元、北京食安公社、春燕有机小屋等多个专门销售有机水果的电商平台建立合作关系，已打开有机梨的销售的途径。平台有机梨售价每斤都在 8 元以上，年销售额 120 余万元。

4. **农业休闲旅游观光基地**。依托农场"五万亩森林公园"优质的绿色生态空间，结合田园景观及农场文化，总投资 5 亿元，提升"百花园、百果园、百松园、百鸟园、百鹿园"等"五百园"工程，建设生态观光、农业采摘、鱼虾垂钓、农家生活体验等项目，具备会展、住宿、餐饮、娱乐等功能，建成集现代农业、休闲农业、健康养生于一体的"渤海湾田园综合体"。

5. **绿色养生养老基地**。总投资 4.75 亿元，打造园林式集养生、养老、老年病医疗、康复为一体的综合性健康养护中心。

基地占地 2700 余亩。建设成为可容纳 3000 多人的"生态疗养、医养结合、智慧养老"康养基地。打造园林式集养生、养老、老年病医疗、康复、护理及残疾人矫形康复为一体的综合性健康养护中心。

第九章　农业企业

第一节　种植业企业

一、机务队

机务队是海兴农场为农业服务的重要力量，成立于 1960 年，最初有拖拉机 2 台，播种机 2 台。

1972 年春，海兴农场机务队增加电焊条生产项目。机务队的十几名工人利用废弃零件创制成功一套生产焊条的动力设备，节约资金 1.2 万余元，工效比原来提高 30 倍，产品质量得到明显提高。

机务队主要业务有 4 部分：农业服务、运输、修配、推土机承包工程。

2002 年，机务队停止运营。

二、海兴县凯泊农业开发有限公司

海兴县凯泊农业开发有限公司于 2010 年 4 月正式成立，注册资金 2000 万元，当年该公司已与北京长城公司签订开发园区的协议，总投资 1100 万元，北京长城公司已注入资金 500 万元，主要用于建设园区基础配套设施。2014 年 9 月，海兴县凯泊农业开发有限公司改制为河北天竺宝辣木有限公司。

三、海兴县新海岸农业开发有限公司

海兴县新海岸农业开发有限公司成立于 2013 年 5 月，注册资金 1000 万元，总投资 5000 万元，规划占地 1000 亩。该公司设施蔬菜种植基地按照"科学种植，特色突破，产业经营"的发展思路，广泛运用设施农业种植，积极引进蔬菜抗病品种、科学示范嫁接栽培技术、致力推广无公害蔬菜生产理念。基地聘请山东省大棚蔬菜农业技术专家全程实地

指导，采用现代化设施栽培种植西红柿、黄瓜、叶菜和辣椒等早春和秋冬反季节蔬果品种，产品主要销往京津等地区。该公司在农场的帮扶和支持下，以科学种植为抓手，以特色农业为突破，以产业经营为目标，加快农业生产从分散经营向集约经营的转变，解决农户资金投入困难、市场信息不足、生产技术缺乏及销售渠道不畅等问题，充分发挥示范与辐射作用，带动本地蔬菜种植业向规模化、产业化、特色化、现代化方向蓬勃发展。

2013年首期工程投资800多万元，建成高标准温室大棚10个，占地30亩，春秋棚20个，占地60亩，路、机井、变压器、管道、采暖设备、办公室等配套设施一应俱全。主要种植荷兰牛角辣椒、月脂黄瓜、黄罗曼番茄、红罗曼番茄等10多个特色蔬菜品种。该公司被海兴农场评为2013年度先进集体。

2017年6月6日，海兴县新海岸农业开发有限公司被沧州市人民政府认定为市级农业产业化重点龙头企业。

四、海兴瑞农农业发展有限公司

海兴瑞农农业发展有限公司成立于2019年7月，注册资金800万元，公司是集现代种植业、养殖业、销售于一体多元化农业产业化经营企业。公司以市场为导向，立足农场、辐射全县，确保质量、力创品牌。采用篱壁式种植模式规划种植有机梨2万余亩，已完成种植3000余亩。种植品种包括皇冠、玉露香、新梨7号、香红、秋月等。

五、沧州启航农业开发有限公司

沧州启航农业开发有限公司成立于2020年5月，注册资金1200万元，公司主要经营：农业技术开发、花卉苗木种植销售、园林绿化工程施工、树木养护等。种植苗木2000余亩，品种包括白蜡、金叶榆、国槐、苦楝等优质品种。

第二节 林业企业

一、沧州市一逸柳树育种有限公司

沧州市一逸柳树育种有限公司2012年5月成立，公司以市场为导向，收集引进柳树无性系136个，建立了柳树资源汇集圃，公司已成功推出速生、耐盐碱、观赏和耐干旱瘠薄等系列柳树良种，已有 3 个品种申请国家新品种保护。2013 年 3 月 "渤海柳 1 号" 通过国家新品种实质审查，并在国家林业局主办的第十一届苗木交易会上荣获金奖；2013 年 6 月 "渤海柳 2 号" "渤海柳 3 号" 通过国家新品种实质审查，其中，9901 柳通过国家新品种实质审查，被命名为 "渤海柳 2 号"。

由一逸柳树育种有限公司投资 4000 万元建设的耐盐碱苗木研发推广项目，该项目占地 1000 亩，主要用于苗木繁育。

二、海兴县绿源苗木培育有限公司

海兴县绿源苗木培育有限公司，位于海兴县国营海兴农场一队，成立于 2012 年 4 月 19 日，经营范围：苗木培育、引种销售，果木销售、蔬菜种植包装销售、水产养殖。2014 年 3 月 21—22 日，参加第三届黄河三角洲绿化苗木博览会。2017 年 6 月 6 日，海兴县绿源苗木培育有限公司被沧州市人民政府认定为市级农业产业化重点龙头企业。

2018 年 10 月 16 日，海兴县社区矫正和安置帮教基地在海兴县绿源苗木有限公司建立，是为全县特殊人群管理搭建的重要平台，进一步创新和丰富特殊人群教育形式，不断提高教育矫正质量，提升警示教育作用。

三、南华集团海兴华丰农业有限公司

2003 年 10 月 27 日，海兴农场与香港南华集团签约建设农业生态示范园。香港南华集团天津南华房地产开发有限公司副总经理王克华与农场党委书记、场长刘竹青签约合作书。该项目是集种植、养殖、加工于一体的综合性农业项目，总投资 8400 万元，占地面积 400 亩，主要内容为农林、花卉种植、畜牧养殖及深加工等生产经营活动，分三期投入，四年完成。

2004 年，南华集团于承包海兴农场土地 1 万余亩，成立南华集团海兴华丰农业有限公司。该公司有职工 50 人，土地面积 2000 亩，是集种植、销售、服务于一体的专业化公司。公司拥有专业化全套的种植技术及完善的售后服务体系，有冬枣园 2000 亩、金太阳杏树 3000 亩，打造金太阳杏和金水梨为主导产品。种植冬枣树 120 万株，梨树 10 万株，枸杞 10 万株，农业总投资 2700 余万元。冬枣年产量达 10 吨；梨年产量 250 吨；枸杞年产量达到 10 吨。

2006 年 10 月 8 日，华丰农业有限公司冬枣生态园二期工程项目正式签约。该项目由香港南华集团投资兴建，占地面积 8500 亩，总投资 2900 万元。当年，海兴农场督促南华集团完成了 3500 亩冬枣、枸杞、白蜡树的种植，并协调做好冬季管理工作。

2016 年 2 月 3 日，沧州市发展和改革委员会批准海兴华丰农业有限公司增资项目备案。该项目增加总投资 900 万港币，全部用于维持企业经营，项目注册资本金 675 万港币，由香港明智发展有限公司以现汇方式注入，注册外资金由海兴华丰农业有限公司自筹解决。增资后，海兴华丰农业有限公司投资总额由 1100 万港币增至 2000 万港币，项目注册资本由 825 万港币增至 1500 万港币。

四、海兴农场丰源农牧公司

海兴农场丰源农牧公司始建于 2003 年，位于农场五队，由山东庆云客商投资，占地 600 亩，固定工人 10 名，开展种植、养殖业。种植冬枣 24000 株，占地 270 亩；种植杂木 30000 株，占地 230 亩；养殖猪、林地柴鸡、白洋淀大鹅等，养殖占地 100 亩。2007 年，投资 400 万元，建猪、鸡舍 28 间，育肥猪 70 头，养鸡 5000 只。2008 年，冬枣园年产量 125 吨，杂木已成林，养殖业年出栏生猪 2000 头，林地柴鸡 3 万只，蛋 2 万斤、华北大白鹅 1 万只。2010 年，丰源农牧公司投资 100 万元，扩大笨鸡养殖。

五、河北格润农牧有限公司

2002 年，河北格润农牧有限公司在海兴农场三队成立，占地面积 467 亩，总投资 2000 万元，公司主要从事种植、养殖、农业新产品开发、乡村旅游等。2017 年 6 月 6 日，

图 5-9-1　河北格润农牧有限公司一角

河北格润农牧有限公司被沧州市人民政府认定为市级农业产业化重点龙头企业。同年11月20日，河北格润农牧有限公司出资建立海兴县现代农业园观赏动物园，负责动物的日常饲喂管理及圈舍设施建设。同年12月18日，河北格润农牧有限公司观赏动物园建成，成为当地的重要旅游项目。动物园饲养有孔雀50只、骆驼2头、鸵鸟20只，还有珍珠鸡、锦鸡、白鹇等200多只。2019年，该公司有果树1万株，其中枣树1200株、柿子树5800株，其余为无核枣树；有谭花苗林10万株，其中白蜡6万株，花槐1.5万株、合欢1万株、国槐2万株；苦咸水养殖面积100亩。

六、海兴县冰洁生态农业科技示范园

海兴县冰洁生态农业科技示范园成立于2002年。冰洁生态园占地104.28万平方米，建筑面积5000平方米，员工150人，其中技术人员50人，固定资产700万元，流动资金70万元。种植树木有1000亩，棉花、玉米共500亩。2002年冰洁生态农业示范园与香港万胜实业有限公司合作，开发千亩林业育苗项目。该项目育苗品种为天演速生杨（又称美林荷），该树种生长速度快，其生长和繁殖速度是普通杨树的20倍，积材量也是普通杨树的数倍，成林期只有168天。该项目一期工程动用人工2000余人次，农机设备60余台次，播穗150万株，其育苗面积在省内名列前茅。2009年园内新建养鸡场一个，该养鸡场共投入资金500多万元，建有鸡舍5000平方米，工人宿舍10间。

七、海兴县华富农业开发有限责任公司

1998年6月6日，海兴县华富农业开发有限责任公司在农场成立。该公司是由时任海兴县计划统计局长苑继武带领108名下岗职工创办，利用租赁方式开发闲置荒地1万亩，搞种养加综合利用。种植玉米高粱400余亩，棉花800余亩，果树、绿化用树800余亩（包括塔松、杨树、白蜡、柳树、石榴、桑树等），种植冬枣14500株，种植美国黄花苜蓿300亩，种植紫穗槐5000万墩，当年完成水利沟渠的全部工程，动土75万立方米，打深机井两眼，修建闸涵25座，平整土地5000亩。

八、河北天竺宝辣木有限公司

河北天竺宝辣木有限公司2014年5月由海兴县凯泊农业开发有限公司改制而成，注

册资金 2000 万元。主要经营辣木种植及产品研发、销售，辣木加工、农产品种植，蔬菜、食用植物油加工、销售，精制茶加工、销售等。

2013 年，海兴农场利用环境资源优势，协同河北天竺宝辣木有限公司从福建引进了具有喜温、耐旱、耐贫瘠、抗逆性强、适应性广等特点的印度辣木籽，通过"低温冷藏、基质催芽、育苗移栽"的种植模式进行试种 50 亩，成活率达 99%，取得突破性种植成功。

2014 年 5 月，海兴农场进行了辣木育苗，成活率达 95%，种植辣木 200 亩。当年，河北天竺宝辣木种植及深加工项目被列入省重点项目。

2015 年 5 月 6 日，海兴农场成立辣木种植工作领导小组和辣木加工工作领导小组。当年辣木种植规模 500 亩。

2016 年，海兴农场辣木种植规模 1000 多亩 20 余万株，首创中国北方培育种植之最。同时，农场与中古辣木研究中心合作，建成中古辣木北方种植基地。

2017 年 4 月，海兴农场辣木种植 1200 亩，总投资达 7000 万元，完成辣木加工厂房建设并进行辣木产品生产。

2019 年，海兴农场辣木产业链已经形成，辣木食品和辣木茶等销往各地（图 5-9-2）。

图 5-9-2 河北天竺宝辣木有限公司生产的天竺宝辣木茶

九、华凯现代农业发展有限公司

1999 年，香港华凯投资有限公司到海兴农场考察农业项目，计划在海兴农场投资开展农业生产。2000 年 2 月，香港华凯投资有限公司计划租用海兴农场 1.5 万亩土地开发现代农业，海兴农场与香港华凯投资有限公司达成合作意向。2000 年 3 月 17 日，农场向县委、县政府作出《关于与香港华凯投资有限公司签订开发 1.5 万亩荒地的呈请报告》：为充分利用闲散地，壮大农场经济，有效提高单位面积产量和综合经济效益，本着互惠互利的原则，以租赁的方式与华凯投资有限公司达成了基本协议，签订了 1.5 万亩荒地开发合同，每亩租金 25 元。其中可耕地 1116 亩，每亩租金 80 元，年租金共 31.88 万元。

2004 年，华凯现代农业发展有限公司成立，总投资 100 万元，占地 900 亩，发展树木种植，现种植树木有白蜡、冬枣、杏树。

十、海兴恒丰生态农业开发有限公司

海兴恒丰生态农业开发有限公司成立于 2010 年，注册资本 30 万元，位于海兴农场场部办公楼南侧，拥有林地面积 1200 亩，内有 600 米深机井 2 眼，全部喷灌。电力设施齐全，交通便利。主要经营粮食作物、经济作物、绿化苗木、蔬菜水果种植销售；淡水养殖、农业技术开发、技术服务、信息咨询、绿化工程。2011 年 4 月 23 日，海兴农场遭受风雹灾害，给恒丰生态农业发展有限公司造成的直接经济损失达 60 万元。2019 年，该公司所产苗木销往京津冀鲁等省市。

十一、海兴农场庆生园林工程有限公司

海兴农场庆生园林工程有限公司海位于海兴农场一队东南，是一家集园林苗木生产经营于一体的绿化企业。公司从事园林绿化树种的引进与开发，投资 150 万元，占地 200 余亩，主要引进培育了花灌木、白蜡、国槐、竹子、桑树等品种，进行专业化园林施工，实行订单农业，推行统一的质量标准。

第三节 畜牧企业

一、家禽队

1961 年 4 月 10 日，盐山县农牧场家禽队共有职工 39 人，有羊 552 只、鹅 24 只、白来航鸡 125 只、火鸡 820 只。全年上交商品鸡 500 只，产蛋 16000 枚。

二、畜牧队

畜牧队是海兴农场的从事畜禽养殖的专业部门，位于海兴农场西南部。1990年，畜牧场场长杨保庆，副场长王副信。

三、沧州华信畜牧业有限公司

沧州华信畜牧业有限公司是香港南华集团的独资企业，始建于2007年，位于海兴农场畜牧队。该公司是一家致力于发展养殖、加工、销售于一体的专业化公司，公司具备专业的养殖技术。公司占地1400亩，总投资6000万元，基建面积1.5万平方米，职工50人，引进原种猪1000头。

2008年8月，华信畜牧业有限公司在场投资建设的养殖项目投入运行。

2009年，该公司实施万头种猪扩繁项目，二元母猪生产能力达到1万头，投资1600万元，建设1万平方米的肉猪场一座。

2010年，该公司投资2000万元建设全自动化生猪屠宰场一座。

2012年，该公司有种猪1000余头，基础母猪723头，年生产二元种猪8000头，成为沧州市最大生猪生产基地，被评为2012年度市级农业产业化龙头企业。每年为市场提供优质二元母猪1000头，商品猪7000头。

四、北京市红桥农业发展有限公司

2009年，北京市红桥农业发展有限公司在海兴农场建设无公害养殖生态园区（北京红桥生态观光园），规划面积1000亩，项目计划总投资1.2亿元，分三期投入，建设三个场区30个大棚。每年出栏18万只，每个场区的职工生活区、防疫区、办公区建筑面积均为420平方米。截至2019年，各场区职工生活区、办公区已建成，共建成建筑面积2520平方米，鸡棚13个，肉鸡8万只，当年到位资金500万元。2010年投入资金2620万元。

五、法国阿戈热乐（河北）禽业有限公司

法国阿戈热乐（河北）禽业有限公司成立于2010年，项目总投资5692.84万元，其中

建设投资 2905.58 万元，流动资金 2787.27 万元，由法国奥尔维亚公司自筹全部资金，项目建成后年引进种鸭雏或种鹅雏三批次，种鸭场年存栏原种种鸭约 7800 套，种鹅场年存栏祖代鹅约 2700 套，孵化场年入父母代种鹅种鸭 200 万只。该项目主要是通过引进世界上最优良的种禽品种，生产加工各种水禽肉类产品。该公司是海兴农场唯一一个外资独资企业。

2011 年 1 月 6 日，法国阿戈热乐（河北）禽业有限公司年产 64 万只种禽项目在海兴县投入运营。该项目总投资 661 万美元，总占地面积 157 亩，总建筑面积 14064 平方米，年生产祖代南特肉种鸭 59.28 万只、父母代朗德鹅 4.32 万只，向国内外市场提供优质祖代和父母代种鸭（鹅）。5 月 21 日，阿戈热乐（河北）禽业有限公司向海兴县人民政府报送《关于为法方投资在建的种禽养殖基地项目预留有效防疫间距的请示》，请求在阿戈热乐（河北）禽业有限公司项目区 5 公里范围内不再批准新建鸡鸭鹅等禽类养殖加工项目，3 公里范围内不再批准新建猪牛羊等动物养殖加工项目；如有投资商拟在阿戈热乐（河北）禽业有限公司项目区附近新建养殖业项目时，有关部门应向对方介绍法方项目内容及运行情况，使其在规划和实施项目时主动设置合理的防疫间距；尽量说服乡村农户和农场职工不要在法方项目区附近新建养殖业项目。8 月 10 日，海兴县委书记刘金明到海兴农场法国独资企业阿戈热乐（河北）禽业有限公司调研。

六、北京保吉安公司

2011 年 11 月 7 日，北京保吉安公司编制完成《优质无公害肉鸡产业化项目建设可行性报告》，计划在海兴农场西点建设一个占地 2000 亩的无公害标准化肉鸡饲料、育雏、饲养、屠宰加工为一体的产业化基地，其中建设鸡舍 500 栋，年育雏能力 6000 万羽，年肉鸡出栏量 3000 万只，年肉鸡屠宰量 6000 万只，肉鸡饲料厂年产饲料 12 万吨。以公司＋农户的模式建立标准化养殖基地，辐射养殖户 500 户，建设期限 3 年，自 2012 年 1 月至 2014 年 12 月。投资规模：项目总投资 5 亿元。资金筹措：企业总投资 5 亿元，其中企业自筹 3.5 亿元，银行贷款 1.5 亿元。项目达产后，实现年屠宰肉鸡加工能力达 6000 万只，实现加工产值 15 亿元，实现利润 1.8 亿元；年自养肉鸡能力达 3000 万只，实现年产值 7.5 亿元，年利润 0.9 亿元；繁育鸡苗 6000 万只，实现产值 2 亿元，利润 0.48 亿元。项目的建设立足于产业龙头的目标，充分发挥龙头企业的示范带动作用，形成育雏、饲料供应、饲养、屠宰加工为一体，采取公司＋农户的模式，带动农民发家致富。项目达产后可产生明显的经济效益和社会效益，可直接安排就业农民 4000 人，带动农户 1500 户，使农户年增收 2 万元。

七、河北景天生态农业开发有限公司

2011年，海兴农场与河北景天生态农业开发有限公司签订项目，该公司拟总投资1500万元，建设开发现代化农业生态园，即牛、羊养殖和大棚蔬菜种植，饲料加工及后期屠宰深加工。

2012年沧州景天农牧有限公司投资200万元规模养羊项目，完成办公室、存贮饲料池建设、羊饲建设，投入运营。

沧州景天农牧有限公司投资400万元规模养单项目，该项目年出栏肉羊12000只。现已完成办公室、畜贮饲料池建设、羊舍建设，并引进种单2000只，现已正常运营。

沧州景天生态农牧养殖项目，集饲草种植、肉羊繁育养殖、屠宰销售于一体，项目总投资1000万元，有两个种植养殖基地，肉羊养殖基地占地176亩；种植基地占地760亩，重要种植玉米、紫花苜蓿、南菊芋1号、泽兰等羊用农作物和优质牧草。截至2019年，已建设羊舍16栋，下一步继续做好羊舍及种植基地建设工作。

2017年6月6日，河北景天生态农业开发有限公司被沧州市人民政府认定为市级农业产业化重点龙头企业。

八、海兴县博远农牧有限公司

2009年12月，海兴县博远牧业养殖有限公司成立，后改名为海兴县博远农牧有限公司，是一家以养殖业、种植业为主的民营企业，注册资金500万元，占地12000亩，位于河北省国营海兴农场西部开发区，公司设10个部门，在职职工188人。

2012年，海兴县博远农牧有限公司固定资产5633.02万元，资产总额2.1亿元，年销售收入4.5亿元；建设无公害标准化肉鸡饲料、育雏、饲养、屠宰加工为一体的产业化基地，建设鸡舍500栋，年育雏能力6000万羽，年肉鸡出栏量3000万只，年肉鸡屠宰量6000万只，年产饲料12万吨；建设生物制药厂1座，主要生产20亿PIB/毫升棉铃虫核型多角体病毒悬浮剂等12种药剂；兴建高标准蔬菜温室大棚33座；与北京市农科院达成协议，建成了特色蔬菜种植基地，种植高端特种蔬菜和彩椒育种；开发水面500亩，年产优质水产品450吨；植树500亩，种植各种树（苗）木46173棵，建成了冀东地区最大的苗木生产基地。2013年3月份，河北省林业厅及河北省林业科学研究所在该公司设立占地200亩的盐碱地绿化样板实验项目，具体内容包括：轻度盐碱地种植实验面积100亩，中度盐碱、重度盐碱种植实验面积各 50 亩，主要用于秦、唐、沧盐碱地绿化实验。2014 年 2 月，海兴博远农业生态循环产业园项目开工，同年 12 月竣工，总投资 3.65 亿元。2015 年《海兴县国民经济和社会发展第十三个五年规划纲要》提出，重点抓好海兴农场博远集团现代农业循环产业园建设。

该公司于 2010 年、2011 年、2012 年连续被沧州市人民政府评为"沧州市农业产业化经营重点龙头企业"；2010 年被河北省村镇经济发展促进会授予"河北省三农明星企业"，海兴县委、县政府授予"招商引资先进企业"；2011 年被沧州市养禽同业协会授予"副会长单位"称号；2012 年被评为河北省扶贫办评为"重点扶贫龙头企业"；2014 年被海兴农场评为"2013 年度先进集体"；2017 年 6 月 6 日被沧州市人民政府认定为"市级农业产业化重点龙头企业"。

九、海兴利鹏生态养殖场

海兴利鹏生态养殖场坐落于海兴农场七队，占地面积 200 亩（另有 500 亩牧草种植场），地广人稀，水草丰厚，有着得天独厚的自然生态环境。

2009 年出资 200 余万元兴建鸡舍 100 余间，以饲养本地土鸡为主，年出栏 8 万余只，年产土地鸡蛋 20 余万公斤，为沧州地区首家最大的土鸡生态养殖场，本场有专业技术人员严格把关，以防为主，做到无病害、无药物残留的无公害标准。一律采用放养模式，以玉米、虫草为食，因此肉和蛋的品质，保留了土鸡营养成分，品味鲜美的独特原始风味，产品销往河北、山东、北京、天津等地。2010 年养殖场再次扩大养殖规模，新增野鸡芦花和珍珠鸡系列品种，计划成立海兴县土鸡生态养殖联合社，带动当地养殖业的快速发展。

十、海兴牧原农牧有限公司

牧原百万头生猪养殖循环项目位于海兴县海兴农场七队。

项目占地 27.13 万平方米（407 亩），主要建设各种猪舍 156 栋，还有配套设施等，总建筑面积 15.93 万平方米，年存栏母猪 1.3 万头，建成达产后，每年可生产仔猪 26 万头，项目总投资 14259.23 万元，劳动定员 124 人。

根据海兴县畜禽养殖规划，牧原食品股份有限公司 2016 年投资 17521.79 万元建设海兴一场生猪养殖项目。2016 年 11 月 17 日，牧原公告称，拟投资 500 万元在海兴县设立全资子公司——海兴牧原农牧有限公司。12 月 14 日，在海兴成立合资子公司海兴牧原农牧有限公司。12月17日，海兴一场猪养殖项目建设单位变更为海兴牧原农牧有限公司。12月24日，海兴县环境保护局在沧州市召开了项目环境影响报告书技术评估专家评审会，形成评审意见。

2017年3月17日，发布海兴牧原农牧有限公司沧州市海兴一场和二场生猪养殖项目。2017年4月，河南牧原百万头生猪养殖及饲料加工项目开始实施。项目总投资2.6亿元，规划占地1000亩，打造集养猪生产、屠宰加工、饲料加工为一体的大型现代化农牧企业，年出栏量可达100万头。该项目建筑面积15.9万平方米，工程估价1亿元，建设周期为2017年8月至2019年12月。2017年年底一场已建设完工，2018年二场已建设完工，11月投产。

《海兴县2017年国民经济和社会发展计划执行情况与2018年国民经济和社会发展计划（草案）的报告》指出，进一步加大对河南牧原百万头生猪养殖及饲料加工等一批农业产业化项目的推进力度，充分发挥产业带动作用。

2018年10月18日，河北省水利厅向海兴牧原农牧有限公司发出《关于核发海兴牧原农牧有限公司取水许可证的函》："2017年10月23日，我厅对你公司的取水许可给予批复，同意你单位取用地下水60.39万立方米/年用于畜牧养殖，其中深井3眼，年取水量为35.36万立方米/年，浅井两眼，年取水量为20.25万立方米/年。收到你公司提交的取水工程验收申请后，2018年9月29日，我厅组织专家对取水工程及设施进行现场验收，并出具了验收意见。鉴于目前项目只开凿并利用3眼深井取水，退水作为厌氧发酵沼液还田，同意核发取水许可证，取水水量35.36万立方米/年。许可有效期自审批之日起1年。"

2019年生产规模扩大。1月30日海兴县环境保护局受理海兴牧原农牧有限公司海兴一场饲料中转区项目，2019年2月18日办结，投资总额210万元。项目总占地面积约115平方米，总建筑面积约300平方米，其中饲料中转台约260平方米，钢框架结构；锅炉房约37平方米，砌体结构；工艺技术：厂外输送成品粉料，通过高温进行灭菌处理后，压制成颗粒饲料，经过冷却后由厂内输送系统中转到猪舍内；饲料中转台，饲料中转台一座、锅炉房一座，配套附属道路地坪等。2019年出栏生猪6万头。

十一、中澳农牧业有限公司中澳肉牛项目

2015年3月9日，北京青牛西渡进出口有限公司在海兴投资设立中澳农牧业有限公司，依托黄骅港地理位置和活牛进口指定口岸优势，打造现代化澳大利亚肉牛进口屠宰生产基地，提供高品质进口冰鲜牛肉产品，满足国内市场消费升级需求。2016年5月10

日，中澳肉牛产业发展研讨会在农场召开（图5-9-3）。2016年5月23日，由中澳农牧业有限公司投资兴建的中澳农牧澳大利亚屠宰用牛海兴厂项目在海兴农场开工奠基。海兴厂项目是中澳农牧屠宰场二期工程，占地面积159.97亩，2016年10月底竣工，11月底正式投产。全部建成后将逐步达到年产30万头，年生产冰鲜进口牛肉7.5万吨的生产规模，总投资7.2亿元。该项目利用我国对澳大利亚屠宰用肉牛开放进口契机，发展安全、新鲜、高品质、有品牌的优质牛肉加工。

《海兴县国民经济和社会发展第十三个五年规划纲要》提出，加强现代农业园区建设，重点抓好海兴农场中澳农牧业有限公司肉牛产业化项目建设，力争2016年建成投产。《海兴县2017年国民经济和社会发展计划执行情况与2018年国民经济和社会发展计划（草案）的报告》提出，进一步加大对中澳肉牛屠宰加工等一批农业产业化项目的推进力度，充分发挥产业带动作用。

2017年中澳肉牛屠宰加工项目。项目总投资7.2亿元，年屠宰能力10万头，生产高品质冷鲜进口牛肉7.5万吨，一期占地160亩。现已完成临时道路和围墙工程建设，正在进行综合加工车间主体工程施工，在2017年底完成主体框架。

2017年6月6日，中澳农牧业有限公司被沧州市人民政府认定为市级农业产业化重点龙头企业。

图5-9-3　2016年5月10日，中澳肉牛产业发展研讨会

十二、海兴县林源林下养殖场

海兴县林源林下养殖场是海兴县绿源农业集团下属子公司，成立于2016年6月14

日，注册地在海兴农场，法定代表人为李晓东。经营范围包括鹅、非洲雁养殖、销售。2017 年 4 月，就依托绿源五万亩森林绿地，搞起绿色无公害养殖，公司散养鹅达 10 万余只，日产蛋量在 1 万余枚。2017 年 12 月 28 日注册"宣惠河"食品类商标。2019 年，海兴绿源农业集团公司将鲜鹅蛋、咸鹅蛋和鲜雁蛋等产品入驻京东河北扶贫馆，借助互联网平台，使海兴农产品远销全国各地甚至海外，帮助农民早日实现脱贫致富。

十三、海兴县犇鑫养牛专业合作社

海兴县犇鑫养牛专业合作社标准化规模养殖场建设项目，建设地点在海兴农场西 1.5 千米。

2017 年 6 月 6 日，海兴县犇鑫养牛专业合作社被沧州市人民政府认定为市级农业产业化重点龙头企业。

2019 年，"粮改饲"试点扶持全株玉米青贮饲料（以及苜蓿燕麦等优质饲草），采取先贮后补的方式，按照青贮饲料的实际贮量进行补贴。2019 年 4 月 16 日，海兴县犇鑫养牛专业合作社被列为海兴县 2019 年粮改饲试点项目，承担全株青贮玉米收贮面积 500 亩，重量 0.1 万吨，拟补助资金 5 万元。

十四、海兴县骁达开元畜牧科技开发有限公司

海兴县骁达开元畜牧科技开发有限公司成立于 2015 年 3 月 27 日，位于海兴农场七队，是中国畜牧业协会驴业分会第一届理事会理事单位，注册资本 500 万元，占地 150 亩，主要经营肉驴养殖，主要品种为渤海驴。该公司从 25 头驴起步，发展到存栏 300 多头。2017 年开始加工熟驴肉，并通过互联网销售。2017 年 6 月 6 日，海兴县骁达开元畜牧科技开发有限公司被沧州市人民政府认定为市级农业产业化重点龙头企业。

十五、海兴县裕丰养殖场

海兴县裕丰养殖场位于海兴农场六队，营业范围有生猪养殖。

2017 年 6 月 6 日，海兴县裕丰养殖场被沧州市人民政府认定为市级农业产业化重点龙头企业。

十六、江山新能源有限公司

海兴县江山新能源有限公司农光互补项目是通过抬高光伏支架，在光伏板下利用闲散土地建设农业大棚来兼顾种植养殖，实现光能和土地的集约化、立体化综合利用（图 5-9-4）。

海兴农场江山能源农业互补光伏发电项目总投资 8.65 亿元，占地约 3500 亩。一期工程建设养殖项目，项目总投资 3000 万元，占地约 750 亩。项目划分不低于 20 个养殖小区，精细化、环保化养鹅 8000 只，养羊 300 只，养猪 200 头（图 5-9-5）。做到"四个统一"，即统一建设标准化养殖小区；统一污水处理；统一防疫措施，统一协调管理。项目建成后，能够带动周边职工就业 100 人以上。实现工厂化、精细化管理，采取"公司＋职工"运作模式，鼓励职工自愿报名参加，促进当地经济发展和环境保护。

图 5-9-4　农光互补项目——鹅养殖区

图 5-9-5　农光互补项目——猪养殖区

2017 年完成一期工程，20 兆瓦光伏配套设施安装及并网发电，农业方面投资 800 万元，建成24个蘑菇大棚、20个养殖大棚建设，养殖黑猪80头、鹅3000多只，羊100只，修整了道路及清淤边沟等基础设施。2018年完成二期工程，投入资金1000万元，用于扩建养殖棚及基础设施修建，年底达到鹅存栏5000只、羊存栏100只、猪存栏80头。2019年投入资金1200万元，年底达到鹅存栏8000只、羊存栏300只、猪存栏200头。

第十章　旅游养老产业

一、生态农业旅游

为全面贯彻落实海兴县"东工、中城、西生态"的发展战略，促进海兴农场现代农业的协调和可持续发展，结合农场产业优势和区位优势，全力打造生态农业观光区，促进海兴农场观光农业的规范有序发展。2013年以来，海兴农场坚持以标准化、设施化、精品化为发展主线，以助农增收为核心，统筹规划与发展，创新理念和机制，主打绿色生态牌，走农场特色路，全力推动观光农业的规模化、效益化发展。

海兴农场作为海兴县现代农业园区的核心区，按照科学规划，将园区分为九大功能区，其中包括农业观光、健康养生养老和农业文化主题公园。农业观光区依托农场森林公园优质的绿色生态空间，结合田园景观及农场文化，为游客提供休闲度假服务，创造一种不同于城市生活的亲近自然的开朗、轻松、愉悦的生活方式。规划建设生态观光、设施农业采摘、休闲垂钓、农家生活体验等项目，提供会展、住宿、餐饮、娱乐、休闲等功能。

海兴农场积极开展休闲旅游农业宣传培训。农场针对重点打造的现代农业示范园，先后开展休闲观光农业培训和电子商务营销培训6期，共培训职工500人次。农场派职工外出参观学习，先后组织全区企业（基地）管理及职工等人员60余人外出参观学习现代休闲农业发展典型。

通过建设开发，海兴农场休闲观光农业发展取得了一定成效，林间道路建设完毕，水系建设初具规模，桃采摘大棚、有机草莓采摘园、有机梨种植已完成600亩。

2014年，海兴农场以"生态立场、林果兴场、产业富场"为总基调，森林公园种植4.7万亩。在不断加大造林绿化的基础上，按照"以产业促旅游，以旅游促产业"的思路，大力发展特色农业、绿色农业、观光农业、休闲农业、体验农业，把农业产业化基地建设成为旅游景点，大力开发特色旅游产品，进一步拓宽生态旅游内涵，更好地促进职工致富增收。

2015年，海兴农场休闲旅游服务设施建设得到发展，开展休闲采摘、农事体验和农家餐饮等休闲农业项目，并重点抓百鸟园、百花园、百松园、百鹿园、百果园等园区建

图 5-10-1 孩子们在海兴农场玩耍

设，使主要道路沿线花木成景，基地休闲农业各具特色。计划在农场场部西侧建设一个占地 3000 亩的农业文化主题公园，以农业文化为元素，打造绿色健康、清新自然的体验式文化主题公园，设科普教育区、观光休闲区、水上娱乐区、国学馆、农博馆、农家体验、青少年户外实践、会议培训等项目，让人们在快节奏的生活环境中找到一处放松心情、自由呼吸、与大自然零距离接触的绿色区所，着力打造成为省级休闲农业示范点和海兴县生态休闲后花园。

2016 年，海兴农场重点谋划本场独具特色的"五百园"谋划建设：一是百花园，栽种 100 种花草，花树；二是百果园，栽种各类果树 1500 亩；三是百鸟园，重点发展林下经济，养鸡、鹅、大雁等；四是百松园，已往返三次与山东沂南对接，引进黑松 100 亩；五是百鹿园，已与盐城大丰自然保护区洽谈，领养 5～10 头麋鹿，发展文化旅游观光农业，依托京津优势，发展养生、养老、生态环保产业基地。

图 5-10-2 中小学生到海兴农场游学（张春光 摄）

2017年9月11日，海兴现代农业园区被沧州市委宣传部、沧州市农牧局评为十大"最美现代农业园区"。

2018年2月2日和2019年1月20日，海兴县人民政府县长回永智在海兴县第十一届人民代表大会第二次会议和海兴县第十一届人民代表大会第三次会议上所作的政府工作报告中都提出，着力打造海兴农场农业文化公园等特色旅游区。2018年，海兴县为进一步完善旅游点基础设施建设水平与接待水平，利用扶贫资金，依托海兴农场规划建设了1个旅游厕所。5月10日，"中国书画30家走进海上丝绸之路北方起点——海兴"活动到海兴农场参观考察采风写生。

2019年，海兴农场与湖南棕榈浔龙河文旅有限公司合作，打造集循环农业、创意农业、农事体验于一体的"田园综合体"，搞好现代农业园区农业旅游项目，完成部分基础设施建设。4月，海兴县育红小学、实验小学、滨海小学多次组织各年级学生到海兴农场参观考察生态种植、格润农庄等项目，海兴县摄影家协会组织会员到格润农庄采风拍摄。9月，又有一批学校师生到海兴农场游学考察。

二、海兴农场颐养院

2012年以来，海兴农场发挥生态优势，全力打造绿色养生养老基地。养生养老基地投资4.75亿元，占地2700余亩，建设成为可容纳3000多人的"生态疗养、医养结合、智慧养老"康养基地。打造园林式集养生、养老、康复及护理为一体的综合性健康养护中心，当年完成总体规划设计和部分基础设施建设。

2018年2月2日，海兴县人民政府县长回永智在海兴县第十一届人民代表大会第二次会议上所作的《海兴县人民政府2018年工作报告》提出，大力发展康养产业，重点推进县农场康养产业教育服务基地等项目，着力打造生态休闲康养微中心。

2018年10月17日是重阳节，海兴农场颐养院在农场四队揭牌。沧州市扶贫驻村工作组领导、海兴农场相关领导出席揭牌仪式。海兴农场颐养院秉承孝亲敬老的理念，是一所集养老、休闲于一体的综合性养老机构（图5-10-3），设有单人间、双人间，供老人选择居住，有专业的护理人员24小时照顾老人的生活起居，有专业的厨师一日三餐为老人提供均衡营养，设有室内棋牌室和室外健身场所，环境优美。老人们闲暇时可串门，也可以在大厅里聊天。海兴农场颐养院的建设是海兴农场乃至周边地区老年人的一件喜事、好事，更是全场上下关心瞩目的一件民生大事，颐养院的投入使用对提高海兴农场五保老人集中供养水平、构建和谐农场发挥了重要作用。

图 5-10-3　2018 年 10 月 17 日海兴农场颐养院开业

三、雅布伦养生养老综合体项目

2016 年，海兴农场开始建设谋划雅布伦养生养老综合体项目。2018 年，海兴农场规划雅布伦养生小镇项目，总投资 4.75 亿元，占地 470 亩，建设老年人住宅、公寓、养老病房等。2018 年，完成部分景观建设（图 5-10-4）。

图 5-10-4　雅布伦养生小镇效果图

第六编

工　业

海兴农场的工业发展经历了一个从无到有，从小到大，由弱到强，由粗放管理到精细化管理的过程。在工业发展过程中遇到了重重困难，有的企业因产业发展导向不当、经营不善等原因难以为继，有的停产，有的转产，有的改制；有的企业通过加强管理、技术改造或经营改组得以发展壮大。

第一章　工业发展概况

中华人民共和国成立前，海兴农场所在区域没有现代工业，只有私营作坊，门类少、基础薄、规模小、发展缓慢，主要有染坊、油坊、木工作坊、砖瓦厂等。中华人民共和国成立后，小型私营作坊有所增加，随着农村合作化运动和人民公社化运动，私营作坊和个体手工业加入合作社，私营工业消失。

第一节　萌芽阶段

海兴农场工业生产的萌芽是从1948年盐山县农场建场之初开始的。当时，盐山县农场有3名工作人员，除耕种30亩土地外，5月成立染布作坊，此为农场第一家手工企业，也是农场工业的开端。1949年盐山县农场迁往驻盐山县城西的大韩庄，建了酿酒厂、榨油厂，但在不长的时间内就全部解体。

第二节　工业的起步阶段

1957年，农场扩大规模，搬迁到苗家洼、孔庄子大洼一带垦荒，农场场部随之搬迁到孔庄子。在这里，盐山县农场在垦荒种地的同时，逐步发展工业生产。但这一时期的工业主要是制砖、榨油、面粉等，建立了砖瓦厂、铁厂、油化厂。1959年，农牧场成立酒厂、修配厂、铁木社、被服厂、缝纫厂5家小作坊企业。1960年，盐山农场建立机务队，附设开展相关维修业务。1968年2月，海兴农场建立弹簧厂。1969年，农场弹簧厂和砖瓦厂等工业企业总产值达到48万元，利润20多万元。1974年建成新砖厂，砖窑由原来的马蹄式土窑变成新型转盘窑，循环工作，烧制红砖，砖的产量和质量得到提高。1976年，海兴农场工业总产值100.6万元，先后组建了油化厂、纺织厂、绣花厂等。1977年9月，海兴农场兴建五金交电厂，占地面积2100平方米。1979年，工业企业有弹簧厂、五金交电厂、砖瓦厂、修配厂、食用油加工厂、副食加工厂，主要产品有弹簧、电阻器、铁丝网、坐垫、棕毯、苦布、胶带、副食等。另外，农场还设有机务队。

第三节 工业快速发展时期

1979 年，工副业职工总数 324 人，有弹簧厂、五金交电厂、砖瓦厂、修配厂、副食品加工厂、运输队，经营项目有：弹簧、电阻器、铁丝网、汽车坐垫、棕毯、苦布、砖瓦、橡胶、油坊、运输、修配、机务等，工副业总收入 126.89 万元，利润 25.26 万元。

1980 年，工业流动资金 152 万元，工业生产较往年有较大下滑，原计划全年工业总产值 124 万元、利润 25.7 万元，实际完成工业总产值 79.8 万元、利润 7 万元。

1981 年，海兴农场对工副业实行定流动资金、定产值、定利润、定奖惩和自包全年开支（包括工资）的"四定一包"制度。

1982 年，海兴农场工业总产值 65 万元。

1983 年，海兴农场确定弹簧厂、五金厂、织布厂、砖厂为骨干企业。同年，全场摘掉了亏损的帽子，实现利润 5000 元。

1984 年下半年，海兴场部科室大都改为单独经营、独立核算、定额上交、自负盈亏的专业公司，工业科改为工业公司。各企业都实行定员定编。在工业上实行全面经济指标承包，实行上缴利润递增包干、联利计酬等办法，打破工资等级，以定额、计件为主，职工收入上不封顶、下不保底。各单位的负责人在完成任务后享受超额部分 3% 的奖励和上浮 2～3 个工日参加分配。职工采取招聘合同制，工厂与农场签订承包合同，职工与工厂签订应聘合同。7 月 8 日，海兴农场聘用孔庄子村党支部书记张立文担任海兴农场工业公司经理。当年，全场工业企业有员工 378 人，工业总产值 88.2 万元，利润 11.5 万元，固定资产原值 53.5 万元。

1985 年，海兴农场有工副业企业 9 个：弹簧厂、五金交电厂、玻璃纤维织布厂、砖厂、皮鞋厂、绣花厂、机械修配厂、综合厂、多味瓜子厂，其中机械修配厂亏损严重。海兴农场全年实现工业总产值 58 万元。

1986 年，全年实现工业总产值 78.1 万元，亏损 32 万元。

1987 年，海兴农场建立了硫酸锌厂、开关厂、饲料厂、电缆厂，工业总产值 85 万元，扭亏为盈，工业经济收入占全场经济收入的 90% 以上。

1988 年 6 月 27 日，秦皇岛市经济技术协作办公室批复，同意由河北省海兴农场与秦皇岛市电子修造厂联合兴办秦皇岛市秦海金属构件厂。海兴农场投资 7 万元，秦皇岛市电子修造厂投入 450 平方米厂房，合作期限暂定三年。8 月 25 日，海兴农场化工项目投产。同年对弹簧厂改造机械设备和检测设备，提高产品产量和质量。12 月 27 日，海兴农场党委副书记、场长韩丑清在全场干部大会上提出 1988 年的工业发展目标：建成四大支柱（弹簧厂、五金厂、皮鞋厂、工艺美术厂，产值不能低于 20 万元）、三大窗口（纺织厂、针织厂、修配厂，在搞好对外加工的同时，年产值争取达 15 万元）、一个基地（要把砖厂建成建筑材料基地，年产值不低于 30 万元）、一条龙（机务队要搞好产前、产后服务一条龙）。当年，海兴农场工业总产值 147.9 万元。

1989 年，海兴农场确定化工厂、五金厂、弹簧厂、灯具厂、饲料厂为海兴农场的 5 大骨干企业。本年度海兴农场全年工业总产值 256 万元。

1990 年，海兴农场有 13 个工业企业，新开发了氧化锌、硫酸锌等一系列化工产品。1 月 8 日海兴农场向有关部门申请为灯具厂、化工厂、饲料厂、砖厂、电器厂、弹簧厂、低压开关厂、纺织厂办理生产许可证。1990 年，海兴农场工业总产值按当年现行价格计算为 867.6 万元，经营利润 80 万元。

1989 年 1 月 31 日，海兴农场决定，对在经营管理中做出突出贡献的砖厂厂长黄平志、机务队长刘洪安、书记张立文给予通报嘉奖，并给予奖励。8 月 25 日，海兴农场投资 20 万元开发的氧化锌项目建成并投产。9 月 23 日，海兴农场五金厂、开关厂、皮鞋厂合并为海兴农场低压开关厂。

1991 年 1 月，海兴农场与明泊洼农场合并，合并后的海兴农场下属有制砖厂、化工厂、电缆厂、开关厂、橡胶厂、管件厂、纺织厂、塑料厂、电机厂等工业企业 18 个，其中县级重点企业 3 个。当年，海兴农场进一步调整经营结构，使整个工业体系形成配套生产。其中化工厂生产的氧化锌供给橡胶厂作添加剂；化工厂的氧化锌销到外地橡胶厂，利用氧化锌货款换回原料，为本场橡胶厂使用；铸造厂为化工厂生产铁锅、炉盘，为开关厂生产电阻片；化工厂的锌灰给硫酸锌厂作原料；织布厂生产的帆布给橡胶厂摩托车外胎生产里子布；塑料厂生产的渔网丝给渔网厂做原料。由此，形成了原料—产品—原料—产品的良性循环，提高了资金利用率，降低了成本，开拓了销路，提高了经济效益。12 月 8 日，海兴农场实施工业企业体制改革，设立三个公司，每个公司设经理一名、副经理一到两名、总支书记一名、科室四个。化工橡胶集团公司经理林萍，副经理姚保庆，总支书记刘竹青；机电集团公司经理邓金池，书记高金贵，副书记肖付德；纺织集团公司经理寇永江，副经理姚洪明、宋玉强。

1992 年 3 月，海兴农场化工橡胶集团公司驻天津办事处成立。8 月 9 日，农场党委会议研究决定新上柴油三轮机组项目，厂址设在地板条厂，姜瑞岗为负责人。9 月 13 日，海兴农场制定出年内和次年的技改项目 6 个，分别是橡胶厂、塑料网具厂、化工厂、电缆厂、管件厂和开关厂，总投资 1217 万元，投产后，每年可增产值 4375 万元，利税 690 万元。当年，海兴农场有 14 个工业企业，分为纺织、电器、化工、塑料、橡胶五大门类，生产各种型号的电缆、电线、控制器、氧化锌、管件、弯头、渔网等 100 多个品种，全场工业固定资产 1000 多万元，流动资金 3000 万元，年产值 6000 万元，利税 600 万元。

1993 年 1 月 1 日，海兴农场出台《海兴农场工业管理规定》。2 月 3 日，海兴农场召开工业工作会议，贯彻《海兴农场工业管理规定》。当年，海兴农场推行了"抓骨干、带一般"的企业发展措施，对发展潜力大、市场前景好的企业进行重点扶持，培植了 3 个年产值 1000 万的企业，即化工厂、橡胶厂和低压开关厂。同年这 3 个企业被海兴县政府纳入全县 18 个骨干企业行列。

1994 年，海兴农场的工业形成以化工、橡胶、电器、红木家具等 8 大门类 2000 多个品种的生产格局。有砖厂、化工厂、毛纺厂、电缆厂、印刷厂、开关厂、橡胶厂、毛巾厂、针织厂等工业企业。其中，化工厂、开关厂、轮胎厂 3 个企业年产值都超过 1000 万元。当年，海兴农场工业总产值 2850 万元。12 月 4 日，党委场长联席会确定橡胶厂、开关厂、化工厂为重点投资单位。

1996 年，海兴农场所属 18 个工业企业，分八大门类，产品 100 余种，主要有摩托车、机动三轮车等车的内外胎、氧化锌、电缆、电线、电阻器、频敏变阻器、凸轮控制器、线圈、各种型号的弹簧、大小规格的弯头、三通、渔网片、渔网绳、编织袋等。

第四节　工业生产徘徊时期

1997 年以后，由于市场发生变化，企业管理水平不能适应生产发展的需要，海兴农场企业生产遇到严重困难。这期间，化工厂、橡胶厂、轮胎厂等企业生产出现困难，相继停产，工人下岗，海兴农场工业生产遭遇了前所未有的困难局面。

1997 年，海兴农场经济效益好的工业企业有低压开关厂和砖厂。低压开关厂主要产品为低压电阻器，砖厂的产品为黏土红砖。当年工业总产值 141 万元，利润 14 万元，纳税 7 万元。

1998 年 12 月，海兴农场有 13 个工业企业，其中四个龙头企业（橡胶厂、化工厂、冶炼厂、开关厂）停产，其他企业经营困难。全年工业产值 210 万元。

1999 年，海兴农场工业产值 483.4 万元。

2001 年，海兴农场工业产值 142 万元。

2002 年，海兴农场工业总产值 240 万元，利润 23 万元，纳税 21 万元。

第五节　工业生产恢复发展时期

2003年，海兴农场响应县委县政府的号召，大搞招商引资，农场工业生产进入恢复发展时期，体育器材、低压电器、纺织等工业门类得到发展，塑胶跑道、精密铸造、轧钢、食用香精四个项目落户农场，总投资308.7万元。

2004年，海兴农场所有企业进行了资产清理，先后对停产的开关厂、砖厂、油脂和冷饮厂实施了清产核资、资产评估和产权界定。

2005年，海兴农场实现工业产值1860万元。

2006年1—7月份，全场工业产值完成800万元，同比翻一番，上缴税金24万元。体育器材、低压电器、塑胶跑道和纺织在工业经济中占主导地位。

2007年，鑫星木制门业有限公司在海兴农场正式投产。该公司投资1000万元，占地1.5万平方米，生产德艺世家和名门经典系列高中档实木、实木复合烤漆套装门、扣线、连线、踢脚线、门窗、各种装潢木制套材百余种款式。

2008年，全场实现工业产值2400万元，完成计划的75%。

2009年，海兴农场有企业7家，分别是：沧州益奥特塑胶器材有限公司、海兴鑫源机械电器有限公司、康辉电控设备有限公司、海兴益民砖厂、沧州吉人篮板制造有限公司、宏盛体育器材、新农生物化工有限公司，完成产值3000万元，上缴税金65万元。当年，河北翔宇体育设施制造有限公司和新农生物有限公司工开建设，固定资产投资分别为500万元和300万元。

2010年，海兴农场固定资产投资5310万元，同比增长30%。经纬织布厂和翔宇体育设施有限公司投产。河北翔宇体育设施有限公司当年完成工业产值3100万元，上缴税金85.6万元。

2011年，海兴农场有工业企业9家，全场工业产值4300万元，同比增长38%。第二产业增加值2700万元，同比增长40%，第二产业增加值占全场生产总值的为41%，上缴税金107.5万元。

第六节　工业生产突飞猛进时期

2012年以后，海兴农场建立了风力发电、太阳能光伏发电等4个企业。

2012年2月，海兴县凯拓公路工程有限公司登记成立，注册资金556万元。公司经营范围包括土石方工程、绿化工程、市政工程、公路工程等。2014年7月，注册资金增加为3000万元。当年，海兴农场有工业企业9家，全场工业产值679.4万元，同比增长58%。第二产业增加值3800万元，同比增长40.7%。

2013年，农场所属关停企业有：橡胶厂、冷饮厂、油脂厂、纺织厂、针织厂、毛巾厂、化工厂、砖厂、印刷厂、开关厂、机务队、电缆厂等12个单位。

2015年8月，海兴县第一座光伏发电站——海兴县江山新能源有限公司光伏发电项目在海兴农场动工兴建，占地面积1650亩。当年12月26日初次并网，2016年4月27日全容量并网。2015年，海兴农场工业总产值7200万元。

2019年，海兴农场建有体育器材厂、建筑公司、太阳能风能发电等工业企业。

第二章　主要工业门类

海兴农场区域内工业门类较多，在激烈的市场竞争中，有的工业企业发展壮大，有的工业企业停产破产，工为门类不断发生变化。1998年3月，海兴农场工业产品有氧化锌、轮胎、电阻器、控制器、印刷品、弯头、箱包等。2018年，工业门类比过去变化较大，体育器材等有较好的成绩。

第一节　五金冶炼工业

海兴农场五金工业企业主要生产弹簧、五金、管件、弯头等，有弹簧厂、五金交化电器厂、修配厂、修造厂、修造站、综合加工厂等企业，主要生产各种型号的弹簧、管件等。1992年，增加柴油三轮机组装项目。冶炼项目主要是炼铁，有冶炼厂。

一、弹簧生产

弹簧生产是海兴农场最早的工业门类之一，主要企业有海兴农场弹簧厂。

1968年2月，海兴农场弹簧厂建成投产，生产多种型号的弹簧，有职工20多人，在生产规模最大时职工人数达到50多人，是农场工业生产的真正开端。据资料显示：吴其祥、邵泽元、杨梦林三人在筹建和发展农场第一个较大的企业——弹簧厂中昼夜奋战，多方联系，付出了很多心血。1972年10月，弹簧厂扩大规模，新建一个螺丝车间。没有设备，职工们用一台报废的榨油机改制成一台螺丝机。老工人郭畔池带领工人搞技术革新，对年轻工人言传身教，传授技术。他们还厉行节约，变废为宝，利用废钢铁自制弹簧设备和用具达200多种，节约资金2万多元，全厂70多名青年工人用废料自制卷圆器、空形器、电滚筒等机械设备和工具300种。1979年，产值达100万元。1980年，生产严重下滑。上半年盈利3万元。1984年，海兴农场弹簧厂有人员65名，工业总产值15.4万元，利润2.4万元，固定资产原值4万元。1985年，生产弹簧21万只，比上年增长17%。在企业生产过程中，技术创新不够，市场竞争激烈，企业于1993年倒闭。

二、五金交电

海兴农场五金交电企业主要有五金交化电器厂、制锁厂。

1. **海兴农场五金交化电器厂**。1974年，在海兴农场畜牧队（又名海兴农场三队）基础上建立海兴农场油化厂，生产汽车坐垫、电焊条、肥皂、酱油、豆油、葵花籽油等产品。1976年海兴农场油化厂改制为海兴农场五金交化电器厂（简称五金厂），为小型全民所有制独立核算重工业企业。主要生产各种汽车坐垫、拖拉机坐垫、汽车保温套、各种机车坐垫、车篷、铁网编。1984年开始生产电阻器，有E×2系、E×15系等。1985年，海兴农场确定五金交电厂上缴利润3万元。当年生产电阻器730台，比上年增长82％。1987年与天津起重机厂签订联营加工电阻器的合同，每月可生产电阻器150台。电阻器和车辆坐垫成为五金交电厂的主要产品。1989年9月23日，海兴农场党委决定，原五金厂、开关厂、皮鞋厂合并，改称低压开关厂。

2. **海兴农场制锁厂**。1987年，海兴农场制锁厂建立，由海兴农场与天津第一锁厂联营，主要为天津锁厂加工多种型号的锁，承担年产130万把"主力"牌铁锁的生产任务。锁厂有5个车间，有打孔、喷漆、装配、检验、包装等工序，工人最多时达到100多人。天津第一锁厂派出质检科科长何广华驻海兴农场制锁厂监督指导生产。1987年，生产锁40万把。1988年，锁厂生产锁110万把，利润3万元。1990年年产22万把，年产值22万元。1992年，年产锁20万把。该厂产品销往全国各地。1994年，锁厂停止经营。

三、管件生产

管件是管道系统中起连接、控制、变向、分流、密封、支撑等作用的零部件的统称。海兴农场生产的管件种类多，按用途分为法兰、活接、管箍、夹箍、卡套、喉箍、弯头、弯管、变径（异径管）弯头、异径弯头、支管台、补强管、三通、四通、垫片、生料带、线麻、管堵、盲板、封头、焊接堵头、卡环、拖钩、吊环、支架、托架、管卡等40多个品种，300多种型号。2011年《海兴县国民经济和社会发展第十二个五年规划纲要》提出，海兴县装备制造业发展项目有海兴农场管件生产项目。主要企业有三家。

1. **秦海金属构件厂**。1988年5月11日，海兴农场与秦皇岛市电子修造厂合资兴建股份企业"秦海金属构件厂"，海兴农场投资 7 万元，生产金属法兰、弯头等产品，合作期暂定 3 年，厂址位于河北省秦皇岛市海港区。6 月 27 日，秦皇岛市经济技术协作办公室批复，同意由海兴农场与秦皇岛市电子修造厂联合兴办秦皇岛市秦海金属构件厂。1990 年聘用海兴农场王炳华为生产厂长。1992 年，海兴农场退出秦海构件厂。

2. **海兴农场管件厂**。1991 年，海兴农场管件厂建立，为小型非独立核算全民所有制工业企业，主要生产法兰、活接、管箍、弯头、弯管、三通、四通、垫片、管堵、盲板、封头、焊接堵头 30 等多个品种，200 多种型号，厂长肖福德。1995 年该厂停产。

3. **河北旺源管业科技有限公司农场分公司**。2010 年，河北旺源管业科技有限公司农场分公司项目实施，计划总投资 8000 万元。2011 年《海兴县国民经济和社会发展第十二个五年规划纲要》提出，海兴县装备制造业发展项目有海兴农场管件生产项目。2014 年，河北旺源管业投资 3000 万元完成主体建设和设备安装。项目占地 108 亩，年可生产各类管道 2000 吨。

四、灯具

海兴农场生产灯具的企业是灯具厂。1989 年，海兴农场为解决部分青工就业问题和离退休干部职工的生活问题，提高农场经济效益，建立灯具厂。当年该厂被确定为海兴农场五大骨干企业之一，1990 年获得国家生产许可证。该厂主要产品为汽车车灯，年生产能力 5 万个，产值 70 万元。该厂有职工 27 人，占地 300 平方米，车间 8 间，仓库 3 间，固定资产 12 万元，流动资金 3 万元，当年利润 6 万元。1996 年，该厂停产。

五、冶金

海兴农场冶金工业主是炼铁，代表型企业是海兴农场冶炼厂。

1990 年 10 月 13 日，海兴农场成立冶炼筹建领导小组，组长韩丑清。1994 年 7 月 31 日，场长办公会研究冶炼项目，每天产量 30 吨，需 5 座炉，每炉投资 5 万元，成本每吨 5500 元，投资需 28 万元，包括咨询。1995 年 10 月，海兴农场投资 500 万元兴建冶炼分厂。1996 年，海兴农场要求，冶炼项目必须在 6 月中旬投入生产，年终完成 600 吨的任务，保证年产值 700 万元。1998 年，由于市场疲软，企业利润下降，冶炼厂停产。

第二节　电器工业

海兴农场电器工业企业有电视机元件厂、开关厂、电缆厂、康辉电控设备有限公司等，生产各种型号电阻器、电缆、电线、频敏变阻器、凸轮控制器、绕圈等。

一、电视机元件

海兴农场电视机元件生产是海兴农场电视机元件厂

1979 年春，海兴农场开始研究建立电视机元件厂。同年 6 月，海兴农场电视机元件厂正式筹建。1979 年 12 月 22 日，海兴农场电视机元件厂试产的一批电视机元件，经国家主管部门鉴定，符合国家标准。1981 年，该企业停止运营。

二、低压开关

海兴农场生产多种型号低压电阻器，主要生产各种型号的电阻器、凸轮控制器、制动器、频敏变阻器、电磁铁、联动控制台、电抗器、线圈、主令控制器、不锈钢电阻器、波纹电阻、接地电阻柜等系列产品，主要企业是海兴农场低压开关厂等。

1. **海兴农场电阻器厂**。1984 年，海兴农场电阻器厂有人员 67 名，工业总产值 9.2 万元，利润 1.8 万元，固定资产原值 5.3 万元。

2. **海兴农场低压开关厂**。1987 年，海兴农场建立开关厂，是制造与工矿电机车、起重机、电动机配套的电阻器产品的专业企业，生产的电阻器畅销全国，是海兴农场三大骨干企业之一。主要生产各种型号的电阻器、频敏变阻器、凸轮控制器、制动器、电磁铁、线圈等，产品销往天津、北京、河北、山西、安徽、江苏、山东、黑龙江、辽宁等二十多个省市的大型工矿企业。

1989 年 9 月 23 日，海兴农场党委召开会议，作出调整工业布局的决定，把原有的五金厂、开关厂、皮鞋厂三家同类产品企业合并，改称为低压开关厂。

1990 年，海兴农场开关厂有职工 55 人，其中管理人员 5 人，技术员 2 人，业务员 10 人，生产工人 38 人，占地面积 530 平方米，生产原料由上海电工合金材料总厂等单位提供，产品销往天津钢厂、沈阳钢厂、安阳钢铁等公司。1990 年，产品获国家机械电子工业部颁发的生产许可证，实现产值 100 万元，利税 10 万元。1991 年，该厂形成 4000 套电阻器的生产能力，获河北省优质产品奖，在全国同行业评比中获第二名，部分产品打入国际市场。全年实现产值120万元，利润22万元。11月，海兴农场电机厂、海兴农场电器厂并入低压开关厂。

1992年1—8月产值150万元，回款130万元。

1993年11月23日，海兴县经济委员会批复同意海兴农场低压开关厂技术改造开发系列产品的可行性报告。该项目总投资94万元，其中企业自筹74万元，银行贷款20万元，项目完成后，年新增产值120万元，新增利润18.94万元，新增税金6.12万元。

1994年，获中国农业银行河北省分行"一级信用企业"称号。1994年12月4日，党委场长联席会确定开关厂为重点投资单位。

1995年，获河北省计量局颁发的《计量合格证》。1995—2001年，开关厂连续七年被沧州市工商局授予"沧州市五好企业""重合同守信用企业"。

1996年1月28日，海兴农场场长韩丑清带队在青岛参加了以电阻器为主的订货会，成交额达60万元。当年产值1000万元，利税190万元。1996年11月1日，海兴农场党委根据工业企业第一承包人提名，决定杨兴德任开关厂厂长，邓金池任开关厂支部书记，陆树章、邓洪朋任开关厂副厂长。

1998年，由于市场疲软，企业利润下降，开关厂停产。

2001年1月10日，海兴农场一分场上报关于对开关厂推行股份制的实施方案。2月16日，海兴农场批复开关厂股份制方案。2月17日，海兴农场与一分场负责人签订风险抵押承包协议书。

2002年，开关厂资产总额230万元，其中：固定资产7万元，流动资产223万元，负债总额351万元，职工62人。

2005年，海兴农场开关厂改制为河北康辉电控设备有限公司。

3. 海兴鑫源机械电器有限公司。海兴鑫源机械电器有限公司2005年11月成立，注册资金1150万元，通过国际ISO 9001质量体系认证，生产主令控制器、凸轮控制器、联动控制台、电抗器、电阻器、频敏变阻器、不锈钢电阻器、波纹电阻等产品。

4. 河北康辉电控设备有限公司。河北康辉电控设备有限公司原为海兴农场低压开关厂，2005年6月改制成立，注册资本50万元。主要生产频敏变阻器系列、电阻器系列、接地电阻柜系列产品。产品销往天津、北京、河北、山西、安徽、江苏、山东、黑龙江、辽宁等20多个省市的大型工矿企业。

三、电缆生产

海兴农场电缆生产主要企业是海兴农场电缆厂。

海兴农场电缆厂占地面积 2500 平方米，建筑面积 600 平方米，于 1990 年 4 月 6 日建成投产，为小型全民所有制非独立核算工业企业，建厂之初投资 4 万元，其中设备投资 0.25 万元。该厂与山东临沂、平度、胶州、诸城、高密等地建立销售合作关系，生产多种型号电缆电线，产品经过省级鉴定，全部职工 30 人。9 月 1 日，海兴农场党委决定刘金祥任电缆厂厂长。该厂生产的新产品防水橡胶软电缆经河北省质检站检测，产品符合国家标准，省、地、县计委、计量局、电子工业局、工商行政管理局等有关部门批准，允许大量生产和销售。该产品的主要原料中胶片由河间县（今河间市）橡胶厂供给，铜线和小线由天津电线厂支持，技术方面由邢台电缆厂提供技术文件和技术人员。该产品用于矿山机械、机电行业、通讯及民用农田灌溉。1998 年电缆厂停产，资产总额 73 万元，其中固定资产 11 万元，流动资产 62 万元，负债总额 105 万元，职工 31 人。

此外还有津海电缆厂、海兴农场第二电器厂。

第三节　化学工业

化学工业产品有氧化锌、硫酸锌、农药等。主要企业有海兴农场化工厂等。

一、化工厂

1988 年，海兴农场根据市需求，经过对京津鲁辽等省市 3 个月的市场调查，决定新上氧化锌项目，新建化工厂。海兴农场化工厂于 1988 年 8 月 1 日动工建设，8 月 25 日建成第一座炉并一次性实验成功，9 月 1 日正式投入生产，职工 60 人，占地面积 640 平方米，有生产用焙炉 6 座，年生产氧化锌能力为 1500 吨，产值 1200 万元。该厂生产的氧化锌产品经河北省化工局产品质量监督检验中心站检验，质量符合 GB 3185—1982 标准。12 月 5 日，沧州地区化工局对海兴农场化工厂氧化锌产品进行了技术鉴定，对该厂的工艺技术、生产设备、产品质量给予充分肯定，认为该产品的投产填补了沧州地区化学工业的一项空白。沧州地区财政局支持该厂 10 万元周转金。当年化工厂实现利润 10 万元。

1990 年 1 月 1 日，海兴农场化工厂制定《业务员的销货提成办法》，规定：①化工厂厂内负责人销售 8000 元以上，按销售额提取 0.5%，算厂长基金，由单位会计统一管理使用，由场财务科监督实行专款专用，不准个人提走，在使用上只能节余，不准超用。本科目包括业务费、招待费，由厂长统一支配使用。②场地外业务员订销合同 8000 元以上的，按销售额提取 0.5%，不计为厂长基金使用，可作为本单位或个人销货提成，场内不负担任何费用和损失，一切手续按化工厂制度执行，违章罚款。8100 至 8300 元价格，超出部分按金额提成 8%，8400 至 8600 元，价格超出部分按金额提成 10%。③货款在 30 天以内收到的，按本办法执行，超过 30 天的扣提成额的 20%。④对二级新的销售提成，每吨为 6000 元以上的人按 0.5% 提成。⑤如销售 8000 元以下的，必须有厂长批准，可以按销售额的 0.3% 提成，各项业务手续必须有厂长签字才能报销。财会人员如违章按制度扣罚，并报场部给予行政处分。

1990 年，该厂有职工 46 人，其中管理人员 3 人，技术人员 2 人，业务员 2 人，后勤人员 3 人，生产工人 36 人，厂房仓库 30 间，占地 640 平方米，有生产用焙炉 6 座，年生产能力 1500 吨。1—8 月，该厂生产氧化锌 420 吨，产值 350 万元，利润 61.5 万元。

1991 年 8 月，在烟台召开的全国化工会议上，化工部给海兴农场化工厂派产 1000 吨。当年完成产值 600 万元，利税 108 万元。1992 年化工厂计划产值 1000 万元，利税 100 万元。1993 年第一季度化工厂完成 30 万吨。1994 年 12 月 4 日，党委场长联席会确定化工厂为重点投资单位。1996 年，海兴农场确定化工厂在原有的生产基础上再增加两个焙烧炉，使氧化锌的日产量不低于 3.5 吨，产值不能低于 3.5 万元，利税不能低于 4000 元，同时确定 1996 年的氧化锌生产任务，最低限度不得低于 800 吨，确保产值 1000 万元。为确保任务的完成，在氧化锌的项目上加大货款回笼力度，扩大用户，减少库存，加速资金流通，麦收和汛期不能放假和停产，采取措施加大步伐，"时间不够连轴转，人员不够一顶三"，脱产人员投入生产第一线，确保按时间和工作要求同步到位。谁误了工作造成损失，就要"摘帽子，挪位子"。

1998 年，由于市场疲软，企业利润下降，化工厂停产。此时，化工厂资产总额 979 万元，其中固定资产 187 万元，流动资产 792 万元，负债总额 1710 万元，职工 80 人。

二、硫酸锌厂

1990 年 7 月，经沧州地区经委批准，海兴农场开始筹建硫酸锌厂，成立由场长韩丑清任组长的筹建领导小组。7 月 1 日动工兴建，9 月 20 日整体工程完工，10 月 1 日试产，10 月 15 日正式生产。该厂占地面积 4800 平方米，建筑面积 453.5 平方米，建筑总投资 7

万元，设备包括压力机、减速机、甩干机等，设备投资 7 万元。项目总投资 14 万元，为全民所有制非独立核算企业生产单位。

三、油脂厂

1994 年 9 月 11 日，海兴农场场长办公会议研究决定接收原海兴县劳动局劳动服务公司油脂化工厂。1994 年 9 月 16 日，党委场长联席会研究油脂化工厂有关问题，要求降低价格，通过研究同意化工厂降价的报告，按降后价格处理。

海兴农场党委要求油脂厂抓好全面启动，要明确农场制度的严肃性，亏损自负，盈利单位分配，要自我加压，自我进取，绝不能出现新的"大锅饭"，要根据各单位的实际情况，采取不同措施，保证完成今年的任务，不能拖全场经济发展的后腿。谁出了问题，谁承担经济责任。

2002 年，油脂厂资产总额 54 万元，其中：固定资产 41 万元，流动资产 13 万元，负债总额 145 万元，职工 8 人。

四、河北新农生物化工股份有限公司

河北新农生物化工股份有限公司成立于 2006 年 12 月，隶属海兴县博远农牧有限公司，注册资本 3000 万元，坐落于海兴农场高新技术园区，总投资 2240 万元，固定资产 7980 万元，生产农药中间体和多种农药。2012 年公司销售收入 3000 多万元，纯利润 400 多万元，年生产能力 5000 吨以上，是一家集农药产品研发、生产、销售及植保技术推广于一体的科技型企业，是经国家发改委核准的定点农药生产企业。2013 年 12 月 31 日，该公司在石家庄股权交易所成功挂牌上市，这是海兴农场高新园区成立以来首家上市企业。

五、海兴农场沧海第一化工厂

1997 年 10 月，海兴农场与沧州东代公司联合成立海兴农场沧海第一化工厂，主要经营乙硫醇、硫化物。投产不到一个月，相邻村村民以化工厂有污染为由，对该厂进行抢砸。据评估，设备损失达 52.93 万元。1998 年 3 月 17 日，海兴县政府召开县长办公会议，议定了沧海第一化工厂搬迁事宜。

六、生物肥料厂

2014年，海兴农场建设生物肥料厂，项目总投资1.2亿元，设计年产生物肥料能力3万吨。

七、海兴县浩博肥业有限公司

2015年4月，海兴县浩博肥业有限公司成立，注册资金1000万元，主要生产、加工、销售生物有机肥。

第四节 纺织工业

一、纺织厂

1985年海兴农场建立纺织厂，与外地联营加工，为小型非独立核算全民所有制企业。1987年与天津第五塑料厂签订加工合同，由产玻璃纤维转产编织袋。1998年停产，纺织厂资产总额51万元，其中固定资产3万元，流动资产48万元，负债总额70万元，职工42人。

二、针织厂

1994年7月31日，场长办公会研究成立针织厂，厂址在农场粮站，主要产品为毛巾袜，投资30万元，承包给个人经营，每年承包费10万元。8月23日，党委场长办公会联席会议研究针织厂办厂有关问题。织袜设备已到，由于银行贷款难，因此计划集资。集资范围：厂级干部（包括处级）每人2500元，机关和学校每人2000元，期限最短两个月，有困难两个月后可以提出，月利率1.5%。9月11日，场长办公会议决定张松林任针织厂厂长，柴金荣任针织厂书记，刘梦景任会计。产品国内销售到黑龙江、吉林、辽宁、内蒙古、新疆等地，出口到苏联等国家和地区。1997年，针织厂停产，当时资产总额85万元，其中固定资产27万元，流动资产58万元，负债总额118万元，职工22人。

三、经纬织布厂

海兴农场经纬织布厂 2010 年建立，总投资 80 万元。

四、海兴县博远针织有限公司

海兴县博远针织有限公司为海兴博远农牧有限公司下属企业。该公司设备投资 750 万元，主要生产氨纶包覆线、涤纶丝、毛巾袜和休闲袜等产品，年销售收入 1115 万元，实现净利润 350 万元。

五、棉织厂

海兴农场棉织厂建立于 1986 年 5 月。1992 年 4 月 18 日，塑料制品厂与棉织厂合并，定名为河北省国营海兴农场塑料制品厂。

六、毛纺厂

1979 年海兴农场建立毛纺厂。1994 年 12 月 25 日，海兴农场召开场长办公会，调整了毛纺厂领导班子。1997 年，毛纺厂停产。

七、毛巾厂

1980 年海兴农场建立毛巾厂。1997 年停产。据 2002 测算，该企业资产总额 204 万元，其中固定资产 22 万元，流动资产 182 万元，负债总额 237 万元，职工 44 人。

八、河北美耀针织品有限公司

河北美耀针织品有限公司成立于 2013 年 11 月 20 日，经营范围包括氨纶包覆纱、涤纶高弹丝，由盐山县投资商投资 7000 万元，2014 年投产。

九、绣花厂

1974 年海兴农场建立绣花厂，有 2 名专业技术人员，主要使用机械绣花，部分为人工辅助生产，有时对外放活，由农场职工业余时间加工生产。1979 年赢利，1980 年维持工资。1984 年，海兴农场绣花厂有人员 35 名，工业总产值 2.1 万元，固定资产原值 0.7 万元。1985 年转产玻璃纤维织布。

十、玻璃纤维织布厂

1984 年，海兴农场玻璃纤维布厂有人员 33 名，工业总产值 16.2 万元，利润 2.8 万元，固定资产原值 2.3 万元。

1985 年，海兴农场绣花厂转产成立玻璃纤维织布厂，有机械 20 多种，职工 40 多人，主要生产玻璃纤维布。1987 年与天津第三塑料厂签订加工合同，由玻璃纤维转产编织袋。

十一、万幞纺织项目

2019 年 5 月 1 日，万幞纺织项目投入生产。该项目占地 100 亩，主要生产高档弹力丝、家纺布等，规划总投资 1.2 亿元。

第五节　橡胶塑料工业

海兴农场橡胶塑料工业主要生产多种型号的汽车轮胎、摩托车轮胎、机动三轮车轮胎、拖拉机内外轮胎、渔网片、渔网绳、编织袋等，主要企业有海兴农场橡胶厂、塑料厂、渔网厂等。

一、橡胶厂

1987 年，橡胶厂建立，主要生产摩托车内胎。

1991 年 3—5 月，橡胶厂扩建，搬迁到原明泊洼农场，新增加摩托车外胎生产项目，投资 270 万元。该厂拥有固定资产 230 万元，流动资金 190 万元，占地 1.3 万平方米，建筑面积 9000 平方米，干部职工 400 人。

1992 年，橡胶厂生产 375-19 型、450-16 型、500-16 型、450-12 型等型号轮胎。企业重点抓质量、计量、产量和货款回笼、革新工艺，加强管理和营销，每条轮胎成本降低 5.4 元，年降成本 62 万元，产品合格率 90.8％。固定资产投资 230 万元，流动资金 190 万元，年产值 750 万元，利税 150 万元。7—8 月产值 179 万元，利税 27.9 万元。

1993 年，750 型人字形轮胎上马。

1994 年 12 月 4 日，党委场长联席会确定橡胶厂为重点投资单位。

1994 年 12 月 25 日，场长办公会任命孙玉明任橡胶厂厂长助理。

1995 年 7 月 21 日，海兴农场场长办公会研究决定同意橡胶厂贷款 15 万元。

1996 年，橡胶厂所生产的 18 个型号的摩托车，机动三轮车 12 型拖车内外胎，年产 80 万条。经南昌航空机械 13 项破坏性指标试验，均达到部颁标准。该厂与全国 18 个省市 40 多个厂家建立了长期合作关系，年产值 3225 万元，利税 720 万元，是海兴县二级企业。

1996 年 11 月 1 日，海兴农场党委根据工业企业第一承包人提名，决定刘竹青任橡胶厂厂长。同日，海兴农场党委根据工业企业第一承包人提名，决定李金波任轮胎厂支部书记，郭景云、孙玉田、张殿峰任轮胎厂副厂长，韩福德任轮胎厂副厂长，主抓清欠工作。

1997 年 8 月 11 日，海兴农场与天津橡胶集团公司达成联营协议，成立"津兴化工橡胶公司"，当年 12 月投入运营。

1998 年，海兴农场橡胶厂在转产过程中，与大黄村发生纠纷。厂房的院墙被推倒，设备被砸毁，电源被掐断，企业瘫痪，直接经济损失 500 万元，间接损失 780 万元。当年，由于市场疲软，企业利润下降等原因，橡胶厂停产。

2002 年计算，橡胶厂资产总额 1652 万元，其中固定资产 496 万元，流动资产 1156 万元，负债总额 2661 万元，职工 420 人。

二、海兴农场塑料制品厂

1991 年 9 月初，海兴农场考察塑料厂项目。9 月 15 日，海兴农场编制《关于开发塑料纱和渔网布的可行性报告概述》。10 月，海兴农场与客户签订合同 60 万元。11 月，项目确定。12 月，开始筹建塑料制品厂。1992 年 2 月，塑料厂建成投产，厂房面积 2000 平方米，主要生产渔网丝。寇永岐任塑料厂厂长。4 月 18 日，塑料制品厂与棉织厂合并，定名为河北省国营海兴农场塑料制品厂。到当年 8 月实现产值 65 万元，利税 12 万元。1993 年，增加打绳机、织网及成龙配套。1994 年 9 月 28 日，党委场长联席会研究邢金瑞任塑料厂副厂长。1996 年，塑料网具厂主要产品有渔网布、渔网绳、渔网纱、渔网丝四类 16 个品种，产品行销沿海地区各渔业单位，年产值 2275 万元，利税 365 万元。1998 年该厂停产。

三、海兴佑华塑料制品有限公司

海兴佑华塑料制品有限公司，成立于 2019 年 4 月，注册资金 2000 万元，主要生产销售塑料包装箱、塑料托盘、塑料容器、塑料模具、塑料加工机械设备等，年产值约 300 万元。

四、沧州恒德塑料制品有限公司

沧州恒德塑料制品有限公司成立于 2019 年 4 月，注册资金 1 亿元，主要生产销售 PVC 压延膜、塑胶地板耐磨层、吹气膜、高光膜等，年产值约 500 万元。

第六节　体育器材工业

海兴农场的体育器材产业开始于 20 世纪 80 年代初期，当时随着改革开放的推进和发展，海兴县体育器材产业在南部乡镇漫延发展起来，海兴农场的职工也参加到体育器材的生产和销售中来。由于市场行情的不断发展和生产技术的持续进步，海兴农场领导层逐渐认识到体育器材产业的重要性。1988 年，海兴农场研究新上体育器材厂项目，从此，体育器材产业正式纳入海兴农场的生产经营范围。海兴农场体育器材工业主要产品有乒乓球台、篮球架、体操垫、跨栏、塑胶跑道、看台座椅等一百多个品种、一千多种型号。主要企业有沧州益奥特塑胶器材有限公司、宏盛体育器材有限公司、沧州吉人篮板制造有限公司、翔宇体育设施有限公司、海兴征越体育器材有限公司、健翔体育器材公司等。

一、沧州市益奥特塑胶器材有限公司

沧州市益奥特体育装备有限公司创建于 2003 年，注册资金 3060 万元，占地面积 6 万平方米，员工 160 人，年产值 1.1 亿元。公司主导产品：室外健身路径、篮球架、乒乓球台、音美器材、教学仪器、塑胶场地铺设、人工草坪铺设。2016 年，公司总投资 8000 万

元，年销售额 3500 万元。2018 年公司主要生产部门迁到海兴县工业园区。

二、河北翔宇体育设施制造有限公司

河北翔宇体育设施制造有限公司成立于 2009 年，项目总投资 3.5 亿元，总占地面积 103 亩，总建筑面积 4.2 万平方米，购置设备 120 台（套），设计规模为年产各类体育场馆座椅 3000 万套，各类健身路径器材 10 万套，是国内生产体育场活动看台、固定看台中空吹塑座椅的大型企业。

2009 年 6 月 12 日，河北翔宇体育设施制造有限公司与海兴农场签订用地协议。7 月，河北翔宇体育设施制造有限公司开工建设，占地 6.88 万平方米（合 103.19 亩），投资约为 1000 万元，在工业园区内建占地 100 亩体育用品配套加工厂。10 月 14 日，河北翔宇体育设施制造有限公司注册，注册资金 2000 万元。12 月 30 日完工。

河北翔宇体育设施制造有限公司第二期投资约 500 万元，2012 年 5 月动工。

2013 年 10 月，河北翔宇体育设施制造项目开工，2014 年 12 月竣工，总投资 3000 万元。主要建设车间 2 万平方米、办公楼 500 平方米、宿舍、餐厅等附属设施 1700 平方米，购置生产设备 118 台（套）。年生产能力为各类体育场馆座椅 100 万套，各类健身路径器材 10 万套。该公司被海兴农场评为 2013 年度先进集体。

2017 年，河北翔宇体育设施制造有限公司年产值 2500 万元。2019 年实现年产值 1.5 亿元。

三、海兴征越体育器材有限公司

海兴征越体育器材有限公司成立于 2014 年 3 月，位于海兴农场四队，注册资金 300 万元。主要生产经营篮球系列，乒乓球台，儿童乐园系列，排球柱，体操系列等各类产品。

第七节　建材工业

一、海兴农场砖瓦厂

1957 年，盐山县农场在孔庄子一带扩大规模时，与高湾公社合作建设了一个砖瓦厂，名为盐山县高湾公社砖瓦厂，由盐山县农场主管。当时的砖瓦厂是典型的农村土窑，以本地草木为燃料，烧制青砖。1974年引进新技术，建成转盘窑，生产黏土红砖。1980年上半年，盈利2.1万元，但下半年有近200万块砖因质量问题无销路，出现亏损。因为砖厂在产品畅销时管理不善，砖坯的合格率不到50％，导致烧了共50多万块残次品，同时，煤的利用效率低，浪费严重，单块砖的耗煤量超过150克。

1984年，海兴农场砖厂有人员58名，工业总产值22.6万元，利润1.5万元，固定资产原值1.5万元。

1985年，砖厂把维修制坯机和生产任务对外承包。4月23日试车成功，两小时生产砖坯2万块，创历史最高水平。4月24日，砖厂制坯厂发生一起重大火灾事故，造成8间机房及所有设备被烧毁，直接经济损失5.2万元。同年，该厂生产的机制红砖参加海兴县1985年度砖瓦评比，荣获产品质量第一名，由县计划委员会颁发了奖状。

1995年6月3日，海兴农场发给砖厂贷款13万元。

2001年9月，海兴农场党委研究决定，经海兴县物价局评估，将砖厂公开向社会出售，由个人一次性买断，独立经营。

2002年，砖厂资产总额38万元，其中：流动资产38万元，负债总额43万元，职工16人。

2003年，海兴农场砖厂改制成海兴县益民砖厂。

二、海兴农场地板条厂

海兴农场1991年研究新上地板条项目。该项目总投资50万元，厂址在海兴县城，所产木质地板条销往12个省市。1998年，该厂停产。

三、鑫星木制门业有限公司

2007年4月20日，海兴农场鑫星木制门业有限公司正式投产。该公司投资1000万元，占地面积1.5万平方米，生产高中档实木、实木复合烤漆套装门、扣线、连线、踢脚线、门窗、各种装潢木制套材，公司占地1.5万平方米，研发生产"德艺世家"和"名门经典"系列百种款式。

四、海兴农场益民砖厂

2003年，海兴农场砖厂改制成海兴县益民砖厂。2013年4月11日，海兴农场经研究决定，免去海兴益民砖厂原法定代表人张荣祥职务，任黄世敏为益民砖厂法定代表人。2015年6月，为落实国家淘汰落后产能、土地管理和污染减排政策，海兴益民砖厂停产，10月，砖窑窑体拆除。

五、海兴农场红木家具厂

1995年10月15日，海兴农场纪委编制《国营海兴农场公示红木家具厂关于扩大规模的可行性研究报告》。11月，海兴农场与付吉永合资在海兴县城设立股份制红木家具厂，职工36人（含技术人员10人），固定资产50万元，流动资金25万元，厂房建筑面积260平方米，占地面积4000平方米，拥有各类生产设备20台套，主要生产红木家具，产品销往本地区及京津地区。由于经营不善，该厂于1997年停产。

六、河北万幞保温材料有限公司

2018年12月，河北万幞保温材料有限公司成立，占地面积40亩地，总投资1500万元，经营范围：新型墙体、管道保温材料的加工、销售，年产值6000万元，年利润200万元。

第八节　饲料工业

1987年起，海兴农场饲料行业主要生产复合型猪饲料和鸡饲料。包括鱼粉等，产品销往国内14个省市自治区。1993年以后，由于市场竞争激烈，企业技术和管理落后，产品不能适应市场的需求，再加上行业内恶性竞争，导致企业停产。

1987年，海兴农场建立饲料加工厂，有工人10多人，主要生产鱼粉等畜禽饲料，销往全国各地。1989年，饲料厂实现利润5万元。1990年10月10日，郑学良任饲料厂厂长。1991年，新上豆粕项目。1991年经河北省质检局检验，颁发生产许可证。1997年停产。

2010年以后，一些大型养殖企业进驻海兴农场，这些企业自己加工复合饲料，供本企业使用，有的也对外销售。

第九节　轻 工 业

一、海兴农场皮鞋厂

1978年，海兴农场皮鞋厂成立。生产皮鞋、皮靴、皮凉鞋等，羊毛皮产品销往全国各地，还有部分出口。1979年盈利，1980年由于成品凉鞋过时，销路受到影响。1984年，海兴农场皮鞋厂有人员67名，工业总产值11万元，利润0.7万元，固定资产原值2.5万元。1988年产值21万元，利润1.2万元。1989年9月23日，海兴农场皮鞋厂与五金厂、开关厂合并，改称为低压开关厂。

二、明泊洼农场皮鞋厂

该厂位于明泊洼农场场部内。工人总数最多时达60余人。

三、多味瓜子厂

1985年初，海兴农场与安徽省蚌埠市联营多味瓜子，投资8万元，当年效益不理想。1989年停产。

四、工艺美术厂

1987年9月1日，海兴农场工艺美术厂建立，聘任蔡忠耀为工艺美术厂厂长，主要生产出口产品景泰蓝。1998年，该厂停产。

五、印刷厂

1994年8月6日，海兴农场场长办公会研究建立印刷厂，决定印刷厂选定场部。9月11日，场长办公会议决定正式成立印刷厂，厂长崔云池，会计郝秀香。1998年，印刷厂停产。2002年，该厂账面资产总额18万元，其中固定资产4万元，流动资产14万元，负债总额19万元，职工18人。

2020 年 3 月，海兴农场新建印刷厂开始运营并投入生产。

六、冷饮厂

1994 年 9 月 11 日，海兴农场场长办公会议研究决定投资 20 万元在海兴县城农场配件门市部建立冷饮厂，郑炳昌任厂长。海兴农场要求冷饮厂注重抓产品质量，抓旺季占市场，以质量求生存，以产量求得市场的占有率，及时完成海兴农场下达的任务指标。9 月 28 日，党委场长联席会研究免去姚德胜冷饮厂会计职务，傅洪春任冷饮厂会计。该厂 1997 年停产。据 2002 年测算，海兴农场冷饮厂资产总额 99 万元，其中：固定资产 59 万元，流动资产 40 万元，负债总额 125 万元，职工 46 人。2003 年，冷饮厂改制。

海兴农场冷饮厂 1993 年成立，厂址在海兴县城，厂长孙长兴。

七、箱包厂

1993 年，海兴农场投资 18 万元建立海兴农场箱包厂。1996 年箱包厂停产。

八、海兴农场地毯厂

1978 年 6 月，海兴农场投资 5.7 万元建立地毯厂。1990 年，地毯厂停产。

九、冷库

2018 年 10 月 29 日，海兴农场建设冷库项目开工。12 月 26 日，海兴农场冷库投入使用，投资 260 万元，占地面积 6666.67 平方米，冷冻库面积 700 平方米，储存量为 480 吨。

十、其他企业

1959 年，盐山县农场建立酿酒厂，属小型作坊式企业，1961 年停产。

1959 年，盐山县农场建立面粉加工厂，属小型作坊式企业，1961 年停产。

1959 年，盐山县农场建立铁木修配社，属小型作坊式企业。

1959 年，农牧场成立酒厂、修配厂、铁木社、被服厂、缝纫厂 5 家小作坊企业。

第十节 电力工业

海兴农场电力工业原来只靠外来输送电力，有时使用汽油或柴油发电。2015 年以后逐步发展起来太阳能光伏发电和风力发电，才真正形成工业。

一、海兴县江山新能源有限公司

海兴县江山新能源有限公司投资建设 100 兆瓦农光互补光伏电站项目，该项目占地面积约 3500 亩，建设 100 兆瓦农光互补光伏电站及配套设施，项目总投资 9.5 亿元。

2015 年 2 月 3 日，沧州市发展和改革委员会向河北省发展和改革委员会发出《关于海兴县江山新能源有限公司农光互补光伏电站项目列入河北省光伏电站发展规划的请示》。4 月 10 日，海兴县江山新能源有限公司注册成立，注册资本 500 万元。7 月 10 日，海兴县江山新能源有限公司农光互补光伏电站项目由河北省发改委备案，装机容量 20 兆瓦，总投资 17200 万元，建设 20 兆瓦光伏电站及相关配套设施，同步建设分布式光伏应用示范村项目。

2016 年，江山新能源 100 兆伏一期 20 兆伏农光互补项目建成并网发电，总投资为8.65 亿元，占地面积 750 亩。该项目是通过抬高光伏支架，在光伏板下利用闲散土地建设农业大棚兼顾种植养殖，实现光能和土地的集约化、立体化综合利用。当年完成一期工程养殖大棚建设及所有光伏配套设施安装。

2017 年 10 月底，省能源局同意沧州市申报"国家 2017 年光伏发电应用领跑基地"，经相关部门共同努力，海兴县盐碱地综合治理光伏发电应用领跑基地 2017—2018 年实施方案成全省唯一入围项目。根据规划，沧州（海兴）光伏发电应用领跑基地将规划建设 8座光伏电站，装机容量 1000 兆瓦，项目全部建成后预计年产值 9.06 亿元，年纳税额 8000万元。其中，一期 500 兆瓦项目总投资 32 亿元，2016 年 6 月底开工建设；二期开发 500兆瓦，2017 年并网发电。

2018 年 7 月，完成 100 兆瓦农光互补光伏电站项目一期 20 兆瓦输变电工程竣工验收公示（图 6-2-1）。

为满足 100 兆瓦农光互补光伏电站项目一期 20 兆瓦工程送电需求，经河北省发展和改革委员会批准，建设 110 千伏升压站一座，项目投资 3300 万元。

图 6-2-1　海兴农场光伏发电项目

江山能源 100 兆伏一期 20 兆伏农光互补项目总投资为 8.65 亿元，占地面积 750 亩。

二、华能海兴风力发电有限公司一期工程

华能海兴风力发电有限公司位于海兴农场。华能海兴 50 兆瓦风电场项目被列入"十二五"第五批风电项目核准计划，2015 年 5 月 6 日，海兴农场成立华能风电协调工作领导小组。华能海兴风力发电有限公司华能海兴 50 兆瓦风电场工程项目列入国家"十二五"第五批风电项目核准计划，于 2015 年 12 月 30 日取得河北发改委核准。该项目列入 2016 年河北省风电开发建设方案。2016 年 11 月 29 日，华能海兴风力发电有限公司成立，注册资本 6000 万元。2017 年 3 月 6 日，河北省发展和改革委员会同意该项目自建一条 110 千伏输电线路，解决风电场电力送出问题。

2017 年 9 月 3 日，华能海兴一期项目开工建设，总投资 5 亿元。2017 年 12 月 26 日，实现了首台风机并网发电，创造了华能河北分公司基建速度新纪录。2018 年 4 月，华能海兴 50 兆瓦风电场工程 110 千伏升压站项目开始动工。占地面积 9328.5 平方米，总投资 6500 万元。

2018 年 9 月 28 日，华能海兴风电场二期工程开工建设，总装机容量 50 兆瓦，和海兴一期共用 1 座 110 千伏升压变电站。该工程 2018 年 9 月 20 日开工，2019 年 1 月 22 日，整体吊装完成。2019 年 5 月，能海兴风电场二期工程 24 台风机投产发电。

三、海兴县小山光伏发电有限公司 50 兆瓦光伏电站项目

2014 年 3 月 4 日，海兴县小山光伏发电有限公司注册成立，注册资本 1000 万元。海

兴县小山光伏发电有限公司 50 兆瓦光伏发电电站工程是该公司与国家开发银行首次合作的总承包项目。2014 年经河北省发改委备案，核准装机容量 5 万千瓦，享受补贴装机容量 2 万千瓦。该项目原定地址在海兴县小山乡山后村，后改迁至海兴农场。该项目被列入《沧州市国民经济和社会发展第十三个五年规划纲要》。

2015 年，该公司编制《海兴县小山光伏发电有限公司 50 兆瓦光伏电站项目可行性研究报告》，项目占地面积 107.62 万平方米，总投资 4.5 亿元。本项目实施后年发电量 5479.9 万千瓦时，通过 35 千伏配电母线汇入 35/110 千伏主变压器，升压至 110 千伏后与当地电力系统并网。

2015 年 8 月 4 日工程正式开工。2015 年 10 月 2 日，该项目升压站 110 千伏主变压器顺利吊装就位。

2016 年 4 月 26 日，该项目全部投产，提前 4 天实现了整体发电目标。

第十一节　建　筑　业

海兴农场建筑业规模小，先后只有两个小型建筑企业，经济总量少。

一、海兴农场建筑队

海兴农场建筑队成立于 1971 年，负责场部和各队的房屋维修业务，后解散。

二、海兴农场五分场建筑队

1992 年，海兴农场五分场建立一个建筑队，工人总数 6～7 人，农忙时从事农业生产，农闲时或有特殊需要时从事建筑工程，主要承揽本地房屋建筑和维修工程。1994 年，建筑队解散。

第十二节　其他工业

一、海兴农场修造厂

1973 年，海兴农场农机修造厂有职工 18 人，全部为固定工，直接生产人员 16 人。

有机械设备 9 台，其中车床 3 台，摇臂钻 1 台，皮带钻 2 台、手电钻 2 台，牛头刨 1 台，空气锤 1 台、大小捣机 8 台、电焊机 2 台、气焊机 3 台。全年总产值 716.5 万元，产品中弹簧产值 20 万元，肥皂产量 354 吨。1977 年，修造厂年产值 100.6 万元。1979 年，修造厂年产值 117 万元。1981 年产值 53 万元。

二、海兴农场修造站

海兴农场修造站是海兴农场所属的集体所有制企业。1979 年，修造站产值 15 万元。1981 年产值 6 万元。

三、修配厂

海兴农场修配厂成立于 1959 年。1984 年，海兴农场修配厂有人员 33 名，工业总产值 6 万元，亏损 0.8 万元，固定资产原值 11 万元。1985 年，修配厂亏损严重。

第十三节　家庭副业

海兴农场在农闲季节利用闲散劳动力和家庭妇女发展家庭副业，作为农业的必要补充。主要发展农副产品加工、编织业、瓜果蔬菜保鲜、副食品加工、小商品、家禽家畜饲养。

1989 年，海兴农场引导家庭农场发展家庭副业，搞多种经营，作为农业歉收的必要补充全年家庭副业产值达到 30 万元，利润 10 万元。其中劳务收入占 30%，加工为主占 30%，养殖业收入占 40%。

1992 年上半年家庭副业产值 20 万元。1993 年上半年家庭副业产值 50 万元。

1996 年，海兴农场确定一分场重点抓好家庭副业袜子生产，向毛袜生产基地发展；五分场建成苇帘生产基地，80% 的户有苇帘机，产值达到 18 万元，利润 5 万元。

1995 年，海兴农场手工业加工业总产值 104 万元，纯收入 36 万元。

第三章　工业管理和企业改革

海兴农场工业生产萌芽于 20 世纪 50 年代，起步于 1969 年，发展于改革开放之后，在此过程中，海兴农场对工业企业进行了有效管理，先后设立企业科、经济委员会、工业科等机构进行管理。随着改革开放的深入、企业生产经营状况的变化和市场经济的建立，海兴农场工业企业的经营体制也随之实行改革，主要是对部分企业进行改制，采取承包、租赁、转让等方式，以转换经营体制，提高经济效益和社会效益。

第一节　工业管理机构

海兴农场早期没有工业管理部门，随着工业发展，工业管理机构也相应从无到有，从简单管理到计划管理。

20 世纪 70 年代，海兴农场设立工业科，负责全场工业企业的管理工作。1985 年工业科改制为工业总公司。1990 年 7 月 3 日，经海兴县政府批准，改称为"河北省国营海兴农场经济委员会"。1991 年，改为工业处。2001 年，又改为工业科。2012 年改为企业科。

第二节　工业经营管理

一、经营管理

1982 年，海兴农场工业总产值 65 万元。

1983 年，海兴农场工业总产值 74 万元。

1984 年，海兴农场工业总产值 80 万元。

1985 年，海兴农场工业总产值按 1980 年不变价格计算为 60 万元，按当年现行价格计算为 58 万元。

1986 年，海兴农场工业总产值按 1980 年不变价格计算为 80 万元，按当年现行价格计算为 78.1 万元。

1987年，海兴农场制定出《国营海兴农场工业招标承包、利润包干责任制》。当年，海兴农场工业总产值按1980年不变价格计算为60.7万元，按当年现行价格计算为60.8万元。

1988年1月1日，海兴农场制发《关于工业企业经营管理的实施意见》。提出：对工业企业领导体制进行改革，实行和推广厂长（经理）委任承包责任制；加强劳动管理制度，建立健全以岗位责任制为主的劳动管理制度。本年，海兴农场工业总产值按1980年不变价格计算为77.1万元，按当年现行价格计算为89.7万元。

1989年12月31日，国家税务总局下发通知，决定对国营农场生产销售的工业产品按照现行一般工业企业征免税的规定办理。1990年，海兴农场工业总产值按1980年不变价格计算为189.4万元，按1990年当年现行价格计算为205.9万元。当年工业总产值128.41万元，纳税5.83万元，盈利26.98万元。

1990年，海兴农场工业总产值按1980年不变价格计算为827.1万元，按1990年不变价格计算为911万元，按当年现行价格计算为867.6万元。

1992年1月10日，海兴农场制定《关于对工业管理的补充规定》，要求加强质量管理，特别是产品创优。各单位在生产过程中既要提高产品质量，又要精打细算，节省原材料，降低成本。对浪费原料，废品率高的单位，要给厂长和有关人员经济惩罚和行政处分。对在生产过程中管理好的，既节约了原料，又提高了产品质量，提高了经济效益的，按多创效益金额的30%奖给厂长和有关人员。各公司人员的工资，财务人员的工资由公司发，其他人员的工资一律在本单位发，公司只发给岗位补贴和奖金，财务人员的工资要根据场部的规定和本公司的经营情况相结合，对个别工作不负责任，完不成本职工作的人员，工资酌情减罚。

1992年12月19日，场长办公会研究1991年企业经营方式、农业管理规定。全场一共14个工业企业，其中9个实行大包，任务放权，其余5个实行特殊管理。明确大包的目的就是扩大企业自主权，激发积极性，增加效益，但企业的性质不变，上下关系不变。加强控制统一承包，全年计划任务由各单位自行制定，完不成任务不发工资。橡胶厂如再增加投资，要增加上缴利税承包方式和上下浮动。

1992年，海兴农场工业净值4101.8万元，税金49万元，利息75.3万元，利润287.5万元。

1993年1月1日，制定《海兴农场工业管理规定》。

1995年1月1日，海兴农场由场长韩丑清委托林萍与本场下属工业企业承包人分别签《海兴农场工业企业承包合同书》，海兴农场法律服务所做出公证。

1996 年 9 月 7 日，海兴农场企业实行个人风险抵押承包经营责任制，党委会决定确定下列人员为第一承包人，具法人资格：任命林萍为化工厂厂长，刘竹青为橡胶厂厂长，杨兴德为开关厂厂长，冯玉秀为砖厂厂长，乔文治为机务队队长，崔云池为印刷厂厂长，邢金瑞为毛巾厂厂长，张松林为针织厂厂长，孙崇文为纺织厂厂长，付吉勇为家具厂厂长，杜德明为冷饮厂厂长，杨风和为粮站站长。以上人员有权自主组阁本单位班子。同日，任命姜瑞岗为冶炼厂厂长，张建忠为副厂长。

2005 年 3 月 1 日，海兴农场召开经济工作会议。党委书记、场长刘竹青在会上做了题为《一线两厢，统筹协调，发展区域经济》的讲话。会议提出以"一线两厢"（"一线"是指汤孔路沿线的益奥特公司、除尘制造公司和南华集团；"两厢"是指汤孔路两侧的 4500 亩工业区建设和荒地开发）的发展模式来规划工、农业项目新格局，统筹经济发展的新区域，打造海兴农场的新形象。

二、购销

海兴农场工业购销方面有相应的规章制度。一是加强购销管理，提高购销工作质量和水平。1993 年 7 月 13 日制定《海兴农场关于加强企业购销工作的补充规定》。二是强化销售。海兴农场每年都参加一定数量的订货会，了解市场发展的规程规律，推销自己的产品。

三、清欠

外欠债务问题严重影响海兴农场各工业企业的资金周转和工业发展的一个重要因素。1993 年 9 月 1 日出台《海兴农场关于业务人员回收货款的规定》。1994 年 7 月 31 日，海兴农场场长办公会专题研究催欠问题，橡胶厂催回 9.2 万元，化工厂催回 5 万多元，化工厂催回陈欠 20 万元左右。1996 年 3 月 15 日，农场党委研究制定《海兴农场关于清欠工作的规定》，要求农场监察室、司法所全体成员加大清欠工作的力度，为提高干警的积极性，规定 1993 年以前的陈账提成 25%（包括 1993 年），以后的提成 20%，其中 10%（按清欠额）奖励工作积极的干警。

四、质量管理

1995 年 1 月 1 日工业计划会议，传达《海兴农场质量检测管理规定》。

第三节　体制改革

1985 年改革农场工业管理体制。场办工业实行全面经济指标承包，实行上缴利润递增包干、联利计酬等办法，采取积极措施支持职工集资办集体企业和个体企业。具体内容包括以下 10 点。①场办工业根据生产要求可本着择优录用的原则，在家庭农场中招收合同工。农场对工厂（公司）实行利润包干，职工所得实行联利计酬。②确定联利记酬的计算方式。③联利记酬的基本原则是在保证按时完成上缴利润指标的前提下，工厂（公司）建立见利就分。工厂（公司）完不成全年上缴利润的部分，全部扣发干部职工个人。干部职工收入，上不封顶，下不保底。④各厂公司超额完成上缴利润部分，按 3% 提取，农场奖励工厂（公司）领导成员。⑤工厂（公司）职工劳动计酬办法，凡可以计件的工种一律按件计酬，对不能计件，需要集体操作的工种，则按小组计酬，把产品的每道工序都按作业时间制定定额，然后按职工实际完成任务的多少核算成工时，按工时计酬。在保证质量的前提下凡超额完成一倍任务，就多发给一倍报酬，使职工的劳动报酬与工厂（公司）的经济效益和劳动者的劳动好坏双挂钩。工厂（公司）领导成员按出勤折算工时计酬，对完成利润和超交利润的工厂（公司）领导干部，每月向上浮动 2～3 个工日参加分配。⑥工厂（公司）对业务员采取采购或推销核定任务指标的办法核算工时记酬，超过一倍的业务就发一倍报酬，对业务员采购和推销产品奖惩办法由各厂（公司）自定。⑦工厂（公司）都要在当地银行设立账户结算，办理资金往来业务，自己掌握安排使用资金，以力加速资金周转，提高资金利用率。⑧公司工厂必须遵守国家的政策、法令，执行农场规章制度，对弄虚作假，违反规定的事情节轻重给予必要的行政处分和经济处罚。⑨各工厂（公司）可以根据以上规定结合本厂公司实际情况，制定具体的经营措施和厂规厂法。⑩核定各场公司上缴利润指标的费用。同时，明确实行厂长、经理负责制。

1986 年，工业生产水平明显提高。经济效益好的工业企业，如弹簧厂、五金交电厂、砖厂继续改革挖潜，对效益低、长工长期亏损的工业企业，如绣花厂、地毯厂及时停产转产。

1987 年，海兴农场工业单位实行厂长责任制，给予厂长应有的权力，定任务，定指标，明确厂长责任制是在农场党委、场长领导下的责任制，既是该厂的法定代表人，又是场部下达和完成各项经济指标的保证者和责任者；打破原有工资制度，实行多劳多得、按劳分配的原则；对老工业企业在改革巩固提高的同时进行了关、停、并、转。

1988 年，海兴农场扩大场办企业的自主权，实行和推行厂长（经理）委任承包责任制，明确厂长（经理）有以下权力和责任。①有权根据市需求和本厂的条件组织加工、生产和产品的销售。②有权根据生产需要合理安排和使用本厂的劳动力，建立健全责任制和计件工资制；有权按照扣件规程和技术要求检查验收本厂职工的生产过程、产品质量和工作效率。③有权对本厂职工进行表扬、批评和奖惩；有权对职工进行思想政治教育和技术指导；有权按规定对职工进行经济惩罚和纪律处分。④有权发现人才、起用人才，但启用或招聘场外人员必须报请场队人事部门批准。⑤厂长的义务是积极贯彻落实党的方针政策，遵守国家的一切法律和法令，执行场部制定的各项规章制度。⑥在改革开放的新形势下，要切实对职工加强形势教育、政策教育、爱国主义、集体主义、社会主义、共产主义的思想教育，进行有理论、有道德、有文化、有纪律的教育，反对和抵制资产阶级自由化和其他腐朽思想的侵蚀影响。⑦厂长的责任是搞好安全生产，保证国家和企业的财产不受损失；搞好经营管理，提高经济效益，按时完成或超额完成农场党委、场长下达的各项任务指标。

2001年1月10日，海兴农场一分场上报关于对开关厂推行股份制的实施方案。2001年2月16日得到海兴农场的批复。2001年2月17日，海兴农场与一分场姚宝庆签订风险抵押承包协议书。2001年2月17日，海兴农场资产代表人姚宝庆与股东代表徐耀亭签订股份合作经营协议书。2001年5月24日，海兴县价格事务所对开关厂的资产设备进行了价格鉴证，鉴证结果为23.45万元。2001年8月28日，海兴农场一分场与徐耀亭签订了海兴农场开关厂股份合作风险抵押承包协议书。其中国有股份93790元，占总额的40%，股东经营承包人徐耀亭50000元，占总额的21.3%。2001年12月10日，在场部二楼会议室召开转让拍卖抵押开关厂农场40%股份权工作研究会，由徐耀亭购买，款项交至法院85000元。

2006年7月20日，海兴农场向海兴县委、县政府发出《企业资产状况及改革的建议》。《建议》指出，海兴农场原有工业企业12个，已内部改制4个，待改制8个。这8个待改制企业无设备，无厂房，无管理人员。已改制的企业开关厂、转厂、冷饮厂、油脂厂四个企业资产总额为421万元，其中固定资产107万元，流动资产314万元，负债总额664万元，职工132人。停产的八个企业资产总额3107万元，其中固定资产754万元，流动资产2353万元，负债总额4999万元，职工682人。

第四章　招商引资与园区建设

第一节　开发区建设

20世纪90年代初，海兴农场规划建设开发区。1992年11月1日，海兴农场党委会议研究建立开发区的问题，决定开发区位置选定在塑料厂西，占地面积暂定为1万亩，许洪勇兼任开发区主任，抽调有关人员组成临时开发小组。开发区设立后，由于项目少而终止。

2004年6月25日，海兴农场为优化投资环境，拉动小城镇建设，规划在宣北干沟北、汤孔公路西侧建立占地面积为4500亩的工业开发园区。

2005年9月23日，海兴农场决定建立两个工业开发小园区，一个在南区，位于原中学以南，占地面积19.3亩；一个在北区，位于汤孔路西侧，占地面积8亩。

第二节　招商引资

招商引资是指地方政府（或地方政府成立的开发区）吸收投资（主要是非本地投资者）的活动。海兴农场20世纪80年代开始出现招商引资的萌芽，主要是引进和建立了一些工业企业。

一、招商引资

1992年11月1日，海兴农场党委会议，研究招商引资工作：一是港商投资1700万元建皮件厂，海兴农场出地皮出人员，港方出管理人员；二是建立旅游鞋厂；三是浙江苍南客商投资建塑料织编厂；四是日本客商洽谈投资80万美元开发芦笋养殖；五是台湾商人来谈项目合作。

1993年3月20日，海兴农场公开发布《国营海兴农场关于招商引资的公告》，面向全国招商引资，建立200亩的工业开发基地，在1993—1994年开发10～15个独资联营的皮革塑编项目。经报请县政府主管部门批准，制定如下招商引资的优惠政策：一是独资到农场建厂的，农场可向投资者出让 10～60 年的土地使用权，经营 10 年内免征土地使用费。二是来农场联营办厂的，农场可免征投资者土地使用费。三是独资、联营办厂的，海兴农场免征企业所得税。独资联营企业投产后，海兴农场将提供优惠税收政策，免征五年产品税及个人收入调节税。四是成立开发区管理委员会，管理开发区和行政事务，以服务高效为宗旨，保证开发区的投资、生产环境，保障财物和人身安全。五是对来农场经营者提供优越的住房生活环境。六是对企业负责办理立项营业执照，提供银行账户，做到及时无误。七是独资经营者如自愿归属农场，可收归全民企业，法定代表人不变。八是独资企业归属全民后，经济效益好，有一定的贡献，法定代表人可转为全民固定工人，家属子女转非。九是海兴农场 1993 年拿出部分资金做好联营投资。对联营者，农场本着真诚合作、平等互利的原则；对投资者，固定资产归投资者所有，利润归投资者所有。十是与联营者本着互利互惠，按投资额度贡献多少，相互协商制定投资比例分红的分配办法。

1993 年 6 月 4 日，海兴农场场长韩丑清主持项目开发联席会，研究联合浙江省平阳县水头镇设立海兴冀浙合资皮件加工厂事宜。

1996 年 2 月 3 日，海兴农场在天津召开新闻发布会，并在天津日报刊登了《海兴农场关于开展五引进活动的公告》及《海兴农场高薪招聘公关部长的启示》。7 月 20 日，重新制定并通过了《海兴农场全方位引进及开放工作的实施办法》。7 月 26 日，海兴农场在天津、石家庄、宁河分别召开了招商引资推介会。

1997 年 8 月 11 日，海兴农场经与天津橡胶集团公司多次洽谈，确定与海兴农场橡胶厂建立合作关系，已达成联营协议。为此成立津兴化工橡胶股份有限公司建立董事会。韩丑清任董事长，林萍兼任副董事长、总经理，王玉庆兼任副总经理。

1998 年，海兴农场发出《河北省国营海兴农场招商公告》：如有进场办工业企业或其他加工项目者，所需土地在限额内 10 亩无偿使用。限额外以优惠价格提供。

2000 年，海兴农场成立招商引资委员会，韩丑清任主任。

二、招商引资扩大规模

2003 年 5 月 22 日，海兴农场成立了招商引资委员会，刘竹青任主任。6 月 13 日，海兴农场确定本年为"项目发展年"，制定出《关于招商引资若干优惠政策的规定》。通过招商引资，引进了沧州市益奥特塑胶器材有限公司、海兴建翔体育用品公司、食用调料厂、不锈钢铸件厂四个工业项目。

2004 年 1 月 20 日，海兴农场制定出台《2004 年招商引资实施办法》。明确了招商任务、指标和完成时限，开始推行小团组及亲情、联谊和网络招商活动。本年，海兴农场共引进工业项目十二个，其中正常运营的项目五个，项目资金共计 470 万元；在建项目五个，到位资金 850 万元，其中香港南华集团正式落户。

2004 年，海兴农场引进投入正常运营的工业项目四个：一是总投资 130 万元的沧州吉人篮板有限公司；二是总投资 90 万元的塑钢门窗加工项目；三是总投资 240 万元的万亩速生杨种植项目；四是香港南华集团二期工程扩建项目，到位资金 150 万元。总投资 50 万元的海兴县洪良养牛厂项目已投入正常运营。

2005 年 4 月 25 日，海兴农场制定出台《招商引资考核办法》及任务分解表。把招商引资目标任务分解到各个部门，进一步动员全场上下深入开展招商引资活动。

2006 年 7 月 13 日，海兴农场召开上半年招商引资调度会。当年，海兴农场引进投入生产的工业项目三个：一是投资 100 万元的新兴木制木业项目；二是投资 50 万元的彩砖生产项目；三是投资 12 万元的养鸡项目。引进在建项目三个：一是投资 50 万元的玻璃钢拔丝项目；二是总投资 100 万元的体育器材加工厂项目；三是总投资 50 万元的甜高粱造酒项目，利用海兴农场 800 亩甜高粱秸秆生产乙醇，按每 10 千克秸秆生产 1 千克乙醇计算，预计可生产乙醇 2400 吨左右。

2007 年 3 月 29 日，海兴农场制定《关于招商引资优惠政策的规定》，在土地政策、税收、行政审批等方面实行优惠政策。

2008 年 1 月 1 日，海兴农场制定出台《招商引资奖惩及考核办法》。对引进项目的单位和个人进行奖励，以鼓励全民招商。本年，海兴农场续建项目 4 个，新上项目 5 个，前期项目及规划项目 1 个。续建项目中：①华丰种植养殖项目总投资 9500 万元，累计完成投资 928.3 万元；②沧州市益奥特塑胶器材有限公司项目总投资 1064 万元；③海兴农场生态园项目总投资 1200 万元，累计完成投资 30 万元。新上项目 2 个：①华信畜牧业有限公司项目总投资 1200 万元，实际利位资金 512 万港币，占地面积 100 亩，年产生猪 15000 头，有繁育长白二元种猪和杜洛克种猪 10000 头，8 月底已完成引进 1000 头种猪的目标；②饲料加工厂项目总投资 300 万元，累计完成投资 300 万元。

2009 年，引进 5 个项目：凯翔原生态养殖项目、三利畜牧业有限公司、华凯农业生态园、沧州瑞凯商贸投资有限公司、河北翔宇体育设施制造有限公司，总投资 1.12 亿元，到位资金 7400 万元。扩建项目 1 个：沧州华信畜牧有限公司万头种猪扩繁项目，实际到位资金 2000 万元。

2009 年，由河北翔宇体育设施制造有限公司投资 1000 万元建设体育用品配套加工厂项目。该项目占地 100 亩，分两期进行。一期投资 500 万元，开发项目为：体育场活动看台座椅，建厂房三处，办公楼一栋，职工食堂和职工宿舍各一处，当年年底完工。

2010年，全年引进项目总投资7100万元，到位资金4240万元，其中到位外资247万美元，完成年度任务目标的236%。引进项目为：农产品深加工园区建设项目、种禽养殖基地建设项目、北京红桥农业发展有限公司、华凯农业生态观光园、10000吨/年生物柴油项目和经纬织布厂。

2011年10月18日，海兴农场调整对外开放和招商引资领导小组，由13人组成。贾福利任组长，王玉庆、张殿峰任副组长。当年，阿戈热乐公司完成投资192.8万美元，总共已投资440美元，投入运营。已签约项目1个，即河北景天生态农业开发有限公司。该公司拟总投资1500万元，建设开发现代化农业生态园，包括牛、羊养殖和大棚蔬菜种植、饲料加工及后期屠宰深加工。

2013年3月，海兴县委、海兴县人民政府授予海兴农场"2012年度招商引资先进单位"。4月17日，海兴农场出台《关于招商引资奖励政策的规定》。内容包括以下几项。

（1）流通行业项目。

①年缴纳营业税100万起至300万元（含）的，按入库营业税地方留成部分的7%，年缴纳营业税300万元以上的，超出300万元部分按入库营业税地方留成部分的10%，由企业发展专项扶持资金列支，用于支持新设立企业改善基础设施及扩大经营规模。运输业及仓储业代开发票，年缴纳营业税超过100万元（含）的，参照本条执行。房地产企业不享受税收优惠和财政支持。

②年缴纳增值税100万起至500万元（含）的，按入库增值税地方留成部分的50%，年缴纳增值税500万元以上的，超出500万元部分按入库增值税地方留成部分的60%，由企业发展专项扶持资金列支，用于支持新设立企业改善基础设施及扩大经营规模。

③年入库企业所得税超过50万元的，按企业所得税地方财政留成部分50%（占入税总额的5%），由企业发展专项扶持资金列支，用于支持新设立企业改善基础设施及扩大经营规模。

（2）工业项目。引荐客商来场投资项目建设成功者，按该项目所缴纳税金县留成部分的5%连续三年奖励该项目引进人。固定资产投资1000万元以下一次性奖励引进人5000元，1000万元以上一次性奖励引进人10000元。

（3）种植业项目。项目总投资1500万元以下，本场一次性奖励引资人3000元，项目总投资1500万以上本本场一次性奖励引资人5000元。

（4）养殖业项目。固定资产投资500万元以下的，本场一次性奖励引资人3000元，固定资产投资500万元以上的，本场一次性奖励引资人5000元。

（5）社会事业。固定资产投资 1000 万元以下的，本场一次性奖励引资人 3000 元，固定资产投资 1000 万元以上的，本场一次性奖励引资人 5000 元。

（6）服务业项目。固定资产投资 400 万元以下的，农场一次性奖励引资人 3000 元，投资 400 万元以上的，本场一次性奖励引资人 5000 元。

（7）奖励程序。对奖励对象的奖励程序，由被奖励对象提出申请，并提交相关资料，由招商办会同财务科、土地所等部门联合审计考核，并将奖励方案报场长办公会批准后兑现奖金。

（8）其他。

①对于投资额度较大、科技含量较高、对本场经济发展有较大拉动作用的新上项目，实行"特事特办""一事一议"，为引资者提供更多的奖励和便利条件。

②如县政府有新奖励政策发布实施，按县政府新政策执行。

2014 年 3 月 20 日，海兴县委、海兴县人民政府授予海兴农场"2013 年度招商引资先进单位"（图 6-4-1）。

2016 年，海兴农场引进华能 20 风力发电项目、江山新能源农业光伏项目、中澳肉牛屠宰项目。

图 6-4-1　海兴农场获得的"招商引资先进单位"奖牌

2017 年，海兴农场引进河南牧原百万头生猪养殖及饲料加工项目、海兴宏远建材项目。

2018 年，海兴农场引进雅布伦养生小镇项目、海兴万众针织品项目、河北万幞保温材料项目。

2019 年，海兴农场引进沧州三丰牧业有限公司禽类深加工项目、沧州恒德塑料制品有限公司和海兴佑华塑料制品项目。

第三节　高新产业园区

海兴农场高新产业园区位于海兴农场西点，地处海兴与盐山结合部，与盐山工业园区相连，紧靠 338 国道，距津汕高速公路出入口处 8 公里。园区定位为集高科技、绿色环保、无污染项目为一体的现代化综合性高新技术产业园，突出粮油、果品、设施蔬菜、畜牧深加工、生物医药等产业。该项目总占地 11000 亩，概算总投资 3 亿元。一期工程占地 5327 亩，预计投资 7885 万元。

2013 年 10 月 21 日，海兴农场成立高新园区工作领导小组，贾福利任组长。

2014 年 9 月 13 日，海兴农场举行高新产业园区签约合作仪式。县委常委、副县长孙文强、海兴农场场长贾福利、北京红山财富投资有限公司董事长李彤光及双方代表参加了签约仪式。双方就园区建设的合作模式达成一致意见，园区面向全国，坚持高起点规划、高标准建设、高规格招商，共同致力于将园区打造成高科技产业的示范区、环保技术的先导区、生态工业的旅游区、现代农业和新农村建设的样板区。当年，高新园区已投入资金1800 万元，完成"一纵一横" 7 公里园区道路硬化，电力设施已完成，与 6 家企业达成入园协议，包括球幕影院生产项目、工艺制品项目、食品加工、农业产业化龙头企业等。投资 1000 万元的河北美耀针织品有限公司已完成建设；总投资 1.2 亿元的生物肥项目开工。

2015 年，海兴县将海兴农场高新产业园区建设纳入了县重点工程。园区内完成剩下的"两横两纵"道路硬化、通往武港路道路建设、部分土地的调规、平整等工程以及部分项目的开工建设。8 月 19 日，海兴县政府召开会议专题研究海兴农场高新园区土地补偿问题，决定：①为加快海兴农场高新园区建设，打造县域经济新的增长极，海兴农场与农场高新园区土地经营者即海兴县博远农牧有限公司签订土地补偿协议，补偿标准统筹考虑海兴县博远农牧有限公司在其土地经营期间的投入及终止承包合同所造成的损失，并根据海兴县人民政府海政纪〔2014〕3 号会议纪要规定，按 13000 元/亩的标准给予农场高新园区土地经营者一次性补偿。②海兴农场与海兴县博远农牧有限公司签订土地补偿协议后，原土地承包经营合同同时解除。③海兴县博远农牧有限公司要确保高新园区土地不再出现土地争议，一旦出现土地争议由海兴县博远农牧有限公司负责解决，费用由海兴县博远农牧有限公司承担。

中国农垦农场志

第七编

经济管理

中国农垦农场志

第一章 经济综合

农业在农场经济中占有重要地位，历经开垦荒地，改造农田，粮食产量逐年有所提高。1965 年农场粮食作物面积 9358 亩，亩产 137 斤，总产量达到 130 万斤，经营收入 33.8 万元。改革开放以后，海兴农场制定与实施了一系列有利于经济发展的政策和措施，农业得到一定发展，工业开始起步。1979 年农场全年粮食总产量 154.9 万斤，农业总收入 22.5 万元，工副业总收入 128.4 万元，工农业总收入 155.3 万元，税收 6.4 万元，盈利 2 万元。

进入 20 世纪 80 年代，海兴农场贯彻执行调整、改革、整顿、提高的方针，把全部经济工作转移到以提高经济效益为中心的轨道上来。1987 年农场深化经济体制改革，走以工促农之路，工农业生产有了较快发展，至 1995 年连续 9 年盈利，工农业总产值由 1986 年的 20 万元增长到 4024 万元，利税 50 万元，企业固定资产由 1986 年的 40 万元增长到 1700 万元，农场资产总值由 1986 年的 117 万元增长到 4000 万元。农业拥有 400 公顷冬枣生产基地、26.67 公顷果园。农产品有小麦、玉米、高粱、大豆、葵花、棉花、苹果、鸭梨、冬枣、葡萄等；养殖业有猪、羊、鸡、牛、兔等。农业产值达到 1000 万元。20 世纪 90 年代末期，由于市场疲软，企业利润下降，部分企业被迫下马。

进入 21 世纪，海兴农场把对外开放，招商引资作为恢复、振兴农场经济的核心之举。2002 年，通过机制促动，政策带动，全场互动进行全力招商，先后引进体育器材、电器、化工、铸造、编织等不同行业为主的工业项目 9 个。通过"三田制"改革，促进农业产业结构调整，形成了以特色主导产业为主的多种现代农业生产模式，建立种植、养殖基地，通过实施"五抓五带"的工作新机制，发展商业，服务业、农资等第三产业，进一步壮大经济实体。至 2010 年，全场实现总产值 1.31 亿元，其中农业产值 9000 万元，工业产值 3450 万元，第三产业产值 660 万元。实现生产总值 7500 万元。上缴税金 572.37 万元，人均纯收入 4000 元。2011 年以来，海兴农场继续把大上工业项目作为发展农场经济的全局性、战略性举措来抓，持续加大招商引资力度，先后引进光伏发电、风力发电、保温材料、塑料制品、农产品深加工、新型建材等 9 家工业项目。不断推进农业产业上规模、上档次，以现代农业园区为依托，发展壮大耐盐碱苗木、经济林果、蔬菜种植、畜牧养殖基地，以农副产品加工和物流配送为主扶持发展龙头企业，使经济发展驶入快车道。2019年，全场实现总产值4.03亿元，实现生产总值1.98亿元；完成税收1126万元。

表 7-1-1 2002—2019 年海兴农场主要经济指标数据统计表

年度	总产值（万元）	第一产业总产值（万元）	第二产业总产值（万元）	第三产业总产值（万元）	生产总值（万元）	第一产业生产总值（万元）	第二产业生产总值（万元）	第三产业生产总值（万元）	全场人均收入（元）	全场播种面积（公顷）	植树造林面积（公顷）	农作物总产量（吨）	固定资产投资（万元）	缴税（万元）	企业个数（个）
2002	787	437	200	150	887	657	200	30	420	1685	333	2605	200		3
2003	1752	1360	240	152	910	610	260	40	550	1680	333	3127	280		3
2004	3389	2122	757	510	1407	1060	302	45	1527	2117.6	333	6483.5	400		5
2005	5341	2946	1860	535	1860	1492	320	48	1650	2400	333	5609	650	30	7
2006	5740	2960	2200	580	2860	1410	1375	75	1750	2446	333	5615	1700	50	7
2007	6136	3216	2300	620	3170	1840	1100	230	2292	2460	333	5767	2000	50	8
2008	7076	4029	2392	655	3120	1611	1196	313	2590	2774	377	9517	2950	55	10
2009	11596	7845	3096	655	6426	3138	3078	210	3200	2762	377	10480	4000	65	12
2010	13110	9000	3450	660	7500	3600	3500	400	4000	2905	446	10169	5310	85.6	13
2011	10972	6000	4300	672	5065	1865	2650	550	4000	2912	506	7713	11847	107.5	13
2012	11260	6080	4500	680	6400	2460	3370	570	4500	2913	686	4678	12900	169.1	13
2013	11888	6500	4700	688	6900	2750	3400	750	4600	2864	906	8501	35909	572.37	14
2014	13810	6400	6700	710	8080	2800	4500	780	4700	2050	1092	12267	48000	414.5	14
2015	14920	7000	7200	720	8800	3200	4800	800	4900	1752	1172	4086	50000	783	16
2016	23250	7500	15000	750	13050	3300	8900	850	4950	1580	1438	6342	53000	636.1	18
2017	37045	11250	25000	795	19460	5400	13200	860	5050	1685	1568	6742	65000	2246.8	22
2018	38660	12000	25800	860	19800	5450	13500	850	6050	1710	1620	6232	51500	572.25	22
2019	40284	12720	26684	880	19800	5245	13700	855	6120					1126	

第二章 经济管理体制

建场之初至 1955 年农场为事业单位，以后改为国营企业单位。1959 年，小营公社的孔庄子等 11 个村划归农场管辖，以场代社，形成了国营企业经营与农村大队集体管理体制并存的局面。1984 年所辖农村划归新建孔庄子乡。至此，海兴农场成为单一的国有企业。

第一节 建场创业时期

1951 年农场下设技术室、经营繁殖和技术推广股及田间生产队，从事农业生产和良种培育，职工实行评工记分，按工分分配工资。1953 年开始推行定额管理，计划生产，提高产量，降低成本的经营方针，到 1955 年，按照缩减人员，提高效率，减少非生产工的要求，干部由 9 人减到 4 人，农副业工人由 13 人减到 9 人，实行计件工资。

到 60 年代，海兴农场提出了"以粮为纲、农牧并举"的经营方针，但到 70 年代中期，经济发展主要靠粮食生产，工业、第三产业很少。

第二节 改革调整时期

按照中央"调整、改革、整顿、提高"的方针，逐步调整内部生产结构和作物布局，摆脱单一的经营，逐步向农、牧、副、养全面发展。1981 年，海兴农场改革经营管理制度，在农业队、工副业推行"四定一包"，用经济手段管理企业。1982 年，进行经济体制改革，实行农业承包责任制，兴办职工家庭农场。1985 年，将相关行政科室改制成立生产经营公司，把原来的生产队改成农业技术服务站，工厂、企业体制进行全面改革。

从 20 世纪 90 年代开始，引入竞争机制，向粮食的基地化、种养的专业化、农副产品的深加工方向发展。1999 年 5 月，将农场划分两个分场，总场与分场责、权、利彻底分离，建立了分场独立自主经营、自负盈亏、自行担负文教、卫生、职工养老保险等各项社会福利事业的新机制。

第三节　深化改革时期

进入 21 世纪，海兴农场继续深化农垦经营体制改革。

一、"三田制"改革

按照规模化、市场化、集约化的改革方向，2003 年实行"三田制"改革的土地分配形式，把耕地分为口粮田、劳保田和商品田，确定全场每人 1 亩口粮田保吃饭，参保职工每人 5 亩劳保田保退休，商品田对外承包保农场经费支出。全场 3000 余人签订了新的承包合同。通过土地合理调配、整合、流转，持续推进农业结构调整，围绕推进农业产业化经营，上大项目、建大基地，至 2019 年建立种植、养殖、加工基地 5 个。形成了以特色主导产业为主的多种现代生产模式。

二、继续推行家庭农场

海兴农场继续推行家庭农场承包责任制，与各家庭农场重新签订承包合同，农作物的种植日趋合理，对农业的投入逐年增加，提高了耕地利用率。海兴农场明确丰年不多交，灾年不少交，并为家庭农场提供多种形式的产前、产中、产后服务。

三、工业招商引资

21 世纪初，为了振兴工业，海兴农场采取股份制改造、拍卖出售、股权转让等形式进行工业企业改制，对破产企业进行资产清理评估和产权界定。此后，海兴农场加大招商引资力度，通过不断地出台招商引资优惠政策，以良好的环境吸引了众多的客商来场投资置业。先后引进了体育器材、电器、化工、铸造、编织等不同行业为主的工业项目。到 2011 年，农场工业产值达到 4300 万元。2014 年，农场在西点建高新产业园区，为工业企业的发展搭建良好的平台，光伏发电、风力发电、保温材料、塑料制品、农产品深加工、新型建材等 9 家工业企业在这里扎根落户。2019 年，农场工业企业 12 家，工业总产值达到 26684 万元。

四、企业化改革

海兴农场于 2015 年 11 月份成立"海兴海农农业开发有限公司",承担原国有农场生产经营和资产运营等职能、实现自主经营、自我发展,公司下设养殖、种植、物流和苗木等多个分公司。其中种植公司投资 4500 余万元,种植梨树 3000 余亩,注册了"冀海农"品牌,2017 年通过有机食品认证,申报完成了"海兴碱梨"地理标志认证;养殖公司发展林下生态养殖,养殖皖西白鹅、土鸡、黑猪、有机山羊等共约 18 万只(头);农产品加工物流公司立足于农产品仓储冷链物流及电子商务,线上线下同步做好农产品销售;苗木公司种植苗木 2000 余亩。

第三章 财务 统计 审计

第一节 财 务

1948年，靖远县农场成立后实行机关财务制度，有一人兼管财务工作。1955年，盐山县农场实行企业财务管理体制。1958年，盐山县农场设财务室，对农场财务实行集中统一管理，统收统支，统负盈亏。农场由场部统管全场财权，下属国营生产单位年度财务收支计划由场部下达，盈亏由场部统负，对外购销结算由场部统一进行，主要产品统由场部管理；农村生产队按照人民公社管理体制管理。1965年，海兴农场设财务科。

1979年以后，改革财务管理体制，国家对农场实行财务包干。资金使用由财政拨付和无偿使用为主改为银行贷款和有偿使用为主，农场内部财务改为分级管理，统分结合。场部统一负责全场财务会计工作，计算全场财务成果。生产队管理本队财产和资金，指导帮助家庭农场财务管理和会计核算。场办工业、商业、运输业、服务业单位，实行自主经营、单独核算、计算盈亏、定额上缴。规模较大的工厂、公司在银行单独开户，直接办理对外结算和存款、贷款业务。家庭农场自主经营、定额上缴、自负盈亏。对场办学校、医院经费实行定额管理，节余留用、超支不补。有生产收入的实行差额补贴。

1991年，为适应新形势下的经济建设发展需求，将财务科改称财务处。财务处统管全场财务，合理调度资金，编制财务预决算方案，为全场经济建设工作和职工生活保障提供必需的资金支持。同时监督各单位资金使用情况。

1992年，根据个别单位乱花钱的现象，财务处联合审计处对公款吃喝严重、随便批条子等违反场部规定的问题进行检查，对不符合审批手续超标及非正常的往来开支进行处理，通报全场。

2012年，为进一步规范机关财务管理工作，根据《中华人民共和国会计法》《会计基础工作规范》的要求，结合海兴农场实际情况制定出台《机关财务管理规定》，并严格执行。

第二节　统　　计

海兴农场从成立之初就有统计工作，统计内容包括农业统计、工业统计、商业统计、劳动工资统计、基本建设统计、施工统计、物资统计等多种专业统计。

1948—1954 年，由一人兼管统计工作。1955 年，统计工作由场办公室负责。1958 年由财务室负责，1965 年由财务科负责。后设统计科，1991 年改成统计处。统计处直接对场领导负责，通过繁杂细致的统计工作为场领导提供正确的发展决策依据。

海兴农场先后于 1953 年、1964 年、1982 年、1990 年、2000 年、2010 年配合上级统计部门开展了全国第一次至第六次人口普；2004 年、2008 年、2013 年、2018 年开展了第一至四次全国经济普查；1984 年、2007 年、2018 年开展了第一到第三次全国土地调查。每年向省、地区（市）、县上报各类统计数据，每年编写本场年度统计资料，每年为县级统计部门编写《盐山县国民经济统计资料汇编》《海兴县国民经济统计资料汇编》《海兴县统计年鉴》提供资料。

第三节　审　　计

1991 年 12 月 8 日，海兴农场设立审计处，其职能主要是对场内部审计。2002 年，撤销审计处。

海兴农场审计处根据国家的法规、政策及本场规章制度，按照一定程序和方法对场属单位的财务收支及其经济活动进行全面审查。主要任务是：审查计划和执行落实、对固定资产和流动资产审查、对经营结果审查、对费用支出审查、对上缴费审查。海兴农场审计处每月对全场所有经营单位进行全面审计，并将审计结果上报主管场长。

第四章 生产管理

第一节 机构设置

海兴农场在建立之初，由于人员少，没有设立生产管理机构。1959年12月，海兴农场配置了农业技术股、畜牧股，建立了畜牧繁殖场、运输队、工业机械队和稻田队、畜牧二队。农业生产技术股，负责全场的农业生产，以后改为生产科。

1980年前，海兴农场设生产办公室，具体管理农业生产。其后生产办公室一分为二，且改称"科"，即分为管理农业生产的农业科，管理工业生产的工业科。这标志着农场工业生产经营已成体系和规模。

1991年，海兴农场农业科改称农业处，工业科改称工业处。名称改后职能不变。

2002年，工业处改称工业科，农业处改称农业科。

2012年，工业科改为企业科。

第二节 农业生产管理

海兴农场农业生产管理大致可以分为两个阶段，一是建场到1981年的集中统一管理阶段，二是1981年后的改革开放阶段。

一、集中统一管理阶段

农场成立后，实行集中统一管理，所有生产经营活动严格按照上级要求和计划进行，农业劳动实行集中统一。

二、改革开放阶段

中共十一届三中全会以后，海兴农场积极探索农场生产经营新方法。1981年1月

15 日，海兴农场发布《关于经营管理制度和实行基层单位自主权的规定》。开始推行大包干制度，对农业队和工副业实行"四定一包"制度。即：定流动资金、定产量（产值）、定利润、定奖惩和自包全年开支。5 月 29 日，全场 70 个生产队中有 39 个建立起"统一经营，联产承包"形式的农业生产责任制，有 31 个生产队实行"小段包工"，一些农业职工中出现了个人承包意向。1982 年 12 月，开始兴办家庭农场。1983 年 1 月，海兴农场全面推进和实行统一经营联产承包的生产责任制。在推行责任制中做到"三个坚持、五个统一、三个不取消"。即：坚持生产资料公有制，坚持以工厂、农业队为基本核算单位，坚持按劳分配的原则；统一生产计划，统一技术措施，统一上交主要产品，统一安排生产资料，统一供应种子，化肥及农药；不取消退职退休职工的工资，不取消退职退休办法，不取消公费医疗。5 月 30 日，海兴农场印发《关于进一步加强经营管理严格规章制度的通知》，出台了《1983 年生产经济承包责任制试行办法》和《流动资金管理办法》。

1984 年 1 月 1 日，海兴农场印发《1984 年生产经济承包责任制试行办法》，职工兴办家庭农场，实行财务大包干，生产资料（大型拖拉机除外）作价归职工个人所有。4 月 10 日，办起职工家庭农场 130 个，联产联利承包户 110 家，实行利润承包的工副业单位 10 个。本年底，全场办起职工家庭农场 251 个。海兴农场改变了统一经营时期以队为单位的经营模式，实行大农场套小农场的管理模式，农场实行在党委领导下的场长负责制，农场对农业生产的管理变为宏观指导调控和为家庭小农场服务，原有的生产队变成一级管理机构，不再具体负责组织农业生产。

1985 年 1 月 1 日，海兴农场制定出台《经济体制改革的实施意见》，将各科室改为单独经营，独立核算，定额上缴，自负盈亏的专业公司，生产科改为农业技术生产服务公司，取消生产队，把原有生产队变为农业技术服务站，对职工家庭农场实行大包干。土地按人三劳七比例承包，上缴任务以产品为主，平均每亩土地上缴粮食 60 斤，土地、坑塘、林木、果树固定给家庭农场经营。

第三节　工业生产管理

1968 年，海兴农场第一个工业企业——海兴农场弹簧厂建立以来，海兴农场不断探索和改进企业管理方法，促进工业发展。

20 世纪 70 年代，农场实行计划经济管理体制，工业生产得到发展。

1985 年 1 月 1 日，海兴农场制定出台《经济体制改革的实施意见》，工业科改为工业公司，实行了场长负责制，工厂企业实行全面经济指标承包，上缴利润、递增包干、联利计酬、打破工资等级，以定额、计件为主，下不保底，采取招聘合同制，工厂与农场签订承包合同，职工与工厂签订应聘合同。

1991年，海兴农场工业生产规模扩大，企业数量增多，工业产值提高。每年农场都要制定工业生产方面的管理规定。1996年1月1日，《海兴农场一九九六年工业管理规定》（简称《规定》）要求各企业单位实行利润大包干，自主经营、自负盈亏、独立核算，超利润分成和一包到底，承包任务指标逐月上交的管理办法。①对橡胶厂、化工厂、开关厂实行利润包干，超利润分成的管理办法。②对砖厂、家具厂、油脂厂、针织厂、电缆厂、毛巾厂、纺织厂、构件厂、管件厂，实行自负盈亏，一包到底，超额完成任务，由单位自行支配，其工资发放上不封顶，完不成任务其工资下不保底，并由单位全部承担，给单位造成亏损的全部清偿。每月有财务、审计、经委、督查办当月审核兑现的管理办法。承包后的各单位是农场的下属单位，必须服从党委和场长的领导，积极完成场部下达的各项任务。各单位首席承包人为该厂的厂长，是该厂的法定代表人。《规定》还明确了审批权限、业务费定额标准、工资发放和计件工资的审批、工资和惩罚、对引进人才的待遇、合同管理、供应管理、业务销售管理、生产管理、质量管理、劳动管理、厂长的责任、厂长的权利、厂长的义务、百分考核制等。

1997年，海兴农场工业生产遇到困难，部分工业企业停产。

2001年，海兴农场场办工业企业相继破产或改制。

第五章　劳动管理

第一节　职工队伍

海兴农场初建时仅有 7 人。1957 年，扩建农场时职工有 20 余人。1979 年发展至 795 人，1984 年增至为 906 人，2019 年底为 1356 人。

表 7-5-1　海兴农场 1949—2000 年在职工人统计表

年度	总数（人）	备注	年度	总数（人）	备注
1949	7		1980	928	农业工 663 人，副业工 265 人
1950	9		1981	928	
1951	10		1982	916	
1952	11		1983	916	
1953	9		1984	906	
1954	12		1985	856	临时工 326 人
1955	12		1986	856	临时工 326 人
1956	10		1987	851	
1957	20		1988	845	临时工 358 人
1958	463	季节工 392 人	1989	841	
1959	318	包含季节工	1990	1012	
1960	318		1991	1885	
1961	330		1992	—	
1962	327		1993	—	
1963	330		1994	—	
1964	344		1995	987	
1965	270		1996	1789	
1966	269		1997	3312	包括临时工 2678 人
1967	272		1998	856	
1968	272		1999	742	固定工
1969	270		2000	742	固定工
1970—1978	—				
1979	795				

注：表中数据除标注出固定工外，均包含临时工及其他工人数量。

表 7-5-2　海兴农场 2001—2019 年从业人员统计表

年度	总数（人）	年度	总数（人）
2001	2420	2011	1896
2002	2440	2012	1895
2003	2450	2013	2895
2004	2499	2014	1894
2005	2520	2015	1896
2006	2565	2016	1900
2007	2550	2017	1450
2008	2765	2018	1310
2009	2475	2019	1245
2010	1899		

第二节　职工类别

1957 年，农场职工皆为全民固定工。1958 年，盐山县农场向全县各公社招收工人，分固定工、合同工、季节工。1959 年，孔庄子等农村生产队划入农场，划入的农村生产队社员仍为农民。随着农场的发展，农场不断招收临时工和季节工。

1984 年，国家改革用工制度，逐步改固定工制为劳动合同制，农场职工类型包括全民合同工、集体合同工，仍保留有一部分临时工和季节工。

第三节　职工招聘

海兴农场招工一向根据实际发展需要而定，大致可分为三种情况。

一、安置性招工

此种招工是指在本场内照顾安排就业，包括荣退军人、在职职工子女。

在职职工子女多为初高中毕业，场部根据他们的特点，组织参加县劳动人事部门举办的技工技能就业培训，合格后再行安置。

二、发展前瞻性招工

随着经济管理体制的改革，海兴农场越发需要特长人才。1992 年制发了全方位引进人才的文件，1996 年设置公关经理岗位进行专门招聘。共招聘各类专业技术特长人才 60余人。

三、应急性招工

此类招工通常是在农业生产"抢收时"。1977 年小麦大丰收，时尚无大型小麦收割机机械收麦，主要靠人操镰刀"龙口夺粮"。海兴农场到附近村庄社队联络请来数百人临时帮忙收割，保住了小麦及时收打入库。2000 年后，秋季水果采摘仍需应急性招工。

第四节　职工待遇

职工待遇具体为两个方面，即政治待遇与劳动报酬。

一、建立职工代表大会

1991 年，海兴农场建立了职工代表大会。职工代表大会章程明确指出：职工代表大会是职工行使管理权力的机构；职工在自己职权范围内作出的规定具有约束力，受国家保护；职工代表大会行使的是民主管理的权力；行使职工代表大会权利的是职工群众。

本次职工代表大会名额分配：职代会总人数 91 人，其中领导干部 9 人，一般干部 20人，党员 19 人，职工 34 人，女工 9 人。

二、临时工转为场内固定工

早在 1948 年盐山县农场成立之初，就有临时工，当时称短工。农场搬迁到大韩庄后，也经常使用临时工，有的临时工在场工作时间长、工作成绩突出而转为合同工或正式工。1957 年，盐山县农场扩建后，为适应建设工作的需要，临时工增多。改革开放以来，海兴农场经济发展很快，临时工功不可没。1992 年，海兴农场为表彰并鼓励临时工再创佳绩，制发了《关于临时工转为固定工的若干规定》，明确凡在工业上完成农场下达的利润指标并且超交一万元的，奖励一个转场内固定工名额；提出合理化改革改进意见被采纳且经实践证明能提高经济效益的，享受转工指标。

三、职工报酬

职工报酬的表现形式即为工资。改革开放前，海兴农场职工工资执行国家统一的标准，1985 年后，职工工资与经济效益挂钩，称效益工资。职工工资自然形成了两套：一套是按国家规定的标准记录存档，待职工退休时以此为基准核发养老金，称档案工资；另一套是职工所在生产单位依照实际产生的经济效益做参考标准而定的工资，是职工实际所得的工资即所谓的效益工资。

自 2015 年农垦企业化改革以来，海兴农场依据相关法律法规，按照以"岗位定责、以责定薪、按劳分配、多劳多得"的原则，根据员工的岗位、职责、能力、表现等情况综合考虑决定其薪酬标准。

2019 年 3 月，海兴牧原农牧有限公司招聘生产班组长和养殖人员。生产班组长年薪 6 万～12 万元，外加福利和五险一金；养殖人员年薪 5 万～10 万元，外加福利和五险一金。

第八编

社会事务
管理

海兴农场虽然是一个国营农垦企业，但一直承担着社会事务管理职能，行使部分乡镇政府的权力，负责本场的劳动管理和社会保障、民政、公安、环境保护等多项工作。

第一章　劳动和社会保障

劳动管理和社会保障主要包括劳动保障管理、用工制度、职工离退休、就业及培训、劳动保障监察、职工工资、再就业开展情况及社会保险开展情况。

第一节　管理机构

1948 年，盐山农场初创，只有 3 名正式工作人员，除明确 1 名场长外，没有专门管理机构。1949 年 2 月，农场搬迁到大韩庄后，人员逐渐增加，开始建立和完善管理机构。1957 年，盐山县农场创建之初，职工管理部门主要有办公室。1986 年 12 月 17 日，按照沧州地委、行署《关于对地属农场实行统一管理的通知》，自 1987 年 1 月 1 日起农场人事管理统属地区农村局管辖，一般干部和职工调配、转正、升级、离退和劳动工资均有地区农村局农垦公司统一来管。1989 年 4 月 10 日，沧州地区行署下发通知农场归属海兴县管理。1991 年 12 月，场内设机构实行改革，部分科室改称为处，设劳资处，由劳资处管理。2002 年 5 月，场部内设机构再度调整，人事工作回归办公室管，2004 年又恢复劳资科管，2014 年 8 月，农场办公室下设人力资源办公室，行使国家劳动和社会保障工作至今。

第二节　用工形式

建场初期，政府对用工制度进行统筹管理，逐步形成了固定工制度，辅之以临时工、轮换工、长工、季节工、家属工等用工形式。固定工是由政府有关部门进行统招统配和按照自然增长，安排农场干部职工子女（凡是父母双方是农场正式工的，或母亲是农场正式工的，从小在农场长大、年满 16 岁以上，不在校学习的）。1974—1988 年，约有 315 名农场干部职工子女经报劳动部门批准按自然增长转为固定工。计划内长期临时工是根据工农业生产需要，向农村择优招收的。轮换工、季节工主要存在于技术性要求不高或季节性生产的秋收、秋种农忙季节。1979 年 9 月，河北省革命委员会下发《关于农牧场 1971 年以前临时工改固定工有关问题的通知》，对用工制度和形式提出了要求，农场决定以后在常年性生产、工作岗位上不再招用临时工。20 世纪 80 年代初期对计划外临时工进行了清退和严格控制。1983 年，国家对用工制度进行改革，逐步改固定工制为劳动合同制。此后，除安置退伍军人等人员外，其余用工一律实行劳动合同制。1985 年 1 月，农场制定出《经济体制改革的实施意见》，提出了职工采取招聘合同制，劳动合同制不同于终身固定工形式，它是根据劳动计划，由用工单位与劳动者签订 3～5 年或更长的劳动合同。1988 年 1 月 1 日，农场制定了《场内临时工转场内合同制工人的实施办法》，在新招收的工人中首次实行劳动合同制，1994 年 10 月 1 日，全面推行新型用工制度，农场实行全员劳动合同制用工形式，一直沿用至今。2019 年 12 月，农场实有固定工 609 名、全员合同制工人 502 名。

第三节　职工离退休

海兴农场的职工离退休工作随国家和省的发展而发展。自 1948 年盐山县农场创建至 1960 年，盐山县农场没有退休职工。

1962 年，盐山县农场开始出现退休职工，当时执行 1958 年的退休政策：工人、职员退休退职分别对待。男年满 60 周岁，连续工龄满 5 年，一般工龄 20 年；女满 55 周岁，连续工龄满 5 年，一般工龄满 15 年，按退休办理。退休金按工龄长短发给本人工资的 50％～70％；不符合退休条件的，按退职处理，退职金一次性发给。

1978 年改行《工人退休、退职暂行办法》，男年满 60 周岁、女满 50 周岁，连续工龄 10 年以上的，按退休办理，退休金根据工龄长短发给本人标准工资的 60％～90％。不符合退休条件的工人，完全丧失劳动能力者，按照退职处理。

1981 年，对 1937 年 7 月 6 日前参加革命工作的工人，其退休待遇提高到按原标准工资的 100％发给；1983 年改行凡中华人民共和国成立前参加工作的工人退休后，发给 100％的退休金。

1994 年 7 月，农场职工退休正常报批，解决职工老有所养的问题。

第四节　就业及下岗职工再就业

1954 年前，农场属于事业单位，就业人员主要由政府有关部门进行统筹安置。1955 年农场由事业改为国营企业后，就业途径实行由政府统一招工，统一分配和从社会招工（临时工、季节工）两种形式并存。

1965年，农场划归海兴县后，先后由县计统科、劳动局等接管了辖区内的就业安置工作。开始实行在一定范围内择优招录和安置农场干部职工子女（自然增长）及复员退伍军人和农场一些待业青年就业。这种就业安置制度一直沿用到1982年。

1983年，企业扩大自主权后，农场逐步实行安置就业和自谋职业并存的就业途径。出现了部分职工下岗待业。为了扩大就业门路，解决下岗职工再就业。1986年末，农场确定了"以工促农，强工富场"的发展思路，1987年大力发展工业生产，工艺美术厂、制锁厂、针织厂先后建成投产，当年解决70人就业。1995年，农场下发的海农〔1995〕4号文件对职工就业做出明确规定：家庭农场的初、高中毕业生，原则上在本家庭农场就业，承认其工龄，场部不做统一安排。为加强就业保障，积极开展劳务输出，促进剩余劳动力转移，1997年劳务输出约计500余人。

1999年，由于市场疲软、利润下降，部分企业被迫下马，加之干旱影响，农场经济受到严重冲击，造成主导产业企业减产、关停，部分职工下岗。为此，农场积极引进项目，扶持企业发展，搭建就业平台，2006年吸收职工入企打工，解决下岗职工120人。对富余劳动力按年龄、技能情况进行编配，向场内外非农业产业进行转移，向县外输出劳动力300名，安置在本场民企150名。2009年3月，农场做出《关于对分流下岗农业队干部待遇的规定》。凡从2002年5月1日后任职分流下岗的农业队领导班子成员，在享受财产保险和意外保险、养老保险方面给予适当的照顾和适当的生活补贴（按任期时间，年给予7～10元）。

2019年新增就业人员300余人，其中下岗失业人员实现再就业80余人，就业困难人员实现就业60余人。人均收入达到6050元。

第五节　职工培训

1986年，改革安置办法，实行"先培训、后就业"的原则，对报批的符合自然增长的干部职工子女和招录的315名固定工、合同工分期分批实行岗前培训和在岗培训。1983年，农场举行第一期棉花栽培技术、优良品种培育、各种病虫害防治农业技术培训班，参培人员70人。1988年，举办农业技术培训班15期，参培人员250人。1993年8月，举办财会培训班，对各农业，企业单位财务人员进行岗位培训。2007年，农场被确定为河北省垦区"金蓝领计划"试点后，举办致富技能培训班，实施"金蓝领计划"。同年11月，对全场统计人员进行集中培训。12月，举办棉花高产栽培技术及病虫害防治培训班，参培人员130人。通过培训鉴定取得职业技能资格的农工，享受竞包田三年内承包价格不上调。2011 年 8 月，举办农作物种植及棉花栽培新技术培训班，经培训鉴定、考核，35 名农艺工取得了高级农艺工资格证。2012 年 7 月，海兴农场制定出《全体干部职工培训工作方案及要求》。将就业培训和创业培训纳入常态化、制度化，开辟周末课堂，围绕主导产业设置教学内容、创新培训模式，着重按照种植、畜牧、农产品加工等分类培训。2013 年 10 月，举办阳光工程培训班，100 余名职工走进课堂接受了技能培训。"十二五"期间农场以劳动培训为重点，先后邀请高校教授及省、市、县有关农业专家、技术人员开展实用性技术培训 30 期，投入培训资金 200 万元，培训职工及下岗职工1000 余人次。

第六节　劳动保障监察

1994 年 7 月，《劳动法》颁布实施以来，逐步推行依法规范劳动管理行为，维护劳动者的合法权益，促进生产发展和社会稳定，但也有少数用人企业和单位不能自觉地遵守《劳动法》，存在不同程度地侵害劳动者合法权益的现象。为保证《劳动法》在用人单位真正得到贯彻落实，1995 年 11 月，海兴农场转发了《关于开展用人单位遵守〈劳动法〉情况大检查的实施方案》的通知。1995 年 11 月 7 日—12 月 20 日，对农场所属工业单位、各服务机构招（聘）用职工的主要情况：童工、农民和外来劳动力是否办理了用工手续，有无招工、收费问题和违法招工行为；用人单位遵守工作时间和休息、休假法规的情况；用人单位执行工资支付和最低工资规定方面的情况；用人单位对女职工和未成年工人劳动权益保障情况；用人单位缴纳和发放养老保险金和失业保险金的情况；用人单位的劳动规章制度是否违反法律、法规规定等进行了检查。2003 年 5 月，海兴农场开发办组建劳务中介机构，对于开发商的用人用工进行规范，保障用工企业和劳动者双方的合法权益。2011 年 6 月，农场对 11 家用人单位进行日常巡查，为 11 家用人单位建立用工台账。对160 余名务工人员进行职工身份核查。对 9 家用人单位进行年审，督促指导用人单位签订续签劳动合同 200 余份。对 6 家企业下达限期整改责令书，组织专项检查 21 次，为职工和外地农民工追回欠薪 60 万元。及时纠正部分个体私营企业不签劳动合同、私招乱雇、不缴纳社会保险、克扣拖欠工人工资等违法现象。

第七节　职工工资

建场之初，基本沿用过去的薪水制。1952 年，国家进行了第一次工资改革，统一实行"工资分"（将工资折成粮食、白布、煤或植物油等）。自1954年10月开始，国营企业先后改为货币工资制，即"八级工资制"。

1956年8月，农场进行第二次工资改革，取消了工资分制和物价津贴制度，实行直接用货币规定工资标准的工资制度。

1959年10月13日—10月24日，对全场职工进行了普遍升级定级，388名职工中，定级人数254名，增款587.94元，平均月工资29.59元，升级人数2名，每人均提一级，增款8.4元。这次升级定级后，月人均工资由原来的25元增加到29.36元，老工人月平均工资30.39元，干部月平均工资43.96元。

1971年，在全民所有制企业中进行了一次低工资调整，即1957年底以前参加工作的三级工、1960年底以前参加工作的一级工和低于一级工资的工人及上述条件相同工资等级相似的工作人员。

1980年2月至10月底，对各行各业劳动态度好、技术高、贡献大的职工进行考核升级，升级面按1979年10月底职工人数中的1978年以前参加工作的固定工为基础，升级的范围为40％。1978年2月1日，农场制发《关于我场临时工个人待遇的几项规定》草案。规定临时工工资待遇：①临时工（季节工）不分男女，月基本工资定为31元（但原工资高于31元的可按原工资不动），按25.5天计发工资。②临时工（原家属长期临时工和1971年年底参加工作调资的），在增资的基础上，按25.5天计发工资。③临时工（1977年县政府安排的临时工）基本工资分别定为男31元，女29元，按25.5天计发工资。

1983年7月23日，国务院下发《关于企业调整和改革工资制的通知》，对参加工作时间较长，工资偏低的职工，进行工资调整。调整的办法是同企业的经济效益挂钩，同工人个人的劳动成果挂钩。

1986年1月，进行工资改革调整。海兴农场进入改革范围的职工407人，占职工总数的48％。月增资7298.1元。人均增长17.9元。

1990年4月，对海兴农场595名职工进行工资升级，占职工总数的68％。月增资额为6545元，人均增长11元。

1992年4月，根据沧署劳薪〔1992〕3号文件精神，场长使用了奖励工资为职工晋级，给干部职工的升级面调整为25％～30％。两场合并后的干部职工人数为2005人，其中干部150人，应升级45人；职工1885人，应升级557人。按照文件精神给602人升级。

1994年8月，按照河北省关于调整国有企业工资标准有关问题实施办法，为全场职工套入了新的等级标准。

1998年1月1日，农场在下达的《关于劳动人事方面的规定》中指出：对调资升级指标按照各单位经营情况而定，亏损单位原则上不给予升级指标，单位辞退、精减后不能上岗和外放或只在单位挂名者，一律不予升级或调资。

2003年，农场对机关工作人员、教师、参保职工工资进行了调整，有246人升级、增资。

2006年5月，农场根据国家劳动部2004年调资文件和调资标准，按职务工资划分为三级。场级职务工资300元/月，副场级职务工资200元/月，助理级职务工资150元/月，普通科员无职务工资；初级职称补助30元/月，上浮一级工资。中级职称补助50元/月，上浮两级工资；凡国家承认学历，大专学历补助30元/月，上浮一级平均工资，大学（本科）学历补助50元/月，上浮两级工资；凡2002年以后获得省级以上奖励一次，上浮两级工资，获县级奖励每三次，上浮一级工资，最高限两级。

2008年1月，农场制发了2007年度调资方案，调整基数为2007年所执行的企业档案标准，按此标准套改后，在企业等级工资的基础上再增调基本工资2级。

2017年9月，农场做出规定：凡进企业人员工资上涨20%。同年10月，对工作人员按照进修学历进行工资调整。本科学历上调500元/月，专科学历上调200元/月；专业职称中级上调300元/月，高级职称上调700元/月。

表 8-1-1　海兴农场 2004—2019 年人均工资情况表

年度	职工人数（人）	工资总额（万元）	人均工资（元）
2004	78	40.4	5180.51
2005	79	32.1	4061.75
2006	83	67.9	8176.92
2007	87	66.2	7608.45
2008	94	117.0	12450.00
2009	92	100.3	10908.91
2010	115	140.3	12200.33
2011	112	139.7	12473.84
2012	127	155.0	12202.50
2013	129	163.7	12686.47
2014	117	177.6	15178.56
2015	121	234.1	19346.52
2016	128	251.9	19680.24
2017	131	367.4	28043.27
2018	153	415.5	27156.55
2019	154	487.4	31647.35

第八节　社会保险

社会保险包括基本养老保险、工伤保险、医疗保险（城镇职工医疗保险和城镇居民保险）、失业保险、生育保险。

一、社会保险的发展

1993年1月1日，农场参加全县养老保险社会统筹，由劳资处负责经办和管理农场职工统筹的具体业务工作。6日下发了《关于全场干部、职工使用职工养老保险手册的通知》，按照海养保字〔1992〕2号文件要求：固定工、合同制工人、国家干部一律实行和办理了《职工养老保险手册》《社会保险卡》，用于缴纳社会保险费后记入个人养老保险手册，并规定了企业和本人缴纳统筹费的比例。从1993年1月1日起缴费为企业缴纳16％，职工按每月实发工资总额的2％。1994年1月，社会保险统筹调整上缴比例，企业缴纳18％、职工本人缴纳2％。1995年4月起，社会保险统筹再次提高上缴比例，企业缴纳18％、个人缴纳3％。此后，养老保险缴费比例调整为企业缴纳20％、个人缴纳8％。2000年末参保范围扩大至全场各类企业、农业单位，参保人员达到817人。

2004年，农场把离退休人员的工资列入统筹，把此前拖欠的离退休人员151.89万元一次性补清。

2009年12月，农场下达海农字〔2009〕1号文件，对机关管理工作人员的养老保险按照参保自愿、退保自由的原则，所参保人员按企业参保性质对待，所有场级干部家属改为每人分配5亩劳保田作为养老保险企业缴纳部分，农场财务不再担负其企业缴纳部分；机关所有管理人员的养老保险费企业缴纳部分仍执行每人分配5亩劳保田的办法，不分配劳保田的机关管理人员，按比例由场部财务补贴支付养老保险费企业缴纳部分，分别为：正股级人员按50％、副股级按40％、科员按30％缴纳；如调动时可随工作关系转走，出现意外死亡者统筹金充公。

2010年3月，农场下发通知，将符合条件的"五七工"和"家属工"等纳入基本养老保险统筹范围。"五七工"（20世纪60至70年代在农场国有企业从事生产自救或企业辅助性岗位工作人员），"家属工"（20世纪70年代末至80年代末在场内国有企业从事生产自救或企业辅助性岗位的工作人员）纳入基本养老保险统筹范围。同年全场参保人员

1896 人，其中在岗人员 1195 名，参加企业职工养老保险的 1195 人，缴费者 1190 人，参加企业职工养老保险退休人员 696 人。

2011 年 7 月 1 日，《中华人民共和国社会保险法》实施。按照省、市有关政策，对 830 名退休（退职）人员的基本养老金进行调整。2011 年在岗职工 1986 名，参加企业职工基本养老保险的 1200 人。2012 年 7 月开展了职工社保卡身份信息采集，完善了 500 名在岗职工养老保险信息管理，为养老保险数据省级联网工作打下基础。2012 年，对 1200 名企业退休人员的基本养老金进行调整，调整后人均月养老金为 1020.23 元。启动城乡居民社会养老保险，把 145 名 60 周岁以上未参加城镇职工养老保险的城乡居民纳入保障范围，全场实现养老保险金全覆盖。全年企业职工养老保险参保人员 116 人，征缴保险费 40.6 万元。

2013 年 1 月 1 日，企业退休（退职）人员养老金再次上调，已连续 9 年调整。人均养老金增长至 119 元/月，对工伤职工及其供养亲属享受的伤残补贴、抚恤金、生活护理费标准全面上调。

补费办理退休养老金。2010—2012 年，按照省、市相关文件，对超过法定退休年龄未参加养老保险人员进行补费后办理退休，共 224 人。其中，2010 年，办理 134 人，人均月养老金 400 元；2011 年办理 68 人，人均月养老金 480 元；2012 年办理 22 人，人均月养老金 500 元。

2016 年农场有在册职工 2300 人，实际参保人数为 1026 名，参保人员率为 45%，农场为参保人员年缴费达 74.27 万元，使农场职工享受其经济和社会发展的成果。

二、工伤保险

1951 年 2 月 26 日，国务院公布了《中华人民共和国劳动保险条例》。对农场职工开始执行《劳动保险条例》所规定的各项福利待遇。20 世纪 50 年和 60 年代多用于解决职工家庭生活困难和生老病死补助；1981 年以后，逐步改为按定额公平执行，而对因公致伤、重病的需住院治疗者以及退休工人仍按实报实销的办法执行。1995 年农场下发的海农第 4 号文件强调：各单位发生工伤事故后，必须在 24 小时内上报劳资处，再由劳资处上报县人劳局，办理工伤致残评定手续。1996 年初，《海兴县企业职工工伤保险办法》出台，对工伤保险基金的缴纳、保险范围、各类工伤事故等级享受待遇奖罚等情况进行了明确规定，工伤保险基金缴纳比例根据行业性质、风险类别，按工资总额的 0.5%～1% 收缴。2007 年 6 月开始启动企业职工工伤保险，先期纳入用人单位 1 家，参保职工 6 人。

2011年1月参加工伤保险的人数76人。此后，工伤保险不断的扩面征缴。到2019年纳入工伤保险的单位6家，参保人员151名。

三、生育保险

2015年1月，启动城镇职工生育保险，覆盖面达到95.8%。

2017年1月首次为46名生育保险参保人员进行免费体检。

四、医疗保险

1951年以后按劳动保护条例执行。治病所需诊费、手术费、住院费及普通药费均由企业行政负担，实行实报实销的办法。1980年2月，农场出台《关于本场职工家属医疗费用管理规定》。对医疗费用的来源、使用范围、报销的办法及范围等做出了详细的规定。2007年7月19日，农场下发通知，在全场推行城镇职工医疗保险，医疗保险费社会统筹部分由所在企业单位、家庭农场负担，大额医疗费由个人缴纳；没有单位的自谋职业人员医疗保险费全部自行解决；不按时缴纳养老保险费的职工不予办理城镇职工医疗保险手续。2008年12月8日，农场开展新型农村合作医疗慢性病补偿申报工作。至2010年11月3日，参加城镇职工基本医疗保险人数350人，占职工总数的18%，参加城镇居民基本医疗保险的305人，占城镇居民总数的13%，参加新型农村合作医疗的1275人，占农业总人口的33%。2011年，城镇居民医疗保险实行门诊统筹，成人每年30元，未成年人每年10元；2011年参加城镇职工基本医疗保险132人；2013年参加城镇职工医疗保险人数270人，参加企业内部统筹医疗保险职工人数270人。

2011年参加新型农村合作医疗（简称新农合）的职工达1479人，筹集农合资金4.44万元；2012年参加新农合的职工达1916人，筹集新农合基金9.5万元，187人得到新农合医疗补助；2013年参加新农合的职工达2054人，筹集新农合基金12.3万元，57人得到新农合医疗补助。2014年参加新农合的职工达1203人，筹集新农合基金8.4万元，130人得到新农合医疗补助。2017年参加新农合的职工2186人，筹集新农合基金32.79万元，36人得到新农合医疗补助。2018年新农合参保率达100%，城镇居民医疗保险参保率100%，基本实现医疗保险全覆盖。

第二章　民　　政

第一节　机构设置

农场建立之初，没有设置专门的民政机构，民政工作由农场秘书兼管。1974 年，海兴县的农场和公社都设立了专管人员，叫民政协助员。2002 年，成立了民政办公室。2017 年，为进一步提升基层民政服务能力和水平，解决好服务群众"最后一公里"问题，根据海兴县出台的《关于加强基层民政服务能力建设的意见》，成立了民政和社会事务办公室。

第二节　主要工作

一、优抚优待

优抚优待的对象是现役军人（含人民武装警察部队指战员）、革命伤残军人、在乡老红军战士、在乡复员退伍军人、参战民兵、革命烈士家属、因公牺牲军人家属、病故军人家属、现役军人家属等。

在新民主主义革命时期，海兴农场一带涌现出一批革命烈士。20 世纪 20 年代末开始，现海兴农场一带的苗庄子等农村就有一批共产党员活动，并建立了中共地下党组织。"七七事变"后，当地大批青壮年入伍参军奔赴前线，有的甚至血洒疆场。解放战争时期，又有大批青壮年参军参战。

1950 年 12 月 11 日，政务院批准、内务部公布了《革命烈士家属革命军人家属优待暂行条例》《革命残废军人优待抚恤暂行条例》《革命军人牺牲、病故褒恤暂行条例》《民兵民工伤亡抚恤暂行条例》。盐山县根据这些条例，落实相关优抚优待政策。

据 1973 年统计：海兴农场（场社合一）有烈士 60 人、烈属 40 户，复员军人 30 人，退伍军人 31 人；明泊洼农场有烈士 9 人、烈属 9 户，复员军人 21 人，退伍军人 21 人。这两个农场的所有革命烈士全部属于农场管理的农村生产队。1991 年，两个农场合并后，原有的优抚优待户都由新的海兴农场负责。

1995年11月，海兴县建立孔庄子乡，海兴农场不再负责管理农村生产队，原所辖村（生产队）的优抚优待政策由孔庄子乡接管。

截至2019年底，海兴农场有退役军人126人，现役军人7人。

2020年1月，退役军人事务部等20部门联合印发《关于加强军人军属、退役军人和其他优抚对象优待工作的意见》。

二、拥军优属

对烈军属的优待，无论是战争年代还是新中国成立后，党和政府在政治上给予尊重，在生产和生活上组织村里青壮年劳动力为烈军属代耕代种等，对生活困难的优抚对象发给数量不等的优待粮和实物。1982年，农村实行家庭联产承包责任制后，根据不同情况，实行现金、实物、代耕土地三种优待形式。对于伤残军人抚恤：1950年，按照内务部《革命残废军人优待抚恤暂行条例》，农场为革命残疾军人办理了残疾证，残疾军人根据等级，凭证享受优待抚恤金（粮）。截至2019年有残疾军人1人。对于复员、退伍军人的优待始于1954年，对于带病回乡不能参加劳动、生活困难的复退军人，可享受定期定量补助。

进入20世纪80年代，根据冀政〔1986〕4号和9号文件精神，对农业队参军入伍的义务兵家属，根据入伍前承包土地情况和入伍年限给予定期不等的补助。凡待业青年应征后按生产队没有承包土地的义务兵标准优待。正式职工基本工资照发；入伍时尚未定级的，参照在职工同类人员按期转正定级；临时工入伍的，参照学徒工的等级标准核发基本工资。1989年，开始对现役军人家属普遍实行现金补助，发放优待金，每人每年200元，此后，优待金不断上调，2012年起农场给辖区内现役军人发放优待金每户2000元。

农场不仅在经济和生活上给予烈军属、退伍军人优待和照顾，在政治上给予尊重和关爱，除做好日常拥军优属外，重点在"两节"（春节、建军节）期间，组织小学生给英烈军属抬水、扫院子。20世纪80年代初期，还组织起青年服务队、助耕队等帮助英烈军属担水，挑柴、耕种等。在"两节"期间农场党委召开英烈军属、退伍军人、现役军人家属座谈会，忆军史、讲传统、鼓斗志、听呼声。1992年，"八一"前夕，召开座谈会，邀请1937年1月入党的老党员徐金升做传统报告。2004年，召开由退伍军人参加的"八一"座谈会，认真倾听他们对农场改革和发展的建议和意见，了解他们的所需、所求。多次在"两节"期间，特别是"八一"期间开展走访慰问优抚对象活动。2018年，完成退役军人信息采集工作，录入退役军人信息 98 人。"八一"期间开展了对退役军人走访慰问活动，悬挂了光荣牌，送去慰问金和慰问品。

表 8-2-1　2017—2019 年海兴农场现役军人家属优待情况统计表

年度	义务兵户数	其中农业户数	农业户优待总金额（元）
2017	102	17	3720
2018	112	17	4620
2019	114	17	4620

三、退役军人安置

1957 年农场扩建后，陆续在农村录用了部分复员退伍军人来场工作。1958 年各队建立民兵连、排，连排长均安排退伍军人来担任。2017 年推进"阳光安置"办法，着力解决自 1978 年以来的政策欠账问题，对在农场入伍且符合政府安置工作条件的退役士兵和安置后未上岗的 5 人落实了政策，进行了再次安置。

四、低保与扶贫

根据 1997 年 12 月 20 日河北省人民政府下发的《关于在全省建立健全城市（镇）居民最低生活保障制度的通知》精神，2002 年开始全面落实，将在农场长期居住的干部职工与城镇居民同一标准纳入最低生活保障序列。2011 年底，海兴农场纳入居民最低生活保障范围 12 户 20 人。此后，最低生活保障按照动态管理的原则，采取基层申报，逐级评议，对享受低保的对象定期进行调整，重点保障老、幼、病、残、鳏、寡、孤、独和无劳动能力的对象，做好"三条保障线"，即失业保险、下岗职工基本生活保障和城市居民最低生活保障的相互衔接。2012 年农场对 213 户城镇低保户、28 户农村低保户进行了清理整顿，对有门市、有车辆的及重复享受、死亡冒领的 28 户进行了取缔，追回违规资金 1.25 万元，新增 4 户。人均补差由原来的 75 元，提高到 110 元。2013 年对城乡低保户进行了排查和续保工作。

表 8-2-2　2015—2019 年海兴农场最低生活保障情况统计表

年度	保障家庭	保障总人数	其中			保障金总额（元/月）
			下岗	残疾人	其他	
2015	139	429		24	405	105082
2016	23	48		10	38	12322

（续）

年度	保障家庭	保障总人数	其中			保障金总额（元/月）
			下岗	残疾人	其他	
2017	25	48		10	38	14272
2018	12	23		10	13	6820
2019	11	20		10	10	6782

海兴农场扶贫工作起源于1984年。1984年4月14日，全县"双扶"会议结束后，农场及时建立了由党委副书记张长岭为组长，民政、信用社、商店、技术科等相关部门参加的扶贫领导小组，经包村干部对7个自然村1370户调查，确立了37户帮扶对象。及时发放扶贫款12700元，协调购买化肥15吨、农药100吨、优种1000多斤、科技报100多份。7月23日，县民政局在第二期民政工作简报上向全县推广了农场"扶贫"工作经验。

2005年，农场成立了扶贫办公室，扶贫工作逐步纳入常态化。

2009年3月，农场抽调30名干部，组成8个调查帮扶工作组，分赴农场7个农业队和5个企业进行"三摸底三帮助"活动。进队入企入户，对危困企业、受灾农户，返乡农民工的基本情况及他们反映的主要困难和问题详细了解，建立工作台账，制定帮扶措施和目标，有针对性地开展帮扶工作。至2011年，农场纳入贫困户27户，贫困人口51人。

"十一五"期间，农场把扶贫工作的重点放在改善职工的基本生活条件上，累计投入扶贫资金2417.4万元，争取国家项目扶贫资金529.1万元、国家发改委项目资金1490万元，自筹资金398.3万元，用于改造中低产田，人畜饮水解困工程，建设职工医院等。

"十二五"期间，海兴农场累计投资1.5亿元，重点组织实施基础设施、安居工程和产业扶贫。完成队内主干道道路面硬化、绿化、亮他及排污管道下埋工程，推进人饮安全工程，告别高氟水、苦咸水，大力推进危旧房改造，建设8栋住宅楼，100间平房，解决了低收入家庭住房600户和38户贫困家庭居无住所的困难。发放危房改造奖补资金1140万元，使360个贫困户受益。为脱贫致富提供可靠的硬件设施，扶持和发展壮大辣木、林果种植，农业光伏等新型特色产业，采用"龙头企业＋基地＋农户"形式带动贫困职工发展林下养殖，变"输血"式扶贫为"造血"式扶贫，实现近期有增收，远期有保障。从2013年起农场组织干部开展"一助一扶贫济困"活动，全场干部职工与70个贫困户结对帮扶，以技术指导、提供劳动力、中介联系等方式为他们脱贫致富找"门路"。还多次开展"寒冬送暖"活动，特别是春节前夕，党政领导入队入户，走访慰问，倾听呼声，鼓舞斗志，使扶贫工作不仅做到在精神上扶志、在能力上扶技，而且在经济上扶业。

"十二五"期间，全场累计落实帮扶资金2780万元，提供生产生活物资价值37万元，介绍安排就业52人，帮助12户脱贫，人均收入由2011年的2000元增加到2015年的4900元。

"十三五"期间，农场坚持"精准扶贫、精准脱贫"工作方略，举全场之力，汇全场之智，全力打响脱贫攻坚战。

2017年，海兴农场发起"走百家，进千户、解万难、建小康"的精准扶贫活动。

2018年，海兴农场发放扶贫资金6万余元。

2019年，海兴农场开展精准扶贫工作采取一户一策、一人一策的结对帮扶办法，发放救助金、物折合人民币10万元，按照人均收入低于3200元的标准识别出贫困户28户、51人，其中纳入地方政府建档立卡的贫困户3户、3人。2019年12月，所有贫困户全部实现脱贫。

五、救灾与救助

建场之后，按照各级政府"上为国家分忧，下为万民解愁"的救济工作方针，对丧失劳动能力而又无依无靠的孤老（小）病、残者予以定量救济。

农场辖地，地洼碱、旱、涝、风雹、蝗灾等频繁发生据资料记载，建场以来大的旱涝、风雹灾害多有发生。1961—1964年连续发生洪涝灾害，粮食连年绝收，上级党委、政府竭力调拨粮食、物资。1961年7—8月连降大雨40天盐山县政府救济粮食6000斤，其间中央检查团前来逐队逐户的巡视灾情，慰问灾民。

1960—1962年，由于吃低指标，辖区内患各种疾病的群众达2298人，农场及时给患者发放补助粮、油、肉、干枣、消肿粉。1966年6月，蝗虫成灾，上级派飞机前来撒药灭蝗救灾。1995年6月，农场遭遇建场以来特大风雹灾害，倒塌房屋400间，1000余人受伤，6人死亡，砸死牲畜800头，毁坏果树2.2万株，直接经济损失572万元。灾后省、市农垦部门及县委、政府领导及时赶赴现场指挥救灾。

1997—2003年，持续6年干旱，造成96户缺粮断顿，粮食缺口达32.4万斤，得到上级救助。2012年，救助困难家庭609户，共2066人，发放保障金20.88万元。

海兴农场多次开展为对社会重大灾害的救助活动。2003年，国内"非典"疫情暴发，5月12日农场143名离退休干部职工自发组织为全县抗击"非典"捐款2900元。对此，县电视台予进行了报道。

2006年，农场遭受旱灾、风、雹灾害，造成农作物不同程度的减产，甚至绝收。11

月农场"开展送温暖，献爱心"社会捐助活动，场级领导每人捐 50 元，一般干部职工每人捐 30 元，为受灾职工捐款 1300 元。

2008 年 5 月 12 日，汶川发生 8.0 级强烈地震，农场干部职工踊跃捐款 10771 元。全体党员以交纳"特殊党费"形式再次捐款 8560 元。

2017 年 8 月 17 日，《河北省自然灾害救助指导标准》出台，海兴农场认真贯彻落实。

2019 年 10 月，海兴农场安排着手研究 2019 年冬春受灾群众生活救助工作。

六、婚姻登记

农场建设初期，农场因为干部职工少，机构不健全，没有专职的民政工作人员，干部职工的婚姻登记在户口所在地。1950 年 5 月 1 日，中华人民共和国中央人民政府颁行《中华人民共和国婚姻法》，贯彻执行婚姻自由，一夫一妻、男女平等的原则，并履行婚姻登记程序，男女双方自愿结婚或离婚，要到一方户口所在地的婚姻登记机关办理登记手续，婚龄定为男 20 岁，女 18 岁。盐山县农场干部职工结婚登记一般在原籍办理。1957 年盐山县农场的婚姻登记工作由农场办公室负责，婚姻登记的男女双方持大队介绍信，由民政协助员办理。1965 年，盐山县农场划归海兴县并更名为河北省国营海兴农场后，仍然延续原来的婚姻登记办法。1981 年 1 月 1 日，新的《婚姻法》实行，规定结婚年龄男 22 岁，女 20 岁，海兴农场干部职工的婚姻登记由高湾公社负责。据 1982 年海兴农场上报县妇联的统计表显示，海兴农场男女一般结婚年龄为 24 岁，最大 28 岁，最小 20 岁。结婚花费平均 700 元，最高花费 900 元，最低 400 元。离婚 16 对。明泊洼农场男女结婚年龄一般在 20～22 岁，最大 26 岁，最小 20 岁。1984 年 8 月，孔庄子乡建立后，海兴农场的婚姻登记工作由孔庄子乡负责。

1994 年 4 月 10 日，海兴县决定实行民政办、计划生育办公室和公安户籍管理三家联合婚姻登记办公制度，由婚姻登记当事人到户口所在地派出所开具年龄证明后，自带户口簿和婚姻状况证明到县民政局婚姻登记处登记，审核结婚条件由民政局主管局长签字后办理结婚登记。对于违反婚姻登记有关规定的给予处罚。

1995 年 11 月，海兴县实行"合乡并镇"，孔庄子乡并入高湾镇，海兴农场的婚姻登记工作也由高湾镇人民政府民政办公室负责。1996 年 6 月 1 日，海兴县撤销婚姻登记"三家联合办公"，由县民政局婚登处依据《婚姻法》和《婚姻登记管理条例》对全县婚姻予以登记和管理，各乡镇人民政府不再负责婚姻登记工作。海兴农场承民的婚姻登记工作也由海兴县民政局婚姻登记处直接办理，并列入县直非农业人口序列。婚姻登记采用现代化管理后，更加规范化、法制化。

七、殡葬改革

建场后，辖区内民间丧葬依民俗进行，1973 年 9 月海兴县火葬场建成，海兴农场逐渐开始推行火葬。1984 年 7 月，农场召开殡葬改革会议，要求共产党员带头实行火葬，进一步移风易俗推行火化。1990 年初，殡葬改革遇到挑战，丧葬出现攀比规模、大操大办以及土葬现象。海兴农场根据上级有关规定，提出对丧葬改革措施，建立红白理事会。

八、社会福利

2012 年，海兴农场在小学实施免费"午餐工程"，为南区小学 160 名小学生提供免费午餐及夏冬两季校服。2013 年 7 月起，对在农场居住（以户口本及房地房产证为准）的应届生考入一本院校的奖励 5000 元，考入二本院校的奖励 3000 元。2004 年农场推进养老"幸福工程"建设，做好"五保"（保吃、保穿、保医、保住、保薪，其中孤儿为保教）人员的救助工作，建立和完善敬老院功能，凡符合入驻条件的全部入驻互助敬老院。2016 年投入资金和设备，兴建颐养院，该院位于农场四队，占地面积 4000 平方米，是一所集养老、休闲、娱乐于一体的综合性养老机构。该院设立了单人间、双人间，室内冬取暖、夏纳凉设备功能齐全，室外环境优雅，于 2018 年重阳节揭牌入住。至 2019 年先后入住老人 50 人次。2019 年，驻农场的牧原有限公司资助贫困大学生 9 人，发放助学金 2.7 万元。同年成立由 200 人参加的爱心团队，开展每日一捐，所捐款项全部资助贫困职工子女。

第三章 治　　安

第一节　管理机构

原明泊洼、海兴农场两个农场成立后，就先后设立了公安机构。

1962年，盐山县公安局向盐山县农场派出公安特派员，负责包括农场附近8个大队的公安管理工作。

1965年，海兴县公安局在明泊洼农场派出公安特派员。1983年，海兴农场建立派出所，建所前设公安特派员1名，建所后有工作人员2名，负责农场所辖单位治安管理工作。1990年底，原海兴农场派出所和原明泊洼农场派出所合并建立海兴农场公安派出所。

表8-3-1　1962—1994年海兴农场公安机构负责人一览表

姓名	职务	任职时间
孙金升	特派员	1962.7—1973
曹延青	特派员	1974.11—1975.6
刘新华	特派员	1975.7
桑照旺	特派员	1975—1978
张耀生	特派员	1980—1982.8
武春雷	副所长	1982.8—1984.8
张耀生	副所长	1984.8—1987.3
孙明铎	副所长	1987—1989
路兰春	副所长	1990
路兰春	所长	1991
郭金明	所长	1992—1994

表8-3-2　1965—1990年明泊洼农场历任公安机构负责人一览表

姓名	职务	任职时间
彭宝湖	特派员	1965.7—1968.8
路文广	特派员	1968—1980
张玉杰	特派员	1980—1982.8
邢广辉	副所长	1983.7—1987
王金铎	主持*	1988—1990

*1988年由农场内保工人王金铎临时主持所内工作。

表 8-3-3　1991—2019 年海兴农场派出所历任领导一览表

姓名	职务	任职时间
路兰春	所长	1991
郭金明	所长	1992—1994
孙明铎	副所长	1990
张寿奎	所长	1991—2001.8
何忠瑞	所长	2001.8—2009.7
王永庆	指导员	2006.3—2009.7
姚国斌	所长	2009.7—2013.2
杨翼	指导员	2009.7—2009.11
吴德龙	所长	2013.2—2018.1
张峰	教导员，主持全面工作	2018.6—今

第二节　治安管理

一、治安案件查处

1962—2019 年，海兴农场公安派出所在海兴县公安局的正确领导下，遵照《中华人民共和国治安管理处罚条例》，积极开展辖区内的治安管理工作，保障了辖区人民生活秩序的安定。

1967 年 8 月 4 日，盐山县刘务庄子 80 余名群众哄抢孔庄子农场高粱 5 万余斤，经地区协助，事态得到了平息，哄抢的粮食大部分退回。

2008—2013 年，农场派出所辖区内共发生治安案件 120 起，结案 120 起，结案率 100%。随着社会管理范围的扩大，农场派出所的任务更加艰巨。其职责范围包括治安巡逻、公共场所治安治理、户口管理、居民身份证的颁发与查验、消防管理、治安管理处罚、治安案件查处和处置、社会丑恶现象的治理等。

2013 年，排查调解重点矛盾纠纷 2 起，调处各类矛盾纠纷 8 起。

2014 年，为推进基层执法质量建设，保障《中华人民共和国治安管理处罚条例》的贯彻实行，举办培训班 3 期，对参训民辅警进行答卷测试。全年共查处治安行政案件 3 起、处罚 3 人、拘留 2 人、罚款 1 人。

2015—2018 年，共查处治安行政案件 50 起、处罚 3 人、拘留 2 人、罚款 1 人。

二、禁赌工作

海兴农场派出所大力开展禁赌工作，对一般性小赌始终坚持宣传教育为主，并发动群众监督检举赌博活动。对赌徒、赌棍、"局家子"严厉打击，一经发现没收赌资赌具，对屡教不改的赌徒召开群众大会公开处理。

第三节　户政管理

1949 年，中华人民共和国成立后，河北省农村户口行政管理工作由各级民政部门主管。1956 年 1 月 13 日，国务院发出《关于农村户口统计工作移交公安机关管理的通知》，各级民政部门管理的农村户口登记、统计工作，移交各级公安部门接管。

1958 年 1 月 9 日，《中华人民共和国户口登记条例》公布施行。从此，全国户口登记制度有了统一的法律依据。

2014 年 7 月，国务院公布了《关于进一步推进户籍管理制度改革的意见》。

一、户口登记

1962 年，根据河北省公安厅、粮食厅联合文件精神，城镇户口变更登记与商品粮供应管理工作达到一致。办理人口迁出时，须携带户口簿和购粮证，由公安派出所在购粮证的迁出姓名上加盖"迁出"字样的戳记，并注明迁出日期，粮站凭户口迁移证和购粮证上的戳记，给予办理粮、油关系。办理迁入手续时，派出所凭批准入户证明和户口迁移证、粮食供应证办理入户手续，三者缺一不可。粮站凭批准入户证明和已报人的常住人口、粮食转移手续办理粮、油关系。

海兴农场派出所户口管理登记包括常住、暂住、出生、死亡、迁入、迁出、更变、更正登记。

出生登记。婴儿出生一个月内，户主、亲属持出生证、医院接生证到派出所进行登记。

死亡登记。公民死亡一个月以内，由户主、亲属持证明信到公安分局注销户口。

户口迁出。户主持单位证明信、接收单位"准迁证"到派出所办理迁出手续。

户口迁入。由户主提出申请，经主管副场长批准，到派出所办理迁入手续。1980 年，公安部发出《关于实行统一的户口准迁证的通知》，准迁证由县公安局签发，并加盖户口专用章。

1988年以后，国家实行对外开放，搞活经济、放宽粮油价格的政策。但办理户口时仍需同时办理粮油关系。1993年随着国家粮油价格全部放开，撤销粮油统一供应政策，居民办理户口时不再办理粮油关系。

1995年1月1日，开始启用新的户口迁移证件（有防伪标志）。

1996年8月14日，河北省公安厅转发公安部《关于启用新的常住人口登记表和居民户口簿有关事项的通知》。并规定户口簿由省公安厅统一印制，常住人口登记表由各省辖市公安机关统一印制。

2008—2018年，海兴农场派出所办理新生儿户口登记共1228人，办理身份证4355张，办理死亡人数为86人、办理迁出人员952人、办理迁入人员478人。

二、暂住人口管理

中华人民共和国成立后，河北省对城镇中的暂住人口实施严格的登记制度。

1959年和1960年，河北省发生大量农民流入城市的情况。

1980年以后，来农场承包土地、务工、经商、兴办企业的人员增多。海兴农场派出所依据《关于城镇暂住人口管理规定》和《河北省流动人口管理办法》文件精神，加强外来人口的管理，对暂住人口做到来者身份明，离去时间清，住宿地址、日常表现能掌握，并给以签发暂住登记证。

三、人口卡片

中华人民共和国成立后，人民公安机关探索人口管理建卡工作。人口卡的建立、注销、登记内容的变更、更正均由公安派出所负责，定期汇总，报送县公安局人口卡室（组），进行统一编排。人口卡的建立，为公安机关侦破案件，查获刑事案件犯罪分子的下落，帮助群众寻亲觅友、查找遗失物品的失主、配合邮电部门查找地址不详的疑难信件地址等提供了方便。

1972年，沧州地区公安机关正式实行人口卡片制度。建卡对象为年满18周以上的常住人口，分为登记卡和注销卡，一人一卡，两卡登记内容均以《常住人口登记表》的登记内容为依据，主要项目有：姓名、性别、民族、出生年月、出生地、籍贯、现住地址及何时从何地迁来、何时迁至何地等。已建卡的人口，如有死亡、失踪（三个月以上）、迁出、被捕的填写注销卡。

四、居民身份证管理

从 1985 年 9 月 6 日《中华人民共和国居民身份证条例》公布实施以来，海兴农场范围内，集中办理了两批居民身份证。

1988 年，办理了第一批身份证。居民身份证有效期分为 10 年、20 年、长期三种。年满 16 周岁至 25 周岁者，发给有效期 10 年的居民身份证；26 周岁至 45 周岁者，发给有效期 20 年的居民身份证；46 周岁以上者，发给长期有效居民身份证。

1999 年 10 月 1 日起，居民身份证号码由 13 位数字升级到 18 位数字。身份证号码是国家为每个公民从出生之日起编定的唯一的、终身不变的身份代码。按照沧州市公安局的统一部署，2006 年 8 月，海兴农场派出所进行了第二代居民身份证的换发登记工作（表 8-3-4）。

表 8-3-4 2006—2019 年身份证办理情况一览表

年度	办理人数	年度	办理人数	年度	办理人数
2006	1157	2011	368	2016	367
2007	629	2012	376	2017	353
2008	1121	2013	301	2018	359
2009	303	2014	228	2019	273
2010	309	2015	270		

第四节 消防管理

海兴农场成立之初，没有专门的消防组织、消防人员和消防设备。遇有火情，农场、生产队、职工、农民自发地进行灭火。

1957 年，盐山县农场迁到孔庄子一带后，生产规模迅速扩大，粮食产量大幅提高，生产物资逐渐丰富，生产设备日趋完善，各种资产成倍增加。因此，农场逐步重视消防工作。从 1958 年起，每个生产队都组织了由治保主任任组长的业余消防队，遇到火灾能够及时扑灭。

1986 年 6 月 21 日，海兴农场组织召开消防会议，研究制定处置突发火灾等险情的应急预案，要求各下属单位准备好防火设施和防火物品、工具，细化防火措施，明确防火责任，做到有备无患。

2000 年以后，海兴农场派出所把消防安全宣传和消防监督检查作为消防管理工作的重点。一是实施日常的消防监督检查。按照《消防法》规定对机关、团体、企业、事业单位遵守消防法律、法规的情况依法进行监督检查，对消防安全重点单位进行监督抽查。二是加强农村防火工作，开展防火安全大检查活动。农村防火的重点是粮、棉、柴草垛、收麦、收秋季节的打轧场、牲畜棚等部位。民辅警对管辖辖区村干部和群众进行防火宣传教育，强调设置必要的防火工具。

2017 年 8 月，海兴农场以河间、黄骅两市发生的两起安全生产事故为警钟，对居民住宅、人员密集场所、易燃易爆单位开展火灾隐患排查，防止火灾事故发生。2017 年 9 月，根据《海兴县安全生产监督管理工作及分工规定》，加强消防安全宣传，全面排查火灾隐患，增加配备消防器材。10 月，海兴农场推行消防安全网格化管理，同时开展工贸业有限空间作业专项整治。

2019 年 3 月，对场区进行消防检查。8 月，海兴农场组织消防安全网格员队伍。11 月 15 日，开展农村清洁取暖领域消防工作。11 月 23 日，开展"冬季防火攻坚专项行动"。

第四章　土地管理

海兴农场建立后，土地管理工作由农场办公室代管。1987 年海兴县土地管理局成立后，海兴农场也设立土地管理所从事土地管理工作。

第一节　机构职责

海兴农场土地管理所行政上隶属农场领导，业务上属海兴县土地管理局管理。其主要职责是宣传贯彻《中华人民共和国土地法》等法律法规和上级的土地政策，负责申报场内用地单位新占土地情况，解决并查处违法占地工地。

为规范用地管理，海兴农场于 1993 年 12 月 28 日制定出台了《海兴农场土地管理暂行规定》。该规定指出，海兴农场土地管理所的管理范围包括所有属于海兴农场的耕地；非耕地；场属各处的沟渠、道路、河坝；农场所有建筑所在地。土地所的审批权限与实施办法主要是：①非农业用生产非耕地，一亩以内由农业处批，五亩以内由主管场长批，五亩以上由场长批。②非农业生产用耕地，一亩以内由主管场长批，一亩以上由场长批（每亩收费2000～3000 元）。③今后凡属建住房占地，一律先报农业处审批后方可建造，工会及各分场对今后建房有统一的规划。未经场统一规划建房的，每亩征收占地费 1000～2000 元。④非农业生产取土，全场统一规划指定地点，必须先报计划，农业处审批，否则以破坏耕地论处。⑤各煤场用土经农业处批准后先交年取土费 1000～3000 元。⑥对不经批准随意取土、乱占地者在追究责任的同时还需恢复土地原貌。对态度生硬无理取闹者追究法律责任。

第二节　土地开发

海兴农场土地开发包括农业生产开发和必需的建设性开发两部分。

一、农业生产开发

1995 年和 1996 年，海兴农场投资 110 万元开发了水稻种植和冬枣树栽种两个项目的生产基地。2013 年和 2015 年，农场又规划建设了苗木基地和有机梨基地。

二、建设性开发

海兴农场随着国家改革开放来的红利，抓住机遇大发展，促进了与之相适应的大建设。

2000 年以来，海兴农场先后建设了学校、医院等公益设施的建设项目，2011 年，海兴农场开始筹建商品住宅楼，住宅楼小区命名为"农垦人家"。该小区按照绿色生态环保原则，采取节能环保建设模式。新型社区建设为解决海兴农场场内职工住房问题，彻底消灭危旧房，改善职工居住条件，推进农场场区和队一体化进程，完善城建功能。随着海兴农场"农垦人家"的建成，农场职工以及周边村镇的村民从危旧房搬进了宽敞明亮的新楼，同时改变了农场整体形象，进一步提升海兴农场职工居住质量。截至 2019 年底，共建成楼 8 幢住宅楼，建筑面积 15000 平方米，容纳居民 346 户，使海兴农场结束了无住宅楼的历史。

第三节　土地维权

海兴农场总土地面积 6.9 万余亩，历史上多次被周围村庄侵占。2004 年 6 月底，海兴农场调查确认被侵占、抢占土地 3.6 万亩。经过农场干部职工的努力，至 2018 年，收回被侵占土地 3 万亩。

主要采取以下三种方式收回被侵占的土地：①法律诉讼。有些土地通过法律诉讼途径收回。②土地开发。2003 年，海兴农场启动沥碱排涝封界工程，开发封界沟 24000 米，明晰了农场土地与相邻村庄的边界，通过合法程序依法陆续收回历年被侵占的 9300 亩土地的所有权。③协商解决。通过给予一定补偿的办法，解决土地纠纷。

第四节　土地确权

2017—2018 年，海兴农场根据国家规定，开展土地确权。2018 年 8 月 20 日，海兴县国土资源局发布《河北省国营海兴农场国有土地使用权确权登记发证登记公示》。公示期满后海兴农场土地确权面积 6.3 万亩，其中规划建设用地 1.13 万亩，未利用地 2.8 万亩，尚有 7000 余亩土地待确权。

第五章　环境保护

海兴农场建场之初，除了少量的生活污染和畜禽养殖的污染，几乎没有其他污染。随着社会发展，工业进步，废水、废气、废渣排放开始发生，并且越来越多，给环境造成很大压力。

第一节　管理机构

2017年海兴农场设立环保科，下设环保所，具体行使海兴农场区域内环境保护工作职能。

环保科的职责是：宣传、贯彻、执行国家和地方环境保护的有关法律、法规、政策和规章；负责对本场辖区内地企、事业单位污染防治设施运行情况、建设项目和限期治理项目环境保护法律、法规、规定执行情况进行现场监督检查；依法对本辖区内单位和个人执行环境保护法律、法规和政策情况进行现场监督检查，并按规定进行处理；负责超标排污费和排污水费的核定、征收、统计、编报和会审，并参与排污费使用计划的制定；负责辖区内生态保护情况进行现场监理检查，对生态破坏事件进行调查，并参与处理；负责辖区内环境违法行为、污染事故和来信、来访、投诉电话纠纷进行调查取证，并按规定进行处理；承担县环保行政管理部门委托的其他工作。

第二节　环境状况

一、空气状况

沧气领办〔2018〕346号文件发布《关于2018年7月份乡镇环境空气质量排名的通报》，在全区168个测点中海兴高湾镇空气检测站，排名58位，PM2.5浓度为28微克/立方米，SO_2为25微克/立方米，综合检测指数为0.65。

二、地表水状况

进入 21 世纪以来，由于受上游排污的影响，流经海兴农场的宣惠河污染还比较严重。沿河两岸，河水浇地致使柳树焦梢，土壤碱化。

2000 年，上游的部分县借引黄济津工之际，向该河大量排污，致使宣惠河严重污染。2013 年 3 月 23 日，宣惠河一夜变成污水河。2017 年前，宣惠河水为劣 Ⅴ 类。2017 年以来，国家加大治理污染的力度，宣惠河水污染得到了控制。

2019 年，宣惠河脱离了劣 Ⅴ 的污染。

第三节　污染治理

一、控制项目建设污染

海兴农场环境保护科工作人员严格按照"六个百分百"（建筑施工工地要做到工地周边围挡、渣土车密闭运输、出入工地车辆清洗、施工工地内部道路硬化、土方开挖湿法作业以及物料堆放覆盖六个百分百）对农场区域内施工工地进行严格检查，发现施工工地周边未围挡、裸露土地未覆盖、出入车辆未冲洗、拆除和土方未湿法作业、渣土车辆未密闭运输等情况，立即汇报领导，通知施工方整改。从 2017 年以后，场区内未发现违规施工。

二、控制乱排乱倒垃圾

2016 年开始，海兴农场环境保护科对区域内企业加强巡查，发现散乱污企业，立即取缔，保持了散乱污企业零发现。

对沿河队区，设立场、区、队三个巡查组，做到每天一次对海兴农场区域内重点河流及其支流干渠巡查。场环保所对海兴农场区域内重点河流附近企业进行巡查，发现有乱排放情况，立即通知责任人进行整改。

三、控制秸秆焚烧

秸秆禁烧治理：秸秆禁烧在 2017 年以前，还是一项新工作，加上它涉及面广，要想彻底堵住，必须加大力度。农场为彻底做好这项工作，在加大宣传力度，麦收、秋收季节，农场环保所每天用喇叭环绕农场各队播放一次环境保护的知识和禁止燃烧秸秆的通知。同时各区全面落实"定专人、定职责、定区域、定岗位、定时间、定要求"的工作措施，严防死守，实现全面覆盖、全程监管。2017年秋，海兴农场环境保护所科与各土地承包大户订立了"环境治理工作责任书"。责任书主要内容：工作目标；约定落实责任人；宣传工作和宣传内容；奖惩条款，若经督查组检查发现有着火点及焚烧情况，将按制度落实处罚。

2017年后，海兴农场区域仅发生2起秸秆焚烧被通报事件。

四、控制污染企业

2012年，海兴农场取缔2个小农药厂、1个岩棉厂，1个血红蛋白厂等4个污染企业。

2013年，海兴农场群众反映沧州华信畜牧业有限公司存在猪场排污现象，在农场相关部门的督促下，该公司于当年11月份投资45万元，加大了排污的治理改造。一是猪栏粪便由饲养员集中存放在粪便堆积坑内，表面盖土进行45天发酵，然后用于公司的果树园内；二是建立了4个50立方米的沼气池；三是猪场废水通过排污管道（包括沼液和发酵后的废水）全部排放到猪场内部暂存池内，用于果树浇水施肥；四是实行雨水、污水分开排放。

2017年，海兴农场场制定了一切新建、扩建、改建的企业项目与技术改造项目的污染防治措施必须与主体工程同时设计、同时施工、同时投产使用的"三同时"制度。2018年和2019年，全场建设项目"三同时"执行率达到了100％。

五、污水处理厂

2017年4月7日海兴县人民政府下达《河北省国营海兴农场污水处理项目实施方案》的批复，同意建设海兴农场污水处理厂（图8-5-1）。

2019年5月10日，海兴县人民政府批准海兴农场污水处理项目国有建设用地使用权划拨。

2019年11月2日，海兴农场污水处理厂开工建设。该厂位于海兴农场高新区，总投资5800万元，厂区占地面积为56亩，设计规模达到日处理污水1万吨。一期工程设计规模达到日处理污水0.5万吨，项目运行后，可解决农场生活区及高新园区内所有企业生产生活污水处理，对进一步改善投资环境，吸引外资，对发展经济具有积极作用。

图 8-5-1　海兴农场污水处理厂鸟瞰图

第四节　生态建设

树木能够改善人类赖以生存的环境质量，植树是改善生态环境主要举措之一。树木和绿色植物在光合作用下，消耗二氧化碳、制造新鲜氧气，还能够杀灭空气中的各种病菌，并且还能够吸收工业化生产排放的有毒气体、滞留污染大气的烟尘粉尘和消除对人类有害的噪声污染。进入 21 世纪尤其 2014 年以来，海兴农场根据全县"西生态"的总布局，大搞生态建设。

一、发展耐盐碱林果

根据农场北部的土地盐碱的特点，与南京农业大学等科研机构合作，大力发展有机食品产业，研究、引进、试种耐盐碱品种树木。

二、构建生态园区

"森林公园"绿化总面积已达到 4.7 万亩，全场绿化率已达 67%。2019 年完成绿化 3200 余亩，在不断壮大苗木的种的基础上，2014 年农场从福建引种了热带植物辣木。

依托农场五万亩森林公园绿色生态空间，建设生态王观旺光、农业采摘、鱼虾垂钓、农家生活体验等项目。

绿色环保的生态建设和一系列的环保治理，改善了海兴农场的自然环境，2019 年在沧州市 268 个环保检测站数据排名中得到了较好名次。

第六章　安全生产监督管理

第一节　管理机构

1995 年 12 月 20 日，海兴农场安全生产工作由新成立的劳资处负责管理。

2004 年 10 月，海兴农场安监站成立。

2019 年 2 月，海兴农场安监站更名应急管理办公室，负责全场安全生产的监督与管理。

第二节　宣传教育

一、安全生产宣传工作

2013 年 12 月，海兴农场在农场集市及沿路村庄的明显位置喷涂安全生产标语 20 余条，并要求企业在外围墙和车间内涂写安全宣传标语和安全警示标识。利用孔庄子集市开展安全宣传活动，发放《安全生产法》宣传材料 200 余份。

2019 年 6 月，农场开展"安全生产月"活动。通过设咨询点、散发资料、张贴标语等多种形式进行宣传。发放消防事故预防、防雷知识等各类宣传单 500 余份，发放《农村安全用电手册》100 余册，在主要街道（或主干公路）张贴、悬挂、书写宣传标语、横幅、墙标 20 幅。组织企业和学校开展了演练培训和安全生产宣传教育活动。

二、安全生产教育培训

一直以来，海兴农场采取多种方式组织开展全员安全生产教育培训工作，建立起安全生产无间歇、常抓不懈的教育培训常态化机制。

2019 年，海兴农场为加强危险化学品企业人员的安全生产意识，开展危化品从业人员培训 90 人次。对全场企业负责人开展安全生产培训 4 次。

第三节　监督检查

1996 年，制发《海兴农场一九九六年工业管理规定》，提出以下要求。①各单位在生产中，要把安全工作放在第一位，厂长带头抓好，要建立健全安全领导小组，并制定好安全生产制度和措施。②对职工加强安全教育，严格把关，杜绝违章操作。③经常检查厂房、电路、设备的完好率，发现问题及时维修，防止一切不安全因素发生。④如因领导失误，指挥不当，造成重大事故，追究领导人的刑事责任外，并承担经济损失。⑤全场干部职工如因玩忽职守，在厂发生火灾、偷盗、破坏或因打架斗殴，出现伤亡事故，给厂造成的经济损失，当事人应承担全部经济损失和责任。厂内不承担任何责任，情节严重的按国家法律制裁。⑥对违章操作，不按工艺流程的要求，造成设备损坏，人身伤亡和重大经济损失者，当事人承担全部经济损失，厂家概不承担责任。⑦干部、职工外出用车，要注意车辆行驶安全，如因喝酒过量违章行车，无证驾驶以及试学期或未经领导批准驾驶发生的事故，由当事人承担全部经济损失，厂内概不负责。

2000 年 6 月，开展"安全生产百日督查专项行动"，落实督查工作责任制，逐级签订责任书 3 份，对督查中发现的 1 处隐患和 3 处问题，当场纠错 3 处，不能当场改正的按要求下达《整改通知书》1 份，责令限期整改，对不能当场整改的不安全场所提出防范措施，明确整改期限和责任人，落实整改资金，制订应急预案；做好对整改情况的复查。

2007 年 9 月，海兴农场民政办、土地所、派出所等相关职能部门组成安全生产检查小组进行督导检查。在检查中发现安全隐患 12 条，当场整改 9 条，责令限期整改 3 条。

2008 年 9 月，制发《海兴农场安全生产大检查活动方案》，在全场范围内开展安全生产大检查，这次检查从 2008 年 9 月 30 日开始至 12 月 15 日结束。本次安全生产大检查采取自查、排查和督查相结合的方法进行。对 8 个企业进行了重点检查。

2009 年 4 月，制发《海兴农场安全生产攻坚年工作方案》。海兴农场安监办派出一名专职人员定期对农业队、企业及学校的安全工作进行排查，并建立检查台账。

2010 年 1 月，根据海安委办〔2010〕4 号文件精神，组织开展全场非法储存销售烟花爆竹大检查活动。

2013 年 1 月，制发了《海兴农场安全生产应急救援预案》。

2018 年 2 月，先后开展安全生产大检查 4 次，排查各类安全隐患 56 处，取缔"散、乱、污"企业 3 家。

2019 年 3 月，海兴农场与各区签订了安全生产责任书 5 份，与各企业签订安全生产承诺书 30 份。当年开展了"九小"场所消防安全隐患排查治理，应急办、派出所、食安办等部门组织协调检查人员 178 人次。

中国农垦农场志

第九编

基础设施建设

海兴农场的基础设施建设包括场区基建、交通道路建设、电网建设和邮电通讯设施建设。它们都经历了一个从无到有、从有到新，再到更新换代快速发展的过程。

第一章　场区建设

1948年3月，盐山县农场在南杨庄建立后，由于场区面积小，人员少，办公用房和生活用房混用，没有专门的场区。

1949年，搬迁到大韩庄后，利用村内原有房屋进行办公，场区建设水平不高，只有简单的规划。

1957年，盐山县农场到苗家洼一带开荒扩大规模时，进行了场区的初步规划。采取场部加生产队的布局，即场部办公区和场部家属生活区在一起，各农业生产队和本队家属生活区在一起。

随着经济和社会的不断发展，海兴农场的场区建设水平也逐步提高，由农业社会的生产队为主向新型城镇化方向发展。

第一节　基建规划

一、场区

1957年，盐山县农场搬迁到孔庄子一带后，制定了基建规划，分队建设生产生活设施。1991年，海兴农场与明泊洼农场合并以后，场区重新进行了规划。

2016年，海兴农场遵照"东工，中城，西生态"的经济产业布局定位，按照"三区同建"（新型社区、产业园区、生态园区）总体规划，聘请专业设计队伍，对场区建设进行科学规划。

居民住宅区规划：采用"居住集中，适当分散"的方式。在农业园区内，建成北区和南区两个居民住宅小区，并进行综合配套，满足居民的住房需求。居民住宅规划符合海兴县土地利用总体规划，在住宅规划和实施过程中，重点突出"一心、两区、一带"。"一心"：指以场部为中心，建成包括绿地、广场、学校、幼儿园、商业等公共设施形成的居民中心。"两区"：指农业园区的南部居住片区和北部一个公共服务活动区以及预留用地。"一带"：指住宅区建设时因地理位置原因形成的，用于联通南住宅区、北住宅区和场部的主干道路。该主干道路与园区中部的南北道路和东西两条道路共同构成了园区的道路骨架。北区（场部"农垦人家"住宅小区）占地面积 500 余亩，可容纳 1 万余人居住。

二、道路

1957 年，盐山县农场规划扩大建设时，按照适于农业生产的原则，对农场内的道路进行了规划建设。2013 年，海兴农场按照方便农业生产、农产品加工销售、运输和生态休闲旅游的原则，将场内交通规划为四级，即主干道、次干道、生产道、观光休闲道。主、次、生产道路修筑的坚固耐用，景观休闲路全部美化、绿化、整洁、美观，呈现出海兴农场清新美好的自然形态。

三、居民区供水

1970 年前，海兴农场生活用水主要靠手提肩挑。1971 年开始使用机井水。到 1990 年，所有居民点都使用机井水。1996 年，建设了自来水。为保障海兴农场居民的饮水安全，按照全县的整体规划，2013 年全部接入了黄河水。居民区供水采用城市供水管网系统，从水源地铺设供水管道直达各用水点，主管直径不小于 200 毫米，支管直径不小于 75 毫米。2015 年，"农场人家"居民小区采用二次加压供水方式供给到住户。2019 年又改为饮用长江水。

四、供暖工程

生活取暖集中供热，建设满足园区生活、办公和生产的供热管网。积极采用清洁能源及可再生能源。

五、环境卫生

2011 年以后，海兴农场把环境卫生作为规划场区的重要内容，把整个农场作为一个生态系统，按照生态学原理，来认识处理环境、保护和建设环境，力求和谐发展。在落实规划过程中，依据农业园区性质和功能要求，做到环境卫生建设与海兴现代农业园区周围生态系统相协调。对场区内生活垃圾采用集中收集处理。分段设立垃圾收集点，产生的垃圾由专业公司统一收集，运送到县垃圾处理厂进行无害化处理。

第二节 居民区建设

一、连队住宅建设

1990年前，干部职工住房实行的是公建住房，采取的是分配制原则。由农场统一建房，分给职工居住，实行职工家庭缴纳房屋折旧费的管理办法。1959年，海兴农场建设了20间家属住宅，当年5月10日动工，12月竣工。1989年，海兴农场实行了住房改革，采取集体组织兴建，住户个人和农场出资合建，产权归农场的办法。按照这个办法，在海兴农场机务队西侧兴建了一批住房。1990年海兴农场又采取原住房作价归个人所有的办法，砖瓦结构的每间作价300元，土木结构的每间作价150元。

国营海兴农场关于建筑职工商品房的措施意见

随着精神文明和物质文明建设的发展，根据上级住房改革的精神，解决工业单位住房难点问题，经场管委会研究决定，建筑部分优惠商品房，其具体措施如下。

一、居住范围。凡工业单位的职工，需要住房的，由本人申请，单位同意，报场部批准。

二、建筑地点。机务队西南侧。

三、建筑面积。三间一栋为一户，总占地面积：东西11米×南北17.5米＝192.5平方米。三间房总平方米，10.15米×5.5米＝55.8平方米。每间平均18.6平方米（包括一个37山）。

四、建筑结构及安装。砖木结构三间一栋，一门（1.1米×2.6米两开的）。前窗两个（1.4米×1.6米）后窗1个（0.7米×0.8米），三间系顶棚，两间抹灰地，一间砖砌地，室内灰裙高0.2米，室外灰裙高0.5米。墙是一面37（370毫米厚），三面24（240毫米厚），隔山两户对建。三间一个锅台、一个炕，不用者可盘炉子一个。

场部负责一次安装室内电路，配备三个40瓦的灯头，住房户自备电表一块。

五、房权及居住办法。房权归场部所有，居住者三间房交款4000元，折旧期10年折完。即每年折旧400元，在折旧期间场部负责修改完善，折旧期外居住期不限，修改完善自理，场部不再提折旧。在折旧期内，经场部同意调出场外者，按到达折旧年月份退给房款，但房子必须完整。

六、住房者，在建前先交预约款50%，居住时交清。

七、房由场部统一安排，不准轮住，不准在占地面积以外私建小房。

八、住新房，原住公房收回交场部。

1989年9月3日

图 9-1-1　海兴农场残存的老旧土房

1991年两个农场合并后，海兴农场加快实行住房制度改革。1992年3月16日印发了《海兴农场关于新建商品房的规定》。文件规定：原有住房合理作价，由农场财产改为职工个人财产；新建住房，按规定面积实行自建公助三方投资（个人、农场、所在单位）的办法解决；农场和单位的投入，住房户逐年偿还，10年还清，住房归私有。为了确保全部员工都能有住房，海兴农场还采取了分别对待的办法。对于经济较差的员工，给以建房补贴，实施危房改造；对于经济条件好的员工，则完全实现住房商品化，农场兴建，员工购买。

河北省国营海兴农场关于新建商品房的规定

海农〔1992〕7号

根据目前深化改革的精神，按上级关于房改的指示，面对我场的现状住房必须实行改革，农场1992年工作的重点之一就是住房商品化。

为了使我场干部职工在思想上树立以场为家扎根农垦事业，彻底改变住房条件，改变住危房、住房难的局面。总的办法是实行民办公助的办法，逐年抽回垫资，住房归己。具体办法如下。

一、建新商品房的申请、范围、筹建办法及标准

1. 申请时效。干部职工需建房者，先向单位提出申请，经所在单位同意、签章报场后生效。申请时间在半月之内，过期暂不安排。

2. 建房分配办法。场部中层在职干部和贡献突出的业务骨干，建房标准三间，一般职工二间。按标准建房部分，由财务和单位给予部分投资，另增建间数完全由自己承担。其他单位干部职工建房，只安排地基，不予投资。

3. 筹建办法。新建商品房的区域在场办公楼的西侧，申请批准后签订建房协议，有场基建处、后勤处统一规划布局。确定地基后，实行自己备料，自己施工筹建。建房标准按场方要求施工，质量标准就高不就低。最后验收低于要求质量，场部不予投资补助。

4. 每间商品房的标准。砖木结构，每间16.5平方米，三间房院落10米，高度、跨度一致，上瓦顶，下灰地。

二、商品房的投资比例及资金抽回办法

1. 每间房造价2800元。个人、单位、农场三方投资。单位和农场投入部分，施工结束后验收合格，拨给建房户应投入部分资金（比例是：个人1500元，单位650元，农场650元）。

2. 资金回收。场部和单位投入资金定为10年抽回，每年回收130元，一年两次缴纳，投入资金抽完后，住房归为私人所有。

三、权利及折旧办法

1. 新商品房在居住期间管理维修完全自己负担，10年以后享有继承、转让、买卖的权利。地基仍归国家和农场所有。

2. 因工作需要调动离场退房者，按以下折旧办法办理：新商品房居住不满10年，即在2年内，每间折旧100元/年；3～4年每间折旧80/年；5～6年内折旧50元/年；7～8年内每年折旧40元/年。由后勤处安排，新住户先交请剩余三方投资方可住房。

此规定从下达之日起执行。

1992年3月16日

图 9-1-2　海兴农场保存的老旧砖房

1997 年，新建砖瓦结构住房 18 套。2011—2012 年，海兴农场争取垦区危房改造资金 810 万元。2012 年，全场新建平房 100 户（其中农场自建贫困房 38 户，解决无房职工的住房问题），加固维修 170 户。2014—2017 年海兴农场争取上级垦区危房改造资金 421.5 万元。2014 年，维修加固房屋 60 户。2015 年新建平房 10 户，维修加固 60 户。2017 年，维修加固房屋 71 户。

图 9-1-3　"农垦人家"小区建设中（秦晓寒　摄）

2011 年，海兴农场为改善职工居住条件，推进农场场区和各生产队一体化进程，完善城建功能，决定建设居民住宅楼小区——"农垦人家"。该小区共建成居民住宅楼 8 幢，建筑面积 15000 平方米，容纳居民 346 户。于 2018 年 10 月交付使用。

表 9-1-1　2011—2019 年海兴农场住宅小区楼房建设情况表

序号	小区名称	承建单位	建设起止年限	建筑面积（万平方米）	户数（户）
1	农垦人家	河北世达集团	2011.8—2013.8	3.0	240
2	农垦人家	中通建工	2017.8—2019.8	1.2	96

2018 年 10 月，海兴农场完成垦区危房改造工程。项目总投资 3748.5 万元，其中中央预算内投资 202.5 万元，省级财政补助 202.5 万元，海兴农场配套资金 640 万元，其他为职工自筹资金。危房改造维修 270 户，建筑面积 3.1 万平方米；异地新建建筑面积 3.3 万平方米，其中新建楼房 300 户，建筑面积为 3.06 万平方米；平房 235 户，建筑面积 1416 平方米；加固维修 15 户，建筑面积 1080 平方米，占地面积 2.75 万平方米。200 多户居民乔迁新居。

二、供水建设

建场初期，海兴农场场部建了个大水池，附近居民担水吃，居住远一点的居民用车拉。1958 年，明泊洼农场在原场部打出了第一眼机井，机井深 30 丈（100 米），自流，有温度。1986 年，海兴农场第二口机井打成，场部区域居民用上了自来水。

1996 年后，农场投资配置了饮用水过滤设备，居民饮水安全得到初步保障。2011 年 9 月，海兴农场黄河水供水工程启动，到 2013 年 10 月竣工供水。从而彻底改变了居民饮用机井水的状况。海兴农场北区（原明泊洼）由县城城区水厂（尤庄子）供水。供水管径采取分段缩减的办法：城区水厂至宣惠河北长度 8500 米，管径 400 毫米；宣惠河北至农场三队长度 2800 米，管径 315 毫米；三队至场部南长度 2100 米，管径 160 毫米；场部南经场部至一队长度 2200 米，管径 110 毫米；宣惠河北至畜牧队长度 2180 米，管径 110 毫米。

海兴农场六队、七队、四队、五队区域由良章配水厂供水。六队、七队接到孔庄子管道上，孔庄子北 1800 米，管径 200 毫米。再至六阶段 1000 米，管径 160 毫米；至七阶段长度 5000 米，管径 110 毫米。四队、五队接到后代庄管道上，后代庄至四队长度 3400 米，管径 125 毫米；五队至后代庄到四队管道长度 700 米，管径 110 毫米。

三、小区照明

2013 年，海兴农场投入 30 万元在主干道安装路灯。路灯分两型，一型是交流电的高杆灯。主要安装在交通要道。在紧临场区的汤孔公路，安装高杆灯 70 盏。另一型是太阳能路灯，节能美观。主要安装在"农垦人家"区域内外，安装路灯70盏。南区安装路灯55盏。

2015年，农场投资23万元在"农垦人家"安装了路灯、庭院灯等共50套（表9-1-2）。另外按键延时开关10套，声光延时开关10套（光控）。

2016年9月，场部门前汤孔路两侧，安装路灯70套。技术标准：灯杆高8米，口径：60/150毫米，壁厚35毫米。法兰、灯杆、刀臂、支架整体采用热镀锌喷塑。光源功率80瓦，单科光通量≥120流明，平均寿命大于50000小时，光衰小于3％，性能稳定。

表9-1-2 2015年"农垦人家"路灯、庭院灯安装情况一览表

灯型	规格	套数
马路弯灯	12米	10套
马路弯灯	6米	10套
庭院路灯	4米	10套
太阳能庭院灯	4米	10套
庭院路灯		10套

四、取暖供热

建场初期的取暖方式都是土炕，后改煤火炉子，有的炉子连着火坑。1985年之后，场部办公室和居民住宅逐渐采用由一个小型燃煤炉连接几组暖气片的分散供热方式。

农垦人家小区采用电锅炉集中供热。2017年购买了上海诺冷冷暖设备有限公司生产的水（地）源热泵机组两组。其中一组整机功率188千瓦，制热量907.2千瓦；另一组整机功率99.6千瓦，制热量407.4千瓦。

五、公共设施

（一）行政办公楼

1991年12月6日，海兴农场办公楼（南区）剪彩启用，占地面积6亩，为三层楼房，耐火等级二级，结构形式为砖混结构，总建筑面积1360平方米，建筑总高度11.4米。投资89万元。在农场场部搬到北区后，此楼改为医院。

2008年7月20日，海兴农场行政办公大楼（北区）竣工。大楼主体为三层砖混结构，建筑总面积1960.8平方米，楼体总长度86.6米、宽13.7米、层高平均3.45米。建筑物设计使用年限50年，耐火等级为二级，屋面防水等级为三级，抗震防裂度为6度。

（二）学校建设

1991年，新建学校3处，其中投资49万元的中学1处，解决了当时农场子女就近入学问题。

2012年7月，在农场南区兴建学校一处，占地面积2162平方米。校园为平房大院，建有教室、办公室4排。在北区建设幼儿园一所。占地面积888平方米。

（三）绿化景观

2017年11月，海兴农场争取资金完成了明泊湖基建工程。整个工程包括明泊湖两个大湖的开挖美化、园路文化广场建设、环湖路修筑、排水渠涵建设，总投资300余万元。明泊湖湖面总面积3697平方米，湖深3.5米，开挖清淤了配套水沟2000米，绿化了560平方米的湖旁土地，硬化了450米道路。明泊湖与宣惠河相连，与周围的万亩森林公园、四季采摘果园、康养中心相协调，适合人们在这里放松、休闲、娱乐。

（四）文化广场

文化广场位于原明泊洼场部前，建设投资75.68万元，广场占地面积3920平方米。安装了运动器材、木质休闲亭、照明路灯等配套设施，现已成为农场北区职工居民休闲娱乐的主要场所之一。

（五）颐养养老院

颐养养老院位于现海兴农场场部南，为原海兴农场办公楼改建而成。2018年改造建设完成，于当年重阳节开始接纳老人。2019年冬，养老院拥有床位50张，入住老人19人。

表 9-1-3　海兴农场 2002—2019 年居民居住情况统计表

年度	年末职工住房面积（万平方米）	人均住房面积（平方米）
2002	7.0	10.0
2003	7.2	10.2
2004	7.2	11.0
2005	7.5	11.1
2006	7.6	11.1
2007	8.0	11.2
2008	8.2	11.3
2009	8.3	11.2
2010	9.2	12.1
2011	9.5	12.5
2012	11.5	12.7
2013	12.0	14.0

（续）

年度	年末职工住房面积 （万平方米）	人均住房面积 （平方米）
2014	12.0	14.0
2015	12.2	15.5
2016	15.5	15.5
2017	15.5	17.0
2018	15.5	17.4
2019	15.5	17.4

第三节　环境卫生

海兴农场住宅区的环境卫生原来无专人负责，日常的卫生靠大家义务完成，每当重大节日或重要活动，组织职工集体清理。

2016年9月，海兴农场环保队成立，由森林管护中心管理。人员16人（连同管理人员），配备简易垃圾车两辆。8名环卫员工分别负责农场北区、东区、中区、高新区的卫生清扫和一般的道路养护。环卫队成立后，管理中心制定了环卫人员职责、卫生标准和奖惩办法。环卫工作进入专业化发展阶段。

第二章 交　　通

建场之初，只有一条土公路与外界连通。1965年，海兴农场开始整修公路。改革开放以后，对公路建设的投入逐年加大，场域内的公路状况得到了极大的改善。现有过场域公路和场内公路纵横连接。

第一节 公　　路

一、道路建设

1965年9月，海兴县政府组织民工4000多人，动土6万立方米，整修了3条土公路，其中就有县城至明泊洼、明泊洼至崔口2条。

1975年11月，海兴农场修建了长1726米的战备公路。

1990年以前，海兴农场的道路全部为土路。1991年完成铺设了连接海盐公路（今338国道）到海兴农场场部的柏油路——明孔公路。

2003年9月启动村级道路建设（图9-2-1）。至2004年分别建成汤孔线至一分场、二分场、三分场、五分场、八分场5条公路，总长度20公里，投资120万元。10月30日，全长12.5公里的汤孔公路竣工通车，总投资855万元。该公路是农场连接场外的主干道。由此，海兴农场改变了过去的"弯弯路、疙瘩道"，基本实现了队队通公路。

2011—2015年，通过"一事一议"项目修建居民区道路5条。2013年，完成四队至五队公路翻建工程、畜牧队队内公路及排水设施工程、汤孔路至农场西点、三队、二队公路修建工程。2014年，投资995万元修建和完善了汤孔线至六队公路、工业园区横纵道路等5条柏油路，总长度27公里。农垦人家小区完成道路硬化面积1.15万平方米。2016年10月，建成汤孔线至西点养鸡场公路，全长2.5公里，总投资208万元。2017年完成农场四队至小营乡公路建设，全长2.7公里，总投资154万元；投资88万元完成高湾路至二队公路建设。2018年，启动高新区"创新路""马高路"建设，总投资2600万元。2019年，海兴农场铺设北区道路1.78万平方米，南区道路0.81万平方米，改善了职工生活环境。

图 9-2-1　铺设居民点道路（秦晓寒　摄）

二、重点公路

1. **338 国道**。338 国道经过海兴农场西缘，曾名海盐公路、海泊公路、武港公路、正港公路、302 省道。1965 年利用原有道路进行加宽取直，筑成 15 米宽的公路路型。1974 年完成路基工程。1975 年 7 月铺筑沥青油面，是海兴农场第一条油面公路，也是海兴县第一条油面公路。

2. **马高公路（马村至高湾）**。马高公路东起海兴高湾镇，西至盐山县马村乡，与海兴至泊头公路相接，全线长 17 公里，其中海兴县内 9.7 公里。路基宽 8 米，高 0.5 米。马高公路从原明泊洼和原海兴农场中间穿过，在农场区域内的有 6 公里。对海兴农场的经济、文化的交流与繁荣发挥了较大的促进作用。

1956 年春季，盐山县交通科以民办公助的办法，组织沿路居民对马村至高湾公路进行修整改善，抬高了路基，加宽了路面。1964 年 7 月，马高公路进行阻水改善工程，先后修建公路桥涵 8 座。1967 年 3 月，海兴县交通局组织高湾、张会亭、海兴农场几个社场对马高公路再一次进行了普修。2018 年，海兴农场再次启动马高公路建设。

3. **汤孔公路（汤孔线，北起汤龙洼北正港路，南至孔庄子）**。汤孔公路（图 9-2-2）由原大黄至孔庄子公路（简称黄孔路）和明泊洼至汤龙洼公路（简称汤明路）合并而成。

黄孔路（亦叫明孔路）北起大黄村，南至海兴农场四队，纵穿海兴农场六队、孔庄子乡、海兴农场场部，全线长 8 公里。1959 年 5 月，黄孔路开始修建。1960 年 11 月建成通车。完成土方29560立方米，投资3.75万元。1964年4月，海兴农场完成维修加固工程，动土3400立方米，加宽路基1米，抬高路基0.2米。1972年10月，海兴农场投资将路基加宽到8米，抬高到1米。1985年10月，海兴农场组织民工再次对黄孔路进行维修，路基加宽到8.5米，同时维修了大黄公路桥。2003年、2013年先后对汤孔公路进行了重修。

图9-2-2　汤孔公路

三、场内混凝土道路

海兴农场内主要有以下混凝土道路：

①汤孔线至二、三队，路长4.39公里，路宽3.5米，路基宽7米，兴建于2015年，公路标准四级。

②汤孔线至五队，公路长度2.7公里，路面宽度3.5米，路基宽度6米，兴建于2015年。

③汤孔线至畜牧队，公路长度1.89公里，兴建于1988年，2009年改建，路面宽度7米。

④汤孔线至一队，公路长度0.65公里，路面宽度3.5米，路基宽度6米，兴建于2004年。

⑤汤孔线至农场南路，公路长度0.56公里，路面宽度3.5米，路基宽度6米，兴建于2008年。

⑥汤孔线至畜牧队中路，公路长度0.32公里，路面宽度3.5米，路基宽度5米，兴建于2008年。

⑦汤孔线至六队，公路长度 0.81 公里，路面宽度 3.5 米，路基宽度 6 米，兴建于 2008 年。

图 9-2-3 海兴农场水泥公路施工

⑧CE13 至二队，公路长度 1.35 公里，路面宽度 4 米，路基宽度 6 米，兴建于 2008 年。

⑨畜牧队至盐山界，公路长度 3.88 公里，路面宽度 3.5 米，路基宽度 6 米，兴建于 2012 年。

⑩畜牧队内，公路长度 0.6 公里，路面宽度 3.5 米，路基宽度 5.5 米，兴建于 2012 年。

⑪四队至五队公路翻建工程，2013 年完成。

⑫畜牧队队内公路及排水设施工程，2013 年完成。

⑬汤孔路至农场西点、三队、二队公路修建工程，2013 年完成。

⑭汤孔线至六队公路，2014 年完成。

⑮工业园区横纵道路等 5 条柏油路，2014 年完成。

⑯农垦人家小区道路，2016 年完成。

⑰汤孔线至西点养鸡场公路，2016 年完成。

⑱农场四队至小营乡公路，2017 年完成。

⑲高湾路至二队公路，2017 年完成。

⑳高新区"创新路""马高路"，2018 年完成。

㉑海兴农场北区道路、南区道路，2019 年完成。

图 9-2-4 海兴农场内的混凝土生产道路

四、区间生产砖路

农场现在用生产砖路有以下 12 条。

①南区五队要道南东西路，路长 0.6 公里，路面宽度 4 米，修建于 2017 年。

②南区五队汤孔路至三队路，路长 0.3 公里，路面宽度 2.5 米，修建于 2010 年。

③北区四里半路，路长 1.8 公里，路面宽度 4 米，修于 2013 年 3 月。

④北区三千七路，路长 1 公里，路面宽度 4 米，修于 2013 年 5 月。

⑤北区五千六路，路长 2.3 公里，路面宽度 4 米，修于 2015 年 7 月。

⑥中区六队至七队路，路长 4 公里，路面宽度 4 米，修于 2014 年。

⑦中区六队至十四斗路，路长 2 公里，路面宽度 3 米，修于 2015 年。

⑧东区二队至程村路，路长 1 公里，路面宽度 3.5 米，修于 2014 年。

⑨大鱼肚子南北路，路长 0.5 公里，路面宽度 2.5 米，修于 2016 年。

⑩三队至大鱼肚子路，路长 2 公里，路面宽度 4 米，修于 2013 年。

⑪三队至大鱼肚子路，路长 2 公里，路面宽度 4 米，修于 2013 年。

⑫大鱼肚子路至尤庄子路，路长 1 公里，路面宽度 4 米，修于 2013 年。

第二节 桥 梁

海兴农场的原有桥梁全部为农业生产桥，由水利部门建设。近年，由于交通事业的发展，部分桥梁由交通部门维建、重建和管理。

一、宣惠河桥梁

宣惠河上有汤孔公路桥、海兴农场三队南桥、大黄桥、小黄桥、明泊洼桥。

1. **汤孔公路桥**。1961 年该桥在水毁抢修工程中，由原盐山县交通科投资修建，为 6 孔结构木质桥，跨径 7 米，全长 42 米，净宽 4.5 米，桥高 3.26 米，荷载 5.8 吨，投资 2.95 万元。1975 年宣惠河清淤加宽，此桥废止。1979 年重修此桥，由河北省农垦局投资，海兴农场组织施工，在农场六队以北、原桥西 1.5 公里处新建 16 孔钢筋混凝土公路桥 1 座。结构：上部钢筋混凝土工字梁，下部钻孔灌注桩，16 孔，跨径 6.2 米，全长 106 米，净宽 4.2 米，桥高 6.2 米，造价 16.6 万元。2018 年改建，桥梁中心桩 K2＋778，桥梁全长 114.8 米，单孔为 13 米，共计 8 孔，桥宽 8 米，设计负荷等级公路——Ⅱ级。

2. **海兴农场三队南桥**。原名明泊洼桥，1964 年春由原盐山县交通局投资修建，结构上部木梁，下部简支木桩，11 孔，跨径 4.5 木，全长 50 米，净宽 4 米，桥高 5 米，投资 2.8 万元。1973 年宣惠河疏浚，原桥废。1974 年由海兴县水利局投资重建。此桥上部结构钢筋混凝土 T 字梁，下部钻孔灌注桩，跨径 10.7 米，桥长 17 米，净宽 7.2 米，桥高 6.7 米，造价 14.9 万元。2004 年再次重建，桥梁中心桩 K4＋672，桥梁全长 70 米，单孔为 10 米，共计 7 孔，桥宽 6 米，设计负荷等级公路——Ⅱ级，技术状况：2009 年 1 月被评为二类。

3. **宣惠河大黄桥**。该桥 1964 年由盐山县交通局投资修建，坐落在农场东部、大黄村东，跨宣惠河，木质结构桥。1974 年，国家水电部投资 14.9 万元修建成上部工字梁，下部钻孔灌注桩，永久性钢筋混凝土结构公路桥，10 孔，桥长 107 米，净宽 7.2 米，桥高 6.7 米。荷载汽-20，挂-100。1974 年 9 月 30 日，宣惠河大黄公路桥竣工。

4. **宣惠河小黄桥**。该桥位于宣惠河故道上，为钢筋混凝土平板桥，共 9 孔，宽 4 米，跨径 6.6 米，长 59 米，1977 年建成。

二、宣北干沟桥梁

1. **宣北干沟桥**。此桥建设在汤孔线宣北干沟上，2005 年建成投入使用。桥梁中心桩 K4＋672，桥梁全长 39 米，单孔为 13 米，共计 3 孔，桥宽 8 米。基础浇注桩，上部钢筋砼空心板梁，下部钢筋砼双柱式灌注桩，设计负荷等级公路——Ⅱ级，技术状况 2009 年 1 月被评为一类。

2. 东点桥。1992 年 5 月开工建设，总投资 32 万元。

三、宣南干沟桥梁

宣南干沟上有农场五队桥，位于农场五队至代庄村路上，该桥 3 孔 13 米，全长 49.84 米，全宽 8 米，按公路二级标准修建。2016 年 8—10 月重建。

四、砖拱桥

1976 年，修建邓庄子至马庄子砖拱桥一座，长 4 米、宽 4 米。

第三节　公路运输

一、客运

1949 年前，海兴农场区域没有专门的公路客运，人们出行除步行外，可以骑马、坐轿、坐畜力车。除了自备交通工具外，还有供人租用的马、轿、车。

20 世纪 50 年代，开通了沧州到高湾的长途公共汽车，途径农场。1986 年前，海兴农场辖区内没有始发的客运汽车。当时，海兴农场辖区内的人员外出或外地人到农场来，都是搭乘高湾至沧州的过路客车，来往交通极为不便。随着海兴农场经济社会的不断发展和与外界交往得更加频繁，1986 年开通了第一部农场始发的客运汽车——孔庄子至沧州的客运汽车。1992 年，孔庄子至沧州的客运汽车增加到每天 3 个班次。2003 年 12 月 15 日，又开辟了第二条客运线路（孔庄子至海兴县）。每日开出 3 个班次。两条客运线路的运行方便了农场职工和居民的出行。

20 世纪 90 年代以后出现了出租车。

二、货运

1957 年，海兴农场初建时，运输主要靠畜力和人力。

1962年，盐山县政府给农场配置了东方红拖拉机 3 台，康拜因* 1 台，建立机务队，在服务农业生产的同时也从事运输服务。以后又增加购买了拖拉机、汽车等生产运输设备，货运能力提高，服务便捷高效。

---

* 康拜因，联合收割机的旧称。——编者注

第三章 电 力

明泊洼、海兴农场建立以来，都把电力供应放在优先发展的位置。

第一节 电力起步

1961年，明泊洼劳改农场使用柴油发电机组发电，使农场照明用上了电灯，但只供囚禁罪犯的监狱和中点场部的照明，这是海兴农场内自办发电的第一个发电机组。发电机组由1台6135型柴油机做动力，配备1台功率55千瓦的发电机。1963年，通过架设10公里的木头电杆，分别连接了西点和东点，实现了全场电灯照明。当时发电仅供夜晚照明，白天停机，后来还用以粮食加工。

从1959年开始，原海兴农场年年打报告申请购置发电机组。因种种原因，始终未实现自发电。

1972年10月，原海兴农场自筹资金，架设高压线路7000米，连接县电网向海兴农场供电。同时，明泊洼农场也接入了县电网。

1986年，国家投资建设35千伏高湾变电站，架设高湾站至海兴农场各队10千伏输电线长28公里，架设至明泊洼农场各队输电线长16.45公里。

第二节 输电线路与配电变压器

一、输电线路

1971年秋，海兴县第一座35千伏变电站建成投入运行。1972年架设了4条10千伏输电线路，其中一条走径为：城关变电站—尤庄子—高湾—大黄庄。在大黄庄分别输电到明泊洼农场、海兴农场的两条10千伏线路。当时高压线路都为两根火线加一地线的输电模式。按当时的规定，高压主线到大黄庄由县出资建设，相接的两条10千伏分支由两个农场自筹资金建设。

1986 年，海兴县第三座 35 千伏变电站——高湾 35 千伏变电站建成投入运行，原明泊洼农场又架设了通往原明泊洼农场的 10 千伏专用输电线路。这条线路直接通往明泊洼农场场部和各队，线路编号高—明 534，线路长度 16.45 公里。

2004 年 12 月，赵毛陶 35 千伏变电站建成，架设了赵毛陶至明泊洼 10 千伏输电线路，线路编号赵—明线 584。从此，海兴农场实现了双电源"手拉手"的供电方式。

二、配电变压器

原海兴农场 1972 年只安装了配电变压器 3 台，其中场部一台变压器容量为 100 千伏安；四队一台变压器容量为 50 千伏安；3 队一台变压器容量为 30 千伏安。整个海兴农场区域 2013 年配电变压器容量是 7730 千伏安，2019 年增加到 22220 千伏安，6 年时间配变容量增长了近两倍。2019 年底，海兴农场高孔线有配电变压器 33 台，容量 9125 千伏安；海兴农场赵明线有配电变压器 83 台，容量 13095 千伏安。

表 9-3-1　2019 年 12 月海兴农场高孔线配电变压器一览表

台区名称	容量（千伏安）	所属线路
五队	50	高孔线 5322
六队 2 号	100	高孔线 5322
四队 3 号柱上变压器	200	高孔线 5322
邓庄子 3 号柱上变压器	200	高孔线 5322
四队柱上变压器	160	高孔线 5322
五队 2 号	100	高孔线 5322
七队 100082	50	高孔线 5322
四队 2 号	200	高孔线 5322
三队 100079	30	高孔线 5322
六队 100081	80	高孔线 5322
沧州渤海水利工程有限公司（七队北）	50	高孔线 5327
沧州渤海水利工程有限公司（七队东）	50	高孔线 5329
沧州渤海水利工程有限公司（七队东）	50	高孔线 5330
河北省国营海兴农场	80	高孔线 5339
海兴县骕达开元畜牧科技开发有限公司	80	高孔线 5341
河北省国营海兴农场	50	高孔线 5346
沧州渤海水利工程（农业开发）	30	高孔线 5347
河北景天生态农业开发有限公司	80	高孔线 5349
河北省国营海兴农场六队北扬水站	160	高孔线 5352
海兴绿生和农牧有限公司	50	高孔线 5356

（续）

台区名称	容量（千伏安）	所属线路
海兴县江山新能源有限公司	250	高孔线 5359
河北省农林科学院棉花研究所	30	高孔线 5363
海兴绿生和农牧有限公司	30	高孔线 5366
中国铁塔股份有限公司沧州市分公司四队移动	20	高孔线 5369
海兴牧原农牧有限公司 2 号	2145	高孔线 5374
海兴牧原农牧有限公司 1 号	4160	高孔线 5375
海兴县雄晖能源有限公司	200	高孔线 5376
海兴县教育局国营农场南点学校	100	高孔线 5377
中国移动通信集团河北有限公司海兴分公司小黄汇聚	50	高孔线 5378
沧州华信畜牧业有限公司	80	高孔线 5379
海兴县冰洁农业科技示范庄园	80	高孔线 5380
海兴县如是农业科技有限公司	50	高孔线 5392
海兴县赵毛陶镇南赵扬水站	80	高孔线 5393

表 9-3-2　2019 年 12 月海兴农场赵明线配电变压器一览表

台区名称	容量	所属线路
一队 100093	200	赵明线 584
三队 2 号	200	赵明线 584
二队 2 号柱上变压器	100	赵明线 584
一队 3 号柱上变压器	200	赵明线 584
一队 4 号柱上变压器	200	赵明线 584
一队 2 号柱上变压器	100	赵明线 584
农垦小区 1 号出线间隔配电变压器	630	赵明线 584
农垦小区 2 号出线间隔配电变压器	630	赵明线 584
农垦小区 3 号出线间隔配电变压器	630	赵明线 584
四队 100103	30	赵明线 584
三队 100100	100	赵明线 584
陈金旺养殖场 2	80	赵明线 585
海兴海农农业开发有限公司	200	赵明线 586
河北省国营海兴农场二队南扬水站	100	赵明线 588
西点机井	50	赵明线 589
中国铁塔股份有限公司沧州市分公司明泊洼基站	30	赵明线 590
盐山丰和生物育种有限公司 4 号	50	赵明线 591
河北华顺房地产开发有限公司海兴分公司	30	赵明线 592
海兴县新海岸农业开发有限公司	50	赵明线 593
奥尔维亚河北禽业有限公司孵化厂	250	赵明线 594
河北省国营海兴农场二队扬水站	50	赵明线 595
海兴县博远农牧有限公司（315 千伏安）	315	赵明线 596

（续）

台区名称	容量	所属线路
奥尔维亚河北禽业有限公司	50	赵明线 597
北京嘉润铭企业管理有限公司	50	赵明线 598
海兴华丰农业有限公司	50	赵明线 599
华信畜牧业	80	赵明线 600
河北省国营海兴农场农垦人家一号	1130	赵明线 603
海兴县博远农牧有限公司	80	赵明线 604
海兴县圣丰农业种植专业合作社	200	赵明线 605
河北省国营海兴农场三队西北扬水站	50	赵明线 607
盐山县兴农种植有限公司	50	赵明线 608
沧州市通达市政工程有限公司	50	赵明线 609
盐山丰和生物育种有限公司	200	赵明线 611
海兴县如是农业科技有限公司	50	赵明线 612
奥尔维亚河北禽业有限公司种鸭厂	160	赵明线 613
河北省国营海兴农场农垦人家二号	500	赵明线 614
河北美耀针织品有限公司	160	赵明线 615
海兴县小山光伏发电有限公司	30	赵明线 618
荒地 3 号	50	赵明线 619
海兴县土地整理中心 1 号	50	赵明线 620
锦辉 1 号	50	赵明线 621
一逸柳树育种有限公司	50	赵明线 622
明开发	50	赵明线 623
沧州市益奥特体育装备有限公司 2 号	80	赵明线 624
河北翔宇体育设施制造有限公司 2 号	80	赵明线 625
海兴农场场部	80	赵明线 626
海兴农场东区 1 号	100	赵明线 627
河北省国营海兴农场（三队东北）	50	赵明线 628
盐山丰和生物育种有限公司	200	赵明线 629
儒商协会五柳庄园	50	赵明线 630
盐山丰和生物育种有限公司 3 号	50	赵明线 631
海兴农场东区 2 号	100	赵明线 632
海兴农场二号扬水站	50	赵明线 633
土地整理	50	赵明线 634
海兴县博远农牧有限公司（80 千伏安）	80	赵明线 635
河北翔宇体育设施制造有限公司 1 号	200	赵明线 636
沧州凯瑞商贸投资有限公司	50	赵明线 637
奥尔维亚河北禽业有限公司种鹅厂	100	赵明线 638

（续）

台区名称	容量	所属线路
张洪杰养殖场	30	赵明线 639
荒地 2	30	赵明线 640
三高公司	80	赵明线 641
沧州渤海水利工程有限公司（七队南）	50	赵明线 642
海兴县博远农牧有限公司（160 千伏安）	160	赵明线 643
海兴县小山光伏发电有限公司	250	赵明线 644
海兴县博远农牧有限公司	250	赵明线 645
沧州锦辉旱碱地绿化有限公司	50	赵明线 646
中澳农牧业有限公司	200	赵明线 647
海兴县宏远建材有限公司	100	赵明线 649
海兴县教育局国营农场学校	200	赵明线 651
河北省海兴县气象局	50	赵明线 652
海兴县如是农业科技有限公司	50	赵明线 653
河北省国营海兴农场采暖	160	赵明线 654
海兴德立养殖专业合作社	50	赵明线 655
河北美耀针织品有限公司	80	赵明线 656
华能海兴风力发电有限公司	200	赵明线 657
奥尔维亚河北禽业有限公司	500	赵明线 659
奥尔维亚河北禽业有限公司	500	赵明线 660
海兴县宏远建材有限公司	250	赵明线 662
海兴县宏远建材有限公司	100	赵明线 663
河北万璞保温材料有限公司	630	赵明线 666
海兴县海农农业开发有限公司	160	赵明线 667

第三节　农村电网改造

一、农村电网改造的过程

20 世纪 90 年代末，海兴全县农村进行了大规模的电网改造。但因海兴农场是国有企业，不能享受农村电网改造政策，整个农场的电网没有得到改造。进入 21 世纪以后，海兴农场供电线路严重老化，导线细，配变设备耗能高，供电故障频繁发生，严重影响生产生活，海兴农场的供电系统成为全县电网的最薄弱环节。

2002—2003 年，海兴农场电网进行了大规模的技术改造。这次改造海兴农场线路、电杆、配电变压器都完成了换新。通过这次改造，农场的配电变压器移到了负荷中心，低压线路供电半径缩短到 500 米以下，电压合格率达到了 95％以上，供电保障率达到了

99.5%以上，低压线损率由改造前的19%降到了10%。2002年3月，海兴农场纳入河北省电网农村电网第二批改造项目，投入资金50万元对场辖8个队、10个居民点进行简易变网改造。2002年10月，海兴电力局向沧州电业局农电处专门打报告，争取追加电网改造资金。从2002年8月8日第一个改造项目开始，到2003年1月16号最后一个项目验收结束，历时5个月，整个海兴农场供电区域投入资金达107.33万元。2003年3月，海兴农场电网改造工程竣工投入使用。

海兴县电力局关于追加农场电网改造和青先站改造资金的报告

海电请字〔2002〕3号

沧州电业局农电处：

在农村一二期农网改造中，因认为农场属企业，未将我县所辖的国营青先农场和海兴农场列入网改计划。另外，青先农场35kV（千伏）输变电工程已严重老化，不能正常供电，已到了非改造不可地步，亟须上级部门追加资金加以改造。

我县有七个乡镇，197个行政村，另外还有两个县属国营农场（青先农场，海兴农场）。这两个农场的电网至今尚未改造。两个农场共有10kV（千伏）输电线路30公里，低压线线路40公里，配电变压器26台，容量2100kVA（千伏安）。两个农场共有19个生产连队（相当于19个行政村）近2000余人。由于尚未行进行电网改造，致使两个场至今不能抄表到户。两个农场的电网现状更是令人担忧。因年久失修，线路老化严重，裸露钢筋的水泥电杆、卡脖子线路随处可见，沿海风雨又多，一遇风雨就造成倒杆断线。严重影响了这两个农场的工农业生产，制约了两个农场的经济发展。

青先变电站始建于1982年，因当时县经济困难，利用的是泊头运行多年替下来的旧设备。设备原本就陈旧落后，又经20年的运行已严重老化。而青先35kV（千伏）变电站，又是供我县经济支柱的盐区用电站。现一部分35kV（千伏）输电线路已泡到盐汪子中，变电站室内外设备锈蚀严重，1号主变超负荷运行。由于原线路无法调整，站内设备不具备并列运行的条件，不改造将严重影响这一区域的用电。另外，青先站尚有供盐区的四条10kV（千伏）线路尚未改造。

据测算，青先35kV（千伏）变电站改为无人值守站，加上线路改造需要资金286万元；两个农场低压改造需要资金200万元，总需资金486万元。请予以追加。

2002年10月12日

二、海兴农场南部供电区域改造

海兴农场南部供电区域就是 1991 年 1 月前的原海兴农场供电区域。

2002 年 8 月 8 日海兴农场实施 10 千伏改造项目，建设高孔 536 线 10 千伏线路长度 4.6 公里，投入资金 15.34 万元；10 千伏农业排灌配电线路 10.12 公里，投入资金 21.59 万元；新增配电变压器 5 台，容量 220 千伏安，投资 3.56 万元。同时在农场的三、四、五、六队实施 0.4 千伏农村低压供电改造项目（表 9-3-3）。

表 9-3-3　海兴农场南部 0.4 千伏新改农村低压改造单项工程一览表

序号	村名	工程内容						工程质量	时间		
		完成投资	台区	JP（配电室）	线路	计量箱	户数				
		万元	个	个	千米	个			开工	竣工	单项验收
1	六队	3.55	1	1	0.71	14	65	优质	2002.12.08	2002.12.10	2002.12.11
2	三队、四队	10.55	4	3	1.96	24	70	优质	2002.12.21	2002.12.20	2002.12.21
3	五队	3.55	2	1	0.45	15	33	优质	2002.12.10	2002.12.11	2002.12.12
	合计	17.65	7	5	3.14	53	168				

三、海兴农场北部供电区域改造

海兴农场北部供电区域就是 1991 年前的原明泊洼农场供电区域。

2002 年 8 月 8 日，海兴农场实施 10 千伏改造项目，建设高明 534 线 10 千伏农业排灌配电线路 15.7 公里，投入资金 32.46 万元；新增配电变压器 1 台，容量 50 千伏安，投资 0.76 万元。

同时在农场的场部、开发区和二、三、四队实施 0.4 千伏农村低压供电改造项目（表 9-3-4）。

表 9-3-4　海兴农场北部 0.4 千伏新改农村低压改造单项工程一览表

序号	村名	工程内容						工程质量	时间		
		完成投资	台区	JP（配电室）	线路	计量箱	户数				
		万元	个	个	千米	个			开工	竣工	单项验收
1	场部	7.19	2	1	1.03	65	102	优质	2002.12.23	2002.12.25	2002.12.26
2	二队	3.43	1	1	0.58	13	39	优质	2002.12.17	2002.12.19	2002.12.20
3	开发	0.6		1				优质	2002.12.28	2002.12.29	2002.12.30
4	三队	2.71	1	1	0.27	16	66	优质	2002.12.18	2002.12.21	2002.12.22
5	四队	2.21	1	1	0.35	10	20	优质	2002.12.14	2002.12.16	2002.12.17
	合计	16.14	5	5	2.23	104	227				

第四节 电网建设

一、"手拉手"供电

2004 年 12 月，海兴城西站（赵毛陶站）建成，随之架设了赵毛陶至明泊洼的 10 千伏输电线路（简称赵—明线）。赵—明线长度 33.6 公里，架设电杆 88 基，导线型号 LGJ-150。城西站的建设和赵明线的架设，让海兴农场北部区域（原明泊洼供电区域）供电得到了有效保障。高湾变电站检修或停电，可以切换到城西站供电；城西变电站检修或停电，可由高湾站供电。这一双回供电的模式，被称为"手拉手"供电。海兴农场北部供电区域是除海兴县城供电区域外唯一实现这一供电的模式的地区。

二、完善电网建设

农网改造以后满足了当时的用电需求，但是电网逐年老化，用电需求却逐年增长，为了保证供电网络的适度超前，电网的建设和改造必须年年进行。2003 年农场农网改造以后，相继完成了如下电力项目。

2010 年，架设了 10 千伏输电线路 4.17 公里。

2011 年，原明泊洼农场三队新增 100 千伏安配电变压器一台，投资 4.5 万元。

2012 年，原明泊洼农场一队新增 100 千伏安配电变压器一台，投资 4.5 万元。原海兴农场五队新增 100 千伏安配电变压器一台，投资 4.5 万元。原海兴农场六队新增 100 千伏安配电变压器一台；新建 10 千伏线路 570 米，投资 9.5 万元。

2015 年，原海兴农场四队新建 10 千伏线路 0.26 公里，新增配电变压器 1 台，总容量 200 千伏安，投资 7.75 万元。原明泊洼二队新增配电变压器 1 台，容量 100 千伏安，投资 8.37 万元。原明泊洼农场三队新建 10 千伏线路 0.2 公里，新上配电变压器 200 千伏安，投资 7.35 万元。原明泊洼农场一队新增配电变压器 1 台，总容量 200 千伏安，投资 9.37 万元。

2016 年，原明泊洼农场一队新建 10 千伏线路 0.35 里，新建配电变压器 1 台，容量 200 千伏安，投资 11.52 万元。农垦人家小区安装容量 630 千伏安箱式变压器 3 台，投资 68 万元。

第五节　用电管理

海兴农场的用电管理形式有农场自管和电力系统统管两种。1972年办电以后，农场和农村社队一样，供用电设施都是自己管理，供电设备投资也是自筹。县供电部门把10千伏输电主线架到场（社）附近，主线到变压器的分支，以及10千伏以下的低压部分建设和维修完全由农场自己筹措。当时的管电组织分别是"海兴县县农场电管站"和"海兴县明泊洼农场电管站"，人员归各自的农场聘用和管理，业务上接受县供电部门指导。1999年12月，根据上级精神，公用电表以上电力财产全部划归电力局。原农场电管站改名为"海兴县电力局县农场供电所"和"海兴县电力局明泊洼农场供电所"，人员由电力局（后改为供电公司）派出或聘用。

1991年，两个农场合并后，因原来两个农场分别由两条10千伏出线供电，为便于核算管理，到2002为止都是由独立电管站（供电所）管理。2004年，供电所合并，两个农场的供电所取消，归为高湾供电所统管。

第四章　邮电通讯

邮政和电子通讯业务在 1998 年前由邮电局统一管理。1998 年 9 月，邮、电实行分营。邮政业务由函件、包裹邮寄发展到特快专递、分销物流等现代业务；电子通信由小范围的电话、电报服务发展到数字化固定电话、移动通信、宽带，并普及全区域。2010 年后，电信事业发展更是高速猛进，中国电信、中国移动和中国联通三家公司竞相建立基站，海兴农场区域内进入了通信信号、网络宽带业务全覆盖的数字化时代。

第一节　邮政业务

一、基本情况

海兴农场地域在古代就有驿路经过。元代在高湾设立驿站。明清两代也设有驿站。1907 年在高湾、赵毛陶设立邮政代办机构。1952 年于高湾设立邮政营业处。1965 年 7 月，海兴县邮电局建设了为海兴农场和明泊洼农场提供邮递服务的线路。环行 99 公里，投递 18 个村。投递工具开始是自行车，后来改为摩托车。极大方便了人们的对外交流。

二、机构

1. **孔庄子农场代办所**。孔庄子农场代办所开办于 1984 年 4 月 4 日，设员 1 人，经办业务有：收寄平常信件和挂号信、收订报刊，负责投递海兴农场和 9 个农村大队的报刊和邮件。半天营业，半天投递。

2. **赵毛陶邮电支局**。赵毛陶邮电支局开办于 1956 年，代管明泊洼农场的邮政业务。1990 年建局设员 4 人，经办业务有：各种函件、包裹、普汇、报刊发行、邮政储蓄、电报、长话、农话，并兑付附近村庄和明泊洼农场的包裹和汇票业务。

1991 年两农场合并后，高湾邮电支局代管原海兴农场的邮政业务，赵毛陶支局代管原明泊洼农场的邮政业务。

第二节　电　　信

海兴农场安装电话始于 1957 年，由农场连接盐山县邮电局。当时采用磁石式电话机，又称手摇电话机。

1965 年 12 月，海兴县邮电局架通了县城至明泊洼、孔庄子木杆的明线电话线路，并设立了电话交换点。20 世纪 70 年代中期，海兴县邮电局在海兴农场和明泊洼农场分别设立了电话交换点，电话通达农场各队和其他部门。

1990 年 6 月 17 日 0 时，海兴农场开通自动程控电话，替代了磁石式电话机。1991 年，海兴农场直拨电话开通。架设电话线路 12 杆/公里，24 线/对公里，12 路载波机一套，安装 112 门自动交换机一台，总投资 30 万元，并连接进入了全国直拨网。随后，固定电话进入家庭，2000 年，海兴农场 50％以上的家庭安装了固定电话。2003 年架设通信线路 7 公里，新增电话 120 部。

1991 年以后，海兴农场有人开始使用手提移动电话设备，俗称"大哥大"。由于使用模拟数字技术，且基站少，信号弱，通讯效果受到影响，有时使用者需要站到高坡或房顶才能接受到清晰的语音信号。1995 年后，移动通信基站增多，信号增强，语音通讯趋于正常。1998 年后，模拟数字技术逐渐被数字通讯技术替代，通信工具变成小型的数字移动电话。2005 年以后，数字通讯与互联网密切融合。2012 年下半年由 2.5G 信号更新为 3G 信号，2014 年由 3G 信号更新为 4G 信号。至 2019 年使用的仍是 4G 移动通信，5G 移动通信正在布局中。现在中国移动、中国联通、中国电信三家公司提供无线移动通信服务。

随着移动通信的发展，固定电话需求大大减少。现在除机关和企业外，只有少量家庭固定电话。

第三节　互　联　网

1997 年，海兴农场区域开始连接互联网。当时海兴农场互联网业务为 163/169 窄带拨号上网。家庭用户均自行购买调制解调器及上网卡上网，属于第一代互联网业务。联通、移动、电信三家互联网业主争相在农场发展业务，现在农场的互联网设施和覆盖率均达到了全县的先进水平。

一、中国联通公司网络

2009 年，海兴网通与海兴联通合并，成立联通公司。其开展的互联网业务包括：

1. **固网**。2011 年，海兴农场全场开通 ADSL 宽带业务。2012 年，宽带传输模式实现了 FTTH（光纤接入）方式，全场覆盖率达到了 100%；2019 年宽带用户达到了 560 户，网速提高到 200 兆。

2. **移动网**。1997 年，移动网通信采用的是 2G/GSM，区域内设立基站 4 个，全场覆盖率 80%，移动用户 670 户。2012 年，发展为 3G 技术。2014 年，实现了 4G 技术，全区域设立基站 5 个，其中宏基站 4 个，拉远站 1 个，覆盖率达到了 100%。移动网用户达到了 800 户。

二、中国电信公司网络

2009 年，海兴县中国电信分公司开始在海兴农场开展业务。

1. **固网**。2015 年，海兴农场开通了电信宽带业务，传输模式为 FTTH（光纤到户）光纤宽带，全场覆盖率达到了 100%，带宽网速由 20 兆提至最高 1000 兆，发展用户 1000 余户。

2. **移动网**。2008 年，移动用户 CDMA（码分多址）网由中国联通划转至中国电信经营，区域内基站 2 个，全场覆盖率达 100%，移动用户 1000 余户。2009 年，开展 3G 业务，2013 年实现了 4G 技术，全区设立基站 2 个，覆盖率达到 100%。移动用户达到了 1500 余户。

三、中国移动公司网络

2007 年，海兴移动通信公司在海兴农场老场部与联通公司合用铁塔和机房，2009 年 7 月 1 日，在海兴农场场部又建一宏基站并投入使用。现在海兴农场辖区建有基站 2 个，主要开展无线互联业务。

第十编

教育　卫生
科技　气象

海兴农场的教育、卫生、科技和气象事业，经历了一个由起步到发展的过程。建场初期教育比较落后，随着社会经济的发展，教育的投入不断加大，办学条件明显改善。2003年投资54万元建立中心小学，2012年建立南区小学和幼儿园，2014年建立北区小学。对卫生事业的投入也不断加大，2008年新建医院，医疗设施不断改善，医疗水平日益提高、医疗保障程度逐步提升。科学技术方面围绕农场工业、现代农业和种养殖业的需要，开展了相关的科学技术研究，取得了相应的成果。

第一章　教　育

从 1948 年 3 月靖远县农场建立，到 1957 年农场在孔庄子一带大规模扩建，这期间农场没有专门的教育机构。1958 年，孔庄子等 11 个行政村划归盐山县农场后，盐山县农场才有了学校。盐山县农场改称海兴农场后，1977 年，有初级中学 1 所、小学 7 所。1984 年海兴农场所属村庄划出后，农场学校只剩 1 所小学。2019 年，海兴农场有小学 2 所。

第一节　教育综述

1948 年 3 月，靖远县农场建立，当时由于职工少，职工子女一般在原籍学校就读，因此没有建立学校。

1958 年，盐山县农场搬迁到孔庄子一带后，农场干部职工子女在孔庄子小学读书。

1959 年，盐山县农场设文教室，农场所辖 11 个农村队（即自然村）全部办起了小学，除两个村的学校原为全日制教学外，其余 9 个村新办班全是"半耕半读"，又被称作"简易小学"。1961 年，所有农村大队民办学校解散，农场公办学校停学。1962 年部分学校复学。1964 年 9 月改简易小学为"耕读小学"。同时，为让妇女走出家庭参加集体生产劳动，各村队办起了"托儿所"。

1964 年，盐山县农场创办了"半农半工中学"，招一个教学班，50 名学生。"半农半工中学"开设有政治、语文、数学、农业技术和珠算等课程。"半农半工中学"后改称"农业中学"，简称"农中"。"农中"实行"农闲多学，农忙少学，大忙不学"的办学模式，教学与劳动的时间全年统筹起来大约各占 50％。于"文化大革命"时期解散。

1965 年，盐山县农场划归海兴县并更名为海兴农场后，原所辖刘武庄子等 3 个农村生产队划归盐山县，农场小学由 11 所减少为 8 所。

1966 年 2 月 25 日，海兴县在明泊洼农场西点成立海兴县半耕半读中等农业机械化学校，任务是培养运用和检修拖拉机、排灌机械的技术人才。

"文化大革命"开始后，耕读小学全部转为民办小学。

1968 年 12 月，海兴农场各单位、农村各学校都陆续进驻工人毛泽东思想宣传队（简称工宣队）、贫下中农毛泽东思想宣传队（简称贫宣队），实行工人阶级、贫下中农管理学校，至 1977 年撤出。

1969 年，海兴农场建立孔庄子中学，招收初中生。

1977 年，海兴农场建立马庄子中学，招收附近村的初中生。

1982 年，马庄子中学撤销。

1984 年，海兴农场的孔庄子、刘佃等 7 个村全部从农场划出，建立孔庄子乡。原农场所属各村小学和原农场所属孔庄子中学也一并划入孔庄子乡，海兴农场职工子女仍到孔庄子乡中学学习。

1985 年 1 月 1 日，海兴农场制定出台《经济体制改革的实施意见》。实行了校长负责制，学校采取经费包干。

1985 年 9 月，为庆祝首个教师节，海兴农场党委召开大会表彰先进教师，号召尊重知识，尊重人才。尊师重教常态化，极大地鼓舞了教师的工作热情。随之海兴农场教师实行岗位目标管理，促进了教育质量的不断提高。

1987 年，海兴农场党委多次组织调研指导教育教学工作，帮助教师解决了工作及生活中的实际问题。当年，海兴农场有学校 5 所，教师 16 人，在校生 164 人，新生入学率 100%，升级率 90% 以上，毕业升学率 75% 以上。

1988 年，海兴农场公开在场内竞聘教师，开始着手筹备建立中学。

1991 年，海兴农场文教室改称文教处。同年，海兴农场与明泊洼农场合并，海兴农场教育扩容。

1992 年，海兴农场设立教育基金会。场党委领导带头为教师捐资，干部职工积极响应。农场投资 12 万元新建校舍 14 间，购置了全套桌椅，成功建起了中学，文教处副处长孙增权兼任校长。

1996 年，建有职工子弟学校 11 所。其中中学 1 所，小学 5 所，幼儿园 5 所，幼儿园均为校中园，有在校生 504 人，其中中学生 90 名，小学生 354 名，幼儿生 60 名。在职教师 46 名，其中中学教师 14 名，小学、幼儿教师 32 名。

2001 年有中学一处，3 个教学班，教职工 11 人。有学生 126 人，其中男生 76 人，女生 50 人。有小学中心校两处，教学点 3 处，17 个教学班（含复式班）。教师 19 人，在校生 194 人，其中男生 90 人，女生 104 人。在 6 月份汛期全县校舍检查中，被县教委定为 D 级危险校舍 80 间。

2002 年，海兴农场为改善教学环境，采取干部职工集资助教自筹和向上争取资金共 54 万元重建第二中心学校，建筑面积 860 平方米。

2011 年，有学校 2 所，教职工 25 人，在校生 174 人。

2012 年 7 月，海兴农场动工建设学校和幼儿园，投资 320 万元。在农场南区兴建学校一处，占地面积 2162 平方米；在北区兴建学校一处、占地面积 8833 平方米；兴建幼儿园一处，占地面积 888 平方米。北区校园为平房大院，建有教室、办公室 4 幢，每幢为 7 室。

2012 年 12 月，海兴农场在小学实施"午餐工程"，为南区小学和中心小学的 221 名小学生提供免费午餐及冬夏两季校服，这在县域内尚属首例。

2014 年，有学校 2 所，教职工 29 人，在校生 188 人。

2016 年，有学校 2 所，教职工 35 人，在校生 184 人。

表 10-1-1 海兴农场 2002—2019 年学校情况统计表

年度	学校数量（个）	在校学生（人）	教师（人）	毕业学生（人）
2002	6	333	53	74
2003	6	224	34	78
2004	6	311	34	71
2005	6	280	36	66
2006	6	219	37	60
2007	2	160	32	20
2008	2	180	32	18
2009	2	186	32	20
2010	2	175	25	25
2011	2	174	25	26
2012	2	179	25	25
2013	2	185	27	23
2014	2	188	29	19
2015	2	189	32	20
2016	2	184	35	25
2017	2	268	36	33
2018	2	265	36	35
2019	2	276	36	34

第二节 学前教育

一、学前教育的发展

1958 年，为充分发挥农场妇女在农业生产中的"半边天"作用，农场在所辖的 11 个农村生产队普遍建立了托儿所，解决青年妇女参加生产与照顾子女的矛盾问题，腾出时间参加劳动。托儿所一般由村里的文化女青年任教师，招收未到学龄的儿童入托。1965年，农场场部创建了托儿所。"文化大革命"时期，托儿所一律改称"育红班"。1990年以后称学前班。2000年以后，学前班改称幼儿园，入园儿童按年龄分为大班、中班和小班。

图 10-1-1　海兴农场幼儿园

二、学前教育的内容

海兴农场早期的托儿所和育红班主要工作是看护好孩子，让家长放心工作，通过学唱儿歌、讲故事、做游戏等活动，给孩子们创造一个健康、快乐、安全的环境，并适当进行识字、算数、美术等教学，开展启蒙教育。

学前教育开始没有教材，1980年使用河北省编的教材资料。1984年后，由使用河北省编教材过渡到使用全国统编教材，课程设有语文、算数、常识、音乐、美术、卫生、体育等，丰富了教学内容。

三、学前教育的管理

1965—1984年，海兴农场学前教育业务管理由农场教育科负责，各农村队的学前教育工作人员都由所在村负责管理，各农场队的学前教育人员由农场教育科负责管理。1984年，海兴农场所属各行政村从农场划出后，农场学前教育全部由农场教育科负责。

四、学前教育师资

1965—1982 年，海兴农场的幼儿教师一般由本村年轻有文化的妇女担任，对学历没有严格要求，一般只记正常工分，其他待遇与所在队的普通社员或职工基本相同。农场队的幼儿教师水平明显高于农村队。1984 年后，海兴农场幼儿园教师管理逐步正规。1995年后，幼儿园教师全部纳入教师队伍。2013 年起，教师素质学历达标率 100％。

五、教学条件

1984 年之前，各农村队的育红班一般利用本村队的空闲房屋，有的附设在小学校内，所用座位由孩子自带。2013 年 6 月，海兴农场兴建的幼儿园竣工使用，占地面积 888 平方米。2019 年，海兴农场实施幼儿园改建项目。

表 10-1-2　2019 年海兴农场幼儿园一览表

幼儿园名称	建园时间	教学班（个）	在园生（人）	园长
明泊洼幼儿园	2014 年 9 月	2	36	杨云凤
四队幼儿园	2013 年 8 月	2	45	黄媛媛

第三节　基础教育

本节所提基础教育是指小学教育和中学教育。

一、小学教育

明清时期，孔庄子等村设有私塾。民国初年有 2 所官立初级小学，一是清光绪三十四年（1908 年）设立的大韩庄小学，一是 1914 年设立的孔家庄小学。1948 年 3 月至1957 年，盐山县农场由于规模小，没有设立小学。1957 年盐山县农场搬迁后，接管了附近的 11 个村，这些村的小学纳入农场管理体系，此时，盐山农场正式开始有了小学教育。

1958—1969 年，小学教育按照国家规定实行六年一贯制，1969 年改为五年一贯制。1980 年 12 月，中共中央、国务院《关于普及小学教育若干问题的决定》重申了"两条腿走路"的办学方针。小学开设语文、算数、珠算、书法、音乐、体育、美工等课程,四至六年级时增设自然、历史、地理课程。

1966 年,"文化大革命"开始,教学秩序被打乱。1971 年后,学校教学有所恢复。"文化大革命"后期,海兴农场小学(含原明泊洼小学)使用河北省编印的教材,直至1978 年从小学一年级开始使用全国统编教材。课程包括:语文、数学、思想品德、自然、历史、地理、音乐、体育、美术等。1977 年后,小学教育得到全面恢复和发展。1979 年,海兴农场兴建中心小学。1983 年 9 月 12 日,海兴农场自筹资金 1.7 万元扩建的国营中心小学投入使用,建筑面积 280 平方米。1984 年,海兴农场所辖的孔庄子等村全部从农场划出,组建孔庄子乡,各村小学也随之划出,农场职工子女教育仍在原就读学校学习。1985 年起,海兴农场小学教育按规定向六年一贯制过渡,1990 年,小学教育全部实行六年一贯制。1988 年,海兴农场兴建农场南校。1991 年,海兴农场有小学 2 所。

2012 年 7 月,海兴农场投资兴建的南区学校竣工使用,占地面积 2162 平方米,建筑面积 711 平方米。同年 11 月,投资 54 万元在畜牧队新建的海兴农场小学竣工使用。

2014 年 9 月,海兴农场投资兴建的北区学校竣工使用,占地面积 8833 平方米,建筑面积 1366 平方米。

2017 年 1 月 24 日,海兴农场小学通过沧州市教育局组织的沧州市中小学标准化学校验收,成为沧州市标准化小学(图 10-1-2)。

图 10-1-2　海兴农场小学

从 20 世纪 60 年代中期到 70 年代初期赵宝义任孔庄子小学校长,1976 年后张立文任校长。2010 年后,孟萍、郝金芬先后任海兴农场中心学校校长,郝金芬、刘国章先后任海兴农场南教学点校长。

二、初级中学教育

1969 年，海兴农场在孔庄子建立中学。海兴县文教部门调派李金龙、张墨林等教师来海兴农场中学任教。张书元等先后任中学校长。

1984 年，海兴县重新调整，将原属海兴农场所辖孔庄子、刘佃等七个村划出组建孔庄子乡，随之农场中学更名为孔庄子乡中学。

1988 年，随着经济不断发展，海兴农场决定再次兴办中学教育。经场党委和场管委会批准，农场文教室发布招聘教师广告：在本场内招聘愿投身本场教育事业的有志青年为教师，要求道德品质好、文化水平高，经文化考核及面试择优录用。海兴农场经严格筛选确定 4 名教师为首批聘用教师，进行重点培养。

1991 年，海兴农场投资 49 万元建设海兴农场中学，解决职工子女求学难、上学远的问题。1992 年，海兴农场中学建成。海兴农场中学狠抓教学管理，订立了教学规章制度，千方百计提高教育教学质量。

海兴农场中学在全县、全市及全国性的学科抽测评估、英语竞赛等活动中连续取得优异成绩。1995 年中考总成绩全县排名第四，1 名教师被评为市级先进个人。1996 年，海兴农场中学取得了理想的教育教学成绩。全县统招考取学生 2 名，委培考取学生 7 名，学校中考总成绩在全县名列前茅。因此，海兴农场决定对中学为农场教育事业做出的贡献给予表彰，对全校 14 名教职员工给予向上浮动一级工资的奖励。

2005 年 9 月 2 日，海兴农场新建中学竣工使用。该工程于 7 月 10 日开始动工，建筑面积 860 平方米。孙增权、孙增武、王长海、丁金楼、高凤珍先后任海兴农场中学校长。

2007 年，海兴县为集中优势办教育，统筹安排学校布点，海兴农场中学撤销，学生大部分转往刘佃中学就读。

此外，原明泊洼农场中学创办于 1970 年。童俊荣、周守珍、连新章、胡文昌、顾桂林、杨秀坤、王金波先后任校长。1991 年并入海兴农场中学。

第四节　中等教育

海兴农场早期建有中等专科学校。

一、盐山县农业大学

1958 年，盐山县委、县人委在大韩庄利用盐山县农场的场区成立盐山县农业大学。1960 年盐山县农业大学解散。

二、明泊洼半耕半读中等农业机械化学校

1966 年 4 月，经海兴县人民委员会批准，由农机科和文教科共同创建半耕半读中等农业机械化学校一所，校址设在明泊洼农场西点。招收初中毕业的 20 岁以下未婚在乡男女知识青年，学制 3 年。学生毕业后实行"社来社往，队来队去"。当年招生 1 个班 50 人，采用中等技术学校教材。1968 年解散。

该校由刁瑞生任校长、安武玉任副校长。教师有陈文德、张青才、曹景斌等。设有语文、数学、政治、物理、农业知识、金属工艺、机械制图、农业动力、农业机械等课程。

表 10-1-3　明泊洼半耕半读中等农业机械化学校 1966 年招生计划

公社名称	保证人数（人）	推荐人数（人）
苏基公社	5	8
赵毛陶公社	6	10
县农场公社	5	8
高湾公社	6	10
郭桥公社	6	10
张会亭公社	5	8
丁村公社	5	9
辛集公社	7	10
朱王公社	2	4
宋王公社	3	5
杨呈公社	3	5
小山公社	2	4
良户公社	2	4
付赵公社	3	5
合计	60	100

第五节 扫盲教育和职业教育

一、扫盲教育

中华人民共和国成立前，今海兴农场所在地区文化教育非常落后。在抗日战争时期，中国共产党就在当地开展了群众性的识字运动，取得了很好的效果。中华人民共和国成立后，人民政府把扫盲作为一项重要的工作，海兴农场原辖的 11 个村开展扫盲识字教育，通过开办夜校、早校、午校等方式扫除青少年文盲，青少年识字率提高，文盲减少。

1978 年，海兴农场各国营农业队和农村队普遍建立夜校，开展扫盲教育，提高群众的文化水平。

1990 年以后，青壮年文盲明显减少。2000 年以后，青壮年文盲基本扫除。

二、职业教育

1964 年，盐山县农场着手创办"半农半工中学"，计划招一个教学班，50 名学生。"半农半读中学"开设有政治、语文、数学、农业技术和珠算等课程。1965 年，海兴农场半农半读中学开始招生，学校简称农业中学。场党委副书记、场长杨之金兼任首任校长，第一批招收学生 45 人，学生学习、劳动时间各占一半。1968 年海兴农场半农半读中学停办。

第六节 成人教育

1956 年起，原海兴农场所辖的孔庄子等 11 个村全部建立夜校，青壮年参加学习。1958 年"大跃进"，海兴农场所辖村皆建民校，"以民教民，能者为师，人人学文化"。青壮年下地劳动带着课本，利用劳动休息时间学习。主要的时间是中午去午校，晚上去夜校学习，以识字扫盲为主。"文化大革命"时文化学习基本停止。

1976—1984 年，海兴农场根据县成人教育委员会部署，仍对所辖村抓文化学习工作。

第七节 教师队伍

本节教师队伍包括教师来源、教师素质及教师待遇。

一、教师来源

1957 年，时值全国大抓文化教育识字扫盲工作，村村办学校，教师由各村有一定文化水平的人充任。

1964 年农中学校的，教师由从外地退职或退休回乡的人员担任。

此阶段明泊洼两处中等专科学校及后来的"孔庄子中学"教师为国家文教管理部门分配而来。

而后至 2018 年，海兴农场的学校教师除个别从外地招聘外，全由自己培养。

二、教师素质

关于海兴农场教师素质，单就文化知识水平整体上讲，1978 年前大部分为拔高使用，没有达到国家规定的从业标准资格。

1978 年，海兴县建立教师进修学校，连续数年对全县各学校教师进行教材教法过关培训，海兴农场抓住机遇，安排教师分期分批参加培训学习。1988 年进行验收考核，海兴农场教师全部过关，取得《教材教法合格证书》。

海兴农场培养了一批爱岗敬业的好老师。孟萍是海兴农场自己培养起来的优秀教师代表。1993 年被聘为海兴农场小学教师，先后担任班主任、海兴农场中心小学校长。她工作认真，好学上进，为海兴农场的基础教育事业做了大量的工作，多次受到上级表彰。

三、教师工资

海兴农场建场之初，教师分为国办和民办两种。各村属集体管理，村办学校的教师中国办教师的月工资从 38.9～41.75 元，民办的则随所在生产队同等劳力记工分分红。1964 年后，民办教师实行"工分加补贴"办法，除了记工分外，国家每人每月还发 4～8 元补贴。1984 年，国办教师经多次上调提升至每月 70 元左右。从 1980 年开始实行班主任津贴，小学每人每月 4～6 元，中学每人每月 5～7 元，公办和民办教师同享。

1984 年后，海兴农场只有单一的国营部分，教师工资执行"月薪日记"办法，教师月工资通常是每人 30 多元。

1987 年，教师调整增加了工资。

1988年，中小学教师工资按政策在原基数基础上再增加10％。

1990年，落实职称工资，教师工资进一步提升。

1993年，人均月工资均达80元。

2018年，教师人均月工资约1800元。

第八节　教研教学

1966年之前，学校（小学）配合全社会"扫文盲"，教师的主要精力用于校内外的识字教学。"文化大革命"时期学校处于停课或半停课状态。1975年后，学校教育秩序逐渐正常化。县文教局组织教学研究室人员采取来农场蹲点、巡回等方式指导教师开展教学研究，农场还有计划地派老师到县教师进修学校学习深造。

2000年以来，学校把教学研究工作摆上重要日程，明确了以教学研究促进教学实践。学校首先制订出样本教学研究规划，各教学研究小组按规划进行教研活动。如开展教研公开课、示范课，提升教师的专业素养。

2010年以来，学校根据本场教学实际确定了自己的教学模式，总结出了"分层教学，因材施教"的教学方法。

教师在教研教学实践活动中注重积累总结，进而形成理论，而后用去粗取精的理论指导教学实践。2004—2019年，教研组撰写的有较高价值的教学论文21篇在市级以上交流发表并获奖。

表10-1-4　海兴农场2014—2018年小学毕业生统计表

年度	学校	毕业生	
		人数（人）	考试平均成绩（分）
2014—2015	海兴农场小学	15	80.5
	海兴农场南区小学	17	81
2015—2016	海兴农场小学	11	81
	海兴农场南区小学	10	76
2016—2017	海兴农场小学	12	82
	海兴农场南区小学	21	86
2017—2018	海兴农场小学	20	82
	海兴农场南区小学	24	89

第九节　改善办学条件

建场之初，海兴农场借用村上民房做学校教室，课堂课桌为土台子、木板子。"文化大革命"后条件逐渐好转，用上了砖木结构的平房教室。

1980年后，人们兴办教育的意识增强，不仅农场党委逐年加大了办学的力度，一些个体经营户还积极集资支持兴办教育。

1991年，农场党委一次性投资12万元，建了14间校舍并购置了配套的桌椅。

2000年后，农场党委投入的资金逐年增加。

2013年，学校搬入了新建的教学楼。

2019年，学校配套设施一应俱全。

表 10-1-5 海兴农场 2014—2018 年教育经费投入统计表

年度	教育经费（万元）	其中		
		工资（万元）	办公费（万元）	校舍改造及其他（万元）
2014	201	38	5	158
2015	48	40	5	3
2016	61	50	8	3
2017	69	55	10	4
2018	168	60	10	98
2019	92	62	10	20

第十节 主要学校简介

一、海兴农场小学

通常叫海兴农场北区小学。学校于1966年建校，位于原明泊洼农场，称明泊洼小学。2014年9月，在各级政府和领导的关心与支持下，学校新校区建成投入使用，总投资158万元，建筑面积1366平方米，占地面积8833平方米。学校改称为海兴农场小学。配备有图书室、微机室、实验室、少科室、音美室、档案室、体育室等现代化教学功能室，建有标准化操场。有图书3100册，微机22台。2019年在校生117人、教学班6个，教职工22人。全体教师学历达标，其中小学高级教师4人，本科学历16人。学校先后被评为"沧州市文明校园""沧州市网上课堂先进单位"。

二、海兴农场南区小学

南区小学始建于1965年，位于县农场四队。后搬迁至海兴农场南区，位于南区四队队部旁。学校于2013年8月新建，投资96万元，建筑面积711.12平方米，占地面积

2162.36 平方米。建有图书室，微机室。有图书 3125 册，电脑 24 台。还配备有现代化教学功能室。

2019 年，在校生 107 人、教学班 6 个，教职工 11 人。教师学历全部达标，其中小学高级教师 1 人，大学本科学历 4 人。

三、海兴农场南区幼儿园

南区幼儿园设在南区小学内，建筑面积 144 平方米，为农村一类幼儿园，配有现代化基础设施如智能电视、电子琴、大型娱乐设施等。设有 2 个班，在园儿童 43 人，教职工 2 人。

四、海兴农场北区幼儿园

北区幼儿园在北区小学院内。幼儿园建筑面积 238.61 平方米，为农村一类幼儿园。设有 2 个班，在园儿童 27 名，教职工 3 人。配有现代化基础设施一体机、电钢琴、室内、室外玩教具、室外大型娱乐设施。

第二章 卫 生

海兴农场医疗卫生事业起步于 1956 年，先后为卫生院、医院。1969 年，海兴农场各农村大队开始试办农村合作医疗，医生称为"赤脚医生"。1985 年农村合作医疗制度废除。2011 年，海兴农场开始实行新型农村合作医疗制度。2019 年有医疗单位 3 个，其中医院 1 个，病床 20 张；从业人员 5 人，其中医生 1 人。

第一节 医疗机构

一、明泊洼新生农场医院

1956 年，河北省在明泊洼建立劳改农场，最初由沧县专署公安处六科筹建。1956 年明泊洼新生农场建成后，内部设立卫生所。1958 年建立医院，医院为全科医院，院长柴海川，副院长崔校坤，另有医护人员 10 多人。医院每周一、三、五对外开放，周边村民可前去看病。

1965 年，明泊洼新生农场改变为国营农场，交由地方管理，明泊洼新生农场医院撤销。

二、海兴农场医院

第一个时期：1956 年 12 月 15 日，盐山县农场建立保健箱，配备了保健医生，对职工的临时病能够给予及时诊治。1958 年，盐山县农场医院成立，担负本场干部职工和农场管理的 11 个农村大队的卫生医疗服务。1968 年，海兴农场建立了卫生院，业务属海兴县卫生局管理。1970 年，改称海兴农场医院。1985 年 1 月 1 日，海兴农场出台经济体制改革政策，规定农场医院采取经费包干的办法。1984 年，海兴农场医院改称孔庄子乡卫生院，孔庄子乡卫生院与海兴农场医院合署经营。1990 年底，孔庄子乡卫生院与海兴农场医院有平房 14 间 210 平方米，医疗设备有无影灯 1 台、手术床 2 台、显微镜 2 台。

第二个时期：1991年，海兴农场与明泊洼农场合并，明泊洼农场医院改称海兴农场医院。2008年6月，海兴农场医院新院区动工兴建。2017年，海兴农场与海兴利民医院合作建立利民医院农场分院。该院坐落在农场北区，建筑面积400平方米，能开展内、外、妇、儿等多科门诊治疗和住院治疗。井树伟、张殿文先后任医院院长。

表 10-2-1　海兴农场医疗机构及卫生人员统计表

年度	医疗单位（个）	医务人员（人）	病床数（张）
1956	1	15	0
1965	2	18	0
1970	2	19	0
1991	3	15	0
2002	2	4	0
2003	2	4	0
2004	2	4	0
2005	2	4	0
2006	2	4	0
2007	2	8	4
2008	2	8	4
2009	2	14	10
2010	3	21	20
2011	3	22	20
2012	3	22	20
2013	3	27	20
2014	3	5	20
2015	3	5	20
2016	3	5	20
2017	3	16	20
2018	3	16	20
2019	3	16	20

三、明泊洼农场医院

1965年，明泊洼新生农场改为国营明泊洼农场后，开始筹备设立卫生院。1966年，明泊洼农场卫生院成立。1970年，明泊洼农场卫生院改称明泊洼农场医院。1991年与海兴农场合并后称海兴农场医院。明泊洼农场医院历任院长有张耀、郭勇、张辉、张梅胜。

表 10-2-2　2019 年海兴农场医疗机构建筑情况统计表

单位名称	自然间数	建筑面积（平方米）	建筑时间
海兴农场卫生院	15	680	2017 年
明泊洼卫生室	8	128	1974 年

四、农村大队医务室

1969 年，海兴农场举办农村合作医疗，各农村队配备赤脚医生。赤脚医生一般由本大队现有医生，本大队没有医生的，就从本村在乡知识青年中选拔培养。海兴县卫生行政主管部门和县属医疗院站对赤脚医生定期培训，赤脚医生的医疗水平进步快，有的新赤脚医生学习 3 个月就能给病人看病。马庄子大队的赤脚医生黄丽华潜心钻研医疗技术，待病人如亲人，受到当地群众的欢迎，她多次受到上级表彰，当选为海兴县第三、第四届人大代表（图 10-2-1）。

图 10-2-1　马庄子大队赤脚医生黄丽华

第二节　疾病治疗与防疫

一、疾病的检查治疗

1960 年 1 月 25 日，天津市妇幼保健医疗队到盐山农牧场开展健康普查，发现农场幼儿多得营养不良症，妇女多患闭经和子宫脱垂病。

1960 年 8 月 3 日，盐山农牧场开展防疫灭病工作。党委副书记白瑞丰带领医务工作者到农业队、村巡回为 6200 人注射了防疫针。

1962 年 12 月 25—27 日，盐山县农场抽调干部职工深入到队、村、户，开展人民生活大检查。经检查发现，全场患浮肿、干瘦、小儿营养不良、妇女闭经、子宫脱垂等五种疾病者达 2298 名。场党委及时采取了发放补助粮、油、肉、枣、消肿粉等一系列措施。

1972 年，海兴农场医院医疗水平提高，能治疗常见病、慢性病，也能做一些小手术。各农村队医务室也能对一般疾病进行检查治疗。

1981 年起，农村生产队实行生产责任制，农村队的医生收入没有保障，农村队的合作医疗逐步消亡。

二、传染病防治

海兴县常见的传染病主要有细菌性痢疾、伤寒、流行性脑脊髓膜炎、百日咳、麻疹、副霍乱、疟疾、小儿麻痹症、流行性感冒等。

1972 年 12 月，海兴农场爆发流行百日咳。海兴县和农场的卫生防疫部门积极防治，未发生一例死亡。

1978 年 9 月 16 日，孔庄子大队出现伤寒病患者 5 例，有关部门进行了及时防治、防控。

1984 年 7 月初至 9 月底，海兴农场发生副霍乱（"02"病）。1985 年 5 月初至 9 月底，海兴农场发生副霍乱。

2003 年春，我国多地发生"非典"疫情，海兴农场严格防疫措施，对过往的车辆、人员严格消毒、排查，有效地控制了疫情发生。

三、地方病防治

海兴农场有地方性甲状腺肿大、地方性氟中毒等地方病。

（一）地方性甲状腺肿大

海兴农场居民中有地方性甲状腺肿大疾病发生。1984 年普查中发现多例。2010 年后地方性甲状腺肿大和甲状腺结节患者增多。

（二） 地方性氟中毒

1971 年，海兴农场打成 2 眼机井，居民开始饮用机井水，但随后发现机井水含氟量高，导致氟中毒发生。

1984 年春，海兴县把海兴农场小黄村的机井水降氟列为重点工作。

1990 年 3 月，河北省地方病研究所所长陈一新带专家组来农场进行实地考察。经排查，全场成年氟骨症患者达 35.2％；5％的重度氟骨症患者已丧失劳动能力；8～15 岁儿童氟斑牙 100％，海兴农场被定为饮水型氟中毒的重病区。

2006 年，河北省地方病防治所和县卫生防疫部门的联合调查结果表明：当地出生的 8～15 岁学生氟斑牙患病率 100％，氟骨症患者占 35.2％；1980—2006 年氟骨症骨折患者 68 例，当地人群尿氟均值为 5.1 毫克/升，确定农场为饮水型氟中毒重病区。

四、职业病防治

2017 年 4 月，海兴农场落实海兴县 2017 年职业卫生工作各项要求，按照国家最新《职业病危害分类目录》，开展职业病危害防治评估工作。

第三节　医疗管理与培训

海兴农场历史上的医疗机构由所在县和上级医疗行政管理机关管理。

1976—1977 年，海兴农场派出医生参加海兴县卫生局组织的医务培训班 21 期。

1977 年，国家对中医药处方用药的计量单位由两、钱改为克、毫克和升、毫升。

改革开放以后，海兴农场医院能够做一些小型手术。

2011 年 6 月 21 日，农场开始实行新型农村合作医疗。新型农村合作医疗基金实行农民个人缴费，集体扶植和政府资助相结合。

第四节　医疗水平

明泊洼新生医院的正副院长由国家选调，医术精湛。其他医生大多是改造好的劳改犯。这些经过改造的医生原来是大医院的医生，医疗技术水平很高。当时，明泊洼新生医院的整体医疗水平远超盐山县医院，外科可做剖宫产及多种病理手术。当时实力最强、名气更大的是眼科，眼科医生赵全升擅长做白内障、青光眼等眼科手术，附近居民多受益。

1977 年，海兴农场按照国家计划生育政策，采取常效节育措施。农场医院配合县医院实施节育、绝育工作。

改革开放初期，海兴农场医疗机构已能让职工及其家属"小病不出场"即可诊治痊愈。2011 年后，借助于现代的医疗设备，海兴农场的医疗水平逐渐提高。海兴农场医院院长张殿文是内科主治医师，从医 50 余年，对基层常见病、多发病有丰富的临床经验，并擅长心脑血管病的诊治，在当地有较高的声誉。

表 10-2-3　2019 年海兴农场医院主要医疗器械统计表

器械名称	单位	数量
洗胃机	台	1
血凝仪	台	1
负压吸引器	台	2
血细胞分析仪	台	1
电子显微镜	台	1
尿液分析仪	台	1
手术床	台	1
电动吸引器	台	1
微量元素分析仪	台	1
手术电频	台	1
DR 拍片	台	1
DR 高压发射器	台	1
DR 出片机	台	1
彩超	台	1
彩超打印机	台	1
全自动生化分析仪	台	1
生化分析仪	台	1
离心机	台	1
心电图机	台	2

2017 年，海兴农场医院（海兴利民医院农场分院）成立后，医疗技术和设备提高，能开展多项检查和治疗。海兴利民医院定期派出骨干医务人员到农场医院坐诊治疗，方便了农场居民和附近村的群众就医治疗（图 10-2-2）。

图 10-2-2 　海兴农场医院医生在诊断病情

第三章 科 技

第一节 科研机构

1951年，盐山县农场设立了经营繁殖和技术推广股。1959年12月设农业技术股。

1982年，海兴农场建农科站，负责农场科技项目管理、新品种引进和技术推广、技术人员培训等。1983年5月，海兴农场召开科普协会第一届代表大会。国营队、农村大队的"土专家""洋秀才"及基层干部、科技人员46人与会，选举产生了海兴农场第一届科普协会委员23人，通过了科普协会章程、组织通则，明确科普协会的性质、任务、地位和作用。

1985年1月，农场成立农业生产技术服务公司。

2013年1月，海兴农场成立河北省农科院海兴农场农业技术服务中心。

第二节 科技队伍

海兴农场科研队伍经历了从无到有，从小到大的发展过程。农场扩建之初，尚未形成科技队伍，工农业生产技术推广和应用，多以"土专家"为主。随着工农业生产的发展和高新技术的推广应用，通过引进人才、外地调入、自行培养等多渠道，海兴农场逐步形成了一支专业、学历、职称等结构合理、具有一定水平和规模的科技队伍。

1988年，海兴农场采取引进、招聘的举措，引进技术人才8名，其中高级工程师3名，到20世纪90年代引进各类人才183人。

1989年，根据河北省冀职改字〔1986〕2号文件《河北省实行专业技术职称任制试行办法》，1989年4月，经上级有关部门评审有47人获得中、初级技术职称，其中农业系统8人，经济系统3人，财会系统16人、卫生系统7人、文教系统13人。韩丑清为农经师，吕文华为会计师、冯金楼为农艺师、郭玉润为主治医师。专业技术人员达77人。

1991年10月，海兴县劳动人事局通知，有4人获得弹簧制造工技师职称、7人获农机修理工技师职称、3人获农艺工技师职称。2019年，全场有专业技术人员91人，其中有农艺师3人、畜牧师2人、会计师3人、高级教师2人、副主任医师4人。

第三节　科技培训

随着科学技术的发展，特别是现代化农业建设对科技人才提出了更高的要求，为培养懂技术、善经营、会管理的新型科技人才和实用人才，海兴农场积极开展了各种形式的科技培训工作。

1983年3月，举办了第一期农业技术培训班，邀请海兴县农业局农艺师讲授棉花栽培、优良品种培育等农业技术。1984年，印发植棉知识小册子160份到各农业队。其后，相继开办了种植、养殖技术、经济管理等培训班。到20世纪90年代，共计有765人接受了科技培训。

进入21世纪，海兴农场紧紧围绕现代农业发展，采取"走出去、请进来"的办法，不断加大对科技人才的培养。2006年4月，北京绿能经济植物研究所副所长、研究员黎爵先生在市农业局负责同志的陪同下，来农场培训传授农业新品种"M-81E"甜高粱栽培种植技术。2008年1月，聘请河北工程大学孙金德教授来场讲授棉花高产栽培技术及病虫害防治措施。2007年3月，邀请海兴县农业局农业技术人员到田间地头，为农场职工现场讲解小麦春季管理知识。

2013年3月，举办高效植棉技术培训会，邀请河北省农科院棉花所专家授课，培训技术内容涉及棉花简化高效栽培集成技术、育苗移栽技术、关键生育期调控技术等，参训人员达500人。10月，举办阳光工程技能培训。邀请省农垦局科教处处长杨延昌进行农业技能培训，参训人员100人次。

2015年4月，举办苗木基地培训研讨会，邀请林业专家讲授苗木繁殖的先进技术，有80人参加了培训。

2019年，海兴县科学技术学会协助海兴农场开展科技培训5次，参训人员600余人次。

第四节　科学研究与科技成果

一、科学研究

1953年，盐山县农场研究发明的播种分流器，受到河北省农村厅的表扬。1972年，海兴农场机务队革委会主任郭畔池在一无图纸、二无资料的情况下，仅凭生产焊条的几道主要工序，反复研究，草拟了钢丝取直、切断、送丝涂粉等三种机器装备方案，利用废料，奋战两个月，成功研制一台性能良好的生产电焊条的动力设备，使电焊条由日产100千克提高到日产3000千克。《沧州日报》对此进行了报道。1991年，运用农业科学技术嫁接改良经济价值较高的冬枣树6万株，发展枣粮间作1万亩。

2009年，2万亩的棉区科技含量高的优良种子大面积试验及利用甜高粱秸秆加工生产乙醇均喜获成功。

2012年，河北省农林科学院棉花研究所在海兴农场设立海兴棉花试验示范站，以示范棉花所高产优质棉花品种和开展技术培训为主，科研人员开展土壤水盐运移规律研究。

2013年10月11日，河北省农林科学院王慧军、河北省农业厅张文军到农场参观棉花产业创新团队示范基地（图10-3-1）。

图10-3-1　2013年10月11日，河北省农林科学院王慧军（左六）、河北省农业厅张文军（左七）到农场参观棉花产业创新团队示范基地

2016年，海兴农场被科技部认定为"第一批国家级星创天地"，与河北省林业科学研究院合作实施"优质景观生态榆树新品种繁育及栽培技术推广"项目，投资100万元，完成种植30亩；与河北省农业科学研究院合作实施"耐盐辣木新品种引进与示范"项目，投资150万元，完成种植500亩。为进一步调整优化农场农业结构、推广种植优质农产品奠定了基础。10月，第一届国际林木遗传资源培训现场大会在海兴农场召开，来自全球20多个国家的林业专家、科研院所和林业企业代表共计百余人参会（图10-3-2）。参观海兴农场柳树种质资源库，共同交流林木遗传资源的保护经验。

图 10-3-2　国际林木遗传资源培训班学员在海兴农场参观考察

2017年，海兴农场梨树种植基地出产的优质梨被北京五洲恒通认证有限公司认证为有机食品，并颁发《有机转化认证证书》。

二、科研成果

表 10-3-1　2012—2019 年海兴农场科研成果一览表

序号	成果名称	完成单位或主要负责人	获奖情况	获奖时间
1	9901柳、盐柳1号	沧州市一逸柳树育种有限公司	首届黄河三角苗木博览会上评为展品金奖	2012
2	渤海柳	沧州市一逸柳树育种有限公司	在黄河三角苗木博览会上荣获"苗木类展品"金奖	2015
3	渤海柳2号	沧州市一逸柳树育种有限公司	在《中国花卉报》社主办的耐盐碱苗木擂台赛上获得金奖	2019
4	雨养滨海盐碱农田调水控盐增产技术研究与应用	河北省农林科学院棉花研究所海兴棉花试验示范站	被河北省农林科学院评为科技进步类二等奖	

注：第4项获奖时间数据缺失。

第四章 气 象

第一节 机 构

1956年，盐山县在明泊洼劳改农场建立气象站。1957年1月1日，明泊洼气象站开始对地温、气温、湿度、气压、风向等进行观测记录，积累资料。1958年，明泊洼气象站开展天气预报工作。后来该站大部分搬迁到盐山县城附近，成为盐山县气象站，仍有一部分在农村开展气象工作直到1965年3月。由于工作成绩显著，该站曾被中央气象局评为全国红旗站。2013年11月1日，海兴气象局再一次在海兴农场筹建气象观测站，2014年4月1日气象站开始工作。由于海兴县城市建设的需要，海兴气象局气象观测场地需要外迁。2017年，县气象局在海兴农场场部东征地12亩，重建海兴国家气象观测站。3月23日，开工平整土地、修建道路。4月1日，安装测试设备，开始试观测。新建立的气象观测站采取的是局站分离的现代化管理模式，属无人值守站。

图10-4-1 1962年气象站工作人员合影

第二节 气象观测

1957年，明泊洼气象站开始对地温、气温、湿度、气压、风向等进行观测。

2013 年，海兴农场气象观测站建立后，主要观测要素为降水、气温、风向、风速四个项目。

2017 年，海兴县国家气象观测站迁移到海兴农场后，观测要素包括能见度、气温、气压、湿度、风向、风速、降水、日照、地表温度、冻土、天气现象等多个项目。

图 10-4-2　1962 年气象站工作人员在百叶箱前

第三节　天气预报

明泊洼农场气象站主要担负长期预报（年展望、月预报、春播、三夏、三秋季节预报）、中预报（旬预报）、短期预报（48 小时和 24 小时预报）。

图 10-4-3　1962 年气象站工作人员在检测气象设备

第十一编

文化　体育

海兴农场所在地区，历史上文化和体育活动丰富多彩，民间戏剧、歌曲、武术、杂技、曲艺等种类繁多，每年都有各种表演竞技活动。海兴农场的文化体育事业不断发展，丰富了居民的业余文化生活，陶冶了情操，弘扬了正气，提高了文化品位。

第一章 文　化

1900 年，孔庄子和大黄村先后成立子弟戏班，自娱自乐。农场搬迁来后，文化活动项目逐渐丰富。海兴农场建立后初期，场文教室负责管理文化工作，包括文化宣传、组织，文化教育和发掘等。

第一节　文化生活

海兴农场的文化生活从无到有，从简单到丰富经历了一个快速发展的过程。文化生活有戏剧演出、图书阅读、电影广播电视、文艺创作、文物保护等。

一、图书

海兴农场建立初期，场部建图书室购置书籍供人阅读。1977 年后，种类进一步丰富，购进外文读物、科技类图书。2018 年，场部图书室书籍达两千余册。

学校设立图书室、图书角，为学生们提供阅读服务。幼儿园的图书以卡通图书为主，小学以启迪教化的国学故事与文化科学知识书籍为主。

二、电影

电影在 20 世纪 50 年代在农场已经出现。最初是黑白电影，20 世纪 70 年代初出现彩色电影，由县电影队负责电影放映。1972 年后，海兴农场放映电影的片次渐多。1980 年开始出现电视。2000 年以后，电影放映场更少，国家实行电影下乡政策，免费到农村为居民放映电影，但观众人数不多，有的场次只有十几个观众。

三、广播、电视、网络

1974 年，海兴农场建立广播放大站，时有 250 瓦扩放机和 601 型录音机，以此转播广播电视局的节目和场内自办节目，为有线广播。时场内各居住区架设录音喇叭，并安装小喇叭供人收听广播节目。广播节目一天早、中、晚三次播出，内容主要是时事政治新闻，场内工作布置，典型经验、模范人物事迹介绍，也播出歌曲和样板戏。

1980年后，随着收音机的普及与电视机的增加，有线广播被取代。

2012年，海兴农场在互联网开通宣传网络，宣传招商引资，搭建平台，加强对外合作。

2018年，智能手机把人们带入了网络信息时代，智能手机不再只是年轻人专享，老年人也在用。人们通过手机可以读文字、听广播、看视频，还可以实现远程互动。

四、秧歌、敲鼓、街头舞

秧歌在海兴农场职工群众中深受欢迎。农场搬迁到现址后，每逢春节等节日，职工群众就会扭秧歌，有时邀请附近村的秧歌队前来表演。2010年后，扭秧歌成为居民重要的文娱节目和健身活动，每天晚上都有活动，有时几个村队举行秧歌比赛。另有居民每天晚上敲锣打鼓，有时几个村队的居民比赛敲鼓（图11-1-1）。居民们还每天开展街头舞活动。海兴县有关部门每年举办民间秧歌比赛、敲鼓比赛、街头舞比赛。这些民间文艺活动丰富了群众文化生活。

图11-1-1 海兴农场居民举行锣鼓比赛（张春光 摄）

五、文物古迹保护

1983 年 8 月 20 日，海兴县政府公布位于海兴农场孔庄子村西的高庄遗址为县重点文物保护单位。

第二节　戏　　剧

河北梆子、京剧等戏剧在海兴农场一带历史悠久，有深厚的社会基础。1900 年，孔庄子和大黄庄子两个村就有戏剧子弟班子，演出河北梆子、京剧、哈哈腔等剧种。海兴农场，包括并入的明泊洼农场，都曾组织过剧团和戏校，丰富了人民群众的业余文化生活。

一、盐山县农场剧团

1958 年，为丰富职工群众的业余文化生活，盐山县农场成立河北梆子剧团，有职工 26 名。演出节目一部分是传统剧目，一部分是反映中国共产党领导开展革命斗争和社会主义建设的新剧目。剧团演员演出认真，不仅在本场演出，还到县城、县内各社队和企业、县外和省外演出，深受观众欢迎。1961 年，受"三年困难时期"的影响，剧团解散。

二、明泊洼新生农场剧团

1957 年，明泊洼新生农场建立京剧团。剧团演职人员主要是改造好的服刑人员，全部为男性，曹义明为主演，演出主要剧目有《望江亭》《三不愿意》《白蛇传》《盗御马》等，艺术水平很高。明泊洼新生农场剧团只在本场内演出，不对外出台。1965 年，明泊洼新生农场原有人员搬迁，农场体制改变，剧团解散。

三、明泊洼农场剧团

1972 年 12 月，明泊洼农场成立剧团，该团在海兴县内多次演出现代京剧《沙家浜》等现代剧目，受到观众好评。1977 年剧团解散。

四、明泊洼农场戏校

1982年春，李之海、蒋树恩和张凤亭三人发起成立了明泊洼农场戏校，所教剧种为河北梆子和京剧，培养戏曲人才，组织营业演出。李之海为负责人，蒋树恩教授武生功夫，负责排练，张凤亭负责露台布景制作灯光及后勤工作，另聘步云洲、张玉琴、崔希岭与柴文义为教师，张景春为司鼓，学员30余人。戏校借农场的电机厂房做练功房，男学员住养鸡场，女学员借宿农场职工宿舍。戏校伙房每天的主食是粗粮面蒸制的"小火轮"，就食咸菜。学员练功激情很高，戏语上得快，下半年就出台演戏了。第一个台口是今黄骅市的齐家务，上演了《白水滩》《樊江关》《凤还巢》《巧点鸳鸯谱》《赤桑镇》《春秋配》《玉堂春》等剧目，主要演员有张荣华、吴宝龙、王秀云、李玉梅、刘晓华、林国华、苏宝芝等。

首演告捷，剧团名利双收，明泊洼京戏校随之改成明泊洼京剧团，接着上了第二个台口本县的崔郭庄，第三个台口本县的北赵毛陶村。在北赵毛陶村演出时，得到了该村馈赠的两口大戏箱。

为了更贴近当地戏迷观众的喜好，剧团在休整期将京剧改为演河北梆子。剧团的名称随之改称河北梆子剧团。

五、海兴河北梆子剧团

1983年4月，明泊洼艺校定名为海兴河北梆子剧团，行政上隶属明泊洼农场领导，业务上接受县文教局指导。剧团由50人组成，是海兴县历史上第一个戏剧专业剧团。很快剧

图 11-1-2　海兴河北梆子剧团合影

团受邀到盐山县圣佛公社演出。在圣佛公社，剧团演出了河北梆子传统剧目《大登殿》《喜荣归》《辕门斩子》《嫦娥奔月》等，大受欢迎，获得成功。同年，剧团又排演了《拾玉镯》《陈三两》《打焦赞》等剧目，并代表海兴县参加了河北省戏剧会演，荣获"新苗奖"。

1984年，剧团升格为海兴县河北梆子剧团，划归海兴县文教局管理，由明泊洼农场迁入海兴县新华礼堂。

1986年排演的《陈三两》等参加河北省会演，荣获"新苗奖"，并由河北省电视台录像播放。之后，剧团为沧州河北梆子剧团、山东省滨州京剧团、沧州京剧团、大厂评剧团，衡水京剧团等陆续送出了孙爱宁、苏宝艺、刘丽、王双成、张桂荣、唐桂华、荣俊玲、张殿兴等多名演员。

1990年初，剧团因经济亏损停止演出，剧团解散。

第三节　联欢文艺演出

1957年，盐山县农场扩建时期，经常组织文艺工作者为职工开展文艺联欢活动，演出歌舞戏曲等文艺节目，活跃群众文化生活。

1958年后，农场经常在重大节日举行音乐演唱会。每年的元旦、妇女节、劳动节、建军节、国庆节、春节等节日都组织文艺演出活动，有时农场邀请专业文艺团队演出，有时上级派出团队演出，大多是由本场干部职工群众业余演出。本场干部职工群众演出有男女声独唱、合唱、齐唱、对唱等不同歌唱表演节目，有相声、小品、数来宝、三句半、京剧、河北梆子、评剧、豫剧、吕剧、西河大鼓、哈哈腔等。共青团员和中小学校学生也参加演出。

图 11-1-3　2008 年海兴农场元旦联欢会

图 11-1-4　2010 年底海兴农场举办新年联欢会

2019 年 9 月 7 日，为庆祝中华人民共和国成立 70 周年，海兴农场举办了"奋进新时代，筑梦新征程"为主题的文艺晚会。

图 11-1-5　"奋进新时代　筑梦新征程"文艺晚会

主题演唱会是海兴农场主要利用的一种文化形式。

1993 年 12 月 26 日毛泽东 100 周年诞辰纪念日，海兴农场党委组织了主题演唱会。

图 11-1-6　唱响新时代——海兴农场践行十九大精神演唱会

2018 年 5 月 6 日，经海兴农场党委研究，由杜月华组织策划举办了"唱响新时代——海兴农场践行十九大精神演唱会"，演出节目有声乐、诗朗诵、戏曲等。海兴县委、县人大、县政府、县政协领导和农场全体干部职工群众观看了演出。2019 年底，海兴农场举办新年联欢会，迎接 2020 年的到来。

第四节 书法美术

海兴农场跨入新时期以来涌现出一批书法美术爱好者，他们的许多作品走出农场，亮相于本市、本省乃至国家级展厅，为海兴农场赢得了荣誉。

一、书法

海兴农场的书法艺术由来已久，从过去的写春联，到写标语，写广告，成为一种供人欣赏的艺术作品形式。书法已列入农场学校的教学内容。每年春节前，由宣传科文化站杜月华策划组织邀请本县及其他县（市）书法家来海兴农场深入各区为农场居民书写春联和"福"字（图 11-1-7）。

2018 年 4 月 6 日，经海兴农场党委研究，由宣传科文化站杜月华组织策划举办了"践行十九大精神书画笔会"活动，以书画形式宣传十九大精神，来自黄骅、盐山、海兴的 7 位书画家参加了笔会。

海兴农场无论是早期的农村，还是后来加入多类知识分子，多有精干书道的佼佼者。目前，书法已作为教学内容写上了农场学校的课程表。

图 11-1-7 海兴农场组织书法家为居民送"福"字

海兴农场有一批书法家和书法爱好者。海兴农场书法代表人物是杜月华，现为河北省书法家协会会员、沧州市书法家协会理事，曾任海兴县政协第五、第六、第七、第八届委员（海兴县政协第六、第七届常委），沧州市政协第八、第九届委员。师从著名书法家张之、张建会、张继等。2008 年，其刻字作品《川流不息》（图 11-1-9）入展第七届全国刻字艺术展。2009 年，其隶书作品入展庆祝人民政协成立 60 周年书法精品展。2012 年，其作品应邀参展四省十地市政协委员精品书画作品巡回展，入展中华龙文化全国书法大展。2013 年，其书法作品入展河北省第二届隶书展。2014 年，其书法作品被沧州市博物馆陈列并永久收藏。2015 年，其书法作品在河北省第三届隶书展中获奖。2004 年，杜月华成功倡导、策划、组织举办了山东、河北两省书画界颇具影响的"第二届冀鲁八县市书画联展"。2019 年，其书法作品代表沧州市参加了援疆交流书法展。书法作品及传略被《书法报》《青少年书法报》《河北乡音》等多部专业报刊刊登。

图 11-1-8　海兴农场组织举办"践行十九大精神书画笔会"活动　　图 11-1-9　杜月华刻字作品《川流不息》

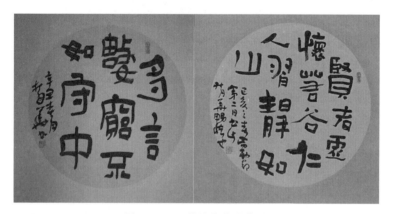

图 11-1-10　杜月华书法作品

二、绘画

绘画是彩色的视觉艺术表现形式。海兴农场学校依照国家的教学大纲规定，设有美术绘画课，幼儿园教师教授绘画的基础课简笔画，小学适应使用国家通编美术教材。海兴农场有多名美术专科学校培养出来绘画人才，也有一批绘画艺术的群众爱好者。海兴农场职工李新港擅绘爱画，情至于深。他笔下的雄鸡神采飞扬，气度非凡，展现出新时代农场人高昂激情的精神风貌（图 11-1-11）。除绘画外，他还与刘金城合作绘制了《海兴农场地图》。

图 11-1-11　李新港的美术作品

三、篆刻

海兴农场有一些篆刻艺术爱好者。海兴农场吴金明，沧州市书法家协会会员，自幼酷爱书画篆刻艺术（图 11-1-12）。2010 年开始研究篆刻，研究学习吴昌硕、吴让之等名家的作品，酷爱齐白石的风格。2015 年参加沧州书法家协会主办的书法篆刻展览，荣获优秀奖。

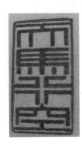

图 11-1-12　吴金明的篆刻作品

四、摄影

海兴农场有一批摄影爱好者，他们的作品有的见报，有的获奖。2013 年，海兴农场秦晓寒的摄影作品《淤海狂龙》（图 11-1-13）在沧州市科协举办的科技之光摄影大赛上荣获三等奖。

图 11-1-13　秦晓寒的摄影作品《淤海狂龙》

五、剪纸

海兴农场有一批民间工艺美术爱好者，曹宗静就是其中的一位，她的剪纸刀功娴熟，惟妙惟肖！2012 年在沧州市民间工艺美术家展演中获优秀奖！

图 11-1-14　曹宗静剪纸

第二章　体　育

海兴农场现境历史上，体育仅属民间的活动，如孩童们的"顶拐""摔跤"，还有类似于游戏的"黄鼬拉鸡""捉迷藏"等。成年人间的体育活动，通常是在田间劳作休息时，有时随手捡拾土坷垃或折取柴草棍就地画格"斗棋"，有时掰腕子，有时摔跤，有时还拿起劳动工具耍一耍。农场的学校从小学生开始抓体育教育，根据国家教育大纲规定开展体育教学，从增强学生体质着手，培养学生的体育素质，同时注意体育人才的培养。

第一节　体育设施

2000年之前，海兴农场多在学校置设体育设施。进入21世纪后，农场在公共场所也添置了体育设施。

一、学校体育设施

（一）幼儿园

20世纪60年代，海兴农场及明泊洼的幼儿园仅能满足看孩子的要求，活动场地少，玩具少，教育内容少。20世纪90年代后，幼儿园活动场地增多，开始配置简易滑梯、幼儿压板和少量玩具。至2018年，各幼儿园设置全新的可进行多种活动方式的幼儿娱乐活动室。

（二）小学

建有简易体育场，供学生上体育课活动。2018年，建有高标准的2000平方米操场，配有篮球架、单杠、双杠等体育设施。

（三）中学

海兴农场中学包括明泊洼初时中学，半耕半读中等农业机械化，农业机械化学校，均建有露天的乒乓球台、篮球场等体育设施。

二、公共场所体育设施

2010年后，海兴农场分别在"农垦人家"小区及其他居民区先后建有露天的体育设施供居民休闲健身。安装健身器材种类见表11-2-1：

表 11-2-1　健身器材安装种类表

器材名称	器材名称
腿部按摩器	单杠
太极揉推器	双人坐蹬器
腰背按摩器	双人浪板
三位转腰器	儿童压板
健骑机	象棋桌

第二节　学校体育

海兴农场学校体育课列为学生的必修课程，按照国家有关规定安排教学和实践活动。

1956年，实行《准备劳动与卫国体育制度》《中小学体育教学大纲（试行草案）》，体育正式成为学校教育的重要组成部分。

"文化大革命"开始后，学校体育课增设了军训内容。1971年，根据《中小学体育工作暂行规定（草案）》重新规范了体育课教学内容。

2014年、2015年，海兴农场组织参加全县中小学体育运动会，双获"道德风尚奖"。

2018年，海兴农场学校体育课程教学内容主要教授列队、体操、走（跑）步、跳绳等。同年，参加全县中小学体育运动会，代依凡同学荣获小学女子跳远第六名，集体荣获"道德风尚奖"。

第三节　群众体育

海兴农场的群众体育工作由工会负责。

一、职工体育

海兴农场职工因其工作性质以及多时期大环境的影响制约，职工体育活动表现出相对分散和项目的多选性。

（一）象棋

海兴农场的职工体育活动中象棋是最受欢迎的，也有一批象棋爱好者。李晓东热衷象棋，不仅经常认真学习研究，还自己出资举办海兴农场象棋锦标赛、海兴绿源公司"迎七一"象棋精英赛；首届"惠河北岸农庄杯"少儿棋王赛等赛事，以引导和带动本场象棋爱好者共同提高棋艺。2009—2019 年，李晓东带领海兴农场象棋手团队每年都参加海兴县总工会组织举办的全县象棋比赛，并且每年都获得团体和个人的良好成绩（表 11-2-2）。他还代表海兴农场、代表海兴县参加河北省、沧州市的象棋比赛，也取得很好成绩。

表 11-2-2　李晓东及其团队 2009—2019 年在全县象棋赛中成绩统计表

年　份	个人名次	团体名次
2009	1	1
2010	3	1
2011	5	2
2012	2	1
2013	5	2
2014	3	2
2015	3	2
2016	6	1
2017	3	1
2018	3	2
2019	6	2

（二）篮球

海兴农场从搬迁到孔庄子一带后，篮球活动就深受干部职工群众的欢迎，学校体育课也有篮球。农场职工参加县里举办的篮球比赛（图 11-2-1）。2016 年 8 月 1 日，海兴农场

图 11-2-1　篮球邀请赛

第一届篮球邀请赛举行，全县 10 支代表队参加。2018 年 12 月 30 日，海兴农场格润农庄举办黄骅海兴篮球友谊赛（图 11-2-2）。

图 11-2-2　篮球友谊赛

（三）台球

台球在海兴农场出现于 1990 年前后，出现得晚，但风靡一时。有的居民点有台球桌，有的附近村有台球桌，县城和集市也都摆有台球桌，打台球成为一股风潮。2000 年以后，台球市场萎缩，除海兴县城还有几家外，其他地方已很少见，海兴农场内基本消失。

（四）健步走

随着居民生活水平的提高，对锻炼健身的要求越来越强烈，居民们自发组织健步走等活动，每天早晚三五人或八九人结伴而行，开展健步走，锻炼身体，形成亮丽风景。2018 年 9 月 29 日，海兴农场 6 名职工参加海兴县总工会组织的全县健步走活动。

二、老年体育

海兴农场的老年体育，将之称为"老年休养活动"似乎更妥。数十年中，老人们所从事的体育活动，主要是在不"体能透支"前提下而择项为之，达到悦心健体的目的。

（一）棋类

1970 年前后，老人们喜欢下陆战军旗；1980 年以后，老人们愿打康乐棋。"车马炮兵将象士，尽演世间万态事。孤相残士忠义心，老卒上有将军志。"近些年，在棋类运动中，象棋成为老年活动的首选。

（二）公园健身

海兴农场居民小区及其他公共场所安装的健身器材为老年人进行体育活动提供了方便。健身器材名目繁多，适合锻炼人体的多个部位，可同时供多人活动健身。

中国农垦农场志

第十二编

人民团体
国防教育

中国农垦农场志

第一章　人民团体

海兴农场历史上有工会、共产主义青年团、妇女联合会、贫下中农协会、残疾人联合会等群众组织。

第一节　工　会

一、工会组织

海兴农场工会是随着农场的不断发展而逐渐建立和规范起来的。初期由社员代表会议行使工会职能。1959 年 12 月，建立了工会组织，由韩荣台兼任工会主席。1966 年 1 月，启用海兴农场教育工会委员会印章。1979 年 9 月，启用国营海兴农场教育工会委员会、国营海兴农场供销社工会委员会、国营海兴农场工会工作委员会印章。

1985 年成立了海兴农场工会委员会，采取与民政联合办公的形式。海兴农场工会隶属海兴县总工会领导，当时下属 10 个工会委员会。1988 年，海兴农场工会会员有 291 人，新发展会员 50 人。建立了 13 个基层工会委员会，共有委员 25 名。

2006 年 6 月—2011 年 9 月，海兴农场工会所属基层工会组织 15 个。2007 年，成立了以四队、五队、六队为主体的联合工会组织，吸纳会员 714 名；成立了联合机务组、科技推广站、良种繁育组等个体协会和联合体 10 余个。

随着农场体制的改变和发展，2010 年 3 月 5 日，海兴农场工会成立了农业开发公司。

2012 年，新建三个基层工会组织，分别是绿源农业发展公司工会、凯拓公路工程有限公司工会和博远农牧有限公司工会。

表 12-1-1　海兴（盐山县）农场工会委员会历任主席名录

姓名	职务	任职时间
韩荣台	主席	1959.5—1966.5
段云呈	主席	1986.10—1991.1
刘洪安	主席	1991.8—2002.5

（续）

姓名	职务	任职时间
黄平胜	主席	2002.5—2005.7
吴金明	主席	2005.7—2007.4
王玉庆	主席	2007.4—2009.9
张从阁	主席	2009.10—2010.6
井树伟	主席	2010.7—2019.12

1988 年 4 月 27 日，组建工会工作委员会。主席段云呈，副主席张广金，委员邢建国、黄平胜、贾吉祥。

1994 年 6 月，任命张忠礼为工会副主席。

1997 年 8 月 10 日，任命邓金池为工会副主席。

1997 年 4 月 27 日，任命杨兴德为工会副主席。7 月 23 日，免去杨兴德工会副主席职务。

2008 年 1 月，李新港任专职副主席。

2009 年 8 月 28 日，任命李树楼为工会副主席。

2010 年 12 月 31 日，任命李树楼为专职副主席。

二、主要工作

（一）宣传教育

海兴农场工会的重要任务是开展各种形式的宣传教育活动。1959—1965 年，工会组织广大职工继续深入地开展社会主义教育运动，认真学习毛主席著作，开展"比、学、赶、帮、超"的劳动竞赛活动。1980 年代初期，加强对职工的思想政治教育，抵制和消除资产阶级精神污染，开展精神文明建设。在工厂、企业开展"文明车间""文明岗"活动。1984 年，贯彻执行中央颁发的《国有企业职工的政治思想教育（试行草案）》，对职工进行马列主义、毛泽东思想基本理论和爱国主义、集体主义教育，端正共产主义劳动态度，克服"一切向钱看"的错误观念，树立主人翁的责任感。1985 年，按照海兴县总工会的通知要求，海兴农场工会在全场组织开展了职工为企业发展提合理化建议活动，积极创建"文明单位"。进入 21 世纪，2000 年后，工会组织职工开展学习《工会法》《劳动法》《宪法》活动。2007 年，开展了维护职工合法权益的法制宣传教育，通过宣传日、宣传周、宣传月活动形式，大力宣传社会保障、安全生产等与职工切身利益相关的法律法规知识，不断提高企业职工的法律素质和依法维权能力。

（二）表彰先进

1989 年 12 月，海兴农场组织召开表彰大会，对做出突出贡献的"十大公仆"、28 名劳模和 5 个先进单位进行表彰；决定对被授予"十大公仆"和"劳动模范"的个人当年上浮一级工资。林萍、邢建国、贾吉祥、黄平胜、刘洪安、郑学良、张广金、刘华明、黄平志、孙洪杰获得"十大公仆"荣誉称号。

（三）为职工谋福利

农场工会坚持以职工为中心开展工作，切实保障职工的生活福利，关心职工身心健康。职工家中的红白喜事以及职工生病等，工会坚持上门探望、慰问；在国庆、元旦、春节等重大节日，慰问退休老职工成为机关工会的一项制度。通过这些活动的开展使机关各族职工和睦相处，团结友爱。2007 年 6 月，农场积极协调县妇幼保健站，用 3 天时间，为女职工免费进行体检，保障女职工身体健康。积极创造条件，丰富职工业余生活。以南北两个农业队为中心设立了"职工之家"，出资购买扑克、象棋等娱乐设施，丰富职工业余生活。积极组织干部职工开展送"温暖"活动。2019 年 3 月，海兴农场工会发起了"人人献爱心"活动，建立爱心微信群，对农场南区因父亲下落不明、母亲不堪生活重负而离家出走、爷爷患病无力扶养而面临失学的马益阳三兄弟开展了每日一捐，用爱心扶危助学。

（四）扶危济困工作

帮扶困难职工是工会的一项经常性工作。为帮助这些困难职工，海兴农场每年都拨付一部分资金用来解决他们的基本生活问题。2007 年，海兴农场工会对本辖区内的困难职工进行详细的摸底造册，对于因特殊原因导致家庭困难的职工，根据实际情况"特事特办"予以解决。2011—2019 年，海兴农场共发放生活救助金 3.6 万元，发放生活物品价值 4.2 万元。

三、职工代表大会

职工代表大会是企业实行民主管理的主要形式。建场初期，社员代表会议部分行使了职代会的职能。1963 年 11 月 4—6 日，盐山县农场召开第三次社员代表会议。集中学习了《中共中央关于目前农村工作中若干问题的决定（草案）》和《中共中央、国务院关于生产救灾工作的决定》；会议听取并通过了副场长张德明代表工会委员会所作的一年来几项主要工作执行情况与今后工作的报告。会议安排部署了以下几个方面的工作：开展社会主义教育，搞好工副业生产，认真加强小麦管理，保畜积肥和大搞农田水利建设。

1979 年 4 月，邢朝秀、吴秀霞、孙洪祥、马云邦、郝德重、马庆云、张九成、车希广、位玉泉、薛从华、孙兰风、冯金楼代表海兴农场出席海兴县第二次总工会大会。其中邢朝秀被选为县总工会第二次代表大会委员。

1988 年 10 月 14 日，成立海兴农场首届职工代表大会筹备委员会，段云呈任主任，吕文华、张金生任副主任，另有委员 6 人。10 月 20 日，全场选出首届职工代表大会代表82 人（其中女性 16 人），段云呈当选为海兴农场工会委员会主席。

1991 年 8 月 13 日，海兴农场印发《关于建立职工代表大会实施方案》，主要内容包括：职代会主要的权力与作用；方法及要求；场职工代表大会名额；场职工代表大会主席团候选人名单。经选举，刘洪安当选为主席，郑学良、张广金当选为副主席。

2010 年，海兴农场在七个农业队进行了职工代表选举，按照每五户职工家庭选举一名职工代表的方式，分别选举出七个职代会组织，并选举出每个职代会的主任和副主任。

工会代表大会。2005 年 7 月 20 日，海兴农场召开第五次工会代表大会，参会代表 38人，会议选举产生了海兴农场工会第五届委员会，吴金明当选为主席，齐世英当选为副主席。

第二节　共产主义青年团

一、组织机构

1957 年，盐山县农场成立共青团组织，时有共青团员 6 名。1959 年，李墨峰任青年委员，负责共青团的工作。1965 年 11 月，启用了中国共产主义青年团海兴农场委员会印章。1972 年，经过"整团、建团"，建立基层团支部 11 个，团员增加到 154 人。1991 年，海兴农场团委与明泊洼农场团委合并，组成新的中国共产主义青年团海兴农场委员会。2019 年，设基层团组织 7 个。

表 12-1-2　共青团海兴农场委员会历任书记名录

姓名	职务	任职时间
王之明	书记	1982.7—1987.7
张建忠	书记	1987.7—1988.12
郑炳昌	书记	1987.11—1991.1
邢铭芹（女）	书记	1988.12—1991.1
崔英（女）	书记	1991.1—1992.12
王玉庆	书记	1992.12—1998.3

（续）

姓名	职务	任职时间
井树伟	书记	1998.3—2003.4
李新港	书记	2003.4—2004.6
井树伟	书记	2004.7—2005.6
乔海龙	书记	2005.6—2007.4
张燕（女）	书记	2007.4—2011.8
韩帅（女）	书记	2011.8—2019.12

二、团支部和团员

表 12-1-3　1957—2011 年海兴（盐山县）农场共青团组织及团员情况统计表

年度	团支部数（个）	团员数（人）	年度	团支部数（个）	团员数（人）
1957		6	1982	19	335
1958—1971	10	154	1983	18	437
1972	11	197	1984	6	108
1973	16	273	1985	7	82
1974	16	273	1986	7	82
1975	16	273	1987	5	33
1976	21	370	1988—1992	14	180
1977	21	370	1993—1998	14	117
1978	21	327	1999—2003	14	102
1979	21	327	2004—2006	5	138
1980	20	303	2007—2011	5	68
1981	19	264	2012—2019	7	96

1979 年 4 月，海兴农场四队团支部被评为全县"先进团支部"，窦淑瑞、刘洪星、许连成、吴秀蕊被授予"新长征突击手"。明泊洼农场三队团支部被评为"先进团支部"，李树楼、张文增被授予"新长征突击手"。

1980 年，海兴农场姜荣昌、陈海英、吴秀蕊、刘玺太、姚秀荣被团县委授予"新长征突击手"。国营四队团支部被评为"先进团支部"。

1983 年，海兴农场四队团支部被评为全县"先进团支部"，郭桂英、张淑华、吴艳军、翟福华被评为全县"模范团干部"。

1989 年，全年发展团员 20 名。

1998 年 3 月，海兴农场团委所属团总支 2 个，团支部 4 个，共有团员 117 名。到

2003 年 4 月，所属团总支 2 个，团支部 6 个，团员 128 名。

2003 年 4 月至 2006 年 6 月，海兴农场团委所属团总支 1 个，团支部 5 个，专职团干部 1 人，兼职团干部 5 人，至 2006 年 6 月，团员 138 人。

2006 年 6 月至 2011 年 9 月，海兴农场团委所属团总支 1 个，团支部 5 个，专职团干部 1 人，兼职团干部 5 人，团员 68 人。

2019 年，海兴农场团委所属团总支部 1 个，团支部 36 个。

三、主要活动

（一）参加中国共青团海兴县第一次代表大会

1973 年 3 月 21 日，共青团海兴县委举行第一次代表大会。刘秀梅、高洪海、王明山、杨玉池、王金荣、邓金华、胡景池、赵墨庄、田玉明、苗淑花、杨义亮、姜兰英、贾志英等代表海兴农场参加大会。王明山当选为共青团海兴县第一届委员会委员。

（二）青年突击队和义务帮工

1959—1961 年，先后组织青年开展了"青年社会主义建设积极分子""青年红旗突击手"和"五好青年（学习好、劳动好、团结好、工作好、思想好）"的生产评比竞赛活动。

1963 年 3 月，开展学雷锋运动。广大青年发扬艰苦朴素、拾金不昧、互相帮助等优良传统，给烈军属抬水、扫院子等好人好事层出不穷。

1979 年，海兴农场团委成立突击队 11 个、学习小组 4 个，通讯报道被县以上通讯社采稿 5 篇。参加"小秋收"活动 400 人，打草 7.4 万斤，修建青年路 1 条。

1982 年 8 月，海兴农场团委带领由 200 多名团员青年组成的义务帮工队积极行动起来，帮助烈军属、孤寡老人、五保户等种植、管理责任田。

1983 年，海兴农场青年团员组成了各种学雷锋小组、青年服务队、青年突击队，积极争做社会主义精神文明建设的模范。成立义务帮工小组 56 个，参与团员 549 名。帮助困难户、五保户、烈军属割麦 185 亩、耕地 260 亩、泥房 170 多间。

（三）积极开展"五讲四美"活动

20 世纪 80 年代以来，海兴农场团委组织开展了"学习张海迪、争做新雷锋"及"五讲四美""三热爱"活动。召开了 3 次以张海迪事迹为内容的报告会、座谈会，把张海迪的录音讲话在全场巡回播放。按照讲文明、讲礼貌、讲卫生、讲秩序、讲道德，心灵美、语言美、环境美、行为美和爱祖国、爱社会主义、爱中国共产党的标准和要求，开展了

"学科学、用科学、推广科学技术"活动。社会主义精神文明建设活动取得显著成绩。1981 年，海兴农场 1 个集体和 5 名个人受到团县委和海兴县文教局的联合表彰。其中孔庄子小学被评为全县"先进少年集体"；场部三队小学大队辅导员贾志英被评为全县"优秀辅导员"；刘国章、刘长营、杨桂岭、付胜利被评为全县"先进少年"。

1989 年，海兴农场团委继续开展"五讲四美"活动，组织开展各种形式的劳动竞赛。

（四）建设"青年之家"

1978 年后，共青团工作紧紧围绕党的经济建设这个中心，以"青年之家"为阵地，举办各种类型学习班，组织团员青年学习政治、学文化、学农业技术知识。

1980 年，海兴农场有 4 个团支部建起了"青年之家"，活动项目主要是搞种植，进行粮食生产，种槐苗 7 亩。明泊洼农场建有"青年之家" 2 个，收集购置图书 90 册、体育器材 17 具、文艺器材 15 具、板报 5 个、学习园地 4 个。活动项目包括种植高粱 3 亩，还种植田菁、榆树、蓖麻等。

2010 年，依托"青年之家"，海兴农场团委联合海兴农场妇联举办了劳动者就业培训班，开展了计算机、美容、现代农业种植等多种技能培训，培训青年 200 人。通过培训，有 15 人自己开店创业。

2011 年，海兴农场团委组织了青年乒乓球比赛、青年象棋比赛、演讲比赛、征文比赛等活动。

（五）开展团建活动，组织青年服务社会

2007 年以来，海兴农场坚持党团建设同步抓，纳入党建目标考核，逐步形成了"党建带团建、党团共发展"的工作格局。深化"青年先锋行动"和"团建三级联创"，深入开展"五四红旗团委（团支部）"创建活动。推进非公组织团建工作，建立非公团组织 6 个，覆盖 9 家企业。成立了场部、益奥特、畜牧队 3 个青年中心，广泛开展就业技能、实用技术、农业科技等培训。海兴农场团支部连续多年被共青团海兴县委评为"五四红旗团支部"。

2011 年 4 月，海兴农场团委组织开展"青春奉献十二五、文明服务我先行"活动，以队部为单位组成"咨询社"，发放询问卡，为百姓提供各种农业技术、法律、社保、心理等咨询，收到反馈卡片 300 多张。组织青年 54 人参加了全县纪念建党 90 周年"红歌会"合唱比赛，获得全县第三名。对海兴农场留守儿童进行摸排，针对父母都在海兴县以外务工的 20 多名留守儿童制定了教育方案，积极开展文体活动，定期安排免费体检，使农场留守学生得到关爱，健康成长。

（六）学雷锋志愿活动

2013年3月1日，海兴农场团委开展了以"学习雷锋好榜样"为主题的少先队队日活动，农场两个中心小学分别举行了一次升国旗仪式，在升旗仪式上，辅导员向少先队员们介绍雷锋事迹，少先队员谈心中感受，夸身边榜样，通过活动推动少先队员"知雷锋、爱雷锋、找雷锋、做雷锋"。

2014年3月2日，海兴农场团委开展"雷锋精神进校园"活动，通过板报、红领巾广播站、演讲比赛等形式，开展丰富多彩的学雷锋活动，加大对"雷锋精神"的宣传教育，提升广大青少年思想道德素质。

2016年3月，海兴农场团委与学校以"一对一"的形式共同组织开展"学雷锋志愿服务月"活动，即：一个青年带一个少先队员为一组讲雷锋的故事、做雷锋的事。该活动共13组，收集雷锋故事80多则，做好人好事30多件。

（七）青年志愿者活动

2017年1月，县团委开展"圆梦小小心愿"认领活动，海兴农场7名贫困学生成功被爱心人士认领，完成了新年小心愿。

2018年3月，海兴农场团委组织84名青年志愿者在植树节期间参加义务植树活动。8月份在少先队队日组织开展了"留住蓝色地球"之"旧毛线换新颜"活动，此次活动让孩子们利用旧毛线变废为宝，为父母做一个实用的手机袋，有30名少先队员参与了这次活动。

2019年3月，海兴农场团委通过微信的形式对贫困青年进行梅花鹿养殖技术学习培训，青年10人参与。植树节期间，组织团员青年志愿者参加义务植树活动，栽种"青年林"，种植林木400棵（图12-1-1）。

图12-1-1　2018年青年志愿者栽种的青年林

第三节　妇女联合会

一、组织机构

1959年，海兴农场的前身——盐山县农场就建立了妇女组织，在党委的领导下，广大妇女积极投身于工农业生产，逐渐成为农场建设不可忽视的力量。1991年1月，海兴农场与明泊洼农场合并成立海兴农场妇女联合会。1992年，下辖五个妇代会，两个"妇女之家"，15～45岁妇女835人。1998年3月，海兴农场妇联所属一个妇代会，一个"妇女之家"，16～45岁妇女786人。

2006年6月至2011年9月，海兴农场妇联所属基层妇代会5个。

表 12-1-4　海兴（盐山县）农场妇联历任主任（主席干事）名录

姓名	职务	任职时间
张学美	主任	1959.12—1966.6
张振杰	青妇干事	1971.11—1973.1
刘秀梅	主任	1973.1—1978.7
张淑华	主任	1978.10—1986.10
吴艳芩	主任	1986.10—1988.4
邢铭琴	主任	1988.4—1991.1
吴金娥	主任	1991.1—1992.12
崔　英	主任	1997.4—1998.3
付秀敏	主席	1998.3—2003.4
张俊霞	主席	2003.4—2009.4
张胜君	主席	2010.3—2019.12

二、主要活动

1958—1960年，农场各队组织妇女专业队投入修建台田、条田运动，开展积肥造肥活动。1961—1964年，三年困难时期，全场妇女采集野菜，纺线织衣，开展生产自救，节约度荒。进入20世纪70年代，为调动广大妇女生产积极性，大力倡导落实男女同工同酬，办好育红班，托儿所，缝纫组。据海兴县妇联的资料显示，1977年8月海兴农场完成建立幼儿园5个，缝纫组7个；7个大队落实了男女同工同酬政策。1979年海兴农场妇代会成立缝纫组3组，6人，5台机子。妇女参加社办企业252人，参加队办企业287人，做家庭副业的221户520人，参加夜校扫盲的12～45岁240人。1977年8月明泊洼农场1

个大队建立幼儿园 1 个，缝纫组 1 个。1979 年，明泊洼农场成立幼儿园（育红班）6 个，入园幼儿数 96 人；建立托儿所 5 个，入托婴儿 163 人，保教人员 12 人；建立缝纫组 1 个 8 人，7 台机子。妇女参加社办企业 97 人，参加队办企业 36 人，搞家庭副业 15 户 18 人；成立夜校扫盲班 10 个，12～45 岁女性参加扫盲学习 359 人。

1980 年后，在广大妇女中进行"四有"（有理想、有道德、有文化、守纪律）、（自尊、自重、自强、自爱）教育。建立"妇女自强会"。开展"五好家庭"即国家、集体、个人三者关系处理好；勤劳致富、文明生产（经营），遵纪守法好；学文化、学科学、用科学好；邻里团结互助，家庭民主和睦，尊老爱幼，教育子女好；移风易俗，计划生育，讲究卫生、文明礼貌好评选。海兴农场的薛荣华、高金华、李义梅、范俊华为首批评选出的"五好家庭"。赵素荣、刘桂荣、曾照敏、齐桂荣为明泊洼农场"五好家庭。"分别挂了"五好家庭光荣牌"。同时，还开展了"三八红旗手"的评选活动，海兴农场的孙秀英、孙玉霞、邓金嫁、魏玉枚为首批被海兴县妇联命名的"三八红旗手"，明泊洼农场的代培英、刘月风、曾召慧被授予为"海兴县三八红旗手"。

20 世纪 80—90 年代，组织全场妇女开展了"双学双比"（学科学、学文化、比成绩、比贡献）活动，涌现了致富能手、生产能手、优质能手、文明行医、教书育人的先进典型，如：农场医务工作者黄丽华，不仅多次被评为"三八红旗手"，还当选为第三届、第四届县人民代表大会代表。

2006 年 3 月，组织召开庆祝"三八"妇女节会议，农场党委、妇联、计生办分别对"好母亲""优秀女教师""优秀女团员""优秀女孩"代表进行了表彰。

2007 年 6 月，开展了法律进家庭活动，达到知法、守法、用法律保护妇女儿童的合法权益。

海兴农场妇联协调有关部门和专家开展女职工健康知识讲座，使她们了解掌握自我保健常识，同时有组织地开展集体健身和娱乐活动，不断提高妇女们的健康意识和健康水平。2007 年以来，联合机关工会协调县妇幼保健站，为机关女职工进行免费体检。分别在四队和畜牧队成立了南北两个妇女活动室，定期组织开展种棉技术、保健知识、保险知识等培训活动及扭秧歌、卡拉 OK 比赛等娱乐活动。2009 年 12 月，在场党委的大力支持下，成立了三个秧歌队，腰鼓舞和扇子舞代替了麻将桌，2010 年，海兴农场举办"三八"国际妇女节 101 周年庆祝活动，邀请县妇联领导出席（图 12-1-2）。

2012 年 7 月，海兴农场妇女联合会积极组织献爱心送温暖活动。为了使贫困学生、孤寡老人得到社会资助，在网上发布了他们的家庭和个人境况，通过县妇联的协调，获得沧州市女企业家协会 1 万元的捐款，救助了 8 名贫困儿童。

图 12-1-2　海兴农场庆祝"三·八"国际妇女节 101 周年

海兴农场妇联积极支持、引导和组织妇女发展养殖业、发展庭院经济和第三产业，涌现出一大批建功立业、勤劳致富的典型代表。2011 年 3 月，在全场纪念"三八"国际劳动妇女节大会上，对农场建设和发展做出贡献的 15 名"三新"（新农屋、新庭院、新生活）模范代表和种植女能手、和谐家庭、好丈夫、优秀女教师进行表彰。其中："三新"模范代表：李桂兰、马兰慧、刘金芬、杨淑兰、曹宗静。种植女能手：张桂梅、齐景霞。和谐家庭：李秀兰、张竹娥。优秀女教师：郝金芬、孙凤鸾、孟萍、吴俊华。2018 年 3 月，与翔宇体育公司共同举办了庆"三八"评选活动，评选出"好儿媳""优秀女干部""优秀教师"等 15 名。

2013 年 6 月，海兴农场成立妇女创业"绿色示范基地"。2014 年，为了激励全场妇女能够在各方面有所提高，海兴农场党委研究决定，在每年的"三八"妇女节对"种植女能手""优秀女干部""成功女企业家""美丽庭院"等发放荣誉证书。

图 12-1-3　2018 年农场女职工栽种的巾帼林

2018 年，海兴农场妇联积极宣传开展"邻里守望·姐妹相助"活动，印发了宣传袋、宣传页、倡议书 200 份。对全场巾帼志愿者、广大妇女姐妹提出倡议：要落实邻里帮；要增进邻里情；要促进邻里乐；要做好邻里颂。秉持以德为邻、以情睦邻、以理服邻、以诚助邻的理念，共同编织爱心网，传递社会正能量。

2019 年 7 月，海兴农场妇联组织人员参加了沧州市妇女联合会举办的"法润心田、福泽家园"基层维权干部宪法学习培训。培训内容包括：①妇联维权工作及相关法律知识解读；②新时代妇联组织如何做好信访工作；③婚姻家庭矛盾纠纷调解方法与技巧；④舆情监测及应急管理。

第四节　贫下中农协会

1965 年 7 月 21 日，海兴县开展"细四清"运动。海兴农场所辖的 8 个农村生产队全部建立"贫下中农协会"简称"贫协"。每个农村大队的贫协都设主席 1 人，副主席 2～3 人。在"细四清"运动中，各大队原有党政组织负责人"上楼"，贫协组织建立后成为"四清"工作队依靠的力量，也是当时特定时期内农村的权力机构，是政治运动和生产运动的领导者和指挥者。海兴农场各农村大队贫协协助所在村的"四清"工作队在本大队开展清经济、清政治、清组织、清思想工作，协助"四清"工作队组织农业生产。"文化大革命"开始后，贫协对地、富、反、坏、右五类分子实行监督，开展批、斗、改运动。1980 年"贫下中农协会"组织撤销。

第五节　国营海兴农场残疾人联合会

海兴农场残疾人联合会是海兴农场残疾人的组织，成立于 1998 年。

一、工作机构

1998 年 2 月，海兴县残联在国营海兴农场设立残疾人联合会理事会。1998 年 5 月 22 日，海兴农场残疾人联合会成立。冯玉秀任主席，魏艳礼为理事长。2002 年 7 月，海兴农场残疾人联合会下属 6 个残联小组。2019 年 9 月，国营海兴农场有残疾人 56 人。

表 12-1-5　国营海兴农场残疾人联合会历任主席、理事长名录

姓名	职务	任职时间
冯玉秀	主席	1998.5—2002.7
井树伟	主席	2002.7—2005.8
李新港	主席	2005.8—2006.6
井树伟	主席	2006.6—2010.12
蒋秉权	主席	2010.12—2019.12
张栓柱	理事长	1998.2—1998.5
魏艳礼	理事长	1998.5—2006.6
井树伟	理事长	2006.6—2010.12
刘金潭	理事长	2010.12—2019.7
蒋秉权	理事长	2019.7—2019.12

二、主要活动

海兴农场残联的主要职责是对全场残疾人的状况进行摸排调查，统计残疾人数据，了解残疾人家庭的生活生产情况，帮助残疾人申领补贴补助，为残疾人家庭提供康复、救助服务，协助残疾人再就业等。

表 12-1-6　2009—2019 年国营海兴农场领证残疾人统计表

年度	人数（人）	年度	人数（人）
2009	15	2015	4
2010	7	2016	7
2011	6	2017	3
2012	1	2018	2
2013	4	2019	12
2014	5		

1988 年 10 月，海兴农场残联向县民政局提出申请，在原有五金厂的基础上建立残疾人五金交电福利厂。

2011 年 12 月 12 日，海兴农场残联完成了全场普查和第二代残疾证上报换发工作，协助 3 名残疾人再就业。

自 2016 年开始，全省为符合条件的残疾人落实"两项补贴"（生活补贴和护理补贴）政策。按照政策规定：一般户一、二级残疾人享受护理补贴；低保户三、四级残疾人享受生活补贴，低保户一、二级残疾人享受生活补贴和护理补贴。2016 年执行标准为护理补贴 50 元/月，一、二级残疾人生活补贴 100 元/月，三、四级残疾人生活补贴 55 元/月。

2018 年 3 月份执行新的标准，护理补贴调至 60 元/月，一、二级残疾人生活补贴调至 111 元/月，三、四级残疾人生活补贴 66 元/月。

截至 2019 年 12 月，共为符合条件的残疾人发放护理补贴 20040 元、生活补贴 33925 元。

表 12-1-7 国营海兴农场 2016—2019 年残疾人补贴发放情况统计表

年度	生活补贴（元）	护理补贴（元）
2016	9100	3600
2017	10035	3600
2018	7890	4560
2019	6900	8280

第二章 国防教育工作

海兴农场人民武装部是党领导下的基层武装部门，受海兴农场党委和海兴县人民武装部的双重领导，主要负责民兵的组织建设、兵役登记管理、年度征兵等工作。

第一节 管理机构

海兴农场建场以来，随着农场形势的发展和上级统一部署，于1960年设置了武装部，编制2人，其中武装部长1人，武装干事1人。同时管理海兴农场和附近的小黄、孔庄子、邓庄子、马庄子、栾庄子、刘佃庄、苗庄子村七个公社大队的武装工作。村队划出后，海兴农场单独成立武装部，县里派出一人担任武装部长，农场派出一人协助。原明泊洼农场于1974年设置武装部，设部长一人。1991年两个农场合并后，武装部设部长一名，干事一名。

为落实乡镇（场）级武装部长的待遇，1989年1月17日，沧州地区农林局同意，由海兴县武装部任命的农场武装部部长享受副场级待遇。2008年1月22日，县人武部提出落实基层武装干部政治待遇的意见，要求场武装部长进入同级党委班子。

表 12-2-1　海兴（盐山县）农场历任武装部长名录

姓名	职务	任职时间	备注
李义明	部长	1960.1—1964.12	
刘建新	部长	1965.1—1965.9	
林松岭	部长	1965.10—1970.12	
吴炳银	部长	1971.1—1975.6	
张全德	部长	1975.7—1984.7	
王之明	代理部长	1984.8—1986.8	
张广金	部长	1986.8—1990.12	副场级
柴金月	部长	1991.1—1997.3	副场级
董海峰	部长	1997.3—2009.12	副场级
褚亭	部长	2010.1—2019.12	

第二节 征兵工作

兵员征集是海兴农场武装工作的重点工作。每年的征兵工作由上级下达征兵指标，海兴农场武装部负责具体征集工作。

1969 年县革委会、县人武部发布命令征集新兵，其中在海兴农场征集 15 人、明泊洼农场征集 5 人，主要征集农村家庭劳动力比较充裕，出身于贫农、下中农的青年农民、高初中毕业的学生、企业青年职工，年龄 18～22 岁的男青年。征兵时间从 1969 年 1 月 2 日开始，至 3 月 10 日将新兵交付部队。

2000 年以来，海兴农场人武部每年按照兵员征集的规定和全县征兵计划，严格经过初检初评、上站复检、政治考核等程序，确保为部队输送合格兵员。据县人民武装部统计资料，2002—2018 年，海兴农场共为部队输送合格新兵 29 人。

表 12-2-2 2002—2018 年海兴农场征兵统计表

年度	人数	年度	人数
2002	2	2011	3
2003	2	2012	0
2004	3	2013	3
2005	1	2014	3
2006	0	2015	3
2007	2	2016	2
2008	1	2017	0
2009	1	2018	1
2010	2	合计	29

第三节 民兵工作

海兴农场武装部把建设一支政治合格作为民兵队伍建设工作的重点。1960 年，进行民兵组织整顿，重点是组织基干民兵参加农村两条道路斗争（社会主义和资本主义道路）和社会主义教育运动。

1962 年 6 月 19 日，按照毛泽东主席对民兵工作"组织落实、政治落实、军事落实"的指示，海兴农场对民兵组织开展全面整顿，场部建立了民兵营，队、村建立了民兵连。

1975 年，海兴农场组织民兵贯彻落实毛泽东主席的重要指示，响应县委提出的"一年大干、两年大变、三年建成大寨县"的号召，开展劳武结合学大寨活动。主要活动包括采取政治夜校、广播、黑板报、学习专栏等形式大力宣传；组织 400 多名基干民兵成立"三田"基本建设突击队，进行以深翻改土为中心的农田基本建设运动；动土 2850 立方米，修建了 1726 米的战备公路。在加强民兵队伍政治建设的同时，积极开展了正规化建设。把武装工作的各种制度、图表、场所配备齐全，积极落实年度民兵训练任务。

1989 年 3 月，海兴农场人武部被县人民武装部授予 1988 年度先进基层武装部称号，海兴农场五队、明泊洼农场三队民兵连被评为三落实文明连队，海兴农场五队民兵连长杨中和、明泊洼三队民兵连长郑大海被评为"先进个人"。

1993 年，海兴农场在以劳养武和民兵集训中被县人民武装部评为"先进单位"。

2015 年 3 月 11 日，海兴农场开展民兵组织整顿工作。按照筹划部署、组织实施、总结验收三个阶段进行，至 4 月 30 日结束。

2019 年，海兴农场武装部严格落实海兴县人武部关于民兵训练的要求，按照时间节点进行组织整顿和分批轮训。

第四节　国防教育

海兴农场在中小学校安排开设了国防教育课堂，为民兵及预备役订阅各类军事教育报刊。组织机关干部职工参观爱国主义教育基地。

在全民国防教育日、建军节、国庆节及年度征兵工作期间，海兴农场武装部充分利用村用大喇叭、农村赶大集宣传国防教育，增强职工群众的国防意识。

中国农垦农场志

第十三编

人　口

海兴农场的前身靖远县农场建立时只有职工 3 人，1957 年人口数为 48 人，1958 年人口数量 463 人，1990 年人口 1599 人。1991 年两场合并后，新的海兴农场人口总数为 2986 人。

第一章　人口总量

海兴农场最初人口比较固定，农场的干部职工和家属户籍都在农场。随着社会发展，人员流动增多，特别是改革开放后人员流动更加频繁，出现人户分离的现象，海兴农场的人口分为户籍人口和常住人口两个方面。

一、原海兴农场人口

原海兴农场从其前身靖远县农场的人口数量 3 人，发展到 1990 年的 1599 人。

1952 年，盐山县农场总人口 14 人。

1953 年 6 月 30 日，全场人口 15 人。

1964 年 6 月 30 日，进行全国第二次人口普查。7 月 18 日，公布盐山县农场人口普查结果，全场共有 1931 户，8244 人，其中男性 4167 人，女性 4077 人，非农业人口 47 人。

1982 年，第三次全国人口普查，海兴农场总人口 1487 人。

1987 年，海兴农场总人口 1647 人，其中农业人口 874 人。

1990 年，海兴农场总户数 421，其中家庭户 416，集体户 5 户，总人口 1599 人。

二、原明泊洼农场人口

1964 年，明泊洼农场是公安系统的劳改农场，人口普查填报单位填的是沧州 201 信箱。根据第二次全国人口普查，1964 年 6 月底，明泊洼劳改农场有家庭 74 户，总人口 1268 人。

1982 年，第三次人口普查，明泊洼农场总人口 2178 人。

1990 年，明泊洼农场总户数 378 户，总人口 1389 人。

三、海兴农场人口

1991 年，合并后的海兴农场户籍人口 6302 人，常住人口 2986 人，人户分离特征明显。

2010 年全国人口普查中，海兴农场总户数 636 户，常住总人口 2184 人。农业户口 174 人，农业户口中，男性 92 人，女性 82 人。非农业户口 1999 人，非农业户口中，男性 1053 人，女性 946 人。户口待定人数 11，其中男性 6 人，女性 5 人。本年底，农场常住人口 2795 人。

根据 2019 年 6 月统计数据，海兴农场户籍人口 5362 人，其中，场部居民 1882 人，一队居民 579 人，二队居民 242 人，三队居民 638 人，四队居民 1009 人，五队居民 314 人，六队居民 428 人，七队居民 262 人，其他 8 人。

2019 年底，海兴农场户籍人口数 5337 人，常住人口为 2703 人。

表 13-1-1 海兴农场历年国营职工常住人口统计表

年度	总人口	年度	总人口	年度	总人口
1948	3	1972	836	1996	2985
1949	22	1973	850	1997	2966
1950	14	1974	915	1998	2913
1951	17	1975	945	1999	2886
1952	20	1976	1010	2000	2843
1953	15	1977	1359	2001	2801
1954	21	1978	1397	2002	2773
1955	13	1979	1554	2003	2783
1956	14	1980	1621	2004	2763
1957	48	1981	1637	2005	2779
1958	463	1982	1648	2006	2791
1959	613	1983	1674	2007	2813
1960	816	1984	1664	2008	2794
1961	816	1985	1637	2009	2802
1962	816	1986	1614	2010	2795
1963	636	1987	1647	2011	2776
1964	600	1988	1721	2012	2719
1965	618	1989	1842	2013	2732
1966	645	1990	1599	2014	2727
1967	659	1991	2986	2015	2715
1968	669	1992	2975	2016	2719
1969	684	1993	2942	2017	2721
1970	700	1994	2969	2018	2711
1971	670	1995	3012	2019	2703

注：本表仅统计国营职工家庭人口，不包括 1958—1984 年农场管辖的农村生产队的人口。

表 13-1-2　海兴农场 1991—2019 年户籍人口统计表

年度	总人口	年度	总人口
1991	6302	2006	6666
1992	6185	2007	6896
1993	6003	2008	7229
1994	5816	2009	7300
1995	5801	2010	7495
1996	5772	2011	7682
1997	5793	2012	7719
1998	5762	2013	7732
1999	5741	2014	7727
2000	6005	2015	7715
2001	6100	2016	7769
2002	6127	2017	7675
2003	6144	2018	5361
2004	6720	2019	5337
2005	6720		

第二章　人口构成

人口构成指人口的年龄构成、性别构成、民族构成、文化构成、职业构成等按不同标准区分的人口数量。人口构成从不同角度反映社会的发展变化。

第一节　人口来源

一、原海兴农场人口来源

原海兴农场的人口来源比较复杂：一部分是原盐山县大韩庄农场跟来的老员工；一部分是在附近村庄招收来青年农民；还有一部分是 1957 年"反右"斗争中，被错划为"右派分子"的人员，有 28 名。还有在明泊洼劳改农场服刑期满后安排海兴农场的。也有在明泊洼劳改农场服刑结束后，无家可归者。1959 年底，全场总人口 622 人，其中，干部 12 人，下放干部 25 人，职工 340 人，下放右派 28 人，家属 217 人。"文革"期间，海兴县城的初、高中毕业生和来自高校的大学毕业生，也分配到海兴农场工作，成为农场人口的来源之一。

二、原明泊洼农场人口来源

明泊洼劳改农场人口来源于两部分，一部分就是国家公安系统委派来的管教干部，另一部分是被判徒刑接受改造的劳改犯罪分子（也是主要成分）。1964 年全国第二次人口普查统计的 1268 人中，劳改人员占大多数。

1965 年，农场由公安部门划给农垦部门后，在押劳改人员离开，一部分管教人员留下。河北省农垦部门又从芦台、柏格庄、高阳、蠡县、大曹庄、中捷等 9 个农场中选调农业员工和农垦干部充实到明泊洼农场。1965 年 6 月 28 日，河北省农垦局发出了《关于抽调干部立即接管明泊洼劳改农场的紧急通知》："根据省计委 1965 年 6 月 16 日召开的'劳改企业移交会议纪要'指示，决定将省公安厅劳改局所属明泊洼劳改农场移交农垦局管理。"经局研究：拟需配调场长 1 人，副场长 1 人，政委 1 人（兼党委书记），政治处主任 1 人（兼党委副书记），以及生产办公室、政治处、后勤办公室和 3 个生产队、一个机务队的骨干力量。其中生产办公室 5 人（主任 1 人、农业技术员 1 人、畜牧兼副业 1 人、总务兼管理员 1 人、统计 1 人），政治处 5 人（组织干事 1 人、人保干事人、宣传干事 1 人、资料员 1 人、收发 1 人），后勤办公室 13 人（主任 1 人、会计 2 人、统计 1 人、出纳 1 人、供销 2 人、医生 3 人、护士 3 人），每个生产队 6 人（队长 1 人、政指 1 人、副队长 1 人、统计兼保管 1 人、会计 1 人、管理员 1 人），机务队 3 人（队长 1 人、会计统计 1 人、保管兼加油 1 人），计 48 人（包括以工代干）。上述人员调配中有柏各庄、芦台、中捷、南大港等 4 个老场抽调的 29 名脱产干部。除抽调干部外，还抽调数百名工人。

三、海兴农场人口来源

合并后的海兴农场人口来源主要是原海兴农场和原明泊洼农场的人口，再加上职工子女、调入的干部职工、随迁的职工家属等。

第二节 年龄构成

以 2010 年全国第六次人口普查为例：全场总人口 2184 人。按性别和年龄段统计如下表所示。

表 13-2-1 海兴农场全国第六次人口普查统计表

年龄（岁）	总数（人）	男性（人）	女性（人）	年龄（岁）	总数（人）	男性（人）	女性（人）
<1	29	16	13	40～44	203	105	98
1～4	137	87	50	45～49	136	65	71
5～9	128	67	61	50～54	141	68	73
10～14	130	73	57	55～59	171	89	82
15～19	147	74	73	60～64	128	59	69
20～24	142	77	65	65～69	71	37	34
24～29	232	124	108	70～74	51	34	17
30～34	138	72	66	75～79	27	17	10
35～39	166	89	77	80～84	7	5	2

2010 年人口普查中，海兴农场男性 15～59 岁人口 753 人，占全场总人口的 34.47%；女性 15～54 岁人口 668 人，占全场总人口的 30.58%。男性 60 岁以上人口，2010 年统计为

152 人，占全场总人口的 6.96％；女性 55 岁及以上人口 214 人，占全场总人口的 9.8％。

第三节　人口性别比

按女性为 100 计算男女人口性比例，两个农场的男女比一直很不平衡，建场开始尤其严重。

一、原海兴农场性别比

表 13-2-2　海兴农场性别比例统计表

年度	男性（人）	女性（人）	性比例（女＝100）
1964	400	254	157.48：100
1982	736	751	98.00：100
1990	849	750	113.20：100

二、原明泊洼农场性别比

表 13-2-3　明泊洼农场性别比例统计表

年度	男性（人）	女性（人）	性比例（女＝100）
1964	1105	163	677.91：100
1982	1045	1133	92.23：100
1990	716	673	106.39：100

三、海兴农场性别比

两个农场合并后人口到 2010 年全国第六次人口普查时显示户数 636，其中家庭户 630户，集体户 6 户，总人口达到了 2184 人。其中男性 1151 人，女性 1033 人性比例为：111.42：100（女性为 100）。

第四节　劳动人口构成

2010 年全国第六次人口普查统计，全场总人口 2184 人中，16～60 岁的劳动力就达

1476 人，其中男劳力 756 人，女劳力 720 人，男女劳动力之和占全场人口总量的 67.58％。

第五节 被抚养人口构成

被抚养人口，是指不到劳动年龄和已经丧失劳动能力，需要他人抚养的人口。我国规定被抚养人口主要包括：16 岁以下未成年人和男 60 岁以上、女 55 岁以上的离退休职工，但不到或超过上述劳动年龄的在职职工不计算在内。

据 2010 年全国第六次人口普查统计，全场被抚养人口情况分别是：少年儿童（0～14 岁）为 424 人，占全场总人口的 19.41％，抚养比 28.73％；老年人（男 60 岁、女 55 岁以上）366 人，占总人口的 16.75％，抚养比为 19.24％；65 岁以上老人 23 人，占总人口的 1.05％。其中 18 人有离退休养老金。

第六节 民族构成

海兴农场现汉民族居多，还有回族、满族、蒙古族、朝鲜族。

1990 年，全国第四次人口普查显示，原海兴农场，总人口为 1599。其中汉族 1590 人；回族 5 人；满族 4 人。

1990 年，全国第四次人口普查显示，原明泊洼农场，总人口为 1389 人，其中汉族 1353 人；回族 28 人；满族 4 人；蒙古族 4 人。

2010 年，人口第六次人口普查显示，海兴农场和明泊洼农场合并后的海兴农场，总人口为 2184 人，其中汉族 2166；回族 12 人；蒙古族 3 人；满族 3 人。

2019 年底，海兴农场户籍总人口 5337 人，其中汉族 5292 人；回族 23 人；蒙古族 6 人；满族 15 人；朝鲜族 1 人。

第三章　人口素质

海兴农场在招收员工时都十分注重文化素质条件要求。开始要求高小，逐渐标准升到初、高中。随着社会教育的普及，农场员工更注意子女的教育，近40年农场范围内，已杜绝了适龄少年的失学现象，而且享受到中等以上教育的人越来越多，人们的文化程度也越来越高。

一、原海兴农场人口文化程度

1982年，全国第三次人口普查总人口1487人，受教育人口1322，受教育人口中大学毕业生3人，大学在读1人，高中生122人，初中生307人，小学生492人。全场总人口中不识字或识字不多者339人，占总人口总数的15.43%. 其中12岁以上不识字或识字不多者270人，占总人口的22.8%。全场学龄前儿童165人。

1990年，第四次人口普查，总人口1599人，受教育人口为1138人，受教育人口中大学本科1人、大学专科2人、中专8人、高中118人、初中525人、小学484人。全场总人口中不识字或识字不多者247人，占总人口总数的15.45%，这比全县的21.26%，少5.81%。其中12岁以上不识字或识字不多者239人，占总人口的14.95%。全场学龄前儿童214人。

二、原明泊洼农场人口文化程度

1982年，全国第三次人口普查总人口2178人，受教育1914人，受教育人口中大学毕业生1人，高中生325人，初中生543人，小学生786人。全场总人口中不识字或识字不多者336人，占总人口总数的15.43%. 其中12岁以上不识字或识字不多者270人，占总人口的12.4%。全场学龄前儿童264人。

1990年，第四次人口普查，总人口1389人，受教育人口为1145人，受教育人口中大学专科1人、中专3人、高中64人、初中503人、小学574人。全场总人口中不识字或识字不多者 66 人，占总人口总数的 4.75％，这比全县的 21.26％少 16.51％。其中 12 岁以上不识字或识字不多者 60 人，占总人口的 4.32％。全场学龄前儿童 178 人。

三、海兴农场人口文化程度

2010 年全国第六次人口普查统计数据表明，海兴农场 6 岁以上人口有 1994 人，其中未上学的有 170 人（男 73 人、女 97 人）。男女未上学人数之和，占全场应受教育人员的 8.5％；上过小学的 637（男 298 人、女 339 人），占全场应受教育人数的 31.95％；初中生 1018 人（男 566 人、女 452 人），占全场应受教育人数的 51.05％；高中生 141 人（男 79 人、女 62 人），占全场应受教育人数的 7.1％；大学专科毕业生 20 人（男 14 人、女 6 人），占全场应受教育人数的 1％；大学本科毕业生 8 人（男 5 人、女 3 人），占全场应受教育人数的 0.4％。

第四章 人口分布和人口密度

农场的人口分布主要在场部和连队。原海兴农场 1982 年 696 人在场部,其中 211 人在场机关,485 人在副业队。其余 79 人在三连(三队);166 人在四连(四队);175 人在五连(五队);202 人在六连(六队);169 人在七连(七队)。

1982 年,原明泊洼农场 1000 人在场部,其中,场直机关 402 人,工副业 598 人。其余人口中,150 人在一队;169 人在二队;215 人在三队;170 人在四队;91 人在五队。场直 14 个单位 96 人。

表 13-4-1 海兴农场、明泊洼农场 1990 年人口密度统计表

乡镇农场	面积(平方公里)	人口数量(人)	人口密度(人/平方公里)
海兴农场	13.29	2396	180.3
明泊洼农场	33.25	1927	58.0

整个海兴农场土地总面积为 46.6 平方公里,2010 年人口数量是 2184 人,人口密度 46.9 人/平方公里。

第五章 人口变动

一、人口出生

1977 年后，农场实行计划生育，人口要求有计划地增长，海兴农场的生育率虽有所下降，但因政策执行和生育观念的原因，没有出现大起大落的变化。

1964 年，原明泊洼劳改农场，出生人口 7 人，出生率为 5.52‰。

1982 年，原明泊洼农场出生率偏高，出生人口达 67 人，出生率为 30.76‰；原海兴农场出生 32 人，出生率为 20.01‰。

1989 年，原明泊洼农场出生 30 人，出生率为 22‰；原海兴农场出生人口 22 人，出生率为 13.76‰。

合并后的海兴农场，2010 年出生 29 人，出生率为 13.28‰。

2019 年，出生 22 人，出生率为 8.14‰。

二、人口死亡

在海兴农场建场之初，由于人口年轻，农场的死亡率一直较低。

1964 年，原明泊洼劳改农场，死亡人口 1 人。

1981 年，原海兴农场死亡人口 3 人；原明泊洼农场死亡人口 7 人。

1989 年，原明泊洼农场死亡人口 3 人；原海兴农场死亡人数 4 人。

2009 年 11 月 1 日至 2010 年 10 月 31 日，合并后的海兴农场，一年间死亡人口 3 人。

表 13-5-1 海兴农场 2002—2019 年人口出生与人口死亡统计表

年度	出生人口（人）	死亡人口（人）
2002	78	12
2003	23	6
2004	19	5
2005	25	3

（续）

年度	出生人口（人）	死亡人口（人）
2006	26	3
2007	20	5
2008	48	17
2009	50	20
2010	24	3
2011	20	5
2012	17	4
2013	30	10
2014	39	12
2015	45	15
2016	46	17
2017	45	10
2018	42	8
2019	34	10

第六章 人口管理

农场建立后的四次人口普查是与人口管理关系极为密切的工作。依照规定项目普查的结果，为人口管理提供了必要的依据。

第一节 户籍管理

根据国家发布的《城镇户口管理暂行条例》《户口违警暂行罚则》和《中华人民共和国户口登记条例》等有关法令，海兴农场对户籍进行了认真管理。

户籍管理工作由县公安局负责。海兴农场是国营单位，人口多为非农业，公安部门对农场户籍管理尤为严格。

（1）常住人口管理：以户为单位登记造册，注明姓名、性别、民族、文化程度与职业等项。

（2）暂住人口管理：离开常住地方，来当地暂住的，须事先到公安局或派出所进行申请、登记，履行手续后即可领取临时居住户口证。

（3）出生与死亡管理：婴儿出生一个月内，凭父母的申报、出生证及父母工作单位的证明信，到当地派出所作出生登记。常住人口死亡后，须在当地派出所作死亡登记册，注销户口。

（4）迁出迁入管理：居民迁居外地的，须有迁入地公安部门的准迁证明，经当地公安局审查批准后，履行迁出手续。迁入农场的，事先持原所在地公安部门的证明，向公安局、人事部门申请，批准后，发给准迁证，履行迁入手续。

第二节 重点人口管理

因历史阶段的不同，重点人口所指对象也有变化。1982年后，根据国家有关政策，场内原五类人员大部被撤销监督，此时的重点人口则由公安局管理，管理对象为经劳改、解除劳教后的人员以及其他有劣迹人员和一般违法犯罪分子。

第七章　人口控制

农场成立之初，没有计划生育，人口生育处于无政府状态，育龄妇女在育龄期内生育数量多数为5～6胎，多的达10多胎，人口生育呈现高出生、高自然增长的状态。为了控制人口数量，提高人口素质，缓解人口与资源环境的矛盾，我国从20世纪60年代起，开始实行计划生育政策。

第一节　生育政策

1963年，盐山县号召一对夫妇最多生育3个孩子。

1966年，"文化大革命"开始，海兴农场人口计划生育工作停滞。

1975年9月，海兴县计划生育办公室成立，宣传一对夫妇只生两个孩子。海兴农场和明泊洼农场分别成立"计划生育领导小组"。

1983年，海兴农场和明泊洼农场组织计划生育大检查，对违反计划生育的家庭进行处罚。

图 13-7-1　计划生育宣传陶瓷壁画

第二节 晚 婚

1950 年国家实施第一部《婚姻法》。《婚姻法》规定,男满 20 岁,女满 18 岁为法定婚龄。1964 年提倡晚婚,要求男 23 周岁,女 21 周岁为最低婚龄。1982 年确定以男 25 周岁、女 23 周岁为晚育年龄。

第三节 计划生育

海兴农场 1975 年实施节育措施。1975 年开始全场已婚育龄妇女接受孕情普查。

第四节 计划生育奖惩

在海兴县的统一部署下,海兴农场和明泊洼农场自 1977 年依据上级有关指示精神作出一系列计划生育奖惩规定,以后根据上级要求并结合本场实际情况,不断完善计划生育奖惩制度。

2000 年 1 月,海兴农场领导班子中专设 1 名分管计划生育的副场长。

一、独生子女奖励

1984 年县政府规定,对已领取《独生子女光荣证》的夫妇,可享受下列之一的物质奖励或休假待遇:①干部、职工领取《独生子女光荣证》之后,原则上一次性发给夫妇双方每人儿童保健费 200 元。经济上有困难的单位,可按月发给夫妇每人 2~2.5 元,直到儿童年满 14 周岁为止。合同工、副业工、民办教师、社办人员实行按月领取儿童保健费的办法。②女干部、女职工,经本人申请和所在单位批准,可享受育儿假一年,工资照发,不影响全勤奖,但男女双方不再享受儿童保健费。

中国农垦农场志

第十四编

人　物

海兴农场地域的人民有着光荣的革命历史传统。在不同的历史时期，都涌现出有所建树的英才模范。在革命战争年代，许多英雄儿女为了中华民族的独立和解放，奋斗牺牲。进入社会主义建设时期，有为农场建设和发展呕心沥血的党政领导干部；有在农垦一线辛勤耕耘，无私奉献的老农垦战士；还有在平凡岗位上做出感人业绩的普通工作人员、教师、医生等。

本编分别设立人物传、革命烈士英名录和劳动模范、先进工作者名册。重点介绍了中华人民共和国成立前参加革命已故的曾任农场党政主要领导干部的简介或业绩，以示历史的记忆和褒扬。

第一章 人物传

本书为8位在海兴农场历史上作出突出贡献的中华人民共和国成立前参加革命工作的同志立传。为更清楚地反映这些同志的事迹，本章按照他们在1991年合并前的原海兴农场和原明泊洼农场最早的工作单位分两节编排。

第一节 原海兴农场人物传

杨之金

杨之金（1924.10—1987.08）男，汉族。1924年10月出生于海兴县西范村农民家庭。1946年2月加入中国共产党，并任西范村第一任党支部书记。1947年2月参加中国人民解放军，参加了著名的青沧战役。1952年7月任农场副场长，1956年6月至1968年5月任农场场长。1969年12月至1971年8月任县水利组负责人，1971年8月任明泊洼农场党委副书记，1973年11月任代理书记，1976年12月至1978年2月任县工业局局长，1978年3月至1978年11月任知青办主任，1978年
11月至1981年12月任县计委副主任并主持工作，1982年当选为县人大常委会副主任，1984离职休养，1987年8月因病去世，享年65岁。

杨之金早年参加革命。据1947年3月27日山东《渤海日报》报载：靖远县高湾区西范村干部杨之金不仅自己在区动员大会上带头报名参军，并且回村挨家挨户做宣传和说服工作，动员了35名青年自愿报名，当时这个村仅有73户人家的小村平均每两户就有一人参军。转业后他主要致力于农垦事业建设。1956年12月，他组织领导农场扩建筹备工作。1957年春，他带领农垦工人挺进荒无人烟、亦无房舍的苗家大洼，风餐露宿，用一把把镐，一张张锨，开垦荒地，改造农田，兴修水利，增产粮食，为农垦事业的发展做出了贡献，1956年河北省人民委员会授予他金星奖章一枚。1965

年他领导农场大搞台田建设，被树为河北省农垦系统的样板，受到河北省农垦局的表彰奖励。

赵洪岐

赵洪岐（1927.11—1986.10）男，汉族。1927 年 11 月出生于河北省黄骅市赵子扎村。1947 年 6 月加入中国共产党，先后参了著名的青沧战役支前工作荣立三等功、参加鲁南战役支前工作荣立二等功。1948 年 6 月在黄骅县公安局工作，1953 年调盐山县公安局工作，其间在中央人民公安学院学习。1956 年 7 月任盐山县委委员、县公安局局长。1959 年 7 月任盐山县人民检察院检察长。1960 年 7 月至 1961 年 11 月任盐山县高湾公社主任。1961 年 11 月至 1965 年 6 月，任盐山县农场党委书记。1965 年 7 月至 1966 年 5 月，任海兴农场党委书记，1970 年任海兴县机械厂书记。1972 年 6 月至 1974 年 12 月任海兴县物资局长，1974 年 12 月至 1977 年 11 月任海兴县公安局局长，1977 年 12 月至 1980 年 3 月任海兴县中学党支部书记兼校长，1980 年 3 月任海兴县人民法院院长，1984 年离职休养，1986 年 10 月因病去世，享年 62 岁。

赵洪岐在农场工作期间，领导全场干部职工，自力更生，艰苦奋斗，建设农场，特别在 1964 年 8 月，当一场特大洪水来袭时，他不顾带病的身体冒雨蹚水赶往被水围困的村庄，抢救灾民，转移群众。

徐金声

徐金声（1916.12—2005.08），男，汉族，是海兴农场入党最早的党员。1916 年出生于盐山县大徐庄一个贫农家庭。1922 年跟随伯父迁居盐山县大许庄子居住。1937 年 1 月加入中国共产党。1938 年在家乡组建除奸队，并展开了破坏公路、捣毁据点的抗日斗争。1938 年春节前被日伪抓获，遭受酷刑，坚强不屈。1940—1946 年先后在地下联络站工作，在传递信息、组织地方武装、配合部队打击日伪战斗中做出了贡献。1947 年解放战争时期，担任支前民工排长，参加了孟良崮战役。1948—

1950 年，担任大许庄党支部书记。1951—1957 年，先后在盐山县委组织部、商业局、堤东区委，担任组织干事。1958 年调盐山县农场工作，享受农工 4 级。在县农场期间先后担任 4 队、6 队、7 队政治队长、党支部书记，1965 年调农场供应室任党支部书记，1979 年 5 月离休。2005 年 8 月去世，享年 90 岁。

张维会

张维会（1918.08—1989.08），男，汉族。山东省临朐县柳山镇石崖嘴子村人。因家庭贫困，少年时期未能上学读书。1936 年，参加了北方武工队，在胶东半岛同剥削者和日伪军展开了激烈的斗争。1944 年，转入中国人民解放军 32 支队，同年加入中国共产党。在肖华同志的领导下，转战祖国各地，参加了著名的淮海战役和孟良崮战役，在部队中历任班长、排长、机枪连连长和营长等职务，在战斗中多次光荣负伤。1949 年部队南下时，因病留地方工作。中华人民共和国成立后，先后在盐山县兵役局、农林局工作。

1957 年，调盐山县农场工作。在农场工作期间，他先后在四队、五队、七队、运输队、果园任党支部书记，1979 年离休。

在三年困难时期，张维会同志为了挽留因生活所迫要离场的职工，自愿拿出 4000 元转业费给职工工资，解决了职工的生活困难，稳定了职工情绪，保障了农场生产的正常进行，为海兴农场的持续发展做出了贡献。

第二节　原明泊洼农场人物传

刘德福

刘德福（1922.03—2009.02），男，汉族，山东省宁津县人。1945 年 1 月参加革命，先在本县三区工作。同年 12 月加入中国共产党。1947 年、1948 年先后两次带民工南下支援解放战争，担任排长、教导员。1949 年调沧南地委组织部，任组织员。1953 年任宁津县委宣传部副部长。1958 年任中捷友谊农场书记处书记。1964 年任中捷友谊农场副场长。1965 年 5 月，调任明泊洼工作。1965 年 6 月任国营明泊洼农场场长。1972 年任海兴县革命委员会生产指挥部副主任。1979 年任大曹庄农场党

委书记。1983 年离职休养。2009 年因病去世，享年 87 岁。

刘德福早年参加革命。1958 年后历任中捷、明泊洼、大曹庄农场主要领导。1965 年受河北省农垦局的委托，组织领导了与新生劳改农场的交接工作并任第一任国营明泊洼农场场长。其间，他带领农场干部职工群众自力更生，艰苦创业，大搞农田基本建设，发展粮食生产，为农场的经济建设和发展做出了积极的贡献。

周秀山

周秀山，男，生卒年不详，汉族，河北省迁安市人。青少年时期以给庙宇绘制壁画为生。抗战时期参加革命，英勇善战，几次死里逃生逃脱日伪的追捕。曾任柏各庄农场分场党委书记，行政 14 级。1965 年 12 月调明泊洼农场党委书记，在场工作期间，领导全场干部职工自力更生，艰苦创业，勤俭办场，进行盐碱地综合治理。1968 年 10 月，担任明泊洼农场革委会主任。1972 年调海兴县直单位工作，负责新华礼堂的建设。1973 年，调回柏格庄农场工作。

原所仁

原所仁（1919—2006.11），男，汉族，1919 年生于山东省文登县（今文登市）。1941 年 1 月加入中国共产党，1941 年 3 月参加革命工作担任文登县区青救会宣传委员。1947 年担任支前指挥部政治处副主任。1952 年 2 月担任河北芦台农场人事科长、分场总支书记、农场组织部部长、党委副书记。1962 年 1 月 11 日至 2 月 7 日，在北京参加了中共中央扩大的工作会议，即"七千人大会"。1964 年 10 月 22 日，作为解放军政治学院地方干部第二期学员受到毛泽东、周恩来等党和国家领导人的  接见，并合影留念。1965 年 5 月担任明泊洼农场党委副书记，主要负责政治战线的工作。1968 年 10 月，担任明泊洼农场革委会副主任。1971 年担任海兴糖厂副厂长。1982 年 3 月担任海兴县人民政府顾问。2006 年 11 月 22 日去世，享年 87 岁。

张忠勋

张忠勋（1925.10—2009）男，汉族。1925 年 10 月生于盐山县后庞村一个下中农家

庭，初中文化程度，1947 年加入中国共产党，1949 年 1 月参加
工作，先后担任区委组织委员、区委副书记、书记，盐山县委
组织部副部长、高湾公社党委书记、海兴县学习办公室负责人、
海兴县革命委员会水利组组长。1971 年 8 月至 1973 年 11 月任
明泊洼农场党委书记。稳定农场局面，领导全场干部职工大搞
农田基本建设，改造农田，发展生产，1971—1973 年全场开挖
干沟两条，长 8 千米，新建扬水站一座，新建维修台条田
14000 多亩，基本实现了条田化，共动土 30 多万立方米，农业
生产获得了前所未有的大丰收，1973 年全场总产 189 万斤，超

过历史上最高水平。1974 年担任海兴县革委会生产指挥部副主任。1975 年 1 月任县革委
会副主任。1978 年 2 月任海兴县委常委委员。1984 年 5 月任海兴县人大常委会副主任。
1986 年 3 月离休。

2009 年因病去世，享年 84 岁。

第二章　劳动模范人物表

表 14-2-1　海兴农场县级以上劳动模范统计表

时间	姓名	性别	政治面貌	工作单位	职务	所获奖项	颁发单位
1951	吴宝安	男				全县劳动模范	盐山县委、县政府
1978.7	王宝德	男				全县农业学大寨劳动模范	海兴县委、县革委
	陈宝文	男					
	尚九德	男					
	曲寿松	男					
	张华清	男					
	高连升	男					
	高希山	男					
	张金岗	男					
	黄平泉	男					
	姜洪祥	男					
1979.7	邓金波	男				全县夏粮丰收劳动模范	海兴县委、县革委
	刘井新	男					
	黄平华	男					
	李树德	男					
	高洪如	那					
	黄世峰	男					
1995.8	邓金池	男	中共党员	海兴农场开关厂	厂长	海兴县劳动模范	海兴县政府
2007.5	张保泉	男	中共党员	海兴农场		海兴县劳动模范	海兴县政府
2009.1	刘竹青	男	中共党员	海兴农场	党委书记、场长	河北省农垦系统劳动模范	河北省农业厅、河北省人事厅、河北省总工会
2009	王玉庆	男	中共党员	海兴农场	副场长	海兴县劳动模范	海兴县政府
2010	张丛阁	男	中共党员	海兴农场工会	主席	海兴县劳动模范	海兴县政府
2011	李树楼	男	中共党员	海兴农场工会	副主席	海兴县劳动模范	海兴县政府
2012	刘月生	男	中共党员	海兴农场农业科	科长	海兴县劳动模范	海兴县政府
2013	张保泉	男	中共党员	海兴农场		海兴县劳动模范	海兴县政府
2014	马兰慧	女	中共党员	海兴农场河北翔宇体育设施制造有限公司	总经理	海兴县劳动模范	海兴县政府

表 14-2-2　海兴农场县级以上先进个人（工作者）统计表

时间	姓名	性别	政治面貌	工作单位	职务	所获奖项	颁发单位
1978	王长胜	男				支农先进工作者	海兴县委、县革委
	孙树林	男					
	杨义兴	男					
1979	左德芳	男				支农先进工作者	海兴县委、县革委

（续）

时间	姓名	性别	政治面貌	工作单位	职务	所获奖项	颁发单位
1980.2	冉长青 高金安 姚树松 王桂达 高洪如 刘金令 黄世峰 刘连峰 曲玉生 刘云发 姜台庆 李芳周 姚洪柱 车世华	男 男 男 男 男 男 男 男 男 男 男 男 男 男				1979 年度农业生产 先进个人	海兴县委
1982.1	刘华明 姚玉玺	男 男	中共党员			全县精神文明建设 先进个人	海兴县委
1982.2	黄平胜 邓金升 邓金秀 高洪如	男 男 男 男	中共党员			先进个人	海兴县委
1993	韩丑清	男	中共党员	海兴农场	党委书记、场长	河北省农垦系统 先进工作者	河北省农垦局
1995.02	刘竹青	男	中共党员	海兴农场	党委委员	发展场办企业贡献 突出记一等功	海兴县委、县政府
2004—2005	董海峰	男	中共党员	海兴农场	场长助理	2004 年、2005 年先进工作者	沧州市农业局
2008.4	乔海龙	男	中共党员	海兴农场财务科	科长	2007 年度农业系统 先进工作者	沧州市农业局
2008.2	张燕	女	群众	团委	书记	2007 年度沧州市农业 系统先进工作者	沧州市农业局
2008.2	李新港	男	中共党员	土地所	所长	2007 年度农业系统 先进工作者	沧州市农业局
2013.5	李淑梅	女	群众	海兴农场学校	教师	三等功	海兴县政府
2009.9	周庆萍	女	群众	海兴农场中心小学	教师	模范教师	海兴县委、县政府
2011.2	刘月生	男	中共党员	农经站	站长	2010 年度先进工作者	沧州市农牧局
2011	蒋秉权	男	中共党员	综治办	党员	海兴县社会治安综合 治理先进个人	海兴县委
2013、2015	董海峰	男	中共党员	海兴农场	副场长	嘉奖	海兴县委、县政府
2014— 2017、 2020	贾福利	男	中共党员	海兴农场	党委书记、场长	2013—2016 年 连续记三等功， 2019 年度记三等功	海兴县委、县政府
2014	吴金明	男	中共党员	海兴农场	副书记	嘉奖	海兴县委、县政府
2015.3、 2017.9	郝金芬	女	中共党员	海兴农场学校	校长	优秀教师	海兴县委、县政府
2017.1	贾福利	男	中共党员	海兴农场	党委书记、场长	2017 年全国农业先进个人	农业部
2018.1	贾福利	男	中共党员	海兴农场	党委书记、场长	2017 年度优秀市人大代表	沧州市人大常委会

表 14-2-3　海兴农场县级以上优秀党务工作者、优秀党员统计表

时间	姓名	性别	工作单位	职务	所获奖项	颁发单位
1979.12	张立文 姜兆庆 张金生 吕文华	男 男 男 男			模范党员	海兴县委
1986	段云呈 王贵华 高长槐	男 男 男	海兴农场工会	主席	优秀共产党员	海兴县委
1988.7	刘华明	男	海兴农场医院	院长	优秀共产党员	海兴县委
1989—1991	刘华明	男	海兴农场医院	院长	1989、1990、1991年度优秀共产党员	海兴县委
1994.7	韩丑清	男	海兴农场	党委书记、场长	优秀党务工作者	沧州市委
1995	林萍	女	海兴农场	副场长	优秀共产党员	海兴县委
1995	邓金池	男	开关厂	厂长	优秀共产党员	海兴县委
2002.1	刘竹青	男	海兴农场	党委副书记	优秀党务工作者	海兴县委
2002.1	王玉庆	男	海兴农场	副场长	优秀党务工作者	海兴县委
2002.6	张栓柱	男	综治办		优秀共产党员	海兴县委
2003.7	张殿文	男	农场医院	院长	优秀共产党员	海兴县委
2004.7	刘竹青	男	海兴农场	党委书记、场长	优秀党务工作者	海兴县委
2004.7	张华龙	男	文教科	校长	优秀共产党员	海兴县委
2006.7	张殿文	男	农场医院	院长	优秀共产党员	海兴县委
2006.7	刘国章	男	第二中心小学	校长	优秀共产党员	海兴县委
2006.7	张保泉	男	海兴农场三队	队长	优秀共产党员	海兴县委
2007.7	井树伟	男	海兴农场	副场长	优秀党务工作者	海兴县委
2007.7	高凤珍 乔海龙 王金明 齐世英 吕海山	女 男 男 男 男	文教科 农业二队	科长 队长	优秀共产党员	海兴县委
2010	乔海龙	男	财务科	科长	优秀党务工作者	海兴县委
2010.7	郝金芬	女	第一中心小学	校长	优秀共产党员	海兴县委
2012	吴金明	男	海兴农场	党委副书记	创先争优活动优秀党务工作者	海兴县委
2012	姚双军 秦晓寒	男 男	内保科 办公室	科长 副主任	优秀共产党员	海兴县委

第三章　海兴农场新民主主义革命时期烈士名录

在新民主主义革命时期，海兴农场涌现出一批为革命事业牺牲的烈士。

表 14-3-1　海兴农场新民主主义革命时期烈士名录

姓名	性别	出生时间	户籍	工作时间	入党时间	牺牲时间	牺牲地点	工作单位	职务	安葬地点	备注
许宝恒	男	1919	孔庄子	1939		1940	孔庄子	孔庄子	民兵	孔庄子	
张树森	男	1909	孔庄子	1934	1937	1942	大摩河村	盐山县第四区	区队长	孔庄子	
姚洪智	男	1917	孔庄子	1937	1937	1943	山东省高苑县田镇冯郭庄村	鲁南军区训练队	连长	孔庄子	
姚洪烈	男	1918	孔庄子	1940		1944	山东省沾化县下洼村	渤海军区青年连	战士	孔庄子	
高吉银	男	1920	孔庄子	1940		1945.3	吴桥县桑园	渤海十八团一营	战士	孔庄子	
高玉山	男	1919	孔庄子	1942	1937	1946	沧县风化店	渤海十八团一营	战士	孔庄子	
王学增	男	1922	孔庄子	1938	1942	1947	山东省沾化县下洼	渤海军区	战士	下洼	
李淑杏	女	1922	孔庄子	1943	1943	1945	盐山县姜牛村	盐山第六区妇联	主任	孔庄子	
姚书甫	男	1920	孔庄子	1938	1946	1948	吉林省四平	东北野战军六纵	教导员	四平	
孟庆海	男	1922	孔庄子	1946		1948	徐州	华东野战军一纵	战士	徐州	
王学文	男	1921	孔庄子	1946	1945	1948	吉林省四平	华东野战军一纵	班长	四平	
张立成	男	1925	孔庄子	1947		1948	淮海	华东野战军一纵	战士	淮海	
刘芳田	男	1973	刘佃庄	1941		1942	盐山县黑牛王	渤海十八团一营	战士	刘佃庄	
黄玉瑞	男	1922	刘佃庄	1941		1944	盐山县邢庄	渤海军区除奸团	战士	刘佃庄	
车锡明	男	1920	刘佃庄	1944	1938	1944	盐山	盐山县六区	助理员	刘佃庄	
刘连增	男	1902	刘佃庄	1943		1945.7	黄骅县狼坨子	海防支队	战士	刘佃庄	
姜志平	男	1921	栾庄子	1946		1946	盐山县郝庄子村	盐山县大队	战士	栾庄子	
韩英才	男	1925	栾庄子	1943		1945	盐山县郝庄子村	渤海三分区	战士	栾庄子	又名韩金才
姜树青	男	1925	栾庄子	1945		1949	黑龙江省七爷岭七道河	东北野战军六纵十八师五十四团	战士	七道河	
姜志方	男	1919	栾庄子	1945.4		1948	热河	东北野战军六纵十八师五十四团三连	连长	1984.10.1日迁葬本村	又名姜金堂
王文仲	男	1918	马庄子	1938	1938	1942	南皮县朱八拨	盐山县大队	排长	马庄子	
郭金亭	男	1920	马庄子	1940		1949.2	山东省乐陵县	渤海十六团一营	连长	马庄子	

（续）

姓名	性别	出生时间	户籍	工作时间	入党时间	牺牲时间	牺牲地点	工作单位	职务	安葬地点	备注
任之理	男	1913	苗庄子	1937		1939	盐山	盐山交通站	通信员	苗庄子	
张希才	男	1917	苗庄子	1937		1941	新海县大赵村	冀鲁边三分区盐山独立营	排长	大赵村	
车风桐	男	1912	苗庄子	1939		1941	新海县	盐山县大队	战士	苗庄子	
任之信	男	1911	苗庄子	1938	1938	1942	道口村	盐山独立营三连	连长	苗庄子	
苗宝深	男	1919	苗庄子	1940		1942	赵毛陶	盐山独立营	战士	苗庄子	
武之荣	男	1927	苗庄子	1942		1942	王姑娘村	盐山独立营	战士	苗庄子	
张士林	男	1917	苗庄子	1937		1948	山东省阳信县刘泊务大沟家	渤海十七团三营七连	连长	苗庄子	
赵吉瑞	男	1925	苗庄子	1938		1943	山东省王八腿	冀鲁边十七团三营七连	战士	王八腿	
车金峰	男	1927	苗庄子	1942		1943	庆云县宋口	冀鲁边十七团三营七连	战士	庆云县宋口	
赵吉臣	男	1921	苗庄子	1940	1943	1944	大黄庄	盐山六区中心村	村主任	苗庄子	
武文明	男	1921.3	苗庄子	1943		1944	盐山县曾庄	渤海十八团一营	战士	苗庄子	
车金生	男	1918	苗庄子	1943		1944	盐山监狱	盐山三区中队	战士	苗庄子	
孙玉帮	男	1928	苗庄子	1943		1947	交河县泊镇	渤海十七团三营七连	战士	苗庄子	又名孙金练
崔立文	男	1928	苗庄子	1946.9		1948	天津东沽	渤海十七团一营一连	战士	苗庄子	
平景顺	男	1927	苗庄子	1947		1948	河南省淮阳县黄路口	华东野战军一纵	战士	黄路口	
车希尧	男	1928	苗庄子	1947		1948	龙海路	华东野战军一纵	战士	龙海路	
周树林	男	1923	大黄庄	1947.2		1949.5	上海	二十六军七十八师二三四团二营六连	战士	上海黄渡镇	
柴金亭	男	1929	大黄庄	1946		1948	河南省蔡岗	华东野战军一纵三师八团六连	战士	大黄庄村	
李义顺	男	1928	大黄庄	1947		1948	淮海	盐山县担架队	民工	大黄庄村	
王贵田	男	1923	大黄庄	1947		1949.5	河南省淮阳县	华东野战军一纵三师八团重机枪连	战士	大黄庄村	
张风义	男	1927	大黄庄	1943		1943	新海县王徐庄子村	盐山县大队	战士	大黄庄村	
安如臣	男	1921	大黄庄	1942		1944	吉科村	盐山县大队	战士	吉科村	
张庆环	男	1924	大黄庄	1943		1944	山东省惠民	渤海十六团一营三连	排长	大黄庄村	
李义清	男	1927	大黄庄	1945		1948	山东省济南	渤海纵队十一师十八团	战士	大黄庄村	
陈玉顺	男	1920	小黄庄	1942		1942	前小里寨村	盐山独立营	战士	小黄庄	
刘汝哲	男	1924	小黄庄	1939		1944.9	贾庄村	盐山独立营	战士	小黄庄	
高金辉	男	1923	小黄庄	1943		1946	山东省乐陵	盐山县大队	战士	乐陵	
孙宝玉	男	1924	小黄庄	1947		1948	淮海	华东野战军	战士	淮海	
丁兆凤	男	1917	小黄庄	1947.2		1947.8	山东省济南	渤海纵队十一师十八团	战士	小黄庄	又名丁风祥

注：本表为 1949 年前数据，含大黄庄村。

第十五编

民俗　文艺

海兴农场人在征服脚下盐碱地的同时，还擅长笔耕为文，荣登大雅，脍炙人口；客家赞许，名扬四海，催人振奋。

第一章 民 俗

海兴农场居民受所处的自然条件和社会历史环境的影响，其饮食起居、风俗习惯、服装发式等都有自己的地方特色。然而随时代变迁和经济社会的发展，与各地交流越来越频繁，促使这里的一切也在悄无声息的变化。

独特的地域自然环境使海兴农场形成了独特的民情。而随着社会经济的发展和社会生活水平的提高，海兴农场居民生活习俗的"趋同性"正在逐渐加强。

第一节 居民生活

海兴农场环境地势低洼，旱涝交替。当地民间谚语"涝了收蛤蟆，旱了收蚂蚱，不涝不旱收碱嘎巴"就是那时的真实写照。

中华人民共和国成立之初，经过土地改革运动，贫雇农获得了洼淀和耕地，实现了"耕者有其田"，人们在自己的土地上耕种，劳动生产积极性提高，生活水平也相应得到了初步改善。

1957年，盐山县农场迁入现境，垦荒拓土，发展农业生产。1958年农业生产在"大跃进"中探索前进，人们向往"楼上楼下，电灯电话"的美好生活，小麦、玉米、高粱、甘薯丰收，但水稻种植失败。1959年开始的"三年困难时期"，农场职工坚持发展生产，克服困难，采用"瓜菜代"解决克服粮食困难问题，把尽量多的粮食贡献给国家。1962—1964年尽管受到连年水灾影响，但粮食生产没有放松，居民生活也得到改善。

"文化大革命"中后期，海兴农场"抓革命，促生产"，执行"以粮为纲"的指示精神，开始大兴水利工程建设，改良盐碱地，同时植树造林，改善生产条件，粮食产量逐年提高。20世纪70年代一批工业企业起步，农场经济总产值增长迅速，职工口粮按计划供给，工资不断提高，职工生活稳步改善。

中共十一届三中全会以后，海兴农场实行联产承包责任制，农业职工积极性空前高涨，海兴农场工业逐步成为经济的主导。由于职工收入增长较快，职工生活发生了极大的变化，住房由土木结构的土坯房改建为高大宽敞的砖土结构。粮食也由过去的以高粱、玉米为主到以白面、大米为主，肉蛋奶、蔬菜、鱼类进入普通职工家庭。人们的衣着逐渐由老粗布到平纹布、化纤布、毛料，且样式多变。居家用品由大板箱、缝纫机、自行车、手表、收音机发展到电视机、摩托车、音响和各式高档家具。

2000年后，海兴农场发展进入新时期，职工收入大幅度提高，职工、自由就业者实行劳动保险制度，职工家庭开始购置小轿车、商品楼房、空调、电脑，职工家庭步入城镇化。

2016年，农垦人家小区建成后，部分居民迁入新居，生活条件得到进一步提高。

第二节　居　　住

海兴农场建立之前，现境居民所住房屋就地取材盖成的低矮土房。通常是取水加土掺上麦秸和泥，或直接在水坑边挖泥掺上麦秸拌和，取出置于木制长方形坯模内压平晒干，叫作坯，用来垒墙。

起房时稳好中檩，上供、烧纸、放鞭炮。堂屋冲檩上多贴画有太极图形阴阳鱼的方形红纸（也有的画阴阳五星），红纸上边三个角分别写着"北、西、东"字样，无"南"（难）。另有"坚如磐石""太公在此"之类横批或吉祥语对联。檩条数量早年多为五檩，后为屋宽敞檩条增为七檩。檩条上面铺苇笆或秫秸薄，苇笆或秫秸薄上再铺直径约20厘米的苇把子或秫秸把子（再早的老房无苇笆或秫秸）。房檐用木条、橡子，再将芦苇或秫秸铡成一定长度放于橡子上与苇把或秫秸把子相接。房顶上拌草厚泥，首层填平压实，干后再上一层，使屋顶平整结实。以后每年春季都要泥房。房内墙用麦糠和泥，称"挂屋里"，外墙用铡短的麦糠泥墙。

院落一般为四合院，正房一明两暗，或加东西套间，或为正房三间或五间，正房坐北朝南，门窗南向开。堂屋东西两面盘锅台，东西里屋盘火炕。东西厢房通常做柴房或存储杂物，有的也住人。

海兴农场由大韩庄迁来之初，全部人员借住在刘佃村。1959年建造房屋，地址在孔庄子村南约三里处，六排平房，砖木结构，部分做场部办公之用，其余为职工宿舍。

其后，海兴农场陆续投资兴建职工宿舍。在"文化大革命"前后时期，职工宿舍多带南房的小院落。

2010年海兴农场投资200万元用于270户原住房改造。同年还投资100万元建设了占地5000平方米的职工休闲小区。小区内配备有齐全的休闲娱乐设施。道路硬化，环境美化。

2013年，海兴农场为职工维修了130套平房，新建完成46户职工住房。

2015 年，海兴农场建成"农垦人家"住宅小区，有 8 栋住宅楼。

图 15-1-1　农场居民的生活

第三节　饮　食

由于地势低洼且盐碱的原因，中华人民共和国成立前海兴农场农作物主要种植小麦、高粱及少量豆类，而且产量很低，难以维系人们食用。为能果腹，晚春至秋人们尽可能多的采集野菜和捕捞洼淀小鱼虾作"代食品"，冬季储存的干菜和糠类为副食，"半年糠菜半年粮"。

男人劳动辛苦，多吃不拌糠的窝头、饼子，称"净面儿干粮"。小麦面粉称"白面"，是稀罕物，平时只留给客人、老年人和小孩子。年节才有可能全家人吃上白面饺子。家庭妇女平时以糠菜为主食。苣荬菜、扫帚菜等野菜焯熟，凉水泡后挤干攥成球状，滚上面子糊蒸熟，称作"菜团子"。冬季无新鲜菜，则以粮食糠、黄蓿籽掺少许面子做成扁球状蒸熟吃，称作"糠汽溜"。如果把"糠汽溜"生时掰成两半对称作"半拉块儿"。

春天里，人们从盐碱地上扫来细土称"盐土"，用盐土腌制鸡蛋，50 天以后煮熟蛋黄呈鱼子红，流油喷香，是待客的佳肴美味。秋后用盐土腌制大白菜、萝卜，是人们全年的主打菜，成为"就吃"。把好一点的大白菜挖地窖储存起来，供冬春季改善伙食之用。

精选黑豆或黄豆为原料自制"豆酱"，优质的豆酱色黑褐，味道芳香。老习惯正月不动磨，农历二月，先把豆子炒熟磨粉，拌适量水攥成拳头大小的球状，称"酱蛋"，然后放在铺有麦秸的筐篓里，置阴凉通风处自然发酵 40 天左右，取后用榔头砸碎碾轧成粉，加少量水和盐拌成"扒拉子"，放在炕头温暖再发酵，隔两天放些盐搅拌一次，半月后即可食用。这样做出来的黑酱存放的时间越长越芳香。

洼地里生的蒿子籽是不可多得的食用油料。蒿子在深秋时割下晾晒干，用碌轴撵下的籽粒，俗称"蒿子米"，把蒿子米上锅焙炒再碾碎即可打油。蒿子米油味略苦，称"苦油"。将苦油倒入锅中熬开，成"熟油"，苦味大减，是上好的食用油。黄蓿菜籽也可打油，黄蓿菜籽油没有苦油香，味甜称"甜油"，炸制食品更好。

1958年以后，海兴农场的大片洼淀逐渐改造成"大田方"，成规模种植粮食作物。1975年前后开展多种经营，除种小麦、高粱及豆类大田作物外，还种菜蔬果类，并且成立了专业的畜牧队。农场职工不仅吃喝无忧，而且粮食搭配科学合理，菜类副食也保障供给。2000年后，奶、蛋、鱼、肉类成为普通人家餐桌上"当家菜"。

饮用水是与粮食同等重要的生活必需品。农场建立前只能饮用浅土井过高盐分的咸水。夏季接着房上流下的雨水饮用就是享受了。后来国家投资打了深机井，人们喝上了淡盐水，称为"甜水"，然而水中含氟量超标。长时间饮用造成人牙齿变黄褐色、甚至骨质疏松。1996年后投资配置了饮水过滤设备，从而保证了饮用水卫生、软化，利于健康。2013年，全部居民饮用黄河水。2019年，海兴农场生活用水改用长江水。

第四节　服　饰

现境居民自古就是和着时代穿戴打扮。中华人民共和国成立之初，所用布料多出自当地农家自织粗布，染成黑、蓝及枣红色，个别富裕人家能穿"细洋布"。

服饰，一般是短衣长裤。多穿对襟衣，钉手打胡里疙瘩扣，老年人有的还穿晚清和民国式样的大襟袄。女短衣，前大襟，左侧钉扣，短直衣领。分夏单，春秋夹袄，冬棉袄。裤为直筒裤，腹上部为白布大裤腹，系布腹带。中老年女性以布带扎绑裤腿脚。重要场合，男子依据季节分别穿大褂、夹袍、棉外套大褂；女穿长裙。如此装束直至县农场建立，其后仍有老年人沿袭。

农场搬迁到孔庄子一带后，职工居民仍有穿老粗布，也有用细棉布和针织布做衣服。1959年至"文化大革命"后期属计划经济时期，实行布票管理，人年发布票1丈至1丈1.75尺，最低的1959年发1.8尺，1962年发2.7尺。"文化大革命"后取消布票。随之时兴穿"中山装"，男装为黑、蓝色，女装颜色稍多。老年人仍有穿旧式服装。男戴布帽，棉帽和围脖，女戴头巾、围脖。发型，男有分头、平头、光头、大背头，女子剪短发，梳小双辫。鞋，除了家做旧式布鞋外，还穿松紧口布鞋，扎眼系苇鞋，"解放"胶鞋和皮鞋。此时手表已成为奢侈品，为青年人所追捧。

到 1995 年时农场职工的服装与城市居民差别很小，进入 21 世纪，城乡差距更小，农场居民与城市居民衣着没有任何差别。

第五节　风　　俗

海兴农场初建时人口为多源而聚，但当地人是主流。后经短时自然调整流动，原本就很少的外来人口所剩无几。

一、生育

1. **妊娠**。俗称长好病，喜病，双身子等。生男生女的预测有"酸儿辣女"之说，即孕妇"爱吃酸生儿，爱吃辣生女"；孕妇脸上多斑生男，无斑或少斑则生女。近年来，农场孕妇则定期去医院检查，及时了解孕情。

2. **分娩**。孕妇分娩，俗称"坐月子""倒下"。孩子出生后先枕本书，产妇一般吃煮鸡蛋增加营养，喝小米汤称"定心汤"，喝鲫鱼汤催奶子。也有人家在门口挂红布条，告知外人不得随意进入。孩子出生后将产妇的母亲接来伺候 12 日，同时将煮鸡蛋分给邻居。满月后，产妇娘家接去"住满月"。孩子一百天要过"百岁"，摆宴席请亲友祝贺。孩子满周岁要"抓生"，一般是桌上摆放笔、书、算盘及食物等等，让孩子抓，以预测孩子的聪慧与成人后的职业。

二、婚嫁

1. **订婚**。旧时男女订婚是在家长包办下操作的。1950 年后贯彻《中华人民共和国婚姻法》，男女青年通过媒人牵线自由发展，这时通过一定形式确立婚姻关系，即订婚。

订婚一般通过以下几个环节：男女双方接触交流、密切交流，家长认可，吃订婚饭。其间，有媒人的宴请媒人参与订婚仪式，无媒人的也要请人充当媒人。

2. **嫁娶**。结婚之前，男方要给女方送"彩礼"，俗称"过礼"。礼品多是"新媳妇"过门的应用之物。另外加少许现钱，称为"针线钱"或"绸子裤钱"。近些年时兴"大包儿"，即一大包子现钱，由初时的一万元两万元直至眼下十几万元，甚至更多。

结婚当天，男方扎彩车去接媳妇，要带上"四色礼"。"四色礼"俗称"谢娘礼"，是老礼，指的四种食物，有粉条、点心和鸡、鱼。2000年以来，"四色礼"变成了"八色礼""十色礼"，量上也大增，每种食物从升至八斤、十斤，称为"八大斤""十大斤"。接媳妇的车辆有一辆至目前请婚庆公司的新车队。

媳妇上车前娘家上窗台上准备些硬币让出嫁女抓一把，带在身上做"压腰钱"，剩下的是"给娘家的福"。上车后换下穿过的鞋，称之"不带去娘家的土（福）"。路上过桥放鞭炮，谓之驱邪。

典礼是结婚仪式的主要环节。农场初建时将附近村的"拜天地"习俗改为向毛主席像鞠躬，直至2000年前后在大红双喜字下行礼。再后来产生了婚庆公司，举办婚礼则交由婚庆公司操持打理，奏喜乐、搭彩门、筑彩台，新娘穿婚纱，新郎着西装。亲朋毕至，共同见证庆贺一对新人步新婚殿堂。

第二章　民间诗歌和歇后语

一、打油诗

许孔车刘苗，

栾马拱黄庄，

东西二和乐，

捎带刘武庄，

站在故城向东望，

一片白龙江

草上不接穗，

怎样完钱粮？

二、谚语

旱了东风不下雨，涝了东风不开晴。

傍晚火烧云，明天晒死人。

东虹云彩西虹雨，南虹过来下涝哩。

二月清明花开败，三月清明花不开。

一九有雪，九九有雪。

小雪不耕地，大雪不行船。

三月雨，贵如油。

冷在三九，热在中伏。

中冷不冷不成年景，中热不热不成年月。

开门风，关门雨。

风刮一大片，雹打一条线。

人误一大片，地误人一年。

粪是农家宝，种地离不了。

芒种三天见麦茬。

头伏萝卜末伏菜。

麦收八十三场雨。

阳沟菜花往家刮，大麦小麦往家拉。

初伏热，一颗豆子收一捏；初伏冷，一颗麦子收一捧。

立冬不出菜，必定受一害。

种地不上粪，等于瞎打混。

秋后划破皮，胜过来年耕一犁。

干枣湿树，木匠见了就去。

要想快致富，造林栽果树。

三、歇后语

船上烙饼——划过来。

纳鞋不用锥子——针（真）好。

长虫吃莲杆——直脖了。

武大郎杠檩条——顶到这啦。

养活孩子让猫叼去了——没有着急的人。

土地爷接城隍——慌神了。

半夜下饭馆——有么算么。

第三章　文学作品

第一节　诗　　词

龙洼钓台

龙浦圆开镜，清清荡河烟。

严桐千古傲，姜渭一纶寒。

静照芦花月，闲斋云水天。

杆头生竞稳，风雨自年年。

（选自同治《盐山县志》）

院里的老枣树（外一首）

杜景楠

只需一方土

扎根

你是我远行对家的眷恋

更是游子的浓浓亲情

有没有沉默的勇士

轻吻皎白月光

老屋的炊烟裹着你

和玉米粥的香

凉凉的秋风掠过

醉在你绿色的怀抱

好想温暖

你挂满夕阳，沉重

而潮湿的脸庞

冬天把秋天收走

南　木

如果冬天把秋天收走

我应该还记得一地柔软的黄金

是你的衣裳

我想在那还留有雪的模样

你的眼神，婴儿般无助

但仍然是天真的失血的彩霞

能否度过这个冬天？

别再无语，别在无语中等待春天

我的胸口仍怀抱你离开时唤醒的

东北风

（原载于 2010 年 12 月 23 日《大众阅读报》）

明泊洼的梨园

李玉兰

一定有一条路

通往秋天

一定有一条路

通往梨园

它们一棵挨着一棵的肩膀

一棵挽着一棵的手腕儿

枝梢上滚圆的梨子

像是内心的灯笼

那些饱满的心事

已嫁接给见多识广的蜜蜂

梨园的深处

空气是绿色的

笑声是绿色的

明泊洼里泊着绿色的希望

透过绿色

我仿佛看见一身素衣的梨花姑娘

一支玉笛吹的梨花飞扬

梨花的白

湿漉漉的白

仿佛亿万只蝶儿在轻盈的飞翔

此时

我真想做一棵老梨树

一半在土里

一半在天上

在海兴农场

吕游

雀巢在上，杏花在下

几小块乌云被鹅黄的杨树枝

托举着，像未洗的黑布

有人敲门，有人春心荡漾

不是在墙外，这里有万亩杏林

枝丫连着海，早已没有了墙

雀巢在上，杏花在下

它们用翅膀连接起滚滚波涛

仿佛一把油纸巨伞，听到

鸟啼，就听到了雷声

就听到渤海湾涛声向着我涌动

目光在上，脚步在下

我看另一片天空，被木槿

白蜡，金柳，榆树

驮着，仿佛无数蓝色卷经书

被海风翻动，在前方等我

（《离海的心脏很近的地方》组诗之一）

明泊洼访杏诗六首（选三）

王秀之

访杏

单车行古道，青发作飞蓬。

一路曲折问，双沟横纵生。

举眸忽见雪，欲语却难逢。

终可花门入，枝间惊落红。

亲杏

远望起清云，依依天地间。

百折忽可近，香过似能燃。

风动说春事，花飞生夏禅。

葬花不见泪，蜂瑟暖人烟。

别杏

白英飘若雨，落入袖怀间。

树下生甜菜，头中缀素纨。

相别梅意在，欲守柳心繁。

大路通天外，重来又几年？

海兴农场杏花开

王秀芝

遍地落烟霞，驻足惊杏花。

香积弯水上，青律一时发。

第二节　歌　曲

农场，农场，我的家乡

李新岗

农场啊，农场我的家乡

马路上灯火辉煌

大街小巷是人来人往

百果园森林海洋

农垦小区高楼大厦

耸立在美丽的农场

现代的园区笑迎宾客

共度那美好的时光

农场啊，农场我的家乡

宣惠河碧波荡漾

中古的辣木四海名扬

汤孔路绿树成行

光伏、华能八方透亮

中澳牛肉落户农场

蓝蓝的天空清高气爽

奔向那健康的地方

农场啊，农场我的家乡

采摘节喜气洋洋

果树的果实四处飘香

迎八方旅游客商

草地凤凰展翅飞翔

树枝鲜桃蟠桃一样

采摘的盛会喜迎宾客

淋浴那春日的阳光

第三节　散　文

木槿花开

——海兴明泊洼游记

邵玉基

序曲

诗以教和，八月，一个原本预报有雨的周末，沧州诗歌微信群诗友一行九人，组织赴海兴采摘一日游。

沧州诗人吕游是微信群群主，也是此次活动的组织者，应海兴诗友周彖盛情邀约，兑现此行。同行的除了"老大"外，还有诗人战芳，这对我是个惊喜，因为我们是微信好友，早已"不见其人先闻其声"了。我对她诗品分外敬重。诗歌群内，女诗人不在少数，各具特色，异彩纷呈。私下认为战芳的诗歌力度与厚度兼具，灵动与绚丽斐然，实属难得，我曾戏称她是诗歌群中的"女汉子"。更令人温暖的是，但凡群里组织活动，战芳每次都积极帮助组织筹划，不辞辛苦，付出很多。今天能与偶像级别的人物同行，心中自是暗暗激动不已。李玉兰，也是一位才华横溢的女诗人，曾记得刚开始的时候，我在群里对她的诗歌指指点点，心想一定会遭到迎面报复。然而其如谦谦君子，蔼蔼之风扑面，实在令我这诗歌门外汉大为汗颜。她的诗歌风格清丽爽朗，不拖泥带水，每次读来犹如一股春风，舒爽怡人。纪坤栋老兄，文如其人，老成持重，诗歌大气老道，思想深邃，时时闪耀出智者的光辉。难能可贵地做到与时俱进，总能够触摸到国家、民族、时代、正义、崇高的脉搏。作为老师，诗歌与人品双丰收。娄勇，虽然时已中年，但是诗歌的触角异常敏感，诗歌玲珑小巧，充满智慧的思索，很值得揣摩玩味。另外两个诗人乐山和鱼儿跳跳，没接触过，据说也是微信群里的中坚力量。我作为诗歌的追随者，一直在大门外徘徊，也曾想过栽花，可是花总凋谢，实则是一枚浑水摸鱼的主儿。人们约好在解放路大东海对过集合，一起出发。

路上

7点30分，两辆车，朝着海兴出发。我从小生长在沧州西部农村，今天踏上沧州东边的大地还是头一次，虽然同在一片蓝天下，也许此白云非彼白云，十里不同乡，因此心里和年轻人一样油然生起了好奇。天空里浮着淡淡的云，一丝风也没有，太阳在云雾后面慢慢升起来，仿佛一个赖床的孩子，揉着惺忪的眼，无精打采。黑油油的柏油公路宽阔笔直，白色的分隔线、警示线穿过车窗直逼人眼。被行道树分割成一块块的田野里，绿意朦胧，早秋的玉米罩在轻雾中，增添了些许神秘感。眺望远方，则是雾海苍茫，或许和真正的大海相接也未可知。郊区公路两边，高低矗立着很多楼房和工厂，醒目的公司名字和立在路边的五颜六色的广告牌，向路人展示着该地的经济繁荣程度。旧州，沧州铁狮子风雨沧桑矗立的地方，这里有炼油厂，楼房鳞次栉比；孟村的管道业是主打产业，各种型号的管道，行销全国。进入盐山县，同车的人说，盐山无盐，海兴无海。因为眼睛一直盯着车外，遂没有深究。沧州东部，地广人稀，放眼远处，云雾散去的太阳底下一片碧绿，没有边际，汽车俨如一叶扁舟，漂浮航行在海面上，浪里穿行，悠悠荡荡，时而被托起到浪尖，时而又淹没跌至绿色的低谷。沧州沿海有盐山、海兴、黄骅、渤海新区几个县市，随着黄骅大港的开发建设和渤海新区的日益崛起，沧州东部经济隆起带一定会辐射沧州全境，惠及整个燕赵大地。

木槿花开

一百二三十里的车程，经过一个半个小时的绿海航行，9 点 40 分，终于靠岸，停泊在一个干净整洁的小村庄。村中央被一条贯穿南北的宽阔柏油马路分成东西两半，两边崭新的房屋，一排排一栋栋，秩序井然，白墙红瓦，美观大方。偶尔会看见一辆汽车或拉着农用物资的三轮车突突而过。街面整洁，两边花坛中栽种的花草长得正盛，开着五颜六色的小花，空气中弥漫着淡淡的花香。地面很干净，一片纸屑也没有。这是一个绿色的村庄，一个生态的村庄，远离城市喧嚣，犹如一位隐士，因为志趣的选择，栖息在这片幽静的土地上。

主人家同样是一座整齐的院落，高大的门楼，满院生辉四个大字镶嵌在门楣上面。门左边，有一棵树，树干笔直，一米半开外，树冠适中，既没有浓荫蔽日的阔大，也没有尚未成年的弱小和幼稚，绿景婆娑，开着疏朗有致的艳丽的花。花朵粉白色，在绿叶的映衬下煞是惹眼，"万绿丛中一点红"，它们俨然成了明星，吸引着我们的眼睛。

"这是什么树呀？"好奇者立马提问。

"你看这花开得多鲜艳！"人们纷纷附和道。

按理说一群整日价以风花雪月为写作素材的诗人，对于眼前的尤物是应该没有疑问的，可好大一会过去，没有一个人给出明确答案。"你们都不知道叫什么名字？好，既然都不知道，还是让我告诉你们吧。"我挑逗大家的胃口说道。说实在的，这种花树以前真的见过，却又不敢断定。我所居住的小区前面滨河公园里，花的种类很多，每天清晨或傍晚散步，都刻意观赏一番，以便记住花的名字和特性。海棠花、紫薇花、木槿花都呈现粉白的，浅浅的颜色。可是海棠花已经谢落，木槿和紫薇两种，直到今天仍然分辨不清。

"快说呀，别卖关子了！"快嘴的千江月催促道。

此时，迎接我们的海兴朋友周衆来了，原来我们走错了路，然后按照他的指点百转千回找到家门口，而自己却落在我们后面了。事先已经听说过，见面后看到诗人周衆年纪轻轻坐在轮椅上，心里还是不免吃了一惊。握手寒暄后，虽然还不相熟，我就径直走过去讨教了。

"这棵花树真美。请问这是什么树种？"

"哦，你是说它呀，主人转过头，看了看树和花。这是五年前我从沧州买回来的。本来门两边一边栽了一棵，可是不会管理，门右边的那棵死掉了，这棵我想兴许也活不长，可是倒很顽强，活过来了，竟然长成现在的模样。你们不知道吗，这是木槿呀。"

我恍然大悟，感觉脸上有点烫手。任何事情的成功，都是给那些有充分准备的人的。

周衆家的院子整齐干净。迎面是西厢房。大门南侧，利用有限的空间，开辟出一小块菜园。正面五间大瓦房，阳台下面，簇拥着一团依然开放的花草。和周衆父母见过面后，不再停留，大伙嚷嚷着去梨园。

出了大门，人们匆匆上车，我不禁又回头看了一眼那棵木槿树，含着熟悉、亲切而又尴尬的心情。

梨园

梨园很近，汽车拐出村庄，迎面是一个正在挖掘的大池塘，池塘左侧，便是一片果树林。一行行的梨树正值青年，风华正茂，精神抖擞，每棵树上都硕果累累，看得出此地土地肥沃，更有梨树主人无声的付出。梨树下，梨树行间，长满了草。这些草浓密茂盛，生机盎然，也许是水分和养料充足，也许是不同于荒野杂草的品种，竟然棵棵秀丽，玉立亭亭，即使那么浓密，那么拥挤，也不杂乱，整齐划一地向上生长，或者因为风的吹拂，一律摆出俏皮的倾斜姿势。大伙立刻注意到了这点，开始亲近地蹲下来，仔细观赏，轻轻抚摸，倒是忘记了来梨园的初衷似的。周衆催促了，"你们看天气热起来啦，大家赶快采摘吧，尽情品尝！"于是几位男士站起身来，探囊取物般采摘起来。黄澄澄的梨，透着无比的诱惑。我顺手摘下一个硕大的梨子，脱掉外面的包装袋，也不清洗，狠狠咬了下去，天哪！顿时生津止渴，沁人心脾！

"这是什么品种？"我向周衆讨教。

"皇冠梨。"

"啊，皮薄、肉厚、汁多、香甜、清脆，难怪这么好吃，真正的名品牌呢。"正当我饕餮大吃的时候，忽然有人在背后叫我的名字。我很不情愿地扭回头，看见同来的三位女同胞正焦急而又兴奋地邀请我为她们拍照，顿时转忧为喜。

说起拍照，我倒不算外行。自从使用手机以后，慢慢就变成街拍控，无论走到哪里，只要眼前景物进入法眼，立马就喀喀一顿乱拍，如今 QQ 空间相册里五彩缤纷，无论春夏秋冬，都在我的相册里留下了足迹。

三位女士看见梨树行里茂盛的绿草，立刻兴奋起来，像豆蔻年华的小姑娘，指点我这样角度、那样姿势、顺光逆光，哈哈，她们对拍照还很内行呢。我为此嘲笑她们，谁知她们个个不恼，竟然说女人嘛，就是喜欢臭美！唉，我也是没脾气了。值得学习的是，她们来的时候拿来了拍摄道具：雨伞和纱巾。这两样东西，对于女人拍照而言，的确不可或缺。只要环境美，摆放得当，确实能为主人公增添许多情调和光彩。看来她们深谙此道啊。诗人战芳把围巾扯开来，像一面旗帜，后面是缀满枝头的皇冠梨树，让我拍照。然后，又蹲到草丛中，和汁液正浓的绿色相拥。李玉兰更是别出心裁，将粉红色纱巾高高抛起来，迎风飞舞，我立刻抓拍下这张青春再现、欢快无比的珍贵镜头。就连一路寡言少语的鱼儿跳跳老师也一下子活跃起来，像个快乐的小姑娘，站在梨树下、蹲在草丛中、尽情拥抱大自然。我累了，真的累了，被眼前这几位女士的

鱼儿跳跳老师也一下子活跃起来，像个快乐的小姑娘，站在梨树下、蹲在草丛中、尽情拥抱大自然。我累了，真的累了，被眼前这几位女士的爱美之心折腾得筋疲力尽。

"女士们，好了吧，咱们摘梨去吧。"我请求道。

那边，几位先行下手的男同胞一边狼香虎咽，一边马不停蹄地采摘。风在这当口也不知跑去哪里，太阳高高悬在头顶，热辣辣地洒在身上，每个人都汗流浃背。群主吕游，顾不上眼前有女士的顾忌，索性脱掉上衣，袒胸露背，让汗水变成明渠哗哗流淌。他一手拿着一颗大梨啃咬，一手胳膊上搭着上衣，为了躲避太阳，不知从哪里借来一把花雨伞遮在头顶，这杂乱无章的光辉形象惹得大伙忍俊不禁。无论谁给他拍照，他都连忙摆手"别、别、别，我光着呢。"这下子人们哄堂大笑，把闷热丢在脑后。也许秋老虎天气想要考验我们的耐力，收获都是如此辛劳，那么那些侍弄管理梨树的人们呢。他们在这黄金般的生长期中，浇水，施肥，疏果，除虫，喷药，松土，采摘，哪一样不洒满汗水，而这些只有梨树知道，梨树下的萋萋芳草知道。对于我们这些从小在农村长大，如今早已脱离农活的人来说，农业劳作，虽然熟悉，却又分明遥远而陌生了。

惜别

时间真快，不知不觉已到了下午 3 点，可是人们意犹未尽，而周豪依然毫无倦意，依然盛情挽留。吕游说，天下没有不散的筵席，让我们期待再次相会吧。

饭店门前的广场上，路边花坛的鲜花开得正艳，太阳隐藏到乌云后面，风渐起，人们的心情似乎有些惆怅。来吧，让我们合影留念，把这次活动记录下来。人们纷纷和主人公

周銮拍照。感谢他的盛情邀约和盛情款待。然后，大家集体合影，记录下这感慨的时刻，人生的美好时光。

依依惜别的时刻到来，人们和轮椅上的周銮握别、挥手。起风了，风把乌云从西北赶过来，天空顿然阴暗了许多。关上车门，车子登上返回的旅程。回头望着周銮轮椅上的身影，感慨良多。无论是谁，无论境遇如何，只要以执着做枪。以毅力为友，与奋斗为伍，披坚执锐，勇往直前，不退缩，那么，即使再大的困厄，也会从容走出来，迎接属于自己的灿烂与光明，就像海燕，经历过风雨雷电，"难酬蹈海亦英雄"，这样的人，是值得敬佩和赞颂的。

路上，忽然下起了雨，豆大的雨点击打着车窗，人们依然兴奋异常。此次旅程颇有意义，每个人都会找到不同的人生答案。雨停了，汽车行驶在雨后的绿野，庄稼经过洗礼，颜色苍翠欲滴，分外鲜亮。

此刻，我的脑海忽然浮现出刚刚离别的海兴农场那个叫明泊洼的小村庄，又看到了诗友周銮家门前那株木槿树和那满树粉白色的花，在明媚的阳光下向我招手……

"错"种的苦楝树

鸡丁棵

眼前这棵苦楝树长得非常茂盛。

这棵树源于一个乌龙。大概 2005 年左右，我心血来潮想绿化一下居住环境，在东墙外种几棵树。

种什么树好呢？当时我对法桐心仪已久。那几年做绿化工程认识了负责绿化工作的工作人员。有一次和人家一起坐车，经过黄河路，看到法桐却不认识，就是觉得漂亮。请教后才知道这是法桐，树干笔直，冠形优美，号称"行道树之王"，世界上栽培极广。

对，就种法桐！第二天，我跑到集市上买法桐。正值刚入春，树还没有发芽，摊主听我说明情况，立刻从车上精心挑了十棵树苗给我。价格忘了，反正不便宜，回来立马种上了。

一个月后树发芽长出叶子。我一看，有点惜圈。它不像法桐的叶子，法桐是像杨树一样的大叶，而这是小叶。当时没有现在的科技手段，用手机一扫一查就能百度出来。心知上当，但也无奈！

大概过了一年我才知道这是苦楝树。毕竟念过几年书，想起读过的《庄子·秋水》中写了一种鸟，名字忘记了，反正是又难认又难写。这鸟从南方往北方飞，一路上"非梧桐不止，非楝实不食，非醴泉不饮"，大概是传说中凤凰之类的好鸟。无意中栽了凤凰吃的果树，岂不是吉兆！

后来细看《庄子》，发现人家写的不是苦楝的果实，而是"练实"，是竹子的果实，心又凉了半截，对树轻视不少。赶上有一年冬天天气极寒，冻死不少树，第二年春天，这棵就成了仅存的"硕果"了。

不过现在细思之下，觉得庄子所述还是"楝实"的可能性大，书就不能出错吗？竹子生活在南方，北方很少，也没见开花结实的记载，更何况竹子开花即死，当年火遍大江南北的歌手程琳演唱的《熊猫咪咪》唱的不就是这事吗？凤凰总不能在南方吃练实，在北方饿肚子吧？

这棵苦楝慢慢长大，见证了农庄的发展转型：从最初单一的苗木种植，到种植养殖并重，再到现在的旅游观光、餐饮住宿的生态园模式。原来的住房变成了饭店，这棵树在饭店的人口，正好增加了雅趣。

每年五月时节，楝叶青碧，楝花细密几近于白色的淡紫花束在枝头摇曳。尤其晚间，清风徐来，月影婆婆，暗香盈袖，花香似茉莉又似金银花，若有若无，神秘莫测

古人描写楝花的诗很多。我最喜欢王安石的《锤山晚步》：小雨轻风落楝花，细红如雪点平沙；横篱竹屋江村路，时见宜城卖酒家。真是农庄的绝佳写照！

我计划在树旁再立一块石头，刻上这首诗，字就让海兴的书法家写，请谁呢？满海！杨老师字出"二王"，平和自然，与眼前景致极为契合。为了配合苦谏的景致，又从山东水落坡买来一副碳盘放在树下，70后的我看到此景，仿佛一下就穿越回到了童年

小时候村里的暖盘也多放在大树下各家轮流使用。碾盘就成了孩子们的游乐场，追逐打闹、踢毽子、扔沙包、顶拐，有时还能帮大人们推碾子过过瘾。

我最向往的活儿是推碾子、压黄豆、做大酱。把黄豆炒熟，用碾子压成炒面，做不做酱就不管了，先盛一碗炒面，用水一和，香！要是能加点白糖……别说了，口水都来了

絮絮叨叨，洋洋洒洒，烟霞满纸，就到这里吧！正是：错将苦楝作法桐，农庄倒添新风景。

（原载于《沧州晚报》）

龙洼钓台畅想

甲丁

早就知道龙洼钓台是清代公认的盐山八景之一，近听说海兴农场开挖明泊洼湖又也修建了钓台。钓台修得如何？明泊洼湖挖在哪里？带着一肚子的期望，2018年11月22日我们一行四人驱车赶往海兴农场。

今年又是个暖冬，虽已交小雪，乍寒还暖，驶出翠松掩映宽阔整洁的汤孔公路，穿过

那鳞次栉比"农垦人家"的住宅楼群，没多远一泓湖水便展现在我们眼前。此时已是枯水季节，虽还看不到传说中的龙洼黄鱼，也少见了湖边垂钓的红男绿女，可清风徐来，波光潋滟，水雾缭绕，野鸭畅游，少见的水域美景一下子就把我们的心给抓住了。尤其西北角下恢复的钓鱼台，既有简练明快的现代气息，又具飞檐雕栋古色古香旧时风韵。睹物畅想，谁还怀疑这不是再生前朝的龙洼钓台呢！

我们的先人，总喜欢把能代表一个地方的景观归纳出"八个"。如我们熟知的西湖八景、扬州八景、沧州八景等。这既便于记忆，有益于传播。龙洼钓台被称为旧时盐山县的八景之一，是清代康熙五年担任县令的朱鸾鸑亲自在全县的自然和人文景观中遴选的，即春郊雨杏、北城观雪、秋野霜葭、东海听涛、古河落雁、吴村梵阁、近郭归鸭、龙洼钓台。这些景点与明代的老八景比，有人诟病重复牵强，可作为龙洼钓台，却是实至名归。

大洼淀叫龙洼，是因为大洼之北有三个村落，都叫龙洼。因洼边原有一龙王大庙，明初王、汤、郑三姓表哥六人，来此建村以庙名村叫龙洼，后三姓分居各以姓名村。龙洼当地人习惯把自己村前的洼淀叫泊洼，旧时有三大洼淀，分别叫"大泊、二泊、三节泊"。"泊"读"白"音。1955 年，国家在这些洼淀上兴建劳改农场时，取名明泊洼劳改农场。或许取其让犯人们"明白事理，走向光明"的寓意。1965 年，劳改农场转为农垦管辖；1991 年，明泊洼农场和孔庄子农场合并为"海兴农场"。恢复的明泊湖和龙洼钓台，就位于原明泊洼农场老场部的西侧，不足百步之处。

同行的海兴农场志编纂办公室主任杜月华向我们介绍，明泊湖是海兴农场充分利用取土形成大坑塘改造而成的，湖面面积 29900 平方米，净深 5 米，钓台由专家设计建成，明泊湖已放养锦鲤鱼 3 万尾。假若有兴前来的钓客，便可以消遣游乐了。

人们都崇尚艰辛鼓励奋斗，但艰辛和奋斗决不应该成为生活的全部，休闲和娱乐永远是人们的正当需求。而临塘垂钓向来是老少咸宜、贵贱具适的一项有益活动，古人诗歌典故中多有表达。

"蓬头稚子学垂纶，侧坐莓苔草映身。

路人借问遥招手，怕得鱼惊不应人。"

这是唐代胡令能的《小儿垂钓》，诗中反映的是小儿钓鱼童趣。你看一个乳臭未干的小小子，躲在草丛中下杆钓鱼，有人来问路，他摆摆手不搭一言，生怕把鱼吓跑了。多有情趣，又多符合孩子的本性啊，这是童趣的写真。

"千山鸟飞绝，万径人踪灭。

孤舟蓑笠翁，独钓寒江雪。"

江寒而鱼伏，何以适合钓鱼。作者柳宗元写孤舟垂钓，那是表示世态炎凉，宦情孤冷，忠鲠之臣身入官场，如钓寒江之鱼，透过诗篇诗人磊落精神得到了充分彰显。

严之陵"披羊皮钓泽中"躬耕于富春江，隐居不仕，那是潇洒飘逸风范的真实写照；姜子牙渭水河畔直钩垂钓，那是让愿者上钩。尽管太公被文王招于账下。他是为推翻暴政，不取功名为苍生，不媚、不攀、不依附，是他高洁人格的形象外化。

无疑健康的垂钓活动，是人们休闲娱乐的明智选择。

旧时的龙洼钓台原址究竟在哪里？龙洼的面貌究竟何样？众说纷纭，莫衷一是，无法理清。我们只能从诗人雅客的题咏中一探究竟。

刘运祺，字逢吉，号悔庵，名诸生，盐邑人。其人博学能诗，曾修康熙年间《盐山县志》。家乡人咏家乡景，他的题咏应该是恰如其分，起码八九不离十。他的《龙洼钓台》诗中写道：

> 龙浦圆开镜，清涛荡野烟。
> 严桐千古傲，姜渭一纶寒。
> 静照芦花月，闲斋云水天。
> 杆头生意稳，风雨自年年。

从诗中我们看到，首联写的是龙洼样貌。龙洼是圆形的像一面镜子，清风吹来，碧波荡漾，野烟缭绕。颈联用了严子陵、姜子牙垂钓的两个典故。接下来写的是，秋天到了，一轮明月照在盛开的芦苇花上，诗人书斋前的雨水涨满了洼淀，都和天连在了一起了。人们钓鱼的生意又好又稳定，每年的雨水和钓鱼的生意都是如此。

对照刘运祺的诗歌，我们看到新开挖的明泊洼湖，东侧因修建柏油马路而偏直外，基本上是圆的。可以说明泊湖，是再现"龙洼"的旧貌。

一个地方进入"八景"，就是获得了一张值得宣传的名片。海兴有山、有水、有景致，看一看明清两代遴选出的两个"盐山八景"，实际除海岸潮声与东海听涛重复，故城暝鸭与盐山近郭归鸭、吴村梵阁与福泉晓钟相似外，实际列出的景点只有十三个，有的还牵强附会名不副实。就十三景点而论，目前的海兴县内名副其实的就占了三个：龙洼钓台、小山雾雪、东海听涛。还有个说法，据老先生张思韩记载：明代八景中的古堤烟柳，就在大曲河、小曲河村前的古豚氏河两岸。海兴人大有必要充分发挥名片效应，把海兴景致挖掘出来，宣传出去，让那些崇尚风雅、怡情山水的观光客蜂拥而至，乐不思蜀。

河北省国营海兴农场再次擦亮龙洼钓台的名片，他们开挖的明泊洼湖，与宣惠河连在一起，让钓台常年水丰，四季鱼跃。加上这里的万亩森林公园、四季采摘果园、康养中心……如果再遴选景点，仅仅海兴农场，就可以选出新八景。

因为这里已造就了多视角、全方位适合人们生活、娱乐的桃园世界。

大堾

周海龙

在四队周围有一圈高高的土围墙，墙里是四队，墙外是大片田地和荒野。

土围墙向外一面下边是一圈排水沟，像古时的护城河似的。只是这护城河窄了些，是挖土筑墙的产物，或者说，那土墙是挖排水沟的产物。不同的是，正常挖排水沟，土都是堆在沟两边，而四队挖这条排水沟时，刻意把土堆在了一面，形成了一堵墙似的堤坝。

这圈土围墙被四队人叫作大堾。"堾"字在汉语词典中的解释是田里或浅水里用来挡水的土埂。加上一个大字，似乎就显得有气势了些，似乎这个堾和那个堾就不同了。其实，终归还是一个大些的土埂。

当然，这只是对成年人的感官而言。对于幼小孩子们——比如当年的我，大堾足够大，足够高，就像四队的城墙一样。我和其他孩子经常跑到大堾上去，在上面奔跑如风。有时候，站在大堾上向远处张望，就像古时戍边的军士，观望着远方的敌情。

敌情当然不会出现，远方除了长满荒草的盐碱滩别无一物。更远处，有两个村庄，在东北和西北两个方向，西北的叫汤龙洼，东北的叫王龙洼。这两个村庄就成了孩子们的假想敌，虽然从未发生过战争。

在大堾上的土里有很多姜石猴①，我们喜欢在那里捡姜石猴玩。除此之外，大堾并没有其他好玩的地方。可大家依然喜欢跑去那里玩，在上面跑来跑去，也不知道玩的什么。多年之后当我回想起时，我认为也许仅仅是因为大堾比较高孩子们才爱上了那里。幼小的孩子总渴望能站得更高些，看得更远些，对这个世界知道的更多些。

生产队解散，土地包产到户后，四队的原住民很多都搬离了四队，或是回了自己百里千里外的原籍，或是搬去了县里市里。曾经稍显拥挤，有些热闹的四队突然安静下来，在夜晚远远看去一片死寂。

不过很快就有附近十里八乡的人搬来了四队，还有一些当年祖辈下关东，如今儿孙辈从东北返回的人家。这些人搬来后开始"大兴土木"，筑起了高高的院墙，盖了一个偏房、门洞。他们从四队周围取土，大堾就成了首选。

那时候，大堾经过多年的沉积早已不复最初的"雄伟"，成了一条只有一米多高的土埂，土埂下的"护城河"也在多年淤积下变得很浅，气势全无。早已没有孩子会去那里玩

---

① "姜石猴"是一种外观、颜色、形状酷似生姜的硬石块。常出现在受过海水或河流侵蚀的地块中。——编者注

了，而我们也已经长大，再不会觉得那里好玩。

骡马车把土一车车拉回各家，大垈一截截消失，直至最后一点不留，成为一片平地。而四队也变了样子，不再像以前那样家家户户间没有院墙，没有任何阻隔，串门也不需要绕来绕去，出门左转或右转，走几步就进了别人家。

一人多高的院墙筑起来了，门洞建起来了，每户人家都关起门来过日子，谁也不知道谁家的日子在怎么过，所有的快乐与不快乐都被隔离开来，原本完整的四队忽然就被分割成了无数小块。人与人之间多了一些客气，少了一些亲近。

大垈的消失似乎是一个预示，预示着一个旧时代的结束，一个新时代的开始。预示着人与人之间的关系开始疏离，开始淡漠，人们开始活在自己的世界里，对他人的苦痛不再关心。

我无法确定这究竟是幸或不幸，但我怀念被大垈包围的那段时光。

第四节 微 电 影

2016年，杜景楠等编剧拍摄了微电影《暖留》，以影视故事的形式、独特的视角，细腻地反映了农村留守儿童的生活、学习、情感，再现了留守家庭祖孙三代人的生存状况，在留守儿童题材中以点带面，发人深思，呼吁全社会去关注关爱留守儿童这个特殊群体。该微电影在社会上引起强烈的反响。

第五节 回 忆 录

五十年前的回忆

郭恩庆

我在河北师范大学数学系毕业后，分配到海兴农场锤炼之后我成为中学数学教师。1979年，出任沧州地区首届数学学会理事，1986年出任沧州地区教育学会理事，中学区高级职称教师。

初到四队

1968年12月下旬。正值一九寒冷时，我与同来的同学们从沧州长途汽车站搭乘解放牌大卡车来海兴。

一路浮尘飞扬，颠颠簸簸，中午时分终于赶到了海兴县革命委员会政治部报道，然后在县招待所吃午饭，每人两个馒头，一小盘盐煮花生米。

饭后县农场接我们的大马车来了。赶车的是魏师傅，我们坐上马车经高湾过桥天黑时到了农场场部。

我被分配到四队。

我记得书记是王保德队长王兴华，副队长冯金楼和冯国志，会计是李文刚。

四队位于孔庄子村南，约三里路。队部和职工宿舍是一排新盖的砖房，那天我刚一下车老工人们就热情地围拢上来，这个帮我拿行李，那个拉我进屋。屋里有人点亮了炼油灯，还有人抱来了柴火垫炕。

我感觉真是回到了家，一天的车马劳顿辛苦瞬间全无生来第一次睡在热乎乎的炕上，融融暖意终生抹不去。

队长王兴华

四队干部职工几十人个个都亲近和善，队长王兴华更让我念念不忘。

来四队第二天，我随工人们去六队参加农田建设大会战一挑大沟。地表已结上了厚厚的冻土层，要先揭去冻土层才可用掀挖。我学着工人们挥镐打冻方，不一会儿内衣就被汗水湿透了，稍一停浑身冰凉冰凉的，不知什么时候手上也磨起血泡很痛。王队长告诉我干力气活我工具的手不能死攥，应尽量放松，减轻拧磨手的皮肉，慢慢体会借力用力使力气。我照着王队长的话做了，渐渐好了许多。

王队长时常在劳动之余找我念叨，现在我们农场还在发展时期。还要过一段艰苦的日子，以后会好起来的，你们大学生国家花那么多钱培养出来，不会让你们一直受这样累的。现在就是锤炼你们一下，体验农村生活终究是要发挥你们的知识专长。现在呢，在这里多经历经历。

以后的日子里，王队长安排我至粮多的地方接受锤炼培养。

1969年，我跟随蔬菜组修浆菜畦种过菜，收获时做保卫看护过麦场，有意思的是看护过机井。

我们四队有眼机井，在队部西侧是海兴县的第二眼深水井，自海。这眼井是天津自来水公司施工的，在当时不仅满足了我们场饮水之需，还能用于浇灌菜园。记得远在七八里地处的七队还来取水。

机井用柴油机带动水泵抽水蓄到一旁的水池里，夜晚我一人住到机井旁边的房子里，看户机井王队长拿来一根铁棍给我"自卫用"。

政治学习与文化生活

我在县农场劳动锤炼的时候，还是"文化大革命"阶段，加强政治学习是当然的要务。

那时政治学习主要是学习毛主席的最新指示和包括《毛主席语录》在内的毛主席著作，因为要用毛主席思想武装头脑，其次是学习"中央新闻"，叫作时事政治。此外，可供学习的材料很少，甚至连报纸也很少。

工人劳动了一天晚上，一般时候是集中在队部进行政治学习。

大多时候是王保德书记召集并主持全队工人的政治学习。人到齐了，王书记随手拿过来张旧报纸递给我们大学生读一段，读报纸的时候，就有人打上了很响的呼噜了，王书记就喊着："醒醒！"

我们队上有一个有线广播小喇叭，白天这条广播线就是电话，见了我们队部有不瓷实电话机用手摇可以厂部通电话。晚上海兴县广播站转播中央新闻政治学习时间，我们有时也收听广播，工人们收听广播可比听读报纸有精神了。白天这条广播线就是电话线了，我们队部有部磁石电话机用手摇可与场部通电话。

文化生活几乎是空白的，首先是没时间，劳动和政治学习已经占满了，主要的是不允许有与政治学习以外的任何形式的东西。比如旧的书籍当时被视为封建的东西，是"与无产阶级政治相抵触的"，务必"打除"队里有人偷看《石头记》被发现了，王书记指责道："看封建的。"

看电影虽然是奢望，但我们总还是看到了一场。

那天听说电影队来我们四队放电影，人们都孩子似的盼着天黑，银幕终于挂起来了，放映的内容是中国共产党第九次全国代表大会的新闻纪录片，人们几乎是屏住气息看完的。

打扑克牌是可以的，赶上下雨天上不了工，人们凑在一起打扑克，可以玩到不亦乐乎。因为扑克牌有五十四张，人们诙谐地把扑克牌称作"学习 54 号文件"。

尽管如此，人们整天那么乐呵呵的，精神状态很好。

修"战备公路坦克道"

1969 年冬天，我们农场接到了县里交给修公路的"政治任务"，说法是"战备公路坦克道"，我积极报名参加了修路队。

我们修路队的具体任务是在盐山通往海兴的老公路南侧紧贴着修铺路，实际就是拓宽公路，因为是"政治任务"，我们每人都十分精神，干的格外卖力，路修的质量也很好，得到了上级表扬。公路上很清净，除了每天上午有一辆从沧州开来海兴的长途汽车外，其他时间几乎看不到车辆。

我们修路队实行军事体制模式管理，按营、连、排、班编制，收工后我们不回农场，全部住在赵毛陶公社南赵村的空闲屋内。屋内长期无人居住，连空气都是潮湿的，墙根有鼠洞，老鼠不时出来光顾，太多的跳蚤乱蹦乱跳，我们身上被跳蚤咬得净是红疙瘩。夜里睡不着觉，然而没一个打退堂鼓的。说说当年东北抗联的英雄，讲讲长征爬雪山过草地的红军故事，我们还怕跳蚤吗？

印象中的工副业

那时我们农场虽然搞得热火朝天，在盐碱地上生产出粮食，锤炼了人们的政治思想觉悟，但经济总产值还是很有限的，每年都要靠国家下拨大量的钱财支持才能运输。

为增加收入，农场试着开办工厂，然而相对农业也只能算作工副业。记的工厂是生产弹簧，土法工马，设备很简陋，但产品质量很好，只是产量少。即使这样，也赚到了数量可观的钱，补充了农业上的亏空，为国家减轻了些负担，挺好的。

另外，我们四队有四辆胶轮大车，每辆大车配有三头大骡马，骡马的脖铃叮叮当当响声传得很远，在当时是很值得炫耀的"骡马挂"。农忙季节"骡马挂"用于农业生产，农闲了"骡马挂"就跑运输挣钱。

虽然我们的工资由国家按月拨发，农场的盈亏与我们每人无直接关联，但我们还是希望农场多多增加产值，工副业搞得好些再好些。

需要提及的是，1969年秋冬农场大牲畜的饲草出现了亏缺。好在是"全国一盘棋"，河北省农垦厅从汉沽农场征调了足够多的饲草，通过火车将饲草运至沧州火车站，然后由我们场派拖拉机运来解了燃眉之急。

2019年5月

信笔感言

农场亲切可爱，转瞬已过五十载。

感恩农场，锤炼了我体魄，教我理解了意义的"盘中餐"。

农场搭上改革开放的发展快乐，祝福问好的历史性巨变！

2019年5月

难忘海兴明泊洼

岳建国

带着岁月的尘封，海兴原国营明泊洼农场那一张张熟悉的面孔，那一草一木仿佛又摆到了我的面前。它保存着我的一段青春记忆。那是一段激情燃烧的岁月，海兴的苦辣酸甜伴随着春夏秋冬的诗情画意，一起清晰地浮现在我的眼前。

少年追梦

少年是人生充满了梦幻一般的时代。不同的成长经历，往往决定了人生不同的命运轨迹。我的少年也有着强烈的时代烙印。

我的老家在山东的冠县农村，我的童年是跟着姥姥长大的。当时我们姊妹四个。我父亲叫岳奎安，母亲李玉真。父亲由河北保定气象学院毕业后，被分配到明泊洼农场，初期负责气象工作。海兴县建县后，父亲在县公安局当警察。后来为了照顾家庭，又调到了明泊洼农场场部，负责场部生产科的工作。家里人口多，孩子小，经济是很困难的。后来农忙时，生产队就让母亲也上班，时间长了，就被确定为长期临时工。

1968年春天，父亲决定把我从老家接回到自己身边来。

临走的那天，我舍不得离开姥姥，鼻涕一把泪一把。十一岁的我，跟父亲从山东来到了海兴这个新的家。

新生活开始了，但是并不是像我想象的那样好。海兴是1965年建县，由山东省无棣、河北省盐山、黄骅三县的边缘贫困乡村合并而成，取"靠海而兴"之意而命名。我不知道这地名中蕴藏着怎样的含义。新家位于县城的西南，离县城有十几公里，只晓得坐汽车就一眨眼的工夫。

明泊洼农场的田多是盐碱地，东临渤海湾。几十公里的碱滩上，长满了红荆稞、黄菜、碱蓬、芦苇、臭蒿子。荒草连天，就是不长树。稀稀拉拉的小村庄像散掉在一望无际的原野上的几颗珍珠。这片土地也是有古老传说的地方，当年秦始皇寻求长生不老药的时候，就到过这里。

明泊洼农场前身是犯人的劳改农场。说到这儿你就可能对这里的环境有了大体的印象啦。农场属国有农垦企业，这在农村人的眼中，干农活能上班，拿工资吃公粮，还是好的生活。

我的小学在场部东面的劳改农场废弃的医院里。小学读到五年级时，上面提出学制要缩短，教育要革命。我们的小学就算上到头了，而且年底升级升学。就这样，我们小学的生活结束了。

初中就在明泊洼农场场部后面的两排平房里上课。我们那时从小就接受红色传统教育，经常背诵毛主席的"老三篇"（《为人民服务》《纪念白求恩》《愚公移山》）和毛主席语录。为人民服务就是我们世界观的全部。向革命先烈学习，英雄黄继光、邱少云、王杰成了我们学习的楷模。做雷锋式的好战士，就是我们的"口头禅"。当然我家也有着岳家前辈"精忠报国"的熏陶。后来父亲从场部调到刚成立的海兴县公安局上班。母亲和弟妹依然在农场。

母亲上班，实际就是个季节工。农忙了，有活了，就通知上班。农闲了，活少了，就不让上班。记得母亲上班时，干的都是队上最脏最累的活。工资每月也就不到三十块钱，只能补贴家用。为了改善生活，所以经常靠干些副业挣点儿小钱。别人都下班了，母亲不走，留在地里打草打菜，然后用大麻袋和大麻绳背回家。这些东西有的卖钱，有的烧火当柴火。起早贪黑的劳作，使她腰椎成疾，常常累得直不起腰来。

少年时代家庭的困境，磨炼了我的意志，朴素的孩子感恩之心，使我学会从小帮助父母做一些小活儿，减轻家庭的负担。

我从小学到初中，和许许多多的农场小朋友一样，上学怎样家长很少管教，但放学后，就要拿起镰刀，挎上篮子，背上麻袋。有时带上弟妹，有时小伙伴们一起，下地割草打菜。草，一般是芦苇，也叫芦草。马辫子、白子草及其他杂草一般不要。打的草要去马号卖。每斤鲜草一分到两分钱，当时给打白条，月底给钱结账。我们小孩儿们也经常打菜，主要是拉拉苗，管管菜等，交到猪号，过称打白条。每斤 0.5 分到 1 分钱。每月下来，我带弟妹们仅打草打菜能挣到几十元钱。

我到了上初中的时候，我母亲和几位海兴家属一起都靠编织蒲草制品，做成外贸出口的蒲草制品卖钱。我在学习之余，帮妈妈编蒲草辫子。然后再用蒲草辫缝制成各种手工艺蒲草的制品，提篮、坐垫等，每天我能挣到一块四毛钱到两块钱。

为了弄到蒲草，我们要到几十里外的沟渠河边。由于草捆大，不好用自行车驮，记得有一次路上，草捆歪了，车子掉到了沟里面。是后来大人们发现我不见了，回头寻找的时候，把我从车下扶起来。样板戏里面的李玉和有一句经典的唱词：穷人的孩子早当家。这句话让我深有感触。艰难困苦是意志的炼丹炉，也让我们一代人有一种不服输的性格。

记得那时学生上学，提出教室是课堂，但社会实践是更大的课堂。要求学生走出教室到社会大课堂中去参加劳动，参加社会实践，走与广大职工群众相结合的亦学亦工亦农的成长道路。我上初中时，就经常参加全场的义务劳动和全场性的突击生产任务的实践活动。

有一年夏天，男女老少齐上阵，打药、撒药、割草，集中消灭虫害，我们初中全体师生也参加了全场集中灭虫行动，我们叫"虫口夺粮"。大家三天三夜集中在干沟北（后来成立的第四生产队）。每天夜里十二点送饭到地头。人们吃完夜饭再继续干。我们叫作"连轴转"。那时用碳渣拌六六粉等防治蝗虫，效果不错，保证了当年大豆、玉米、高粱等农作物的稳产丰收。

1969—1970 年，我读完了初中，然后到了海兴县城念高中，被分在九班学习。上高中的第一年，我赶上了"批判读书无用论"。社会上流传消息说"很快要恢复中断多年的高考"。我们学校里的学习风气变得浓起来。我的理想之光也被点燃。当时我们班的同学们是"雄鸡未叫人已起，夜半三更还没眠"。我的高中班主任叫祝洪斌，是个争胜好强，责任心很强，敢于担当的好老师。班长叫张德新。我是团支部成员，小组长，担任英语课代表。英语老师叫杭文藻。我还是海中学校的广播员，浑身充满了使不完的劲儿。心里想，我一定不能碌碌无为，只要我努力，就一定能够搭起一座通向梦想的天桥。

天有不测风云。就在我高中即将毕业的时候。知识青年上山下乡的运动蓬勃开展。

在那个年代，下乡是全体青年的唯一正确的选择。高中就是青年直接求学的最高学历了。要想上大学，就必须要走贫下中农推荐的路子，要经过一段下乡劳动和政治的考验才行。那一年，我刚好18岁。

毕业前，在海兴中学应届毕业生的大会上，我被推荐作为学生代表做了慷慨激昂的发言：响应毛主席的伟大号召，到农村滚一身泥巴，炼一颗红心。我要用自己的双手，为自己创造出施展本领的新天地。

知青岁月

带着大学梦破灭的遗憾，命运让我生命中有了一段不同寻常的知青履历。

按照上级的政策，我作为回乡插队劳动的知青安置。家里弟妹小，经济上紧张，让我早日参加工作也是大人的心意。1974年的1月份，刚过了春节，我就高兴地来到农场场部报到。

这时候，场部的领导进行了研究。回场插队的知识青年都要到生产第一线，不能留在场部或机关。场领导告诫我们，只有舍得甩开膀子大干，才能给贫下中农、职工留下好的印象，将来才能有推荐参军、升学、提干的机会。我们每个知青都做好了迎接考验的思想准备。我和其他的十多名回场插队劳动的青年被分到了明泊洼农场三队。

明泊洼农场当时有三个生产队，一队和场部在一起，二队在三队的南面，三队在离场部8里远的东面。后来又成立了第四生产队，设在干沟北。

来到三队，眼前的现实出乎我的意料，如同一瓢凉水当头浇下来。我的宿舍就是一排队里土坯泥顶的旧房子。房子仅有一米高的砖墙。进屋的时候，里面比外面低，还要跨一个门槛，进屋就像跳坑。屋里阴暗潮湿，泥巴墙，没有天花板，屋顶椽子上的芦苇席烟熏的黢黑。窗户上的玻璃只有一半，其余用塑料布挡风遮雨。床，是用长长的木板接成的通铺。有的直接把木板放在土炕上。有的放在两条木凳上。木板上铺上稻草做床垫。有的直接就在柴草上铺上自己的被子。我们就住在这里。

那时的内心充满了迷茫，天空都变得灰蒙蒙的。农场的生活和生产环境是艰苦的。参加工作的喜悦，很快被眼前的现实冲刷干净。

由于土地多，路途远，我们出工时，都是坐骡马车下地。中午一般是在地头上吃饭。我们农场的地块都比较长，一眼望不到边。土地虽多，但是相当多的是盐碱地，大都是种一葫芦打一瓢的收成。

随着知识青年下乡的政策，和当时的社会形势的要求，三队很快又进来一批青年，有回乡插队的知青，也有接班招工来农场的青年职工。我们的知青队伍最多的时候有四十多人。我的愁绪很快就被豪情壮志冲淡了。

当时队里的书记是耿云发，他有五十左右的年纪，是个高个子，大嗓门，圆圆的脸。队长曲玉贤，也是大个子，干活利落。耿书记调走后，曲玉贤一直是我们的领导。他对农业生产十分精通，农时季节的小九九全都装在脑子里，我从心里佩服他。

人们常常说"庄稼活儿不用学，人家咋着咱咋着"。队里的生产主要依据春夏秋冬农时的变化而不同，年年差不多。可是真要成为行家里手，那就要下一番真功夫。

记得我初到第三生产队第一天干活，就是到北场院刨粪坑。寒冷的冬天，粪坑里面的粪池冻了厚厚的一层冰和冻土。我的热情很高，也想显示一下自己男子汉的潜力，我摸了一把铁镐，头一个下去开路。因为手握得太紧，且用力过猛，一镐下去，地上只是一个白点，虎口却震得发麻。一晌下来，手上磨出了几个血泡。有的老职工看了都很心疼。可是我没有泄气，继续拼命地干。渐渐地一些农活我都会干了……

由于我脏活累活儿抢着干，一心地努力工作，很快我被场里任命为三队的团支部书记，成了这批青年的"头头"。群雁高飞头雁领，那时候各项工作特别强调领导干部的"火车头"作用，我自然必须处处争先。

我们农场的职工实行的是八小时的工作制。农场的劳动强度，有时比同样的农村劳力大得多。与生产没有什么直接关系的活计，也经常是我们的任务。总之是不能让大伙没有事干的。我从春夏秋冬四个方面分别讲述下生产队的事。

春：劳改农场撤销后，农田都归我们场管理，当时的农业机械化程度很低，全场只有场部设有一个机务队，所有能用机械都在场部。生产队要申请、审批后方可使用机械。

我们队加起来有100多人，管理着近几万亩地，比附近农村的生产队多得多。下去干活时，我们坐骡马车或骑自行车，走着太远，浪费时间。有的地块一垄田至少有二亩地，地身长的超过千米。有的人一年都没能把自己的地走过一遍。

麦田的春灌有讲究。春天的农田，有冬麦田，但多数是春白地，不能早。因为盐碱地，地温上来的慢。你浇早了，会大量死苗儿，也不利于返青生长。春白地不能浇的太晚，应适时早浇，以便做好春耕备播的活计。农谚道：春打六九头，遍地是耕牛。一打春我们就忙起来了。用披星戴月形容一点也不过分。

春天地里首要的任务是浇地，待地稍一干地皮，可以进入车了，接下来就是运送肥料。俗话说"庄稼一枝花，全靠肥当家"。运的肥料主要是用猪、马肥混合杂草，在路边、地旁堆积起来的高温堆肥。我们队有马号、猪号，这是沿用了劳改农场的称呼。我们先用骡、马大车把粪拉到地里，弄成一堆堆的。也有用人工小车拉粪的。马车后有专门撒粪的人。分工明确。撒肥的事忙完了，根据墒情就安排机耕了。我们农场有东方红五五、七五马力的拖拉机，马力都比较大。然后进行耕、耙、平整地垄。春天基本除了浇地、施肥、备播活计外，平时就是挖沟清淤，整理维修农田、排灌沟渠涵闸等。其他的事也经常干一些，像整理田间的生产路等等。

夏：夏天的农田管理更忙了。苗出来后，我们就要"间苗"，这是一项大事，青苗之间的距离要根据合理密植的要求，把多余的苗去掉，以求保证亩产。夏管定苗、追肥、打药，顶烈日，战酷暑，很是辛苦。

我们农场的土质差，忙忙碌碌，其实一亩地也打不了几百斤麦子。杂交高粱还可以，一般产量较高，每亩能打八百至一千斤。玉米一般化，也就三五百斤。我们那儿盐碱地，到了割麦季节，长势好的麦子都是用手割，捆成一捆一捆的运走。长得矮的，稀稀拉拉的麦子，就要像东北人割草一样，用大刀片，当地叫刹镰，一削倒一片，然后把它弄成堆，然后再用木杈挑着装上骡马车，拉到场里去晾晒。我们的麦子一般是在场上脱粒。白天翻晒，夜里用脱粒机打麦。

夏天，从很小的苗开始就要打药了。这是我们又脏又累的活。当时我们用的是肩背喷雾器。一桶几十斤的药水桶背在身上，一只手要不停地上下晃动打气注压，才能保证喷洒的药效。每一天下来，每个人的膀子都会磨破肉皮。在高粱地、玉米地打药，空气闷热，时间一长，也会中暑、中毒。玉米的叶子会把人的皮肤拉的瘙痒疼痛。我们一天下来，往往都是晴天一身土，雨天一身泥。尽管这样，我们每个人都在努力坚持。

我们的书记这时还会经常的根据天气变化，确定打药施肥的时间。快要下雨天就要把肥料撒下去，及时追肥。夏天冒雨去地里干活儿时，人经常淋得像落汤鸡，雨过天晴，就要马上下地打药。药是怕雨冲的。所以，人们刚才是一层泥土，转眼又要一身的药液。但是一切都是为了丰收，每个人都没有怨言。

那时候的人很拼命，集体主义的自觉性也高。搞农业学大寨，人们目的就是为了多打粮食多贡献。

秋：秋天是收获的季节，我们农场收的玉米少，主要还是杂交高粱，也有一些黑豆小杂粮等。要进行挑选，好粮食交给国家。差的留下来送猪号、马号喂牲口，当饲料。那些日子，整天的脱粒，算起来收成有几十万斤。

杂交高粱收获困难多。高粱生长中，要经过多次掰叶子，从底部自下而上的劈老叶。枯黄的老叶子拉回来喂牲口。这样的活，一天下来，身上的虫子屎、高粱花弄一身。收割的时候，要先把高粱穗割下来，弄成一捆捆的，然后用车拉回来。农场主要是面积大，每个人都有几百亩，到了收割脱粒的时候，加班儿加点儿的干，还要干一两个月。

冬天到了，忙了一年，附近的农村开始了习惯的"猫冬"。而我们农场是不能闲着的。当时我的工资每个月二十八块钱。老工人三十多块钱。一般能到四十多块的人已经很少了。我们到了冬天，就要参与农田基本建设，干一些清淤挖沟，修建涵闸一类的活。这关系到明年的农业生产。

水利是农业的命脉。让我难忘的是到了冬天，我们就会天天挖沟挖渠，以及时保证来年的引水、排涝通畅。那时候挖沟清淤是最让男劳力头疼的事儿。因为劳动量大，劳动强度高。

沟渠清出的多数不是土而是泥。沟渠底的泥用人工挖出来。河道沟沿高，力气小的人，不能一下子把铁锹上的泥甩到沟的外面。这就要先把泥甩到沟坡上，然后再倒第二次。这样就费了时间，多用了力气。沟渠上的泥土经过一年的风雨，往往急雨又冲下来泥土。所以每年清淤的事情都会有。给我最深的回忆，就是一年四季从冬挖到春。挖不完的沟，清不完的淤。

清淤的工程土方的计算，都是由我们的书记根据工地上开口的大小、宽窄、高低不同仔细计算出的土方量。结合每个组或个人的情况，队上提出挖土方进度的要求。第一次干这样的活，我当时十八九岁，也没有很大的力气，人在沟底，挖了泥沙，根本抛不到沟沿儿外面。所以要甩两次土，再把土倒上去。我没有被困难所吓倒，这时我又成了基干班的班长。工程中我带头苦干，手上磨出血泡也坚持着。冬天也仅是穿两件单衣，还常常是汗流浃背，一天下来腰酸背痛（图15-3-1）。

农场也有机械，不过机械很少，当时叫机务队，设在场部。生产队没有机械。清淤的工地就是战场。我们的工程进度，每天都会进行一次评比总结，就是要按时完成任务。冬天地冻了，每组分个洋镐，要把坚硬的地面打开。我们大伙一干就是一个冬天。无论天寒地冻，风雪交加，我们从不休工。即使到了春节，也是"干活儿干到腊月二十九，吃了饺子又动手"。初一上班是常事。

我一直战斗在劳动的第一线，农田的劳作锻炼把我晒得黝黑，体格很壮。那时的人干活拼命。人们重复着单调、苦涩的生活，但是心里都充满了一种明天会更美好的愿望。

我们的劳动是繁重的。但是我们知青点的生活，在广阔的天地里依然保持着旺盛的青

图 15-3-1 1974 年 12 月，岳建国与机务队的拖拉机合影

春活力。

　　我是团支部书记，也是男青年组成的基干民兵班的班长。除了安排一些生产队的任务之外，还要想法安排每天晚上的业余组织活动。那时候农村没有电视、图书馆，文艺生活极其缺乏，如何让青年们打发漫长的时间，不出现问题，这是我需要认真考虑的事。在当时知识青年中，是不允许谈恋爱、结婚的。我们这些知青的使命，就是要全心全意地走与贫下中农相结合的道路，在广阔天地里，滚一身泥巴，炼一颗红心。

　　早上，我们大家会早起床，在其他职工上班前组织开展义务劳动，堆积草肥是经常的，或者早起把外面的牲口粪拾回来，或是做一些和农场生产紧密相关的事。要比职工多干活。吃完早饭，就是投入到生产队的正常安排（图 15-3-2）。

　　晚上我们要进行政治理论的学习，关心国家大事，特别讲政治，抓革命，促生产。是我们那个时代青年的特点。大家要总结自己一天的思想，不断地提高阶级斗争和路线斗争的觉悟。

　　我们有十几人的文艺队，一个个都是吹拉弹唱跳的能手。我们自己排练文艺节目。有时还到场里演出，有一回还到县里的剧院演出。其中我参与编排演出的节目《扬鞭催马送粮忙》到县大礼堂演出，还得了奖。

　　青春的岁月就这样在我们的说说笑笑中度过。除此之外，我那时比别人还多了另外一项工作，就是当好场部广播站的报道员。这是因为我的一位老师杨秀坤先生在场部的宣传科，他要求我每天要写一篇稿件（图 15-3-3）。

　　为了完成这项任务，常常是劳累了一天，我还是强迫自己完成这项任务，有时利用午

图 15-3-2　1975 年 9 月，作为团支部书记我和支委张守霞在明泊洼三队队部出黑板报

图 15-3-3　1978 年 10 月，文艺队员郭海英在场部表演节目

休时间在宿舍里写。有时利用田间地头临时休息时在膝盖上写，也有时趴在沟沿儿上写。每天把发生在队里的好人好事和工作情况及时的报道出去。这样一来，我们每天三队的工作，第二天全场都知道了。时间长了，不仅锻炼了我的写作能力，还提高了我的知名度。现在想起来，这种文字水平的提高，对我今后的工作是很有帮助的。我一直很感激杨老师对我的这种特殊关照。

在明泊洼三队期间，我还有一段酿造杂交高粱白酒的经历。当时三队在大车间里建了一个白酒酿造厂，队上让我到酒母室做技术工作。这是白酒酿造的关键技术。我认真向专业技术人员学习，仔细钻研，很快掌握了酒母室的全部工作。在酒厂全体职工的共同努力下，三队终于酿造出了远近闻名的杂交高粱高度白酒。为队上创收并建立了第一个工副业项目，受到上级多次表扬。沧州闫国均专员专程来酒厂调研，称我们的白酒纯正好喝有度数。

我们三队的工作在全场是出名的先进单位。也是我们县和沧州地区农业学大寨的先进典型。我也常到外地介绍我们队的事迹。直到 1975 年的秋天，我父母为了照顾远在山东老家的老人，决定全家迁移回山东，当时的场长是杨之金场长，他对我父亲说：小岳是个人才，让孩子再锻炼一段时间吧，一定会更有前途的。父亲说：建国很内向，还望组织上多教育。杨场长又说：小岳是内秀，我们多培养。就这样，我独自一个人留在农场继续我的劳动锻炼生活。

1976 年，县里召开农业学大寨会议。明泊洼三队作为全县的先进单位，让我在大会上作典型的发言。

材料是我写的。因为我在海兴中学当过播音员，所以为了让大家听懂，我在大会上用标准的普通话把材料念完。没想到县广播站进行了实况录音。广播站的领导知道了我的标准语说得不错，于是会后不让我走，动员我来县广播站做播音员。这在当时是令人十分羡慕的工作。就这样，我被借调到了海兴县广播站。

在办公室里，编辑拿来一篇报纸上的文章，让我熟悉后录下音来，然后他们就拿走我的录音节目，跟县委领导进行了汇报。当时县委领导很满意我的播音。安排先借用，以后有指标再调入。就这样，我来到了广播站新的岗位。

1976 年 7 月 1 日，我离开了农场，来到了海兴县广播站，这成为我人生的一大转折点。到了广播站后，组织为了培养我，很快就送我到河北电台去学习播音，河北电台联播节目的著名播音员王群就是我的老师，他是省台的播音组长。后来我们来到了唐山的昌黎县实习。就在实习结业的最后一个晚上，我们二十几位同学，在招待所住的地方，用桌子搭建了个临时的舞台，尽情地表演自己的节目，一直到了深夜才散。就是这个晚上，我做了一个噩梦，梦到在回家的路上，汽车突然倾斜了。

就在我睡梦中的恍惚间，7 月 28 日凌晨，我在唐山遇到了千年不遇的大地震，耳边充斥了巨大的轰鸣，楼下四周到处是人的惊呼，一阵高过一阵恐怖的喊声，让宿舍里的人们惊慌失措。我此时站也站不稳，脑子里一片空白。

门已经被扭曲了，根本打不开，人们无法逃生。我用脚踹开窗户，奋力从三楼上跳了下来。幸运的是底下的建筑垃圾堆起到了缓冲，我身上没有受太大的伤。我只穿了一件裤头，往更加宽阔的地方跑。余震还在继续。眼前的一座座楼房和烟筒，不断倒下。我必须逃出去。没有方向，也不知道往哪去。半路上遇到了和我一起来学习的同志，我们做伴，后来搭乘了一辆货车，当时只想尽快逃离地震中心。没想到货车是向沧州相反的方向开的。车越走离家越远，我下了货车，又扒火车，一直来到锦州。许多人在我们的口述中，知道了地震的灾害和惨状。这是我记忆中永远抹不掉的一幕。后来我又几经周转，终于坐车回到海兴，告知家里我还活着。这时我的父母已经回山东老家定居。

一切又恢复了平静。通过这次培训，我在县广播站播音工作上如鱼得水，总是出色地完成领导交给的任务。

1976年9月9日，噩耗传来，伟大领袖毛主席逝世。我压抑着万分悲痛的心情，用低八度的声音，把自己的全部感情寄予治丧讣告，还饱含感情的播出了大量的悼念文章，字正腔圆，感情充沛，我的播音受到广大听众的普遍欢迎和赞同。

事业基石

1979年9月，山东聊城行政公署人事局面向社会招考银行干部，我为了照顾年迈的父母亲便报了名，准备回老家冠县工作。在参加统一招考中，我以第一名的成绩被冠县人民银行录取。由于我有着做广播员的经历，有一天，广播站通知我到广播站录制了《人民的好儿子——焦裕禄》的通讯稿。广播站的同志把我的录音拿到县委，领导听后当场表态，正式调入冠县广播站。从一开始的播音员到后来的编辑，我年年都有优秀的获奖节目。

1984年7月份，县里领导找我谈话。经组织考察，我被提升为冠县团县委副书记。不久，又被调到共青团聊城地委宣传部任副部长。后来挂职到聊城道口铺乡任副乡长。后又调聊城团地委任宣传部部长、团地委副书记。聊城撤地设市后，我任聊城团市委常务副书记。1998年9月，我被调到聊城市建设委员会任副主任。2009年6月任聊城市市政公用局党组书记、局长。2014年任聊城市政协常委、人口资源委员会主任。2017年底退休。

时光荏苒，回想自己的一生，海兴的青年岁月，是我生命中最值得留恋的一段宝贵时光。海兴的许多往事，都记录下那个时代的风风雨雨。知青岁月和播音员经历是我在激情燃烧的年代里最宝贵的一章。

我从政后一直担任领导工作，这与我在海兴的生活也有着直接的关系。特别是在明泊洼农场，当时我也是队部的领导成员之一，我们领导班子在一起开会。几位老干部负责工作各有一摊。有个女队委，开会之前常开玩笑，大伙感情十分融洽。但是谈起工作，落实任务大家都是格外的认真。特别对每一项工作的计划，安排部署和落实检查等等这一些基层工作的方法，我都是在明泊洼的实践中学习的，逐渐积累了经验。这无疑为我以后的工作经历提供了帮助。

明泊洼的日子是让我难以忘怀的岁月。它不仅是创业者的奋斗之歌，也是我收获爱情的地方。我的爱人郭海英是我小学的同窗，也是我们知青点儿的一位成员。回场插队下乡劳动不久，郭海英就调到了场部广播站当播音员。她的父母也在三队。父亲郭勇是一个老革命，当过新四军打过日本鬼子，参加志愿军到过朝鲜战场，后来担任过农场医院院长。我在明泊洼三队就和郭海英私下谈恋爱了，直到我借调到县广播站，才公开了我们的恋爱关系。1981年1月，她独身一人来到了山东，我们在冠县老家结了婚。

明泊洼农场三队东头生产路水渠岸边的老柳树，见证了我们的爱情，留下了我们美好的回忆。

往昔生活的一朵朵浪花，折射出那个时代的光辉。虽然有过艰难，也让我们感到了温馨和甜蜜。

如今已经是改革开放、全面建设小康社会的新时代，海兴县作为国家确定的沿海开发县和对外开放县，已经发生了翻天覆地的变化。我相信海兴的明天会变得更繁荣美丽，将会创造出不愧为我们伟大时代的新篇章！

第四章　新闻报道

一家传统农场的成功转身

杜景楠　秦晓寒

河北省国营海兴农场，始建于 1956 年，长期以来，农业一直作为这个农场的支柱产业，棉花、玉米、小麦等传统农作物，为农场的经济发展提供了必要的物质基础。但是由于近几年天灾较多，农场经济徘徊不前。

近年来，海兴农场牢牢把握农业产业结构调整这条主线，全力打造我国北方最大的耐盐碱苗木基地，在扩大特色农业规模、提升特色农业质量、带动农场职工在致富的道路上闯出了一片新天地。

根据把海兴农场打造成绿色"西部生态园"的总体要求，海兴农场秉承"绿化就是文化，造林就是造福"的理念，聘请全国知名的绿化专家，确定了点、线、面结合的绿化格局，通过各种形式的种植、绿化，为海兴农场"披"上一件日益苍翠的外衣。

农场场长贾福利说："在新的时期，传统农场也面临转型问题，建设'绿色、生态、和谐、美丽'的现代化新型农场，才是我们的出路。"

2013 年以来，为进一步打造生态宜居农场、森林公园，海兴农场委托中国农业科学院、河北农科院和河北省北方规划设计院，规划设计了农场现代农业生态示范园区，并整合资源，规划 5 万亩苗木基地，苗木基地项目从规划上高端定位，建设上高效率推进，管理上高标准要求，努力打造成为省内一流、国内知名的特色苗木基地。

以沧州一逸林业有限公司为技术依托和龙头依托，带动农场耐盐碱苗木实现规模化发展，促进农场现代林业发展和职工增收，鼓励广大干部群众，特别是具有一定技术专长的专业技术人员深入基地，领办、创办苗木企业或承包基地，开展技术承包、经营承包。

海兴农场通过加大农业基础建设投入，落户了绿源苗木培育有限公司、一逸柳树有限公司、河北天霖农业高效开发有限公司、鑫瑞林业种植专业合作社、如是农业科技有限公司等一批有规模、有实力的企业，形成了新型农业产业格局。并且立足海兴农场实际，科学布局，确定适销对路、附加值高的苗木品种，形成以耐盐碱柳树、白蜡、国槐等为独具特色树种的地域品牌，扶持沧州一逸林业有限公司柳树基因库成为全国柳树品种最全的良种基因库，公司已成功推出速生、耐盐碱、观赏和耐干旱瘠薄等百余种柳树良种。

积极实施精品战略，加快推行设施栽培，积极引进名、优、新、特品种，开发符合市场需求的苗木知名品牌，实行工厂化育苗、科学化管理、精品化产出、品牌化经营，不断提升产品档次。其中，沧州一逸林业有限公司收集引进柳树无性系 136 个，建立了柳树资源汇集圃，已有三个品种申请国家新品种保护，渤海柳 1 号已获得国家新品种授权，选育出的 9901 柳已通过省林木良种审定。

（原载 2014 年 3 月 26 日《经济参考报》）

推进牛肉产业供给侧改革，生产高品质系列新品

韩伟

中国牛肉人均年消费量不足 5 千克，与世界平均水平差距明显。随着人们生活水平的提高，牛肉需求和市场潜力巨大，但受制于各种条件的限制，生产成本不断上涨，肉牛存栏量逐年下降，供需缺口巨大。日前，由中澳农牧业有限公司投资兴建的中澳农牧澳大利亚屠宰用牛海兴厂项目开工奠基仪式在河北省海兴县举行，不仅标志着该项目的正式落户，而且其重点项目建设也在海兴县取得了重大突破。在同期举办的"中澳肉牛产业发展研讨会"上，与会的各方人士对发展肉牛产业进行了深入研讨和交流。

积极推动项目建设

河北省海兴县委、县政府积极推动该项目建设。"海兴县与中澳农牧业有限公司有着多年的交往与合作，对引进中澳肉牛屠宰项目，海兴县委、县政府高度重视，并列入全县大事实事之一，双方经过近一年努力，终于成功落地，为全县的经济发展增添了动力"。河北省海兴县委副书记、县政府县长回永智表示，"在今后的工作中，将明确专门的承办队伍，全力以赴为项目提供各种优质服务，千方百计解难题、破瓶颈，推动项目快建设、快竣工、快投产。海兴农场土地资源丰富，农业基础夯实，发展肉牛产业具有得天独厚的条件和优势。这次中澳肉牛产业研讨会，既是为中澳公司发展肉牛产业提供科学论证，更是为全县发展肉牛产业、壮大现代农业提供理论依据。"

满足高品质消费需求

2014 年，作为中澳自贸协定的重要组成部分，我国首次开放澳大利亚屠宰用肉牛活牛进口，在国内屠宰分割供应国内市场。受运输和保质期限的限制，国内目前流通的多是经国外初加工再进口的冷冻牛肉。

中澳农牧业有限公司董事长陈淑云表示，中澳一期工程屠宰用牛进口隔离场已被国家质检总局批准可投入使用，单次最大隔离量 1.2 万头，是目前国内规模最大、最先进的特

种隔离场。海兴厂项目是中澳农牧屠宰场二期工程，占地面积 159.97 亩，预计今年 10 月底竣工，11 月底正式投产。全部建成后将逐步达到年产 30 万头，年生产冰鲜进口牛肉 7.5 万吨的生产规模，总投资 7 亿元。

"目前新兴的消费群体需要安全、新鲜、高品质、有品牌的好牛肉，并且要有稳定的质量和供应作为保障，但这个需求一直没有被满足，因此在供给侧需求方面发展潜力很大，包括基础优质冰鲜牛肉、深加工高价值牛肉产品形态以及多样化的消费场景。"陈淑云说，"澳洲屠宰用肉牛的开放进口给牛肉产业供给侧改革提供了全新的思路和可能性。中澳农牧屠宰项目要充分利用这一契机，生产出匹配新消费需求的好牛肉产品，严把食品品质安全，助力消费升级。同时促进河北海兴相关产业的持续发展。"

做强中国肉牛产业

中国肉牛协会会长许尚忠教授牵头开展了进口屠宰用肉牛的可行性调研工作，他在会上介绍了我国肉牛产业发展现状、存在的问题以及国外相关产业情况。

中国牛肉市场和肉牛产业的发展，近年来受到很多因素的制约，比如良种率、饲养规模、技术水平、屠宰加工水平、市场规范度等，目前也一直没有形成全国性的领导品牌作为行业标杆，引导行业健康规范发展。

陈淑云表示，从长远看，中国牛肉市场还是要依靠自己强大的肉牛产业链，科技兴国在各行业都是核心竞争力。公司会积极推进与农科院等相关机构的合作，加大在良种科研方面的投入力度，协同上游良种和下游品牌渠道积累，协同在中西部自然养殖条件优越地区的合作伙伴，大力发展新兴集约化、规模化育种和养殖，打造出几个全国乃至全世界都有影响力的良种肉牛基地，让中国人吃上中国产的好牛肉。

河北省农业厅总兽医师冯雪领表示，该项目是对中央"一带一路"政策的具体落实。对调整国内肉牛产业结构，优化国内牛肉消费市场具有重要作用。今后要加强市场监管，保证畜产品食用安全，实施全程监管可追溯，避免疫病等各种风险的发生。

（原载于《中国食品报》2016 年 5 月 18 日第 2 版）

昔日盐碱地，今朝绿意浓

——河北农垦海兴农场发展纪实

秦晓寒 李林会

五万亩森林公园里绿涛阵阵，枝叶蹁跹；千亩热带辣木在温带落户扎根，欣欣向荣；林下鸡鹅成群，非洲雁不时飞舞追逐；盐碱地上，精选培育的有机水果硕果累累，满园飘香，等待游客前来采摘……

这里就是河北农垦海兴农场。

用执着，守护绿色生态

步入今日的海兴农场，很难想象这里曾因盐碱度过高而贫瘠到寸草不生。海兴农场地处冀鲁交界、渤海之滨，历史上经历过两次大的海侵，属于超重度盐碱地，全场七万余亩土地中可耕土地只有两三万亩。长期以来，农场致力于盐碱地治理，在降低土壤盐碱度的同时，培育了大面积、多品种耐盐碱苗木。昔日盐碱荒地，今日绿意渐浓。

海兴农场培育的苗木品种不仅包括柳树、白蜡、国槐等普通耐盐碱苗木，还增加了金太阳梨、垂叶碧桃、海棠、金叶榆、龙柏、元宝枫、彩叶豆梨等高档苗木，目前农场绿化总面积已达到4.7万亩。特别值得一提的是，海兴农场与沧州市一逸柳树育种公司合作建成了全国柳树品种最全的种植资源库，成功推出速生、耐盐碱、观赏和耐干旱瘠薄等400余种柳树良种，建立了"柳树种质资源圃""柳树无性系测定林""柳树育苗密度试验区""柳树丰产栽培试验区""柳树育苗示范区""柳树新品种示范区"等，收集种植柳树无性系137个，其中十几个品种已获国家苗木品种认定，这些品种主要适宜北方盐碱地种植。基地建成了一眼机井灌溉千亩基地的滴灌供水网络，形成了生物膜覆盖保墒除草节水灌溉系统。

2016年10月，"国际林木遗传资源培训大会"在农场召开，来自全球20多个国家的林业专家、科研院所和林业企业代表共计百余人走进海兴农场柳树种质资源库，共同交流林木遗传资源的保护经验，促进生态产业的大发展。柳树种质资源库的建立，为研究柳树的起源和进化、培育柳树新品种奠定了丰富的物质基础。

除了盐碱大地催生的多样耐盐碱苗木之外，有机林果也是海兴农场生态与效益相得益彰的特色支柱产业。海兴农场按照"林果兴场"的总体思路，依托森林公园既有生态环境，海兴农场大力发展有机林果产业，积极将资源优势转化为经济优势。总投资4500万元，采用篱笆式种植模式种植有机梨3000余亩。品种包括鸭梨、秋月、香红、皇冠、雪青、玉露香、新梨七号等优质品种，梨园采用人工捕杀、诱虫灯诱杀等物理防治办法对病虫害进行防治。2017年，被北京五洲恒通认证有限公司认证为有机食品，目前正在做好"海兴碱梨"地理标识申请工作。

在种植有机梨的基础上，积极培育有机草莓、有机棚桃、有机辣木等品种，使果树品种多样，结构趋于优化，技术不断取得突破创新。

在海兴农场"林下经济"养殖场，一条小河穿林而过，小河一岸是座座鹅巢，另一岸是参天林木和广阔的林下空间。白鹅或漫步林下，或嬉戏水中，早过河，晚归巢，一派惬意祥和。依托苗木、林果的既有生态环境，海兴农场在林下空间里寻得了现成的发展机遇。目前，农场已发展林下经济养殖 7000 余亩，包括土鸡、皖西白鹅、非洲雁、野鸭、野鸡等优质品种，林下养殖数量达到 8 万余只。林下养殖开发利用了既有的林地资源，不仅搞活了林区经济，还能通过林下鹅、鸡等的粪便反哺林地，促进林木生长，一举多得。

苗木、林果的快速发展，为海兴农场森林公园的建设奠定了基础。到目前，农场森林公园绿化率已达 67%，盐碱地上，大森林、绿果园、林下鹅雁构成了一幕幕和谐的生态美景。海兴农场以"生态立场"，面对前来洽谈合作的企业，场长贾福利不无执着："最好的开发就是保护，再穷我们也不能上污染环境、破坏生态的项目。"

以进取，引领新兴产业落地

辣木本为热带、亚热带作物，如今却在北纬 37°的海兴农场安家落户。置身于海兴农场千亩翠绿的辣木基地，让人止不住惊叹。

在不断壮大苗木的种类的基础上，海兴农场积极培育独具特色支柱产业，2014 年从福建等地引种辣木。通过反复试验种植，终于实现了热带、亚热带辣木树在北方的成功试种。辣木种植规模从 2014 年的百余亩发展到 2018 年的 1000 亩。基地与中古辣木研究中心合作，建成中古辣木北方种植基地；与河北省科技厅、河北省农林科学院、海兴县农业局、海兴县科技局合作，打造海兴农场辣木育苗移栽项目基地；河北省发改委也将海兴农场的辣木产业列入省重点项目。

2017 年 8 月 4 日，河北省委书记、省人大常委会主任赵克志到海兴农场调研，实地考察了耐盐碱林果基地及辣木种植基地，充分肯定沿海农业产业发展新模式，并就今后建设发展提出宝贵意见。

除了辣木产业，农场还结合自身优势积极谋划农光互补产业和现代化养殖产业。引进江山新能源农业光伏项目，建设 100 兆瓦农光互补光伏电站，占地 750 亩的一期工程已经完工。矗立的光伏电板源源不断地汲取光能变电能，电板下，又整齐排列着一座座食用菌种植、畜禽养殖大棚。农光互补项目带来电能的同时，催生了食用菌种植、畜禽养殖、加工、销售产业链；与北京青牛西渡进出口有限公司合作中澳农牧业有限公司屠宰厂项目，项目总投资 7 亿元，占地 160 亩，项目全部建成后，将达到年屠宰能力 10 万头，生产高品质冷鲜进口牛肉 7.5 万吨的年产规模；与和河南牧原集团合作，总投资 15 亿元，建设百万头生猪产业循环经济园项目，打造集科研、饲料加工、良种繁育、生猪饲养、屠宰加工、生态农业为一体的完整产业链条。对于推进地方现代农业建设、促进农村经济发展、增加农民收入，推进周边农民脱贫致富奔小康等具有十分重要的作用。

辣木产业、农光互补项目、中澳农牧业有限公司屠宰厂项目以及牧原百万头生猪产业循环经济园项目，海兴农场以进取的心态积极探索，引领各式新兴产业在这片本不肥沃的土地上落地开花，助力着各项产业的蓬勃发展。

尽己力，带动区域经济

海兴农场位于河北省沧州市海兴县内。海兴县于 1965 年建县，由山东省无棣、河北省黄骅、盐山三县的边缘贫困乡村合并而成，既是国家级沿海开放县，又是国家扶贫开发工作重点县。在海兴县"东工，中城，西生态"的经济产业布局中，海兴农场位于西部生态区，参与承担着加强生态建设、加快转变农业发展方式、优化提升居民生活服务业、推进文化体育旅游事业发展的重任。现已被河北省政府认定为省级现代农业园区、被省科技厅认定为省级农业科技园区。并且于 2017 年 7 月 28 日入选国家发改委及农业部 PPP 项目库，成为第一批农业领域政府和社会资本合作试点项目。同时，依托省级科技园区建设，园区被科技部认定为第一批国家级"星创天地"，为加快发展现代农业、助推科技扶贫及精准扶贫奠定坚实基础。依托国营农场的土地资源优势、管理优势和发展机遇，海兴农场已成为辐射带动区域经济、社会发展的重要力量。

惠民生，造福百姓促和谐

一条条宽阔笔直的柏油马路纵横交错；一幢幢整齐的住宅楼拔地而起；整齐划一、枝叶繁茂的树木像仪仗队似的伫立在道路两旁。漫步人行道上，时不时会嗅到一阵阵沁人肺腑的花香。穿行海兴农场，移步皆是景，处处呈现出一幅幅生态秀美的美丽新型城镇的新画卷。

几年来，海兴农场不断改善职工生活居住条件，推进农场城乡一体化进程，完善城镇功能。"农垦人家"新型社区按照"三区同建"总体规划，聘请专业设计队伍，高规格、高标准规划建设住宅小区。社区占地面积 500 余亩，可容纳人口一万余人居住，按照绿色生态环保原则，全部采取雨污分离和节能环保建设模式。新型社区建设让农场职工以及周边村镇的村民从危房搬进了宽敞明亮的新楼，同时也提升了农场整体形象。初步形成了"居住在社区、生活在城区、工作在园区，户户有工资性收入"的新型城镇化格局，一座宜居宜业的现代化新城快速崛起。

谋改革 凝心聚力促发展

自 2015 年中央、省农垦改革以来，海兴农场结合自身实际情况，积极进行农垦探索性改革。及时成立领导组织机构，制定改革工作方案，确定了改革初步思路和方向，落实了责任，先行先试搞好企业化改革，为改革奠定基础。在农垦改革过程中，海兴农场全体干部职工转变思想观念，加大力度、加快进度，不断增强农垦改革紧迫感和主动性，激发垦区内部自我改革的动力，以农场企业化为根本遵循，以积极主动求突破，以加快推进促发展，确保改革工作取得了实质性进展。

首先农场成立"海兴海农农业开发有限公司"，全力负责农场企业经营工作。同时，成立三个分公司，分别为养殖公司、种植公司和农产品物流公司；其次农垦改革与现代农业园区建设相结合，以现代农业园区的建设促进农场企业化改革，推进农场一二三产业融合。在不断加大生态建设的基础上，打造集循环农业、创意农业、农事体验于一体的"田园综合体"；三是"走出国门"，搞好合作。按照农业部、农业厅安排，海兴农场自去年开始与黑龙江垦区新友谊农场合作在俄罗斯乌苏里斯克地区市开发种植 20 万亩土地，2017年完成 3 万亩大豆及玉米种植。待企业化改革完成后，除种植业外，再进行养殖业及其他农业领域的合作。

海兴农场不断将农垦改革试点向纵深推进，取得显著成效，不仅税收逐年增加，产业项目纷纷落地，让老百姓享受到了改革发展成果，还为垦区进一步深化改革提供了新的思路，积累了丰富的经验。

海兴农场在省农垦局的正确领导下，在农场党政一班人的带领下，战胜了各种艰难险阻的考验，一举开创了农场和谐、稳定、发展的新局面。

河北省农垦局副局长杜亚周表示，海兴农场在河北的 30 个农（牧）场中不算发展最快最好的，但基于其良好的势头和科学的规划，若能将发展稳步推进，海兴农场将大有可为。这片从盐碱荒地上开垦出来的绿意，这方坚持以生态为基础的土地，这个以进取谋求新发展的农场，我们有理由相信并期待她的美好明天。

（原载于《中国农垦》2016 年 12 期）

盐碱地上长出"柳树王国"

——海兴农场柳树基因库五年育出百余个柳树良种

我们要建设的现代化是人与自然和谐共生的现代化，既要创造更多物质财富和精神财富以满足人民日益增长的美好生活需要，也要提供更多优质生态产品以满足人民日益增长的优美生态环境需要。

——摘自中共十九大报告

本报讯（记者孙健、通讯员杨俊杰）日前，记者驱车前往海兴采访，道路两侧笔直挺拔的柳树引起了记者注意。地处冀鲁交界、渤海之滨的海兴县，经历过两次大的海侵，土地盐碱，十年九旱，造林成活率、保存率都很低，缘何一片片娇贵的柳树能在这扎根繁衍？

看出了记者的疑虑，同行的海兴县农业局局长李世峰道出缘由。2013 年，海兴农场规划设计了现代农业生态示范园区，重点扶持沧州市一逸柳树育种有限公司加快柳树优良品种基因库建设，成功推出速生、耐盐碱、观赏价值高和耐干旱瘠薄等百余个柳树良种，成为海兴盐碱地上的一道靓丽风景。

跟随李世峰来到柳树基因库，"柳树资源保护区""柳树育苗示范区""柳树苗期测定区域""柳树测定林区域""苗圃生产示范区"分区鲜明，映入眼帘的各个品种的柳苗长势喜人。基因库负责人焦传礼介绍说，五年时间里，公司收集了国内外柳树无性系品种 430 多个，打造了全国最大最全的柳树资源汇集区，也成为柳树新品种的重要研发基地。他们不仅与中国林科院、山东省林科院和山东农业大学建立合作关系，联合进行新品种的培育和高效利用实验，还承担起国家柳树研发专项。

山东农业大学林业专业毕业的焦传礼，以前在菏泽林业系统工作，因为对经营和科研更感兴趣，早在 20 世纪 90 年代就下海搞起了苗木种植。凭借多年的种植经验，他看准柳树行业出现的供应缺口，以及市场上柳树品种混乱、缺少新优良种的状况，决定将推广柳树新品作为公司的主业。育苗之路并非一帆风顺，为了获得准确的试验数据，焦传礼带领育苗团队一头扎在基地，细心地观察测量，中午就啃个馒头、吃点咸菜对付一口。就连出国他也到处找柳树，还想方设法带回点枝条。

人们渴望绿色，身处海兴这片盐碱地的群众尤为迫切。扎根海兴发展的一逸柳树育种有限公司，将耐盐碱性作为柳树新品种的重要衡量标准之一，致力于让优质柳树品种为盐碱地披上绿装。焦传礼说，在柳树培育中，他们选择纯度高的新品种，经过多次选优选育以及大量品种的驯化选育，公司培育的 100 余个柳树无性系新品种基本实现了耐盐碱。其中，"渤海柳 1 号"是基因库的明星品种，它主干通直，顶端优势极强，生长期内干皮黄绿色。枝条在立秋后逐步变色，颜色随着天气变冷加深。经过多年观察，"渤海柳 1 号"根系发达，抗风、抗雪压，可适应多种不同类型的土壤，在环渤海盐碱地上生长良好，且具有速生性特点。如今，包括"渤海柳 1 号"在内的 15 个品种通过国家新品种实质审查，获国家林木新品种知识产权。

（原载于 2017 年 12 月 16 日《沧州日报》）

沧州海兴县打造全国最大最全柳树基地

长城新媒体沧州 12 月 20 日讯（记者 董传辉 徐亮）沧州海兴县借助柳树基因库良好的发展势头，不断探索各类造林新品种、新方法、新模式，林地面积迅速由 2010 年的 13.1 万亩增长到现在的 26.5 万亩，森林覆盖率由 2010 年的 10.1％提升到 18.6％，实现了林地面积和森林覆盖率双翻番。其中，全县柳树栽植面积更是高达 3.5 万亩（图 15-4-1）。

图 15-4-1　成片连方的柳树林（徐亮　摄）

　　地处冀鲁交界、渤海之滨的海兴县，历史上经历过两次大的海侵，土地盐碱，十年九旱，造林成活率、保存率都很低。现在的海兴县内，柳树成行连片，成为全国最大最集中的绿柳种养基地。

　　海兴县农业局局长李世峰介绍，2013 年，海兴农场规划设计了现代农业生态示范园区，重点扶持沧州市一逸柳树育种有限公司加快柳树优良品种基因库建设，成功推出速生、耐盐碱、观赏价值高和耐干旱瘠薄等百余个柳树良种，成为海兴盐碱地上的一道靓丽风景（图 15-4-2）。

图 15-4-2　柳树育苗示范区的技术员喜看培育成果（徐亮　摄）

在海兴农场柳树基因库，"柳树资源保护区""柳树育苗示范区""柳树苗期测定区域""柳树测定林区域""苗圃生产示范区"分区鲜明，映入眼帘的各个品种的柳苗长势喜人。基因库负责人焦传礼介绍说，五年时间里，公司收集了国内外柳树无性系品种 430 多个，打造了全国最大最全的柳树资源汇集区，也成为柳树新品种的重要研发基地。他们不仅与中国林科院、山东省林科院和山东农业大学建立合作关系，联合进行新品种的培育和高效利用实验，还承担起国家柳树研发专项。

山东农业大学林业专业毕业的焦传礼，以前在林业系统工作，因为对经营和科研更感兴趣，早在 20 世纪 90 年代就下海搞起了苗木种植。凭借多年的种植经验，他看准柳树行业出现的供应缺口，以及市场上柳树品种混乱、缺少新优良种的状况，决定将推广柳树新品作为公司的主业。育苗之路并非一帆风顺，为了获得准确的试验数据，焦传礼带领育苗团队一头扎在基地，细心地观察测量，中午就啃个馒头、吃点咸菜对付一口。就连出国，他也到处找柳树，还想方设法带回点枝条（图 15-4-3）。

图 15-4-3　林木育种专家现场观摩（徐亮 摄）

人们渴望绿色，身处海兴这片盐碱地的群众尤为迫切。扎根海兴发展的一逸柳树育种有限公司，将耐盐碱性作为柳树新品种的重要衡量标准之一，致力于让优质柳树品种为盐碱地披上绿装。焦传礼说，在柳树培育中，他们选择纯度高的新品种，经过多次选优选育以及大量品种的驯化选育，公司培育的 100 余个柳树无性系新品种基本实现了耐盐碱。其中，"渤海柳 1 号"是基因库的明星品种，它主干通直，顶端优势极强，生长期内干皮黄绿色。枝条在立秋后逐步变色，颜色随着天气变冷加深。经过多年观察，"渤海柳 1 号"根系发达，抗风、抗雪压，可适应多种不同类型的土壤，在环渤海盐碱地上生长良好，且具有速生性特点。如今，包括"渤海柳1号"在内的15个品种通过国家新品种实质审查，获国家林木新品种知识产权。

更令人振奋的是，这些耐盐碱的柳树新品种不仅在海兴扎根，也让土壤情况相近的其他地区受益。目前，在环渤海、山东沿海及鲁西黄河流域，已推广种植这里培育的4000万株优质柳树苗木，在盐碱地种出一片片生机与希望（图15-4-4）。

"在做好柳树增绿的同时，海兴还将进一步发展柳树产业，围绕环保生态板材、木质纸浆等做好柳树深加工，让柳树产业获得更好的发展前景。"李世峰说。

图15-4-4　耐盐碱无絮柳工程苗（徐亮　摄）

（原载于2017年12月20日《长城新媒体》）

靠海而兴　靠绿而富——记河北海兴农场

记者：徐锋　付姓

"看见人来就跑了。这几只梅花鹿是今年刚从承德引进的，每只要五六千块钱，只是想试一试，看看能不能养活。现在看结果，还不错。明年规模可以再扩大一些。"在梅花鹿饲养基地，海兴农场场长贾福利指着已经钻进树丛的几只梅花鹿说。"目前，海兴农场已发展林下养殖面积达7000余亩，包括土鸡、皖西白鹅、非洲雁、有机山羊、野鸭、野鸡、鸵鸟、孔雀等许多优质品种，林下养殖的总数量达到18万余只（头）。"

林下特色养殖是海兴农场的亮点，通过充分利用既有的林地资源，将资源优势转化为经济优势，不仅能够发展观光旅游，搞活了林区经济，还能用林下禽畜的粪便"反哺"林地，可谓一举多得。

谁说"盐碱地上无林业"

从林下空间里找到现成发展机遇，海兴农场依靠的是苗木、林果的快速发展形成的良好生态环境。农场为何要搞林业？这要从海兴农场的发展说起。

海兴农场建于1956年，占地8万亩，辖七个农业队，八个居民点，总人口7200人，属国有农垦企业，隶属河北省农垦局和海兴县人民政府。自建场以来，一直以农业作为支柱产业，种植棉花、玉米、小麦等传统农作物，由于"工业弱、商业差"，农场经济一直徘徊不前。2010年以来，海兴农场领导审时度势，立足农场实际，大胆推进农业产业结构调整，全力打造我国北方最大的耐盐碱苗木基地，扩大特色农业规模，提升特色农业质量，带动农场职工在致富的道路上闯出了一片新天地。

场长贾福利说："在新时期，传统农场也面临转型问题，建设'绿色、生态、和谐、美丽'的现代化新型农场，才是出路。"

2013年，海兴农场规划设计了现代农业生态示范园区，与沧州市一逸柳树育种公司合作建成了全国柳树品种最全的种质资源库，成功推出具有速生、耐盐碱、观赏和耐干旱瘠薄等特性的400余种柳树良种，收集种植柳树无性系137个，其中十几个品种已获国家苗木品种认定，这些品种主要适宜北方盐碱地种植。

海兴农场培育的苗木品种不仅包括柳树、白蜡、国槐等普通耐盐碱苗木，还增加了金太阳梨、垂叶碧桃、海棠、金叶榆、龙柏、元宝枫、彩叶豆梨等高档苗木。耐盐碱基地按照现代农业的要求，建成了一眼机井灌溉千亩基地的滴灌供水网络和生物膜覆盖保墒除草节水灌溉系统。

根据打造海兴县绿色"西部生态园"的总体要求，海兴农场秉承"绿化就是文化，造林就是造福"的理念，确定了点、线、面结合的绿化格局，通过各种形式的种植、绿化，为海兴农场"披"上一件日益苍翠的外衣，目前农场绿化总面积已达到4.7万亩。这在土地盐碱化、造林成活率、保存率都很低的海兴县可谓创造了绿色奇迹，打破了"盐碱地上无林业"的魔咒。

"北方唯一辣木基地"

说起引入特色产业，不得不提辣木这一品种。我国北方唯一有机辣木生产基地在海兴农场。

原产于印度的辣木树又称鼓槌树、山葵树，为多年生常绿乔木，具有丰富的食用和药用价值，被科学界誉为"奇迹之树"。据场长贾福利介绍，海兴农场昼夜温差大、光照时间长、土地肥沃，具有种植和开发辣木树的自然条件。2014年，海兴农场从福建等地引种辣木并试种成功。种植规模从当年的百余亩发展到现在的1000亩，围绕辣木开发的辣木菜、辣木酒、辣木糖、辣木茶也成为农场特色产品。河北省已将此产业列入省重点项目。

除有机辣木产业外，按照"林果兴场"的总体思路，海兴农场大力发展有机林果产业，积极将资源优势转化为经济优势。农场总投资 4500 万元，采用篱笆式种植模式种植有机梨 3000 余亩，包括鸭梨、秋月、香红、皇冠、雪青、玉露香、新梨七号等优质品种，梨园采用人工捕杀、诱虫灯诱杀等物理防治办法对病虫害进行防治。"海兴碱梨"地理标识申请工作已在准备之中。

在种植有机梨的基础上，农场积极培育有机草莓、有机棚桃等品种，使果树品种多样，结构趋于优化，技术不断取得突破创新。截至目前，林果种植面积达 4700 亩，品种包括苹果、梨、桃、杏、冬枣等。

此外，农场还结合自身优势积极谋划农光互补产业和现代化养殖产业。引进了江山新能源农业光伏项目，一期工程已经完工。光伏电板下，整齐排列着一座座食用菌种植、畜禽养殖大棚。农光互补项目带来电能的同时，催生了食用菌种植和畜禽养殖、加工、销售产业链；与北京青牛西渡进出口有限公司合作中澳农牧业有限公司屠宰厂项目，项目全部建成后，将达到年屠宰能力 10 万头，生产高品质冷鲜进口牛肉 7.5 万吨的年产规模；与河南牧原集团合作，建设百万头生猪产业循环经济园项目，打造集科研、饲料加工、良种繁育、生猪饲养、屠宰加工、生态农业为一体的完整产业链条。

面对前来洽谈合作的企业，场长贾福利坚持奉行绿色发展的理念，"最好的开发就是保护，再穷我们也不能上污染环境、破坏生态的项目。"

改革从自身实际出发

"农场办社会职能的分离是个难点，企业化后，海兴农场的办社会职能能移交的就移交，不能移交的实行政府购买服务，整体来说，基本上解决了这个问题。"沧州市农垦管理站站长王国柱介绍说。

据了解，海兴农场实行"分开不分离，政府购买服务"改革模式，将农场承担的社会管理和公共服务职能，除教育已基本具备移交条件外，其他包括卫生、民政、计生、治安、武装、妇联、团委、工会、安监、综治、环保等社会职能通过政府购买服务的办法，全部纳入地方政府统一管理。社会职能管理人员则由海兴农场原工作人员组成，在农场原有工作人员当中安排 40 人左右，主要负责农场行政社会经济事务；其他人员根据个人意愿和特长全部安排到新成立的公司，进行企业经营工作。2018 年 12 月前，社会职能改革能够全部完成。

从自身的发展实际出发，海兴农场实行农垦改革与现代农业园区建设相结合，以现代农业园区的建设促进农场企业化改革，同时以农垦改革为契机加快推进现代农业发展步伐和一二三产业融合发展。在不断加大生态建设的基础上，把现代农业园区打造成集循环农业、创意农业、农事体验于一体的"田园综合体"，该园区现已被河北省农业厅认定为省级现代农业园区。

为全面统筹管理农场的经营工作，农场成立海兴海农农业开发有限公司，下设三个分公司，分别经营养殖、种植和农产品物流。养殖公司养殖鹅、黑猪、野鸡18万只（头）；种植公司采用现代科技种植模式，种植有机梨近3000余亩，且部分今年已经挂果；农产品物流公司主要负责农场及周边的农产品仓储中转、物流配送、电子商务、冷藏保鲜等，现已正式运营。

在推进农业产业结构调整、实现业务转型的基础上，海兴农场不断将农垦改革向纵深推进，取得显著成效，税收逐年增加，产业项目纷纷落地，为河北垦区进一步深化改革提供了新的思路。经过几年不懈努力，海兴农场由原来亏损实现盈利，总产值从2010年的1.1亿元增长到2017年的1.52亿元，职工年人均纯收入从2010年的4000元增长到了现在的6000元，职工增收显著。

在经济发展的同时，海兴农场积极推进农场城乡一体化进程，完善城镇功能，不断改善职工生活居住条件。"农垦人家"新型社区按照"三区同建"总体规划，聘请专业设计队伍，高规格、高标准规划建设住宅小区。社区占地面积500余亩，可容纳人口一万余人居住，按照绿色生态环保原则，全部采取雨污分离和节能环保建设模式，初步形成了"居住在社区、生活在城区、工作在园区，户户有工资性收入"的新型城镇化格局，一座宜居宜业的现代化新城快速崛起。

"海兴农场是个样本"

"海兴农场在沧州市乃至河北省规模不算大，但其改革发展算是中小农场发展的一个样本，绿色发展、特色产业的发展模式，有借鉴意义。"在海兴农场的木屋前，王国柱望着落入林间的夕阳，对记者说。

据介绍，在河北农垦，一二三产业产值的比例大体为1：6：3，海兴农场的发展过去是以农业为主。因而，一二三产业融合发展将成为海兴农场未来发展方向，"一园一区四基地"建设将成为发展重点："一园"是5万亩森林公园，现在绿化面积已达4.7万亩，绿化率67％；"一区"是省级现代农业园区，目标是建成"省内一流，独具特色的集农产品精深加工、农产品流通市场、农业生态旅游等一二三产业融合、产、销、游于一体的现代农业综合区"；"四基地"分别是耐盐碱林果基地、绿色养生养老基地、有机食品产销基地、农业休闲旅游观光基地。按照"以产业促旅游，以旅游促产业"的思路，进一步拓宽生态旅游内涵，更好地促进农场发展。

目前，海兴农场正在按照发展规划，积极招商引资引企。"未来的海兴农场，将是一二三产业融合发展的现代化农场"。面对未来，贾福利场长信心满满。

河北省农垦局副局长杜亚周同样看好海兴农场的未来。"海兴农场在河北的 32 个农（牧）场中不算发展最快最好的，但基于其良好的势头和科学的规划，若能将发展稳步推进，未来将大有可为。"

（原载于《农村工作通讯》2018 年第 16 期）

荒滩变绿林颜值产值高

——走进海兴现代农业园区

海兴现代农业园区核心区位于海兴农场全境，占地 8.2 万亩。深秋来访，这里依然是一派生机勃勃的景象。五彩树种风中傲立、林果树下家禽漫步、养生养老小镇紧张建设……通过发展林果产业、探索林下经济、发掘生态价值，如今的海兴现代农业园区，正在向独具特色的生态种养、观光养生、休闲养老于一体的现代农业综合园区迈进。

盐碱地上建起森林公园

驱车驶进海兴农场，满目皆是树的踪影。苍劲挺拔的松柏、黄绿交织的白蜡、枝繁叶茂的榆树……这边的树林已然在秋风中蜕变成金黄，那边却依然固执得碧绿盎然。这片广袤的土地，在大自然这位画师的笔下，演绎着秋的多层韵味。

"现在即便是秋天来到俺们这儿，依然风景怡人。可要是几年前来到这儿，能看的可只有光秃秃的地头。"农场副场长董海峰打趣道。

董海峰就是土生土长的农场人，1990 年参加工作至今，对这片土地的新生他感触最深。前些年，这里土壤中盐碱重度超标，玉米、小麦等庄稼实在"难以忍受"这恶劣的环境，经济效益少得可怜。棉花耐盐碱，曾红极一时，种植面积一度达到 3 万亩。可随着市场行情的走低，却也渐渐销声匿迹。

一面是恶劣的种植环境，一面是低迷的经济效益，这片土地如何在日益紧缩的夹缝中将生机延续？

"调整种植结构，发展耐碱林木，既可开发农业效益，促进园区发展，又能保护生态环境，实现园区绿色、生态的转型。"场长贾福利找到了突破口。根据打造海兴县绿色"西部生态园"的总体要求，园区秉承"绿化就是文化，造林就是造福"的理念，确定了点、线、面结合的绿化格局，开始进行各种形式的种植、绿化。

2013 年，这里规划设计了现代农业生态示范园区，与沧州一逸柳树育种公司合作建成了全国柳树品种最全的种质资源库，成功推出具有速生、耐盐碱、观赏和耐干旱瘠薄等特性的 400 余种柳树良种，收集种植柳树无性系 137 个，其中十几个品种已获国家苗木品种认定。

不仅如此，除了种植柳树、白蜡、国槐等普通耐盐碱苗木，园区还增种了金太阳梨、垂叶碧桃、海棠、金叶榆、龙柏、元宝枫、彩叶豆梨等高档苗木。除此之外，这里还引种辣木，成为我国北方唯一有机辣木生产基地。

如今，4.7 万亩的森林公园，好似为昔日的盐碱荒滩"披"上一件苍翠的外衣。这片森林，也正成为园区发展经济、招商引资的最大资本。

转型梨果研发有机产品

除了发力绿化苗木种植，按照"林果兴场"的总体思路，园区还大力发展有机林果产业，积极将生态资源转化为经济优势。

"发展林果产业，不仅将林木种植模式进一步优化，还能提升经济效益，现在正成为园区转型的目标。"贾福利介绍道。

而在转型之中，贾福利也有了更多思考。"采用普通种植模式，与老百姓争市场，不仅挤占了本就饱和的市场，经济效益的提升空间也有限。现在人们的食品安全意识在不断提升，对绿色农产品的渴望日益加剧。不如瞄准高端，另辟蹊径，发展优质果品。"

2016 年，园区又投资 4500 万元，采用篱笆式种植模式种植各式梨果 3000 余亩，包括鸭梨、秋月、香红、皇冠、雪青、玉露香、新梨七号等优质品种。

这 3000 余亩的梨果，完全采用有机种植方式进行。有机种植方式，可追溯到栽植之初。由于这里土地返碱严重，植树之前，需要在 80 厘米深的沟底铺垫一层 10 厘米深的棒子瓤，隔离下层碱土。再将用牛粪、秸秆腐熟后制成的有机肥与土壤混合，制作成有机沃土。仅这道工序，每亩地种植成本就要增加 1 万元。

在梨树生长之时，遇到病虫害，也全部采用人工捕杀、诱虫灯诱杀等物理防治办法对病虫害进行防治。

"有机认证检测要求十分严格。不仅需要对果品农药、重金属残留等进行检测。还要不定期对种植基地土壤、水源、空气进行抽检。只要有一项指标不合格，检测部门便会停止认证。"董海峰说，今年是园区申请有机认证的第二年，目前产品及各项指标均符合认证标准。

不仅如此，今年园区还为梨果申请了"海兴碱梨"地理标志产品认证。

"碱梨，顾名思义就是在盐碱地上种植出的梨品。由于咱们园区中绝大部分土地都是盐碱地，其中富含钾元素，所以同样的管理模式下，种出来的梨也比普通梨糖分高、口感好。"此项认证通过后，将会进一步增加园区梨果含金量，为走向市场的身价"加码"。

发力绿色养生休闲基地

"瞧，这个鸡蛋怎么是青色的呢？"捡拾起"藏匿"在草间的鸡蛋，竟如此与众不同。再仔细瞧来漫步的母鸡，却也与普通的并无两样。

"其实这些都是野鸡，在咱们林子里按照原生态的方式养殖，产出的蛋也是原汁原味的'野生'样。你可别瞧着这蛋小，一枚可以卖到 2 元钱呢。"贾福利笑着说。

这边野鸡在林间闲庭信步，那边白鸭更是悠然自得。在林子里"遛弯"乏了，索性扑向林子旁的河沟里，享受着亲水之趣。

除了野鸡、白鸭，土鸡、皖西白鹅、非洲雁、有机山羊、鸵鸟、孔雀等优质品种也来到这里畅享生态环境。目前，园区已发展林下养殖面积达 7000 余亩，林下养殖总数量达 18 万余只（头）。

伶俐的黑眼珠，抖动的小耳朵……刚刚来到梅花鹿饲养基地，这些"小精灵"便嗖地钻入了树林，只留下一个欢快的身影。

贾福利说，这几只梅花鹿是今年刚从承德引进的，每只要五六千块钱，听说林下养殖效益不错，园区也想试一试。如今养殖效果不错，计划明年将规模再扩大一些。

现在，林下特色养殖已经成为园区的特色产业，其不仅搞活了林区经济，更为发展观光旅游奠定了基础。

"依托农场'五万亩森林公园'优质的绿色生态空间，及田园景观、农场文化，园区还将为游客提供休闲度假服务，创造一种亲近自然的开朗、轻松、愉悦的生活方式。"冬摘草莓、秋摘梨枣，捡拾鸡蛋、参观珍禽，来到这里，游客们真正体验到了返璞归真的农趣。

不仅如此，一个占地 2700 余亩的园林式绿色养生养老基地也正在加紧建设中。建设完成后，将兼具养生、养老、老年病医疗、康复、护理及残疾人矫形康复等诸多功能。

（原载于 2018 年 10 月 31 日《沧州日报》第 6 版）

海兴：激活"绿色密码"一片盐碱地的蜕变

段永亮　董传辉

长城网沧州讯（记者 段永亮 董传辉）仲夏时节，走进河北省国营海兴农场，一条条整齐划一的林带，一片片气势雄浑的林网，一个个诗情画意的游园，一颗颗苗壮成长的树木……目光所及，绿树成荫，绿意浓浓，生机盎然，仿佛置身于绿色的海洋，早已没了昔日的盐碱地模样，这里正讲述着绿色的故事（图 15-4-5）。

图 15-4-5 成片的林子（秦晓寒 供图）

海兴农场建于 1956 年，位于海兴县城西南部 8 公里处，占地 10.5 万亩，现辖五个区域，八个居民点，总人口 7200 人。历史上干旱、渍涝、盐碱等自然灾害频繁，生态环境脆弱。当地人把这里叫大洼，土地相当贫瘠，当时流传着这么一句话："春旱夏涝，春天不用买盐，洼里白花花，夏天能见海，洼里水汪汪。"这是当时恶劣环境的真实写照。

自建场以来，农场一直以传统农业作为支柱产业，种植棉花、玉米、小麦等传统农作物，随着统购统销退出历史舞台，由于农场"工业弱、商业差"的底子越来越明显，经济一直徘徊不前。

"近年来，面对转型和出路，我们没有在等，始终是在寻找自身发展的路子，把农场定位在绿色和生态高质量发展上来。"海兴农场党委书记、场长贾福利说。怎么转型，走什么样的路子？近年来，海兴农场立足实际，大胆推进农业产业结构调整，以"生态立场、林果兴场、产业富场"为总体思路，以搞好"一园一区四基地"建设为重点，推动农业向产业化、规模化、标准化、品牌化转变，促进农业增效、职工增收，推动全场各项产业健康发展。

五万亩的"森林公园"已成现实，到目前，"森林公园"绿化总面积已达到 4.7 万亩，绿化率已达 67％。海兴农场按照打造"森林公园"的总布局整合现有资源，总投资 6 亿元。园内建成了全国柳树品种最全的良种基因库，成功推出速生、耐盐碱、观赏和耐干旱瘠薄等 400 余种柳树良种，建立了"柳树种质资源圃""柳树丰产栽培试验区""柳树育苗示范区""柳树新品种示范区"等，收集种植柳树无性系 137 个，其中十几个品种已获国家苗木品种认定。

2013 年 5 月份，在不断壮大苗木的种类的基础上，海兴农场从云南、福建等地引种了热带植物辣木。通过"低温冷藏、基质催芽、育苗移栽"的种植模式进行试种 50 亩，成活率达 99%，取得突破性种植成功。2019 年完成种植 200 亩。据查证，海兴农场为北方首个也是唯一成功引种植辣木的地区。同时，农场与中古辣木研究中心合作，建成中古辣木北方种植基地；与河北省科技厅、河北省农林科学院合作，打造海兴农场辣木育苗移栽项目基地。积极培育独具特色支柱产业。

海兴农场一直致力于打造现代农业园区，以海兴农场为核心区，规划占地 8.2 万亩，园区总投资 40.62 亿元，辐射带动周边乡镇 50 万亩，现已被省政府认定为省级现代农业园区。园区集农产品精深加工、农产品流通市场、农业生态旅游等一二三产业融合、产、销、游于一体的现代农业综合区。2016 年 11 月份园区被科技部认定为第一批国家级"星创天地"。

"盐碱地里种出的水果要更甜一些，糖含量更高，我们土地是经过治理和改良过的，拿我们的有机梨来说，口味嫩香脆甜，皮薄核小无渣，含糖量高达 14.5%，富含多种天然维生素，营养丰富。"贾福利介绍说。农场的耐盐碱林果基地，现已完成 2.7 万亩苗木种植及 4700 亩林果种植，品种包括苹果、梨、桃、杏、冬枣等。在销售上，有机梨采用线上线下同步销售模式，线上通过淘宝电商高端订制，线下入驻北京、天津等高端水果市场，每斤售 6～8 元，有机梨亩产 4000 多斤，每亩利润可达 1.6 万～2.7 万元左右。

林下特色养殖同样是海兴农场的亮点。得天独厚的环境优势，把生态造林和生态养殖有机结合，林子里按区域养殖了朗德鹅、非洲雁、土鸡、有机山羊、黑猪等。截至目前，总投资 3000 万元，发展林下生态养殖 7000 余亩，养殖数量达到约 18 万只（头），成了名副其实的林下经济，既充分使用了林地资源，又搞活了经济，还通过林下禽畜粪便反哺林地，实现了林地生态良性利用、循环发展。

海兴农场的绿色故事是几代人的奋斗和坚守，也正是如此，才能上演绿色传奇，海兴农场正向高质量发展的方向和"绿色生态、和谐宜居、美丽富饶"的现代化农场迈进。

（原载于 2019 年 6 月 9 日《长城新媒体》）

格润农庄的乡土味道

沧州晚报记者　齐晓梅　摄影报道

树林里，母鸡悠闲地啄食着杂草、虫子；荷塘里，几只野鸭在自由嬉戏……走进海兴格润农庄时，赵德鹏正提着竹篮穿梭在林间捡拾鸡蛋，而目之所及皆是宁静祥和的田园景象。

从种植单一苗木的苗圃，发展到集种植、养殖、采摘、垂钓、餐饮和住宿为一体的休闲农庄，赵德鹏和伙伴们一直未改变的是心中的生态农业梦……

生态养殖，良性循环

学习过禽类养殖技术的赵德鹏搞过种鸡养殖、卖过兽药，但都以失败告终。好在有技术傍身，他开始辗转各孵化场提供技术支持（图 15-4-6）。

图 15-4-6

2012 年，一次偶然的机会，赵德鹏结识了格润农庄的几位经营者。几次深入交谈下来，发现大家理念契合，追求的都是生态农业，于是赵德鹏果断加盟。

来到农庄，望着满眼郁郁葱葱的苗木，赵德鹏心想：这里的自然生态环境非常好，林下放养生态鸡再适合不过了。

当年，赵德鹏就引进了 1 万只鸡苗，在农庄里建起了简易鸡舍，迈出了生态养殖的第一步。

刚开始，他一周来一次农庄，到后来来一次就住半个月，最后索性以农庄为家。

树林为鸡提供了活动场所，林下的野草是天然饲料，鸡粪则为林木提供了天然有机肥，这就初步形成了以林养鸡、以禽促林的良性循环。

但很快，赵德鹏发现了新问题——养殖规模过大。"鸡粪多了，挥发到空气中，气味不好。而且，销售渠道相对单一，卖不掉的鸡蛋放的时间长了就不新鲜了。"

在赵德鹏看来，鸡的数量过多而林下小草减少，长此以往就会失去生态养殖的意义。于是，他想到了发展养殖户进行分散养殖。

五十亩林地里，他只留下千余只鸡来保证农庄正常运营，剩余的分给其他养殖户，每户一千只。赵德鹏承诺无偿提供技术、防疫支持，而且在销售上互通有无、相互调拨。

"现在农庄主要养殖宫廷油鸡、乌鸡、芦花鸡、华北柴鸡等 20 余个品种。"赵德鹏选择了笨鸡里最好的品种，在养殖过程中绝不喂任何对人有害的添加剂。

退回 300 个空礼品盒

依靠创新生态养殖模式，格润农庄的柴鸡蛋一经推出，便深受消费者青睐，逢年过节更是供不应求。

2015 年春节前，有位老客户下了笔订单，购买 500 箱柴鸡蛋。临近交货的日子，客户还专程送来了 500 个定制包装礼盒。

农庄里的柴鸡蛋被搜罗光了，赵德鹏和工人们只装了 200 盒。有人提议可以调拨些鸡蛋来凑数，赵德鹏断然拒绝了，最后把 200 盒柴鸡蛋和剩下的 300 个空盒一并寄给了客户。

"客户都说还是第一次碰见退箱子的。虽然退了 300 盒柴鸡蛋少赚了两万块钱，但咱格润农庄讲诚信的金字招牌更值钱。"赵德鹏笑着说。

其实，对于赵德鹏来说，调拨 300 盒柴鸡蛋并非难事。但在他心目中，纯正的柴鸡蛋需要满足三个条件：品种纯正、林下散养、天然饲料。

"本地的乡土笨鸡学名叫河北柴鸡，它下的蛋才是柴鸡蛋，而且必须得是散养状态下的柴鸡。放在笼子里的鸡不活动，鸡蛋的品质肯定不行。还有，喂食的天然饲料不能有任何添加，像喂了增加产蛋量的激素，或者改变蛋黄颜色的蛋红素、卵磷脂都不行。"赵德鹏解释说。

生态农庄得有农家"味道"

一次外出考察，赵德鹏体验了一把休闲农庄的生活，当下决定利用"格润"的优美环境，建生态餐饮。鸡鸭鹅是农庄散养的，时令蔬菜大多是自家菜园里种的。来客在这里既可以休闲垂钓、采摘观光，还能吃到正宗"农家饭"。

原材料保持纯天然、新鲜和绿色，采用原始农家饭做法，烹饪出的菜品深受消费者的青睐和好评。

"曾经有一位游客吃了咱农庄的农家饭，眼里含着泪，说是吃出了儿时奶奶做的味道。"赵德鹏说。

品味佳肴、重温儿时回忆、憧憬美好未来……游客来农庄已不是简单的用餐，更主要的是可以放松心情，享受自然之美。

现在的格润农庄，养殖着千余只鸡鸭鹅等家禽，全部采用生态散养的方式，用玉米、野菜、豆粕等无添加饲料喂养，肉质紧致鲜美，口感一流。

为确保蔬菜有机无公害，赵德鹏把所有化学肥料、农药都拒之门外。除此之外，农庄还建起了民宿、房车基地，方便了游客游玩。

　　赵德鹏说，现在农庄里的一草一木，都是他和伙伴们亲手种下的，院子里的碾子、磨盘等也是他们上门从农户手里收来的。一切都向着返璞归真、回归自然的方向努力，只为满足心中的那份乡土情结。

（原载于 2020 年 7 月 2 日《沧州晚报》）

附　　录

明泊洼农场概况

　　明泊洼农场地处海兴县境西部，场部驻地位于县城西南 12.8 公里处。该场东与高湾镇接壤，西与盐山县马村乡毗邻，南与海兴农场相连，北靠赵毛陶镇。全场陆地面积 33.3 平方公里，占全县土地面积的 3.6%；总户数为 382 户，总人口 1416 人。下辖 5 个生产队。

　　该场所在区域在清代雍正末年以后属盐山县南褚村铺（同治初年改名褚马铺），清代末年属盐山县东区褚马金铺。民国初期沿清末不变，抗日战争前属盐山县东区、五区、抗日战争时期先后属盐山县第三区（高湾区）、第二区。1945 年 9 月后，先后属靖远县赵毛陶区（七区）、盐山县七区。中华人民共和国成立后，仍属于盐山县七区（赵毛陶区）。1955 年秋，建立明泊洼劳改农场，隶属沧州公安处。1965 年 2 月，河北省人民委员会下达了《关于撤销沧州专区明泊洼安置农场的批复》，全部收容人员和物资由省海滨农场接收。根据河北省人委下发的将沧专明泊洼新生农场移交给河北省农垦局接管的指示精神，建立国营明泊洼农场。当年 6 月，河北省农垦局下发了抽调 25 名干部立即接管明泊洼农场的紧急通知。7 月 1 日开始，由移交单位和接管单位进行了分期分批交接，于 30 日双方交接完毕。劳改农场、劳教农场人员全部撤走。8 月 16 日，河北省农垦局下发通知，启用国营明泊洼农场印章。此后，由 9 个农场调来的干部职工陆续来场报到。1965 年 6 月划归新建立的海兴县，并移交河北省农垦局管理，为河北省省属农场。1968 年 8 月，管理体制下放，明泊洼农场改为沧州专区属农场。1979 年，农场归属海兴县管理。1984 年 4 月，农场收归沧州地区农林局管理。1989 年 4 月，沧州地区行署发出通知，明泊洼农场归属海兴县管辖。1991 年 1 月明泊洼农场与原河北省国营海兴农场合并，建立了新的河北省国营海兴农场，对原有的全部固定资产和流动资产，以及生产生活实行统一管理。

　　中华人民共和国成立前这里虽是一片不毛之地，却是历史上匪患、飞蝗、洪涝、盐碱的代名词。几十公里的沙滩上，长满了红荆稞、黄菜、碱蓬、荒草、芦苇。当地流传的民

附图 1-1　原明泊洼农场场部大门

间歌谣是："渤海滩上明泊洼，四十荒碱无人家。遇涝遍地蛙声起，天旱满眼碱嘎巴。"为发展农业生产，1955 年 10 月沧县专署制定了在盐山明泊洼开荒植棉、种麦 4.3 万亩的计划，组织人力与当地群众一起对这片洼淀进行开垦。其间省、地还支援 15 台拖拉机，使荒凉的盐碱滩上第一次响起拖拉机的轰鸣。到 1956 年完成开荒 49202.5 亩，其中投入生产的 3500 亩。

1956 年 1 月，沧县地委提出在盐山明泊洼建大型农场，即沧县专区明泊洼新生劳改农场。该场土地面积 45000 亩。南临宣惠河中部，中部有宣北干沟通过，将全场土地横切为两部分，东西长约 32 华里，南北长 10 华里（干南、干北各 5 华里）。地形为南高北洼，土质干南好于干北。地势低洼盐碱，在干沟南岸中建为中点（场部驻地），向东西各 4 公里处建两个分点，时称东点和西点。下设办公室，财务办，公安分局等，辖两个生产队。隶属沧县专署公安处六科第五劳改队。1958 年又扩建劳改农场，更名为河北省地方国营明泊洼新生农场。

建场伊始，基础差、底子薄。农场人凭借勤劳的双手辛勤劳作，艰苦创业。开荒，修渠、治理碱地。1959 年，农场在荒草滩上第一次种植的 3000 亩水稻获得了亩产 700 斤的大丰收。

苍苍芦荡，茫茫大洼。经过一代一代的农垦战士用勤劳的双手开垦荒地，修建台田、条田，改良土壤、兴修水利、对盐碱地进行综合治理，昔日的荒凉与贫穷已渐行渐远。走过建场之初的"脸朝黄土背朝天"较粗放的农耕时代，明泊洼农场农业机械化水平逐步提高，农业种植结构不断调整，畜牧业、林果业得到复苏和发展。

该场经济以农业为主。全场耕地面积 15500 亩。农作物主要有小麦、玉米、高粱、谷

附图 1-2　20 世纪 70 年代明泊洼农场机务队的工人在东方红拖拉机上

子、大豆、棉花。1990 年粮食作物播种面积为 1650 亩，总产量 41000 公斤。场办工业有棉织厂、皮鞋厂、电机厂。实现工业总产值 25.8 万元，农业总产值 94.8 万元。该场的文教卫生事业发展较快，到 1990 年有初中 1 所，在校学生 33 人，小学 3 所，在校学生 164人。有场卫生院 1 所，各生产队均配有保健站和保健员。服务设施有商店、供销社、农村信用社储蓄所等。

附表 1-1　1968 年 12 月分配到明泊洼农场的大学生名册

序号	姓名	性别	毕业学校专业	序号	姓名	性别	毕业学校
1	赵宗廷	男	河北师范大学化学系	10	顾桂林	男	河北大学中文系
2	刘云成	男	南开大学哲学系	11	辛桂书	男	河北师范大学物理系
3	田淑英	女	南开大学哲学系	12	张玉芬	女	河北师范大学物理系
4	孙林	男	河北师范大学生物系	13	陈英		河北北京师范学院中文系
5	范秀英	女	河北师范大学生物系	14	师秀菊	女	河北北京师范学院中文系
6	贾清文	男	河北农业大学	15	闫先月		天津师院化学系
7	贾国英	女	河北农业大学	16	孟庆恒	男	河北农业大学
8	曹兆勤	男	河北北京师范学院数学系	17	何宝明	男	河北北京师范学院外语系
9	赵俊花	女	河北北京师范学院数学系	18	苑继武	男	河北农业大学

关于两场移交问题的协议书

沧州专署民政局明泊洼农场河北省民政厅海滨农场
关于两场移交问题的协议书

根据河北省民政厅"〔1965〕民救字第3号"文的批复精神，由沧州专署民政局主持，于1965年3月25日在沧州市召开了双方场长级协商会议。会上一致同意：

一、所有房屋（包括已拆的房屋材料）土地均由民政局处理；

二、场员。除女场员4名、重病号2名、盲人1名回局处理外，其他所有场员均由海滨农场接受。过去逃跑的场员凡明泊洼存有档案的将来送回时均归海滨农场。

三、其他所有物资（包括牲畜、家禽、农机具、车辆、炊具、办公用品、被服、医药等）均由海滨农场接受。但有病马两匹，由明泊洼农场处理。

四、省荣复军人精神病疗养院所需之农具与海滨农场办理交接手续。

五、本协议一式四份。除明泊洼农场、海滨农场各自一份外，并报河北省民政厅、沧州专属民政局各一份。

六、原明泊洼农场的债权债务不做移交但场员的伙食节余应随场员带至海滨农场。

本协议中的物资业经双方审核无误。

1965年4月9日

海兴县人民政府关于海兴县农场同明泊洼农场合并的决定

海兴县人民政府关于海兴县农场同明泊洼农场合并的决定

我县海兴农场几年来在改革开放的推动下，经营管理水平不断提高，经济形势不断发展，经济实力不断增强。1990 年农业大丰收，工业快速发展，实现产值 900 多万元，利润 90 多万元，分别比上年增长 197％和 142％。这表明该场具备了较强的经济启动力。而与之相邻的接壤的明泊洼农场，近年来经营不甚景气，虽然在以种草为主的种植结构调整后有了一定转机，但终因积重难返，起步较慢，干部职工工资没有保障。

鉴于二场土地相接，具有相近的发展历史，具备一定的兼容性，为了集中成片开发农垦经济，扩大规模效益，清除不安定因素，经与省、地农垦部门协商，决定从 1991 年 1月起，原明泊洼农场与原海兴农场合并，建立县属河北省国营海兴农场，对原两场的全部固定资产和流动资产以及生产、生活活动实行统一管理。

海兴县人民政府

1991 年 1 月 15 日

明泊洼农场历届党委基本情况表

中共明泊洼农场委员会历任领导一览表

名称	职务	姓名	在职时间	文件依据	备注
中共明泊洼农场委员会 1965.05—1968.10	书记	周秀山	1965.12—1968.10		
	副书记	原所仁	1965.05—1968.10		
	委员	刘德福	1965.03—1968.10		
		杨玉春	1965.10—1968.10		
		杨国珍	1966.11—1968.10		
		周安福	1966.11—1968.10		
		何金欣	1966.11—1968.10		
国营明泊洼农场革命委员会 1968.10—1971.08	主任	周秀山	1968.10—1970.08	〔1968〕沧革字 345 号	
	副主任	原所仁	1968.10—1971.08	〔1968〕沧革字 345 号	
		陈清水	1968.10—1971.08	〔1968〕沧革字 345 号	
中共明泊洼农场委员会 1971.08—1991.01	书记	张忠勋	1971.08—1973.11		
		杨之金	1973.11—1976.12	〔1973〕政干任字第 27 号	
		曲玉贤	1977.02—1978.10	〔1977〕海组干任字 11 号	
		张尚义	1978.10—1982.03	〔1978〕海组干任字 181 号	
		王金荣	1982.10—1983.08		
		刘国琦	1986.01—1987.12		
		赵燕民	1988.01—1990.06		代理
		张金生	1990.08—1991.01	〔1991〕海组干任字 53 号	
	副书记	杨之金	1971.08—1973.11		
		刘德福	1972.03—1972.11	沧发〔1972〕38 号	
		李之新	1975.02—1982.06	〔1975〕干任字第 15 号	
		王之陵	1975.07—1976.04	〔1975〕沧地政干任字第 55 号	
		孟庆恒	1976.01—1978.04	〔1976〕海组干任字 2 号	二把手
		张忠恕	1976.03—1981.11	〔1976〕海组干任字 33 号	
		王金兰	1976.09—1978.10	〔1976〕海组干任字 143 号	
		王金荣	1977.10—1982.04	〔1977〕海组干任字 99 号	
			1982.04—1982.10		二把手
		曲玉贤	1976.09—1979.10	〔1976〕海组干任字 131 号	
			1983.01—1988.01	〔1983〕海组干任字 48 号	
			(1983.08—1986.01)		主持工作
		陈凤仁	1978.10—1979.02	〔1978〕海组干任字 68 号	
		齐洪洲	1979.10—1982.04		
		王之澄	1980.01—1989.12		
		王玉增	1980.06—1982.04		

（续）

名称	职务	姓名	在职时间	文件依据	备注
中共明泊洼农场委员会 1971.08—1991.01	副书记	王文华	1981.10—1984.12		
		王元恒	1982.04—1983.01		
		张玉杰	1983.01—1988.10		
		张学先	1983.08—1985.05		
		吴炳银	1986.01—1989.12		
	委员	张玉杰	1972.03—1983.01	沧发〔1972〕38 号	
		王之陵	1973.11—1975.07	〔1973〕政干任字第 27 号	
		曲玉贤	1976.01—1976.09	〔1976〕海组干任字 3 号	
		白瑞丰	1976.07—1982.04		
		徐明秋	1979.07—1989.07		
		余章福	1982.04—1983.04		
		刘国琦	1984.04—1987.11		
		李义兴	1986.05—1990.05		

明泊洼农场行政领导基本情况表

国营明泊洼农场行政领导一览表

名称	职务	姓名	任职时间	文件依据	备注
明泊洼农场 1965.05—1968.10	场长	刘德福	1965.06—1968.10		
	副场长	杨玉春	1965.10—1968.10		
明泊洼农场革命委员会 1968.10—1978.10	主任	周秀山	1968.10—1970.08		
		张忠勋	1972.03—1974.03		
		曲玉贤	1977.02—1978.10		
	副主任	原所仁	1968.10—1971.04		
		陈清水	1968.10—1971.04		职工代表
		杨玉春	1968.10—1971.08		
		王之陵	1972.06—1976.04		
		白瑞丰	1976.07—1978.10	〔1976〕海组干任字105号	
		赵国良	1974.02—1978.10		
明泊洼农场 1978.10—1991.01	场长	曲玉贤	1978.10—1979.10		
		齐洪洲	1979.10—1981.10	〔1979〕沧地政干任字104号	
		王玉增	1981.10—1982.04	〔1981〕海组干任字94号	
		王元恒	1982.04—1983.01	〔1982〕海组干任字67号	
		曲玉贤	1983.01—1988.01	〔1983〕海组干任字47号	
		庄福荣	1988.01—1991.01		
	副场长	陈凤仁	1978.10—1979.02		
		赵国良	1978.10—1982.05		
明泊洼农场 1978.10—1991.01	副场长	白瑞丰	1978.10—1982.04		
		王之澄	1980.01—1989.12		
		余章福	1982.04—1983.04		
		牛建国	1983.08—1985.08		
		刘国琦	1984.04—1987.11	〔1984〕海组干任字81号	
		靳文泽	1983.08—1986.08		
		李义兴	1987.11—1989.08		
		赵燕民	1987.11—1989.08		
		张如升	1987.11—1991.01		
		庄福荣	1987.11—1988.01		
		黄平祥	1988.01—1991.01		
		许洪勇	1989.10—1991.01		
	场长助理	杨秀坤	1989.01—1991.01		

海兴农场 1996 年农业管理的暂行规定

海兴农场农业管理的暂行规定

（1996 年 1 月 1 日）

海农〔1996〕第 3 号

第一章 总　则

海兴农场自实行农业责任制，兴办家庭农场以来，各分家庭农场和牧场，在经营管理方面都进行了探索和实践，并积累了一定的经验，特别是签订合同后，进一步激发了广大干部职工的积极性，从经济收入上有了明显的增长，职工情绪日趋稳定，但也有少数职工因缺乏经验和受自然条件的影响，体经营效果不佳，仍未脱离贫困线，为继续办好家庭农场，牧场使广大农民工尽快脱贫致富，完善农业管理制度，根据上级指示精神，结合海兴农场实际情况，采取奖勤罚懒，奖优罚劣的手段，达到全场职工共同富裕的目的，特制定本管理规定。

第二章　继续办好家庭农场，完善责任制

第一条　为调动广大农牧工人种田养蓄的积极性，促使他们向土地投资，仍执行原定 15 年不变的政策，随着承包土地人员增减变化，只做局部调整，对职工应退，离休，调动，病残，服兵役和出嫁的原因，职工退回的土地，可采取转包的方法解决，上缴任务，三年不变，丰年不多交，灾年不少交，一律不挂账。

第二条　允许多种承包组织形式并存，允许职工单户，联户多种形式并存，但家庭农场无论采用哪种形式承包，必须按上交标准完成上缴任务，凡办家庭农场者的子女到职工年龄，可参加本家庭农场生产，算就业，计算工龄，并享受继承权，要提倡有技术会管理的户，与只会出卖劳动力的搞联合，共同走富裕的道路。

第三条　要严格遵守合同，执行农业处，非常，与所属的家庭农场，牧场签订的生产承包合同，履行合同手续，必须按合同手续办事。

第三章　全场农业系统主要经济指标及上交任务

1996 年，全场农业总产值达到 1500 万元以上，比 1995 年的 1050 万元增加 42.9％，利润 400 万元，比 1995 年的 300 元增加 33.3％，粮豆总产值达到 3600 吨，比 1995 年的 3000 吨增加 20％，全场农业人均产值达到 1000 元，人均收入 2800 元，农业职工有 98％以上脱贫，80％职工致富，50％以上职工达到小康的收入标准。

全场农业总上交粮食，413.27吨，款1万元，油脂706千克，其中，交场部粮食250吨（粗七细三，粗指玉米，细指小麦）后附各单位主要经济指标，及上交任务表。

第四章　强化领导，压缩非生产人员

第一条　农业系统的领导机构的设置，场部下属的农业处，七个分场，一个畜牧场，各分场只设场长（书记）会计各一人，主要抓好家庭农牧场，和畜牧场，的行政管理和生产服务，并抓好广大农民致富奔小康工作。

第二条　各分场与家庭农牧场的关系是领导与被领导的关系，即第七个分场和畜牧场直接领导下属的各家庭农牧场。

第三条　农业处、分场、畜牧场的职权责任。农业处，市场部下设的职能机构，对各分场和畜牧场负有全面管理的责任，并对党委场长下达的各项指标的完成负有主要责任，农业处有权组织分场畜牧场各个家庭农牧场开会学习落实场长下达的各项任务指标和各种规章制度完成党委场长布置的各项工作，有权对违反国家政策法规合成各种规章制度者，给予批评教育和惩罚，对违法犯记者，报请党委和司法机关给予严惩。非常适合家庭农牧场的直接领导者，有权对各家庭农牧场传达贯彻国家方针政策，落实好场长农业处下达的各种规章制度和各项任务指标，有权组织个家庭农牧场成员对农业设施和水利工程的维修与护理，有权在所属土地上统一安排种植计划，有权对违反国家政策和各项规章制度者进行批评教育或惩罚。各分场的主要责任是组织好家庭农牧场的生产和产品的上交兑现，保证完成场部下达的上交任务，负责搞好本场职工的致富、文教卫生、计划生育、民事调解、党团活动、劳动竞赛、治安保卫和植树造林、土地调整、开会报表等工作，确保国家财产的完好无损，如国家财产遭受损失，要追究责任人的经济责任。

第五章　各分场和家庭农牧场的奖罚

进入1990年后，农业处对各分场仍按签订上交产品合同书和分场所属的家庭农牧场签订的承包合同执行搞连锁责任制，实行责权利挂钩。

农业处负责发给各分场负责人的工资，也带有奖惩性，1996年按每人每月200元，标准百分制计筹，其具体办法是：

第一条　奖励凡全部完成合同中规定的任务者是为百分可发给全年工资。年终评奖时是为受奖单位和个人超额完成任务者，每超过10%，将工资总额的20%，以此类推。在脱贫致富工作中，自己能支付，又能带领广大职工致富，完成脱贫致富任务者将给负责人现金500～1000元，有奖励升级指标时优先照顾。

第二条　惩罚：如少完成任务的10%，扣发该分场工资总额的20%，以此类推。夏粮拖到秋季完成的，只返还原扣工资总额的50%。

各种任务指标是：①粮油款征收 40 分。②致富 30 分。③产值收入 10 分。④计划生育 10 分。⑤土地调整、开会报表植树造林 5 分。⑥民事调解党团活动，劳动竞赛，治安保卫 5 分。共 100 分。

第三条　各分场领导成员的工资，每年分两次发给，即完成夏粮征收任务后，7 月底前发给上半年工资，秋粮征收必须在 11 月底前完成，在 12 月 25 日前发给全年工资，其工资发放额的计算按本章的第一、二条办理。

第四条个家庭农牧场，凡没有完成上交任务者，不按合同兑现者，一律不给办理调动、离退休手续，不安排子女就业，不计算连续工龄，视为工龄中断，对有能力完成上交任务而抗交户，分情况是态度好坏，分别给予罚款、降级、记过处分或抽回责任田。本户在工业单位上班的，退职或退休的一律停发工资代交，请上交任务后再补发给。对态度生硬，情节严重，影响极坏者，开除公职注销户口，住房及个人财产抵账。

第六章　果树承包与管理

第一条　我场的成年果树已承包到户上交的指标按县规定签订的合同执行，为防止掠夺性生产承包期的执行，按 1991 年的规定的 15 年不变的政策，以后根据情况还可延长每年的承包款，必须在 11 月底前完成，对死亡的果树，要搞好更新换代，你少活一棵，惩罚承包者 20 元。

第二条　新嫁接冬枣树的管理，为确保此项目的成功，促进早年结果在 1996 年要加强冬枣基地补苗、管理工作。

①在 1996 年春，凡缺苗出不齐。②嫁接后死亡的要补齐嫁好。③四分场和五分场都要拿出专人管束，签订管护合同，管好者奖，管不好者罚，具体规定由农业处制定。④加强植树护的责任心。凡属统一规划种植的果树，长期有植树户管理与收获，在土地调整时，植树地也可以不变，同时做好果树确权发证工作。⑤在新栽或新嫁接的果树底，在五年内减免树占地 2 米宽的上交产量任务。对于结果的枣树，要适当收取承包费。

第三条　原栽植的枣苗圃（指三分场、五分场）每块地每年拨给一定的整治、保卫、除虫、除草等费用 200～400 元，原则上仍有原栽植户管理。

第四条　对不按上述标准完成护树、管树任务者，在批评教育的同时，后发管束人员工资，植树户不享受减免树占地的产量任务，对故意破坏者，在追究经济责任的同时，追究法律责任。

第五条　果树进入结果期后，场要逐年回收投资。

第七章　土地管理

第一条　管辖范围：①凡属我场的耕地。②非耕地。③场属各处的沟渠、道路、河坝。④农场所有建筑物（公与私）所在地。

第二条 确权发证。凡在我场土地上的一切建筑物（公与私）所在地必须有偿，土地管理所确权发证，否则视为非法占地。

第三条 对原建筑占有的土地（标准内的）今年只确权发证，超标准又不愿退回的，每平方米征收使用费1～3元（原坑塘收1元，平地收2元，耕地收3元）。

第四条 今后非农业生产性占地审批权限及收费标准。

第一款 审批权限

(1) 非农业生产占非耕地面积0.4亩内，由本人写出申请，由单位盖章，由场土地所批、分管场长签字方可生效。面积0.4～1亩的有用地人或单位写出申请，土地勘测后报主管场长批，再由场长签字方可生效。占地面积一亩以上，由场长批。

(2) 非农业生产占耕地面积0.4亩内，由用地人写出申请，单位盖章，场土地所勘测后，报主管场长批。面积0.4亩以上，由场长批。

上述占地批准时手续一式二份，一份存档一份交用的人或单位（先发准建证，建筑结束后，土地所验收合格，发给宅基地证）。

第二款 收费标准

(1) 非农业生产占非耕地在0.4亩内，每平方米收款1～3元。

(2) 非农业生产占耕地在0.45以内，每平方米征收使用费4～6元。

(3) 超占部分，在原收款基础上，每平方米征收使用费2～6元。

(4) 公用建筑占地每平方米收费0.5～4元。

(5) 为激励旧房改造，从1996年1月1日起，凡新批准的宅基地收费建房后，当年退回旧房宅基地的（两间以上）原则上土地所退回70%新房土地使用费。

(6) 1995年前批准建房的地基，1996年3月1日未建房的地基一律收回，重新分配。

(7) 非农业生产取土，全场各单位或个人返虚区图必须先报计划，场土地所指定取土地点，否则按破坏耕地处理。在取土时要交纳一定的趣图费，一般每立方米收款3～5元。

(8) 各煤厂用土，报计划后，由场土地所指定地点取土，每个煤厂每年向土地所交纳取土费500～1000元，此款分两次交清，每年6月25日前交上半年的，12月25日前交清全年的。今后无论是谁不经批准，随意乱取土，乱占地，乱开荒以及破坏公路者，在追究驱除者经济责任的同时，必须恢复原状。对态度生硬，无理取闹者要追究法律责任。

第八章　搞好对农业的服务工作

农业处支农门市部和各分场及牧场都要改变工作作风，把行政指挥切实转移到为生产服务上来，必须做到以下几条：

第一条　各分场及牧场根据生产所需统计好种子化肥农药等必用物资的需求量作出计划，由智能门市部统筹安排，做好物资准备工作，要争取达到需者必有，服务于生产。

第二条　农业处要积极参加开会、学习，自身学习和集体学习相结合，培养技术人员，并及时抓良种的引进和推广，在条件许可的情况下，要帮助和指导各家庭农场培育自繁良种，减少外购费用，解决每种难的问题，同时搞好技术服务，技术咨询，特别是农作物生长盛期，要搞好虫情预报，把各种病虫害的预防时间、用药量、用什么药和使用方法等以简报的形式发给各家庭农场，并抓好技术培训，迅速提高广大农工科学种田水平，积极掌握市场销售信息，服务上门，做家庭农场的贴心人，通过服务这个纽带，进一步密切广大农工与党委的关系。

第三条　农业处的奖惩。

（1）奖励：全部完成服务与管理，上交任务，达标后，奖给农业处奖金500元（列入农业处的费用）。

（2）惩罚：把农业处的管理服务上交任务等工作分成百分，每少完成10%，扣发工资总额的5%，以此类推。

第九章　大搞农田水利工程，增加对农业的投入

农业只有大投入，才可能有大的产出，根据目前农场实际，应抓两方面工作。

第一条　发展水利设施。我场大部分农田工程，虽经过几年整修，但仍满足不了农田灌溉的需要，1996年起，各分场要组织好，利用好原定的义务工，整修好农田的主要排灌工程，一是二、三分场及畜牧的排水工程。二是二、三、六、七分场的灌水工程，与此同时，各分场要注意拦蓄雨水和机带真空井的利用，农业处在1996年要拿出专款支持整修农田灌溉工程，及扶持抗旱。

第二条　增施肥料，培肥地力，我场有于地多人少，有机肥已远远满足不了农作物生产的需要，在1996年各分场注意抓好化肥的投入，特别是磷肥每亩投入量不能少于30～50公斤。

通过大量投入来提高农作物的抗逆能力。

第十章　农业单位职工劳保福利及义务工的使用与工会经费的征收

第一条　农业单位职工的医药费，副食补贴，劳保福利等，一切有家庭农场自理。如遇重大病号因住院造成经济困难的，可根据情况给予一定的困难补助。

第二条　农业职工义务工的核定和费用，根据上级有关规定，结合我场实际，从1996年起，每亩每年征收3元义务工款，其中2元交财务处，1元留在各分场，主要用于

农田工程和机井及公共设施的维修，各分场在使用义务工款时，必须先报计划，并建立相应账目，以便检查。

第三条　农业单位职工必须按照工会规定的数额按时交纳工会会员费。

第四条　农业单位固定工要按时按规定交纳退休养老保险金，否则今后一律不给办理调、退、离休手续。

第十一章　农业各分场费用的资金来源及管理

第一条　从1996年起，农业处向总场定额上交粮食250吨（粗七细三），其余粮款作为各分场下列费用，后附农业收支管理表，此款超支，自行设法解决。

第二条　各分场的费用（不含工资），年终结算一次，如果发生费用可在职工集资中解决。

第三条　农业各种生产费用必须先报计划，批准后实施（百元以内的由农业处批，百元以上的由主管场长批）。

第四条　各分场机井、变压器用电设施等300元以下配件，农业处不再报销，由用电吃水户自理。

第五条　农业各分场非生产性开支30元内，由农业处批，30元以上必须由主管场长签字报销。

第六条　农业处及各分场单位去人来人招待问题。凡本场人员一律不准酒宴招待场外人员，有业务往来的需要招待时应先请示批准后方可招待，标准每人每顿不准超过10～15元。

第七条　审计、财务有权监督检查农业各单位的收支情况。

第十二章　煤厂、支农服务门市部和收购站的管理

煤厂、支农服务门市部、收购站，在1994年已给予一定的投资，在1996年实行国有企业，私营管理，定额上交，超盈利归己，亏损自负的办法。今后所需一切资金等全部有自行解决。

(1) 煤厂、门市部负责人的设置原则上仍由原单位负责人承包，也可实行公开招标承包，无论谁包都要签订合同。

(2) 利润的上交，每年分12次交，即每月25号前交清本月的，每迟交一天惩罚欠交额滞纳金1%，以此类推，推迟半年仍未完成上交任务的解除合同，收回全部投资。

第十三章　本规定的解释与执行

第一条　本规定由农业处负责解释。

第二条　本规定从1996年1月1日起生效，1995年前的农业管理规定同时废止。

1996 年农业单位收支预算表

支出				收入		
序号	项目	金额（万元）	备注	项目	金额（万元）	备注
1	农业税	5.0		粮款	22.50	
2	教育经费	5.0		油款	6.00	
3	农业管理人员工资	6.0		果园	0.45	
4	机井维修	1.5		煤厂	0.20	
5	电力设施维修	1.5		门市	0.10	
6	贷款利息	3.0		其他	1.25	
7	业务费	2.5				
8	工会费	0.6				
9	农田工程	3.0				
10	职工救济	1.0				
11	职工奖励	0.2				
12	公房维修	0.2				
13	其他	1.0				
	合计	30.5			30.50	

海兴农场1996年工业管理规定

海兴农场一九九六年工业管理规定

海农〔1996〕1号

为实现全场1996年亿元产值的规划目标，进一步强化企业管理力度，增强广大干部职工的责任心，本着"求实、巩固、完善、发展"的方针，克服客观存在的困难，增强后劲，使一九九六年工业产值实现6560万元，创利税521万元，结合企业法和有关文件精神，特制定本工业管理规定。

一、管理办法和性质

1. 办法：各企业单位实行利润大包干，自主经营、自负盈亏、独立核算，超利润分成和一包到底，承包任务指标逐月上交的管理办法。

（1）对橡胶厂、化工厂、开关厂实行利润包干，超利润分成的管理办法。

（2）对砖厂、家具厂、油脂厂、针织厂、电缆厂、毛巾厂、纺织厂、构件厂、管件厂，实行自负盈亏，一包到底，超额完成任务，有单位自行支配，其工资发放上不封顶，完不成任务其工资下不保底，并有单位全部承担，给单位造成亏损的全部清偿。每月有财务、审计、经委、督查办当月审核兑现的管理办法。

2. 性质：承包后的各单位是农场的下属单位，必须服从党委和场长的领导，积极完成场部下达的各项任务。

各单位首席承包人，为该厂的厂长，是该厂的法定代表人，处中心地位，起中心作用，负责全面工作，副职要协助厂长积极工作，执行好党的路线、方针、政策，遵守国家的法律、法规和我场的各项规章制度。

二、审批权限（指橡胶厂、化工厂、开关厂）

各单位对各项开支要严格把关，压缩和控制非生产性开支，为防止突破非生产性开支，定额标准特规定审批权限：

1. 一切非生产性开支，必须说明情况，按金额多少，分级审批。

2. 200元以下的由单位厂长审批签字方可报销入账。

3. 500元以下的由工业场长审批签字方可报销入账。

4. 500元以上的由财务场长和场长审批签字方可入账。

5. 各单位要认真执行，如不按规定执行者，查出后，扣罚厂长和会计报销总额的

100%，并对厂长和会计给以行政处分，由审计和财务对各单位进行监督落实。

三、业务费定额标准

根据单位任务指标大小，业务费金额规定如下：

1. 利润在 50 万元以上的业务费定为 4 万元。

2. 利润在 30 万～49 万元的业务费定为 3 万元。

3. 利润在 20 万～29 万元的业务费定为 2 万元。

4. 利润在 4 万～19 万元的业务费定为 1 万元。

5. 利润在 4 万元以下的业务费定为 5000 元。

完不成利润指标的业务费按比例下浮。如业务费超出部分由厂长、会计承担 100%。

四、工资发放和计件工资的审批

1. 各单位干部职工发放的定额工资和计件工资按着场有关工资标准的规定，必须经审计、财务、经委核签字盖章，工业场长批准，由经委下达通知单，方可发放。对不经审批，随意提高工资标准，乱罚乱奖，自作主张发放工资的单位，要追究厂长和会计的责任，并扣罚当月工资的 100% 和造成的全部损失。

2. 计件工资要根据企业的经营效益和产品的成本，合理核定工资标准，计件工资过高的单位不准发放，要报财务重新核实工资标准，如不按规定执行，加大产品成本，惩罚班子成员亏损部分的 100%。

五、工资和惩罚

1. 橡胶厂、化工厂、开关厂正职目工资定为 10 元，副职 8 元。后勤人员定为 6 元，发放的各种福利正职 119.5 元，副职 106.5 元，后勤人员 76.5 元。

2. 对超额完成任务的单位，班子成员的工资及福利按比例上浮，年终兑现。超出部分与场 4：6 分成，4 留单位作为年终奖金、6 上交场部。

3. 对完不成任务的单位，领导班子成员的工资及福利及比例下浮，每月兑现一次，工资达不到 50 元的，只发给 50 元生活费。

4. 造成单位亏本的，惩罚单位班子成员亏损部分的 100%。

5. 对其他九个小单位，工资不求统一，超额完成任务，上不封顶，完不成任务，下不保底。但必须按单位的实际情况而定。

6. 上交任务每月 25 日前交财务处，晚交一天扣罚领导班子成员工资的 10%。并加罚日欠金额 3% 的滞纳金，依次类推。

7. 各单位的上交任务，必须保障场部的支付，凡没有完成上交任务的单位一律不得开支和报销一切费用。

六、对引进人才的待遇

对引进人才按场规定执行，如引进工程师级人才，月工资定为 800～1000 元，国家认可的高级工程师月工资定为 1000～1200 元，但不享受场部的一切待遇，户口进入农场的工程师月工资定为 500～800 元，享受本场的一切福利待遇，一般技术人员和本厂技术人员享受同等待遇，特殊情况报场党委研究决定再执行。

1. 凡引进有一定管理水平的企业会记，根据贡献大小，其工资标准按本企业的管理人员工资发放。

2. 凡引进有一定管理水平的企业会计，根据贡献大小，其工资标准按本企业的管理人员工资发放。

3. 对有一定专长的技术人员，又适应我场的实际情况，在工作中具有丰富的实践经验，能搞技术革新，成绩突出者，奖本人增创效益部分总额的 10%。

4. 各企业能引进的有一定推销能力的业务人员，除按着各厂规定的提成外，其他方面的待遇，按着本规定了第十条执行。

七、合同管理

1. 各单位合同必须有专人管理，合同纸要编号登记，业务员领取合同纸，要登记姓名、编号，如果管理合同纸的人员不登记，在合同上出了问题，有管理合同纸的人员承担一切经济损失和责任，如业务员不负责任，在合同纸使用上出了问题，造成一切损失由业务员承担。

2. 合同要履行审批手续，不准外借或转让，业务员签订购销合同后，必须回厂即时报本单位厂长审核，需要履行的合同要审批签字，经委要报司法部门审核盖章后方可执行。10 万元以下的由本厂厂长签字后方可发货，10 万元以上 20 万元以下的合同报经委签字后方可发货，20 万元以上必须报工业场长和场长审批方可执行。如发现外借和转让或弄虚作假，倒买倒卖，追究其责任，视情节轻重除没收全部所得利润外，加罚收入总和的 100%。如不履行合同手续，自作主张，在业务上出了问题，有当事人承担全部经济损失和刑事责任。

八、对私占公款挪用公款或截留货款的处理

各单位干部职工及业务人员，不准私占公款和挪用公款，业务人员更不准截留货款，在购进材料中更不准开大头票，一切业务来往手续，必须按财务规定执行，违者按贪污论处。有司法和检察部门按国家法律条文规定执行。

九、供应管理

1. 各单位的采购人员必须按照本单位需要的原材料和零部件保质保量的按时购进本厂。

2. 采购人员要按着本单位的年度生产计划，分解到月，不能失控，以保生产正常进行。

3. 采购人员如购进的原材料和零部件不符合质量标准或型号不符，要及时退回，一切费用有采购人员承担。

4. 采购人员如购进的原材料，质量不符合标准，价格上有问题，弄虚作假，给生产造成损失的，要追究责任，并给予经济惩罚，承担损失的100％。

十、业务销售管理

我场各单位的经营情况，基本上是以销定产，产品推销是搞活经济的关键，抓好销售管理是十分重要的环节，业务员在厂长的领导下，搞好销售工作和信息工作，开展全方位的推销工作，其经济收入与经济效益挂钩。

1. 销售业务员，必须以厂为家，遵守厂规厂纪，服从领导，听从指挥，按时到岗到位，严禁玩忽职守，弄虚作假，倒卖合同，进行不正当的违法活动和交易，发现出卖合同者，除追回全部所获利润外，根据情况给予经济惩罚和行政处分，违反刑法的报司法机关依法惩处。

2. 业务员必须遵守《合同法》，签订合同的各项条款，鉴定购销合同时不准鉴定无效和违法及君子协议合同，如违犯合同法，出现损失，当事人要承担全部责任，合同签订最少三份，双方各一份，回来交单位一份保存。

3. 差旅费及工资，要根据各单位的实际情况而定，不求统一。

4. 提成办法，提成要根据本单位经营效果核定，本着多劳多得的原则，先公后私，互相兼顾，如单位效益不好，提成过高，要报财务处重新审核。

5. 产品拒付的规定，因业务员订货考察不实的用户造成拒付，一切经济损失由业务员承担，因产品不合格或不符合本厂的样品发货不及时或发错点造成拒付的一切损失，由厂方负担。

6. 业务员发货时，要根据合同所签订的产品质量和要求对照规格质量检查，出厂后再出现拒付和其他问题，造成报告，有业务员承担，厂方概不负责。

7. 货款回收为活用活资金，加速资金的周转，产品发出时各单位的业务员必须和单位签订货款回收协议，货款要及时田拢，产品发出后，从办托收算起货到用户为止，贷款回收不能超过三个月，超过三个月者，从超出时间算起，由当事人担负银行贷欠款利息，并扣除提成，不够的挂账，超过一年不能回收货款者，当事人负担全部经济损失，属私人欠款，落实到个人名下，有各单位厂长、会计监督落实。

8. 业务奖励

(1) 在业务工作中，服从领导，听从指挥，勤勤恳恳，任劳任怨，遵守场的规章制度，维护总场利益，是临时工的，场里出资加入养老保险，到 60 岁后，按月发给养老保险金，是正式工的升一级工资，子女优先安排工作。

（2）达到以上条件，又能在业务上为场做出突出贡献的。

效益在全场评为二等，是临时工的场里出资加入养老保险，是正式工的晋升一级工资，并给予一定的物质奖励。

（3）达到以上条件，为场做出特大贡献，效益在全场评为一等的，是临时工的转为全民固定工，家属转非，是正式工的评为一级工资，凡达到以上三个等级的业务员，给予物质奖励，共标准为：给创纯利润 5 万元以上的，接总额奖励 6%，创纯利润 3 万元以上的按总奖励 4%，创纯利润 2 万元以上。接总额奖励 2%，以上奖励是指任务的超出部分。

9. 对合同效益收不抵支，不适应做业务工作的，取消业务员资格，在本单位就业，不服从分配无理取闹的，给予纪律处分。

10. 各单位对以上情况，要严格把关，日清月结，出现问题要及时采取措施，有厂长和财务人员不负责任，造成货款大额拖欠，又不按规定执行，一旦查出后，有厂长和会计承担全部经济损失，扣发工资以外，挂账，并给予行政处分。

十一、生产管理

1. 各单位要在党委、场长的领导下，完成场部下达的年度计划，根据本单位的实际情况制定出完成月度、年度计划的有效措施，每月向主管部门汇报一次。

2. 认真搞好文明生产，制定出文明生产的内容和管理制度，定期检查评比，以文明生产促进产品质量，树立良好的厂风和外观形象。

3. 掌握好生产情况，根据季节的生产能力，每月做好生产计划，保证完成全年的生产任务，计划要做的科学合理，并及时计划搞好设备的购置维修保养，使设备符合生产要求，从面更科学地安排生产进度和生产调度。

4. 安全生产

（1）各单位在生产中，要把安全工作放在第一位，厂长带头抓好，要建立健全安全领导小组，并制定好安全生产制度和措施。

（2）对职工加强安全教育，严格把关，杜绝违章操作。

（3）经常检查厂房、电路、设备的完好率，发现问题及时维修，防止一切不安全因素发生。

（4）如因领导失误，指挥不当，造成重大事故，追究领导人的刑事责任外，并承担经济损失。

（5）全场干部职工如因玩忽职守，在厂发生火灾、偷盗、破坏或因打架斗殴，出现伤亡事故，给厂造成的经济损失，当事人应承担全部经济损失和责任。厂内不承担任何责任，情节严重的按国家法律制裁。

（6）对违章操作，不按工艺流程的要求，造成设备损坏，人身伤亡和重大经济损失者，当事人承担全部经济损失，厂家概不承担责任。

（7）干部、职工外出用车，要注意车辆行驶安全，如因喝酒过量违章行车，无证驾驶以及试学期或未经领导批准驾驶发生的事故，由当事人承担全部经济损失，厂内概不负责。

十二、质量管理

1. 场部职能部门成立质量监测管理小组，每月对各企业单位进行抽查、考核、考核标准根据行业特点和实际技术标准要求打分而后按分数给予单位领导班子奖罚。

2. 各单位要有一名厂长抓质量管理工作，成立质量管理小组，在经委的领导下，实施完善质检计划和措施，认真定好管理方案，在生产过程中，必须按工艺流程的标准和要求，及时有效的纠正和控制不合格产品的生产。

3. 各车间要设质检员，层层把关，确保产品质量出厂无误，合格率达到100％。

4. 产品质量标准

根据我场《关于加强工业企业内部管理的实施办法》和《质量管理规定》中具体标准执行。

5. 对因管理不善，领导失误，造成重大质量事故，除追究有关人员的责任外，当事人应承担全部经济损失的100％。

十三、劳动管理

劳动管理的核心是建立健全岗位责任制为主的各种规章制度，劳动管理主要包括劳动纪律，劳动保护和劳动竞赛。

1. 劳动纪律，它是进行劳动不可缺少的条件、集体劳动分解到人到岗，明确责任，加强劳动纪律，必须从每个岗位，每个人抓起。各单位根据情况，认真制定劳动管理制度，在贯彻执行劳动纪律中，干部要以身作则，起模范带头作用。

2. 劳动保护，它是企业管理中一项重要内容。体现了党关心群众生活的方针的贯彻和落实，是密切联系群众的重要途径，为了保护职工在生产劳动中的安全与健康和切身利益，要坚决贯彻安全生产的方针，但职工不应过高的追求劳动保护，职工劳保用品，不能失控、滥发，各单位要根据上级有关文件的规定，结合本单位的实际情况，制定具体标准，职工的一切劳保福利应与本单位的经营效益挂钩。

3. 劳动竞赛是党的路线在经济战线中的具体作用，应大力提倡，劳动竞赛要以增产节约为中心，以三比为内容，以比、学、赶、帮、超为形式，通过劳动竞赛，进一步调动职工的积极性，提高经济效益，对劳动竞赛中成绩突出的人员，要给予表扬和奖励。

十四、厂长的责任

1. 承包的企业，按照场部的规定，按月接受财务、审计对资产财务工作的审计，企业在承包期间，固定资产和流动资金必须保持原值，经审计发现损失和减少。在三万元以内的要当月补齐，不准拖欠，超出三个月仍补不齐的加罚滞纳金，免去厂长职务，并有司法部门强行追回全部损失，三万元以上的，以财产抵押，数额大的要起诉，变卖家产，追究法律责任。

2. 承包期间要对厂房设备定期维修保养，制定维修计划，建立设备维修台账，要保证设备完好率在80％以上，并根据产品的更新换代、市场需求有计划地进行设备的更新改造。

3. 承包者要对企业全部财产加入社会保险。制定好安全生产措施，保证职工的人身安全，如果制度不健全，管理不善出现伤亡事故或造成重大经济损失，由承包人和当事人承担全部经济损失和法律责任。

4. 职工因公致伤、残、死亡。按国家有关规定，一切费用和损失由承包单位负担。

5. 凡职工因病住院、死亡，特殊情况的医疗费住院费有单位酌情处理，场部不负担一切费用。

6. 乙方承包的企业，必须保证承包前购销合同的协作关系，债权债务的联系性，并承担一切债权债务的全部责任。

7. 负责职工的劳保福利。

8. 如实反映，按月上报经营效益表。

9. 承担本单位的经济与业务广的经济纠纷，并负有一切经济纠纷案件的全部责任。

10. 对企业的资产不得擅自外调转让和拍卖。

十五、厂长的权利

1. 有权向厂长提出班子建设的建议。

2. 有权设置必要的机构和科室，根据需要有权聘请技术人员和业务人员。

3. 厂长有权根据情况聘用职工。

4. 根据市场需要。有权申请扩建，但必须在资金允许的情况下，经过考察场长办公会论证，核查后方可实施，不准乱上乱建，以保证全厂工业结构合理和资金的基本平衡。不经批准盲目扩建上马占用了资金经营出现问题，有承包人承担全部责任和经济损失。

5. 有权与外单位搞联营，但必须经过考察，场长办公会论证，确保提高本单位的经济效益。

6.有权制定本单位的规章制度和经营方针。

7.有权对本企业做出重大贡献的干部职工进行表扬奖励，对给本单位造成损失的人员给予批评教育和惩罚。

8.有经营的自主权，资金审批权。

十六、厂长的义务

1.必须按场部下达的任务，积极主动按时完成上交的利税任务。

2.对上缴税金，要按国家税法规定，依法纳税，按时交纳。

3.按场部的规定，对房屋设备按时提取折旧费，修理费等，承包期满后，保证固定资产的净值。

4.物资管理，各单位对产品物质要精心管理，妥善保管。必须做到账、卡、物三相符，日清月结，坚持出入库手续，对非正式凭证，一律不予发贷，严防产品，物资变质，霉烂、丢失，如因工作失误造成损失，追查当事人和厂长的责任，并承担经济损失的100％。

5.对本单位的职工要定期组织学习，提高职工的文化。业务素质，教育职工遵纪守法，遵守场规场纪，树立以场为家的思想，教育职工按操作规程进行生产，确保安全。

6.贯彻执行好党的路线方针政策，遵守法律法规，认真贯彻落实场部下达的各项规章制度。保证本场或国家财产不受损失。

7.为搞活经济要把有限的资金盘活，根据生产需要使用好资金。严禁挥霍浪费，中饱私囊，乱罚、乱奖等不良现象发生。

十七、各单位依本规定为依据，结合本单位的实际情况，制定出本单位的管理。规定和制度，报经委审查后方可执行。

十八、百分考核制

九六年结合对企业考核的指示，对全场各企业实行百分制考核。

1.考核的内容和指标（100分）

①产品销售率为10。

②资金利润率为10分。

③成本利润率为十分净产值率为10分。

④全员劳动生产率为10分。

⑤流动资金周转次数为10分。

⑥产品标准质量为10分。

⑦上缴利润率为30分。

2. 考核办法

由场经委、财务、审计组成考核小组，半年考核兑现一次，考核标准按《河北省工业经济效益考核指标》。根据以上核定的分数，合格的给满分，不奖不罚不合格的每项少于1‰的班子人员，每人每月6元，每超出标准的1‰班子人员每人每月6元。以此类推，逐条兑现。

惩罚部分在班子人员工资中扣除交财务处，奖励部分在场长奖励资金中列出。

本规定从1996年1月1日起执行。

海兴农场 2012 年农业管理规定

海兴农场农业管理规定

2012 年

为使我场农业工作有序开展，激发全场农业管理人员积极性，有力促进职工增产增收，特制定本管理规定。

一、继续推行"三田制"

1. 口粮田执行长期不变的政策，每三年按家庭人口增减变化，做局部调整。商品田上交任务根据国家粮食价格变化三年调整一次，严格按合同执行，一律不挂账。

2. 劳保田指数不变，随着退休人员的变化，由劳资科、农业科、财务科联合统一掌握，每年调整一次。

3. 所有合同地（口粮田、商品田、劳保田）在耕种期间，不准进行掠夺性生产，应逐年培肥地力，改善土地质量，更不能撂荒。没有农场批准，所有地块不能种植长期有效的作物。

4. 在合同期内，遇有国家和农场大型工程和统一规划，种植户按合同相关条款，无条件服从农场统一安排。

5. 每个劳动力每年要出 1 个义务工，用于公益事业建设，每个义务工按 5 元计算，队上收取义务费后，统一上交财务。队上有公益事业建设时，农业队报农业科审核，经场长办公会批准后，才能实施建设。

二、树木管理

1. 在农场域内，种植各种树木必须经农场批准。

2. 凡是经农场批准种植并办理林权证的树木，谁种植谁受益。未经农场批准的树木占地，遇国家或农场规划需要时，如开发农田工程、宅基地等，种植户无条件移走，任何单位和个人无权阻止。

3. 经农场批准，在口粮田和劳保田内栽植的树木，遇国家或农场规划需要时，达到砍伐标准的，农场协调办理砍伐手续，达不到砍伐标准的，农场每株出 3 元移栽费，由种植户移走，口粮田和劳保田另行调配。

4. 经农场批准，在承包田内栽植的树木，遇国家或农场规划需要时，达到砍伐标准的，农场协调办理砍伐手续，达不到砍伐标准的，农场每株出 3 元移栽费，由种植户移走，承包田只减相应面积及承包费。

5. 经农场批准，在农场公共地方种植的树木由农业科进行统一管理（有合同的除外），达到砍伐标准的，农场协调办理砍伐手续，达不到砍伐标准的，农场每株出3元移栽费，由种植户移走，地块不再调配。

三、农业队机井和农田工程的修建

1. 机井及机井配电范围：农场范围内的机井（含吃水井，农业浇地用井，复耕项目投资井），全部由农场进行统一管理，机井维护费由受益者承担。

2. 个人投资打井及配备的水泵，电力设施，供给农场职工吃水的，场财务每年给予补贴2000元，其他各种维修费和管护责任由产权人承担。

3. 农场投资用于职工吃水的机井，由农场聘请管护人进行管护，并为管护人发放相应工资，吃水户合理缴纳水电费。

4. 农田工程的修建：①农场出资修建；②利用国家复耕项目资金修整；③利用国家一事一议政策修建。

四、农业队负责人的待遇

农业队负责人实行绩效考核制和奖惩制相结合的方法。

（一）绩效考核实行百分制，考评内容如下。

1. 农业承包田征收（10分）。

每年按农业科商品田征收方案内容，在规定的时间内，依据财务科出具的收费凭证，做到全额征收，以财务科出具的总票为准，不能按时完成全额征收的不得分。

2. 党团活动、民事调解、安全稳定（10分）。

（1）各队党支部积极开展党员活动，每半月召开一次党支部会议，发挥基层党员的处处模范带头作用，履行好监督职能，每年发展党员和吸收积极分子三名以上，组织好场安排的群众性活动。

（2）民事调解。能够掌握职工的思想动态，及时发现职工之间的各种矛盾，并把矛盾化解在萌芽状态，使队上有一个团结、互助、祥和的氛围。

（3）安全稳定。在职工全年的农业生产过程中，组织好、监督好不发生各种人身伤害，人为的各种事故，确保职工的人身安全和财产安全。做好队上的稳定工作，特别是在重大政治活动期间，做好宣传和思想教育工作，不能发生群体性事件和上访事件。因队上管理人员发生吃拿卡要等个人因素造成的不稳定，将依规依纪严肃处理。

3. 植树造林（10分）。

在保护好现有林地的基础上，积极宣传植树造林政策，调动职工的积极性，引导职工多种经济林和果树林，扩大植树造林的面积，并把各种补贴及时发放到职工手中。

4. 计划生育（5分）。

协助计生做好计生工作。

5. 招商引资（10分）。

按场分配的任务，充分发挥本队的优势，利用各种关系做好招商引资工作，促进职工增产增收。

6. 日常工作（5分）。

做好春秋两季良种的购进和发放，粮食直补及综合直补的发放等工作，做好与各部门配合工作，把各种政策落到实处。

7. 合理调配农业产业结构发展现代农业（20分）。

结合我场现状，合理调配农业生产结构发展现代农业，明确各队产业导向，确保区域建设过程中的稳定和谐。

8. 成立农业联合组织（20分）。

做好本队生产结构调整，确定本队的主导产业，并积极引导职工成立农业联合组织。

9. 建设社会主义新农村，改善村容村貌（20分）。

按照"生产发展，生活富裕，乡风文明，村容整洁，管理民主"的要求，扎实推进社会主义新农村建设。

（1）做好各队的规划。对队上每条街道、排水渠进行调整和规划，改善人居环境。

（2）结合现在实行的危房改造工程、一事一议等国家政策，对原布局不合理的危旧房屋进行翻建、扒倒异地新建等方式进行改造。对新建住房的地基高度、房屋高度、朝向、结构等进行统一要求。

（3）划分出养殖区，新增养殖户一律建在养殖区，原队内养殖场逐步迁出，实现人畜分离。

（4）制定村规民约，禁止乱堆乱放，治理好脏乱差状况，保持队容干净整洁。

（5）逐步实现街道硬化、队内绿化、环境净化、路灯亮化的"四化"要求。

10. 奖惩制实行日常奖惩和年中、年末评定奖惩的方法。

（1）日常奖惩。①对于全场完成考评任务的农业队，农场按征收任务的一定比例奖励给农业科及农业队。②征收任务的超额部分，场里与农业五五分成，队上再与农业科七三分成。③陈欠账收缴后，场里与农业五五分成，队上再与农业科七三分成。

以上奖励在11月底全面完成征收任务后结算，如因工作需要工作有变动的以月为单位计算奖励，如因工作不力或工作犯错误被免职的，不再享受该奖励。

（2）年中、年末评定奖惩。考评任务达到90分合格，以90分为基准每扣5分即扣工资总额的5%，以此类推，考评任务完成不足60分的为不合格，不合格者扣发工资，并且给予撤职处分。对考评前两名进行奖励，后两名进行处罚，罚后奖前。

海兴农场高效节水灌溉项目实施方案（节选）

海兴农场高效节水灌溉项目实施方案（节选）

河北省国营海兴农场

2011 年 9 月 7 日

该项目计划全场铺设防渗管道 6000 米，改善 600 亩农田灌溉条件，缓解水资源供需矛盾，共需投资 22 万元。建设内容，铺设防渗管道 6000 米，安装阀门 120 个。

海兴农场高效节水灌溉项目投资概算表

投资内容	工程量	单位	单价	金额
管道	6000	米	25	150000
出水口	120	个	160	19200
管道开挖回填	6000	米	3	18000
项目管理及不可预见费用				32800
合计				220000

资金来源：请求上级财政项目补助资金 15 万元，农场自筹 7 万元。

预期效益：渠道防渗工程，以较低的投入，引导水量尽可能多地、安全、快速输送到田间，能够达到低投入、高效率的目的。与不灌溉相比，实施节水灌溉后，每亩可增加粮食产量 200 公斤，600 亩增产 120000 公斤，以粮食平均价 1.2 元/公斤计算，水利分摊系数取 0.5，项目区每年可增收 7.2 万元。

2017 年海兴农场防汛抗旱应急预案

海兴农场关于印发《海兴农场防汛抗旱应急预案》的通知

海农字〔2017〕9 号

各区、各科室：

为了切实加强对海兴农场防汛抗旱工作，做好防御和减轻洪涝、干旱灾害，维护人民生命和财产安全，现将《海兴农场防汛抗旱应急预案》印发给各部门，请按照要求，做好防汛抗旱工作。

附：《海兴农场防汛抗旱应急预案》

2017 年 7 月 6 日

海兴农场防汛抗旱应急预案

为及时、妥善处置防汛抗旱等自然灾害突发公共事件等重大紧急情况，最大限度地减少损失，保障经济建设、社会稳定和人民生命财产不受侵害，社会持续健康发展，根据《县防汛抗旱应急预案》有关规定，结合我场实际，制定本预案。

一、工作目标及基本原则

（一）工作目标

预防和减轻洪涝干旱灾害造成损失，防止因暴雨、洪水等造成恶性事故发生。坚持以人为本，努力减少人员伤亡，减轻国家和人民群众财产损失，保障人民群众基本生活用水，维护社会稳定。

（二）基本原则

1. 立足预防，主动防范。把洪涝干旱灾害的预防和强化水利工程安全管理放在防灾减灾工作的中心环节，密切监视雨情、水情、工情、旱情、险情和灾情，认真做好各项防范工作。

2. 分级负责，加强督查。洪涝干旱灾和水利工程险情按区域实行属地管理，以各区为主进行处置，并实行区委书记负责制。场积极支持和指导、督促各区的应急处置工作。

3. 科学调度，保障安全。认真分析洪涝干旱灾情的发展和防洪抗旱工程现状，科学调度，优化配置，保障安全。

4. 果断处置，全力抢险。一旦发生重大洪涝干旱灾害和水利工程险情，应迅速反应，及时启动应急预案，组织力量全力抢险救灾，尽最大努力避免和减少人员伤亡及财产损失。

二、预案的启动

场防汛抗旱指挥部按照本预案负责处置洪涝干旱灾险情。当发生以下情况之一时，应及时提出处理意见，报经场领导批准，启动本预案。

（1）在汛期，较大范围内 24 小时降雨量已超过 100 毫米，并且上级气象部门预报未来 24 小时仍有大暴雨或特大暴雨。

（2）宣惠河等流域水位全面接近危险水位，并预报将超过危险水位。

（3）全场较大范围内，6～10 月连续干旱 20 天以上；饮水困难人数超过 300 人。

（4）场重点在建水利工程遭遇超标准洪水等险情危及公共安全

（5）其他情况需要启动预案的。

三、处置程序

（1）当达到预案启动条件时，场防汛抗旱指挥部应立即向场领导报告，并由指挥长决定启动本预案。必要时，向社会公众发布有关信息和防范措施。

（2）场防指立即联系水利气象等方面的有关人员进一步分析研究暴雨、洪水、干旱等可能带来的影响或危害，分析水利工程险情状况，提出处置意见。场防指及时召开紧急会议，部署抢险救灾工作。

（3）根据洪涝干旱灾和水利工程出险情况，场防指派员赴现场指导帮助灾区开展抢险救灾工作。必要时，经场防指决定，成立现场抢险救灾指挥部，组织开展抢险救灾工作。

四、防汛抗洪领导小组

（1）防汛抗旱领导小组主要职能：全面负责汛期防汛抢险工作，执行上级防汛指挥部的各项指令，组织实施本预案，统一领导，指挥和协调防汛抗旱工作。根据汛情，雨情制定紧急措施，发布各项抢险命令、指示、通告，确定重点抢险地段、范围，统一调配抢险物资，设备和应急队伍，向海兴县防汛办及有关部门报告汛情、雨情及抢险情况。

（2）防汛领导小组下设办公室，办公室设在场农业科，办公室主任由刘月生担任，副主任由刘金潭担任，并负责日常工作。主要职责是：上传下达场防汛领导小组命令和决策，组织各区防汛工作，了解、收集和汇总汛情、雨情、灾情等应急工作情况；协调领导小组各类文件的起草、印发、存档和各种防汛资料的收集、汇总工作，负责处理防汛领导小组的日常事务。

五、防汛抢险物资储备和成立抢险队情况

为了确保防汛抢险物资及时到位，按照县防汛抗旱指挥部的要求，结合我场实际情况，储备了铁丝、铁锹、防汛袋、沙石、木料等抢险物资和工具。

六、防汛抗旱值班细则

（1）实行 24 小时值班制度。值班时间为 8：30 至次日早上 8：30。值班人员不得以任何理由脱岗、空岗、私自换岗，认真做好值班记录，做好交接班工作。

（2）带班领导、值班人员要保证手机 24 小时开机，确保通信畅通，同时保证车辆随时到位执行防汛抗旱任务。

（3）值班人员一旦接到各区灾害报告，必须坚持实事求是的原则，第一时间内上报，不得瞒报、迟报和漏报，如因工作失职要严肃追究带班领导及值班人员责任。

七、预案的实施

预案启动后，场防指统一指挥各有关单位协助地方开展抢险救灾工作。场防指研究分析雨情、水情、工情、旱情、险情和灾情，提出洪涝干旱灾和水利工程险情处置意见，对有关水利设施进行调度，协调联络各成员单位，督促检查各有关单位的应急准备情况，收集信息，传达指令，并开展总结、评价等有关具体工作。场防指各成员单位根据职责分工，做好以下工作：

（1）抢险救灾。灾害发生地的区组织实施抢险救灾、人员转移、灾民安置等工作。场人武部负责所属民兵参加抗洪抢险救灾，并协助公安部门维护抢险救灾秩序，协助区转移危险地方的群众。场民政办负责指导灾民安置和救济救助工作；派出所负责组织维护灾区社会治安、抢险救灾和道路交通秩序。

（2）抗旱救灾。干旱发生地的区组织全社会力量抗旱救灾。派出所协助调处水事纠纷和维护社会治安秩序。

（3）应急资金保障。场财政所牵头，民政办等负责人级抢险救灾资金的筹措、落实和争取上级财政的支持，做好救灾资金、捐赠款物的分配、下拨，指导、督促灾区做好救灾款的使用、发放，相关金融机构负责救灾、恢复生产所需信贷资金的落实。

（4）后勤保障。负责抢险物料、交通工具、食品、饮用水、医疗、药品等后勤保障。

各区应根据本预案，制定具体实施办法，落实相关人员及应急物资，并报场防汛抗旱指挥部。

海兴农场实行河长制工作方案

海兴农场关于印发《海兴农场实行河长制工作方案》的通知

海农字〔2018〕7号

各区、各部门：

经场长办公会研究同意，现将《海兴农场实行河长制工作方案》印发给你们，请认真遵照执行。

2018年5月16日

海兴农场实行河长制工作方案

海兴农场隶属海兴县，建于1956年，占地10.5万亩，现辖七个农业队，八个居民点，总人口7200人，属国有农垦企业。隶属河北省农垦局和海兴县人民政府，位于海兴县城西南部8公里处，土地位置优越，交通、通信条件便利。

为贯彻落实中共中央办公厅、国务院办公厅《关于全面推行河长制的意见》（厅〔2016〕42号）、《水利部、环境保护部贯彻落实〈关于全面推行河长制的意见〉实施方案》（水建管函〔2016〕449号）和省委办公厅、省政府办公厅《关于印发〈河北省实行河长制工作方案〉的通知》（冀办字〔2017〕6号）及《沧州市实行河长制工作实施方案》（沧办字〔2017〕22号），结合我场实际，进一步深化我场河流水库管理体制机制，制定本工作方案。

一、总体要求

全面贯彻党的十八大和十八届三中、四中、五中、六中全会精神，坚持以习近平总书记系列重要讲话精神为引领，按照省市具体部署，立足海兴农场情、水清、河情，紧紧围绕统筹推进"五位一体"总体布局和协调推进"四个全面"战略布局，自觉践行五大发展理念，遵循节水优先、空间均衡、系统治理、两手发力的治水方针，以保护水资源、防治水污染、改善水环境、修复水生态为主要任务，全面建立和实行河长制，构建责任明确、分级管理、监管严格、保护有力的河湖及水库管理保护机制，为维护河流、水库健康生命、实现河库功能永续利用提供制度保障。

二、基本原则

——坚持绿色发展，严守生态红线。把加强河库管理保护摆到建设创新驱动经济强县和生态海兴的重要位置，牢固树立尊重自然、顺应自然、保护自然的理念，依法治河管河，强化规划约束、红线管理，保护优先，科学开发，促进河湖及水库休养生息，实现人水和谐。

——坚持党政领导，推进社会共治。把全面实行河长制作为全场各区创新水治理体系的重要任务，强化组织领导，建立健全以党政领导负责制为核心的责任体系，实行分级负责、属地管理，明确各级河长职责，完善工作制度，形成河长主抓、部门联动、上下协同、社会参与的工作格局。

——坚持问题导向，实施精细管理。把解决河道行洪不畅和河湖生态脆弱、水体污染等突出问题作为河湖及水库治理的重要内容，针对不同区域、不同河湖实际，统筹上下游、左右岸，统筹场内区域，一河一策、一湖一策、一库一策、一地一策，精准发力，靶向治疗。

——坚持严格考核，强化激励问责。把监督考核和责任追究作为推进河长制落实的重要抓手，建立监督、考核和问责制度，实行日常检查、专项督查、年度考核，建立奖惩机制，压实河长责任，促进工作落实。

三、实施范围

(1) 河长制管理全覆盖。按照"一河一长、一湖一长、一库一长、一地一长"的原则，实行分级负责、属地管理、条块结合、全流域包干的管理体系，确保每条河流、每座水库、每个坑塘都有人管理，都有责任人，实现全覆盖、无遗漏。场级领导分别担任主要河流场级河长，主要股站长分别担任辖区内河流、坑塘及沟渠等各层级河长。

(2) 域内河湖库全覆盖。实行河长制管理的河湖及水库包括宣惠河、宣北干沟等河流水库及河流所在流域范围内所有的支流、坑塘及沟渠等。

四、工作目标

①2017 年 11 月底前全面完善县、场、队三级河长制组织体系，向社会公布河长名单，制定出台相关制度及考核办法。

②到 2017 年底，全场水环境质量得到初步改善，地表水污染严重趋势得到有效遏制；饮用水水源安全得到有效保障。到 2020 年，全场水环境质量总体改善，污染严重水体得到消除，群众饮用水安全保障水平持续提升，用水效率明显提高，水生态环境状况明显好转。

五、组织体系

(1) 组织形式。按照"分级负责、属地管理、条块结合"的原则，构建覆盖全场河库的河长制。全场实行场、区两级河长负责制，分别设立"场级河长""区级河长"。村设专管员、保洁员或巡查员，乡镇落实专管人员。

场部设立双总河长，由主要负责同志担任。在全场所有河流和坑塘中选择重要河道，分别主要负责同志担任。为便于各河长间沟通协调，增设场部总河长秘书长，由分管水利的副场长担任。场水电站、环保科分别为每位场级河长安排1名技术参谋，协助河长全面掌握河流、水库现状及水质和污染源等情况。

（2）河长职责。场级总河长对全场河湖、水库管理保护负总责，对全场河长制工作进行总督导、总调度。重点对河湖、水库水资源保护、水域岸线管理、水污染防治、水环境治理、水生态修复、河道防洪安全、执法监管等工作进行安排部署、组织协调、督导调度，及时研究解决河湖及水库管理重点难点问题。

场级河长负责指导、协调所分管河湖、水库的保护管理工作，督导下级河长和场级有关责任部门履行职责。组织研究河流水质现状和水污染成因，采取有效措施解决河流污染问题，协调解决河湖及水库的重点难点问题。

区级河长对分管的河流、水库、坑塘、沟渠等管理保护工作负领导责任。组织协调上下游、左右岸进行联防联控；组织对超标排污、侵占河道、围垦河湖、倾倒垃圾、电毒炸鱼等突出问题依法进行清理整治；协调处置涉水突发问题；对河湖及水库管理绩效目标任务完成情况进行评估。

河长参谋单位是场级河长的联系部门，协助河长履行指导、协调、监督和考核职能，负责收集河流基础资料，制定河流一河一策，制定河流年度工作计划，报送河流工作开展信息，开展日常巡查，发现问题，协调解决问题并及时报告河长，协助河长对下一级河长工作进行考核。

（3）部门责任分工。实行河长对总河长负责、下级河长对上级河长负责和部门分工负责的河长责任分工制。根据实行河长制工作需要，明确部门职责和分工。场级相关部门职责与分工：

场综治办负责协调、督导全场各级政法机关打击破坏生态环境的违法犯罪行为。

场人力资源部负责将河长制考核结果作为县委对乡、镇（农场）及相关部门党政班子和主要领导干部综合考核评价的重要依据。

场宣教室负责加强河湖及水库管理保护的宣传教育和舆论引导。

场小城镇管理科负责结合美丽乡村建设，强化农村生活环境综合治理，加强农村沟渠清理整治。

场领导小组负责对实行河长制情况进行督导检查。

场派出所负责组织开展依法打击危害河湖及水库管理保护和危害水安全的违法犯罪活

动。协助场级河长做好河湖、水库治理工作，加大对破坏生态环境的违法犯罪行为的惩治力度。

场财务科负责安排场级河长制办公室的办公经费，统筹落实河湖管理、治理、保护等相关资金。

场土地所负责加强河湖及水库岸线用途管制，推进河湖及水库管理范围内的土地确权工作。

场环保科负责水污染防治的统一监督指导，落实重点流域水污染防治规划，推进实施《海兴农场水污染防治工作方案》，建立和完善河湖及水库的水污染防治工作考核机制并组织实施。

场农业科负责协调推进农业面源污染及农业废弃物综合利用工作；负责推进河湖及库岸线绿化和湿地保护修复。畜禽养殖和水产养殖污染、渔船污染综合整治工作。

场安监站负责安全监管，协助环保局严防因生产安全事故污染河湖现象的发生。

场食安办负责灾后疫情防疫、生活饮用水污染应急处置工作。

场民政办负责大力推进农村公益性公墓建设，加大宣传引导，推进丧葬方式改革，将河流、水库及湿地沿岸的坟墓逐步迁移。

场文教室负责指导和组织开展中小学生河湖保护管理、安全常识教育活动。

场河长制办公室设在场农业科，负责协调推进、督导落实场级河长确定的具体事项，组织制定相关制度及考核办法，并负责具体组织实施。成立场河长制领导小组，各部门主要领导具体负责，并确定一名业务骨干为联络员，名单上报场河长制办公室。

六、主要任务

（一）加强水资源保护

1. 严格水资源开发利用。实行水资源消耗总量和强度双控行动，严格限制发展高耗水项目，防止不合理新增取水，切实做到以水定需、量水而行、因水制宜。到 2020 年，全场年用水总量控制在 0.4815 亿立方米以内；重要水功能区水质达标率达到 100%。

2. 全面提高用水效率。抓好工业节水。到 2020 年，钢铁、纺织、化工、食品发酵等高耗水行业用水达到先进定额标准，工业用水重复利用率达到 85% 以上；抓好城镇节水，到 2020 年，全场达到国家节水型城市标准要求；抓好农业节水，推进农田节水设施建设，推广渠道防渗、管道输水、微灌、集雨节灌和喷灌技术，完善灌溉用水计量设施，推进规模化高效节水灌溉。农田灌溉水有效利用系数达到 0.712，农业用水总量控制在 0.35 亿立方米以内。

3. 严格控制入河排污。实施限制纳污红线管理，严格水功能区管理监督，根据水功能区划定的河流水域纳污容量和限制排污总量，落实污染物达标排放要求。按照《沧州市入河排污口规范化建设方案》加强入河排污口综合整治、严格监管，开展全场入河排污口水质及水量现状调查，及时对入河排污口管理数据库更新，封堵所有非法设置的入河排污口。严格控制入河排污总量。

（二）加强河湖水域岸线管理保护

4. 严格河湖岸线水生态空间管控。到 2018 年底，完成平原区流域面积大于 50 平方公里的河道和城市规划区全部河道以及国管公益性水库管理范围的划界竖桩工作。

5. 科学划定饮用水水源保护区。到 2017 年底前，完成县城集中式饮用水水源保护区的划定。2020 年底前，完成县城区集中式饮用水水源保护区勘界，规范保护区标志和标识，设置界碑、交通警示牌、宣传牌并增加生态隔离防护设施等。

6. 科学划定湿地管理保护范围。禁止侵占自然湿地等水源涵养生态空间，已侵占的 2017 年底前完成排查，到 2020 年底前予以恢复。开展湿地保护与修复，加大退耕还林、还草、还湿度。

7. 严格河湖管理范围内活动监管。加强河湖日常管理，严格涉河建设项目活动监管，集中整治非法挤占河湖行为，加大河湖、水库及湿地的保护力度，严禁以各种名义侵占河道、围垦河库、非法采土。使所有非法挤占河湖、水库管理范围行为全部退出，恢复河湖、水库及湿地水域岸线的生态功能。

（三）加强水污染防治

8. 全面整治不达标重污染河流。大力推进《海兴县水污染防治工作方案》实施，针对河湖水污染存在的突出问题，分类施策、分类整治。对水污染严重、水生态恶化的河湖，实施系统治理，严格考核奖惩；对城市河湖水系，实施水系连通，持续开展"清河、洁水"行动，加大黑臭水体治理。

9. 加强工业污染防治。加强排查入河污染源，严格治理工矿企业污染。全面取缔"十小"和不符合产业政策的"土小"企业；全面排查造纸、氮肥、有色金属、印染、农副食品加工、原料药制造、制革、农药、电镀等"十大"重点行业水污染物排放情况，将上述行业企业纳入强制性清洁生产审核范围。涉水企业生产废水，必须达到或优于Ⅳ类水排放标准。

10. 加强城镇生活污染治理。全面加强城镇污水管网建设，提升污水收集能力。到 2020 年，城市建成区基本实现污水管网全覆盖，污水全收集、全处理。加快推进城镇污水处理设施建设与改造，提升污水处理能力。

11. 加强畜禽养殖污染控制。按照《海兴县畜牧业"十三五"发展规划》，依法关闭或搬迁禁养区内的畜禽养殖场（小区）和养殖专业户，对限养区进行规范化管理。到2018年底前，全部完成规模化畜禽养殖污染治理项目建设，配套建设粪便污水贮存、处理、利用设施，逾期完不成的一律予以取缔。

12. 加强农业面源污染整治。制定实施全场农业面源污染综合防治方案。建设高效清洁农田，积极推广保护性耕作、化学农药替代、化肥机械化深施、精准化施肥和水肥一体化等控源减排技术，推进农家肥、畜禽粪便等有机肥料资源的综合利用，落实高标准农田建设、土地开发整理等标准规范。到2019年，全场测土配方施肥技术推广覆盖率达到90％以上，化肥利用率提高到40％以上，农作物病虫害统防统治覆盖率达到40％以上。

13. 加大河湖及水库保护力度。对县城集中式饮用水水源保护区等环境敏感区，配置水生植物群落、格栅和透水坝，建设生态沟渠、污水净化塘、地表径流集蓄池等设施，净化农田排水及地表径流，严禁农田退水直接排放进入地表水体。

（四）加强水环境治理

14. 开展饮用水水源地达标建设。完善水源地布局建设，开展县城集中式饮用水水源地规范化管理，依法清理饮用水水源保护区内违法建筑和排污口，切实保障饮用水水源安全。到2020年，全场集中式饮用水水源地水质达到或者优于Ⅲ类水。

15. 推进河湖、水库管理政府购买服务。继续实施农村垃圾及河道保洁长效机制，以市场化、专业化、社会化为方向，加强农村基础设施建设和村容环境整治，完善农村生活垃圾处理系统，因地制宜开展农村生活污水治理，改善农村人居水环境。

16. 建设沿河水系林网工程。结合城市总体规划，因地制宜建设亲水生态岸线，实现河湖环境整洁优美、水清岸绿。开展河流堤岸及河流沿岸线防护林建设，在不影响行洪安全的前提下，重点对县域内的大浪淀排水渠、宣惠河、宣惠引河等4条主要河流沿岸两侧及部分河流可视范围实施绿化，营造水土保持林、特色经济林，构筑以河流为骨架的水系林网，实现河流环境整洁优美，水清岸绿。

17. 建立水环境监测预警与响应系统。推进"互联网＋环保"，建设"智慧环保"建立健全水环境风险评估排查，预警预报与相应机制。实施水资源管理信息系统、主要河流和重点水库以及县城饮用水水源地的管理基础信息系统、污染源综合管理信息系统、环境立体监测系统建设，形成流域源控响应数据库。到2020年，实现覆盖全场的水资源和水环境监测信息采集、传输、储存、处理及应急预警响应系统，实现水资源环境信息动态化、污染源和排污口智能化管理及机制。

18. 加强美丽乡村建设。综合整治农村水环境，推进美丽乡村建设。进一步落实全场农村环境综合整治行动计划，"以奖促治"政策，全面实施农村垃圾处置和生活污水治理等工程。到2018年底前，完成现有沟渠坑塘垃圾等清理工作，消灭农村污水、垃圾直排入河乱象。对城镇周边的村庄，优先选择接入城镇污水收集处理系统统一处理；距城镇较远、居住分散的村庄，加快农村生活供排水、旱厕改造等基础设施建设，对生活污水进行相对集中收集，采用适宜方式进行处理。

（五）加强水生态修复

19.加强湿地保护。以杨埕水库湿地为重点，科学编制湿地保护规划，实施隔离保护与自然修复、河湖连通性恢复、河流湿地保护与修复、河湖岸边带保护与修复等湿地保护工程，逐步将湿地保护区建成保护和合理开发利用协调发展、良性循环的生态系统。

20.加强河湖、水库水生态保护。重点推进河湖、水库水生态修复和保护，落实生态保护红线制度。强化水源涵养林的建设与保护，开展河湖、水库健康评估。积极推进建立生态保护补偿机制，加强水土流失预防监督和综合整治，维护河湖、水库生态环境。

（六）加强执法监管

21.加强执法监管。认真贯彻落实《中华人民共和国水法》《河北省实施〈中华人民共和国防洪法〉办法》《河北省环境保护条例》《河北省湿地保护条例》等相关法规。推进河湖管理保护行政执法与刑事司法有机衔接，严厉打击河湖违法行为。

22.建立部门联合执法机制。建立河湖日常监管巡查制度，实施河湖动态监管。成立联合执法小组，由河长办组织联合执法行动，依法治河管河，发现问题现场处理，对顶风作案、暴力抗法、违法违规情节特别严重的，将案件移送司法机关，追究其法律责任。

七、保障措施

（1）强化组织领导。要切实把实行河长制摆上日常工作议事日程，对河湖及水库管理保护重要事项进行专题分析研究，针对存在的问题，提出加强和改进措施。狠抓责任落实，建立总河长、河长目标任务责任制，实行签字背书。充分发挥法律监督和政协民主监督职能，促进河长制全面落实。

（2）创新制度机制。积极探索和构建六项制度、两大机制，为实行河长制提供制度保证。建立河长名单公告制度，向社会公告全场主要河湖及水库河长名单；建立河湖及水库管理会议制度，包括党委政府专题会议、河长会议、部门联席会议等。党委政府专题会议每年至少召开一次或根据需要召开，河长会议至少每半年召开一次，研究协调解决河湖及水库管理保护重点难点问题，部门联席会议定期召开，通报河湖及水库管理保护情况，会商协调部门配合的相关工作；建立河湖及水库信息共享制度，由河长制办公室收集汇总河湖及水库管理保护基础信息，建立信息资源共享平台；建立工作督查制度，对河长制实施情况和河长履职情况进行督查；建立绩效考核评价制度，自上而下对年度河湖及水库管理保护目标任务完成情况进行考核；建立河湖及水库管理奖惩制度，依法依规对实行河长制、加强河湖及水库管理保护进行奖惩。依托六项制度，逐步形成县、乡、村分级负责的责任机制和公平公正激励问责的奖惩机制。

（3）落实资金保障。拓宽河湖、水库管理保护资金筹措渠道，形成公共财政投入、社会融资、贴息贷款等多元化投资格局，推进政府购买服务。按照中央、省、市政策要求，县、乡财政要积极落实河湖及水库管理保护、执法监管等各项经费，并纳入年度财政预算。

（4）建立督查问责。由县委、县政府督查室牵头，由纪委、组织部、宣传部组成联动督查问责小组，以每个场级河长重要指示、重要批办事项、重大专题活动等内容为重点，对乡、镇（农场）、村实行河长制情况进行督导检查，对因工作不力，履职缺位等导致河湖、水库及湿地环境遭到严重破坏或未完成工作目标而造成重大影响的，追究各级河长、各相关责任部门及乡、镇（农场）等责任单位及责任人的责任。

（5）严格考核评价。建立健全河长制绩效考核评价体系，实行差异化绩效评价考核，并将领导干部自然资源资产离任审计结果及整改情况作为考核的重要参考，要明确考核目标，严格考核程序，将考核内容纳入县委、县政府对乡、镇（农场）年度考核评价体系和生态补偿考核机制。

（6）加强社会监督。及时公布河湖及水库管理信息，通过多种方式向社会公告河长名单、职责以及管护目标等内容，接受群众监督。聘请社会监督员，对河湖及水库治理和管理保护效果进行监督和评价。大力宣扬实行河长制涌现出的先进典型，积极开展河湖、水库及湿地保护公益活动，进一步做好宣传舆论引导，提高全社会对河湖、水库及湿地保护工作的责任意识和参与意识。

（7）社会联动共建。创新工作模式，使"河长制"工作实现从政府主导到全民参与。在全场开展保护母亲河行动，发动全场企事业单位、机关社会团体、学校认领周边河流及水库，参与河湖及水库日常巡查，定期义务劳动，协助河长履行工作职责；建立村级护水服务队、护水宣传队、护水监督队，充分发挥基层干部群众关心、支持、参与河流保护管理的主动性。制定优惠政策，拓宽融资渠道，鼓励社会各界及境外投资者以独资、合资、合作等多种形式投入到河湖、水库及湿地综合整治工作中，形成全社会联动共建的浓重氛围。

海兴农场办公室

2018 年 5 月 16 日

海兴农场关于非洲猪瘟等动物疫病防控工作应急预案

海兴农场关于非洲猪瘟等动物疫病防控工作应急预案

一、总则

（一）编制目的和依据

为确保在发生重大动物疫病疫情时，及时、迅速、高效、有效地处理疫情，最大限度地减轻疫情造成的危害，确保我场畜牧业的健康发展和社会经济发展，保障人体健康，维护社会安定，根据《中华人民共和国动物防疫法》、海兴县相关文件精神及相关动物疫病防治技术规范。

（二）工作原则

重大动物疫病应急防控工作实行统一指挥，分级负责、反应及时、措施果断的原则，采取相应的综合性防控措施，迅速控制和扑灭疫情。

（三）适用范围

本预案适用于全场范围内发生的重大动物疫病的预防、应急准备和应急处置等。

二、应急组织机构及职责任务

（一）应急组织领导小组及主要职责

指挥机构由场成员及各部门负责人组成，指挥中心设在农业科。

总指挥：贾福利

副指挥：吴金明

董海峰

井树伟

指挥机构设在场农业科，由刘月生兼任办公室主任，负责日常疫病防控工作。

（二）主要职责

负责组织制定本场的非洲猪瘟等动物疫病疫情防控规划和应急预案；落实非洲猪瘟等动物疫病疫情防控经费及疫情应急控制所需经费，做好防疫物资储备；发生动物疫病疫情时，启动应急预案，组织、协调有关成员单位及时控制和扑灭疫情。

农业科：调集动物防疫和动物防疫监督人员参加疫情的控制和扑灭工作；做好疫情的监测、预报、开展流行病学调查，诊断疫情，迅速以疫情等有关情况作出全面分析、评估，并制定疫情和扑灭的技术方案；划定疫点、疫区、受威胁区，提出封锁建议，并参与组织实施；监督、指导疫点内禽类的扑杀和禽类产品的无害化处理工作；疫点、疫区内污染物和场所等的消毒和无害化处理；饲养场所及周围环境的消毒；组织对疫区、受威胁区易感禽类实施紧急免疫接种；

派出所：做好安全保卫和社会治安管理，配合做好疫区封锁和加强扑杀工作。

民政办：负责疫区受灾群众的安抚和救济工作。

财务科：负责在年度预算中设立专项资金，做好重大动物疫病防疫物资的购置、扑杀、监测、消毒处理等经费的安排，并加强防疫经费使用的管理和监督。

卫生院：负责监测重大动物疫病在人群中发生情况，做好人群的预防工作。

办公室：负责全场重大动物疫病的报告、收集、汇总、分析和疫情通报工作；组织起草、修改、和完善重大动物疫病防控的有关规章、办法、规范性文件和管理制度。

各管理区：各区对辖区内非洲猪等动物疫病防控工作负总责，区长为第一责任人，对辖区内监管对象要建立监管责任清单，将监管任务落实到人安排"驻场员"每天24小时进行值守，一旦发现疫情，应急处置工作务必坚决，行动务必迅速，措施务必全面到位，切实抓好封锁、扑杀、消毒、无化处理等工作。

三、应急响应

（一）疫情分级

根据非洲猪瘟疫情的性质、危害程度和涉及范围，将非洲猪瘟疫情划分为三级：特别重大（Ⅰ级）疫情、重大（Ⅱ级）疫情和较大（Ⅲ级）疫情。

1. 特别重大（Ⅰ级）疫情。在15日内，2个以上（含）省级行政区发生疫情并流行。

2. 重大（Ⅱ级）疫情。在15日内，在1个省级行政区内，1个以上（含）县级行政区发生疫情。

3. 较大（Ⅲ级）疫情。在公路口岸、铁路口岸和港口（空港、海港）进口的生猪中检出非洲猪瘟病毒。

4. 发生非洲猪瘟疫情首次传入我国等其他突发疫情情形时，由农业部根据实际情况认定。

（二）分级响应

发生非洲猪瘟疫情时，按照属地管理、分级响应的原则做出应急响应，按程序启动本预案，并根据疫情形势和风险分析结果，及时调整响应级别。

1. 特别重大（Ⅰ级）疫情响应。农业部向社会发布Ⅰ级疫情预警，全国立即启动非洲猪瘟防控工作日报告制度发生疫情省份暂停其生猪及相关产品跨省调出，暂停发生疫情县区的生猪及相关产品跨县调出在全国范围内开展紧急流行病学调查和排查工作，各有关部门按照职责分工共同做好非洲猪瘟疫情防控工作。

2. 重大（Ⅱ级）疫情响应。农业部向社会发布Ⅱ级疫情预警，发生疫情省份省级兽医部门立即启动非洲猪瘟防控工作日报告制度，暂停发生疫情县区的生猪及相关产品调出，相关省份开展紧急流行病学调查和排查工作，各有关部门按照职责分工共同做好非洲猪瘟疫情防控工作。

3. 较大（Ⅲ级）疫情响应。农业部向社会发布Ⅲ级疫情预警相关口岸、港口所在地兽医部门协调出入境检验检疫部门立即启动非洲猪瘟防控工作日报告制度，开展紧急流行病学调查、排查等工作，暂停相关口岸、港口所在县生猪及相关产品调出，各有关部门按照职责分工共同做好非洲猪瘟疫情防控工作。

（三）应急响应的终止

非洲猪瘟疫情得到有效控制后，由相应兽医主管部门对疫情控制情况进行评估，提出终止应急响应的建议，按程序报批宣布。

四、保障措施

（1）物资保障。农场对重大动物疫病的疫苗、消毒药品、监测试剂和防护用品等应急物资进行合理储备，所需经费列入财政预算。

（2）资金保障。农场财务科在每年财政预算中应设立合理的专项储备资金，用于紧急防疫物资购置，扑杀病禽补贴、疫情处理、疫情监测等工作，储备资金由领导小组提出使用意见。

五、奖励与处罚

（1）对参加疫情应急防控工作的人员，应给予适当的补助和保健津贴；对因参加疫病预防、控制和扑灭工作致病、致残、残废的人员，按照国家有关规定，给予相应的补助和抚恤。在突发重大动物疫病应急防控工作中有突出贡献的单位和个人，由场党委给予以表彰和奖励。

（2）对未按规定履行报告职责、瞒报、缓报、谎报或授意他人瞒报、缓报、谎报疫情的，对各区主要负责人、直接责任人给予降级或撤职处分；造成疫情传播、流行或对人体健康造成严重危害的，依法给予开除的行政处分；构成犯罪的，依法追究刑事责任。

（3）在控制和扑灭疫情工作中玩忽职守、失职、渎职的，责令其改正、通报批评、给予警告；对不服场指挥部调度的，或不履行保障职责的，或对有关部门的调查不予配合，或者采取其他方式阻碍、干涉调查的，对主要负责人、负有责任的主管人员和其他责任人员给予降级或者撤职处分。

六、有关说明

（1）从事动物饲养、经营和禽类产品生产、经营的单位和个人应当履行本预案的规定，并执行各级政府及有关部门为落实本预案做出的规定。

（2）实施本预案过程中所采取的各项措施均为强制性措施，涉及的任何单位和个人不得以任何借口拒绝或推脱。

（3）本预案涉及的相关防控技术要求，按照农业部、国家质量监督检验总局等有关部门和单位发布的标准，防控技术规范、管理办法执行。

（4）本预案自发布之日起实施。

2018 年 9 月 10 日

海兴农场森林管护防火应急预案

海兴农场关于下发《森林管护防火应急预案》的通知

海农字〔2019〕5号

各区、各部门：

为加强我场森林火灾防范，提高扑火应急处置效率。经场领导班子会议研究，特制定本预案，请各区、各部门按预案要求，切实抓好当前及今后的森林防火工作。

海兴农场

2019年3月9日

海兴农场森林管护防火应急预案

为了贯彻落实"预防为主、积极消灭"的森林防火工作方针，做好应对森林火灾的各项准备工作，规范组织指挥程序，科学制订扑救措施，确保扑救工作高效有序进行，最大限度地减少森林火灾造成人员伤亡和财产损失，保护森林资源，维护生态安全，建设生态文明。依据《中华人民共和国森林法》《森林防火条例》及省市县相关文件精神，结合我场实际，制订本预案。

一、加强领导

（一）成立海兴农场森林防火工作领导小组

组　　长：贾福利（党委书记、场长）

副组长：吴金明（党委副书记）

　　　　董海峰（副场长）

领导小组负责全场森林火灾扑救进行统一组织、指挥、调配，实行场长负总责。小组办公室设在森管中心，由森管中心主任杨明义任办公室主任，负责有关日常事务，收集、了解、掌握有关情况，及时向组长汇报，及时向上级和相关部门报告有关森林防火工作情况，做好有关事宜的上下联系、协调和情况反馈，为小组领导提供准确情况和信息。

（二）强化力量、配备工具

加强森林防火应急队伍建设，由场工作人员、派出所干警、森管中心工作人员及各区工作人员组成扑火应急队，一旦发生森林火灾，迅速开展应急救援。配备小型消防车、灭火器、铁锹、扫把等设备。切实做到"无事准备好、急事不必找",确保扑火工作有序扑火。

（三）实行区域化、网格化管理

森林防火工作实行"属地管理、源头控制"的原则，按照 50 亩挖一个防火沟渠，300 亩修一条防火通道的布局，各区建立健全网格化森林防火监管体系，实行"横向到边，纵向到底"的防火监管包片包户制度，农场与各区签订《森林防火责任状》，把防火工作细化到田，落实到人。区工作人员主动上门入户宣传教育，做到家喻户晓，人人皆知，定期组织人员对生活区内秸秆及杂草进行清理。由环保科、森管中心和派出所组成巡逻小组，坚持 24 小时执勤巡逻，每天全方位、全时段、高频率、高强度地监控检查，一旦发现焚烧现象，快速出击，及时扑救。

二、强化宣传

认真贯彻落实上级森林防火有关要求，采取召开会议、流动广播站、网络等方式对森林防火进行宣传，利用书写标语，办专栏，发放宣传资料等形式开展全民性森林防火工作，提高群众的防火意识，增强防范意识。坚持"预防为主，积极消灭"的方针，教育广大群众严禁一切野外用火，严禁带火源进入林区，杜绝秸秆焚烧等行为，加强未成年人及林区坟主的管理；在防火期间内，不定期的进队入户宣传森林防火的重要性和紧迫性，不断增强广大群众的责任感和使命感，并在防火的重要地段和要害部位设立醒目的永久性的防火警示牌，提示人们进入林区，注意防火，减少森林火情的出现，杜绝森林火灾的发生。环保科必须加大力度，做好森林防火宣传教育和检查督促工作；森管中心负责搞好护林工作，加大对违反"森林法"行为的人和事查处力度，严厉打击破坏森林的犯罪分子，确保我场森林安全。

三、扑救准备

对场扑火队员进行必要的扑火知识教育和训练，做到召之即来，来之能战，战之能胜。全场扑救力量，具体分工为：

（1）指挥组。组织实施火情处置方案；下达指令或分配任务；向火场指挥员或扑火队下达指令；收集火场扑救和其他工作信息；掌握火情动态，向上级森林防火指挥部报告。

（2）扑救组。负责召集各扑火队报到；登记扑火队伍单位、人数、报到，明确扑火路线。

（3）后勤组。负责组织扑火机具和救援物资的调运、采购、运送、交接、分发、回收和记录等工作。若出现火场扑火队员受伤或生病需要急救时，后勤组应安排专人做好营救工作。

四、扑救程序

（1）任何单位或个人一旦发现火灾必须立即扑救并向场森林防火机构及消防部门报告。

（2）接到火情报告后，必须迅速启动扑救森林火灾预案，召开森林防火工作领导小组紧急会议，研究制定扑救方案。下达扑火救灾各项指令，发出组织扑救森林火灾紧急通知，调遣扑火队伍进行扑救，扑救组人员要在半小时内赶赴现场扑救。

（3）扑救组随时向指挥组报告火情，凡延烧半小时仍未扑灭的，指挥组根据火情动态，向上级森林防火指挥部请求增援。

（4）明火未彻底扑灭，扑火人员不得撤离现场，撤退命令由现场指挥部下达。明火彻底扑灭后，应对火灾现场进行全面检查，清除暗火，并由火灾发生的区负责留足力量继续观察，直到确保不复燃为止。

五、灾后事宜

（1）灾后报告：森林火灾发生后两天内所在区应向场森林防火工作领导小组做出书面报告，说明起火原因、地点、组织扑救、损失情况、检查隐患和整改措施等。

（2）火灾查处：案件查处工作由场森管中心配合上级相关部门处理，所在区要保护好现场，并协助做好调查取证工作，尽快破案查处。

（3）奖惩办法：对肇事者，由公安机关给予法律及经济处罚；对玩忽职守者，根据法律和上级有关文件规定予以处罚。

六、其他要求

本扑火预案，各区和各单位要认真贯彻落实，并层层落实责任，特别是春节、清明节等节假日加强巡查，组建好扑火队伍，加强扑火队员培训，提高扑火能力，在森林防火戒严期通讯保持24小畅通。一旦有森林火灾发生，要及时上报，统一指挥，严密组织，及早扑灭，确保安全，把损失降到最低限度。

2018 年 7 月 9 日

海兴农场获得先进集体荣誉统计表

海兴农场获得先进集体荣誉统计表

序号	获奖单位	所获奖项	颁发单位	时间
1	孔庄子大队国营四队	夺取夏季丰收先进集体	海兴县委	1979.07
2	国营机务队	支农先进单位	海兴县委	1979.07
3	孔庄子大队党支部	先进党支部	海兴县委	1979.12
4	海兴农场供销社	先进集体	海兴县委、县政府	1982.02
5	海兴农场二队党支部	先进基层党组织	海兴县委	1986
6	海兴农场	建功立业先进单位	河北省人民政府	1991
7	海兴农场	建功立业先进单位	沧州地委、行署	1991
8	海兴农场	文明建设先进单位	沧州地委、行署	1991
9	海兴农场	2001年度先进企业	海兴县政府	2002.01
10	二分场一队党支部	2001年度先进基层党组织	海兴县委	2002.01
11	海兴农场机关党支部	全县先进基层党组织	海兴县委	2002.06
12	海兴农场文教党支部	先进基层党支部	海兴县委	2004.07
13	海兴农场	2005年度造林绿化工作先进单位	沧州市农业局	2005
14	海兴农场二队党支部	先进基层党组织	海兴县委	2006.07
15	海兴农场农业开发党支部	先进基层党支部	海兴县委	2007
16	海兴农场	2006年度河北农垦系统信息工作先进单位	河北省农垦局	2007.3
17	海兴农场	2008年度全市农业系统农垦工作先进单位	沧州市农业局	2008
18	海兴农场	招商引资先进单位	海兴县政府	2009
19	海兴农场	2008年度河北农垦系统信息工作先进单位	河北省农垦局	2009.03
20	海兴农场	河北省农垦系统新闻宣传工作先进单位	河北省农垦局 河北经济日报社	2012.02
21	海兴农场	文明单位	沧州市委、市政府	2012.07
22	海兴农场	河北省农垦系统新闻宣传工作先进单位	河北省农垦局 河北经济日报社	2013.02
23	海兴农场	2012年度招商引资先进单位	海兴县委、县政府	2013.03
24	海兴农场	2013年度实绩突出单位、招商引资先进单位	海兴县委、县政府	2014.03
25	海兴农场	2014年度实绩突出单位	海兴县委、县政府	2015.03
26	海兴农场	文明单位	海兴县委、县政府	2015.07
27	海兴农场	2015年度实绩突出单位、招商引资先进单位	海兴县委、县政府	2016.03
28	海兴农场	文明单位	沧州市委、市政府	2016.08
29	海兴农场	文明单位	海兴县委、县政府	2017.12
30	海兴农场	2017年度沧州市最美现代农业园区	沧州市农牧局	2017.09
31	海兴农场	河北省现代农业精品园区	河北省农业农村厅	2018

河北海兴农场志

HEBEI HAIXING NONGCHANGZHI

后记

盛世修志是中华民族特有的优秀文化传统，地方志历来被视为中华文化之瑰宝。在庆贺中国共产党成立100周年之际，海兴农场组织编纂的这部《河北海兴农场志》终于问世，这是海兴农场发展历史上的一件大事、喜事。

2018年8月，海兴农场领导班子为全面记录本场历史发展全貌，真实记录几代农垦干部职工艰苦创业的奋斗历程，经研究决定编写《河北海兴农场志》。为编写《河北海兴农场志》，海兴农场成立了以党委书记、场长贾福利为组长的《河北海兴农场志》编纂委员会，组建了编纂委员会办公室，面向社会选聘了专业编辑人员，明确了主编，做到"领导、机构、人员"三落实，为《河北海兴农场志》的编纂创造了良好的氛围。

为顺利完成本志的编纂，2018年10月，编纂人员在编制纲目的同时，对编纂内容进行了分工。杨学英负责统筹全志的编写；杨学英、王洪宇负责大事记、概述、中共地方党组织、行政、科技、附录、后记等篇目的编纂；李宝春、李希源负责农业、工业、艺文等篇目的编纂；贾文科负责自然环境、人口、社会管理、基础设施建设等篇目的编纂；黄平华负责建置区划、人民团体和人民武装、人物等篇目的编纂；丁平德负责民俗方言、教育卫生、经济管理、文化体育等篇目的编纂。2020 年 4 月后，对本志的编纂纲目进行修改，对编写人员重新分工。杨学英继续负责统筹全志的编写工作；杨学英、王洪宇负责大事记、概述、农场党组织、行政、社会事务管理、人物、附录、后记等篇目的编纂修改；李宝春、李希源、杜晓宇负责农业、工业、民俗　文艺、人口等篇目的编纂修改；黄平华负责自然环境、建置　区划、人民团体　国防教育、经济管理、基础设施建设等篇目的编纂修改；2022 年 6 月，农业农村部决定分批启动《中国农垦农场志丛》编纂工作，7 月底，海兴农场被确定为全国第一批 51 个《中国农垦农场志丛》编纂农场之一，9 月，本志编写人员参加了农业农村部农垦局举办的中国农垦农场志编纂培训班。

海兴农场党委十分重视和关注本志的编纂工作。党委书记、场长贾福利先后 5 次主持召开了由场党政领导班子、中层以上干部及编辑人员参加的修志工作会议，听汇报、讲意见、提要求。2020 年 9 月，农业农村部农垦局举办的中国农垦农场志编纂培训班举办以后，海兴农场党委对修志工作进行高密度、多频次的"把脉会诊"，使编修工作高效率、快节奏地进行。编写人员按照《中国农垦农场志丛》的编纂要求，对志书的初稿进行重新审视，查找短板，对本志内容进行严格考证和认真修改，以增强本志的"资治、存史、教化"作用。2021 年 2 月，编写出征求意见稿。3 月，根据所征求到的意见，编写出送审稿，报送到农业农村部农垦局，经农业农村部农垦局批准出版。

本志编纂历经两年半时间批阅整理，编纂成志，是海兴农场的第一部地方志。全书包括序言、凡例、大事记、概述、附录、后记和正文共 15 编、70 章、255 节，全书总计约 95 万字，上限起于 1948 年，下限止于 2019 年，详细记录了海兴农场从 1948—2019 年的沧桑巨变和农场干部职工艰辛无畏的创业历程。

本志编纂坚持以习近平新时代中国特色社会主义思想为指导，严格遵照执行党和国家对地方工作志编制工作的要求和规定，尊重历史，秉笔直书。在本志的编写过程中，得到了农业农村部农垦局和中国农业出版社的关心、指导和帮助。编写过程中，编写人员先后查阅了海兴农场、海兴县委办公室、海兴县人民政府办公室、海兴县委组织部、海兴县农业农村局、海兴县文化广电和旅游局、海兴县水务局、